아드 폰테스 *ad fontes*

성재 강일구 총장 고희 기념 논문집

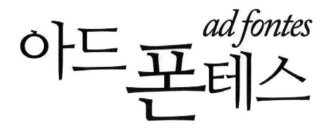

아드 폰테스 *ad fontes*

강일구 편저

동연

성재 강일구 총장

헌 정 사

먼저 誠齋 강일구 총장님께서 칠순을 맞이할 수 있도록 건강과 가정과 호서대학교를 지켜주신 하나님께 감사를 올립니다. 이후로도 강 총장님의 삶에서 언제나 창의와 활력이 넘쳐나셔서 지금까지 이루신 것보다 더 큰 성업(聖業)을 이루시고, 호서대학교가 세계적 명문대학으로 도약하는 목표를 속히 성취하시길 기원합니다.

이 논문집은 두 가지 목적을 가지고 발간되었습니다. 첫째, 강일구 총장님의 칠순을 축하하기 위함입니다. 둘째, 이 책은 고희를 맞는 강 총장님의 생애를 조명할 뿐만 아니라 그분이 살고 있는 21세기라는 역사적 시공간에서 한국 신학은 어떤 과제와 이슈에 관심했는가를 동시에 알게 해주는 매우 중요한 사료(史料)가 될 것입니다.

이 책의 집필에 동참하신 분들은 강 총장님과 동시대에 신학을 가르치고 연구하는 대학교수와 목회자 총 45인입니다. 집필자의 구성을 보면, 프롤로그에서는 신촌 성결교회 담임목사이신 이정익 목사님과 서창원 감리고 신학대학 명예교수님 그리고 두 분의 호서대 전 부총장님(서용원, 이상직 명예교수)들께서 귀한 축하의 글을 써주셨습니다. 1부는 총 20인의 역사신학자들, 2부는 15인의 성서학자와 조직신학자들, 3부는 주로 실천 신학을 전공하고 가르치시는 교수들이 필자로 참여하고 있습니다. 집필자들의 대학별 구성비를 보면, 한국 주요 교파 신학대학교 교수들을 포함하여 총 14개 기독교대학교 교수들이 참여하고 있으며 지역적으로도 균형되게 필자들이 분포되어 있음을 알 수 있을 것입니다. 이것은 강일구 총장님 평소의 신념인 'being ecumenical'이 그대로 이 논문집에서도 나타나고 있다고 할 수 있을 것입니다.

이 논문집의 첫 번째 논문은 이 책의 주제에 대한 성재의 논문 "*ad fontes*"입니다. 이 논문은 마치 학술대회의 키노트 스피치(keynote speech)처럼 폰테스가 무엇인지를 독자들에게 개관해주게 될 것입니다. 이 책은 필자들의 전문성에 따라 총 3부로 구분하였고 각부의 제목은 책의 주제를 반영하여, 1부는 "*교회의 역사와 아드폰테스*", 2부는 "*성서, 신학, 그리고 아드폰테스*", 3부는 "*공동체의 삶과 아드 폰테스*"로 명명하였습니다.

선비가 그리워지는 시대입니다. 오늘 우리 시대는 전도된 가치속에서 모든 사람이 갈 바를 알지 못하고 방향 없이 질주하는 시대, 아니 모든 사람을 한 곳으로 몰아치는 시대, 동일한 가치와 동일한 취향을 강요당하며 동일한 목표를 향해 질주하는 자아상실의 시대에 살고 있습니다. "지혜가 어디 있느냐? 선비가 어디 있느냐? 하나님께서 이 세상의 지혜를 미련하게 하신 것이 아니냐?"(고전 1:20)라고 질문했던 바울은 선비보다 더 큰 지혜를 발견했지만, 이 시대는 적어도 참된 선비가 그리운 시대가 되었습니다. 진리의 근원조차 의심하는 해체주의 시대에, 이 논문집이 예수의 참 제자도로 아드 폰테스 하려고 노력하는 성재 강일구 총장님을 위시한 46인의 학자들의 열정과 진심이 전해지길 바랍니다.

끝으로, 평소에 늘 '아드 폰테스!'(*ad fontes*, 근원으로 돌아가자!)를 신조처럼 생각하신 강일구 총장님의 고희를 맞아 그의 동료, 후배, 제자들이 논문집을 발간하게 됨을 기쁘게 생각합니다. 귀한 옥고를 보내주신 46인의 집필자 여러분들에게 깊이 감사드립니다. 원고 모집과 편집을 맡아주신 모든 편집위원들께 감사를 드립니다.

특별히 신촌교회 신촌포럼 대표이신 이정익 담임목사님께 감사를 드립니다. 바쁘신 가운데도 수고해주신 호서대학교 연합신학대학원 교수님, 김성룡 인문대학 학장님, 시각디자인학과 송성재 교수님과 서울신학대학교 교수님들께도 진심으로 감사를 드립니다. 이 책의 출간을 위해 후원해주신 후원위원들께도 감사의 말을 전합니다.

2015년 7월

편집위원장: 한미라 · 오희천
편집위원: 김동주 김병훈 김형락 안근조 염창선 오성현
유은걸 이승문 조기연 조태연 현우식 황병준
후원위원: 임태수 서용원 이상직 한미라 김병훈 김동주
황병준 현우식 안근조 유은걸

성재 강일구 총장 약력

(1944년 12월 22일생, 호서대학교 총장)

학력

1971. 2 한양대학교 공과대학 — 전자공학 B.S.

1974. 2 서울신학대학교 — 신학 M.Div.

1976. 2 서울신학대학대학원 — 역사신학 Th.M.

1978. 5 Union Theological Seminary(New York)
        — 조직신학 S.T.M.

1988. 10 Drew University(New Jersey)
        — 역사신학 M.Phil.

1992. 5 Drew University(New Jersey)
        — 역사신학 Ph.D.

경력

〈학내 경력〉

1992. 9 - 2004. 2   호서대학교 신학과 교회사 교수

1994. 3 - 1996. 3   신학과 학과장

1995. 3 - 1997. 2   지구촌선교신학연구소 소장

1996. 3 - 1996. 8   신학복지아동학부 학부장

1996. 9 - 1999. 2   교목실장

1999. 3 - 2000. 2   교무처장

2000. 3 - 2004. 2   부총장

2000. 9 - 2001. 2   대학원장

2004. 3 - 2007. 7   산학협력단장

2004. 3 - 현   재   호서대학교 총장(5대, 6대, 7대)

〈대외 및 학회 경력〉

1979. 1. - 1981. 8.   뉴욕 서울성결교회 개척, 시무(뉴욕 맨해튼 소재)

1981. 9. - 1986. 12.   워싱턴 한인성결교회 담임목사(북 버지니아 소재)

1986. 3. - 1987. 2.   워싱턴 미주 성결교회 동부 지방회 회장

1993. 1. - 현   재   [現]신촌성결교회 협동목사

1997. 4. - 2009. 6.   (사단)국제 기독교언어문화연구원 이사

2002. 5. - 2004. 5.   교회사학회 회장

2006. 12. - 2010. 10.   한국교부학회 회장

2006. 9. - 2014. 1.   충남안전생활실천시민연합회 공동대표

2009. 3. - 2011. 6.   충남녹색성장포럼 공동대표

2013. 10. - 현   재   안전문화운동 추진 충남도협의회 공동위원장

주요 논저

"마틴 루터와 데시데리우스 에라스무스의 자유의지논쟁연구." 석사(Th.M.), 서울신학대 대학원, 1976. 2.

"The Theological Movement of Asia." 석사(S.T.M.), Union Theological Seminary, New York, 1978. 5.

"Ecumenical Model in the Theology of Leo the Great." 박사(Ph.D.), Drew University, 1992. 5.

『바흐 신학을 작곡하다』(서울: 동연, 2012).

『그대 레오를 아는가 그대 키에르케고르를 만났는가』(서울: 킹덤북스, 2012).

주요 포상

2004. 11. 11	선도적 지역혁신활동 발전 공헌 ― 대통령상
2008. 01 13	2010 한국을 빛낸 창조경영대상 ― 중앙일보, 지식경제부
2012. 03. 15	제3회 대한민국 참교육대상 ― 한국언론인연합회
2012. 09. 24	지역산업진흥 ― 대통령상
2013. 04. 10	제4회 대한민국 참교육대상 ―한국언론인연합회
2014. 04. 10	제5회 대한민국 참교육대상 ―한국언론인연합회
2014. 08. 22	국가대표브랜드 대상 ― 국가대표브랜드선정위원회

강일구 총장의 아호 誠齋에 관하여

김성룡 | 호서대학교 인문대학장

총장께서는 학교 경영의 격무 속에서도 사도신경을 주해한 학자이다. 그렇기 때문에 대학이 학자의 고독을 대가로 학문의 자유를 얻는 곳임을 누구보다 잘 알고 있다. 또한 총장께서는 나에게 있는 꿈을 향하여 굳세게 걸어간다는 설교로써 우리 공동체의 목표를 새롭게 한 우리 공동체의 수장이기도 하다.

그러는 가운데 총장께서는 근원으로 돌아가는 학문적 태도를 강조하였으며, 길은 만들어가되 원칙은 어기지 않을 것을 피력하였다. 그리고 이를 샘, 원천, 근원의 상징으로 표현하곤 했다. 이것은 질박하고 순수한 근본으로 돌아가는 일이다. 아름다운 큰 강도 질박한 샘에서 발원한 것이며, 출렁이는 대해도 순수한 근본이 모여 이루어진 것일 뿐이다. 샘이 생명이고, 원천이 진리이다.

옛 글에 하늘은 진실하고 속임이 없는 그 자체[誠]이며, 진실하고 속임이 없도록 하는 것[誠之]은 사람의 도라고 했다. 하늘은 그의 원칙을 어기지 않는다. 그렇기 때문에 미덥다고 한다. 사람은 하늘의 원칙을 스스로의 삶 속에서 실천하려고 한다. 그렇기 때문에 하늘과 더불어 위대할 수 있는 것이다. 우리는 이미 이러한 품성을 갖고 있건만 날마다 이를 해치며 산다. 이 질박한 순수함은 과거로의 단순한 회귀가 아니라 미래를 기획하는 강력한 원천이 되어야 하는 까닭은 여기에 있다.

또한 齋는 몸을 정결히 하고 욕심을 삼간다는 말이다. 이로부터 변하여 학자가 거처하는 곳을 뜻하는 말이 되었다. 학자가 있는 곳은 진실무망하고자 하고 순수한 원시의 형태로 되돌아가고자 하는 치열한 내심의 투쟁이 이루어지는 장소이다. 이러한 모습은 이 말의 본뜻에 대단히 가깝다. 그렇기 때문에 중세부터 학자가 거처하는 곳은 齋라 불러왔던 것이다.

이로써 삼가 誠齋라 아호를 올린다. 이름은 부름이며, 부름은 소명이니 이 말로써 총장께서 스스로 성찰하고 기획하는 바에 가깝기를 바라는 것은 외람되기 짝이 없는 일이다. 다만 이것은 총장께서 우리에게 보이신 학문의 푯대를 형용하는 것이며 학자로서의 삶을 찬미함이다. 그리고 또한 무릇 진리를 추구하는 모든 이가 잊을 수 없는 학문에 대한 처음의 고백을 감히 상기시켜드리고자 함이기도 하다.

호서대학교 교수 김성룡이 여러 위원을 대표하여 그 내력을 적어 올린다.

일러두기

* 이 책에 나오는 인명, 지명 등의 외래어 표기는 외래어표기법에 준하였으나 필자들의 표기를 가능한 한 살려두었습니다.
* 이 책에 나오는 이탤릭 표기는 필자들의 뜻을 그대로 반영했습니다.
* 이 책에 나오는 성서의 인용은 필자들의 번역본을 그대로 따랐습니다.
* 기타 표기방식은 가능한 한 필자들의 표기를 충실히 반영하고자 하였습니다.
* 각주 표기는 가능한 한 통일하려고 했으나, 몇몇 논문은 필자의 표기를 그대로 따랐습니다.

차 례

ㅣ1부ㅣ 교회의 역사와 아드 폰테스ad fontes

|2부| 성서, 신학 그리고 아드 폰테스*ad fontes*

|3부| 공동체의 삶과 아드 폰테스 *ad fontes*

강일구 총장 고희 기념 논문집
출간을 축하하며

이정익 | 신촌성결교회 담임목사

　　두보(杜甫)는 〈곡강시(曲江詩)〉에서 '人生七十古來稀'라고 했습니다. 즉, 인생 칠십이 예부터 드물다는 뜻인데, 여기서 유래해 70을 '古稀'라고도 합니다. 평균 수명이 길어졌다고는 해도 여전히 70은 함께 축하할 古稀입니다. 이에 강일구 총장님의 고희를 축하하는 귀한 논문집이 발간됨을 기쁘게 생각하며, 논문집 발간을 위해 수고하신 모든 분들께 감사드립니다.

　　강일구 총장님을 뵐 때마다 떠오르는 두 단어가 있습니다. 바로 '벤처'와 '아드 폰테스'(Ad Fontes)입니다. 매주일 백팩을 매고, 천안에서부터 기차를 타고 전철을 갈아타시며 교회 오실 때마다, 훤칠하면서도 꼿꼿한 풍채에서 당찬 기운을 느끼게 됩니다. "우리는 길을 찾아가는 대학이 아니다. 길을 만들어가는 대학"이라고 강조하시던 호서대학교의 벤처 정신을 마치 몸으로 보여주시는 것 같습니다.

　　강일구 총장님은 충남 논산에서 태어나, 서른네 살 늦은 나이에 꿈을 찾아 미국 유학을 떠나셨습니다. 호서대학교 설립자인 아버지를 두었음에도, 갖은 아르바이트와 막노동으로 유학비에 생활비까지 벌어가며 학업과 생계를 이루어갔습니다. 그렇게 15년간 신학 석사와 철학 박사 학위를 받는 등 벤처 같은 인생을 살아오셨습니다.

호서대학교 '된다 바위'에는 "하나님께서 내게 주신 능력 안에서 무엇이든지 할 수 있다"는 빌립보서 4장 13절 말씀을 학생들이 쉽게 기억하도록 '할 수 있다. 하면 된다.'라고 새겨놓았습니다. 그 새겨진 글귀가 강일구 총장님의 삶과 풍채를 통해 체화된 듯합니다.

강일구 총장님의 이러한 '벤처' 정신의 근간에는 '아드 폰테스'(Ad Fontes), '근본으로 돌아가라!'는 철학이 있습니다. 네덜란드의 인문주의자 에라스무스가 갈파했던 '아드 폰테스'(Ad Fontes). 르네상스 시대 그 근본, 원천은 그리스 철학이었고, 종교개혁시대에는 성경이 었습니다.

강일구 총장님은 일찍이 한양대학교에서 전자공학을 공부하셨고, 뉴욕의 유니온 대학교과 드류 대학교에서 역사신학을 전공하셨습니다. 최근 많은 CEO들도 인문학 강좌를 들으며 근본에 대한 성찰을 해가고 있는데, 강일구 총장님은 일찍이 그 중요성을 아시고 전자공학에 대한 지식으로 벤처를 실현하며, 폭넓은 역사와 신학, 인문학의 방대한 지식을 통해 모든 일의 근본을 성찰하는 선구적 길을 가셨다고 할 수 있습니다.

시류에 흔들리지 않는 근본에 대한 깊은 사색이 있었기 때문에, 그 사색을 통해 얻은 통찰력이 있었기에 벤처의 정신을 실현하실 수 있었습니다. 현대에 수많은 사조와 인물들이 파도처럼 나타났다가 금세 파도의 거품으로 사라지기도 합니다. 근본에 대한 사색 없이 시류에만 의존했기 때문입니다. 2004년 총장으로 취임하시고 오늘까지 호서대학교를 발전시켜, 한국언론인연합회와 교육과학기술부가 선정한 '대한민국 참교육 대상'을 2012년부터 올해까지 3년 연속 수상한 것은 강일구 총장님의 '아드 폰테스'(Ad Fontes)의 정신이 있었기 때문입니다.

강일구 총장님에게 '아드 폰테스'(Ad Fontes)는 단순히 과거로의 회귀가 아니라 근본을 통해 새로운 것을 창조해내는 '溫故知新'의 정신입니다. 그 정신이 있었기에 시류와 유행을 따라 한번 밀려왔다가는 파도가 아니라 큰 물줄기, 해류를 이루어 오늘까지 오셨습니다.

이처럼 벤처와 '아드 폰테스'(Ad Fontes)의 삶을 달려오신 강일구 총장님의 고희를 다시 한번 축하드립니다. 바라기는 이 논문집이 후학들에게, 목회자들에게 어려운 시대에 용기를 잃지 않고 길을 만들어가는 벤처의 정신을, 그러면서도 시류에 휩쓸리지 않는 '아드 폰테스'(Ad Fontes)의 정신을 일깨워주고 전하는 귀한 논문집이 되길 소망합니다.

소명에 함께 동행하는 여정

서창원 | 감리교신학대학교 명예교수

　강일구 박사와는 거의 반세기를 바라보는 세월 동안 절친한 선후배이며 친구 사이로 지내왔습니다. 우리가 1970년 당시 서울 충정로에 있던 서울신학대학교 교정에서 만난 것은 하나님의 섭리로 생각합니다.

　당시 강일구 박사는 한양대학교 공과대학을 졸업하고 서울신학대학교에 학사편입(Bachelor of Divinity: 현재는 M.Div. 과정)을 하여 신학공부를 시작하였습니다. 나는 검정고시를 합격하고 대학에 진학하여 신학과 학생이었습니다. 전교생이 200여 명인 학교 상황에서 서로를 알고 지내게 되었습니다. 강일구 박사는 열렬한 신비주의적 체험 속에서 목회자를 지망하는 소명의식이 철저한 신학도였습니다. 그리고 무선햄 방송면허를 가지고 무선방송을 통해 교제적 교류를 하는 선진화된 신학도였습니다.

　더욱 깊은 만남은 우리가 졸업 후 서울신학대학교가 실시하는 지도자 양성을 위한 「영어훈련원」 과정에서 영어 교육을 함께 받게 된 때부터입니다. 당시 강일구 박사는 해외선교사가 희망이었고 나는 한국교회의 신학을 넘어 첨단 신학 교육을 받고자 하는 염원에 불타 있었습니다. 나는 서울신학대학 졸업 후 성결교회 목회자가 되는 것이 여의치 않아 감리교회에서 전도사로 시무하게 되었습니다.

그 후 우연히 서대문 근처에서 만나서 미국 뉴욕에 있는 유니온 신학대학원에 진학을 준비하는 나의 계획을 말하면서 강일구 박사에게 함께 유학할 것을 권유하게 되었습니다. 그래서 우리는 함께 1977년 봄에 유니온 신학의 석사학위(S.T.M.) 과정 입학 허가를 받았습니다. 강일구 박사 역시 나의 권면을 염두에 두고 유니온 석사학위(S.T.M.) 과정에 지원을 한 것입니다. 우리는 그해 가을학기 미국 유학생활과 뉴욕생활에서 떨어질 수 없는 소명의 동지가 되어 함께 시작한 것입니다.

유니온 신학교 생활은 우리에게 학문적 비판성과 사회정치적 개방성이 어울려 있는 도전적 분위기에 휩싸이는 기회를 만들어주었습니다. 그 당시 남미 해방신학이 새롭게 등장하였고 흑인신학, 여성신학의 진원지였던 유니온 신학의 학풍에 매료되었습니다. 남미 해방신학의 가장 영향력 있는 페루의 구스타보 구티에레즈가 유니온 신학교에 교환 교수로 와 있어서 강일구 박사와 내가 그의 과목을 두 학기에 걸쳐 강의실에서 직접 수강한 경험은 지금도 소중한 기억으로 남아 있습니다. 우리는 흑인신학을 제창한 제임스 콘 교수의 과목도 두 학기 함께 수강하였습니다. 당시 한국 사회의 유신독재의 억압적 현실에서 태동한 민중신학이 콘 교수에 의해 미국 신학계에 소개되기 시작될 때였습니다. 1976년 일본과 한국을 방문한

바 있는 콘 교수는 우리를 여러 가지로 보살펴주면서 신학적 격려를 아끼지 않았습니다. 이런 관계 때문에 나는 드류 대학교(Drew University)에서 목사안수 과정을 마친 후에 다시 유니온 신학대학원으로 와서 제임스 콘 교수를 지도교수로 하여 그 후 6년간 그의 지도를 받으면 박사과정을 진행하였습니다.

유니온 신학대학원에서 공부하면서 메트로폴리탄 뉴욕과 맨해튼 생활은 한국 생활의 경험에서 탈출하여 세계적인 관점을 열어주는 계기가 되었습니다. 강일구 박사와 나는 주말이 되면 지하철을 타고 월스트리트, 메트로폴리탄 박물관, 타임스 스퀘어 등을 함께 방문하며 견문을 넓혀갔습니다. 그리고 콜롬비아 대학교와 유태인 개혁신학교 그리고 다양한 교회의 방문 경험과 미국 주요 교단의 선교본부인 인터처치센터(Inter Church Center)와 리버사이드 교회(Riverside Church)의 방문 등은 우리를 폭넓은 에큐메니컬 지평으로 인도해주었습니다. 이어서 나는 미국 감리교회에서 목회자가 되기 위해 뉴저지 드류 신학대학원에서 목회학석사(M.Div.) 과정을 밟게 되었고, 강일구 박사는 한국에서 사모님과 아들 준모를 초청하여 드류 대학교에서 박사과정을 시작하면서 우리의 우정은 계속되었습니다.

나는 미국 감리교 목사 안수를 받은 후 뉴욕 유니온 신학대학원에서 박사(Ph.D.) 과정의 코스워크가 끝나면서 결혼을 준비하게 되었습니다. 예나 지금이나 철저하게 자유로운 내가 아내를 만나 결혼하게 된 것은 강일구 박사 내외의 따뜻한 사랑과 배려가 없었다면 불가능했을 것입니다. 결혼식장인 드류 신학대학원의 채플과 캠퍼스 안에서 거행된 결혼식, 사모님이 손수 준비해준 맛있는 샌드위치 그리고 이어 메디슨의 신혼여행 호텔 등 강일구 박사 내외가 유학생활의 힘든 경제적 상황에서 전부 주선해준 것을 떠올리며 다시 한번 감사의 마음을 전합니다. 강일구 박사는 항상 부드러우면서 세련된 매너가 몸에 갖추어진 선배입니다. 때로는 당돌하고 직선적인 나의 태도를 언제나 아량 있게 받아주는 성품에 늘 감사하게 생각하고 있습니다.

강일구 박사는 드류 신학대학원에서 박사과정을 마치자 교회의 목회를 염원하였습니다. 당시 뉴욕과 뉴저지 지역은 한인 이민의 절정기였습니다. 한인교회들이 양적으로 팽창하는 시기였는데 성결교회는 수적으로는 별로 많지 않았습니다. 그래서 강일구 박사는 뉴욕지역에서 한인 성결교회 개척을 계획하고 있었습니다. 문제는 교통이 편리한 지역에서 예배 처소를 구하는 것인데 쉽지 않았습니다. 급한 대로 맨해튼 120가에 있는 유니온 신학교의 구내에 있는 조그만 예배당 랜턴 채플을 매 주일 빌려서 개척교회를 시작하였습니다. 뉴저지 주 매디슨에 있는 드류 대학교 캠퍼스에서 사모님과 준모 그리고 갓난아기였던 딸 아람이까지 동원하여 교회를 개척하였습니다. 예배가 끝나면 교우들을 집까지 직접 운전하여 귀가시켜야 했습니다. 당시 나는 유니온 신학교 학생 아파트에 살고 있었기에 강일구 박사의 목회 현장을 잘 지켜보았습니다. 유학생활의 힘든 처지와 개척교회의 어려운 환경에도 불구하고 목회자의 소명을 가지고 기쁜 마음으로 헌신하는 강일구 박사를 보면서 큰 도전을 받았습니다.

그 후 강일구 박사는 워싱턴 지역에 있는 교회의 초빙을 받아 이주하게 되었습니다. 나도 강일구 박사의 영향으로 단독 목회를 지원하였습니다. 박사과정 후 바로 시작한 교회 목회 때문에 학위논문을 예정보다 늦게 마치게 되었지만 그래도 기관 목사로서 은퇴한 내가 담임목사의 시무 경험을 가지게 된 것은 강일구 박사가 보여준 목회자의 모습이 끼친 결과라고 생각합니다. 우리는 함께 목사의 길을 걸어가는 소명의 동지입니다. 언제나 교회를 사랑하고 교회의 목회를 소명으로 삼고 교우를 섬기는 것을 기뻐한 강일구 박사는 나에게 깊은 감동을 주었습니다.

우리는 한국에 귀국하여 신학교육자로 함께 신학도를 지도하고 교육하는 신학자의 길을 걸으면서 소명을 함께 나누는 여정을 걸어왔습니다. 나는 모교인 감리교신학대학교의 조직신학 교수로, 강일구 박사는 호서대학교의 역사신학 교수로 함께 한국 신학의 형성을 위해서 노력해왔습니다. 강일구 박사의 신학은 상수(常數)와 변수(變數)의 조화 또는 변하지 않는 지속적인 통시성과 상호 변화를 받아드리는 공시성 사이에서 늘 조화와 균형을 지향하는 신학적 지향점을 지녀왔습니다. 그것은 그의 신학적 실존성이 과격한 변혁이나 극단적인 개혁을 추구하기보다 역사적, 통시적 연속성을 지향하기 때문일 것입니다.

나는 늘 그랬던 것처럼 비연속성과 카오스적 변혁과 우연적 창발성에 호의를 갖는 태도이기 때문에 기존 신학의 해체를 통한 새로운 변혁(transforming)을 선택하는 편입니다. 그럼에도 불구하고 가끔 서로 만나서 나누는 대화에서 갈등이나 어긋남의 감정보다 상호보완적 이해에 이르게 하는 것은 강일구 박사가 가지고 있는 겸허하고 자신을 지나치게 주장하지 않는 균형 잡힌 성품 때문일 것입니다. 나는 강일구 박사의 이러한 점에 늘 매력을 느껴왔습니다.

강일구 박사는 그 후 교육 행정가로 호서대학교의 기독교적 설립 목적의 달성을 위해 고등교육 기관의 책임자로 봉직하고 있습니다. 명문 벤처대학으로 이끌어가면서 그가 전공한 공학적 지식과 경험이 탁월하게 활용되고 있는 것을 보면서 깊은 감동을 받고 있습니다. 21세기는 창의적이며 기술과학의 상호융합적 전망이 없이는 시대를 선도해나갈 수가 없기 때문입니다.

최근 나는 감리교신대학교를 은퇴하고 강일구 박사의 초대를 받아 호서대학교의 구석구석을 안내 받고 깊은 대화를 나누는 기회를 가졌습니다. 변환기에 있는 대학 현장에서 총장으로서의 고뇌와 교육 행정가로서의 깊은 예지를 느낄 수 있는 시간이었습니다. 이제 강일구 박사는 원숙한 대학 행정가로 그의 꿈과 비전을 펼치고 있습니다. 그의 철학과 시대를 해석하는 관점이 신실용주의(neo-progmatism)적 입장과 병행됨을 엿볼 수 있었습니다. 관념적이거나 추상적 지평에서 담론을 펴는 것이 아니라, 철저하게 경험주의적, 검증점검을 하면서 항상 자신의 방향을 자기비판을 통해서 스스로 교정해나가는 지도력을 파악할 수 있었습니다. 호서대학교를 세계적인 벤처대학으로 위상을 높이려는 불타는 강일구 박사의 의지를 읽을 수 있었습니다. 나는 창의적 과정에서 진실은 예상되는 방향에서가 아니라 역사 과정에서 열려있는 우연적 우발성의 가능성 속에서도 실현될 수 있다는 것에 동의합니다. 새로운 지평과 창발적 계기는 예측과 기대를 넘어서는 또 하나의 가능성이 찾아와야 하기 때문입니다. 이러한 강 총장의 지도력은 학문적인 훈련이 공학적 사유였을 뿐 아니라 신학적 사유가 함께 지평이 융합되었기 때문이라 생각하면서 이러한 강 총장의 스타일은 성령의 은혜라 믿고 싶습니다.

끝으로 강일구 박사의 가정과 나의 가정은 오랜 인연을 맺어왔습니다. 강일구 박사의 부친인 강석규 명예총장은 나의 선친의 초등학교 4학년 때의 담임선생님이셨는데 그때 선친이 학급반장이었습니다. 강석규 명예총장에 이어 강일구 박사의 가정생활은 소박하고 검소한 생활이 몸에 배어 있습니다. 지금도 강일구 박사는 아들 강준모 교수에게서 매달 100만 원 정도의 금액을 회수하는 것으로 알고 있습니다. 아들의 미국 유학생활에서 학자금 외에 부모로서 대여해주었던 생활 비용을 어김없이 갚도록 하는 것입니다. 그래서 아들 강준모 교수가 교내식당에서 점심을 매식하지 못하고 도시락을 두 개씩 가지고 와서 먹는다는 것입니다. 교수 월급으로 두 자녀를 키우면서 경제적으로 절약하여 아버지에게 빌린 대여금을 상환해야 하기 때문이라는 것입니다. 나는 이 말을 듣고 부모의 아량으로 탕감해주어야 하는 것이 아닌지 물었습니다. 강일구 박사는 그것은 약속이었기에 지켜져야 하며, 탕감해주면 도덕적 해이가 일어난다는 것입니다. 그 말을 듣고 그것은 강일구 박사 가정의 대를 이어오는 가문의 전통이 아닐까 생각하게 되었습니다. 이런 점에서 나는 강일구 박사의 생활신조와 철저한 자기훈련을 존경스럽게 생각합니다.

나는 탁월한 목사요, 신학자요, 대학 행정가인 강일구 박사의 순례의 동행자로 함께 지내는 것에 큰 보람을 갖습니다. 이제 강일구 박사는 인생 70세의 절정의 시기를 맞고 있습니다. 그는 마지막 목표를 가지고 혼신의 힘을 다하여 호서대학교의 발전을 세계적인 명문 벤처대학의 궤도에 올려놓으려고 기도하며 노력하고 있습니다. 나는 그의 간절한 소망과 기도가 이루어지기를 바랍니다. 이것이 성령 안에서 소명을 함께 나눈 동지로서의 나의 우정이기도 합니다.

기념비 그리고 내비게이션

서용원 | 호서대학교 교수

성재(誠齋) 강일구 총장님이 고희를 맞으신 것과 고희를 기념하여 『기념문집』과 『사도신경』을 출판하는 것을 진심으로 축하드립니다.

성재 총장님과는 20년 안팎의 시간을 호서 동산에서 고락과 애환을 함께 나누어온 처지이기 때문에 이 일에 대한 감회가 누구보다도 깊고, 축하하는 마음 또한 뜨겁습니다.

최근, 호서대학교가 '대한민국 참교육대상'을 3년 연속 수상하고 성재께서 '한국을 빛낸 창조경영인'에 선정된 일을 비롯하여 호서와 성재 총장님에게 경사가 많았는데 그 연장선상에서 고희를 맞으시고 역저를 출간하게 되어서 기쁨이 더 증폭되고 있습니다.

이 모두 성재께서 성실과 근면으로 살아온 일에 대한 보상이라고 확신하고 있습니다.

성재 총장께서는 호서대학교를 기독교 정신에 입각한 인성교육의 모범을 보이는 교육기관으로 만들기 위해 심혈을 기울여오고 있습니다.

호서는 학(學)·연(研)·산(産)이 협동 체제를 구축한 교육기관으로 널리 알려져 있는데 그 외에 보이지 않는 또 하나가 있습니다. 바로 기독교 신앙에 기초한 경건입니다. 성재께서는 호서가 경건의 토대 위에 앞의 세 가지가 솥발과 같이 튼튼하게 정립(鼎立)된 교육기관이 되는 일을 위해 기도하고 혼신의 힘을 쏟아 부어왔습니다.

저는 그 모습을 누구보다도 가까이에서, 누구보다도 자세하고 정확하게 지켜본 증인 가운데 하나라고 자부하고 있습니다.

지난여름 성재께서 KBS의 "한국 한국인" 프로에 출연한 일이 있었는데, 그 뒤에 "나는 강일구 총장이 어떤 분인지 잘 모르고 있었는데 그 프로를 보니 참 대단한 분이더라. 그 프로가 시작되는 시간이 아침식사 시간이었는데 밥을 먹는 것을 잊고 수저를 든 채로 빠져들어갔다"고 하는 분이 있었습니다.

저는 "강일구 총장님은 프로그램이 말하는 것의 두세 배 이상의 감동적인 삶을 살아왔고, 살고 있는 분"이라고 대답하곤 하였습니다.

"바바리코트를 40년 이상 입고 있다는 말이 사실이냐?" 묻는 분도 있었습니다. 저는 말없이 고개를 끄떡이기만 하였습니다.

성재 총장님이 걸어온 길을 보면 여러 면에서 '하나님의 예비하심'을 발견하게 됩니다.

먼저 성재께서 신학 이전에 전자공학을 전공한 일입니다.

호서는 벤처를 강조하는 교육기관의 기수로 널리 알려져 있습니다. 성재께서 신학 이전에 전자공학을 전공한 것이 이 일에 적지 않은 영향을 미쳤고, 기여를 한 것을 부인할 수 없습니다.

성재께서 젊은 시절을 유난히 힘들게 보낸 것도 그렇습니다.

한국교회는 지금 위기를 맞이하고 있습니다. 대학들도 지원자 감소를 비롯하여 여러 요인들로 어려움을 겪고 있습니다. 기독교 대학은 이중의 어려움을 맞이하고 있다고 할 수 있습니다.

이런 것들을 돌파하는 능력을 기르기 위해서 하나님께서는 삶의 노정에서 숱한 어려움을 겪게 하시고 또 이기게 하셨습니다.

한국교회에서 '사도신경'은 정확한 안내가 필요한 일 가운데 하나입니다. 거의 모든 교회에서 주일 예배에서 암송되고 있으면서도 그 정확한 의미를 아는 분들은 그리 많지 않습니다. 사도신경은 성경에 나오지 않는다는 이유로 가벼운 취급을 받기도 합니다. 그런 가운데에서 사도신경을 강해한 책들을 보면 무엇인가 부족하게 여겨지는 느낌을 갖게 됩니다.

사도신경에 대한 권위 있고 정확한 안내서가 꼭 요청되는 형편이었는데 교회사학회 회장에 이어 한국교부학회 회장을 역임한 성재야말로 이 일을 하는 데 가장 적합한 분이라고 할 수 있습니다.

성재께서 『사도신경』 강해서를 펴내는 것은 고희를 맞이한 그의 삶에서도 하나의 '기념비적인 일'이 되면서, 동시에 선교 130년을 맞이한 한국교회는 '신앙의 내비게이션'을 갖게 되는 일이라고 할 수 있습니다.

저는 은퇴 후 시작한 성서와교회연구원을 찾아오시는 외부 인사들에게 호서 캠퍼스를 안내하면서 한국에서 뛰어나게 아름다운 캠퍼스를 가지고 있는 학교 가운데 하나임을 강조하곤 합니다. 캠퍼스를 돌아볼 때마다 구석구석, 나뭇가지 하나하나에 명예총장 강석규 장로님과 성재 총장님의 숨결이 어려 있는 것을 자신도 모르게 깨닫고, 방문객들에게 이를 말합니다.

　제가 다시 캠퍼스를 방문할 때는 성재의 회심작『사도신경』을 들고 가려고 합니다. 그렇게 하면 성재 총장님의 숨결과 함께 한 신앙인, 신학자, 기독교 교육가의 학문적 기량과 열정이 농축된 향기를 동시에 맡게 될 것입니다.

강일구 총장님의 품격

이상직 | 호서대학교 명예교수

저는 지난 2013년 8월 말 24년 6개월간 호서대학교 기독교학부에서 가르치고 은퇴한 교수로서 강일구 총장님과의 인연과 그분을 통하여 배웠던 교훈을 되새겨보고, 그리고 그분의 꿈을 통하여 앞으로 이루어질 호서대학교의 미래를 축원하는 마음에서 이 글을 썼습니다. 특히 칠순을 맞이하신 강일구 총장님께서는 '품격'이라는 표현을 좋아하시는데, 강 총장님에게서 그러한 품격의 향기가 가득 넘침을 감사하고 있습니다.

I. 네트워킹과 선교에 대한 관심

강일구 총장님과 저와의 인연은 40여 년 전으로 거슬러 올라갑니다. 1972년 서울신학대학에서 저는 학보사 기자로 학교 신문을 만들고 있었습니다. 학보에 싣기 위해 서울신학대학에 입학하신 강일구 전도사님을 만나 세계 비전과 선교 비전을 듣게 되었습니다. 그 비전은 국경 없는 소통의 시대에 대한 꿈이었습니다. 인터넷이나 컴퓨터가 보급되기 이전 세계를 하나로 묶는 유일한 통신 수단인 라디오 햄 즉 개인 라디오 방송국 운영이 바로 그 꿈의 수단이었습니다. 작은 라디오는 특정한 주파수에 맞춰 전 세계의 개인들과 소통하고 그리스도의 복음을 전할 수 있는 그런 소통의 수단이었습니다. 지금은 전 세계적으로 300백만 명의 회원 수가 있고 한국에서만 14만 명이 개인 라디오 방송국을 운영하고 있습니다. 젊은 시절부터 강 총장님은 전 세계에 친구를 만들겠다는 네트워킹에 대한 비전과 그리스도의 복음을 땅 끝까지 전하려는 선교에 대한 비전을 갖고 그 꿈을 가장 발달된 수단을 통하여 앞서가고 계셨던 것입니다. 강 총장님과 대화를 나누면서 새로운 세상을 엿보게 되었던 기억이 새롭습니다.

실상 그 꿈은 이제 꿈이 아니라 현실이 되었습니다. 인터넷과 트위터, 페이스북, 카톡 등 각종 SNS(social network services)라는 소프트웨어로 무장한 스마트폰을 통하여 실시간으로 모든 정보와 소식이 전해지고 있습니다. 리비아에서, 이집트에서, 이라크에서 일어나고 있는 모든 뉴스들이 여과 없이 실시간으로 전 세계에 전해집니다. 많은 부작용이 있음에도 불구하고 개방 사회를 향한 꿈을 가졌던 선구자들이 있었기에 가능해진 세상이 지금 활짝 날개를 펴고 있습니다. 저는 스마트폰을 사용할 때마다 실시간으로 세계가 하나의 네트워크로 연결되고, 친구를 맺으며 살아가고 있다는 것이 아직도 신기하게만 느껴집니다. 그리고 이러한 미디어를 이용하여 그리스도의 복음을 전하고픈 사명감도 동시에 느낍니다. 이런 비전을 품고 앞서 나가셨던 강 총장님께 감사를 드립니다.

II. 원천으로(*Ad fontes*)

강 총장님과의 두 번째 인연은 제가 호서대학교에 교수로 청빙되어 갈 때였습니다. 호서대학교 신학과 조직신학 교수로 초빙 받고 와서 학과장으로 계셨던 서용원 교수님으로부터 같은 전공 분야에서 공부하시던 강일구 총장님께서 제게 그 전공을 양보하시고 역사신학으로 전공을 바꾸셨다는 이야기를 들었습니다. 매우 송구스럽고 감격스런 이야기였습니다. 제 마음에 담아두었던 그런 감사의 말씀을 제 은퇴식에 여러 교직원 앞에서 말씀드렸더니 그 당시와 그 후 다른 기회를 통하여 총장님께서 해명을 해주셔서 그 본래의 의도를 잘 알게 되었습니다. 현대 교회와 신앙 그리고 여러 학문들을 공부하면서 늘 아쉬운 면이 있었다는 것이었습니다. 무성한 나뭇가지들도 결국 큰 밑동에 기대어 있는 것처럼 오랜 그리스도교 역사의 흐름과 뿌리를 찾아내어 그 본래의 의미를 발견해내는 기쁨에 젖어 있었기 때문에 자연스럽게 역사신학에 다가가게 되었다는 말씀이셨습니다.

총장님께서는 항상 원천으로(*ad fontes*)라는 표어를 반추하고 계셨습니다. 종교개혁도 따지고 보면 그리스도교의 원천인 성서로, 그리스도로, 믿음으로 돌아가자는 운동이었습니다. 다시 원천으로 되돌아가야 참 개혁도 가능하다는 것입니다. 강 총장님께서는 한국교회나 사회가 성숙한 품격을 이루기 위해서 원천으로 되돌아가서 본래의 의미를 찾아내야 한다고 한국개혁신학회 기조강연에서 말씀하셨던 것을 기억합니다. '뿌리 깊은 나무'가 잘 자라듯 든든한 기둥과 그 뿌리를 잊지 않고 항상 그 원천으로 되돌아갈 때 나라도, 교회도, 학교도 든든한 품격을 갖추어나갈 수 있다는 그런 교훈을 강 총장님을 통하여 배울 수 있었습니다.

III. 벤처정신

"내게 능력 주시는 자 안에서 내가 모든 것을 할 수 있느니라"(빌 4:13)라는 성경말씀에 근거하여 그리스도교 정신이자 벤처정신인 "할 수 있다. 하면 된다"라는 표어로 나타난 호서대학교 설립 정신이 설립자 강석규 명예총장님을 거쳐 강일구 총장님께 이어져왔습니다. 호서대학교의 원천은 바로 하나님의 도우심을 힘입는 인간의 무한한 가능성을 믿는 그런 도전정신이라는 것입니다. 강일구 총장님은 최근 "길을 만들어가는 대학"이라는 표현으로 벤처정신, 도전정신을 정의하였습니다. 지방 대학의 한계는 무거운 짐이 아니라, 오히려 남이 가지 않는 새로운 길을 뚫고 전진할 수 있는 그런 기회로 만들 수 있다는 그런 선언인 것입니다.

그런데 벤처정신은 꼭 밝은 면만 있는 것은 아닙니다. "*I Never Promised You a Rose Garden*"이라는 책을 제 미국 유학 중에 읽어본 적이 있습니다. 그 책의 제목처럼 벤처정신은 험한 길, 힘든 길을 걸어야 하고 그것을 극복해야 하는 길입니다. 달콤한 가을의 열매는 모두 차가운 봄과 뜨거운 여름을 이긴 나무들만이 얻는 것입니다. "No Cross, No Crown." 강일구 총장님은 젊어서 철저한 기도와 순종의 훈련을 받으신 분이십니다. 제주도의 한라산과 여러 험준한 산악에서 밤을 지새우며 기도하는 훈련을 받으셨고, 금식과 수면 부족으로 인간의 한계를 실감하기도 하셨습니다. 그리고 서울신학대학교에 입학하셔서 목사 안수를 받고 목회자, 신학자가 되었습니다. 미국 생활은 개척자의 생활이었습니다. 손가락의 지문이 달아서 없어질 정도의 노역을 통과해서 목회자로서 성공하셨고, 자녀 교육과 신학자로서도 큰 성공을 거두셨습니다. 제가 더 이상 이런 비화를 자세히 쓸 수 없는 것은 오히려 그분에게 결례를 드리는 것이 될 수 있기 때문입니다. 그러나 짧게 간추린다면 강 총장님께서 우리에게 가르쳐준 교훈은 "꿈을 가진 자는 모든 난관을 극복해야 할 용기와 신앙을 가져야 한다"는 교훈입니다.

전쟁과 살육에 지친 자국민들에게 경제적 번영과 사막에 숲을 만들어가는 이스라엘의 벤처 기업들, 구글, 마이크로 소프트, 애플 등 세상을 주도하는 창의적 인물들이 모여 만든 실리콘벨리의 벤처기업들, 전 세계 젊은이들에게 흥겨움과 기쁨을 주고 감동을 주는 한국의 K-pop 문화 기업들, 이들 벤처 기업들과 문화 기업들이 이 세상을 이끌고 있습니다. 이 변화의 물결에서 선구자가 되려고 꿈을 꾸었던 강일구 총장님께서 모든 교직원들과 학생들과 함께 벤처 정신에 바탕을 둔 호서대학교의 갈 길을 만들어가며 꼭 성공하시기를 기원해봅니다.

원천으로 돌아가자(*ad fontes*)

강일구 | 호서대학교 총장

나와 평소에 가까이 지내던 벗들과 동료 학자들 그리고 사랑하는 후학들이 고희를 맞은 나에게 좋은 글을 써 기념 논문집을 출판해주었다. 수고해주신 모든 분들께 고맙다는 말을 드린다. 나는 평소에 늘 "원천으로 돌아가자"(*ad fontes, ab initio*)고 주장했다.[1] 여러 학자들의 논문이 발표되는 이 기회에 나의 평소 생각을 다시 한 번 정리하여 내놓고 싶었다.[2] 원래 이 글은 새것이 좋다는 현대인들이 지닌

---

1) *ad fontes, ab initio*의 뜻은 "처음부터"(*ab initio*), "원천으로"(*ad fontes*), 즉 "처음부터 시작하여 분명한 근원인 원천으로"라는 뜻이다. 이 단어는 라틴어로 된 불가타 성경의 시편 41:2(한글개역개정 역본으로는 42:1임)에 나온다(…시냇물을 찾기에…). 에라스무스(Desiderius Erasmus)도 "저술들을 연구하고 읽고 해석하는 방법에 관하여"(Erasmus von Rotterdam, *De ratione studii ac legendi interpretandique auctores*)라는 글에서 "먼저 원천 그 자체로, 곧 헬라 및 고대 원전으로 서둘러 가지 않으면 안 된다"(*Sed in primis ad fontes ipsos properandum, id est graecos et antiquos*)고 하면서 이 단어를 썼다. *Desiderii Erasmi Roterodami Opera Omnia*, hrsg. v. J. H. Waszink u. a. (Amsterdam: 1971), vol. I 2, 79-151을 보라.

일종의 착각 현상을 지적하고 시정해보려는 시도에서 시작되었다. 옛것과 새것을 함께 언급하면 현대인은 즉각적으로 새것이 좋다고 반응한다. 그것은 인터넷이나 스마트폰이 지배하는 오늘 컴퓨터나 전자 장비 혹은 소프트웨어 등에는 맞겠지만 신학이나 목회 부문에서는 반드시 그런 것은 아니다.

20세기 후반을 풍미했던 신학의 분위기는 마치 방향 감각 없이 떠다니는 구름처럼 보인다. 하나의 신학이 유행한다 싶으면 금방 그 신학에 대한 논의가 전개되다가 불과 얼마 지나지 않아 또 다른 신학적 사조가 등장하여 논의의 핵심에 선다. 그 후에 새로운 신학이 등장하고, 또 다른 신학이 등장하고…. 그렇다면 이 같은 변덕스러움과 현란한 부침(浮沈)은 21세기 새 시대에서도 여전히 반복될 것인가? 아니면 그 어떤 근본적인 방향 설정을 할 수 있을 것인가? 만일 방향 설정이 가능하다면 대체 어느 방향이어야 하며, 왜 그 방향이어야 하는지에 대한 정당성을 제시할 수 있을까? 21세기를 사는 우리가 이런 질문을 가지고 옛것이 우리에게 어떻게 다가오는가를 점검하는 것은 의미 있는 일이다.

언젠가 "TV쇼 진품명품"이라는 프로그램을 시청했던 적이 있었다. 각 개인이 소장하고 있는 물품 중 그것이 골동품이든, 그림이든,

---

2) 이 글은 원래 필자의 역사신학에 대한 학문적 동기와 그 의미를 발전시킨 것으로, 「한국교회사학회지」 제7집 (1998)에 "'기독교 고전 신학' 재정립의 필요성"이라는 제목의 논문으로 수록되었다. 그 후 서울신학대학교 강근환 교수의 은퇴기념 논문집 『성결과 하나님의 나라』(2000년 2월)에 *Vetera Renovantes*라는 제목으로 보완되어 수록되었다. 더 보완된 내용으로 2012. 3. 31에 한국교회사학회와 복음주의역사신학회의 공동학술대회 주제 강연으로 발표되었으며, 그 내용이 다시 호서대학교 학술지 『지구촌신학』 20(2013. 12)에 게재되었고, 이번에 조금 더 수정하여 *ad fontes*라는 제목으로 이 책에 싣게 되었다.

도자기든, 붓글씨든 간에 가치가 있음직한 옛것을 가지고 출연하여 각자 예상되는 금액을 제시하고, 그 분야의 전문가로 구성된 전문 감정인의 감정을 받는 꽤 인기 있는 프로그램이었다. 한 번은 어떤 사람이 고서(古書) 한 점을 가지고 나왔다. 그것은 자신이 선대(先代)로부터 물려받은 두 권의 책 중 하나였다. 정작 자신은 그 내용이나 가치에 대해서는 전혀 아는 바가 없다고 했다. 물론 그도 대수롭지 않게 여겨서 다른 책들 속에 꽂아 두었고, 한 권을 누군가에 빌려주었는데 결국 분실했다고 했다. 전문 감정인들은 이 책이 임진왜란 때의 귀중한 사료이며 매우 가치 있는 책이라고 하면서, 아마도 짝을 이룬 두 권이 다 보존되었었다면 훨씬 더 귀중한 역사적 가치를 지녔을 책이라고 감정했다.

고전 기독교(Classical Christianity)에 대한 현대인들의 생각이 마치 이와 같지 않을까 나는 생각한다. 제반 현대적인 것들이 과거의 것들보다 우월한 지위를 지닌다고 보는 경향을 모더니티(Modernity)라고 할 수 있다. 그래서 모더니티의 추종자들은 자신들이 기독교적 옛 유산(遺産)에 빠져있는 사람들보다 훨씬 우월하다고 느끼는 것 같다. 그들은 고전 기독교를 대체로 '주변부'로 내몬다. 하지만 그들에게 고전 기독교는 별 실용적 가치가 없다. 그렇다고 완전히 버리지도 않지만, 서재에 꽂아둔 장식품 정도거나 아니면 관광지에서 구입해온 기념품 이상의 의미가 없다. 진품명품 프로그램에 고서를 들고 나왔던 사람이 어떤 수고와 대가도 치르지 않은 채 빛바랜 책을 한 권 소장하고 있지만, 정작 그것이 자기 가문과 국가에 문화적으로나 역사적으로도 얼마나 중요한 것인지는 전혀 모르는 사람처럼 말이다. 스스로 노력해서 얻거나 투쟁해서 지킨 것은 높게 평가

되지만, 대가 없이 쉽게 받은 것은 가치절하(價値切下)되는 법이다.

그리스도교에 대해서도 마찬가지라고 생각한다. 그리스도교의 본래 의미나 가치를 이해하려면, 우리는 그리스도를 위해 싸웠던 그리고 그리스도교를 유지하려 했던 사람들의 눈을 통해 그리스도교를 바라보아야만 한다. 켈리(J. N. D. Kelly)의 말처럼, 우리 자신이 그들의 삶과 경험 속에 푹 잠겨야 하는 것이다.3) 고전 그리스도교의 가치에 대해서 우리는 현대의 해석자들로부터 배우는 것이 아니라 그리스도교 역사에 등장했던 순교자들, 성인(聖人)들, 예언자들로부터 배우는 것이다.4) 그들의 가르침이 없다면 그리스도교는 그 중요한 정신을 잃을지 모른다. 마치 진품명품에 나왔던 고서처럼 이사 다닐 때 거치적거리는 것에 불과할 것이다. 아니면 누군가가 빌려달라면 빌려주는 물건에 불과할지 모른다. "TV쇼 진품명품" 프로그램에 책을 가지고 나왔던 사람은 후에 그 책에 대한 것을 자세히 알아보았다고 한다. 놀랍게도 그것은 임진왜란 당시 자신의 가문과 양곡 그리고 또 마을을 지키기 위해 외적에 대항해 싸웠던 선조들의 자세한 투쟁 기록으로서 가문 대대로 전해 내려온 것이었다.

오늘 우리 역시 이와 같은 깨달음을 경험하고 있다. 나도 예외가 아니어서 그 점을 절실히 느끼고 있다. 점점 더 많은 모더니티의 아

---

3) "고대교회의 정신을 이해하기 위한 유일한 길은 우리 자신이 그들의 저작 속에 푹 젖어드는 것이다." J. N. D. Kelly, *Early Christian Doctrines*, rev. ed. (San Francisco: Harper & Row, 1978), vi을 보라.
4) 해석의 당위성을 주장하는 입장을 보려면 Hans-Georg Gadamer의 *Truth and Method*, English traslation (New York: Crossroad, 1984), 261을 참조할 것. 또 David Tracy의 "Theological Method," in *Christian Theology: An Introduction to Its Traditions and Tasks*, eds. Peter C. Hodgson and Robert H. King (Philadelphia: Fortress Press, 1982), 36을 참조할 것.

들과 딸들이 그동안 무시되고 홀대받던 고전 기독교의 가르침을 재발견하고 있는 것이다. 이는 매우 환영할 만한 일이며, 거의 잊혀가던 것을 다시 새롭게 자각하는 순간이요, 잃었던 아이를 다시 껴안는 감격의 순간인 것이다. 패러다임의 급격한 변화를 겪는 오늘날 이 같은 인식은 점점 더 강하게 대두되고 있다. 고전 기독교의 가르침에 대한 재발견은 뿌리를 찾는 노력과도 같다. 뿌리는 그 말이 내포한 대로 지표면 아래에 있는 근원이기 때문이다. 1970년대 알렉스 헤일리(Alex Haley)의 소설 『뿌리』(Roots)는 미국 흑인 문화의 뿌리를 아프리카에서 찾는다는, 정체성의 재발견이라는 깊은 의미를 담고 있다. 뿌리를 찾는 노력은 표면이 아니라 심층을 보는 것이다. 종교적 사건에 대한 인식은 일반적으로 표면만을 볼 뿐이다. 오늘날 신앙 공동체에 겉으로 눈에 띄게 일어나는 특이한 일은 별로 없다. 그러나 나의 느낌으로는 조용한 수면 아래 그 깊은 곳에서 많은 일들이 일어나고 있다. 확실히 나는 느끼고 있다. 하지만 어떤 학자들은 신앙 공동체가 약화되어 가는데 그게 무슨 소리냐 하면서 그것은 단지 독백에 불과하다고 말할지도 모르겠다. 그러나 그래도 좋다. 나에게는 분명히 인식되고 느껴지고 보이는데 어찌하겠는가? 그래서 표면보다는 뿌리를 찾는 일이라 하지 않았는가?

나의 고희기념 논문집이라 하니 여기서 잠깐 내 지난날을 회고도 할 겸 개인 얘기 좀 해야겠다. 나는 전자공학을 전공했던 공학도였지만, 서울신학대학교에서 복음주의적인 신학 교육을 받고 또한 그에 따른 신앙 훈련을 받았다. 목사 안수를 받은 후 유학 생활을 뉴욕의 유니온 신학대학(Union Theological Seminary)에서 시작했다. 당시 유행하던 진보적 신학의 조류를 유니온 신학대학에서 충분히 만

끽했다. 젊은 마음에 마음껏 뛰쳐나가고 싶었다. 이어 드류 대학 (Drew University)에서 공부하면서 중간에 10년간 뉴욕 서울교회와 워싱턴 성결교회에서 목회 생활을 했다. 처음 몇 년은 진보적인 목회 태도를 유지했다. 그때 필자는 심오한 모더니티의 희망을 부여잡았고, 인간 삶의 해방이라는 꿈도 가졌으며, 현대적 해석을 하는 신학을 이해하려고 노력했다. 객관적 지식을 천명하면서 내가 자라왔던 전통과 소속했던 신앙 공동체로 부터의 자유라는 묘한 황홀경에 휩싸이기도 했다.5)

4년쯤 되었을까 오래지 않아 나는 담임목사로서 목회 현장에서 점점 더 많은 문제들에 봉착하게 되었다. 목회자가 지향하는 방향과 교회의 구성원들이 필요로 하는 것이 달라서 생기는 문제들이었다. 교인들에게는 분석과 설명이 아니라 사랑과 보살핌이 필요했던 것이다. 목회의 이상과 실천이 일치하지 않았던 것이다. 아니 차라리 신학과 목회의 괴리라고 보는 것이 좋겠다. 모더니즘에 입각한 신학적 가치를 추구한다는 것에 점차 회의감이 들고 의문이 생겼다. 정신적 허기짐을 경험하게 되었던 것이다. 방황과 고민 그리고 오랜 숙고 끝에 지도교수였던 드류 대학의 오든 교수(Thomas C. Oden)의 권고에 따라, 본격적으로 기독교 고전(Christian classics)을 읽기 시

---

5) 계몽주의의 지적 기초에 대해서는 James M. Kee, "'Postmodern' Thinking and the Status of the Religions," *Religion and Literature* 22/2-3 (Summer-Autumn 1990): 49를 참조할 것. 또 Stanley J. Grenz, "Postmodernism and the Future of Evangelical Theology: *Star Trek* and the Next Generation," *Evangelical Review of Theology* 18/4 (October 1994): 325; David Ray Griffin, *God and Religion in the Postmodern World: Essays in Postmodern Theology* (Albany, N.Y.: State University of New York Press, 1989), 21-23, 54-56을 참조할 것.

작했다. 그리고 몇 년이 지나지 않아 필자 자신의 내부에 어떤 변화가 생긴 것을 느꼈다. 즉 기독교 고대의 전통이 스스로의 힘으로 이야기하도록 두는 것이 가장 자연스러운 것이라는 확신이 든 것이다. 그러자 목회 생활이 전과는 달라졌다. 활기차고 생기가 넘치면서 교인들의 숫자도 급격히 늘었다.

목회에서뿐 아니라 학교에서 학위 공부를 하면서 이런 확신은 더 강해졌다. 비슷한 생각을 가지고 공부하는 동료들이 하나둘씩 자연스럽게 내 주위에 늘어났다. 물론 그들 중 일부는 현대적 치유 방법(modern therapies)을 주장하는 이도 있었고, 잘못된 것을 바로 잡겠다는 정치적 메시아주의를 가지고 있는 이들도 있었으며, 철저하게 경건을 추구하는 삶으로 일관하는 동료도 있었다. 어쨌든 우리는 함께 연구하면서 사도적 전통과 고대 기독교 저자들의 순수한(primitive) 언어에 매혹되어 갔다. 지금도 희한하게 여겨지는 것은 우리가 공부했던 그 언어들이 현대적인 것보다 더 도전적인 것도 아니었고 더 매력적인 것도 아니었지만, 호소력만큼은 훨씬 더 컸다. 모더니즘에서처럼 현대인이 받아들이기 쉽도록 부드럽게 어루만져 원래의 의미를 모호하게 만드는, 그런 것과는 거리가 멀었다. 현대 언어에 희석되지 않은, 원래대로의 옛 언어로 남아 있었던 것이다. 투박하지만 근원적인 그리고 솔직한 교부들의 주장에 우리는 많은 감동을 받았다.

그때 우리는 함께 연구하며 공감하는 게 하나가 있었다. 그것은 현대라는 물에 섞은, 소위 말하는 모더니즘으로 "재해석"하는 것을 원치 않는다는 점이었다. 사도들과 순교자들 그리고 고대 교부들이 표현했던 신앙의 실체적 경험을 그들로부터 직접 듣기를 원했다. 그리고 우리가 경계했던 것이 있다. 그것은, 현대 신학자들이 사도들과 순교자들의 신앙을 가감 없이 그대로 받아들이는 것이 부적합할까 걱정한 나머지 무미건조한 근대사상에 뒤섞거나 새로운 방법론에 따라 표현하는 것이었다. 내용보다 방법론 자체를 강조하는 경향을 경계한 것이다. 사실 모더니티로 무장한 (현대적) 방법론을 비판하는 것은 쉬운 일이 아니었다.

몇 사람의 현대 신학자들을 실례로 들어보자. 하버드 대학의 로너간(Bernard Lonergan)은 "창조성의 틀"(frame of creativity)을 말하면서 옛것의 반복을 경계한다. 그는 신학자들이 탐구하는 대상에 관심이 있는 것이 아니라 신학자들이 수행하는 방법에 관심을 가지며, 신학 내용을 보려는 것이 아니라, 신학 방법을 추구했다.6) 시카고 대학의 트레이시(David Tracy)가 보는 신학은 전통적인 신앙 내용을 오늘의 새로운 상황에 부합하도록 창조적으로 해석하는 것이다.7) 예일 대학의 린드벡(George A. Lindbeck)은 "인식-명제적"(cognitive-propositionalist) 이론이나 "경험-표현적"(experiential-expressive) 이론보다 "언어-문화적"(cultural-linguistic approach) 접근을 통해서 기독교 교리와 신앙을 파악한다.8) 한편 서부의 샐리 맥패이그 (Sallie McFague)는 저것으로 이것을 해석하는 이른바 같은 것과 다른 것을 판단하는 메타포를 강조한다. 자연히 모든 것이 상대화되고 만다.9) 이상에서 보는 것처럼, 현대 신학자들은 교회 또는 신앙 속

6) Bernard J. F. Lonergan, *Method in Theology* (New York: Herder and Herser, 1972), xi-xii.
7) David Tracy, "Theological Method," 35-36.
8) George A. Lindbeck, *The Nature of Doctrine: Religion and Theology in a Post-liberal Age* (Philadelphia: Westminster Press, 1984), 16-18.

에서의 삶보다 학문적 신학에 더 관심을 두었다. 신앙의 내용(con-tent)보다 그 형식에 해당하는 신학 방법론(method)에 집착한 것이다.

나는 그들을 편의상 모더니스트라고 부른다. 그들의 신학적인 작업을 종합해보면 다음과 같은 공통점이 있다. 첫째, 그들은 기독교적인 삶과 활동에 관심을 두기보다 학문으로서의 신학 자체에 집중하고 있다. 방법에 따라 주제가 좌지우지되어 신앙 내용보다 신학 방법에 매달린다. 그들에게 신학 방법이 익숙한 모더니티의 얼개에 적합하지 않을 때, 고대 교회 교부들의 신앙 내용이나 저작 또는 신조가 내포하고 있는 역사적 의미 같은 것은 그들의 신학 작업에서 중요한 고려의 대상이 되지 않는다.[10] 둘째, 모더니스트들이 즐겨하는 신학 방법은, 내용을 잘 파악하도록 이끌어주는 안내자 역할을 하는 것도 아니요, 따라야 할 규범의 집합(a set of rules)도 아닌, 오히려 새로운 창조를 위한 골격을 제공하거나 새로운 창조 활동을 수행하기 위한 과정(process)을 말하고 있다. 변하는 것, 즉 새로운 것을 추구하는 것이다. 셋째, 이들은 역사나 역사의 사용 문제를 지나치게 단순화하거나 단지 하나의 자료로만 보려는 경향이 있다. 예를 들면 린드벡은 역사를 단지 교리 이론을 조명해주는 근거 자료 (source book)로만 여긴다. 아타나시우스의 저작 자체보다 아타나시우스에 관해 논의하는 제2차적인 자료에 더 관심하는, 그런 것 말

---

9) Sallie McFague, *Metaphorical Theology: Models of God in Religious Language* (Philadelphia: Fortress Press, 1982), 65.

10) 로너간의 경우가 좋은 예가 될 것이다. 그는 이렇게 썼다. "나는 신학을 말하려는 것이 아니라 신학방법(method in theology)을 말하고자 한다. 나는 신학자들이 설명하는 대상에는 관심이 없고 신학자들이 수행하는 그 수행 방법에 관심이 있다"(Lonergan, *Method in Theology*, xii).

이다. 원 자료를 탐구하는 것을 그리 중요하게 여기지 않고, 그것의 해석된 자료로 만족할 때가 많은 것이다.[11]

몇몇 현대 신학자들에 대해 이야기했지만 다시 원래의 이야기로 돌아가 보자. 여하튼 우리는 그렇게 기독교 고전들을 읽었다. 바울의 로마서를 읽거나, 이레니우스(Irenaeus)의 『이단 반박론』을 읽었고, 순교에 관한 키프리안(Cyprian)을 읽었으며, 신앙의 핵심 내용을 규정한 고대 에큐메니칼 회의(The Ecumenical Councils)의 기록들도 읽었다. 하나님의 존재를 추론하려 노력한 안셀름(Anselm)의 저작에 몰두하기도 했으며, "독일 귀족들에 고함"이라는 루터(Luther)의 유명한 논문을 한 자 한 자 음미해가면서 읽기도 했다. 그리고 칼빈이나 웨슬리에게도 귀를 기울였다. 우리가 놓치고 싶지 않았던 것은 살아 역사(役事)하는 신앙 공동체 속에서 뿜어 나오는 생생한 증언들을 왜곡 없이 경험하려는 것이었다. 모더니티의 주장에는 심한 왜곡이 있다고 느꼈던 것이다. 우리는 모더니티가 설명하는 내용을 들을 때 어떤 희석감(稀釋感)과 일종의 속은 것 같은 묘한 느낌, 그리고 그들의 가르침에 무엇인가 결정적인 것이 빠졌다는 느낌을 점차 더 강하게 갖게 되었다.

필자의 학문적 동료들 중에도 나름대로 모더니티의 한계를 이런 저런 모습으로 경험하고 나서 새로운 출발을 하는 이들이 꽤 많았

---

11) 맥그래스는 이런 린드벡을 비판하면서 역사는 단순히 근거 자료만은 아니라고 주장한다(Alister E. McGrath, *The Genesis of Doctrine: A Study in the Foundations of Doctrinal Criticism* [Oxford, UK.: Basil Blackwell, 1990], 33). 맥그래스는 역사를 실제의 삶 속에서 어떤 생각(ideas)이 효과를 볼 수 있는지를 시험하는 실험실처럼 생각한다. Alister E. McGrath, "Reformation Spirituality: A Usable ast," *The Drew Gateway* 60/2 (Spring 1991): 14를 보라.

다. 성경의 텍스트와 씨름하고 고전 기독교의 고백과 증언에 따른 영적 지도를 받으면서 기나긴 순례에의 길에 오른 것이다. 그들 대부분은 고전 기독교 전통이 냉소적인 놀림감처럼 여겨지는 그런 사회적 환경 속에서 자랐다. 그러나 그들은 이제 그 환경을 넘어 일찍이 접해 보지 못했던 그 전통의 깊은 맛을 음미하게 된 것이다. 필자는 이것을 "포스트모던 정통"(the postmodern orthodoxy)이라고 부르고 싶다.12) 포스트모던이라는 말은 1930년대에 미술계에서 어떤 발전을 지칭하는 것에서부터 썼다.13) 나중에 새로운 건축 스타일을 말하는 것이 되었으나 1970년대까지는 별로 주목받는 어휘가 되지 못했다. 점차 대학에서 철학이나 문학 분야 등에서 넓은 문화 현상을 묘사하는 의미로 쓰게 되었다. 말 그대로 포스트모더니즘은 모더니즘 너머의 문제를 다룬다. 그리고 모더니티의 여러 조건들로 규정되는 현대 정신(modern mindset)을 극복해나가려는 특성을 가진다.14) 그러므로 포스트모던적인 사고의 틀을 이해하기 위해서는 그것을 있게 하고 또 극복해야 하는 모더니티라는 현대의 상황에서부터 살펴보아야 할 것이다.

모더니티는 18세기의 계몽주의(Aufklärung) 정신으로부터 찾을

---

12) 필자는 보편적으로 쓰이면서 넓은 뉘앙스를 풍기는 "포스트모던"이라는 용어를 썼지만, 더 정확히 표현하자면 "포스트 비평 정통"(postcritical orthodoxy)이 우리의 논구(論究)에 타당하다고 본다. 이 포스트 비평 정통이라는 용어는 오든(Thomas C. Oden) 교수로부터 차용했음을 밝힌다.

13) Craig Van Gelder, "Postmodernism as an Emerging Worldview," *Calvin Theological Journal* 26/2 (1991): 412.

14) Stanley J. Grenz, "Postmodernism and the Future of Evangelical Theology: Star Trek and the Next Generation," *Evangelical Review of Theology* 18/4 (Oct. 1994): 323.

수 있는데, 당시의 계몽주의 정신은 옛 전통적인 것들보다 근대적인 새것들이 훨씬 우월하다고 주장했다. 이것이 당시의 시대정신(Zeit-geist)이었지만, 그 싹은 이미 그 이전 시대부터 시작되었다. 보편적 개념에 대한 실재성을 부정하고 중세 스콜라철학이 분해되는 단초를 제공했던 14세기 유명론자들의 근대적 방법(*via moderna*)에 대한 논쟁에서 이미 예견된 것이었다. 이처럼 근대 의식은 수백 년 이상의 오랜 역사를 가지고 있다. 과거와 현재를 잇는 역사는 둘 사이의 끊임없는 대화에 있다고 카(E. H. Carr)가 언급했던 것은 맞는 얘기다.15) 그러나 역사의 해석은 그리 단순한 것이 아니다. 역사를 의미하는 독일어 용어에 'Historie'와 'Geschichte'가 있다. 둘 다 역사를 의미하는 단어다. 전자는 객관적으로 연구해서 얻은 지식으로서의 역사를 말한다. 19세기 독일 역사학자였던 랑케(Leopold von Ranke, 1795-1886)가 그 대표적인 학자다. 객관적이고 실증적인 역사관으로, "있었던 그대로"(wie es eigentlich gewesen)를 받아들인다.16) 한편 후자는 발생한 사건과 그 사건에 대한 설명을 의미하는 역사다. 해석된 역사다. 역사가는 역사적인 자료들을 해석하지 않으면 아무 의미가 없다고 주장한다. 그 대표적인 학자로 20세기의 크로체(Benedetto Croce, 1866-1952)가 있다. 그는 모든 역사란 현대적인 시각에서 해석되는 것으로 이해했다.17) 필자는 후자의 사관을 비판하려는 것이 아니다. 다만 그 주장 중 오늘을 찬미하고 내일을 숭배하

---

15) Edward H. Carr, *What is History?* (London: MacMillan & Co., 1961), 24.
16) Leopold von Ranke, *The Theory and Practice of History* (New York: Rout-ledge, 2011), 86.
17) Robin G. Collingwood, *Croce's Philosophy of History* (Charlestone, SC: Nabu Press, 1920), 265.

며, 어제를 거부하고 오래된 것을 역겨워하는 경향을 경계하는 것이다.18) 최소한 영국의 역사철학자인 콜링우드(Robin George Colling-wood, 1889-1943) 정도의 관점은 가지고 있어야 하지 않겠는가? 그는 과거를 이렇게 이해한다. "죽은 과거가 아니라, 아직도 현실 속에 살아 있는 과거"라고 말이다.19)

내 판단이 지나치다고 말할지 모르겠다. 그러나 모더니티의 주장을 자세히 들어보면, 그것은 근대 이전(premodern)의 지혜를 진지하게 들여다보지 못하도록 눈가리개를 착용하라는 말처럼 들린다. 모더니스트들은 근대 이전을 원시 때처럼 무지했던 시대라고 여기는 것 같다. 이렇게 우리는 시간적으로 나중의 것이 앞엣것보다 더 나은 것이라는 가르침 속에서 과거 사회와 세계관으로부터 별로 배울 것이 없다고 종용받아왔다. 그 때문에 과거의 실패와 업적으로부터 아무것도 배울 수가 없었다. 마치 디지털(digital)에 익숙한 사람이 아날로그(analog)를 전 시대의 유물이라고 평하는 것과 무엇이 다를까? 팝콘 기계나 3-D 프린터, 드론(Drone) 또는 스마트폰이나 최신의 앱(applications)처럼, 신학에서도 새로운 것이 좋고(new is good), 더 새로운 것은 더 좋고(newer is better), 가장 새로운 것이 가장 좋다(newest is the best)는 식의 전제가 별 검증도 없이 자연스레 진행되어왔다. 과거는 죽고 폐기되었다는 것이 아무렇지도 않게 신학에도 스며든 것이다.20) 이런 왜곡된 유추를 바로잡는 일은 모

---

18) 어떻게 보면 근대의식적인 역사관은 지나간 문화들에 대한 일종의 공포증이 있거나, 아니면 과거의 진실을 두려워하는 것 같다.

19) Robin G. Collingwood, *Croce's Philosophy of History*, 265.

20) Alister E. McGrath, "Reformation Spirituality: A Usable Past," 17-18.

더니즘 신학, 곧 인스턴트 신학에 오랫동안 익숙해진 신학자들에게
는 황당무계하게 들릴지 모른다. 진보적인 신학교에는 충격적인 영
향을 미칠 수도 있을 것이다.[21] 내가 하고픈 애기는 근대 이전이라
해서 무시하지 말자는 뜻이다. 우리는 과거를 기억해야 한다. 과거
는 항상 우리와 함께 있기 때문이다.[22] 나중 것이 더 좋다는 것은
신학이나 윤리학보다는 공학이나 응용 분야에서 많이 활용되는 전
제다.

모더니티는 20세기에, 특히 중 후반에 최면술과 같은 힘을 행사
했다. 포스트모던(포스트비판) 의식이 버리고 싶은 것이 있다면 바로
이런 진보주의적 환상이다. 모더니티는 단지 한 시대를 의미하는 것
만이 아니고, 그 시대의 열정, 희망, 사상 같은 것을 모두 포함한다.
모더니티의 이상은 대학이 앞서서 선도했다. 그것은 다른 어떤 곳에
서보다 대학에서 우세하게 작용하는 정신이었다. 20세기 후반에 들
면서 대학들은 고전적인 의미에서 보편성(*universitas*)을 상실하고
대신 모더니티의 특정한 이데올로기와 정신 활동을 해설하고 옹호
하는 일에 점점 더 열중하게 되었다.

이와 같은 모더니스트들의 성향은 계몽주의 이후 이어진 현대적
사고에 영합하려는 시도로 파악된다.[23] 이들은 교회의 규범을 비판

----

21) 신학을 쇠약하게 만드는 이런 편향된 전제를 많이 따를수록 가장 진보적인 신학
    교라고 평가되는 것이 현실이다. 이를 직시할 때 그런 추론이 가능하다는 말이
    다. 소위 말하는 가장 훌륭한 학교들은 고전적인 기독교 신앙과 대화를 유지하
    는 일로부터 스스로를 차단하여왔다고 할 수 있다.
22) Charles A. Moore, ed., *The Indian Mind* (Honolulu: East-West Center
    Press, 1967), 6-7.
23) 이에 관한 좋은 연구 자료로서는 Thomas C. Oden, *After Modernity ... What?:*
    Agenda for Theology (Grand Rapids, Mich.: Zondervan Publishing House,

하며 과거(past)는 이제 모두 폐물이 되어버린 "사상의 지적 납골당"
이라고 보고 있다. 계몽주의 정신이 주도하고 있는 현대 문화는 아
직도 과거로부터 배울 것이 있는지에 대해 질문하고 있다. 과거는
죽었고 그 힘을 다 잃었으며 이제는 쓸모가 없다고 생각한다. 과거
가 현대에 적응(accommodation)하지 못한다는 것이다.24) 여기서
우리는 자문할 필요가 있다. 과거는 여전히 유용한 것인가? 이 질문
에 과거가 유용한 것이라는 답이 나온다면, 현대, 현대 정신, 현대주
의에 한계가 있고 문제의 소지가 있다는 것은 자명하다.

이들 모더니스트들과는 달리 과거는 유용하다고 생각하는 현대
의 신학자들이 있다. 우리는 그들로부터 2,000년을 이어온 기독교
전통 속에서 기독교 신학체계를 되찾으려는 노력의 흔적을 엿볼 수
있다. 판넨베르그(Wolfhart Pannenberg)는 현대의 이슈가 되는 주제
들 속에 고대 교부들의 관련성을 자주 언급하며 의미를 부여하고 있
다.25) 제닝스(Theodore W. Jennings)는 신학은 케리그마적이며 교

1990)과 McGrath 의 *The Genesis of Doctrine*을 참조하라.

24) 과거가 현대에 적응(accommodation)한다 해도 필자는 그것으로 만족할 수가
없다. 과거가 현대에 활력(actualization)을 주는 것이 되어야 할 것이다. 틸리
케(Helmut Thieliche)는 "활성화함"(Aktualisierung)과 "적응"(Akkommo-
dation)이란 말을 구별했다. 전자는, 진리 자체는 있는 그대로 늘 완전하게 남
고 그 진리에 대한 새로운 해석 또는 재진술을 한다는 것이다. 듣는 자가 진리에
따라 부름 받고 소환되는 것을 말한다. 그러나 후자는 내가 진리를 규정하겠다
는 태도를 보여준다. Helmut Thieliche, *Der Evangelische Glaube: Grundzüge
der Dogmatik*, Band I (Tübingen: J. C. B. Mohr, 1968), 9를 보라. 또는
Helmut Thielicke, *The Evangelical Faith*, tr. and ed. Geoffrey W. Bromiley
(Edinburgh: T. & T. Clark Ltd., 1974), 26-27을 보라.

25) Wolfhart Pannenberg, *Basic Questions in Theology*, vol. 2, translated by
George H. Kehm (Philadelphia: The Westminster Press, 1971), 119-183
을 보라.

리적인 측면에 중점을 더 두어야 하고, 그리스도인의 과거에 더 치중하는 노력을 해야 하며, 신앙 공동체에 더 가까워져야 한다고 역설한다.26) 오든(Thomas C. Oden)은 고전적인 기독교 성서 주석의 전통을 진지하게 다루자고 하면서 특히 기독교 교리들이 형성되었던 고대 기독교인들이 공유했던 신앙으로 되돌아가야 한다고 주장한다.27) 최근에 이처럼 과거의 중요성에 대한 언급이 점차 늘어나면서 고대 교회의 회의(Councils), 신앙, 삶, 교부들의 가르침 등 과거의 재발견에 대한 노력이 점점 증대되고 있다. 맥그래스(Alister E. McGrath)는 드류 대학교에서 행한 1990년 보스벅 강좌(Vosburg Lecture)에서 이렇게 말했다.

> 과거를 공부한다는 것은 서로 다른 시대나 다른 문화 환경에서 하나의 규범으로서 간주되었던 가치나 신앙에 대한 통찰을 얻는 것이다. … 오늘의 것에만 집착하는 것으로부터 우리를 해방하는 것이다.28)

우리는 과거로부터 배움으로써 지적활동의 성숙을 기대할 수 있다는 것이다. 물론 신학은 단순히 과거를 되풀이하거나 과거 안에 머물러 있어서는 안 될 것이다. 오히려 신학은 신학이 모더니티에 집착하지 않고 또 비이성적으로 과거에 집착만 하지 않는다면, 자신

---

26) Theodore W. Jennings, Jr., *Introduction to Theology: An Invitation to Reflection upon the Christian Mythos* (Philadelphia: Fortress Press, 1976), 134-147.
27) Oden, *After Modernity*, 34, 37.
28) McGrath, "A Usable Past," 15-16.

의 과거에 비판적으로 그리고 책임 있게 맞서야 할 필요가 있다. 틸리케(Helmut Thielicke)가 언급했던 것처럼, 현대와 과거의 관계는 적응(Akkommodation)을 하느냐의 문제가 아니라 활성화(Aktualisierung)할 수 있느냐의 문제로 보아야 하기 때문이다.29)

우리가 지금까지 신학적 중심을 잡지 못하고 현기증에 걸린 것은 모더니티의 입장에서 성공하려고 노력했던 것에 기인한다. 이제 우리는 조용히 우리의 귀중한 유산, 즉 의식(意識)의 가장 깊고 영원한 샘이자 생존의 근원을 제공해주는 성경과 고전적 합의(consensus)에 의한 주석(註釋)을 진지하게 읽을 때가 온 것이다. 고대 교회의 원형을 찾아 나설 때가 된 것이다. 우리는 과거로부터 배울 수 있는가? 그렇다. 그것은 과거의 사건이나 인물, 사상 등에 숨어 있는 의미를 빈틈없이 탐구하는 것이다. 그렇게 한다면 과거는 귀중한 빛을 현대에 던져주게 될 것이다. 그리고 그것은 오늘 우리에게 필요한 가치를 제공하는 보고(實庫)가 될 것이다.

21세기의 문제는 들으려 하지 않고 말하려고만 한다는 데 있다. (듣는 사람은) 피곤하지 않은가? 무조건 반대하는 습성도 문제다. 또 안으로만 굽는 자기도취형의 주장 역시 동시대뿐 아니라 과거와의 대화를 단절하는 것이다. 현대의 신앙과 신학에서 과거의 신앙인들과 사상가들은 배제되었다. 최근에 창조된 아이디어나 가치관은 그 자체로 긴 역사 발전에서 볼 때, 가장 바른 것이라고 주장할 수는 없을 것이다. 그러나 과거를 탐구하게 되면 다른 시대의 다른 문화가

....
29) Helmut Thieliche, *Der Evangelische Glaube*, 9.

추구했던 신앙과 가치로부터 현대적인 통찰력을 얻을 수가 있다. 고대 교회에서 집약되고 정리된 신념이나 가치관으로부터 잘못된 것을 만들어낼 수는 없다고 말하고 싶은 것이다. 이제는 과거의 지적인 유산에 눈을 돌려야 할 때가 되었다. 과거를 공부한다는 것은 편협한 지적 왜곡으로부터 우리를 해방해주는 것이며, 고지식한 이데올로기의 한계로부터 지적인 독립선언을 하는 것이다.

계속되는 역사는 과거를 영원히 역사의 뒤안길로 내보내지 않는다. 과거는 현재의 한 부분으로서 남는다. 회상(recollection)과 재전유(再專有)로 그것이 가능하다. 우리가 지금 여기서 듣는 음성은 과거의 음성에 대한 메아리(에코)다. 과거를 회상한다는 것은 지적인 행동만큼이나 의지적인 행동이기도 하다. 과거는 현재에 충격을 줄 수 있다. 우리가 바로 이해한다면 역사는 살아 있고 역동적이며 현재를 조명할 수 있는 무한한 가능성을 지니고 있다. 과거는 현재를 조명하고 해석하며 심지어는 변화 시킬 수도 있는 능력을 소유하고 있다는 말이다. 르네상스는 과거와 문화적으로 조우함으로 인간 삶에 새로운 생명과 신선한 활력을 불어넣었다. 과거가 중세 유럽의 정체된 환경에 맑은 공기를 공급한 것이다. 마찬가지로 과거는 21세기의 우리에게도 빛을 비춰줄 것이다.

과거로부터 이어진 전통은 새로운 것에 대한 적절한 억제력을 발휘한다. 전통은 역사 속에 자리 잡고, 그 전통의 후계자가 되는 사람에 의해 보호되며, 조심스럽게 공동체 안에서 그 지속성을 유지한다. 종교개혁이 영원한 기독교 고전인 성경에서 신앙의 뿌리를 찾는 것처럼 우리도 과거에서 신앙의 뿌리를 찾아야 한다. 제2 종교개혁이 필요한 것이다.[30] 과거 속에는 우리 신앙의 뿌리가 있다. 뿌리는 잎과 열매가 잘 자라도록 도와준다. 뿌리는 연속성과 안정성을 위해 중요하다. 우리가 과거를 탐구한다는 것은 참으로 흥미진진한 과정 인 것이다. 우리가 직접 신앙의 근원으로 되돌아가는 것, 그 생생한 동력을 경험하고 다시 활용하는 것, 신약성경의 매 페이지마다 나타 나는 신앙을 우리 것으로 가져오는 것을 의미하고 있다. "*ad fontes, ab initio.*" 이 말은 우리가 신앙의 원천인 십자가와 성경으로 돌아가 서 거기서부터 시작해야 한다는 말이다. 고대 교회의 유산으로 돌아 가야 한다는 뜻이다. 교회는 교회가 미래로 가기 위해서 처음 시작 하였던 곳으로 되돌아가는 것을 배워야 한다. 당신이 어디서 왔느냐 하는 것은 당신이 누구냐 하는 질문에 대한 답이 될 것이다.[31]

---

30) 김영주, "제2 종교개혁이 필요한 한국 교회," 임태수 외 13인,『제2 종교개혁이 필요한 한국 교회』(서울: 기독교문사, 2015), 9를 참조하라.
31) 사실 오늘 우리에게 필요한 것은 새것이 나왔다고 옛것을 버리지 말고 옛것을 새롭게 활력화(活力化)하여 현대의 문제에 대처하는 현명함이다. 5세기 레오 1세의 경구를 기억하라. 새것을 만들어내는 것이 아니라 옛것을 새롭게 하자(*non nova instituentes, sed vetera renovantes!*). Leo I, *Patrologiae cursus completus, Series Latina,* vol. 54, 629를 보라.

참고문헌(Bibliography)

Augustine of Hippo. "To the Newly Baptized: on the Eucharist." *Selected Easter Sermons of St. Augustine*, ed. Philip T. Weller. London: B. Herder Book Co., 1959.

Berger, Peter L. "From the Crisis of Religion to the Crisis of Secularity." in Mary Douglas and Steven Tipton, eds., *Religion in America: Spiritual Life in a Secular*. New York: Scribner's Sons., 1972.

_____. *Facing up to Modernity: Excursions in Society, Politics, and Religion*. New York: Basic Books, 1977.

Berger, Peter L., Brigitte Berger, and Hansfried Kellner. *The Homeless Mind: Modernization and Consciousness*. New York: Random House, 1973.

Berkhof, Hendrikus. *Two Hundred Years of Theology: Report of a Personal Journey*. Trans. John Vriend. Grand Rapids, Mich.: William B. Eerdmans Publishing Co., 1989.

Brown, Douglas E. *When Past & Present Meet: A Companion the Study of Christian Thought*. Peabody, Mass.: Hendrickson Publishers, 1987.

Carr, Edward H. *What is History?*. London: MacMillan & Co., 1961.

Chesterton, G. K. *Orthodoxy: The Romance of Faith*. New York: Doubleday, 1959.

Collingwood, Robin George. *Croce's Philosophy of History*. Charleston, SC: Nabu Press, 1920.

Cone, James H. *A Black Theology of Liberation*. Philadelphia: J. B. Lippincott Co., 1970.

_____. *Black Theology and Black Power*. New York: Seabury Press, 1969.

Daly, Mary. *Beyond God the Father: Toward Philosophy of Women's Liberation*. Boston: Beacon Press, 1973.

_____. *Pure Lust: Elemental Feminist Philosophy*. Boston: Beacon Press, 1984.

Davis, John Jefferson. *Foundations of Evangelical Theology. Grand Rapids, Mich.: Baker Book House*, 1984.

Davis, Leo Donald. *The First Seven Ecumenical Councils (325-787): Their History and Theology*. Collegeville, Minn.: Liturgical Press, 1983.

Deferrari, Roy Joseph et al., eds. *The Fathers of the Church*. A New Translation. New York: Fathers of the Church, 1957.

Dulles Avery. *Revelation Theology: A History*. New York: Herder and Herder, 1969.

Evans, Gillian R., Alister E. McGrath and Aallan D. Galloway. *The Science of Theology*. Vol. 1 of The History of Christian Theology, ser. ed. Paul Avis. Grand Rapids, Mich.: Wm. B. Eerdmans Publishing Co., 1986.

Fiorenza, Elisabeth Schüssler. *In Memory of Her: A Feminist Theological Reconstruction of Christian Origins*. New York: Crossroad Publishing Co., 1983.

Gadamer, Hans-Georg. *Truth and Method*. New York: Crossroad, 1984.

Gelder, Craig Van. "Postmodernism as an Emerging Worldview." *Calvin Theological Journal* 26/2 (1991): 409-24.

Grenz, Stanley J. "Postmodernism and the Future of Evangelical Theology: Star Trek and the Next Generation." *Evangelical Review of Theology* 18/4 (Oct. 1994): 322-34.

Griffin, David Ray. *God and Religion in the Postmodern World: Essays in Postmodern Theology*. Albany, N.Y.: State University of New York Press, 1989.

Guarino, Thomas. "Postmodernity and Five Fundermental Theological Issues." *Theological Studies* 57 (1996): 680-85.

Ingleby, Jonathan. "Two Cheers for Postmodernism." *Third Way* 15/4 (May 1992): 17-32.

Jennings, Theodore W. *Introduction to Theology: An Invitation to Reflection upon the Christian Mythos*. Philadelphia: Fortress Press, 1976.

Kang, Ilku. "Ecumenical Model in the Theology of Leo the Great." Ph.D. diss. Drew University, 1992.

Kee, James M. "Postmodern Thinking and the Status of the Religions," *Religion and Literature* 22/2-3 (Summer-Autumn 1990):

Kelly, J. N. D. *Early Christian Doctrines*. Rev. ed. San Francisco: Harper & Row, 1978.

Kuhn, Thomas S. *The Structure of Scientific Revolutions*. 2nd ed., enl. Chicago: University of Chicago Press, 1970.

Lasch, Christopher. *The Culture of Narcissism*. New York: W. W. Norton, 1979.

Lee, Sung-Min. "The Unity of Word and Sacrament among Early Christians: Biblical and Historical Witnesses" Ph.D. diss., Drew University 1994.

Liechty, Daniel. *Theology in Postliberal Perspective*. London: SCM Press, 1990.

Lindbeck, George A. *The Nature of Doctrine: Religion and Theology in a Postliberal Age*. Philadelphia: Westminster Press, 1984.

Lonergan, Bernard J. F. *Method in Theology*. New York: Herder and Herder, 1972.

Marsden, George M. *Fundamentalism and American Culture: The Shaping of Twentieth-Century Evangelism 1870-1925*. Oxford, Engl.: Oxford University Press, 1980.

McFague, Sallie. *Metaphorical Theory: Models of God in Religious Language*. Philadelphia: Fortress Press, 1982.

McGrath, Alister E. *The Genesis of Doctrine: A Study in the Foundations of Doctrinal Criticism*. Oxford, UK.: Basil Blackwell, 1990.

_____. "Reformation Spirituality: A Usable Past." *The Drew Gateway* 60/2 (Spring 1991): 3-27.

Moore, Charles A. ed. *The Indian Mind*. Honolulu: East-West Center Press, 1967.

Neuhaus, Richard John, ed. *American Apostasy: The Triumph of "other" Gospels*. Grand Rapids, Mich.: Wm. B. Eerdmans Publishing Co., 1989.

_____. *The Believable Futures of American Protestantism*. Grand Rapids, Mich.: Wm. B. Eerdmans Publishing Co., 1988.

Nicholson, Linda J. ed. *Feminism / Postmodernism*. New York: Routledge, Chapman & Hall, 1990.

Oden, Thomas C. *After Modernity ... What?: Agenda for Theology*. Grand Rapids, Mich.: Zondervan Publishing House, 1990.

Packer, J. I. *"Fundamentalism" and the Word of God: Some Evangelical Principles*. Grand Rapids, Mich.: Wm. B. Eerdmans Publishing Co., 1990.

Pannenberg, Wolfhart. *Basic Questions in Theology*. tr. George H. Kelm. Philadelphia: Westminster Press, 1971.

Pinnock, Clark H. *Tracking the Maze: Finding Our Way through Modern Theology from an Evangelical Perspective*. San Francisco: Harper & Row, Publishers, 1990.

Quasten, Johannes. *Patrology*. 4 vols., Westminster, Md.: Christian Classics, 1986.

Ranke, Leopold von. *The Theory and Practice of History*. New York: Routledge, 2011.

Ruether, Rosemary Radford. *Sexism and God-Talk: Toward a Feminist Theology*. Boston: Beacon Press, 1983.

Russell, Letty M. ed. *The Liberating Word: A Guide to Nonsexist Interpretation of the Bible*. Philadelphia: Westminster Press, 1976.

Schaff, Philip and Henry Wace, ed. *Select Library of the Nicene and Post-Nicene Fathers of the Christian Church*, New York: Christian Literature Co., 1895; repr. Grand Rapids, Mich.: Wm. B. Eerd- mans Publishing Co., 1978.

Shils, Edward A. *Tradition*. Chicago: University of Chicago Press, 1981.

Song, Choan-Seng. *Third-Eye Theology: Theology in Formation in Asian*

Settings. Maryknoll, N.Y.: Orbis Books, 1979.

Thielicke, Helmut. *Der Evangelische Glaube: Grundzüge der Dogmatic. Band 1*. Tübingen, Germany: J. C. B. Mohr, 1968.

Tracy, David. *Analogical Imagination: Christian Theology and the Culture of Pluralism*. New York: Crossroad Publishing Co., 1981.

_____. "Theological Method." in *Christian Theology: An Introduction to its Traditions and Tasks*, eds. Peter C. Hedgson and Robert H. Jing. Philadelphia: Fortress Press, 1982.

Vahanian, Gabriel. *The Death of God: The Culture of Our Post-Christian Era*. New York: George Braziller, 1961.

White, James F. *Introduction to Christian Worship*. rev. ed. Nashville, Tenn.: Abingdon Press, 1990.

임태수 외 13인. 『제2 종교개혁이 필요한 한국 교회』. 서울: 기독교문사, 2015.

1부

교회의 역사와
아드 폰테스 *ad fontes*

'그리스도를 본받음'에 관한 초대 교부들의 가르침

정용석 | 이화여자대학교 교수

I. 들어가는 말

초대 교부들의 가르침에서 하나님을 본받음(θεομίμησις: *imitatio Dei*) 또는 그리스도를 본받음(Χριστομίμησις: *imitatio Christi*)의 신앙은 여러 가지 형태로 추구되었다. 신앙생활의 여러 요소들, 예를 들어서 사랑, 순결, 순교, 기도, 관상, 하나님과의 연합(ἕνωσις), 완성(τέλειος), 신화(θέωσις) 등은 "신앙공동체의 범주 안에서 예수 그리스도가 하나님이요 구세주라는 고백을 중심으로 활용되었다. 그러한 요소들은 항상 그리스도와의 관계 속에서 그리스도를 따름 또는 그리스도를 본받음이란 내용으로 표현되었다."1) 이 개념은 공식적

----

1) Bernard McGinn, *The Foundations of Mysticism* (New York: Crossroad, 1991), 85. Henri Crouzel, "L'imitation et la 'suite' de Dieu et du Christ dans les premiers siècles chrétiens ainsi que leurs sources gréco-romaines et

인 교리로 표현되지는 않았지만 신앙생활에 대한 초대 교부들의 가르침 속에 꾸준히 나타나는 것이었다. 로마제국의 박해를 받는 동안 그리스도의 고난과 죽음은 기독교 신앙의 초석이 되었으며 순교는 그리스도를 본받는 지고한 예표로 인식되었다. 또한 그리스도를 본받는 신앙은 수덕적 실천이나 자선의 삶을 통해서도 추구되었다.

한편 교육 수준이 높은 이교도들이 기독교로 개종하게 되면서 기독교 신앙은 지적 추구와 해명을 중요한 내용으로 삼게 되었다. 고난 받고 죽음을 당하는 그리스도의 모습은 헬라 문화 사고의 틀 속에서 우주적 로고스의 모습으로 나타났다. 그리스도를 본받는 신앙은 그리스도의 형상을 추구하는 형태로 나타났는데 그것은 성서와 헬라 문화의 영향을 받은 것이었다.

교부사상의 하나의 주제인 하나님을 닮는다는 것 또는 그리스도를 닮는다는 것은 성서적 사상과 헬라사상의 결합으로부터 비롯된 것으로서 물론 그것에는 기독교적 요소가 우위를 차지한다. 창세기 1장 26-27절, 그리스도의 말씀인 '나를 따르라', 성 요한의 '우리는 그분과 같아질 것이다'등의 내용은 인간이 신을 닮아감으로써 지상계로부터 떠나 천상계로 향한다는 플라톤의 데아이테토스(*Theaetetus*)에 나오는 구절들과 섞였다.[2]

---

hébraïques," *Jahrbuch für Antike und Christentum* 21 (1978): 25-33을 참조하라.

2) Gerhart B. Ladner, "The Concept of the Image in the Greek Fathers and the Byzantine Iconoclastic Controversy," *Dumbarton Oaks Papers* 7 (1953): 13.

초대 교부들의 신학적 인간학은 인간이 아담을 통해서 타락했으나 새 아담인 그리스도를 통해서 다시 회복된다는 바울의 아담과 그리스도에 대한 유형론적 해석에 깊은 영향을 받았다. 그리스도는 하나님의 진정한 형상이며 인간들은 단지 이 형상에 의한 것, 즉 '형상의 형상들'(εἰκόνας τῆς εἰκόνος)에 불과하다. 타락한 인간은 변화되어 하나님의 진정한 형상인 그리스도를 닮아가야 한다. 교부들은 주장하기를 형상(εἰκών)은 창조 시에 주어진 것이고 모상(ὁμοίωσις)은 인간의 노력을 통해서 성취되는 것이라고도 한다. 인간은 '존재론적' 형상과 '도덕적' 모상 사이의 긴장관계 속에 놓여 있다.3) 인간은 로고스요 인간의 원형이신 그리스도를 본받음으로써 하나님을 닮게 된다.

II. 사도 교부들

사도 교부들은 그리스도를 믿는 신앙과 하나님의 뜻에 대한 순종이 유일하고 진정한 구원의 길이라고 한결같이 주장했다. 로마의 클레멘스는 중요한 것은 우리 자신이 성취하는 영광이나 위대함이 아니라 하나님의 뜻에 순종하는 자세라고 가르친다(1Clem. 32.3-4). 주님이신 예수 그리스도는 신자들의 모범이 되신다:

우리는 모든 의인(義認)이 선한 행위를 통해서 되는 것이며 그

---

3) Lars Thunberg, "The Human Person as Image of God," *Christian Spirituality: Origins to the Twelfth Century*, ed., Bernard McGinn (New York: Crossroad, 1987), 293.

리스도 자신도 선한 행위와 기쁨을 이루셨다는 것을 알아야 한다. 그러므로 우리에게는 모범이 되시는 그리스도가 계신다. 우리는 주 저하지 말고 그분의 뜻을 따라야 하며 바르게 행동하기 위해서 모 든 노력을 기울여야 한다.[4]

로마의 클레멘스는 그리스도인들이 그리스도의 겸허함을 따라 서 겸허해야 하며(*1Clem*. 16.17), 또한 그리스도의 자비와 친절을 닮 아야 한다(*1Clem*. 9.1)고 가르친다.

초대 교부들 중에서 안디옥의 이그나티우스는 그리스도를 본받 는 신앙을 가장 열정적으로 추구한 사람이다. 그에게 있어서 예수 그리스도는 가장 완전한 모범이었다. 그리스도는 그를 주님으로 고 백하고 따르고자 하는 그리스도인들에게 근원이요 궁극적 목표가 되신다. 주 예수 그리스도는 우리의 진정한 생명이며(*Smyrn*. 4.1; *Eph*. 3.2; *Magn*. 1.2; *Trall*. 9.1), 우리의 생명은 그를 통해서만 활력을 얻을 수 있다(*Magn*. 9.1). 그러므로 그리스도인의 삶은 인간 중심적 이 아니라 그리스도 중심적이 되어야 한다. 이그나티우스는 트릴리 아 교회가 "단순히 인간의 방식대로가 아니라 예수 그리스도의 길을 따라 사는 것"[5]을 칭찬한다.

코르윈은 "그리스도인의 삶에 대한 이그나티우스의 견해의 핵심 은 제자직과 본받음이라는 이중 개념에 대한 이해이다. 왜냐하면 그 개념들은 그의 사고의 중심이기 때문이다"[6]라고 말한다. 이그나티

---

4) *1Clem*. 33.7-8 (Loeb Classical Library 1: 59).
5) *Trall*. 2.1 (Library of Christian Classics 1: 98).
6) Virginia Corwin, St. *Ignatius and Christianity in Antioch* (New Haven: Yale

우스에게 있어서 그리스도인의 전 삶은 그리스도를 본받는 것이다: "우리가 주님을 본받으려는 형제들임을 보여주자…; 그러나 너희는 육체와 영혼을 예수 그리스도에게 연합하여 온전히 순결하게 하고 자신을 통제해야 할 것이다."[7] 그는 필라델피아 교인들에게 "예수 그리스도께서 성부 하나님을 본받은 것처럼 우리도 그리스도를 본받자"[8]고 권면한다.

이그나티우스에게 있어서 그리스도를 본받는다는 것은 "예수 그리스도께서 보여주신 모범을 따라서 자신의 역사적 삶을 영위하는 것, 특히 사랑으로 기꺼이 고난을 감수하고 그리스도와의 연합을 갈구하는 것을 의미한다."[9] 그는 동료 그리스도인들에게 "하나님의 고난을 본받자"[10]고 호소한다. 구원의 열쇠는 그리스도의 고난과 죽음이며 "만일 우리가 기꺼이 그리스도의 고난에 연합해 죽지 않는다면 우리는 그의 생명을 우리 안에 가질 수 없다."[11] 순교는 그리스도를 본받고 구원을 얻는 완전한 길이다(*Rom.* 6.1-8.1; *Eph.* 18.1). 순교는 영광이요 특권이며 그리스도 안에서 하나님을 닮는 궁극적 보증이다(*Magn.* 5). 그것은 제자직의 절정이며 그리스도에게 이르는 길이다(*Rom.* 5.1-3). 순교는 또한 그리스도인의 완성을 이루는 길이다(*Eph.* 3.1). 이그나티우스 자신도 순교를 열망했으며, "순교자가 죽음을 통해서 구하려는 것은 죽음 그 자체가 아니라 예수 그리스도이

University Press, 1960), 227.

7) *Eph.* 10.3 (LCC 1: 91); 또한 *Eph.* 1.1을 보라.
8) *Phld.* 7.2 (LCC 1: 110).
9) Willard M. Swartley, "The Imitation Christi in the Ignatian Letters." *Vigiliae Christianae* 27 (1973): 101.
10) *Rom.* 6.3 (LCC 1: 105).
11) *Magn.* 5 (LCC 1: 95).

다."12)

　그리스도를 본받는 것은 고난과 죽음에 국한되지 않는다. 그것은 주님의 삶을 따르는 자비롭고 인내심 있는 삶을 의미하기도 한다 (Eph. 10.2). 이그나티우스는 에베소 교인들과 트릴리아 교인들이 하나님을 본받는 사람들이라고 칭찬한다. 왜냐하면 그들이 자비롭고 사랑을 베풀었기 때문이다(Eph. 1.1; Trall. 1.2). 그는 감독으로서, 그리스도를 본받는 것은 오직 교회 안에서 이룰 수 있다고 선언한다: "감독에게서 떨어지지 말라. 너희의 몸을 하나님의 성전처럼 지켜라. 단합을 중요하게 여겨라. 분파를 피하라. 예수 그리스도께서 성부 하나님을 본받은 것처럼 그리스도를 본받아라."13)

　이그나티우스는 그리스도를 본받는 것이 그분의 지상 생애를 본받는 것일 뿐만 아니라, 궁극적으로는 그리스도에게 이르고 하나님과 연합하는 것이라고 가르친다. 그의 서신 여러 곳에서 특히 하나님 또는 그리스도에게 "도달"(τυγχάνειν)한다는 말이 표현되어 있다.14) 신앙이란 그리스도와의 인격적 관계이다. 그것은 그리스도를 신뢰하고 그의 명령에 순종하며 그의 발자취를 따르는 삶을 말한

----

12) Louis Bouyer, *Spirituality of the New Testament and the Fathers* (London: Burns & Oates, 1960), 199.

13) *Phld.* 7.2 (LCC 1: 110).

14) *Eph.* 10.1; 12.2; *Magn.* 1.2; 14; *Trall.* 12.2; 13.3; *Rom.* 1.2; 2.1; 4.1; 5.3; 8.3; 9.2; *Phld.* 5.1; *Smyrn.* 9.2; 11.2; *Poly.* 7.1. William R. Schoedel, *Ignatius of Antioch* (Philadelphia: Fortress, 1985), 28-29를 보라. Theo Preiss, "La mystique de l'imitation du Christ et de l'unité chez Ignace d'Antioche," *Revue d'histoire et de philosophie religieuses* 18 (1938), 197-242는 일찍이 그리스도를 본받음이 하나님과의 연합과 밀접하게 연관된다고 지적한 바 있다 (227-229). Bouyer, *Spirituality*, 200도 "본받음의 주제는 '그리스도에게 도달하는 것,' '그리스도 안에서 발견되는 것' 등에 대한 희망과 연결될 때 그 의미를 찾을 수 있다"고 언급한다.

다. 그러나 그리스도인의 삶의 궁극적 목표는 윤리적 실천을 넘어서는 것이다. 그것은 하나님과의 연합이다.15) 그리스도를 본받는 것은 죄에 빠진 인간을 구원하기 위해서 화육하신 하나님의 진정한 형상이신 그리스도에게 이르는 과정이다. 그리스도를 본받음과 하나님과의 연합에 관한 이그나티우스의 가르침은 이원론이나 영지주의 사상의 영향을 받은 것이 아니라 성서의 기독교 전통, 특히 사도 바울의 가르침에 굳건히 근거하고 있다.

서머나의 감독인 폴리카르포스도 이그나티우스와 마찬가지로 순교를 그리스도를 본받는 필수적인 것으로 생각했다. 빌립보 교인들에게 보낸 서신에서 폴리카르포스는 기독교 순교자들을 "진정한 사랑을 본받는 자들(μιμήματα τής άληθούς άγάπης)"16)이라고 부르면서 그리스도인들은 예수 그리스도의 인내를 본받아야 한다고 말한다:

…그러나 그리스도께서는 우리가 그분 안에서 살 수 있도록 하기 위해서 모든 것을 감내하셨다. 그러므로 그의 인내를 본받는 자들이 되자. 그리고 만일 우리가 그의 이름을 위해 고난당한다면 그

---

15) E. J. Tinsley, "The Imitatio Christi in the Mysticism of St. Ignatius of Antioch," *Studia Patristica* 2 (1957): 559는 "이그나티우스는 예수의 역사적 삶을 중심으로 하는 기독교 화육의 신비주의에 대한 좋은 초기의 예가 된다"(554f)고 지적하면서 Preiss의 견해, 즉 그리스도를 본받음에 관한 이그나티우스의 동기는 천상계의 순례를 말하는 영지주의 사상과 연결되는데 신자는 물질을 배척해야 하며 구세주의 발자취를 따라서 물질과 육체의 세상으로부터 멀어져야 한다는 견해를 반박한다. 그럼에도 불구하고 Tinsley와 Preiss는 이그나티우스의 궁극적 관심이 하나님과의 연합이라는 것에는 동의한다.

16) *Phil.* 1.1 (LCL 24: 282).

에게 영광을 돌리자. 왜냐하면 그는 스스로 우리에게 본을 보여 주
셨으며 우리는 그것을 믿는 것이다.[17]

폴리카르포스의 순교에 대한 이야기는 서머나교회가 필로멜리
움교회에 보낸 서신에 실려 있는데 그 내용 중에 순교자들을 "주님
의 제자들이요 본받는 자들"[18]이라고 찬양하는 구절이 있다. 교회
사가 유세비우스의 글에는 비엔느와 리용의 교회들이 보낸 서신들
이 실려 있는데 거기서 순교자들은 "그리스도를 본받는데 열심인"[19]
사람들이라고 불리우고 있다. 초대 기독교인들은 순교자들이 그리
스도를 본받는 것일 뿐만 아니라 그들 안에서 고난을 겪는 것은 실
제로 그리스도라고 믿었다(Eusebius, *Hist. Eccl.* 5.1.23). 순교를 통해
서 그리스도의 죽음과 부활의 현존이 실제로 일어난다는 것이다.[20]

III. 2세기 교부들

2세기 그리스 변증가들은 기독교의 진실성을 변증하면서 하나님
의 선하심을 본받으라고 권면한다. 유스티누스는 다음과 같이 말한
다: "하나님께서는 그에게 속하는 선한 것들, 즉 절제, 의로움, 인류
사랑을 본받는 자들만을 받아들이신다고 우리는 배워왔고 굳게 믿

---

17) *Phil.* 8.1-2 (LCC 1: 134-135).
18) *Mart. Poly.* 17.3 (LCC 1: 155); 또한 1.2; 19.1을 보라.
19) *Hist. Eccl.* 5.2.2. (Nicene and Post-Nicene Fathers, 2nd Ser. 1: 217).
20) Bouyer, *Spirituality*, 204.

는다."21) 『디오그네투스 서신』도 마찬가지로 하나님의 선하심을 본받으라고 가르친다:

당신이 하나님을 사랑할 때 당신은 그의 선하심을 본받게 될 것이다. 사람이 하나님을 본받는 자가 된다는 것을 듣고 놀라지 말라. 그렇게 될 수 있다. 왜냐하면 그것은 하나님의 뜻이기 때문이다…. 만일 어떤 사람이 이웃의 짐을 짊어져주고, 자신이 좀 더 나을 때 그렇지 못한 사람을 기꺼이 도와주고, 자신이 하나님으로부터 받아 소유하고 있는 것을 필요로 하는 사람들에게 나누어준다면 그는 그것을 받는 사람들에게 하나님이 된다. 그렇게 할 때 그 사람은 하나님을 본받는 자인 것이다.22)

리용의 이레니우스에게서 역사의 중심점은 화육하신 하나님이신 예수 그리스도이다. 그는 "예수 그리스도는 하나님이요 인간으로서 역사와 신앙의 중심이시다"라고 말한다.23) 이레니우스는 영지주의자들의 가현설을 반박하면서 그리스도의 인간성을 강조한다. 화육 사건은 보이지 않고 감지할 수 없는 하나님을 인간이 닮을 수 있다는 근거가 된다. 우리는 아담 안에서 잃었던 하나님의 형상을 그리스도 예수 안에서 회복할 수 있게 되었다(*Adv. Haer.* 3.18.1; *Epid.* 31). 그리스도를 통한 '회복'(ἀνακεΦαλαίωσις)은 화육으로부터 종말론적 완성에 이르기까지의 전 기간을 포함한다. 인간이 되신 그

---

21) *1Apol.* 10 (LCC 1: 247); 또한 *2Apol.* 4를 보라.
22) *Diogn.* 10.4, 6 (LCC 1: 221).
23) Harnack, *History of Dogma*, vol. 2 (Gloucester: Peter Smith, 1976), 243.

리스도는 인간 삶의 모든 단계를 거치면서 모든 사람을 경건하고 의롭게 그리고 순종하게 함으로써 그들을 거룩하게 하고 구원을 얻게 하신다(*Adv. Haer.* 2.22.4). 그러므로 구세주를 따른다는 것은 구원에 참여하는 것을 말한다(*Adv. Haer.* 4.14.1). 그리스도는 우리로 하여금 하나님을 본받게 하고 성부 하나님의 법을 지키게 함으로써 우리를 그리스도 자신과 닮게 하신다(*Adv. Haer.* 3.20.2).

> ··· 초월적 사랑을 통하여 우리와 같게 된 오직 한 분이신 진실하고 굳건한 교사요 하나님의 말씀이신 주 예수 그리스도를 따를 때 그는 우리를 심지어 그 자신과 같아지게 하신다.[24]
> 우리는 다른 길을 통해서가 아니라 오직 우리의 스승을 바라보고 우리 자신의 귀로 그의 음성을 듣고 그의 말씀을 실천할 뿐 아니라 그가 행하신 일을 본받는 자들이 됨으로써 그와 교통할 수 있게 된다.[25]

인간이 지니고 있는 하나님의 형상은 우리가 하나님의 생명에 참여할 수 있다는 가능성을 보여주는 근거가 된다. 우리는 그리스도를 본받고 그를 닮아감으로써 점점 나아지게 되며 완전하신 하나님을 향해 상승하게 된다(*Adv. Haer.* 4.38.3; 5.16.1). 마지막 완성의 때에 우리의 회복은 종국에 다다르게 될 것이며 우리는 하나님을 닮게 될 것이다(*Adv. Haer.* 5.21.2; 4.37.7).
알렉산드리아의 클레멘스는 기독교와 그리스 문화를 연결하려

---

24) *Adv. Haer.* 5. pref. (Ante-Nicene Fathers 1: 526).
25) *Adv. Haer.* 5.1.1. (ANF 1: 526).

고 노력한 교부이다. 그는 우선 신과의 동화에 대한 플라톤의 사상과 그리스도를 본받음에 대한 바울의 가르침을 조화시키려는 시도를 한다.

사도[바울]는 고린도전서에서 "내가 그리스도를 본받은 것처럼 나를 본받으시오"라고 공개적으로 말함으로써 이것[플라톤 사상과의 조화]을 모색한다. 만일 당신이 나를 본받고 내가 그리스도를 본받는다면 당신은 하나님을 대리하는 그리스도를 본받는 것이다. 그러므로 그[바울]는 공의와 거룩함을 실천적 지혜와 결합시켜서 가능한 한 하나님을 닮는 것을 신앙의 목표로 설정하고 또한 신앙에 근거한 약속의 실현을 목표로 삼는 것이다.[26]

클레멘스에게 있어서 하나님과의 동화는 하나님과의 본질적 통합이나, 영적 인간들이 마지막에 성부가 계신 천상계(*Pleroma*)와 융합한다는 영지주의적 개념과는 다른 것이다. 그것은 하나님의 덕을 실천함으로써 하나님을 닮는다는 것을 말한다(*Paed.* 1.12.99). 클레멘스는 인간의 궁극적 목적을 도덕적 완성이라고 하면서 스토아주의의 용어인 ἀπάθεια로서 이것을 표현한다(*Strom.* 2.10.100).[27] 그는 다음과 같이 말한다.

---

26) *Strom.* 2.22.136 (Fathers of the Church 85: 249). Plato, *Leg.* 4.716c; *Theaet.* 176b, c와 비교하라.
27) Salvatore R. C. Lilla, *Clement of Alexandria* (London: Oxford University Press, 1971), 106-117; Ladner, "Concept of Image," 13; Eric Osborn, *Ethical Patterns in Early Christian Thought* (Cambridge: Cambridge University Press, 1976), 67.

우리는 하나님의 성서를 따라야 한다. 그것이 믿는 자들이 취하는 길이다. 그리고 우리는 가능한 한 주님과 같아져야 한다. 우리는 부도덕하게 살아서는 안 된다. 우리는 가능한 한 우리 자신을 쾌락과 욕정으로부터 정화시키고 영혼을 돌보아서 오직 거룩한 것과 계속해서 관계를 맺도록 해야 한다.28)

클레멘스는 의도적으로 스토아 철학의 '아파테이아' 개념과 플라톤의 '신과의 동화' 개념을 연결시킨다. 하나님과의 동화라는 말은 하나님이 완전하신 것처럼 우리도 욕망으로부터 해방된 삶을 살면서 완전해진다는 말이다. 완성은 경건, 인내, 극기, 자선, 순교, 지식 등 여러 길을 통해 이룰 수 있다. 그러나 예수 그리스도를 제외하고는 어느 누구도 완성을 이룰 수 없다(*Strom.* 4.21.130). 오직 그리스도만이 완성을 이루셨다. 왜냐하면 그는 하나님과 하나이시기 때문이다.

클레멘스의 가르침에서 그리스도는 "교사"(παιδαγωγός)로 나타난다. 교사이신 그리스도는 우리를 가르치고 인도해서 하나님을 닮게 하신다(*Strom.* 7.14.88; *Paed.* 1.7.54). 그리고 우리를 쾌락과 욕정과 다른 욕망으로부터 구해내신다(*Strom.* 3.5.44). 인간의 능력으로는 도덕적 완성과 무욕을 성취할 수 없다. 신성 그 자체이신 하나님의 아들이 인간을 도와 욕망으로부터 벗어나서 무욕의 상태에 도달하게 하고 하나님을 닮게 해야 한다(*Paed.* 1.12.98). 교사이신 그리스도는 우리가 닮아야 할 유일한 모델이다(*Paed.* 1.2.4).

---

28) *Strom.* 3.5.42 (FC 85:282); 또한 *Strom.* 2.19.97; 7.3.14; 7.10.56-57; *Quis Div. Salv.* 20을 보라.

우리가 구세주를 진정으로 따른다는 것은 그분 앞에서 마치 거울 앞에 있듯이 영혼을 가꾸고 단련시키며 모든 면에서 그를 닮도록 힘쓰면서 그의 결백함과 완전함을 본받는 것이다.29)

우리는 주님의 삶에 나타나는 뚜렷한 불멸의 모델을 지니고 있으며, 하나님의 발자취를 따르는 것이다.30)

그리스도인은 그리스도를 본받음으로써 주님께서 지니고 계신 속성을 받을 수 있으며 궁극적으로 하나님을 닮을 수 있다(Strom. 6.17.150).

IV. 나가는 말

'그리스도를 본받음'은 초대 기독교 신앙의 중요한 요소이다. 초대 교부들이 비록 그리스 철학의 영향을 받아서 우주적 로고스의 교리를 발전시켰지만 그들은 결코 예수 그리스도의 역사적 모습을 눈앞에서 잃지 않았다. 초대 기독교인들이 본받으려고 한 그리스도는 우주적 로고스가 아니라 이 세상에 인간으로 태어나셔서 사랑을 베풀고 고난을 당하고 십자가에서 돌아가신 분이었다. 특히 순교는 그리스도를 본받음의 이상으로서 높이 평가되었으며 신자들은 순교를 통해서 신앙의 완성을 이룬다고 믿었다.

---

29) *Quis Div. Salv.* 21 (LCL 92: 315).
30) *Paed.* 1.12.98 (FC 23: 87).

그리스·로마 전통에서 신을 본받는 궁극적 목적은 신과의 동화이며, 이것은 세상과 물질과 육체를 떠나서 덕을 행하고 관상함으로써 이루어진다고 생각했다. 그것은 근본적으로 신성을 향한 영혼의 상승 운동에 초점을 맞춘 자기 노력이다. 반면에 기독교 신앙에서 하나님을 본받는 것은 하나님의 역사적 현현이신 그리스도를 본받음을 통해 추구되었다. 미카엘리스는 "본받음의 개념이 원형과 모사라는 우주적 체계에 강하게 결부될수록 윤리적 책임을 가지고 순종적으로 모델을 따르는 사고는 점점 그 비중을 잃게 된다"[31]고 하면서 다음과 같이 말한다:

이[우주적 모방] 개념은 하나님과 그리스도를 본받는 것에 대한 신약성서의 진술과는 아무런 관계도 없다. 왜냐하면 그것들[신약성서의 진술들]이 처한 상황은 원형과 모사라는 우주적이고 인간학적인 체계와는 결부되지 않으며 또한 그것들은 아주 명백하게 윤리적인 추진력을 가지고 있기 때문이다.[32]

맥긴 또한 "플라톤에게 있어서 관상은 영혼의 본질적 신성에 의한 활동이요 지고한 자기 실현으로서 그리스도의 모델을 따르는 기독교의 자기 부정과는 전혀 다르다"[33]고 지적한다.

그리스도를 본받는다는 것은 사변적 지식이나 자기 정화와 관련된다기보다는 근본적으로 이 세상에서 하나님의 뜻에 순종하는 것

31) W. Michaelis, "μιμέομαι," *Theological Dictionary of the New Testament* 4: 661.
32) 같은 글, 663.
33) McGinn, *Foundations of Mysticism*, 34.

을 말한다. 그것은 하나님의 구원의 섭리 안에서 성령의 인도를 받아 이루어지며, 그리스도와 함께 겸허, 인내, 순종, 사랑, 고난을 겪으면서 자신을 바치는 것이다. 그것은 그리스도를 통해 나타난 하나님의 은혜와 사랑에 대한 감사에서 우러나는 책임적이고 창조적인 결단이요 응답이다. 그리스도인은 그리스도를 본받는 삶을 통하여 '그리스도의 향기'(고후 2:15)를 풍기고, 그리스도를 닮아가며, 그리스도와 하나가 됨으로써 궁극적으로 하나님과의 신비적 연합을 이루게 된다.

고대 교회의 생명 사상

서원모 | 장로회신학대학교 교수

I. 들어가는 글

생명 신학, 생명 목회라는 현대적 개념을 고대 교회와 직접적으로 연결시키는 것은 무리가 있을 것이다. 하지만 고대 교회가 오늘날의 생명 신학과 생명 목회의 논의에 있어서 일정한 자료들을 제공해준다는 것은 분명하다. 고대 교회의 유산—신학, 교리, 예배와 성례 전승, 목회적 실천, 영성—은 오늘날 생명 신학과 생명 목회에서 제기되는 문제들을 이해하고 해결하는데 유용한 개념들과 사상들을 제공해준다. 다만 당시의 개념과 사상을 당시의 사회와 문화 배경 속에서 어느 정도 거리감을 두고 이해하는 것이 필요하다.

이 글은 생명 신학, 생명 목회에서 "생명"이란 말을 부활, 새 생명, 그리스도 안에서의 새로운 삶이란 관점에서 포괄적으로 이해하고, 이러한 생명 사상이 고대 교회의 예배와 성례, 목회, 예술에서 어떻게 표현되었는지를 개괄적으로 살피고자 한다.

II. 세례와 새 생명

고대 교회에서 생명과 죽음을 직접적으로 언급하며 대비시키는 최초의 문서는 「디다케」다. 「디다케」에서는 생명의 길과 사망의 길을 다음과 같이 대비시킨다:

> 두 길이 있다. 하나는 생명의 길이고 하나는 사망의 길이다. 하지만 이 두 길 사이에 차이는 크다. 생명의 길은 다음과 같다: '먼저 너를 창조하신 하나님을 사랑하고 그 다음엔 네 이웃을 네 몸과 같이 사랑하라. 네 자신에게 하기를 원하지 않는 일을 남에게 행하지 말라'(1.1-2).

품행과 관련된 장들 다음에는 형제들, 구제, 가정적인 의무가 다루어지며, 마지막으로 멸망으로 인도하는 사망의 길이 다루어진다. 이렇게 「디다케」의 생명의 길과 사망의 길에 내포된 포괄적인 의미의 생명 사상이 어떻게 고대교회의 삶 속에 나타나느냐가 이 글의 주요 관심이 된다.

우선 이렇게 생명의 길과 사망의 길, 두 길을 구분하는 것은 매우 성경적이라는 것과(신 31:15-20; 렘 21:8; 마 7:13-14), 이 인용문에서 나타나듯, 「디다케」에서 예시된 고대 교회의 가르침은 성경의 직접적인 인용과 간접적인 암시로 가득 차 있다는 것을 강조하고 싶다.

여기서는 이중 사랑의 계명, 십계명, 황금율, 산상수훈 등을 발견할 수 있는데, 이 모든 내용이 생명의 길과 사망의 길이라는 틀 안에서 발견된다.

그 다음에는 이러한 가르침의 "삶의 자리"가 무엇인지 생각해볼 필요가 있다. 아마도 이 가르침은 세례 교육으로 주어졌을 것이다. 그렇다면 고대 교회의 세례 교육이 생명의 길과 사망의 길의 틀 안에서 주로 윤리와 신앙의 실천에 강조점이 두어졌다는 점을 주목할 필요가 있다. 4세기 이후의 세례 교육은 기독교 교리를 중심으로 이루어져서 신앙고백에 대한 세부적인 해설이 주어졌다. 반면 그 이전에는 「디다케」에서 나타나는 바와 같이 주로 신앙적 삶의 실천에 강조점이 두어졌다.

흥미로운 사실은 생명의 길과 사망의 길의 대조가 세례 예식 중 "거부"(renunciation) 예식과 연관성을 가진다는 것이다. 즉, 고대교회는 세례를 받을 때 사탄과 "그의 모든 일"(=사망의 길)을 거부하고 그리스도와 연합하여 그분의 가르침(=생명의 길)을 따라야 한다고 이해했을 것이다. 2세기 초의 고대 교회 예배에 대한 중요한 자료인 「플리니우스의 편지」는 당시 기독교인들은 "어떠한 사악한 행위도 하지 않고 사기, 절도, 간음을 범하지 않고 거짓말을 하지 않으며, 이를 말하도록 요청받았을 때 신뢰를 지키겠다고 엄중하게 맹세함으로써 서로를 구속하도록" 가르친다고 전해준다. 이것은 세례 후보자의 서약을 가리키는 것이라고 보인다. 실제로 3세기 초 로마 교회의 예전을 보여주는 히폴리투스의 「사도전승」은 침수하기 전에 다음과 같은 축사의 예식을 보여준다.

장로는 세례 받을 사람들을 한 사람씩 잡고 (다음과 같이) 말하면서 끊어 버릴 것을 명할 것이다: "사탄아, 나는 너와 너에 대한 모든 예배와 모든 (미신적인) 행위들을 끊어 버린다." 각자가 끊어 버리겠다고 (대답하면), (장로는) 각자에게 "모든 (사악한) 영이 당신에게서 떠나갈지어다"라고 말하면서 구마[축사]의 기름을 바를 것이다(21).

2세기 말엽 경에는 윤리적 가르침이 보다 체계화되어 특별히 배교, 살인, 간음은 세 가지 죽을 죄로 이해되었다(요일 5:16 이하를 참고하라). 히폴리투스의 「사도전승」은 예비 신자로 등록할 때 예비 신자는 그가 하는 일이 죽을 죄 중 하나를 범할 기회를 제공할 위험이 있으면 직업을 바꾸어야 했다는 것을 보여준다. 창녀들을 조종하는 포주, 우상을 만드는 조각가나 화가, 배우나 연출가, 검투사, 맹수를 사냥하는 투사, 우상숭배의 제관들이나 우상들을 경비하는 사람, 군인, 매춘부, 호색가, 마법사, 마술사, 점성가, 점쟁이, 해몽가, 협잡꾼, 부적을 만드는 자는 그 직업을 그만두기 전에는 가르침을 받을 수 없었다. 심지어 학교에서 가르치는 교사도 직업을 그만두어야 했는데, 이것은 당시 학교 교육이 모두 이방 신화들을 기초로 이루어졌기 때문이다. 하지만 교사의 경우에는 다른 기술을 갖고 있지 않으면 교사직을 허락할 수도 있다는 탄력적인 입장을 보이고 있다. 여기서는 말씀을 배우는 자가 되려면 이렇게 사망의 길을 걸어가는 것을 단호히 뿌리칠 수 있어야 한다.

「사도전승」은 이렇게 사전 심사 과정을 통해 말씀을 듣고 가르침을 받는 기간을 3년이라고 정한다. 이렇게 3년이 지난 다음에는 세례를 받기에 합당한지 또 한 번의 심사 과정을 거쳐야 했다. 예비 신자 등록 때에는 결혼생활이나 직업을 심사했지만, 세례 대상자의 선발심사에서는 예비 신자 교육 기간 동안 전향적인 삶을 살았는지를 심사했다. 이때에는 세례 받을 자의 후견인은 자신이 인도한 예비 신자의 삶에 대해, 즉 그가 "성실하게 살았는지, 과부들을 공경했는지, 병자들을 방문했는지, 온갖 종류의 선행을 행했는지"(20)를 증언해야 했다. 이것은 말씀을 배우면서 생명의 길을 걸어가고 있는지를 질문하는 것이라고 말할 수 있다. 이 모든 것을 통해 우리는 고대 교회가 세례를 얼마나 중요하게 여겼는지, 또한 세례 교육을 통해 사망의 길에서 벗어나 생명의 길을 가도록 얼마나 철저하게 가르침을 주었는지를 알 수 있다.

사망의 길에서 생명의 길로의 결정적인 전환은 세례식을 통해 이루어졌다. 우선 「사도전승」은 세례예식 전에 축사 예식이 계속해서 행해졌다는 것을 보여준다. 세례 대상자로 선발된 다음에는 매일 축사 예식을 거행했다. 세례 받기 전 날 오후에는 감독자로부터 성대한 축사 예식을 받았다. 또한 밤에 거행되는 세례식에서도 성대한 축사 예식이 포함되어 있다. 이와 함께 세례 후보자는 마귀와 온갖 미신적 행위를 끊어 버린다는 거부의 예식을 드렸다. 이것은 아담과 이브의 범죄 이후 인간은 낙원에서 쫓겨나 마귀에게 예속되었고, 마귀는 인간이 천국에 가는 것을 참을 수 없어 온갖 방해 공작을 벌인다는 고대 교회의 믿음이 반영되어 있다. 세례자는 목요일에 목욕하고, 금요일에는 금식하며, 토요일 오후에는 성대한 축사 예식을 받으며, 토요일 밤에 철야 기도를 드린다. 부활절에 세례를 주는 것이 고대 교회의 관례였다면, 세례를 예비하는 과정은 후에 다룰 부활절 철야 예배와 긴밀하게 결합되었을 것이다. 철야 기도는 수탉이 울 때까지 계속되며, 수탉이 울면 세례에 쓰일 물에 기도함으로써 세례식이 시작되었다. 「디다케」와 같이 세례에 사용하는 물은 흐르는 물을 사용하는 것이 원칙인데, 여기에는 흐르는 물은 산 물이요, 고인 물은 죽은 물이며, 세례는 새 생명을 주는 예식이므로 여기에 사용되는 물도 산 물이어야 한다는 생각이 자리 잡고 있다. 세례에는 물뿐만 아니라 기름도 사용되었는데, 기름은 축사의 기름과 감사의 기름, 두 종류가 있었다. 예식 전에 감독자는 이 두 종류의 기름에도 기도를 올렸다.

한 가지 특이한 것은 세례는 수세자가 옷을 벗은 상태에서 침수로 거행되었다는 점이다. 여자들은 모두 자기 머리를 풀고 모든 장신구를 벗어야 했다. 세례는 봉사자가 수세자와 함께 물에 내려가 세 번 침수함으로 행해지는데 매번 안수, 신앙고백, 침수가 이루어졌다. 물에서 나온 수세자는 장로에 의해 그리스도의 이름으로 기름 부음을 받았다. 그 후 수세자는 몸을 닦은 후 옷을 입고 세례당에서 나와 성당으로 들어가 오늘날의 견진성사에 해당되는 예식을 받았는데, 이것은 감독자의 안수 기도, 기름 부음, 인침, 평화의 입맞춤으로 구성되었다. 이때 감독자는 세례를 통해 죄 사함을 얻은 수세자에게 이에 합당한 삶을 살 수 있도록 기도했다.

세례와 인침의 예식 후에 수세자는 성찬 성례전에 참여했다. 특이한 것은 여기에서 수세자는 빵과 포도주 이외에 젖과 꿀과 물을 더 받는다는 것이다. 젖과 꿀은 약속의 땅을 상징하며, 물은 세례를 상징한다. 성찬 성례식이 끝나면 수세자는 "온갖 선행을 행하며, 하나님을 기쁘게 하고 바르게 생활하며, 교회를 위해 열성적이며, 배운 바를 행하며, 신심을 향상시키도록 노력할"(21) 것이 기대되었다.

고대 교회의 생명 사상은 「디다케」의 생명의 길과 사망의 길에 대한 논의에서 출발될 수 있다. 이 가르침이 세례 교육과 관련된다면, 고대 교회의 생명 사상은 세례를 통해 구체적으로 표현되었다는 것을 알 수 있다. 고대 교회의 세례식에서는 사망의 길에서 생명이 길로의 전환이 예식 안에서 뚜렷하게 나타났다. 거부의 서약과 축사 의식에서는 사망의 길에 대한 거부가, 도한 침수와 인침의 예식에서는 생명의 길로의 전환이 강조되었다. 또한 보통 세례식이 앞으로 다루어질 부활절 철야 예배와 연관되어 일어났다는 것도 사망의 길에서 생명의 길로의 전환이라는 주제를 강화해준다.

III. 성찬과 새 생명

고대 교회의 예배의 중심은 성찬에 있었다. 고대 교회는 성찬의 의미를 복합적으로 이해했다. 우선 고대 교회는 성찬에서 그리스도께서 임재한다고 이해했고, 떡과 포도주가 예수님의 살과 피를 나타낸다고 보았다. 순교자 유스티누스는 성찬에서의 그리스도의 임재를 성육신과 연결시켰다. 그는 "우리 구주 예수 그리스도께서 하나님의 말씀을 통해 육신이 되시고 우리 구원을 위해 살과 피를 취하셨듯이, 그분으로 유래하는 기도의 말씀을 통해 감사 기도를 받은 음식은 성육하신 예수의 살과 피가 되어 우리의 육신과 피에 양분을 주며 이를 변형시킨다"(「제1변증서」 66)고 말했다. 또한 히폴리투스는 표상(그리스어로 *antitypum*)이란 말을 사용하는데 떡은 그리스도의 몸의 표상이요, 물 탄 포도주는 믿는 자들을 위해 흘리신 피의 표상이라고 불렀다(「사도전승」 21). 테르툴리아누스도 마르키온을 공격하면서 떡을 "육신의 형상"(*figura corporis*)이라고 제시했다(「마르키온 논박」 IV.40). 테르툴리아누스는 그리스도께서는 최후의 만찬에서 이 형상을 빵에게 부여했으며(III.19.4), 따라서 성찬의 빵에서 그분은 자신의 몸을 나타낸다고 주장했다(I.14.3). 고대 교회에서는 중세 시대와 달리 성물의 존재 양식은 논의 대상이 되지 않았고, 다만 성물과 그리스도와의 관계 및 그리스도의 임재가 강조되었다.

또한 고대 교회에서는 성찬은 짐승을 잡아 드리는 구약의 제사를 대치하는 영적인 제사로 이해되었다. 성찬을 제사로 부른 최초의 자료는 「디다케」다.

> 주님의 날에는 너희의 예물[튀시아]이 정결해지도록 죄들을 고백한 후 함께 모여 떡을 떼고 감사제[유카리스트]를 행하라. 하지만 형제와 다툼이 있는 자는 그들이 (서로) 화해할 때까지 너희의 모임에 참여하지 못하도록 하여 너희의 예물이 부정하지 않게 하라. 왜냐하면 다음과 같이 주님이 말씀하셨기 때문이다: "어느 장소와 어느 시간이든 내게 정결한 제사를 드려라. 나는 위대한 왕이요, 내 이름이 이방민족 중에서 크게 되리라. 주님의 말씀이니라"[말 1:11, 14](「디다케」 14).

특별히 여기서 「디다케」가 말라기 1장의 본문을 인용한 것은 주목할 만하다. 말라기의 말씀은 지역적, 민족적 제한의 철폐에 강조점이 있지만, 「디다케」에서는 주의 만찬에 초점이 두어진다. 유스티누스도 말라기의 이 말씀을 인용하면서 "[이 말씀은] 우리 이방인들이 어디서나 그분에게 드릴 예물—성찬의 떡과 성찬의 잔—을 언급하여 우리가 그분의 이름을 영화롭게 하고, 당신들[유대인들]이 이를 모독하리라고 예언했다."(「트리폰과의 대화」41)고 말하여, 말라기에서의 분향과 정결한 제사를 성찬과 동일시시켰다. 특별히 이집트 지역에서는 "정결한 제사"가 "영적이고 피 없는 예배"로 이해되기도 했다.

하지만 성찬의 핵심은 식사로, 그리스도의 임재, 영적 제사라는 위에서 언급한 성찬의 의미는 이 식사를 목표로 한다. 성찬의 식사에서는 특별히 성찬을 통해 하나님의 은사가 주어진다는 것이 강조된다. 성찬에서 받는 은사는 죄 용서, 영생, 친교 세 가지로 생각할 수 있다. 이 중 친교를 먼저 다루고 그 후에 죄 용서, 영생을 다루기로 하자.

성찬은 그리스도와의 교제와 친교이다. 이 내용은 성육신과 성찬을 연결시키는 것에도 나타난다. 그리스도에게 공동으로 참여함으로써 성찬 참여자는 하나로 결합되고 이것은 교회를 구성한다. 「디다케」에서는 교회의 일치를 미래에 이루어질 일로 간구하였다(9.4, 10.5). 히폴리투스도 성령 임재의 기원에서 하나님이 성령을 통해 성찬을 받는 자들을 하나로 만들도록 다음과 같이 기도했다.

> 거룩한 (신비에) 참여한 우리 모든 이를 일치시켜 주시고 진리 안에서 믿음이 굳세어지도록 성령으로 충만케 하시어 우리로 하여금 당신의 아들 예수 그리스도를 통하여 당신께 찬미와 영광을 드리게 하소서(「사도전승」4).

그런데 「디다케」와 달리 히폴리투스는 이 교회의 일치가 현재적이며 경험할 수 있는 현실로 나타난다.

성찬이 죄 용서와 영생을 준다는 사상은 고대 교회 성찬 예식에서 구체적으로 표현되었다. 「도마행전」에 나타난 성찬 예전에는 성물을 줄 때 "이것이 허물과 죄의 용서, 영원한 부활이 되기를"라고 말했다는 것을 보여준다(「도마행전」 50). 또한 아다이와 마리 예식의 성령 임재의 기원(epiclesis)은 다음과 같은 내용을 포함한다.

그분이 당신의 자녀들이 가져가는 이 예물에 거하셔서, 이것을 축복하시고 성별하게 하셔서, 이것이 우리에게 범죄의 도말, 죄의 용서가 되어 그분 앞에서 기뻐하는 자들로 인정된 모든 자들과 함께 죽은 자들의 부활에 대한 큰 소망, 하늘나라에서의 새 생명이 되게 하소서.

고대 교회는 성찬의 은총이 죄 용서를 포함한다고 이해했지만, 죄 용서보다는 부활의 생명에 대한 약속이 더욱 더 강조되었다. 안디옥의 이그나티오스는 성찬의 떡은 "불사의 약, 죽지 않고 예수 그리스도 안에서 영원히 살게 하는 해독제"(「에베소인들에게」 20.2)로 이해했다. 이그나티오스는 여기서 당시 이집트의 이시스 종교나 그리스 밀의종교에서 불사의 영약을 언급하는 것에 대해 성찬의 떡만이 불사의 약이요 영생의 해독제라고 제시했다고 보인다. 이보다 후대에 나타난 이집트의 기도서에는 "생명의 약"이라는 표현이 나타난다(「세라피온 기도서」 13.15). 바울에게 말하는 성찬에서 우리의 정죄를 먹을 수도 있다는 표현은 「도마행전」에 나타난 성찬 예전에서는 확고한 공식이 되었다. "이 성물이 너에게 은총과 자비가 되고, 심판과 보응이 되지 않기를"(29, 50). 양자의 차이는 참여자의 이전의 행위들에게 달려 있었다. 하지만 고대 교회에서는 성찬이 주술적인 효과를 지닌다는 생각은 거의 나타나지 않았다. 오히려 올바로 성찬을 받는 것이 전인, 따라서 그의 몸을 약속된 부활로 예비한다는 사상이 공통적인 이해했다. 리용의 주교 이레나이우스의 증언을 들어보자.

우리는 하나님 자신의 것을 하나님께 바친다. 지속적으로 육체와 영혼의 교제와 통일성을 선언하고 고백하면서 말이다. 떡은 땅에서 취한 것이지만, 하나님이 거룩하게 하시면, 그것은 더 이상 평범한 빵이 아니라 지상적인 것과 천상적인 두 실체들로 이루어진 성찬이 된다. 또한 우리의 육체도 마찬가지다. 우리의 육체가 성찬을 받으면 그것은 더 이상 썩어질 것이 아니라 영원한 생명으로의 부활의 소망을 가진 것이 된다(「이단논박」 4.18.5).

이레나이우스는 성찬과 부활을 유비적으로 이해했다. 즉 성찬에서 지상적인 것과 천상적인 것이 결합되듯이 육체도 부활의 소망을 가질 수 있다는 것이다. 이러한 점에서 성찬은 고대 교회의 생명 사상이 표현되는 또 하나의 삶의 자리였다.

또 한 가지 중요한 것은 고대 교회의 성찬 성례전에서는 예배와 자선 행위가 긴밀하게 결합되었다는 것이다. 고대 교회의 성찬 예전에 대한 최초의 세부적인 기술은 유스티누스에게서 발견되는데, 여기서는 성경 봉독, 설교와 함께 고아와 과부, 궁핍한 자들, 감옥에

있는 자들, 여행자들을 위한 구제가 예배 안에 중요한 요소로 포함
되었다는 것을 보여준다.

그리고 태양에 따라 이름이 지워진 날[일요일] 날에는 도시나 농
촌에 사는 모든 자들이 모입니다. 사도들의 회고록이나 예언서들이
시간이 허락되는 한 봉독됩니다. 독경자가 (읽기를) 끝마쳤을 때,
주관자는 우리에게 말씀하며 우리가 들은 영광스런 일들을 닮아가
도록 권면합니다. 그 후 우리는 모두 일어서서 기도합니다. 앞에서
말했듯이, 우리가 기도를 끝마쳤을 때, 떡, 포도주, 물이 놓여집니
다. 주관자는 자신의 능력에 따라[자유롭게 하지만, 기본적인 형식을
따랐다고 보인다] 기도와 감사를 드리며 사람들은 "아멘"으로 동의
를 표한다. 그 후 감사기도를 받은 예물들이 분배되며 모든 자가 이
에 참여한다. 부재한 형제들에게는 집사들을 통해 예물들이 보내진
다. 부유한 자들은 원하면 자신의 능력대로 봉헌을 드리고 이는 주
관자에 모여지고 주관자는 고아와 과부 및 질병이나 다른 이유로
인해 궁핍한 자들, 감옥에 있는 자들, 여행자들을 돕는다. 다시 말
하면 그는 모든 궁핍한 자들을 돕는다"(「제1변증서」 67.3-6).

그런데 이그나티오스는 예수의 신체성을 부인하는 가현 이단자
들을 비판하면서, 성찬과 자선 행위가 부활의 소망과 긴밀하게 연결
된다는 것을 보여주었다.

그들은 사랑에는 마음을 두지 않는다. 과부, 고아, 고통 받는 이,
감옥에 있거나 풀려난 자, 굶주리거나 목마른 자에게 마음을 두지

않는다. 그들은 성물과 기도를 멀리한다. 성물이 우리 구주 예수 그리스도의 살이라고 고백하지 않기 때문이다. 성물이야말로 우리의 죄를 (사하기) 위해 수난하신 예수 그리스도의 살이요, 아버지께서 자애로이 일으키신 살이다. 하나님의 선물을 배척하는 자들은 논쟁이나 하다가 죽어버린다. 그들도 부활하기 위해 사랑하는 것이 좋을 듯하다(「스미르나인들에게」 6.2-7.1).

따라서 성찬의 식사를 통해 "생명의 약"이 주어진다는 생각과 함께, 성찬 예전에서 표현되는 구제 행위에서도 우리는 고대 교회의 생명 사상을 발견할 수 있다. 이렇듯 고대 교회에서는 성찬과 새 생명, 부활이 긴밀하게 연관되었으며, 성찬은 세례와 함께 고대 교회의 생명 사상이 표현되는 또 하나의 삶의 자리였다.

IV. 고대 교회 절기와 새 생명

부활의 소망과 부활하신 주님과의 교제는 고대 교회의 예배와 삶을 관통하는 주제였다. 고대 교회가 주님의 부활을 기념하여 주일에 모여 예배를 드렸다는 것은 우리가 잘 알고 있는 사실이다. 유스티누스는 첫 번째 날인 일요일에 모이는 것을 창조와 새 창조와 연결시킨다. 그는 "일요일은 첫 번째 날이요, 하나님께서 어둠과 물질을 변형시키고 세상을 창조하신 날이요 우리 구주 예수 그리스도가 죽은 자로부터 일어난 날"(「제1변증서」 67)이기 때문에 기독교인들은 이날 모여 예배를 드린다고 이해했다. 주일의 집회에 대해서는 우리가 잘 알고 있기 때문에 여기서는 교회 절기를 중심으로 고대 교회의 생명 사상을 생각해보고자 한다.

그리스도의 부활은 매 주일 기념될 뿐만 아니라 또한 연례적으로 기념되었는데, 부활절은 "절기 중의 절기"로 교회 절기 중에서 사도 시대로까지 소급될 수 있는 유일한 절기다. 이미 2세기 말에 소위 "유월절(부활절)논쟁"이 벌어졌다. 소아시아 지역에서는 2세기에 주님의 고난이 전면으로 부각된 기독교적 유월절을 지켰는데, 여기서는 유월절 양이 도살되는 니산월 14일(유대인의 유월절)을 유월절의 날로 지켰다. 하지만 시리아, 이집트, 폰투스 및 서방 교회에서는 주일을 부활절로 지켰으며, 따라서 이 부활절(유월절) 날짜를 두고 교회 간에 논쟁이 벌어졌다. 결국 325년 니케아공의회는 이 논쟁을 종식시키고, 니산월 14일을 부활절로 지키는 전통은 유대인의 달력을 따른다고 하여 정죄하고, 춘분이 지난 보름달 다음의 첫 번째 일요일에 부활절은 지키도록 확정했다.

2세기의 부활절 논쟁은 부활절의 고대성을 증거하며, 부활절의 기원과 의미를 보여줄 수 있는 중요한 자료가 된다. 부활절의 기원에 대해서는 세 가지 입장이 존재한다. 첫째 입장은 부활절을 주일의 발전으로 이해하는 입장이다. 이 입장은 부활절은 유월절과 근본적으로 다르다는 것을 강조한다. 부활절은 이방인 기독교인들의 부활을 기념하는 절기로 출발했으며, 기독교의 유월절 기념은 유대교의 유월절을 발전시킨 것으로 그리스도의 죽음과 부활과는 직접적인 관계가 없었다는 것이다. 원래 고대 교회의 부활 기념일은 주일이었으며, 매주일 부활하신 주님과 성찬의 교제를 나누며 부활을 기념했고, 2세기에 알려진 연례적인 부활절 기념은 유대인의 유월절에 대항하기 위해 만들어졌다는 것이다. 이 견해에 따르면 "매 주일이 부활절"이요, "부활절은 일년 중 특별한 주일"이다.

둘째 입장은 부활절이 구약적, 유대교적 축제일인 유월절에서 발전되었다는 입장이다. 이 견해는 부활절과 유월절과의 연속성을 강조하며, 부활절이 유대 기독교인들의 유월절에서 발전했다고 이해한다. 부활절을 "파스카"라는 용어로 나타내고, 부활절 예식의 절정이 "모든 철야 예배의 어머니"라고 일컬어지는 부활절 철야 예배(토요일에서 주일)였다는 사실은 이 견해를 뒷받침해준다. 부활절 철야 예배는 기독교 고유의 전통이라기보다는 유대적인 전통에서의 "여호와의 밤"(출 12:42)에서 유래했다고 볼 수 있다. 팔레스틴의 탈굼에서는 출 12:42의 "여호와의 밤"을 창조의 밤, 이삭을 묶은 밤(아케다), 이집트에서 해방된 밤, 메시아적인 구원의 밤과 연결시킨다. 이 모든 요소가 부활절 철야 예배 속에서 발견된다. 또한 부활절을 창조와 종말과 연결시키는 것도 이 전통과 연관된다. 결국 이 두 번째 입장은 유대인의 유월절을 부활절로 지키는 전통이 더 오래된 전통이었으며, 주일을 부활절로 지키는 로마 교회의 전통은 부활절을 유대인의 유월절과 구분시키기 위해 만들어졌다고 본다.

세 번째 견해는 앞의 두 견해를 종합하고자 한다. 이 입장은 유월절을 부활절로 지키는 전통은 유대인의 유월절을 기독교화한 전통이며, 주일을 부활절로 지키는 전통은 유대인의 "첫 열매의 축제"(오순절을 셈하는 첫날, 레위기 23:11에 의하면 니산 14일이 지난 안식일 다음날, 즉 주일)를 계승했다고 이해한다. 바울은 그리스도의 부활을 첫 열매로 이해했고(고전 15:20,23), 알렉산드리아의 클레멘스와 6세기 콘스탄티노플의 에우티키오스도 부활과 초실절을 연결했다. 이 견해에 따르면 우리가 지금 부활절이라고 부르는 절기는 실제로는 오순절의 시작이라는 것이다. 이것은 1세기에는 오순절까지의 50일이 부활절과 긴밀히 연관되었으며 "기쁨의 기간"(*laetissimum spatium*: 테르툴리아누스), "큰 주일"로 이해되었다는 것을 통해서도 증명될 수 있다.

이렇게 볼 때 2세기의 부활절은 유대적인 유월절 절기가 기독교의 주일로 변화되고, 유월절이 오순절과 내용적으로 연결되면서 완성되었다는 것을 알 수 있다. 하지만 결정적으로 중요한 것은 유월절과 부활절의 차이가 아니라 유대적인 유월절과 기독교적인 유월절의 차이였다. 고대 교회는 그리스도의 신비를 유월절의 신비로 기념했고 출애굽의 빛 아래 그리스도의 고난과 죽음을 이해했다. 기독교적 유월절의 핵심은 모형론적 해석으로, 그리스도가 유월절 양이요 그리스도의 죽음은 출애굽기 12장에서 예시된 구원을 가져다주는 양의 제사였다는 것이었다(고전 5:7; 참고 요 1:29,36; 벧전 1:19). 이러한 출애굽기에 대한 모형론적 이해는 사르디스의 멜리톤의 유월절 설교에서 잘 표현되었다.

> 이 분은 수양처럼 이끌려
> 양처럼 도살당하여
> 우리를 세상을 섬기는 것에서부터 구원하였네,
> 마치 이집트에서처럼.
> 우리를 마귀의 종노릇하는 것에서부터 해방시켰네
> 마치 파라오의 손에서처럼.
> 우리의 혼을 인치셨네

자신의 영으로

또한 우리의 몸도 [인치셨네]

자신의 피로.

이 분은 수치스런 죽음을 입고,

마귀를 애통하게 했네

모세가 파라오에게 [했던 것처럼]

이 분은 우리를 구원하시는 분

노예살이에서 자유로

어둠에서 빛으로

죽음에서 생명으로

압제에서 영원한 나라로.

우리를 새 제사장으로 만드시고

영원한 특별한 백성으로 [만드신다]

이 분은 우리 구원의 유월절

……

이 분은 처녀에게서 성육되신 분

나무 위에 달리신 분

땅에 묻히신 분

죽은 자들 가운데서 부활하신 분

하늘의 높은 곳으로 오르신 분.

이 분은 말 못하는 양

이 분은 도살당한 양

이 분은 좋은 암양 마리아에게서 나신 분

이 분은 무리로부터 잡혀

도살장으로 끌려가

저녁에 제사되어

밤에 묻히고

나무에 매달리지 않고

땅에서 썩지 않고

죽은 자들 가운데서 일어나

사람을 무덤 밑에서 일으키신 분

(「유월절 설교」 67-69; 70-71).

그리스도의 십자가는 고대 교회 부활절 이해의 핵심이었다. 고대 교회는 출애굽과 아담부터 시작되는 구원사의 틀 안에서 그리스도의 고난과 죽음을 기억했다. 하지만 멜리톤의 설교에서 나타나듯 고대 교회는 그리스도의 십자가를 어둠에서 빛으로, 노예에서 자유인으로, 죽음에서 생명으로 넘어가는 역동적 사건으로 이해했다는 점을 강조할 필요가 있다. 고대 교회의 부활절은 한편으로는 그리스도의 고난과 죽음, 한편으로는 그리스도의 부활과 영광을 두 축으로 가지고 있었다. 부활절의 본질은 죽음과 고통에서 구원과 기쁨으로의 이행에 있었다. 죽음과 부활을 하나로 이해하는 전통은 1세기의 부활절 전통의 공통분모로, 이는 후에 강조점에 따라 상이한 전통으로 발전되었다고 보인다. 이것은 고대 교회의 부활절 예식에도 잘 나타나 있다. 고대 교회의 부활절 예식은 철야 예식으로 진행되었는데, 금식, 기도, 성경 봉독의 순서로 진행되다가 성찬식에서의 "닭 우는 소리" 부분(보통 새벽 3시)―보다 고대의 예식에서는 아가페 예식(식사)―에서 절정을 이루었다. 이 부활절 예식에서는 어둠과 죽음으로부터 생명과 빛, 기쁨으로의 전환이 두드러지게 나타나고 있다. 이렇게 볼 때 고대 교회의 부활절은 원래 단순히 예수의 부활만을 기념한 것이 아니라 그리스도의 모든 구원의 사역, 나아가서는 구원사 전체를 기념하는 절기였다는 것을 잘 알 수 있다.

고대 교회의 생명 사상은 부활의 기념에서도 잘 나타난다. 고대 교회는 매 주일을 주님의 부활을 기념하는 날로 지켰을 뿐만 아니라 연례적으로 부활절을 지키며 부활을 기념했다. 부활절이 유대인의 유월절에서 발전되었다는 것과 특히 죽음에서 생명으로의 이행이 강조되었다는 것은 오늘날도 생각해볼만한 점이다. 또한 부활절로부터 오순절까지의 기간을 하나로 묶어 부활의 절기로 이해한 것도 오늘날 교회에게 시사하는 바가 크다. 사순절 전통은 후대에 발전된 전통이다. 고대 교회는 절기적으로는 주님의 부활을 먼저 기념했다. 오늘날 개신교회는 부활절로부터 오순절까지의 기간보다는 사순절이 더 중요하게 지켜지는 것은 아닌가? 주님의 부활보다는 주님의 십자가와 고난만이 강조되는 것은 아닌가?

V. 순교와 새 생명

익히 알다시피 고대 교회는 심한 박해를 받았고 많은 순교자를 내었다. 고대 교회의 생명 사상은 순교에서도 잘 나타난다. 로마 제국 내에서는 국가에 의한 체계적이고 조직적인 박해는 데키우스 황제(249-251)의 박해로부터 비롯되었고, 그 이전에는 지역적이고 산발적인 박해가 이루어졌다고 말할 수 있다. 그럼에도 기독교인들은 항시 적대자들에 의해 고소당하고 지방 총독 앞에서 재판을 받고 자신의 신앙을 부인하지 않으면 처형당할 위험을 안고 있었다. 따라서 기독교인들은 언제라도 순교할 수 있다는 각오를 가져야 했고, 순교를 예비하도록 가르침을 받았다. 또한 고대 교회는 순교자를 신앙의 영웅으로 칭송했으며, 순교자의 행적을 기록한 순교기를 발간하고, 순교자의 유골 및 유품을 수집하고, 순교일에 기념 예배를 드리면서 순교자를 기억하고 순교를 장려했다. 「폴리카르포스의 순교기」는 이미 2세기 중엽에 순교자를 기념하는 이 모든 양식들이 존재했다는 것을 증언해준다.

"백부장이 유대인들의 투기를 보고 늘 하는 대로 몸을 중앙에 넣고 태웠다. 이렇게 해서 우리는 귀한 보석보다 귀하고, 금보다 정련된 그의 뼈들을 취해 합당한 곳에 안치시켰다. 주님께서 우리로 하여금 거기서 힘닿는 대로 환희와 기쁨으로 모여 그의 순교의 생일을 기념하도록 허락하실 것이다. 앞서 싸운 자들을 기억하고 앞으로 그렇게 될 사람들의 훈련과 준비를 위해서 [그렇게 하실 것이다]"(18.2-3).

고대 교회의 순교기는 고대 교회가 순교를 어떻게 이해했고, 순교에 대해 어떠한 의미를 부여했는지를 알 수 있게 해준다. 순교기는 보통 세 가지 형식으로 분류할 수 있다. 하나는 행전(Acts) 형식으로 이는 핵심적인 사실만을 기술하고 총독의 심문과 순교자들의 대답과 신앙고백으로 이루어져 있으며 역사적으로 매우 믿을 만한 자료다. 또 하나는 수난기(Passion) 형식으로 여기에는 역사성을 보전하면서도 목격자의 진술 및 신학적인 의미들이 함께 통합되어 있는 기록이다. 수난기에서는 순교자를 존경하고 모방하자는 주제가 강조되며 순교자의 입을 통해 순교의 신학적 의미, 기독교에 대한 변증이 표현되기도 한다. 마지막으로 전설(Legend) 형식이 있는데, 이것은 수난사화와는 달리 역사성이 매우 희박하다.

고대 교회의 순교기는 순교에 대해 여러 가지 신학적인 의미를 부여했다. 우선 순교는 혈과 육의 싸움이 아니라 영적인 싸움이라는 것이 두드러지게 나타난다. 고대 교회 순교기에서는 순교는 그리스도와 사탄의 싸움이며, 그리스도가 순교자 안에서 혹은 순교자를 위해 싸운다는 것이 강조된다. 예를 들면 「폴리카르포스의 순교기」에서는 폴리카르포스의 순교가 마귀의 계략에 의한 것이라고 밝히며 (3.1), 「페르페투아와 펠리키타스의 순교기」에서 페르페투아는 이집트 검투사와 싸우는 환상을 보는데, "환상에서 깨어나면서 나는 곧 맹수가 아니라 악마와 싸우게 될 것을 깨달았다"고 썼다(「페르페투아와 펠리키타스의 순교기」 10). 「비인과 리용의 공동체의 편지」도 순교를 마귀에 대항하는 싸움으로 해석하고, 비인의 보제 상투스에 대해서는 그 안에서 그리스도가 고난당했다고 서술했고, 갓 세례 받은 블란디나라는 여성에 대해서는 그리스도를 옷 입었다고 서술했다.

고대 교회 순교기에서 나타나는 또 하나의 주제는 그리스도를 닮는다는 주제다. 안디옥의 주교 이그나티오스는 자신을 구하려는 교회의 노력에 대해 순교하도록 내버려달라고 간청하면서 다음과 같이 말한다.

불필요한 호의를 저에게 베풀지 마십시오. 저를 맹수의 먹이가 되게 놔두십시오. 그것을 통해서 제가 하나님을 만날 수 있습니다. 저는 하나님의 밀이니 맹수의 이빨에 갈려서 그리스도의 깨끗한 빵이 될 것입니다.

오히려 맹수들을 유인하여 그들이 저의 무덤이 되게 하십시오. 또한 제가 죽었을 때 누구에게도 짐이 되지 않도록 맹수들이 제 몸의 어떤 부분도 남기는 일이 없게 해주십시오. 그리하여 세상이 저의 몸을 볼 수 없게 될 때 저는 참으로 예수 그리스도의 제자가 될 것입니다. 이런 과정을 거쳐 제가 하나님께 바치는 희생제물이 될 수 있도록 저를 위해 그리스도께 간구해 주십시오(〈로마인들에게〉 4.1-2).

조금 후에 그는 "불이나 십자가 또는 맹수들의 무리, 뼈를 비틀고 사지를 찢는 것, 온 몸을 짓이기는 것, 악한 자의 잔인한 형벌, 이 모든 것이 저에게 오도록 내버려 두십시오. 그렇게 함으로써만 제가 예수 그리스도를 만날 수 있습니다"(「로마인들에게」 5.3)고 쓴다. 또한 「비인과 리용의 공동체의 편지」는 블란디나의 죽음을 바라보는 자들은 "그 자매의 인격 안에서 그들을 위해 십자가에 달리신 그분을 보았으며" "그녀는 희생제물로 드려졌다"고 서술하여, 그녀의 순교를 그리스도의 고난과 연결시켰다.

또한 고대 교회의 순교기는 순교를 하늘나라 및 부활의 소망과 연결시키고 있다. 이그나티오스는 순교를 "생명을 얻는 것"(「로마인들에게」 6.2)이라고 이해했으며, 유스티누스는 총독이 기독교인으로 처형당하면 하늘로 올라갈 것이라고 생각하는가라고 묻자, "생각하지 않고 완전히 확신한다"고 대답했다. 쉴리움의 순교자 중 나르찰

루스는 총독이 처형의 명령을 내리자 "오늘 우리는 순교자로 하늘에 있을 것이다"고 말하면서 하나님께 감사를 표현했다. 이것은 또한 순교의 날을 결혼의 날이요 승리의 날로 이해하는 것과도 연결될 수 있다. 리옹의 블란디나는 순교할 때 마치 결혼식인 것처럼 즐거워했다고 서술되었다. 또한 카르타고의 순교자 페르페투아는 암소에 받쳐 넘겨졌지만, 일어나 앉아 갈기갈기 찢어진 옷을 잡아당겨 허벅지를 덮고, 풀어진 머리를 메기 위해 핀을 달라고 부탁했는데, 이것은 "자신의 승리를 애통하는 것처럼 머리를 풀어헤치고 죽은 것이 옳지 못하다"고 생각했기 때문이었다. 「폴리카르포스의 순교기」에 나오는 폴리카르포스의 기도는 순교자는 그리스도를 따라 하나님께 바치는 번제물이 되며, 영생과 부활에 참여하게 된다는 사상을 명백하게 보여준다.

그들은 그를 못 박지 않고 그를 결박했다. 그는 손을 뒤로 하고 결박되었다. 마치 하나님에게 열납되고 예비된 제물, 즉 번제물로 [바쳐질] 큰 무리에서 나온 고귀한 수양처럼 [결박되었다]. 그는 하늘을 쳐다보고 말했다: "주 하나님 전능자여, 당신의 사랑하시며 찬양받으실 아이 예수 그리스도의 아버지여―그분을 통해 우리는 당신에 대한 지식을 받아왔습니다―, 천사들과 능력들과 모든 피조물과 당신 앞에 살아있는 모든 세대의 의인들의 하나님이시여! 저는 당신을 찬미합니다. 저를 이 날과 이 시간에 합당하게 하여 저를 당신의 그리스도의 잔에서 순교자들의 수에 참여하게 받으셔서 거룩한 영의 불멸 안에서 영혼과 몸의 영원한 생명의 부활에 [참여하게 하소서]. 또한 오늘 당신 앞에서 당신이 미리 예비하시고, 미리 보여주시고, 이루셨던 대로 풍요롭고 열납할 만한 제사로서 제가 그들 가운데 받아들여지게 하소서. 거짓이 없으시고 진실하신 하나님이여, 이로 인해 저는 모든 것에 대하여 영원한 하늘의 대제사장 예수 그리스도, 당신의 사랑하는 아이로 말미암아 당신을 찬미하고 당신을 송축하고 당신에게 영광을 돌립니다. 그분으로 말미암아 그분과 거룩한 영과 더불어 당신에게 영광이 이제부터 오는 세대까지 있어지이다. 아멘."(「폴리카루푸스의 순교기」 14:1-3).

고대 교회는 순교를 사탄과의 영적인 싸움이요, 그리스도를 닮는 것이요, 또한 영생과 부활에의 참여로 이해했다. 순교를 "피의 세례"라고 이해하고 물 세례를 받지 않아도 순교를 통해서 영생을 얻을 수 있다는 사상도 순교와 영생, 부활이 얼마나 긴밀하게 관련되었는지를 잘 보여준다. 고대 교회는 순교자를 기념하고 추모하고 순교를 독려하면서 새 생명과 부활을 소망하며 살아가도록 가르쳤다. 이런 점에서 순교를 독려하는 설교, 가르침과 순교일에 맞추어 연례적으로 거행되는 순교자 기념 예배는 고대 교회의 생명 사상이 표현되는 또 하나의 삶의 자리였다.

VI. 나가는 말

지금까지 고대 교회의 생명 사상을 세례, 성찬, 교회 절기, 순교자 기념 등에서 찾아보았다. 고대 교회의 생명 사상이 이러한 다양한 삶의 자리에서 표현되었다는 것은 중요한 의미를 지닌다. 사실 예전과 절기, 예술은 대중들이 기독교의 신앙을 접할 수 있는 통로라고 말할 수 있다. 따라서 이런 다양한 삶의 자리를 통해 표현된 고대 교회의 생명 사상은 대중들에게도 전달되었고, 대중들이 자기 것으로 삼았던 기독교 신앙의 부분이라고 말할 수 있을 것이다. 오늘날도 우리가 생명 사상을 강조하려면 생명 사상이 교회의 다양한 삶의 자리에서 표현될 수 있도록 해야 할 것이다.

마지막으로 고대 교회가 현대 교회에게 도전을 주는 점이 있다면 고대 교회가 부활과 영생에 대한 소망, 새 생명에 대한 뚜렷한 인식을 지니고 있었다는 점이다. 주님의 십자가와 고난과 함께 부활의 승리와 영생의 소망이 보다 뚜렷하게 교회의 삶에 자리를 잡을 때 생명을 사랑하고 새 생명에 따라 살아가는 삶도 힘 있게 뿌리 내릴 수 있을 것이다.

부와 가난에 대한 크리소스토모스의 생각에 대한 단상
— 부자와 나사로에 대한 그의 6개의 설교를 중심으로

이은혜 I 한남대학교 초빙교수

I. 들어가는 글

부와 가난, 부자와 가난한 자들에 대한 쟁점들은 수많은 고대 교회 교부들에 의해 논의되었으며 그들의 목회와 삶과 깊이 연관되었다. 이 가운데 크리소스토모스는 가난한 자를 사랑한 자의 대표적 인물로 회자되고 있다. 그는 350년경에 태어나 407년에 죽었다. 그는 안디옥과 콘스탄틴노플의 대주교였다. 그는 제국의 교회 화와 그에 따라 교회 안에 유입 된 대량의 부와 다수의 거짓된 그리스도인들로 인해 기독교 공동체에 대한 정체성이 혼돈에 빠져있었던 시대에 살았다. 따라서 그는 진정한 기독교인이란 무엇인가? 진정한 기독교 공동체란 무엇인가에 대해 구체적으로 고민하였다. 가난, 가난한 자 그리고 구제라는 주제 역시 이러한 그의 상황적 맥락에서 이해될 수 있으며 그는 이 주제를 823편의 설교와 242편의 편지들 그

부와 가난에 대한 크리소스토모스의 생각에 대한 단상_ 이은혜 I **103**

리고 14개의 소논문을 통해 풍성하게 언급하였다.

부와 가난, 부자와 가난한 자에 대한 크리소스토모스의 생각은 그가 고민한 진정한 기독교 공동체에 대한 정체성과 깊이 관계되어 있다. 수도원 운동의 봄이라 할 수 있는 시대에 살았던 그는 한 때 수도자의 삶을 살아가기를 열망했다. 6년간의 수도원 생활 후 그는 심하게 건강을 해치고 안디옥으로 돌아온다. 그가 도시로 돌아왔다는 것은 그가 수도자의 삶을 포기했다는 것을 의미하지 않는다. 그는 도시에서 청중들이 수도자의 삶을 살도록 권유하기를 원했다. 그의 소망은 수도자들의 삶의 양식을 도시에 가져오는 것이었다.

그의 사후에 붙여진 이름인 '크리소스토모스'는 '황금의 입'이란 뜻으로 그는 대단한 설교자였으며 많은 설교가 남아 있다. 그의 수많은 설교 가운데 본 논문에서는 그가 388년 안티오코스에서 행한 '부자와 나사로 비유'에 대한 6편의 설교를 중심으로 그의 부와 가난, 부자와 가난한 자에 대한 사상을 살펴보려고 한다.1)

---

1) 이 설교는 블라디미르 출판사에서 『부와 가난』(*On Wealth and Poverty*)이란 책으로 출판되었다. ST John Chrysostom, *On Wealth and Poverty*, trans. by Catharine P. Roth (Crestwood, NY: St Vladimir's Seminary Press, 1984). 요한 크리소스톰, 『부자』(서울: 규장, 2009).

II. 부자와 나사로에 대한 그의 여섯 개의 설교

1. 첫 번째 설교

한 부자가 있어 자색 옷과 고운 베옷을 입고 날마다 호화로이 연락(宴樂)하는데 나사로라 이름 한 한 거지가 헌데를 앓으며 그 부자의 대문에 누워 부자의 상(床)에서 떨어지는 것으로 배불리려 하며 심지어 개들이 와서 그 헌데를 핥더라(눅 16:19-21)의 본문을 통해 크리소스토모스는 첫 번째 설교에서 부자의 악덕과 나사로의 미덕에 대해 쟁론한다.

크리소스토모스는 심지어 부자는 하나님을 두려워하지 아니하고 사람을 무시했던 재판관(눅 18:2)보다 더 강퍅하고 무정한 자라고 질타한다. 왜냐하면 재판관은 비록 잔인하고 냉혹했지만, 결국엔 과부의 끈질긴 간청에 못 이겨 은혜를 베풀었다. 하지만 부자는 아무리 끈질긴 요청에도 눈 하나 꿈쩍하지 않는 사람이었다는 것이다. 왜냐하면 부자는 대문을 드나들면서 하루에도 여러 차례, 최소한 한두 번은 꼭 나사로를 볼 수밖에 없었다. 나사로가 길거리나 후미진 구석이 아니라 부자가 출입구로 사용하는 대문 옆에 누워 있었기 때문이다. 이 때문에 부자는 나사로를 보지 않으려고 해도 보지 않을 수 없었음에도 그는 나사로를 외면했다는 것이다. 처음 한 번은 나사로의 곁을 무심코 지나쳤더라도 두 번째 보았을 때는 일말의 동정심을 느꼈어야 마땅하다. 또 두 번째도 그냥 지나쳤다 하더라도 세 번째나 네 번째 보았을 때는 아무리 짐승보다 더 잔인한 심성을 소유했다 하더라도 당연히 동정을 베풀었어야 했다. 하지만 부자는 그런 감정을 느끼지 못했다. 크리소스토모스는 "이는 극도로 비인간적인 태도로 부자는 짐승보다 더 잔인한 자이며 이런 잔인함은 악(惡) 중에서도 가장 큰 악이다"라고 단언한다.[2] 크리소스토모스는 부자라는 것을 비판했다기보다 가난한 자를 하루에 몇 번씩 보면서 전혀 동정심을 품지 않은 것을 비판하고 있다.

한편, 크리소스토모스는 나사로에 대해 그의 가난에 대해 칭찬했다기보다는 그가 그 가난을 어떻게 견디었는지에 대해 칭찬한다. 가난한 나사로는 비록 대문에 누워 있었지만 하나님을 원망하거나 불평을 쏟아내지 않았다는 것이다. "대부분의 사람들은 아마도 '어떻게 이럴 수 있지? 저 부자는 사악하고 잔인하고 몰인정하기 짝이 없는데도 필요 이상의 호사를 누리며 아무 고민도, 재난도 없이 오직 쾌락만을 즐기며 살아가고 있는데, 나는 목숨을 부지하는 데 필요한 양식조차 없구나. 저 부자는 자기 비위를 맞추며 알랑거리는 아첨꾼들과 술 마시며 흥청대는 일에 재물을 쏟아 부어도 모든 것이 항상 샘물처럼 가득 흘러넘치기만 하는데, 나는 이곳에 누워 사람들의 구경거리와 수치와 조롱의 대상이 되어 굶주린 배를 움켜쥔 채 죽어가고 있구나. 이것이 정녕 하나님의 섭리란 말인가?'라고 불평할 테지만, 나사로는 그런 말을 입 밖에 내지 않았다는 것이다." 크리소스토모스는 나사로가 불평의 말을 하지 않았다는 사실은 그가 죽었을 때 천사들이 그를 떠받들어 아브라함의 품에 안겨주었다는 본문의 말씀이 그 사실을 뒷받침한다고 한다. 만일 나사로가 하나님을 모독하는 말을 내뱉었다면, 그는 그런 영광을 누리지 못했을 것이라는 것

---

2) Ibid., 17-18.

이다.3) 크리소스토모스는 나사로가 가난 외에도 몇 배의 고통을 견 뎌야 했다는 사실을 지적하며, 그의 인생은 고난의 끝이 무엇인지를 보여주는 본보기라고 단언한다. 나사로는 가난 외에도 질병의 고통 을 더불어 당했다. 그것도 아주 극심한 질병이었다. 더 나아가 그는 혼자였다. 그는 혼자 부자 집 대문에 앉아있었다. 외로움을 견뎌야 했다. 여기에 덧붙여 가난한 자는 하나님의 형벌로 인한 것이라는 당시의 사회적 통념으로 나사로는 어리석은 사람들에게 명예를 훼 손당하는 고통을 맛보아야 했다. 그런데 그는 이 고통을 견딘 것이다.

크리소스토모스는 첫 번째 설교를 나사로는 불행을 당하는 사람 은 누구나 우러러봐야 할 스승으로 그는 그 어떤 사람의 고통보다 더 큰 고통을 감당함으로써 모든 사람의 본보기가 되었다라고 진술 한다. 그는 현세의 고통을 기쁨으로 감당하고, 장차 내세의 좋은 것 들을 누리자라고 권면하면서 첫 번째 설교를 마친다.

2. 두 번째 설교

크리소스토모스는 첫 번째 설교에서 가난한 자에 대해 동정심이 없는 부자는 악한자이며 그리고 가난을 불평 없이 견딘 가난한 자는 미덕을 지닌 자라고 정리한 후에 두 번째 설교에서 부자든 가난한 자든 이제는 올바로 생각해야 한다고 주장한다. 그에 따르면. 다시 말해 부자는 부(富)가 미덕(美德)이 없어도 그 자체로 가치가 있다는 생각을 버려야 하고, 가난한 자는 가난이 악(惡)이라는 생각을 버려

---

3) Ibid., 28-29.

야 한다. 나사로를 통해 부자를 '행운아'로 부르거나, 가난한 자를 '불운아'로 부르지 않는 법을 배워야 한다고 주장한다. 그는 부자와 가난한 자에 대해 새로운 정의를 세운다. 참된 부자는 많은 재물을 모은 사람이 아니라 재물에 욕심을 부리지 않는 사람을, 참된 가난한 자는 재물이 없는 사람이 아니라 탐욕이 가득한 사람을 뜻한다. 가진 것에 만족하고 자신의 소유를 족하게 여기며 다른 사람들의 재물에 눈독을 들이지 않는다면, 비록 세상에서 가장 가난하게 산다고 해도 우리는 그를 가장 큰 부자로 생각해야 한다. 다른 사람들의 재산을 탐내지 않고 자족하며 살아가는 사람이야말로 세상에서 가장 풍요로운 사람이다.[4] 따라서 그에 따르면 현세에서는 가난과 부(富)가 한갓 가면에 지나지 않는다. 극장에 앉아 무대 위에 있는 배우들을 보듯이 이곳 세상에서도 많은 부자들을 보지만 그들이 진정으로 부유한 자들이라고 생각할 수는 없다. 부자의 가면을 벗겨내고, 그의 양심을 열어보고, 그의 생각을 들여다보면 빈곤을 발견하게 될 것이기 때문이다.

두 번째 설교에서 크리소스토모스는 청지기직에 대해서 설명한다. "하나님께서는 자신의 재물을 나눠주지 않은 것도 도적질에 해당한다"라고 말씀하신다는 것이다. 성경은 다른 사람의 물건을 훔치는 것만이 아니라 자신의 소유를 나눠주지 않는 것도 도적질과 사기와 협잡에 해당한다고 증언한다고 말라기 3:8-10절—땅이 소출을 내었는데도 너희는 십일조를 바치지 않았노라. 가난한 자의 것을 도적질한 것이 너희 집에 있구나(말 3:8-10참조, 70인역에 근거한 저자

---

4) Ibid., 51-52.

역)—을 가지고 주장한다. 하나님께서 남들보다 더 많은 재물을 허락하신 이유는 매춘부, 술, 호사스러운 음식, 값비싼 옷과 같이 방종과 사치를 조장하는 일에 사용하도록 하기 위해서가 아니라, 어려운 사람들에게 나누어주도록 하기 위해서라는 것이다. 따라서 부자는 어려움에 처한 이웃들에게 재물을 나눠주어야 하는 의무를 감당해야 할 청지기이다. 자신을 위해 필요 이상으로 재물을 낭비하는 사람은 내세에서 혹독한 형벌을 당하게 되는데, 부자의 재물은 그의 것이 아니라 가난한 이웃들의 것이기 때문이다.5)

크리소스토모스에게 있어서 청지기직에 대한 생각은 근본적으로 소유권(ownership)의 문제와 부딪히게 된다. 그에게 있어서 청지기직과 소유권이 어떻게 조화를 이룰 수 있는가? 분명 그는 사람들의 사유재산에 대한 권리를 인정했음이 분명하며 그는 결코 무조건적으로 부자는 그의 부를 가난한 사람들에게 균등하게 분배하라는 이야기는 결코 하지 않았다. 그럼에도 거듭 그는 부는 부자들이 단지 가난한 자들을 위해 부를 관리하도록 위탁받은 것이라고 한다. 그러므로 항상 부자들은 가난한자들의 필요에 응답해야 한다고 한다. 크리소스토모스는 이유에 상관없이 가난한 자라면 무조건 도움을 주어야 한다고 주장한다. "자선가는 어려운 처지에 있는 사람들에게는 안전한 항구와 같다. 항구는 난파당한 사람들을 모두 받아들여 위험에서 건져준다. 그들이 악한 사람이든 선한 사람이든, 위험에 처한 사람이라면 어떤 사람이든 상관없이 항구는 모두에게 피난처를 내어준다. 우리도 그래야 한다. 세상에서 가난이라는 난파선을

---

5) Ibid., 64-65.

만난 사람들은 그 행실이나 신분을 따지지 말고 무조건 도움의 손길을 내밀어 위험에서 건져주어야 한다."6)

3. 세 번째 설교

크리소스토모스는 부자와 나사로에 대해 첫 번째 두 번째 설교를 마친 후 부자와 나사로의 비유는 부유한 사람이든 가난한 사람이든 상관없이 우리 모두에게 큰 유익을 준다고 증언한다. 왜냐하면 간단히 말해서 가난한 사람에게는 가난을 감당할 수 있도록 가르치고, 부유한 사람에게는 재물을 자랑하지 않도록 가르치기 때문이다. 그리고 이러한 것은 인간의 삶이 현세와 내세로 이루어져 있기 때문이다.

크리소스토모스는 세 가지 유형의 사람들에 대해서 말한다. 이세상에서만 형벌을 받는 사람들이 있고, 이 세상에서는 아무 불행도 겪지 않고 잘살지만 내세에서 마땅한 보응을 남김없이 받는 사람들도 있다. 그런가 하면 현세와 내세에서 모두 형벌을 받는 사람들도 있다. 이 세 종류의 사람들 가운데 누구를 행운아라고 부를 것인가? 그는 '세상에서 형벌을 받아 죄를 죽이는 사람이 가장 복된 사람이라고 확신한다.' 왜냐하면 근본적으로 크리소스토모스는 현세와 내세에서 모두 편안한 삶을 누릴 수 있는 사람은 없다고 생각하기 때문이다. 그는 단호하게 그런 경우는 불가능하다고 주장한다. 세상에서 아무 부족함 없이 살다가, 다시 말해 모든 면에서 만족을 누리며 제멋대로 어리석은 삶을 일삼다가 저세상에서까지 영광을 누릴 사

6) Ibid., 69.

람은 아무도 없다는 것이다. 모든 사람들은 가난 때문에 고통을 당하지 않는다면 욕망 때문에 괴로움을 당하게 될 것이라는 것이다. 그의 이러한 주장은 그가 비록 부 그 자체는 선한 것도 악한 것도 아닌 중성적 의미가 있다고 하면서도 동시에 그가 부 자체에 내재되어 있는 위험에 대해서도 이야기 하고 있음을 본다. 부라는 것이 사람들에게 더 큰 부를 탐욕 갖도록 한다는 것이다. 따라서 그는 현세는 물론 내세에서도 편하게 사는 것은 불가능하기 때문에 의인도 고생하며 살 수밖에 없다고 주장한다.

크리소스토모스는 형벌은 재앙이 아니다. 진정한 재앙은 죄이다. 그는 이사야 40장 1-2절 말씀—너희는 위로하라 내 백성을 위로하라 너희는 정다이 예루살렘에 말하며 그것에게 외쳐 고하라 … 그 모든 죄를 인하여 여호와의 손에서 배나 받았느니라 할지니라—을 통해 죄는 우리를 하나님으로부터 멀어지게 만들지만, 형벌은 우리를 하나님에게로 다가가게 만들어 그분의 분노를 그치게 한다고 주장한다. 크리소스토모스는 악하게 살면서도 아무런 불행을 당하지 않는 사람을 볼 때 그를 행운아라고 말하지 말고, 오히려 가련하게 여겨야 옳다. 왜냐하면 그는 내세에서 온갖 불행을 다 겪게 될 것이기 때문이다. 마찬가지로 세상에서 덕스러운 삶을 사는데도 온갖 시련을 겪는 사람을 볼 때는 그를 행운아로 생각하고 부러워해야 옳다. 세상에서 죗값을 모두 치른 상태인 까닭에 내세에서는 그 인내에 합당한 큰 축복이 그를 기다리고 있을 것이기 때문이다.7)

---

7) Ibid., 87-88.

4. 네 번째 설교

크리소스토모스는 부자와 나사로에 대한 네 번째 설교를 시작하면서 이 비유는 일종의 치료책으로 곧 부자에게는 절제를, 가난한 자에게는 위로를 전달한다고 주장한다. 부자는 이 비유를 통해 겸손을 배우고, 가난한 자는 곤고한 삶 속에서 위로를 찾을 수 있다는 것이다. 이 비유에 따르면, 부자는 현세에서 죗값을 하나도 치르지 않았다고 해서 의기양양해서는 곤란하다는 것이 자명하다. 왜냐하면 우리의 운명이 현세로 끝나는 것이 아니기 때문이다. 세상에서 행한 모든 일에 대해 심판과 보응이 있기 때문이다.

크리소스토모스는 네 번째 설교에서 인간의 양심에 대해서 집중적으로 탐구한다. 그는 양심을 '마음에 있는 재판관'으로 칭하며 양심이라는 재판관은 이 세상에서 우리의 죄를 꾸짖어 좀 더 옳게 살아가게 함으로써 장차 다가올 심판으로부터 우리를 구원한다고 주장한다. 그에 따르면 죄를 짓는 동안은 물론 그 이전이나 그 후에도 양심은 열성적인 고소인처럼 우리를 대적한다. 사실 죄를 짓는 동안에는 양심의 가책을 크게 느끼지 않는다. 하지만 죄를 짓고 난 뒤, 즉 쾌락이 썰물처럼 빠져나간 뒤에는 혹독한 양심의 가책이 우리를 엄습한다. 양심은 우리에게 죄를 고백하게 하고 하나님은 우리를 벌하기 위해서가 아니라 용서하시기 위해서 죄를 고백하라고 하신다. 이것이 하나님이 우리에게 양심을 허락하신 이유라는 것이다.

크리소스토모스는 요셉의 형제들의 예를 든다. 요셉의 형제들이 베냐민을 남겨두고 떠나라는 요셉 앞에서 그들이 예전에 요셉에게 행한 죄를 기억하고 고백한 것에 대해 양심에 찔려 지난날을 고백한 것이라고 한다. 그렇다면 부자와 나사로의 비유에 나오는 부자는 양심에 화인 맞은 자라고 할 수 밖에 없다. 하루에 한 번도 아니고 여러 번 나사로를 보면서도 그가 그 불쌍한 나사로에게 동정심을 품지 않았다는 것은 그에게 양심의 기능이 정지되었다고 밖에 볼 수 없기 때문이다.

5. 다섯 번째 설교

크리소스토모스가 부자와 나사로에 대해 다섯 번째 설교를 전달할 때는 지진이 안디옥에 일어났던 직후였다. 그는 이것을 놓치지 않고 본문과 연관시킨다. "보라! 지진이 일어났다. 재물이 도움을 주었는가? 부자와 빈자의 수고가 모두 산산이 깨어졌다. 재물이 그 주인과 함께 멸망하고, 건물이 건축자와 함께 무너졌다. 도시 전체가 마치 공동묘지처럼 변했다. 부(富)가 어디에 있으며, 탐심은 어디에 있는가? 모든 것이 거미집보다 더 형편없다는 사실을 직접 목격하지 않았는가?"[8] 그는 지진의 원인을 하나님의 분노로 보았다. 지진의 원인은 하나님의 분노이고, 하나님이 분노하신 이유는 우리의 죄 때문이다. 그는 형벌을 두려워하지 말고, 형벌의 원인인 죄를 두려워하라고 거듭 촉구한다.

크리소스토모스는 "형벌을 받고 있는 사람들은 걱정하면서, 죄를 짓는 사람들은 왜 걱정하지 않는 것인가?"라고 반문한다. 그에게 형벌은 죄만큼 무섭지 않다. 그 이유는 죄가 형벌의 원인이기 때문

---

8) Ibid., 151.

이다. 그가 더욱 두려워하는 것은 죄를 짓는데 형벌을 받고 있지 않는 것이다. 그가 이것에 대해 세 가지 예까지 들어서 거듭 설명하고 있는 것을 보면 그 것은 더욱 분명해진다. 그는 첫 번째 예로 죄인 두 사람을 생각해보게 한다. 한 사람은 형벌을 받고 있고, 다른 한 사람은 형벌을 받고 있지 않는 상태이다. 형벌을 받지 않으면서 부자로 잘살고, 고아들의 소유를 강탈하고, 과부들을 억압하는 사람을 행운아로 생각하겠는가? 그는 우리는 그를 가장 안타깝게 여겨야 한다고 한다. 왜냐하면 질병에 걸렸으면서도 치료를 받지 못하고 있기 때문이다. 두 번째 예로 음행을 저지른 사람이 둘 있다고 가정해 보게 한다. 한 사람은 부자이고 다른 한 사람은 가난하다. 구원받을 희망이 둘 중에 누가 더 크다고 생각하는가? 가난한 중에, 곧 굶주림 속에서 음행을 저지른 사람이 더 운이 좋은 사람이라고 말하는 것이 낫다고 한다. 그 이유는 가난이라는 지혜의 교사를 통해 깨달음을 얻을 수도 있기 때문이라는 것이다. 비록 크리소스토모스가 부나 가난이나 어떤 것이 더 나은 것이라는 주장은 하지 않고 있지만 이러한 주장은 그가 가난이 부보다 더 유익하다고 생각하고 있음을 보여준다. 그는 부는 가난 없이 유익 할 수 없지만, 가난은 그 것 자체로 우리에게 유익을 가져올 수 있다고 생각하고 있음은 그가 가난 쪽으로 더 기울어져 있음을 보여준다.

그는 마지막으로 부자와 나사로의 비유를 이야기 한다. 세상에서 온갖 호사를 다 누리다가 내세에서 형벌을 당하는 사람이 있다. 예수님의 비유는 "한 부자가 있어"(눅 16:19)라는 말로 시작한다. 그는 부자를 다음과 같이 묘사한다.

"자색 옷과 고운 베옷을 걸치고, 값비싼 음식을 차려놓고, 아첨꾼들을 배불리고, 하인들과 자신을 살찌우던 '한 부자'가 있었다. 그의 몸에서는 향수 냄새가 풍겼지만, 내면에서는 악취가 풍겼다. 그의 육체와는 달리 그의 영혼은 굶주림으로 죽어갔다. 그의 집은 온통 화환으로 장식되었지만, 그 기초는 죄가 가득했다. 그의 영혼은 포도주에 파묻혀버렸다."9) 그가 이렇게 부자를 묘사한 것은 사람을 평가할 때는 겉모습이 아니라 인격을 보아야 하며, 외모가 아니라 마음의 태도를 봐야 한다. 또한 마음의 태도만이 아니라 그가 살아가는 방식을 면밀히 살펴야 한다는 것이다. 그에게 있어서 사람다운 사람으로 판단을 내릴 수 있는 기준은 가난한 자를 사랑하느냐 사랑하지 않느냐에 달려 있다. 그는 거침없이 부자를 사자, 늑대 그리고 뱀과 같은 동물로 비유한다.

한편 나사로에 대해 그는 다음과 같이 묘사한다. "그의 몸은 누워 있었지만 그의 정신은 앞을 향해 전진했으며, 그의 의지는 날개를 단 듯 높이 솟아올랐다. 그는 악한 것을 모두 버리고 상급을 향해 나아갔으며, 좋은 것의 증인이 되었다. 그는 '아첨꾼들은 풍성한 만찬을 즐기는데 나는 부스러기조차 얻어먹지 못하는구나'라고 한탄하지 않았다. 그러면 그는 무슨 말을 했을까? 그는 하나님께 감사하며 영광을 돌렸다." 그는 나사로가 부자의 부귀를 보면서 하나님을 원망하지 않고 인류에 대한 하나님의 신비로운 사랑에 무조건 복종했으며 그는 자신의 영혼을 깨끗이 했으며, 모든 고통을 참고 견뎠다고 칭송한다.

9) Ibid., 164.

6. 여섯 번째 설교

크리소스토모스는 여섯 번째 설교를 전달하면서 부자와 나사로의 내세의 삶에 대해서 묘사한다. 부자는 넓은 문에 들어가 쉬운 길을 걷다가 결국 비좁은 막바지에 도달했다. 하지만 나사로의 운명은 정반대였다고 증언한다. 나사로는 현세에서 모든 고통을 인내한 덕분에 더할 나위 없는 축복을 누렸다. 부자는 절망을 느끼며 비로소 자신의 경험을 통해 쉬운 길을 선택한 것이 한갓 환상이었다는 사실을 깨닫고 족장 아브라함에게 애처롭게 간구했다.

크리소스토모스는 주님이 부를 허락하신 이유는 생계를 유지하고 육체의 건강을 돌보는 데 필요한 만큼만 적절하게 사용하도록 하시기 위해서라고 주장한다. 그에 따르면 세상의 것들은 하나도 좋지 않다. 사치도, 부(富)도, 값비싼 옷도 모두 무가치하다. 그것들은 단지 좋다는 이름뿐이라고 한다. 그것들이 한갓 이름뿐인 이유는 부를 무절제하게 사용하는 경우 종종 우리를 파멸로 몰아넣기 때문이다. 부는 사치를 일삼거나 독주를 마시거나 해로운 쾌락을 추구하는 데 사용하지 않을 때만 소유주를 유익하게 한다. 필요한 만큼만 적당히 사용하고 나머지를 가난한 자들에게 베푼다면 부는 좋은 것이다. 하지만 사치와 방탕에 치우친다면 부는 아무 유익이 없을 뿐 아니라 소유주를 멸망의 구렁텅이로 몰아넣는다. 비유의 부자가 그런 경우였다.[10] 그는 초대 교부들이 공통적으로 가졌던 생각처럼 부 자체를 악한 것으로 보지 않고, 중성적 의미를 부여하며, 그보다는 부라

---

10) Ibid., 217-18.

는 것이 그것이 어떻게 사용되느냐에 따라 선하고 악할 수도 있다고 한다. 부 그 자체는 선한 것도 악한 것도 아닌 중성적 의미가 있다고 하면서도 동시에 그는 부 자체에 내재되 있는 위험에 대해서도 이야기한다. 부라는 것이 사람들에게 걱정, 부러움, 음모를 꾸미고, 미워하고, 거짓 증거, 그리고 미덕에 대한 수천 가지의 장애물들, 나태함, 잔인함, 탐욕스러움, 술 취함 등을 가져온다. 부의 이런 속성 때문에 부를 움켜잡고 있으면 선할 수 없고 선할 수 있는 유일한 방법은 부를 가난한 자에게 나누어 주는 것이다.

한편 크리소스토모스는 가난을 비롯한 곤경에 대해 질병이나 굶주림으로 고통을 받더라도 단 한 사람도 자신이 처한 상황을 불평하거나 절망하지 말고, 인내와 감사로 모든 것을 감내하며, 모든 고난을 다 갚고도 남을 상급과 보상이 준비되어 있다는 사실을 믿고 소망 가운데 용기를 내라고 격려한다.

크리소스토모스에게는 이 세상에는 좁은 길과 넓은 길 두 길이 있으며 이 두 길은 서로 정반대로 엇갈린다. 순결을 추구하고 자발적으로 청빈의 삶을 선택하며 세상의 헛된 영광을 멸시하는 사람은 시련의 좁은 길을 걷는다. 하지만 넓고 쉬운 길을 걷는 자는 술 취함, 사치, 물욕(物慾), 방탕, 해로운 볼거리를 원한다. 이 둘의 차이는 매우 크다. 형벌과 보상이 이루어지는 때에 그 둘의 운명은 정반대로 엇갈린다.

III. 나가는 글

크리소스토모스의 부자와 나사로에 대한 그의 6개의 설교를 중심으로 부와 가난, 부자와 가난한 자에 대한 그의 생각을 고찰하면서 그가 모든 사람들이 일정수준의 가난(decent poverty)한 삶을 사는 기독교 공동체를 발전시키고 싶어 했다는 결론에 도달했다. 그는 도시에서 청중들이 수도자의 삶을 살도록 권유하기를 원했다. 그의 소망은 수도자들의 삶의 양식을 도시에 가져오는 것이었다. 그러기 위해 그는 부의 잘못된 사용을 개혁하기를 원했다. 그는 주님이 부를 허락하신 이유는 생계를 유지하고 육체의 건강을 돌보는 데 필요한 만큼만 적절하게 사용하도록 하시기 위해서라고 주장한다. 그에 따르면 세상의 것들은 하나도 좋지 않다. 사치도, 부(富)도, 값비싼 옷도 모두 무가치하다. 부는 필요한 만큼만 적당히 사용하고 나머지를 가난한 자들에게 베푼다면 좋은 것이라고 주장한다.

이러한 주장을 강력히 펼치고 그리고 아울러 실천적인 삶을 살음으로써 크리소스토모스는 고대 교회의 청교도라고 불리기도 한다. 철저하게 근검, 절약 그리고 청지기로서 기부의 삶을 실천하시면서 살아오신 강일구 박사님의 고희를 맞이하여 크리소스토모스의 부와 가난, 부자와 가난한 자에 대한 생각을 고찰하는 것은 큰 의미가 있다고 하겠다.

초기 기독교의 로마 황제를 위한 기도에 대한 종교 정치적 함의

염창선 | 호서대학교 교수

I. 문제 제기 및 논제 영역 규정

이 논문은 초기 기독교의 국가 및 황제를 위한 6개의 기도 관련 문헌들을 분석하여 그 의미와 정치적 차원을 밝힘으로써 순교와 기도, 곧 저항과 순응이라는 기존 이해의 틀을 벗어난 새로운 해석의 가능성을 열어보려는 시도이다. 이러한 시도를 교부 문헌을 분석하는 것에서 출발하는 것은 오늘날 기독교의 정신적 유산은 과거의 교회 경험과 통찰과 상당한 상관관계 속에 있기 때문이며, 더 나아가 역사적 원천(사료)과 그 경험의 실체로 다시 돌아가서(*ad fontes*), 과거를 오늘에 맞게 새롭게 조명하고 재해석하는 것(*vatera renovantes*)은 교회사가의 기본적인 작업 방식이기 때문이다. 첨언하자면, 이런 시도는 고희를 맞아 이 논문을 헌정하는 강일구 총장의 평소 지론이기도 하지만, 필자의 분명한 생각이기도 하다. 인간의 삶에 정작 중요한 것들은 옛것이 무조건 새것에 뒤지는 것이 아님에도 불구하고, 기술만능주의 시대의 인간들은 새로운 것은 '항상' 옛것을 능가한다고 여기는 일종의 이데올로기, 곧 오해와 오류를 바로잡으려는 작지만 의미 있는 작업이기도 하다는 판단에서 비롯되었다.

이제는 아주 상식이 되어버린 것이지만, 논의를 위하여 잠시 언급하자면, 국가와 종교는 역사 이래로 그 사회에 속한 인간의 현실을 규정하는 아주 오래된 강력한 시스템이라고 볼 수 있다. 좀 더 자세히 말하자면, 현대적 국가 이해의 요체는 '법치'와 '민주'라는 두 축 사이에서 지배자와 피지배자 간의 '권력 위임'과 '사회적 합의'를 전제로 한 상호 '계약 관계'를 통해서 상호 "동등성"을 추구한다는 사상이다. 역사적으로 보면 이런 사회적 합의를 긍정적으로 수용하느냐, 아니면 비판적으로 거부하느냐에 따라서 다양한 국가 이해와 정치 체제가 파생되어왔다. 그런 경향 중에 하나인 현대적 의미의 민주국가 체제도 국가의 정체성에 대한 규정과 그 행동반경을 매우 제한적으로 용인하고 있으며, 개인은 점점 국가가 제시하는 질서에 편입되어가고 있기 때문에, 현대 사회에서는 인간의 제반 영역들이 제도화, 법제화, 정치화 되어가고 있다. 결국 사회에 속한 구성원들은 다양한 위험 요소로부터 자신을 안전하게 지켜내고 사회를 지속해나가는 효율적 시스템으로 국가가 필요하지만, 자신들의 삶과 그에 수반되는 제반 요소에 대한 결정을 점차 국가의 처분에 내맡기게 되는 역설적인 상황 속에 있다. 이런 순환 과정의 반복 속에서 국가는 구체적인 법제화와 지배력을 통해서 더욱더 자신의 권한을 획득하고 있다.

그런 의미에서 보면, 현대 국가와 교회 간의 관계는 초기 기독교의 출발 시점에서 로마제국과의 관계와 본질적으로 다르지 않다. 1세기 기독교는 한편으로는 처음부터 유대교와의 자체 차별화를 통한 정체성 확립과 두 종교의 본질적 차이에서 오는 생래적인 갈등을 해결해야 했지만, 다른 한편으로는 로마제국과의 박해, 저항, 순교 같은 긴장과 갈등을 통해서 새로운 관계를 정립해야 했다. 그러나 이렇게 제국과의 관계 정립을 통하여 정체성을 정립해온 역사적 과정은 결과적으로 교회가 자기를 어떻게 이해하고 규정할 것인가라는 문제의 또 다른 측면인 셈이다. 왜냐하면 교회가 로마제국에 대한 이해의 방향과 그에 따른 반응 양식은 결국 교회는 무엇이며, 무엇이어야 하는지에 대한 물음에 대한 자제척인 답변이기 때문이다. 따라서 교회는 로마제국의 질서에 편입하여 일종의 순응과 체제 적응의 길을 가는 것과 저항 및 대항의 길을 갈 것인가를 선택해야 했다. 실제로 이러한 상황에서 불거진 현상들이 바로 '기도'와 '순교'로 압축될 수 있다.

따라서 초기 교회는 로마제국의 강압에 대해서 한편으로는 '순교'로 대응하면서, 다른 한편으로는 국가 영속과 황제의 안녕을 위한 '기도'라는 형식으로 반응했다. 물론 그 외에도 로마제국의 공포와 강압으로부터 외딴 곳으로의 도피나 기독교 신앙을 버리고 전통적인 로마의 신을 숭배하는 배교 등, 다양한 방식으로 반응한 경우도 있기는 하지만, 여기서 모두 다루기에는 논문의 범위를 벗어난다. 따라서 이 소고(小考)에서는 특히 국가와 황제에 대한 기도에 대해서 집중적으로 논의하면서, 초기 기독교인들의 국가와 황제를 위한 기도가 단순한 '순응'의 산물이나 그와 유사한 몸짓에 지나지 않는다는 통념을 넘어서서 순교와 기도의 의미와 차원을 통합적 관점에서 해석하고자 한다. 여기서 비록 순교와 기도가 서로 반대 방향으로 움직이려는, 심지어 통합 시도가 역설적으로 보일지라도, 교회의 이 두 가지 반응 양식의 배후에는 본질적으로 동일한 요소들이 있다는 것이 필자의 판단이다. 다시 말하자면, 이런 두 가지 반응 양식은 초기 기독교의 박해 시기에만 해당되는 것이 아니라, 외부의 강압에 대처하는 보편적 인간의 본질적 특성이기 때문이다. 사실 그 요소를 규명하여, 교회의 이질적인 두 가지 반응을 통합해보려는 것이 이 연구의 동기요, 목적인 셈이다.

II. 기존 연구의 경향과 한계

기도를 어떻게 이해할 것인가를 다루기 전에, 우선 이것과 관련된 선행 연구 결과에 대한 전반적인 조망이 필요하다. 물론 여기서 일일이 다 다룰 수는 없으나, 1-2세기 로마제국과 교회와의 종교 정치적 관계에 관련된 연구에 대한 핵심적인 경향들을 분석하자면, 기존의 연구들은 모두 로마제국의 박해와 관련해서 순교를 대항 내지는 저항으로, 기도를 순응 내지는 화합적 입장으로 파악해왔다.

1. 저항적 태도에 대하여

기독교인들이 자신의 신앙을 끝까지 지키기 위하여 목숨과 바꾼 순교와 그에 관련된 사항들을 다루는 자료는 부지기수이다.[1]

2. 순응적 태도에 대하여

교회가 로마서 13장 1-7절을 비롯한 성서의 가르침을 문자적으로 또는 언제나 어디서나 적용되어져야 하는 보편적 규정으로 이해하여 로마제국의 질서에 편입되었던 것이 교회의 순응 내지는 적응으로 보려는 관점이다.2)

....

1) 이와 관련해서 여기서 상술하는 것은 논문 범위를 벗어나는 일이다. 따라서 더 자세한 것은 다음을 참고하라: Rudolf Freudenberger u. a., *Christenverfolgungen*, TRE. Band 8, de Gruyter, Berlin/New York 1981, 23-62; Klaus Martin Girardet, *Die konstantinische Wende*. WBG, Darmstadt 2006; Joachim Molthagen, *Der römische Staat und die Christen im zweiten und dritten Jahrhundert*, 2. Auflage. Vandenhoeck & Ruprecht, Göttingen 1975; Jacques Moreau, *Die Christenverfolgung im Römischen Reich*. 2. Auflage. de Gruyter, Berlin 1971; Kurt Dietrich Schmidt, *Kirchengeschichte*. Vandenhoeck & Ruprecht, Göttingen 1990; Karen Piepenbrink, *Antike und Christentum*, WBG, Darmstadt 2007; Jacques Moreau, *Die Christenverfolgung im römischen Reich*, Berlin 1971. 3세기 박해의 전환점이 되었던 데키우스 박해와 관련해서는 Bruno Bleckmann, Zu den Motiven der Christenverfolgung des Decius, in *Deleto paene imperio Romano*. Transformationsprozesse des Römischen Reiches im 3. Jahrhundert und ihre Rezeption in der Neuzeit. Hrsg. von Klaus-Peter Johne, Thomas Gerhardt und Udo Hartmann Steiner, Stuttgart 2006; Hans Conzelmann, *Geschichte des Urchristentums*. 6. Auflage. Vandenhoeck & Ruprecht, Göttingen 1989, 108-115을 보라. 그리고 박해와 관련한 원문을 편찬한 자료로는 특별히 P. Guyot und R. Klein, *Das frühe Christentum bis zum Ende der Verfolgungen*, 2 Bde., WBG. Darmstadt 1993/94을 참조하라.

2) 이와 관련된 연구들로는 다음을 보라: 루츠 폴, 『그리스도인과 국가, 로마서 13장 연구』, 손규태 역 (서울: 한국신학연구소, 1989). 미야타 미쓰오, 『국가와 종교, 유럽의 정신사에서 로마서 13장』, 양현혜 역 (서울: 삼인, 2008). H. Dombois, *Der gegenwärtige Stand der evangelischen Staatslehre*, in F. Karrenberg, W. Schweitzer, (Hrsg.), Spannungsfelder der ev. Soziallehre(FS H.-D. Wendland=, Hamburg 1960, 129-139; G. Hilderdal, *Gehorsam gegen Gott und Menschen, Luthers Lehre von der Obrigkeit und die moderne ev. Staatsethik*, Göttingen 1964; E. Brunner, *Die reformierte Staatsauffassung*, Zürich und Leipzig 1938; K. Barth, *Der Römerbrief*, Zürich [12]1978; E. Käsemann, An

여기서 필자는 언급한 두 번째 관점, 곧 국가와 황제에 대한 기도는 로마제국에 대한 교회의 순응과 화합적 입장에 대한 하나의 현상일 뿐이며, 그 이면에는 국가와 교회를 이분법적으로 분리하려는 경향이 깔려 있다고 판단한다. 그리고 실제로 이러한 전통은 예수에서 시작되어 바울에게로 이어지는 원시기독교의 대 국가적 태도를 규정하는 강력한 근거였다고 간주한다. 이러한 관점은 이 주제를 상론하면서 더 분명하게 드러날 것이다.

1) 분명히 신약성서와 교부 문헌에는 기독교인을 이 세상의 나그네로 규정하고 있다. 기독교인들이 이 세상에서 사는 삶은 영원한 것이 아니라, 잠시 머무는 "낯선 나그네"(παροικοῦσα)로서의 삶에 불과하며, 본래의 시민권은 영원한 저 천국에 있다는 입장이다.[3] 이것은 사실상 신약성서에서부터 교부들의 문서의 여러 곳에서 등장하는 이 단어로 당시 기독교인들의 존재를 규정하는 중요한 개념

---

die Römer, Tübingen [4]1980; Ders., *Römer 13, 1-7 in unserer Generation*, ZThK 56(1959), 316-376; Ders., *Grundsätzliches zur Interpretation von Römer 13*, in Ders., Exegetische Versuche und Besinnungen I, Göttingen 1968, 204-222.

3) 벧전 1:1과 17("나그네"), 2:11("나그네와 행인"), 엡 2:19("외인도, 손도 아니요, 하나님의 권속이라…"), 히 11:9-10("외방에 있는 것같이"), 13-16("외국인과 나그네"), 빌 3:20("시민권은 하늘에…")을 보라. 특히 사도적 교부들의 문서 중에 클레멘스 전서 1:1("나그네")에서 잘 드러난다(Schriften des Urchristentums Teil 1, *Die Apostolischen Väter*, Joseph A. Fischer, WBG Darmstadt 1993, 24). 이것에 대해서 더 자세한 것은 E. Peterson, *Das Praescriptum des 1. Klemensbriefes*, in W. J. Kooiman - J. M. van Veen, *Pro regno pro sanctuario*, Nijkerk 1950, 351-57을 참조하라. 또한 폴리카르푸스 편지 1,1에도 "나그네" 라는 표현이 나온다(『폴리카르푸스 편지와 순교록』, 하성수 역 (서울: 분도출판사, 2000, 46)도 비교하라.

들 중에 하나였던 것은 사실이다. 우리가 주목할 것은 알렉산드리아의 키릴로스가 표현한 대로 '카토이케오'(κατοικέω)는 '살다'라는 뜻이지만, '파로이케오'(παροικέω)는 '나그네로 살다', '그 곁에 살다' 또는 '이웃하다'라는 의미로 완전히 별개의 의미를 지닌다는 점이다.[4] 이 개념은 문헌적 근거로 보자면, 여러 지역에서 공통적으로 사용되었던 것으로 이 세상과 저 세상을 구별하는 이분법적 사고를 반영하고 있다.

2) 따라서 초기 기독교인들은—물론 이런 입장은 20세기에도 여전히 유지되기는 하지만—예수께서 말씀하셨던 "가이사의 것은 가이사에게, 하나님의 것은 하나님에게"(마 22: 15-22; 막 12: 13-17) 라는 구절을 세상 나라와 하나님 나라를 분리하는 기독교인의 보편적인 전거로 받아들였다는 것이다. 게다가 바울은 로마서 13장 1-7절에서 그런 사상을 이어받았고, 게다가 국가에 복종을 분명히 강조함으로써 복음서보다는 한 걸음 더 나간 입장을 취했다. 로마제국과 무력으로 대치하거나 개인적이든 집단적이든 저항 자체가 무의미한 상황에서 당시 기독교인들은 당연히 국가에 대한 태도결정의 기준을 성서에서 찾고자 했을 때, 바울의 로마서 13장 1-7절은 교회의 국가관에 대해서 지속적으로 지대한 영향을 미쳤던 본문이다.

L. 폰 랑케(Leopold von Ranke, 1795-1886)는 로마서 13장 1-7절을 후세에 가장 중대한 영향을 미친 본문이라는 뜻에서 자신의 저서 『세계사』에서 "바울이 남긴 가장 영향력이 있었던 중요한 문장"이라

---

4) Cyril. of Alex. *Comm. ad Psal.* 4,1과 비교하라.

고 평가했다.[5] 또한 O. 쿨만(Oscar Cullmann 1902- 1999)도 이 성서 본문만큼 국가 이해에서 "많이 남용된 예가 없다"고 지적했다.

> "기독교인들이 예수의 복음을 따르려는 충성심에서 국가의 정 체성에 대한 요구에 거부할 때, 국가를 대표하는 자들이 신약성서 를 안다면, 바울의 이 말을 인용하는 것이 통상적인 관례였다. 이 구절은 마치 그리스도인들에게 전체주의 국가의 모든 범행을 받아 들이고, 협력하라고 명령하는 것처럼 보인다."[6]

정리하자면, 이 본문의 의도가 무엇이냐의 문제는 결국 성서해석 의 문제로 귀결되며(이 부분에 대한 더 이상의 상술은 논문 범위를 벗어난 다), 바울이 말한 소위 "하나님이 세운" "권위"(ἐξουσία)에 대한 복종 을 어떻게 해석하느냐에 따라서 교회는 국가와의 관계 설정에서 다 양한 반응 양식을 나타낼 수밖에 없다. 실제로 로마서 13장은 오랫 동안 기독교인의 국가관에 대한 무조건적인 복종을 요구하는 규범 적 근거로 해석되었다. 그리고 이런 해석은 성 아우구스티누스 (Augustinus)의 '두 도성설'(De civitate Dei)과 루터(Martin Luther)의 '두 왕국설'(Die zwei Reiche Lehre)로 계승되면서 기독교인들의 대 국 가관의 일면에 확고하게 자리 잡아왔다. 그러나 필자는 이렇게 일종 의 성서 본문에 대한 해석의 영향사적 과오는 바울의 윤리적 권면 수준이 담긴 텍스트를, 국가 권력에 복종하는 정당성을 부여하는 강 력한 규범적 전거(典據)로 보았다는 점에서 비롯되었다고 판단한다.

....

5) L. von Ranke, *Weltgeschichte*, Bd. III, Leipzig 1883, 182ff.
6) O. Cullmann, *Der Staat im Neuen Testament*, Tübingen: Mohr 1961. S. 41.

3. 종교와 권력의 밀접한 상관관계에 대하여

다른 한편으로 전혀 다른 차원에서의 해결의 시도는 R. 호슬리
(Richard Horsley)는 12명의 학자들과 공동연구서인『바울과 로마제
국』에서 바울의 선교는 로마제국의 정치적 언어를 기독교화한 것으
로 분석하면서 정치와 종교가 얼마나 밀접한 관계에 있는가를 보여
줬다. 이 연구에 의하면 로마제국에서 아우구스투스가 이 세상의
'구세주'(soter)였으며, 그가 신의 아들로 이 세상에 온 것이 '복음'(e-
vangelium)이고, 원래 시민의회를 의미했던 '에클레시아'(ecclesia)가
교회라는 의미로 사용되었으며, '믿음'(pietas)은 로마제국의 전통적
인 신들에 대한 것에서 점차 국가의 아버지인 황제에게로 확대되었
고, 공공복리(salus publica)를 위하여 결코 이기적이지 않았던 아우
구스투스는 매우 신뢰할 만한 신적 존재였다. 게다가 은혜는 황제와
지방 귀족들 간의 "수직적 수혜 관계"(patron-client relations)에서 생
겨난 황제로부터의 관대함과 혜택을 누리는 것이었고, 예수가 가졌
던 '권위'(auctoritas)는 원래 로마황제의 절대 권력을, '재림'(parusia)
은 황제가 어느 도시를 방문하는 왕림을 의미했다는 것이다. 따라서
그는 바울이 기존의 용어를 기독교식으로 재해석하여 아우구스투
스와의 관련해서 이해했던 용어들을 그를 능가하는 예수 그리스도
를 통하여 그 개념들의 진정한 의미를 회복시켰다는 연구 결과를 내
놓았다. 그러므로 이 연구에서는 기독교는 로마제국의 대안 사회로
부상하는 것을 촉진하고, 진작시킨 인물로 바울이 전면에 부각된
다.[7]

이렇게 모든 개념을 정치적 의미에서 해석하고, 바울의 선교 활

동의 정치적 함의를 파악해낸 것은 로마제국과 기독교와의 관계에서 보면, 매우 적극적인 정치적 해석이기는 하지만, 이런 연구 결과를 통해서도 우리의 문제, 곧 당시 기독교인들의 황제와 국가를 위한 기도를 어떻게 이해해야 할지에 대한 질문에는 답을 구할 수는 없다. 오히려 이 연구 결과들은 우리의 질문에 대한 해결이 아니라, 국가의 번영과 황제의 안녕을 위한 기독교인들의 기도와 그에 따른 태도는 여전히 문제점으로 남아 있으며, 차라리 기도의 문제와 관련하여 모순되게 보이기까지 한다. 그러면, 우리는 우리의 텍스트, 곧 당시에 기도와 관련된 문헌들을 어떻게 이해해야 하는 것일까?

III. 국가와 황제를 위한 기도[8]

우선 초기 기독교인들의 대 국가관에 대한 본질적인 입장을 규명하기 위하여 국가에 순응 내지는 적응, 또는 국가와의 화합 모색의 차원에서 이해되어왔던 문서들을 분석해야 할 것이다. 이 문서들의 일관된 주제는 황제의 안녕과 국가의 영속을 위하여 기도하라고 권면하거나, 실제로 하고 있는 기도문, 또는 그런 기도 행위가 얼마나 국가와 황제에게 유익한 것인가를 변증하는 내용들이다.

----

7) 리차드 홀슬리, *Paul and the Empire, Religion and Power in Roman Imperial Society*, 『바울과 로마제국, 로마제국주의 사회의 종교와 권력』, 홍성철 역 (서울: CLC, 2007), 19쪽 이하와 25쪽 이하를 보라.
8) 여기에 수록된 원자료는 P. Guyot und R. Klein, *Das frühe Christentum bis zum Ende der Verfolgungen*, 2 Bde., WBG. Darmstadt 1993/94에서 발췌했으며, 각 주 부분의 해설에서 도움을 받았다.

1. 신약성서의 바울의 증언: 디모데 전서 2장 1-4절[9]

여기에서 바울은 분명히 첫째로 기도의 대상과, 둘째로 기도의
이유 등 두 가지 이유를 분명하게 밝히고 있다. 그의 교훈을 요약하
자면,

> (1) 모든 사람, 곧 "임금들[10]과 높은 지위에 있는 사람들[11]을"
> 위해 기도하라.
> (2) 그 이유는, 첫째 우리가 "고요하고 평안한 생활을" 하려 함
> 이요, 둘째는 "하나님이 모든 사람이 구원을 받으며 진리를
> 아는 데 이르기를" 원하시기 때문이다.

바울은 유명한 로마서 13장 1-7절에서는 국가에 충실하고, 당국
에 순종하라고 가르쳐도, "기도하라"는 말을 하지 않았는데, 여기서
는 황제("임금")와 지도층("높은 지위")에 대하여 기도하라고 분명히

---

9) *Novum Testamentum Graece et Latine*, ed. E. Nestle-K. Aland, Stuttgart 1984,
543f.
10) 여기서 "임금들(βασιλέις)"라는 말은 헬라어를 사용하던 로마제국의 동부에서
는 황제를 의미하는 말이기도 하다. 베드로전서 2장 13("인간에 세운 모든 제도
를 주를 위하여 순복하되 혹은 위에 있는 왕이나") 또는 17절("뭇 사람을 공경하
며 형제를 사랑하며 하나님을 두려워하며 왕을 공경하라")와 Flavius Josephus,
De bello Judaeco, der jüdische Krieg, III, 351, hrsg. v. Otto Michel- Otto
Bauernfeind, WBG: Darmstadt 1982, 1권 368쪽에 등장하는 "왕"도 역시
βασιλέυς라는 단어를 번역한 것이지만, 라틴어에서는 황제(imperator)와 왕
(rex)을 언어적으로 구별했던 것과 대조적이다.
11) 여기서 "높은 지위에 있는"(ἐν ὑπεροχῇ ὄντων)이란 표현은 헬레니즘시대에는
지체 높은 자와 권력자들에 대해서 습관적으로 사용되었다(마카비 2서 3:11 또
는 6:23 참고).

권고하고 있다. 그렇게 해야만 하는 이유로는 우리가 "고요하고 평안한 생활을 하기 위함"이라는 것이다. 더 나아가서 그것은 궁극적으로 "모든 사람으로 하여금 구원을 받고, 진리를 알도록 하기 위함"이라는 것이다. 그렇다면, 이것이 단순히—외관상으로 보이듯이—로마제국에 고집스럽게 대항하여 순교를 당하거나 갈등을 일으키기지 말고, 차라리 그들을 위하여 기도하여, 자신들의 평온과 안위를 추구하라는 의미일까? 만일 이런 해석이 가능하다면, 4절에 나타난 소위 '만인 구원 사상'을 소홀히 다룬 결과일 것이다. 그 다음의 4절을 간과했기 때문에, 이 본문에 대한 이해도 왜곡되는 것이다.

물론 이 본문 외에도 실제로 국가와 황제에 대한 충성의 표지로 통치자의 안녕을 위해 순복하고 공경하라는 교훈은 목회서신들의 전통적인 가훈 또는 교회 규정 등으로 여겨지는 신약성서 여러 곳에서 등장한다.12) 그러나 이런 전통은 오로지 신약성서에만 나타나는 것은 아니다. 구약성서의 유대적 전통에서는 우선 에스라 6장 10절에 처음 등장한다: "저희로 하늘의 하나님께 향기로운 제물을 드려 왕과 왕자들의 생명을 위하여 기도하게 하라."13) 한편 헬라적 전통

----

12) 예를 들면, 벧전 2:13-14: "인간에 세운 모든 제도를 주를 위하여 순복하되 혹은 위에 있는 왕이나, 혹은 악행하는 자를 징벌하고 선행하는 자를 포장하기 위하여 그의 보낸 방백에게 하라." 벧전 2:17: "뭇 사람을 공경하며 형제를 사랑하며 하나님을 두려워하며 왕을 공경하라." 딛 3:1: "너는 저희로 하여금 정사와 권세 잡은 자들에게 복종하며, 순종하며 모든 선한 일 행하기를 예비하게 하라."

13) 이런 유대적 전통을 살펴보면, 계승되어 황제(왕)에 대한 제사 및 숭배로 전이되었다. 에를 들면, 『마카비 1서』 7장 33절: "몇몇 사제들이 성소에서 나와 백성의 원로 몇 사람과 함께 그에게 평화롭게 인사하고, 임금을 위하여 바치는 번제물을 보여주었다." F. Josephus, *De bello Judaeco, der jüdische Krieg*, II, 197, hrsg. v. Otto Michel- Otto Bauernfeind, WBG: Darmstadt ³1982, 1권 220쪽: "페트로니우스가… '너희들은 황제오 전쟁을 벌일 참이냐?'라고 묻자, 유대인들이 대답하기를, '우리는 황제와 로마인들을 위하여 하루에 두 번씩 제물을

에서는 특히 헬라주의적 군주에 대한 곳에서 등장한다(이집트의 프톨레마이오스 2세Ptolemaios II와 페르가몬의 아탈루스 3세Attalus III).14) 게다가 헬라 역사가 헤로도토스에 의하면, 이미 페르시아인들도 자신들의 왕들에 대한 안녕을 기원했다.15) 로마에서는 공화정 시대에 '공공 복리(salus publica)'를 위해서 그리고 나중에는 다양한 기회에 황제를 위해서 신 앞에서 하는 각종 서원들도 있었다.16) 고대 이집트의 이시스 숭배 같은 동방의 신비종교에서조차도 지배자들을 위한 기도는 잘 알려져 있다.17)

한편, 디모데전서 2장 4절을 비롯한 성서 전통이 권력자와 왕들까지도 포함하여 기도의 범위를 모든 사람에게까지 확장하는 것이

드립니다.", Philo, *Philonis Alexandrini Legatio Ad Gaium*, 157, ed. by E. Mary Smallwood, E. J. Brill: Leiden 1961) : 그에 의하면, 아우구스투스 황제는 "자비로 매일 헌물을, 곧 최고의 신에게 선물을 드리도록 명령했다." 사실상 이것은 황제에 대한 숭배와 동등한 가치를 지니고 있었다. 그런데 이것을 아우구스투스 스스로 제정한 것인지, 헤롯의 개인적인 고안인지는 학계에서 여전히 논란이 있기는 하다. 그리고 역시 필로의 *Flaccus* 49(=*The Works of Philo Judaeus*, The contemporary of Josephus, translated from the Greek, trans. by Charles Duke Yonge, London, H. G. Bohn, 1854-1890, 694) : "당신은 그것을 깨닫지도 못한 채, 당신의 주인에게 뭔가를 바치는 대신에 그들로부터 영예를 빼앗아 가고 있습니다. 우리들의 기도하는 집은 아우구스투스의 황실에 대한 신앙심과 충성심을 보여주려는 온 세상의 도처에 있는 모든 유대인들에게 분명히 고무적인 것입니다. 그리고 만일 기도하는 집들이 우리들 사이에서 파괴된다면, 다른 어떤 곳이, 또는 영예를 보여줄 다른 어떤 방식이 우리들에게 남아 있게 되겠습니까?"

14) Wilhelm Dittenberger, *Orientis graeci inscriptiones selectae*, University of Toronto Libraries 1903, 90과 323쪽.

15) Horod. *hist.* I, 132.

16) H. U. Instinsky, *Die Alte Kirche und das Heil des Staates*, 21 ff..

17) Apul. metem. XI, 17. 자세한 연구는 다음을 참조하라: J. Dölger, *Zur antiken und frühchristlichen Auffassung der Herrschergewalt von Gottes Gnaden*, AChr 3 (1932), 119 이하, 그리고 L. Biehl, *Das liturgische Gebet für Kaiser und Reich*, Paderborn 1937, 21이하.

단순히 이교적 전통처럼 국가에 대한 충성이나 순종의 의미를 넘어서 본질적으로 다른 의미를 내포하고 있다는 점을 간과해서는 안 된다. 곧, 모든 인간을 향한 하나님의 우주적 구원 계획이라는 큰 틀에서 보아야 한다. 따라서 디모데전서 2장 4절에 나타난 대로, 모든 사람이 구원을 받으며, 진리를 알도록 하고자 하는 하나님의 뜻이라는 요소를 대입하여 이해해야 한다. 따라서 이 텍스트의 핵심은 누구를 위하여 기도할 것인가가 아니라, 하나님의 관심과 계획이 어디에 있는 지를 보여주는 대목이다. 이러한 해석의 틀에서 보면, 황제와 국가를 위한 기도는 하나의 현상에 불과하고, 그 본질은 하나님의 소위 '만인 구원 사상'임을 알 수 있다.

2. 사도적 교부의 입장 — 클레멘스 I, 61[18]

클레멘스전서라고 알려진 이 편지는 원래 고린도교인들에게 보낸 편지로서 도미티아누스 황제 말년인 96년경에 몇몇 신자들이 장로에 권위에 순종하지 않았던 고린도 교회의 분란 때문에 기록되었다. 특히 내용상 폴리카르포스의 편지와의 밀접한 연관성이 있다. 여기에는 초기 교회의 예배를 구성하는 요소들에 대한 정보를 알려주는 황제와 국가를 위한 기도문이 실려 있다.

(1) "주님(δέσποτα), 당신은 탁월하고 형언할 수 없는 권능을 통해서 통치권(τὴν ἐξουσίαν τῆς βασιλείας)을 그들에게 주셔서, 우

---

18) *Schriften des Urchristentums I : Die Apostolischen Väter*, ed. J. A. Fischer, Darmstadt 1986, 102ff.

리가 당신께서 그들에게 주신 영광과 명예를 알게 하고, 그들에게 복종하며, 그럼으로써 어떤 경우에도 당신에 뜻을 거역하지 않도록 하셨나이다. 그러니 주님이시여, 그들에게 건강과 평화와 융화와 신뢰[19]를 주셔서, 그들이 충돌 없이(ἀπροσκόπως) 당신으로부터 부여 받은 지배권(ἡγεμονία)을 행사하게 하옵소서."

일단 이러한 기도는 바울의 로마서 13장 1-7절, 디도서 3잘 1절 및 베드로전서 2장 13-17절을 연상하게 하는데, 국가와 세속 지배자들에 대한 중보기도인 셈이다. 여기서 사용된 "주님"(δέσποτα)이라는 용어는 원래는 '집 주인'이란 의미이지만, 제국의 동부에서는 '절대 권력자', 또는 '절대 지배자'를 의미했으며, 그들의 신민은 당연히 노예들이었다. 절대 군주와 노예 같은 신민들이라는 구조가 매우 특징적이다. 그런데 클레멘스전서에서는 이 '데스포테스'(δέσποτης)를 신약성서에서 전통적으로 사용하던 '퀴리오스'(κύριος)—권위나 권력을 지닌 자로서의 주인에서 지배자에 이르기까지 쓰인다—대신 사용되는 것이 매우 흥미롭다. 아마도 사실상 현실적인 황제와 같거나, 그 이상의 의미로, 황제가 보이는 절대 권력자이기는 하지만, 주님은 보이지 않는 절대 권력을 가진 통치자임을 암시하기 위하여 '퀴리오스'라는 단어를 사용하지 않았던 것으로 보인다.

물론 여기서 클레멘스는 확실히 베드로와 바울의 전통을 충실히 다르고 있음이 드러나기는 하지만, 신과 인간을 동격화함으로써 로마제국과 황제와의 평화의 모색을 위한 신학적 작업에서는 바울보

---

19) 여기서 "건강"을 위한 기도는 황제와 직접적인 관련이 있지만, 나머지 3개, 곧 "평화와 융화와 신뢰"는 로마제국과 더 관련이 있다.

다 한술 더 뜬 것으로 보인다.20)

　"(2) 요컨대 하늘에 계신 주님, '영원한 왕'(βασιλεῦ τῶν αἰώνων)
이시여, 인간의 아들들에게 영광과 영예와 땅위에 있는 것에 대한
권능(ἐξουσία)을 주옵소서. 주님, 그들의 마음을 당신이 보시기
에21) 선하고 마음에 흡족한 방향으로 인도하셔서 그들이 평화와
온유함 속에서 경외심을 가지고 당신이 그들에게 선사하신 권능을
행사하며, 당신에게서 은총을 구하게 하옵소서."

　"영원한 왕"으로서의 하나님에 대한 표상은 성서적 전통과 헬라
주의적 기원을 가지고 있다.22) 그러나 하나님과 달리 황제에 대한
신성의 주장에는 분명한 한계가 있다. 왜냐하면, 크노흐(O. Knoch)
에 따르면, 황제에게는 "세계의 아버지"라는 공간을 연장하는 사고
가 개입되어 있기 때문이다.23) 기도의 핵심은 하나님이 통치자들에

---

20) *1. Clem.* XXXVII, 2(Schriften des Urchristentums Teil 1, *Die Apostolischen
　Väter*, Joseph A. Fischer, WBG: Darmstadt 1993, 72쪽)에서 로마군대에 대
　한 경탄하는 부분이 있다: "우리의 정부를 위하여 봉사하는 병사들을 봅시다.
　그들이 얼마나 질서정연하게, 얼마나 기꺼이, 얼마나 순종적으로 명령을 수행
　하는지를!". 여기서 클레멘스는 군대의 규율을 특별히 찬탄하는데, 이러한 병사
　들을 질서정연한 일치단결의 모범으로 제시한다.
21) 신명기 12:25, 28과 13:19, 그리고 21:9. 클레멘스 서신에서 유대적, 특히 구약
　적 전통의 완성에 대한 것은 특별히 D. Bonhoeffer, *Das jüdische Element im
　1. Clemensbrief*, Ges. Sehr. V, München 1972, 21ff.를 보라.
22) 외경에서는 토빗 13:7과 11, 신약성서에서는 고전 15:24과 딤전 1:17, 헬라적
　전통에서는 클레멘스전서 35:3과 55:6을 참조하라. 여기에 대해서 좀 더 자세
　한 연구는 J. A. Fischer, *Die apostolischen Väter*, 69 A 200을 참고하라.
23) O. Knoch, *Eigenart und Bedeutung der Eschatologie im theologischen Aufriß
　des 1. Clemensbriefes*, Theophania 17, Bonn 1964, 108.

게 권능을 주시는 분이며, 동시에 그들을 자신의 뜻에 맞게 이끌어 가시는 분임을 전제하고 있다. 여기서도 결국 큰 틀에서는 하나님의 뜻의 실현이 전제되어 있다.

3. 변증론자들의 입장

1) 순교자 유스티누스, 『*Apologia I*』, XVII[24)]
유스티누스의 『제1 변증서는』 153년 또는 155년에 작성된 것으로서 안토니우스 피우스 황제에게 보낸 것이다. 그는 여기서 우선 자기 신앙동료들에 대한 외부의 비난에 대해서 조목조목 논박하고, 그 다음에는 과연 기독교는 무엇인가를 소개한다.

1) 저희들은 어디에서나 우선적으로 그분에게서[25)] 배운 대로 폐하에 의해서 임명된 관료들에게 세금(φόρος)과 공과금(εἰσφορα)을 납부하기 위해 노력하고 있습니다. 2) 구체적으로 말해서 그때에 몇몇 사람들이 그분께 와서 황제에게 세금을 내도되는지 물었습니다. 그러자 그분이 '이 동전에 누구의 그림이 새겨져 있는지 말해주시오'라고 말했습니다. 그런데 그들은 '황제의 초상이오'라고 대답하자, 다시 그분이 말씀하시기를, '그러므로 황제의 것은 황제에게, 하나님의 것은 하나님에게 드리시오'[26)]라고 했습니다. 3) 그런

---

24) Saint Justin, *Apologies,* ed. A. Wartelle, Paris 1987, 120f..
25) 문맥상 '그리스도'를 가리킨다.
26) 마 22:17-22, 눅 20:21-26. 특징적인 것은 유스티누스가 예수님의 말씀만이 아닌, 바울의 롬 13:1-7을 인용한다는 점이다.

까닭에 저희는 한분 하나님에게만 기도하기는 하지만, 폐하를 황제로 그리고 인간들의 지도자로 인정하고 폐하가 황제의 통치력 이외에도 냉정한 생각을 소유하기를 기도하면서, 폐하에게는 모든 다른 일에서 기쁨으로 복종합니다. 4) 그런데 저희가 폐하를 위해 기도하고 모든 것을 솔직하게 바침에도 불구하고, 폐하께서 우리를 멸시하셔도, 저희는 그것 때문에 손해를 입지 않는 것은, 저희가 믿기 때문에, 또는 차라리 더 정확하게는, 인간은 각자 자신의 행위에 합당하게 영원한 불에서 벌을 받고, 자기가 하나님에게 받은 능력에 따라 해명해야 하기 때문입니다. 이는 그리스도께서 '하나님에게 많이 받은 자는, 또한 많은 것도 요구 받는다'[27]고 말씀하셨을 때, 보여주신 것입니다.

여기서 유스티누스는 기독교인들도 세금 및 공과금을 성실하게 납부하지만, 기도는 오로지 한 분 하나님께 하고, 황제의 올바른 통치를 위해서 기도할 뿐만 아니라, 황제에게 기꺼이 순종하고 있다고 진술한다. 따라서 기독교인들은 이 세상에서 외관상 아무리 멸시를 당해도 실제적인 불이익이 아닌 것은 결국 인간은 누구나 각자의 행위에 합당하게 내리는 하나님의 형벌을 받을 것이기 때문이라는 것이다. 결국 세상적인 것은 자신들에게 그 어떤 불이익도 주지 못하는 것은 그들이 세상의 지배자들에게 순종하지만, 궁극적으로는 하

---

27) 눅 12:48. 여기서 암시된 주제에 대해서는 그가 변증서를 작성하기 전에 자세히 언급한 적이 있다. 곧, 기독교인들에게는 손실이 없고, 불의한 자들과 박해자들에게는 영원한 불이 있을 것이라는 것인데, 이와 같은 사상은 『트리포와의 대화』(*dial. c. Tryph.* 5,3 등등)에 등장한다.

나님을 두려워하고 있기 때문이다.

여기서 세금과 공과금 납부의 정당성은 바울의 교훈에 근거하고 있다. 그가 로마서 13장 7절에서 "모든 자에게 줄 것을 주되 공세를 받을 자에게 공세를 바치고 국세를 받을 자에게 국세를 바치고 두려워할 자를 두려워하며 존경할 자를 존경하라"라고 말했을 때, 분명히 국가 시민의 의무를 우선적으로 다할 것을 강조했다. 이것은 단순히 로마제국에 충성하라는 의미를 넘어서고 있다. 왜냐하면 이 모든 것은 다시 한 번 하나님의 계획과 가치가 세상의 것을 능가하고 있음을 전제로 하고 있기 때문이다. 다시 말해서, 기독교인들 로마제국에서 살기 때문에, 그 사회의 구성원으로서의 의무와 책임을 다할 뿐만 아니라, 황제의 합당하고 이성적인 통치를 위하여 기도하지만, 궁극적으로는 하나님에게 속한 존재임을 분명히 하고 있다.

2) 아테나고라스, 「Προσεβεία περί χριστιανῶν」 32[28)

아테네 출신의 철학자였던 것으로 알려진 아테나고라스(Athenagoras)는 아마도 이 「기독교인들을 위한 탄원서」를 177년경 마르쿠스 아우렐리우스 황제와 그의 아들 코모두스(Commodus, 180-192)에게 보낸 것으로 보이는데, 저술 동기는 기독교인들이 무신론자들이며, 인육을 먹고, 근친상간을 한다는 당시의 비난에 대하여 논박하면서, 로마제국의 지속적인 지배권을 위하여 기도하고 있음을 언급한다.

---

28) Athenagoras, *Legato and De Resurrectione*, ed. W. R. Schoedel, Oxford 1972, 86.

(1) 그런데 제가 비난들을 반박하고, 저희가 경건하며 온순하고, 저희의 열정을 제어하고 자제한다[29])는 것을 보여드린 다음에, 폐하의 완전한 천성과 광범위한 교양에 비추어 보면 모든 점에서 고결하고, 적당하며, 인간애가 넘치며, 황제라는 통치자 직무에 합당한 폐하께서는 소인에게 관심을 돌리십니다. (2) 왜냐하면 폐하께서 적자로서 부친으로부터 가장 합법적인 방식으로 황제직을 넘겨받을 수 있도록 하며, 폐하의 나라가 더 커지고, 온 세상이 폐하에게 복종하면서[30]) 번영하도록 하기 위하여, 어떤 사람들이 저희가 폐하의 통치를 위하여 기도하는 것보다 폐하의 청원을 수행하는데 더 큰 권한을 가지고 있겠습니까? (3) 그런데 이것은 저희가 조용하고 평화로운 삶을 영위하기 위하여, 그리고 모든 명령에 기꺼이 복종할 수 있도록 하기 위하여[31]) 저희에게도 유익한 것입니다.

여기서는 기독교인들이 얼마나 자제력이 있고, 온순하며, 순종적인지를 언급한 다음에, 코모두스가 황제직을 순리적으로 넘겨받기를 희망할 뿐만 아니라, 그것을 위하여 기도를 하고 있음도 분명히

29) 이 문서는 많은 다른 변증자들의 저술과는 달리 황제에 대한 깊은 경외심이 나타난다. 아테네인들은 "최강의 지배자"(1,1) 그리고 "주군과 통치자"라고 부르는데, 거기서 피지배자들은 자신들의 기도가 이루어진 것을 찾아볼 수 있다 (16,1 그리고 J. Geffcken, *Zwei griechische Apologeten*, 237과 비교하라).
30) 여기서 예찬하는 고귀하고 신중한 태도는 분명히 행실이 나쁜 마르쿠스 아우렐리우스의 아들 코모두스에게 해당되는 것은 아니다. 그는 177년에 '아우구스투스(Augustus)' 칭호를 획득했고, 그럼으로써 동등한 권리를 가진 황제가 되었다(HA vit. Comm. 1,1 ff.).
31) 딤전 2:2. 이 화해적인 결어에서 당연히 우상숭배를 통해 더럽혀짐에서 그리고 살인금지에서 기독교인들의 순종은 그 한계를 넘어섰다는 점에 대해서 침묵한다. 유스티누스와 테르툴리아누스가 크게 비중을 두었던 최후의 심판에 대한 위협적인 암시는 빠져 있다.

밝히고 있다. 물론 코모두스는 역사상 가장 무능했던 황제들 중에 하나였지만, 황위를 물려받을 자격이 있는지, 또는 황위를 계승받는 것이 합당한 일인지 등에 대해서는 전혀 문제시되지 않는다. 왜냐하면 이런 태도는 모든 권력은 하나님으로부터 왔기 때문에 당장에는 불의한 일들이 승리하는 듯이 보여도, 결국에는 하나님이 바로잡아 놓으실 것이라는 믿음 위에서 가능할 것이다. 아테나고라스에게 이 세상을 다스리는 로마의 황제는 당연히 마르쿠스 아우렐리우스이고, 그 다음은 코모두스가 황위를 물려받아 로마제국이 계속 존속할지라도, 그보다 더 큰 이 우주를 다스리는 분은 바로 하나님이시라는 믿음이 확고했기 때문이다. 곧, 세속의 권위와 통치는 하나님의 통치권 아래에 있으며, 거기에 종속되어 있다.

3) 테오필로스, 「*Ad Autolycos I*」, XI[32])

원래 3권으로 된 이 변증서는 안티오키아의 테오필로스가 180년 직후에 쓴 것으로 보이며, 교회 밖에서 쏟아지는 기독교인들에 대한 비난을 논박하기 위하여 자기 친구이자 교양 있는 이교도인 아우토리코스에게 편지를 보내는데, 그는 기독교 신앙을 비웃었지만(1,1), 실제로는 기독교에 대한 자세한 가르침을 받고 싶어 했다(1, 38과 2, 1). 물론 이 편지는 모든 (기독교에) 관심 있는 이교도들을 염두에 두고 있어서, 다른 변증자들의 저술처럼 보편적인 교훈집(Protreptikos)과 같다. 여기서 그는 하나님에 대한 지식과 예지와 기독교인이라는 이름의 의미와 부활과 우상숭배의 어리석음을 차례로 해명하

---

32) Theophile d' Antioche, *Trois livres à Autolycus*, SChr 20, ed. G. Bardy- J. Sender, Paris 1948, 82.

면서, 황제의 정의를 위한 기도를 다룬다.

　　그러므로 저는 황제를 숭배하는 것이 아니라, 그를 위하여 기도
하면서, 기꺼이 사랑할 것입니다. 그런데 저는 황제가 하나님을 통
하여 황제가 되었다는 것을 알기 때문에, 실제적이고 참된 신이신
하나님께 기도합니다. 이제 당신은 다음과 같이 질문할 것입니다:
'당신은 왜 황제를 숭배하지 않습니까?' 왜냐하면 그가 황제가 된
것은 숭배를 받기 위함이 아니라(οὐκ εἰς τὸ προδκυνεῖσθαι), 그에
게 합당한 명예와 함께 존경받기 위함이기 때문입니다. 말하자면,
그는 신이 아니라, 하나님에 의해서 임명된 인간입니다. 이는 숭배
를 받기 위함이 아니라, 의로운 재판관이 되도록 하기 위함입니다.
요컨대 비유적으로 말하자면, 그는 하나님으로부터 국가의 통치권
을 위임받았습니다. 곧, 황제는 자기 이름이며, 그렇게 불리도록 다
른 어떤 사람에게도 허락되지 않았기 때문에, 황제가 자신에 의해
서 임명된 관료들이 황제라고 불리는 것을 원치 않듯이, 사람들은
또한 그가 아니라, 오직 하나님만 숭배해야 합니다. 그런 까닭에 어
쩜 당신은 모든 점에서 오류를 범하고 있는 것입니다. 당신은 황제
에게 친절한 마음을 품고, 그에게 복종하며, 그를 위하여 기도하면
서, 그를 존경하십시오. 만일 당신이 이것을 행한다면, 하나님의 뜻
에 따라 하는 것입니다. 왜냐하면 율법에 기록되어 있기를, '내 아들
아, 하나님과 왕을 존경하라, 그리고 둘 중 어느 누구에게도 불순종
하지 말라.' 왜냐하면 그들은 부지중에라도 자기 적들을 징벌할 것
이기 때문입니다.33)

테오필로스는 하나님이 황제를 의로운 재판관으로 임명하여 통치권을 위임받았으니, 오로지 하나님만 숭배와 기도의 대상이 될 뿐, 황제는 명예에 합당한 존경을 받을 뿐이다. '하나님이 부여하신 황제권'이라는 사상은 폴리카르푸스 순교록(mart. Polyc. 8.2), 키푸리아누스 순교록(mart. Cypr. 2), 아폴로니우스 순교록(mart. Apollonii 3) 등과 같이 특히 순교자들의 개인적인 고백문에서 잘 드러난다.[34] 따라서 기독교인들은 하나님으로부터 통치권을 위임받은 황제에 대하여 친절하고 복종하며, 존경하고, 그의 올바른 통치를 위하여 기도하는 것이 마땅하다는 것이다.

여기서도 이 서신의 필자가 아우토리코스에게 말하는 요지는 오해의 소지가 없이, 아주 명쾌하다: 황제는 인간으로서 로마를 다스리고, 신(神)이신 하나님이 그 통치권을 부여했다는 사상이다. 이런 대목에서 우리는 모든 권력은 하나님께로부터 나왔다는 바울의 교훈이 떠오른다. 그는 로마서 13장 1-2절에서:

[1]각 사람은 위에 있는 권세들에게 굴복하라 권세는 하나님께로 나지 않음이 없나니 모든 권세는 다 하나님의 정하신 바라. [2]그러므로 권세를 거스리는 자는 하나님의 명을 거스림이니 거스리는 자들은 심판을 자취하리라.

이때, 로마제국에 복종하라는 것은 사실이나, 그보다 더 큰 것은

---

33) 잠 24:21-22.
34) 그 외에도 언급된 롬 13:1이하와 벧전 2:13이하, 그리고 딛 3:1에 대한 관련성이 있다.

하나님이 통치권을 부여했기 때문에 로마 황제와 지배자들이 존속한다는 것이다. 결국 그들도 하나님의 통치 아래에 있는 인간들에 불과하기 때문이다.

4) 테르툴리아누스, 「Apologia」 30, 1-4와 7, 31과 32, 1과 33[35]

197년 말에 테르툴리아누스(Tertullianus)는 이교도들의 비난과 공격을 막아내고자 그리고 이방종교의 문제점을 지적하고자 이「변증서」를 작성했는데, 여기에 로마제국의 계속 이어지기를 기도하고 있다.

30. 1) … 그들은 누가 자기들에게 통치권을 수여했는지 알고 있습니다. 다시 말하자면, 그들도 역시 인간인지라, 누가 자신들에게 생명을 부여했는지 알고 있습니다. 그리고 그들은 자신들이 유일한 하나님의 유일한 통치권 안에 있으며, 그것으로부터 자기 권력은 두 번째라는 것은 알게 되며, 이것에 따르면, 하나님의 권력은 무엇보다도 먼저, 그리고 모든 다른 신들 위에 있는 첫 번째라는 것을 감지하기 때문입니다.[36] … 2) 황제들은 자신들의 통치권의 힘

---

35) Tertulliani opera, pars I, CCL 1, *Apologeticum*, ed. E. Dekkers, Turnhout 1954, 140ff..
36) 황제를 위한 기도로부터 그리고 신약성서의 그리스도가 왕이라는 표상으로부터 출발해서 황제를 모든 인간들 보다 더 높이는 것과 '위대한 황제'(*maiestas imperatoria*)로 인정하는 것은 서방 기독교인들을 위해서도 역시 문제시되지 않았다(로마제국의 원로원 귀족계급에서 여전히 공화정에 민감한 집단들과는 반대로, 특히 타키투스(Tacitus)를 참고하라). 테르툴리아누스는 신성황제권을 거부했기 때문에, 신중하게 세상에서 황제의 위치를 더욱 더 강조했고, 그래서 훗날 카이사레아의 에우세비우스의 황제찬가의 원형이 되었다(특히 「30주년 기념사」에서). 이것에 대해서는 J. Straub, Des christlichen Kaisers

이 어디까지 미치는지를 생각하고, 하나님을 인지합니다. 그래서 그들은 자신들이 그분을 통하여 강력해지며, 그분께 대항할 어떤 힘도 없다는 것을 인식하고 있습니다. 황제가 자신의 개선행렬에 하늘을 포로로 끌고 가며, 하늘에 감시병을 붙이고, 세금을 매길 요량으로 하늘에(caelo) 대항해서 싸우려 들다니! 그는 그럴 수 없습니다. 3) 그런 까닭에 황제는 하늘보다 작기 때문에 위대합니다. 요컨대, 하늘과 모든 피조물이 황제에게 복종하며, 황제도 역시 하늘에 복종합니다. 그는 하늘을 통하여 황제가 된 것입니다. 그는 그것을 통하여 우선 인간이고, 그 다음에 황제인 것입니다. 거기로부터 권력이 나오며, 거기서 그의 생명도 역시 비롯됩니다.37) 4) … 우리가 낯을 붉힐 이유가 없기 때문이며,38) 우리가 따라할 기도를 먼저 해주는 자가 없는 것(sine monitore)은 우리가 전심으로(de pectore) 기도하는 까닭입니다.39) 그리고 우리는 그때에 확고하게

"secunda maiestas," Tertullian und die konstantinische Wende, in *Regeneratio Imperii II*, Darmstadt 1986, 63ff.을 비교하라.
37) 호라티우스의 시구(carm. III 6,5f.: "로마 백성을 향하여")를 기억나게 하며 ("Dis te minorem quod geris, imperas: Hinc omne principium, huc refer exitum..."), 그 이전에 쥬피터(carm. I 12,49ff.)에 대하여 도 회상하게 한다 ("Gentis humanae pater atque custos... tu secundo Caesare regnes."). 기독교의 신에 의하여 쥬피터(에 대한 신앙)가 해체되고 난 다음에 황제는 탁월한 지위를 유지했다.
38) 머리를 드러내는 것(Capite nudo)은 머리를 가리거나 덮고(capite velato 또는 operto) 제사를 드리는 이교도 관습과 대치된다(378쪽을 보라).
39) 따라할 기도를 먼저 해주는 자가 없는 것은(sine monitore) 이교의 선도자 (praefari 또는 verba praeire - 역주: 신 앞에서 하는 선서 등을 앞서서 먼저 읽거나 말해주는 것/자)와 대조되며, 그래서 예를 들면, 대사제가 먼저 말하는 것(praeeunte pontifice maximo)은 공식적인 의견, 또는 기도가 되었고(예를 들면, Liv. IX 46,6), 신전에 봉헌되었으며(예를 들면, Liv. VIII 9,4), 축제적인 선서는 백성들에 의해서 2인 통치자의 선창으로(duumviris praeeuntibus) 거행되었다(Liv. IV 21,5; Plin. nat. hist. XXVIII 11). 그리고 비튀니아의 기독교

모든 황제들의 만수(萬壽)와 안전한 통치권과 가정의 보호와 용감
한 군대와 충실한 원로원과 행실이 바른 백성과 평온한 세계와 그
외에도 늘 그렇듯이 한 인간인 황제의 소원들을 기원합니다.[40]

그는 당시 기독교인들이 '황제는 존경하지만, 기도는 하나님께
만[41] 한다'는 입장을 설명하는 것에서 훗날 다마스쿠스의 요한네스
(Johannes von Damascus)가 성인들에게는 "존경"(προσκύνησις)을 드
릴뿐, "예배"(λατρεία)는 오직 성 삼위일체께만 한다는 구별을 통하
여 성화상 논란의 문제를 해결하려는 시도를 연상하게 한다. 테르툴
리아누스는 좋은 황제는 기독교인의 친구가 될 수 있지만, 사악한
네로와 도미티아누스 황제는 자신들의 생전에 신적인 영광을 주장
했기 때문에 대부분의 이교도들로부터도 혐오감을 불러일으켰을
뿐만 아니라, 사르데스의 감독 멜리토(Melito von Sardes)는 그런 황
제들을 기독교인들의 적으로 간주했다(5,3ff.).[42] 그럼에도 불구하
고, 테르툴리아누스는 원칙적으로 황제의 통치권의 출처는 하나님

인들의 재판 과정에서 플리니우스는 기도형식 하나를 언급했다(Plin. ep. X
96,5; s. S. 39). 이것에 대해서는 G. Wissowa, *Religion und Kultus der Römer*,
331f.. 여기서 테르툴리아누스는 '전심으로(de pectore)'를 이교도들이 단순히
입술만 움직이는 것과 대조시킨다(16,10과 비교하라).
40) 비슷한 기도를 이교도들도 역시 황실을 위하여 했으나, 기도교인들이 지속적으
로 하는 것과는 달랐으며(act. Cypr. 1,2: diebus et noctibus; Clemens ström.
VII 7,35: συνεχῶς), 신년축제나 탄신일 등과 같은 특정한 계기에서 이루어졌다.
이것에 대해서는 K. H. Schwarte, *Salus Augusta Publica, Domitian und
Trajan als Heilbringer des Staates*, Bonner Festgabe J. Straub, Bonn 1977,
229ff.를 참조하라.
41) 여기서는 '하늘'(caelum)이라는 말도 하나님과 동의어로 이해할 수 있다.
42) Richard Klein, *Tertullian und das Römische Reich*, Heidelberg: Winter 1968,
54ff..

이기 때문에, 황제도 하나님께 복종해야 하고, 자신의 통치권의 한계를 분명히 인식하고 행사해야 한다는 것이다. 아울러 기독교인들이 황제를 위하여 기도하는 것은 형식과 내용에서 이교도들의 기도와는 본질적으로 다른데, 그것은 전적으로 마음에서 우러나온 기도이기 때문이라는 것이다.

30. 7) 그래서 우리가 손을 하나님께 높이 올리는 동안에도 고문의 발톱이 우리 몸을 뚫고, 십자가에 높이 매달리며, 불이 훨훨 타오르고, 야수들의 습격을 받아야 합니다. 곧, 매번 고통을 당할 때 마다 기도하는 기독교인들의 몸짓은 이미 준비되어 있습니다. 자, 유능하신 총독 각하여, 하나님께 기도하는 영혼들에게 죽도록 괴롭히십시오! 그러면, 진리와 하나님에 대한 헌신이 있는 곳에 범죄가 있을 것입니다.

총독에 대한 호칭은 테르툴리아누스가 자기의 변증서를 기독교인들을 재판했던 총독들 앞에서 서면으로 변증하고 있음을 나타내며(1,1과 50,12), 더 나아가서 이 변증서는 "자기 선조들의 법률과 관습에 대하여 면밀히 양심적인 감시인이요, 보복자"라고 느꼈던 모든 이교도들을 염두에 두고 있다(6,1; 6,9 등).[43] 여기서 중요한 것은 육신적인 고통과 고난은 진리와 하나님에 대한 헌신이라는 더 큰 가치를 내포한 그리스도의 십자가라는 상징 체계가 전제되어 있다는

43) R. Heinze, *Tertullians Apologeticum*, Sitzber. d. sächs. Ges.d. Wiss., phil. -hist. Kl. 62(1910), 281쪽 이하와 E. Norden, *Die antike Kunstprosa II*, Darmstadt 1958, 606쪽 이하 참조.

점이다. 그리스도의 십자가의 고난은 궁극적으로 그분을 존경하고 총애를 받은 신자가 갖는 상징 체계로서의 가치를 담고 있다. 여기서 그리스도와의 일체감의 경험은 그 모든 고난을 극복할 수 있는 원천이다.

31. 2) 우리가… 대적자들을 위해서도 하나님께 기도하고, 박해자들에게도 좋은 것을 기도하는 것이 필요하다고 생각한다는 것을 각하께서도 이방인들로부터 아시게 될 것입니다. 황제를 위해서 우리를 범죄자로 고소하는 자들보다 기독교인들에게 더 큰 적이 누구이며, 박해자들이 누구입니까?[44] 3) 그런데 이것은 아주 분명히 언급되었습니다: '너희에게 모든 것이 평안하도록, 왕들과 영주들과 권세자들을 위하여 기도하라.'[45] 왜냐하면, 만일 제국이 흔들리면, 그 지체들도 흔들려서, 비록 우리가 근심에서 벗어나 있는 것처럼 보일지라도, 역시 우리가 어느 곳에 있든지 불행이 닥치기 때문입니다.

32. 1) 또한 우리가 황제를 위하여, 더욱이 총체적으로 제국의 영속을 위하여 그리고 로마 사회를 위하여 기도하는 것에는 더 큰 다른 필연성이 있습니다. 왜냐하면 우리는 온 세상에 임박한 엄청

---

44) 딤전 2:1-2: "그러므로 내가 첫째로 권하노니 모든 사람을 위하여 간구와 기도와 도고와 감사를 하되, 임금들과 높은 지위에 있는 모든 사람을 위하여 하라. 이는 우리가 모든 경건과 단정한 중에 고요하고 평안한 생활을 하려 함이니라." 또한 마 5:44: "나는 너희에게 이르노니 너희 원수를 사랑하며 너희를 핍박하는 자를 위하여 기도하라."
45) 딤전 2:1 이하.

난 불행이 그리고 더욱이 엄청난 불행으로 위협하는 세상의 종말이 제국에게 부여된 유예기한 동안 저지되고 있다는 것을 알고 있습니다. 그러므로 우리는 이것을 경험하고 싶지 않으며, 우리가 이것이 지연되기를 기도하는 한, 우리는 로마 제국의 존속을 연장하는 것입니다.

"제국이 흔들리고", "불행이 닥친다"는 표현은 무엇보다도 먼저 193년 코모두스(Commodus) 황제의 서거 이후에 내전을 통한 소란을 배경으로 한다. 곧, 헬비우스 페르티낙스(Helvius Pertinax), 디디우스 율리아누스(Didius Iulianus), 페스케니우스 니게르(Pescennius Niger), 클로디우스 알비누스(Clodius Albinus), 그리고 끝으로 셉티무스 세베루스(Septimius Severus) 등이 단기간 동안 5명이 제위에 올랐던 적이 있다.46)

로마제국은 "막는 자" 역할을 통해서 종말과 적그리스도의 도래에 대항하고 있다47)는 것을 안다는 것은 제국의 영속에 대한 훨씬 더 큰 관심과 연결되어 있다. 그래서 그리스도인 테르툴리아누스는 그런 관심은 다른 이교도들도 가지고 있는 것처럼 말하려고 했다. 그런 까닭에 황제와 그의 조력자들에 대한 기도는 진지하게 행해져

---

46) Tertullianus, *Apol.* 35,9을 참고하라: "카시우스, 니게르, 알비누스 가 어디 출신입니까? 물론 로마인들, 곧 비기도교인들입니다." 이 사건의 전 과정에 대한 것은 Dietmar Kienast, *Römische Kaisertabelle: Grundzüge einer römischen Kaiserchronologie*, WBG Darmstadt 1996, 152쪽 이하를 보라.

47) Tertullianus, *Apol.* 39, 2과 비교하라: "우리는 종국의 지연를 위하여 기도한다 (*Oramus ... pro mora finis*)." 적그리스도와 관련된 고난과 종말에 대해서는 다음을 보라: E. Lohmeyer, RAC I 1950, 455쪽과 O. Böcher · G. A. Benrath, *TRE 3* 1978, Antichrist III/IV 항목을 참조하라.

야 했다. 이러한 정치적 불안을 언급하면서 테르툴리아누스는 이런 불안보다도 더 큰 이 세상의 종말이 로마제국에 임하지 않도록 기독교인들은 기도를 통해서 연장하고 있음을 설득하고 있다.

33. 1) 그런데 제가 황제에 대한 기독인들의 경외심과 기독교적 책임감에 대해서 무엇을 더 얘기해야하겠습니까? 우리는 황제를 우리 주님께서 선택하셨으므로 제가 이렇게 말하는 것은 당연합니다: 황제 폐하가 우리 하나님으로부터 임명되었기 때문에, 좀 더 우리의 일부입니다. 2) 왜냐하면 폐하께서 저의 일부이기 때문에, 저는 열심히 황제의 복리를 위하여 애씁니다. 그것은 그것을 보증하시는 하나님께서 요구하시기 때문만도 아니며, 그렇다고 제가 그것을 들어줄 가치가 있는 어느 누구에게 요구하는 것 때문만도 아니라, 제가 하나님보다 황제의 위엄을 더 적게 평가하고, 그럼으로써 제가 유일하게 복종하는 하나님을 황제께 좀 더 권하고 싶기 때문입니다: 그래서 저는 황제를 황제와 대등하지 않은 하나님 아래에 놓습니다. 3) 저는 황제를 하나의 신으로 부르지는 않습니다. 왜냐하면 제가 거짓말하는데 능숙하지 못하기 때문이거나, 제가 감히 황제를 비웃으려고 하지 않기 때문이거나, 황제가 스스로 신이라고 불리기를 바라지 않기 때문입니다. 만일 그분이 한 인간이라면, 하나님 뒤에 서있는 것이 한 인간인 황제에게 중요합니다. 그에게는 "황제"라는 칭호가 충분합니다. 곧 하나님으로부터 부여받은 이 이름도 역시 위대합니다. 그를 신이라 부르는 사람은 그를 황제로 여기지 않는 것입니다. 그런데 만일 황제가 인간이 아니라면, 그는 역시 황제도 아닙니다. 4) … 만일 황제가 그 순간에 신이라고 불린다

면, 사람들이 진리에 부합하게 부르는 것이 아니어서, 아마도 더 보잘 것 없을 것입니다. 그러나 자신이 스스로 신이라 여기지 않도록 주의하는 자는 더 위대한 자입니다.

33장 1절에서 "황제 폐하가 우리 하나님으로부터 임명되었기 때문에, 좀 더 우리의 일부"라는 표현은 36장 2절에서 "연민과 종교와 신앙은 황제들에게 빚지고 있다"(*Pietas et religio et fides imperatoribus debita*)는 표현과 관련이 있다. 더 나아가서 로마서 13장 1-7절에 의하면, 황제에 대한 순종은 기독교인들에게는 의무이다. 비뛰니아의 총독 플리리우스에 따르면 트라야누스 황제는 "신으로부터 지정된"(*divinitus constitutus*) 존재이기도 하지만, 동시에 "주피터 자신으로부터 존경을 받는다"(*ab love ipso repertus*).[48] 마지막에 "자신이 스스로 신이라 여기지 않도록 주의하는 자는 더 위대한 자"라는 말은 4두 마차에 주피터의 인간화된 모상들을 매달고 '신성한 길'(*Via Sacra*)을 지나 카피톨 언덕 위로 개선하는 장군과 황제들을 연상하게 한다. 그는 여기서 이교도적 신민으로부터 황제를 분리하여 기독교적인 사안에 관심을 가지게 하는 시도를 하고 있다.[49]

테르툴리아누스가 33장 3절에서 "만일 황제가 인간이 아니라면, 그는 역시 황제도 아니다"라고 자신 있게 말할 수 있었던 것은 아마도 셉티무스 세베루스(Septimus Severus) 황제와 아들들은 생전에

---

48) J. E. Fears, *Princeps a dis electus: The Divine Election of the Emperor as a Political Concept at Rome*, Rome 1977, bes. 144쪽 이하.
49) Karl Joachim Marquardt, *Röm. Staatsverwaltung II*, reprint. H. Gentner, the University of Califonia Press 1957, 588쪽 이하.

한 번도 스스로를 신으로 공표한 적이 없었기 때문일 것이다. 그래서 셉티무스 세베루스는 자신의 극도로 절대적이고 동방적인 통치관을 실제로 관철하려 했을 때에도, 자기 스스로를 신격화하는 사상을 한 번도 표현한 적이 없었다.50)

따라서 황제가 하나님으로부터 부여받은 통치권은 당연히 하나님 아래에 종속되어 있으며, 황제가 단지 인간일 뿐인데도 신으로 숭배를 받는 것은 오히려 부당할 뿐만 아니라, 황제를 인정하지 않는 모독이라는 점이 강조되고 있다. 황제가 신이라면, 황제가 아니라는 것이다.

IV. 결론적 고찰: 순교와 기도의 통합적 해석을 위하여

지금까지 문헌들을 통하여, 기독교인들이 얼마나 순종적이고, 평화를 사랑하며, 국가와 황제를 위하여 전심으로 기도하고 있음을 살펴보았다. 또한 그러한 기도문과 기도 권면의 글에서 황제와 하나님에 대한 분명한 신학적 분명한 선긋기가 드러난다. 따라서 기도는 단순히 박해와 강압에 따른 회피적 발상에서 나온 굴종적 태도가 아니다. 오히려 하나님의 뜻과 계획이라는 큰 그림에서 이 세상의 정치 구조와 권력 체계를 바라보고 있는 것이며, 하나님의 뜻을 실현하는 일환으로 국가와 황제를 위하여 기도하는 것이다. 그러면, 순교는 가장 영웅적인 죽음이며, 숭고한 신앙을 극단적으로 표현한 것

50) F. Taeger, *Charisma II*, Stuttgart 1960, 420.

인 반면에, 황제와 국가를 위한 기도는 공포와 불안과 갈등에 직면한 나약한 기독교인들의 비겁하고, 굴종적인 모습이란 말인가?

H. 코헛(Heinz Kohut)의 "정서성의 원리"(the principle of affectivity)에 의하면, 인간은 본질적으로 '총애'와 '존경'을 주고받는 대상과의 '일체감의 경험'(mirroring selfobject)을 통하여 더 많은 창조적 에너지를 생산해낸다. 이것은 인간을 살아가게 하는 "정신적 산소"인데, 이때 고귀한 상징 체계가 형성되면, 긍정적 정서 경험을 통하여 활력, 추진력, 창의력, 열정 등의 창조적 에너지가 분출된다. 신앙은 바로 하나님으로부터의 총애를 받은 신자가 하나님을 존경하여 얻는 일체감의 경험이다. 따라서 인간의 상상으로는 도저히 불가능한 고문, 불과 야수의 이빨이라는 어마어마한 공포에 직면하여도 공포감에 짓눌리지 않고, 오히려 이때에도 내면에서 창조적인 에너지가 솟아오른다.51) 상징 체계란 불안과 공포 및 갈등을 완화시키거나 우회하는 힘인데, 결국 목숨을 바치는 순교도 황제와 국가를 위한 전심으로 하는 기도도 그리스도의 고난의 십자가와 부활에 대한 상징 체계를 통하여 통합될 수 있다.

그런 이해의 틀에서 보면, 박해에 직면한 순교나, 공포정치 속에서의 황제에 대한 기도나 모두 십자가의 고난과 부활이라는 상징 체계 속에서 하나님의 높은 뜻을 받드는 거룩한 행위일 뿐이지, 대항과 순응의 틀로 보는 것은 너무 현상에만 치우친 피상적인 이해이

---

51) H. Kohut, *How does analysis cure?*, ed. A. Goldberg, The University of Chicago Press 1984, 23, 199, 200. 김병훈, "프로이드와 코헛의 핵심 개념 흐름에 관한 비교", 호서대학교 인문학연구소, 「인문논총」 22(2003, 12): 303-19쪽 참조.

다. 따라서 로마서 13장을 다시 살펴보면, L. 폰 랑케나 O. 쿨만의 평가했듯이, 이 본문이 교회로 하여금 친국가적 입장을 취하도록 암묵적으로 강요한 이데올로기로 오용되었던 역사는 분명하지만, 그들의 해석도 또한 매우 피상적임을 알 수 있다. 당연한 말이지만, 여기서는 죽음에 공포나 고문에 대한 불안이 지배하는 것이 아니라, 만인이 구원받고, 진리에 이르기를 위하시는 하나님의 뜻을 실현하는 창조적 에너지가 충만한 현장인 것이다. 이것은 죽음 앞에선 나약한 자들의 합리화도 아니요, 세상과 하나님을 분리하려는 피안적 신앙의 부정적 결과도 아니다. 오히려, 이 세상을 하나님의 마음으로 품고 가는, 당장의 육체적 손실도 영원한 하나님의 계획에 쓰임받는 거룩한 부르심에 대한 자발적인 응답이다.

콘스탄티누스 황제의
기독교 공인에 관한 역사성 연구
— 밀라노 협정(313)과 Cunctos populos 칙령(380)을 중심으로

장용재 | 서울신학대학교 외래교수

I. 들어가는 말

우선 강일구 박사님의 고희를 기념하며 필자가 작으나마 소고로 축하드릴 수 있게 된 것을 영광으로 생각한다. 교회사가이며, 특히 교부학자이신 강일구 박사님께 어떠한 논문으로 조금이나마 기쁨을 드릴 수 있을까를 고민하며 오늘의 주제를 선택하였다. 1511년 인문주의자 로테르담의 에라스무스는 자신의 저서 *De ratione studii ac legendi interpretandique auctores*에서 "Sed in primis ad fontes ipsos properandum, id est graecos et antiquos(하지만 특히 근원 자체로 서둘러[돌아가]야 한다. 즉, 그리스인들과 고대인들에게로)." 라는 말을 남겼다. 이 모토 *Ad Fontes*는 필립 멜랑히톤과 루터에게 영향을 미쳤고, 루터는 이를 성경 번역에 적용하여, 교리보다도 근원된 하나님의 말씀으로 돌아가고자 원어 성경을 독일어로 번역하였다. 또한 루터는 주의 말씀에 더 가까이 다가가기 위해 교부들의 글을 중요하게 생각하여, 시간이 나는 대로 교부들의 글을 인용하고 연구하였다. 기독교가 이천 년 이상 발전해온 지금도, 그 교부들의 주옥같은 글의 중요성은 아무리 강조해도 지나치지 않는다.

오늘 필자는 콘스탄티누스 황제가 기독교에 자유를 허락해주었던 그 역사적인 순간으로 돌아가 보고자 한다. 초대 기독교가 오늘날과 같은 기독교로 발전하게 된 데에는 정치, 문화, 사회 그리고 역사적인 요인들이 복합적으로 작용하였다는 것은 대부분 인지할 수 있는 사실이다. 그러나 우리가 가치판단을 내릴 수 있는 기준이 되는 사료가 고대 자료일수록, 그 사료를 모으고 평가하고 재해석하는 작업은 그 시대와 출처와 민감하게 연결되어, 비판적으로 수용하는 데에는 상당한 주의가 요구된다고 볼 수 있다. 특히 원 자료와 이차 자료와의 구분은 여기서 피할 수 없으며, 원 자료에 대한 객관적 판단을 위해 가능한 다양한 사료를 여러 관점에서 비판적으로 다루어야 한다.

오늘 필자가 다루는 내용은 우리가 흔히 로마 황제였던 콘스탄티누스가 밀비우스 다리에서 막센티우스에게 승리하고, 이 승리로 인하여 그 때까지 진행되어왔던 기독교 박해를 종결하고 기독교를 공인(313)했다는 내용을 재고해보는 것이다. 기독교 신학과 그리고 그 발전과 깊숙이 관련된 로마사에 어느 정도 익숙한 기독교인들은 흔히 콘스탄티누스는 기독교 박해를 끝내고 기독교를 단지 용인해준 것뿐만이 아니라, 313년에 기독교를 제국 종교로 삼은 것으로 생각하고 있으며, 또한 이러한 현실은 아직까지도 묵인되거나 더구나 정설로 인정되고 있다는 것이다.

그래서 우리는 이러한 질문을 던져보아야 한다. 정말로 콘스탄티누스가(필자주, 이하 황제들의 연대 표시는 통치기를 의미한다. 306. 7. 25-337. 5. 22: Kienarst, *Römische Kaisertabelle*, Darmstadt 2004) 기독교의 힘을 빌려 전쟁을 이기고, 그 후 이 때문에 하루아침에 기독교를 국교로 인정했을까? 아니면 기독교는 다른 종교처럼 허용된 것일까? 그렇다면 기독교를 공인했다는 밀라노 칙령(313)은 4황제제(τετραρχια)가 유지되던 당시에 정말 콘스탄티누스가 혼자 내린 결정이었는가? 아니면 또 다른 공동 서명자가 존재하는가? 만일 이것이 공동 결정으로 가능한 일이었다면, 이를 밀라노 칙령이 아니라 밀라노 협정이라 불러야 역사적으로 옳은 명칭이지 않은가? 그리고 만일 313년 밀라노 협정이 로마제국의 여러 황제들 사이에 승인되었다면, 기독교가 국교가 된 것은 언제일까? 이 모든 것이 콘스탄티누스 황제의 기독교 공인과 관련하여 떠오르는 불분명한 질문들이라 할 수 있다.

이 짧은 논고 안에서 필자는 콘스탄티누스 황제기까지 진행되어 온 디오클레티아누스의 기독교 박해령(303)이 갈레리우스의 관용 칙령(311)을 시작으로 완화되고, 콘스탄티누스를 통하여 기독교 공인이 어떠한 방식으로 진행되었는지를 밝히고자 한다. 또한 콘스탄티누스가 용인한 기독교가 언제 확실하게 로마의 제국 종교로 공표되었는지도 살피고자 한다. 그러나 이와 관련하여 먼저 로마제국 황제들의 다양한 기독교 박해의 모든 과정을 서술하고, 당시 로마 황제들의 업적과 기록들, 그리고 그 의미와 관계를 모두 밝히는 것은 불가능하다. 따라서 당시 로마사의 사회, 정치 발전과 관련된 내용은 생략될 수 있지만, 그 중 가장 중요한 기독교 박해와 박해가 종료되어 가는 과정을 다루는 다양한 종교 정책에 대한 기록들을 살핌으로써, 기독교가 어떻게 점차적으로 로마제국 내에서 역사적 자리를 잡게 될 수 있었는지를 재조명해보는 것이 본 글의 목적이다.

II. 콘스탄티누스 이전의 기독교 박해

초대교회가 형성되는 1세기에 네로가 로마에서 시작한 기독교 박해(64)는 2세기에 들어 트라야누스 황제(98-117)에 의해 계속되었다. 그는 굳이 기독교인들을 찾아내어 사형시키지는 않았으나, 자신의 이름을 밝힌 로마 시민이 기독교인을 고소할 경우, 그들이 그리스도를 저주하고, 황제에게 충성을 맹세하지 않으면 그들을 사형시켰다.

2세기에 들어서 마르쿠스 아우렐리우스는 카이사랴의 유세비오스(264/265-339/40† : 출생일 Eusebius, h.e. 3.28.3; 7.28.3 참조; 사망일 Sokrates, h.e. 2.3-5 참조)에 따르면 당시의 서머나의 주교였던 폴리캅을 화형시키고, 갈리아 지역의 루그두눔(현 프랑스의 리용)에서 기독교인들을 원형 경기장에서 죽게 하였다(Eusebius, h.e. 4.15). 그의 아들 코모두스 황제(180-192)도 서머나(현 터키의 Izmir)에서 기독교인들을 박해하였다.

3세기에 들어서 세베루스(193-211)는 202년에 기독교나 유대교로 개종하는 자들을 죽였고, 데키우스(249-251)는 외부의 침략이 반복됨에 따라, 제국 내 종교 통일의 일환으로, 로마제국 시민들로 하여금 로마의 신들에게 제사를 드렸다는 증명서를 발급받게 만들었고, 이 증명서를 발급받지 않은 자들은 고문하고 사형에 처해지도록 하여 타종교의 성직자들과 기독교인들을 조직적으로 핍박하였다. 이 박해로부터 피신했던 카르타고의 주교 키프리아누스는 이에 대하여 자신의 서신에서 당시의 상황을 전한다(Cyprianus, ep. 15.2). 251년 데키우스가 전장에서 사망한 후에, 257년 발레리아누스(253-260)가 교회들을 파괴하고, 교회 지도자들을 죽였는데 이때 카르타고의 주교 키프리아누스도 순교당하였다(258). 발레리아누스의 아들 갈리에누스(253-268)는 아버지 발레리아누스의 명령을 철회시키고 박해를 중지하였다. 이때부터 50년이 지나 293년 디오클레티아누스가 제국 개혁의 일환으로 4황제제(τετραρχια)를 시작할 때까지만 해도 잠시 기독교 핍박은 수그러들기도 하였다.

그러나 4세기 초 303년에 디오클레티아누스는 기독교 박해 칙령을 발효시켜 기독교 예배를 금지하고, 교회 파괴와 기독교 문서들을 불사르기 시작했고, 기독교인들은 국가의 직책을 수행하지 못하도록 하였다. 303년 디오클레티아누스 황제로부터 시작된 기독교 핍박을 갈레리우스는 자신의 부황제 막시미누스 다이아와 함께 처음에는 계속 이어갔다. 하지만 후에 막시미누스 다이아는 아드리아노폴리스 전투(313)에서 리키니우스에게 패배하고 국고로 교회 건물들을 재건하도록 하고 종교와 모임의 자유를 허락한다(Eusebius, h.e. 9.10). 이것은 한 때 기독교를 박해했던 막시미누스 다이아가 자기의 제국 내에 사는 기독교인들을 모으고 자신의 편으로 만들기 위한 조치였다(Herrmann-Otto, *Konstantin der Große*, Darmstadt 2007, 79).

이 기독교 박해령은 디오클레티아누스가 착안한 첫 번째 4황제기(293-305)의 주역들이, 즉 Augustus였던 디오클레티아누스와 막시미아누스, 그리고 Caesar였던 콘스탄티우스 클로루스와 갈레리우스가 함께 전 제국 영토에 발효시켰다. 이로 인해 기독교인들은 시민권을 박탈당하고, 고소를 당해도 법의 보호조차 받을 수 없게 되었다. 또한 이 박해 칙령은 교회 지도자들을 감금하고 고문하도록 정하였고, 황제숭배를 거절하는 자들은 사형당하도록 하였다. 갈레리우스가 있던 동로마에서는 핍박이 아주 강했고, 서로마에서는 상대적으로 약한 정도여서 기독교인들이 채굴장의 강제징용에 동원되기도 하였다. 콘스탄티누스의 아버지 콘스탄티우스 클로루스는 디오클레티아누스의 박해를 이어가긴 했지만, 교회를 파괴할 때에도 다시 쉽게 쌓을 수 있는 교회의 벽만 무너뜨리고 기둥은 건드리지 않아 나중에 다시 쉽게 재건할 수 있을 정도로만 파괴하였고, 하나님의 교회로 인식되는 기독교인은 아무도 죽이지 않았다고 락탄티우스(250-320 †)는 기록한다(Lactantius, De mortibus persecutorum, 15.7).

디오클레티아누스가 죽은 뒤 305년에 두 번째 4황제기(305-306)에서 갈레리우스가 Augustus가 되어, 막시미누스 다이아를 Caesar로 지명하고, 서쪽에서는 콘스탄티우스 클로루스가 Augustus가 되고, 세베루스가 Caesar의 자리를 이어받았다. 1년 후인 306년에 세 번째 4황제기(306-307/308)에 와서 콘스탄티우스 클로루스가 죽게 되자, 갈레리우스는 세베루스를 Augustus로 지명하고, 콘스탄티우스 클로루스의 아들인 콘스탄티누스와 함께, 갈레리우스가 양자로 삼은 막시미누스 다이아를 동시에 Caesar로 지명하였다.

그 후로 네 번째 4황제기(308-311)에서 갈레리우스와 함께 리키니우스가 Augustus가 되고, 막시미누스 다이아와 콘스탄티누스는

Caesar직을 유지하면서, 기독교 박해는 박해 칙령이 발효된 303년부터 311년까지 계속되었던 것이다. 그러다가 갈레리우스 황제가 병으로 인해 죽기 바로 전, 로마제국 내에서 니코메디아 관용칙령(311)을 발표하면서 기독교는 완전히 새로운 변환기를 맞게 되었다.

갈레리우스가 발효시킨 관용칙령은 갈레리우스의 Usurpator(필자주: 불법적으로 권력을 강탈한 자를 일컫는 말이지만, 군대나 특정 그룹을 통해 그의 황제직이 로마제국에서 인정되었다. 당시에는 권한 행사가 합법적이냐가 중요하지 않았고, 누가 실제로 그 직책에서 권한을 행사하고 있느냐가 더 중요했다)였던 막센티우스(이탈리아 아프리카 일부를 지배)에 의해서도 수용되었고, 콘스탄티누스에 의해서도 수용되었다. 네 번째 4황제기가 갈레리우스의 죽음으로 막을 내린 후에는 리키니우스는 Augustus직을 계속 유지하면서, Caesar였던 콘스탄티누스와 막시미누스 다이아가 Augustus로 등극하였다. 콘스탄티누스가 밀비우스 다리전투에서 Usurpator였던 막센티우스에게 승리함으로써 세 Augustus만이 존재하게 된다.

갈레리우스의 관용 칙령에도 불구하고, 막시미누스 다이아는 핍박을 멈추지 않았지만(Eusebius, h.e. 9.8.2.), 리키니우스와의 충돌이 생길 즈음에서야 기독교 핍박을 멈추게 하고, 교회 재산을 돌려주었다(312 겨울). 콘스탄티누스와 리키니우스가 함께, Usurpator였던 막센티우스에 대항할 때, Augustus였던 막시미누스 다이아는 막센티우스와 동맹을 맺었고, 막시미누스 다이아는 313년 전투에서 패배하여 같은 해에 사망하였다. 이로써 서로마에는 콘스탄티누스가, 동로마에는 콘스탄티누스의 매제인 리키니우스가 다스리는 2인의 Augustus 체제로만 존재하게 된 것이다.

이 두 황제는 314년과 316년 영토 싸움으로 인해 쌍방 간 많은 손실을 입게 되어 평화협정을 맺게 되고, 리키니우스는 일리리쿰, 마케도니아, 그리스, 모에시아를 잃고, 유럽에서는 트라키아만을 다스리게 된다. 콘스탄티누스는 트라키아를 제외한 모든 유럽의 영토를 얻게 되었다. 324년 콘스탄티누스는 리키니우스의 동맹자들로 인해, 다시 리키니우스에게 전쟁을 선포하였고, 리키니우스는 아드리아노폴리스 전투와 갈리폴리 전투, 그리고 크리소폴리스 전투에서 열세했던 콘스탄티누스에게 패배하여, 데살로니가로 감금되었으나 325년 처형당했다. 정치적 라이벌이자 자신보다 더 강력한 반대자였던 리키니우스를 제거해야 했던 것은 어떻게 보면 콘스탄티누스에게는 당연한 것이었다. 기독교 변증가 락탄티우스(히에로니무스는 락탄티우스를 Firmianus라 부르기도 한다: "Firmianus, qui et Lactantius", Hieronymus, De viris illustribus 80)는 리키니우스를 그의 관용적 종교 정책으로 인해 긍정적으로 평가한다. 그러나 콘스탄티누스와의 전쟁에서 리키니우스가 기독교를 박해했다는 유세비오스의 평가는 자신의 책 *Vita Constantini*에 나타나는 것처럼, 콘스탄티누스의 편이었던 유세비오스가 정치적인 세력 다툼에서 반대편인 리키니우스를 부정적으로 평가했을 가능성으로 인해, 그 신빙성에 의문이 생기는 부분이기도 하다. 이 전쟁으로 인해 콘스탄티누스는 리키니우스를 이기고 전 Imperium Romanum에서 유일한 황제가 된 것이다.

III. 밀라노 협정: 두 황제 협정(콘스탄티누스와 리키니우스)

역사적으로 볼 때 우리가 흔히 밀라노 칙령으로 알고 있는 이 법령을 유세비오스 역시 법령(ο νομος: h.e. 9.10)이라 지칭하고 있는데, 유세비오스가 h.e. 8.17 갈레리우스의 칙령을 언급할 때 쓴 단어인 'διαταγμα'와는 확실히 다르다. 밀라노 협정은 콘스탄티누스 황제가 독단적으로 내린 칙령의 성격이 아님을 주지해야 한다. 이 밀라노 협정은 콘스탄티누스와 리키니우스 사이에 맺어진 협정으로, 이 두 황제가 서로의 협의 하에 지금까지 진행되어 왔던 디오클레티아누스의 기독교 박해를 끝내고, 기독교뿐 아니라 각자가 믿고 싶어 하는 종교를 믿을 수 있게 한다는 내용이 그 주요 골자이다. 이 협정을 통하여 기독교는 더 이상 핍박을 받는 종교가 아니라 공식적으로 인정된 종교가 되었다는 것이다.

하지만 잊지 말아야 할 것은 311년 갈레리우스가 발표한 니코메디아 관용 칙령을 통해 로마제국 대부분의 영토 내에서는 이미 기독교가 "religio licita", 즉 허용된 종교가 된 상태였다는 것이다. 311년만 해도 갈레리우스의 이름으로 내려진 관용 칙령은 유세비오스에 따르면, 막센티우스나 콘스탄티누스의 이름이 그 곳에 드러나지 않는 것으로 보아 공동 서명된 관용 칙령이 아니라는 것을 증명해준다(Eusebius, h.e. 8.17.3-10). 하지만 이 관용 칙령으로 인해 '기독교인들이 다시 모임을 가질 수는 있지만, 그들이 공공질서를 어지럽히지 않는 한에서만 가능하다'는 것을 락탄티우스는 보여주고 있다(Lactantius, De mortibus persecutorum 34.4). 이로 볼 때, 311년 니코메디아의 관용 칙령 이후에도 기독교가 로마의 종교와 완전히 동등한 대우를 받게 된 것은 아니었다는 것을 알 수 있다.

갈레리우스의 311년 니코메디아의 관용 칙령을 락탄티우스는 다음과 같이 라틴어로 인용·전승하고 있다(Lactantius, De mortibus persecutorum 34-35.1, 필자역):

"우리가 국가의 안녕과 이익을 위해 결정하는 다른 조치들 아래 지금까지 이전 법과 국가의 질서에 따라, 아버지들의 사고방식과 행동방식을 포기해버린 기독교인들도 다시 이성적인 행동을 하도록 의도하였다(필자주: 이것은 기독교를 포기하고 이방신을 따르게 하는 것을 일컫는다). … 결국 우리가 그들이 이전 세대의 관습을 따르도록 하는 내용의 법령이 제정되도록 하고, 많은 자들은 재판을 받게 되고, 많은 자들이 그들의 소유를 잃게 되었다. 하지만 이들이 이방신들에게 숭배하지 않고, 기독교인의 신도 숭배하지 않았을 때, 우리는 모든 호의로 그들을 용서하려고 하였다. 그리하여 그들이 공공질서를 위반하지 않도록 말이다. 다른 문서에서도 우리는 법관들에게 무엇을 주의해야 하는지를 알렸다. 그것에 따라서 우리의 은혜의 표시로 기독교인들은 자신들의 신에게 우리의 안녕과 국가의 안녕과 자신들의 안녕을 빌어야 한다. 그래서 모든 것에서 국가가 피해를 보지 않고, 걱정 없이 자신의 체류지에 살 수 있도록 말이다. 이 칙령은 니코메디아에서 그(갈레리우스, 필자주)가 스스로 여덟 번째 그리고 막시미누스가 두 번째로 집정관이 되던 해(즉 311년, 필자주), 4월 30일에 공표되었다."

이 관용 칙령이 발효된 후에 이 칙령에 동의한 막시미누스 다이

아는 자신의 제국 영토 내에서 기독교인들의 박해를 멈추고 그들의 재산을 돌려주었는데, 이에 대하여 카이사랴의 유세비오스는 h. e. 9.10에서 다음과 같이 언급하고 있다(필자역):

"이로 인해 미래에 모든 의심과 두려움이 멈추도록 이 칙령을 우리는 선포하였다. 여기에는 이 종파와 이 종교를 따르고자 하는 모든 사람들에게 우리의 관용 칙령으로 인해 각자가 원하는 대로, 각자에게 편한 대로 편한 종교를 선택할 수 있도록 공표가 돼야한다. 또한 그들에게 자신들의 신전을 짓는 것도 허용되었다. 그리고 이로 인해 우리의 자비가 더 많이 드러나도록, 다음과 같은 내용을 결정하였다: 만약에 기독교인들이 이전에 집과 땅을 합법적으로 소유했는데, 이것이 이전 아버지들의(필자주: 이들은 황제들을 지칭함) 명령에 따라 그것이 선물의 형태이건, 구매의 형태이건, 국고의 소유가 되거나 한 도시의 소유가 돼 버렸다면, 이 모든 것을 그 원래주인인 기독교인들에게 돌려주도록 명령하였다. 바로 이 점에서도 모두가 우리의 호의와 배려하는 마음씨를 깨달아야 할 것이다."

갈레리우스의 관용 칙령이 선포된 후 얼마 되지 않아, 갈레리우스는 사망하게 되고, 막시미누스 다이아와 막센티우스와 같은 제국 내 적대적 반대자들(예를 들면 usurpator)이 제거된 후에 콘스탄티누스와 리키니우스 2인 황제만이 존재하게 된다. 이 시기에, 즉 313년에 로마제국 전체에 유효한 밀라노 협정이 두 황제 사이에 이루어지는데, 서로마의 콘스탄티누스 황제와 동로마의 리키니우스 황제가 함께 이 협정에 동의하였다는 점을 주목하면, 현재까지 지칭되었던 밀라노 칙령은 밀라노 협정으로 변경되어야 함이 역사적 관점으로 볼 때 더 설득력을 얻고 있다. 특히 이 밀라노 협정은 콘스탄티누스의 개종의 결과로만 볼 것이 아니라, 311년 갈레리우스 황제가 사망할 때 내려준 니코메디아의 관용 칙령의 확장과 재확인을 의미한다.

이 밀라노 협정에 대하여 전승되어 오는 자료는 두 가지가 존재한다. 즉, 카이사랴의 유세비오스와 락탄티우스의 자료가 그것으로, 밀라노 협정에 대한 가장 중요한 자료이다. 유세비오스와 락탄티우스의 보고가 약간 다르긴 하지만, 이 자료들 외에 그 당시의 기독교적, 정치 종교적 상황에 대해 알려주는 비기독교적 자료는 존재하지 않는다. 초대교회사가 카이사랴의 유세비오스는 밀라노 협정을 h.e. 10.5에서 헬라어로 번역하여 전승하고 있다. 또한 동시대 기독교 변증가였던 아프리카 출신 락탄티우스 역시 313년 밀라노 협정을 원문인 라틴어 형태로 자신의 책 *De mortibus persecutorum*(『핍박자들의 죽음에 관하여』) 48.2-3에서 다음과 같이 전승하고 있다(필자역):

"2. 우리가, 즉 나 콘스탄티누스 황제와 나 리키니우스 황제가 밀라노에서 기쁘게 모여 제국의 안전과 안녕에 관한 모든 것을 논의한 다음에, 필요한 부분들 외에도 아주 많은 사람들에게 특히 이 영역을 조정해야 한다고 우리는 믿는다. 즉, 모든 다른 사람들에게와 같이, 기독교인들에게도 각자가 원하는 자신의 종교 생활을 할 수 있는 무제한적 가능성을 주는 것이다. 이로 인해 각 신성이 그들의 천상의 숙소에서 우리에게, 그리고 우리의 통치 아래 사는 모든 사람들에게 호의적이고 은혜로울 수 있도록 말이다.

3. 그 때문에 우리는 다음의 결의를 이성적이고 완전히 바르게 숙고할 수 있을 것이라 생각했다. 즉, 우리는 대체로 기독교인들의 예배나 종교를 주의 깊게 살피는 그 누구에게도, 개인적인 이해에 따라 자신에게 가장 적합한(필자주: 예배의) 가능성을 불허해도 된다고 생각하지 않았다. 그래서 우리가 자유로운 마음으로 숭배하는 최고의 신성이 모든 영역에서 우리에게 그 은총과 은혜를 줄 수 있어야 한다."

이와 더불어 카이사랴의 유세비오스는 콘스탄티누스와 리키니우스 사이의 밀라노 협정에 대하여 교회사 h.e. 10.5.2에서 다음과 같이 보고한다(필자역):

"5. 자, 이제 라틴어로부터 번역된 콘스탄티누스와 리키니우스의 법령을 인용해보자. 라틴어로부터 번역된 황제의 법령의 사본. ⋯ 그래서 우리는 일반 대중의 관심을 모으는 나머지 재량 아래, 또는 무엇보다도 먼저 신성을 존중하고 존경하는 규정의 법령을 결의하였다. 즉, 기독교인들과 모든 사람들에게 저들이 언제라도 원하는 그 종교를 따를 수 있도록 자유로운 선택권을 주기 위함이다. 이것은 모든 존재하는 신성과 모든 천상의 힘이 우리와 우리의 통치 아래 사는 모든 사람에게 은혜롭기를 희망하며⋯."

이렇게 전승된 두 황제 협정인 밀라노 협정을 살펴보면 일반적인 종교인들도 포함하지만, 무엇보다도 기독교인들을 직접적으로 언급하여 그들이 원하는 종교를 선택할 권리와 그들의 방식으로 예배를 드릴 수 있는 가능성과 자유 권리를 기독교인들에게 허용한 협정이라고 할 수 있다.

313년 이후로 기독교는 밀라노 협정으로 인해 더 이상 핍박을 받지 않게 되었으나, 313년에 로마의 제국 종교가 된 것은 전혀 아니었다. 콘스탄티누스 황제는 서로마의 황제였던 자신과 동로마 황제였던 리키니우스 사이의 이 밀라노 협정을 통해 동·서로마 제국 전체에서 종교의 자유를 선포한 것이다. 바로 여기에 밀라노 협정의 의의가 나타난다. 여기서 무엇보다 주목돼야 하는 것은 기독교 변증가인 락탄티우스도, 기독교 역사가 카이사랴의 유세비오스도 기독교가 콘스탄티누스 황제를 통하여 313년 밀라노 협정을 통해 제국 종교가 되었다고 자신들의 저서 어디에서도 주장하지 않는다는 것이다.

유세비오스는 자신의 저서 교회사, 콘스탄티누스의 생애, 콘스탄티누스 찬양 등을 통해, 기독교가 더 이상 박해를 받지 않고 콘스탄티누스를 통해 Imperium Romanum에서 합법화되고, 보증되었다는 메시지를 전달하고 싶었다. 따라서 밀라노 협정에서는 기독교인들이 특별히 지칭되어 언급된 것은 분명하지만, 이 사실 자체가 콘스탄티누스가 리키니우스와 함께 기독교를 313년에 밀라노에서 로마의 제국 종교로 선포했다는 것은 결코 사실이 아님을 주목해야 한다.

IV. Cunctos populos 협정: 세 황제(테오도시우스, 그라티아누스, 발렌티니아누스 II세)협정

콘스탄티누스는 교회에 재산들을 돌려주었고, 모든 주교들에게 로마의 원로 의원과 이교도 제사장에게 주었던 특권을 보장하였다. 콘스탄티누스의 전환기를 통해 기독교인들은 그동안의 박해에서 해방됨을 경험하고, 사람들은 기독교 신앙을 가지는 것이 사회적 신분 상승에 도움이 되는 것을 인식하였다. 이후로 많은 고위직들이 기독교인으로 대체되는 현상이 생기자 그동안 그리스도를 믿지 않던 사람들조차도 기독교로 개종하게 된 것이다. 콘스탄티누스는 321년 기독교인들이 예배를 드리는 일요일을 공휴일로 정하게 된다. 태양신 숭배 사상을 기초로 한 일요일이 엄밀한 의미에서 기독교의 예배와는 실제로 상관이 없었음에도 말이다. 324년에 1인 통치자로서 제국 개혁을 실행할 때, 이제 더 이상 기독교에 반대하는 개혁을 하지 않고 기독교인들의 도움을 통해 개혁을 실행하게 된다. 325년 니케아 공의회가 열릴 때, 주교들은 제국의 비용으로 여행을 하고, 콘스탄티누스 황제가 직접 회의를 주제하며, "호모우시오스"(ομουσιος)와 같은 순수 신학적 문제를 콘스탄티누스가 직접 중재하게 된다. 이로 인해 교회 회의는 마치 제국의 법정과 유사한 성격을 지니게 된다. 337년 임종 시에 콘스탄티누스는 세례를 받게 된다.

콘스탄티누스의 자녀 가운데 장남 콘스탄티누스 2세(337-340)는 아버지 콘스탄티누스가 추방시켰던 아타나시우스를 다시 사면하였고, 차남 콘스탄티우스 2세(337-361)는 아리우스주의적인 단성론적 성향을 교회에 강요하여 정통적 성향의 아타나시우스 등을 재추방시키기도 하였다. 또한 이교도의 야간 제의를 금지시키기도 하였지만(353, Codex Theodosianum 16.10.5), 357년에 로마 방문 이후로 다시 이교도 제의를 허용하였다. 콘스탄티누스 2세와 콘스탄티우스 2세의 막내 동생인 콘스탄스 황제는 도타투스주의자들과 정통 교회의 연합을 시도하였다.

율리아누스 아포스타타(361-363) 황제는 자신의 재위 기간 중 아주 짧게나마 이교도를 재부흥시키고 기독교를 멈추고자 하는 움직임이 있기도 하였다. 그러나 콘스탄티누스 이후로 이단 논쟁에 휩싸인 사람들을 제외하고 정통 기독교가 다시 박해를 받은 흔적은 어디에도 드러나지 않는다.

율리아누스 황제의 죽음 이후로 테오도시우스 황제가 즉위하면서 로마제국 내에서의 종교 정책은 또 한번 특별한 변화를 맞게 된다. 테오도시우스는 공식적인 이교도의 제의를 금지하였고, 테살로니키에서 그라티아누스와 발렌티니아누스 2세와 함께 세 명의 황제가 모여 380년 2월 28일에 하나의 칙령을 만들게 된다. 소위 세 황제 칙령, 즉 "Cunctos populos 협정"(필자주: "모든 민족"은 이 협정의 첫 문장에 언급되는 단어이다)이 발효되어 이전에 허락된 종교의 자유를 더 이상 허용하지 않게 되었다. 즉, 테오도시우스 이전 시대까지만 해도 허용되던 로마 신상 숭배가 더 이상 허용되지 않았고, 기독교는 311년 갈레리우스의 니코메디아 관용 칙령을 통해 "religio lic-ita", 즉 허용된 종교가 된 이후 처음으로 제국 내 공식적으로 허용되는 단 하나의 종교가 된 것이다. 이 세 황제 협정, 즉 Cunctos popu-los 협정을 통해, 테오도시우스는 이단적 종교와 기독교적 이단들에 반하여 기독교를 국가 종교로 부각시켰다. 이를 통해 4세기에 명

목상의 종교 선택의 자유는 막을 내리게 된다. 이 Cunctos popu-
los 협정은 공식적으로 콘스탄티노플의 민족들에게 선포되었으나,
이것은 동시에 모든 제국 내의 민족에게 향한 것이었다.

기독교를 로마의 유일한 제국 종교로 승인한 Theodosianum은
다음과 같다(Codex Theodosius XIV, I, 2: Theodor Mommsen / Paul
Martin Meyer (Hrsg.), Theodosiani libri XVI cum constitutionibus
Sirmondianis et leges novellae ad Theodosianum pertinentes. 2 Bde.,
Berlin 1905):

"CUNCTOS POPULOS, quos clementiae nostrae regit
temperamentum, in tali volumus religione versari, quam di-
vinum petrum apostolum tradidisse romanis religio usque ad
nunc ab ipso insinuata declarat quamque pontificem dam-
asum sequi claret et petrum alexandriae episcopum virum
apostolicae sanctitatis, hoc est, ut secundum apostolicam
disciplinam evangelicamque doctrinam patris et filii et spiri-
tus sancti unam deitatem sub parili maiestate et sub pia tri-
nitate credamus. Hanc legem sequentes christianorum cath-
olicorum nomen iubemus amplecti, reliquos vero dementes
vesanosque iudicantes haeretici dogmatis infamiam susti-
nere, nec conciliabula eorum ecclesiarum nomen accipere,
divina primum vindicta, post etiam motus nostri, quem ex
caelesti arbitrio sumpserimus, ultione plectendos".
(필자역: "우리가 그들에 대해 관대하고 중용적인 통치를 시행하는 그 모

든 민족들은 페트루스로부터 알려진 신앙이 오늘날까지 보이는 것처럼, 그리고 사도적 성인인 알렉산드리아의 주교 페트루스와 같이 폰티펙스 다마수스가 분명히 그 신앙에 자신을 고백하는 것처럼, 신성한 사도 페트루스가 로마인들에게 전해 준 그 종교에로 개종할 것이며, 이것이 우리의 의지이다. 이것이 의미하는 바는 우리가 사도적 가르침과 복음적 가르침에 따라 아버지와 아들과 성령의 한 신성을 동일한 존엄함과 성스러운 삼위일체 안에서 믿는다는 것이다. 그래서 우리는 이 법을 따르는 자들만이 보편적인 기독교인이라 불리어지기를 요구한다. 우리가 미치고 정신 나간 것으로 여기는 그 나머지 사람들은 이단적 가르침의 치욕을 짊어져야 할 것이고, 그들의 모임 장소도 교회라 지칭되어서는 안 된다. 무엇보다 최후에는 신적인 징벌이, 그리고 그 후에 하늘의 판결이 우리에게로 넘겨진 그 우리의 형사 법권이 그들을 급습하게 될 것이다.")

383년 테오도시우스는 종교 회의를 통한 교회 일치가 실패함으로 인해 이단법을 제정하였고, 아리우스주의자들과 도나투스주의자들 그리고 마니주의자들을 추방하였다. 이로 인해 기독교는 그 형태에 있어서 제국 종교로서의 교회 형태를 확고히 구축하게 된 것이다.

이 테오도시우스 칙령을 통해 종교 정책에만 변화가 생긴 것이 아니라, 국가 정책에도 큰 변화가 생기게 된다. 이 칙령은 우선은 이단들, 특히나 콘스탄티노플의 아리우스주의자들에게 향한 것이기도 했지만 제국 내에서 신속히 이단 문제에 종점을 찍기 위한 것이기도 하였다. 테오도시우스가 기독교를 제국 내의 "모든 민족"의 유일한 진실된 종교로 지칭한 것은 곧 정통 신앙 외에 기독교 이단적 신앙뿐만 아니라, 타 종교도 배제하기 위한 것이었다(Sesan, Kirche und Staat, Bd. 1, Czernwitz 1911 = Nachdruck 1973, 317).

381년에 테오도시우스는 아침, 저녁 제사를 종교적 이유로 금지시켰고, 386년의 법령은 기독교인들을 이방 신전 축제의 제의에서 제외시키도록 하였고, 이 때 즈음하여 테오도시우스는 Praefectus Praetorii Maternus Cynegius(필자주: 황제를 보호하는 황제 직속 엘리트 근위병을 Praetoriani라 불렀는데 그 근위병 장관이 마테르누스 시네기우스였다)를 이집트와 소아시아로 보내어 이교도 신전을 파괴하도록 하였다(정확한 시기는 알 수 없다).

이뿐만 아니라 시리아와 페니키아와 팔레스티나에서도 신전 파괴를 두고 격렬한 싸움이 일어나고 아주 짧은 시기에 알렉산드리아와 이집트 푀니키아와 시리아의 거의 모든 신전이 파괴되었다 (Sokrates, h.e. 5.16.17; Theodoret, h.e. 5.21.22; Rufinus, h.e. 2.22. 23.24). 결국 392년에는 테오도시우스가 법령을 제정하여, 이교도들의 공식 행사뿐만 아니라 개인적 종교 행위도 점차 금지시켰고, 이교도는 점점 더 공개석상에서 사라지게 된다.

V. 나오는 말

이상의 논의를 통하여 필자는 초대 기독교 박해에 대한 기록들을 중심으로 다양한 로마 황제들의 기독교 박해를 먼저 살펴보았다. 이 박해는 311년 갈레리우스의 니코메디아 관용 칙령을 통해 점차 약화되어, 락탄티우스에 따르면 기독교인들은 소위 당시의 공공질서를 위반하지 않는 한에서 예배 행위를 할 수 있었고, 또한 자신의 체류지에서 불이익을 받지 않고 살아갈 수 있었다. 이 관용 칙령은 로마제국 내 처음으로 공식적으로 기독교 박해를 종식시켰다는 점에서 그 의미가 크다. 하지만 로마 제국의 4황제제(τετραρχια) 아래 두 명의 Augustus와 두 명의 Caesar 모두가 동의해야만 동·서로마 전 제국에서 그 효과가 드러날 수 있었고, 각 황제들의 이해에 따라 이 관용 칙령이 다양하게 적용되었던 점을 감안하면, 콘스탄티누스와 막센티우스에 의하여 공동서명되지 않고 동의의 형식만을 취한 311년 니코메디아 관용 칙령의 효과는 콘스탄티누스가 리키니우스와 함께 공동 협의한 밀라노 협정이 가지고 있는 효과와는 비교할 수가 없었다.

카이사랴의 유세비오스와 락탄티우스의 보고를 통해 313년의 밀라노 협정은 콘스탄티누스 혼자만의 결정이 아닌 리키니우스와 함께 협의된 소위 '두 황제 협약'으로 이해돼야 하며, 기독교를 허용하는 문제뿐만 아니라 제국의 다양한 문제들을 다루기 위해 모인 모임이었다. 기독교는 이 밀라노 협정을 통하여 제국 내의 유일한 국가 종교가 된 것이 아니다. 이 협정을 통해 제국 내에서의 종교의 자유가 허용되고, 특히 기독교인들은 더 이상 박해당하지 않고, 예배 행위를 할 수 있게 된 것에 바로 밀라노 협정의 의의가 있다.

기독교가 313년에 콘스탄티누스에 의해 국교로 공인됐다는 것은 그 역사적 전개를 살펴보더라도 불가능한 것이며, 당시에 콘스탄티누스에게 산재했던 제국 내의 종교 정책의 문제점들, 즉 로마 국교였던 로마 신들에 대한 숭배 문제와 다양한 기독교 이단 문제 그리고 유대교 문제들을 살펴보더라도, 범신론적인 로마의 종교 정책의 방향을 바꾸어 콘스탄티누스가 하루아침에 밀비우스 다리 전투에서 이겼다는 사실만으로 기독교를 국교로 선언한다는 것은 역사적 사건 전개상 불가능했고, 사회제도상으로도 가능치 않은 사안이었다.

311년과 313년에 걸쳐 허용된 기독교 관용 정책은 역사적 발전기를 거쳐 380년에 들어서야 테오도시우스 황제를 비롯한 그라티아누스와 발렌티니아누스 2세에 의해, 소위 '세 황제 협약', 즉 Cunctos populos 협정에 의해 기독교의 유일한 국교화로 발전하게 된 것이다. 이 때 교회는 제국 내에서 콘스탄티누스 통치하에 니케아 공의회(325) 등을 거치면서 교회 내 이단 문제가 교회 내부적 정치 문제를 넘어, 제국 전체의 종교 정책과 복잡하게 얽힘으로 인해, 교회는 교회 내 이단적 신앙을 축출하고 제국 내 기독교 정통 신앙을 지키는 데 황제의 역할을 제외할 수 없는 시대가 온 것이다. 이세 황제 협약, 다른 말로 Theodosianum을 통해 380년 기독교는 제국 종교로 공식적으로 승인된 것이다.

공의회에 관한 역사적 연구
— 콘스탄티누스의 교회사에서의 긍정적 영향을 기초하여

주승민 | 서울신학대학교 교수

I. 들어가는 말

예일 대학 역사교수였던 라투렛 교수는 그의 세계사 저술에서 기독교가 2000년 동안의 다이내믹을 형성하게 된 원인들을 일곱 가지로 나열하는 중 콘스탄티누스의 등장을 그 하나로 들었다. 만일 30년 동안의 그의 치세가 없었다면 기독교는 결코 역사적 종교로 부상할 수 없었고 그만한 섹트에 지나지 않았을 것이라고 평가했다.[1]

---

* 존경하는 강일구 총장님의 고희 기념 논문집 발간에 청탁을 받고 매우 영광스럽게 생각합니다. 벌써 세월이 그렇게 지나갔습니다. 총장님 대학원 졸업 후 구파발 성결교회에서 부목으로 사역할 때 저는 학생부 지도전도사로 활동했고 또 1976년 유신정권의 한복판에서 학생 운동을 컨트롤한다고 정부에서 해외 연수단으로 발탁해 보낼 때 대만에서 비자를 받아야 할 때 총장님 선친의 재정 보증을 받은 것 일생 잊을 수 없는 삶의 단편인데 벌써 격세지감을 느끼면서 졸필을 기념으로 남기고자 합니다. 오래오래 강건하셔서 많은 결실 있기를 진심으로 기원드립니다.
1) Kenneth Scott Latourette, *A History of The Expansion of Christianity Vol.I*

사실 격변이 많았던 고대 세계에서 30년 동안 긴 기간을 기독교 이데올로기로 통치한 경우는 기독교의 현실성에 큰 장점을 형성했기에 비록 궁중 신학자였지만 에우세비오스 같은 인물이 콘스탄티누스를 칭송하는 공덕문 같은 글을 남기기에 이른다. 물론 비판적인 요인이 결코 없다는 것은 아니지만 이 논문에서는 콘스탄티누스에 대한 라투렛 교수의 평가에 기초해 제1차 공의회 주관의 배경을 살펴보고자 한다.

최근에 출간된 유대인으로서 사회학과 법학에 전문가인 리차드 루벤슨(Richard E. Rubenson)는 『예수는 어떻게 하나님이 되셨는가』라는 질문 형식의 책을 내놓았다. 본 논자는 저서에서 기독교인이 "예수의 삶을 살지 않는다"[2]는 현실 고발적인 이해는 얼마든지 수용할 수 있다고 본다. 하지만 그것이 니카이아의 잘못으로 인해 예수를 믿기만 하고 예수를 살지 않는 기독교의 이탈을 가져왔다고 지적한 점에는 동의할 수 없다. 오히려 하나님의 케노시스와 경륜적인 출현이 겸손의 덕을 사람들에게 영향을 주어서 자신을 비워 섬김의 자리로 가는 나침반이 되었다고 하는 점이 부각되어야 한다고 본다.

그런 점에서 니케아 공의회에서 결정된 동일 본질에 입각한 삼위일체의 출범은 오히려 더욱 심층적으로 그 의미가 추구되어야 하며 그 결론에 도달한 역사적 정황에 대한 점검 역시 중요한 역사가의

(Grand Rapids, MI: Zondervan, 1970), 163.

2) 특히 이 책의 번역자 한인철은 1998년 한국갤럽조사 통계를 인용하길 예수를 신앙의 대상으로 믿고 구원 받아 마음의 평안을 얻고자 하는 기독교인이 천주고 77.1%, 개신교 79.2%인 반면, 예수를 삶의 모델로 삼아 올바른 삶을 살아보고자 하는 기독교인은 천주고 3.3%, 개신교 6.3%에 불과하다고 지적하면서 그 원인이 니케아 콘스탄티노플의 신조의 결정 때문이라는 터무니없는 대입까지 시도하고 있다.

과제라 할 것이다. 본 소고를 통해 그렇게 연구하는 방향에 일조하는 자료가 되길 바라고 당시의 교리 논쟁들을 필두로 콘스탄티누스의 긍정적인 영향 등에 대한 연구를 전개해보고자 한다.

II. 당시의 교리 논쟁들

콘스탄티누스가 전제 군주국가의 이데올로기가 확고한 로마 사회에서 선진적 사고를 담보하는 공의회를 개최하도록 초기 상황을 파악했음은 그의 빛나는 업적이다. 또한 코르도바의 오시오스를 종교 자문관으로 임명해 사태 파악에 주력했던 황제의 입장은 매우 고무적이었다. 결국 삼위 안의 종속적 입장을 취한 아리우스파와 삼위의 일치성을 강조하는 평등주의자들 사이의 갈등을 파악한 황제의 입장은 일치도 중요하지만 정통의 중요성도 일깨워지는 경험을 하게 된다. 이단과 정통의 문제는 성서 시대에서부터도 발견되는 긴장이다. 즉 그리스도를 정치적 메시아로 이해하는 측과 또한 인류의 구원자로 십자가를 대신 지는 고난 받는 이사야의 종과 같은 입장으로 이해하는 양측의 대립이 대표적 예이다. 결국 왈터 바우어(Walter Bauer)는 이 같은 교회 안의 의견이 분분함을 살펴보면서 초대교회 안에서는 정통이 이단의 온상 안에서 자라나고 있었다고 보았는데 그의 견해는 교회사적 발전 과정에서 순수한 신앙의 견해 정립이 중요한 것이라 볼 수 있다.3)

----

3) Water Bauer, *Orthodoxy and Heresy in Earliest Christianity*, trans. Georg Strecker (London: SCM Press Ltd., 1970), 13.

니케아 공의회만 하더라도 원래는 그 회의가 앙카라에서 열릴 것으로 생각했는데 장소를 옮긴 상황을 보면, 회의가 열려 신학적인 정비 작업, 교리적 정리 작업이 진행되어야 함이 필수적이었다. 도그마란 물론 성서 안에 있는 가르침처럼 전체적인 것이 아니라 지성에 호소해서 하나님의 말씀이 진실임을 동의하도록 하며 객관적 현실을 피력해 다른 모든 풍성함으로부터 통찰력을 지니도록 하는 것이다. 그 점에서 니케아 공의회를 둘러싼 다양한 이견들을 먼저 정리해 보면서 이 회의를 위한 콘스탄티누스의 공헌도를 점검해 보는 것은 중요한 과제일 것으로 본다.

유대교에서 기독교로 개종한 사람들은 당시 우선적으로 구약에 충실하여 예수는 유일한 교사이시면서, 예언자의 한 사람, 혹은 천사 중의 하나라고 보았다. 그리고 이방적 사고 즉 헬레니즘적 사고에 젖어있던 이들은 구약을 허무맹랑한 주장으로 보아 영지주의, 상징주의 방향으로 선회해 창조주와 지고의 하나님을 분리했다. 동시에 예수와 그리스도 사이를 분리시켜 심지어는 그리스도 안에는 신적 아들과 육적 아들 즉 두 아들이 존재한다고까지 주장할 정도였다. 이 같은 주장에 반대해 이레네우스 같은 교부들은 구약의 하나님, 복음서의 하나님 그리고 우리가 이성을 통해 인식할 수 있는 한 분 최고의 하나님은 동일한 인격체이라고 주장한 바 있다.

또한 양자론자들은 지고의 하나님을 동의하면서 예수를 단지 한 인간으로서만 이해한다. 오늘날 여호와의증인이라는 이단들은 여전히 어찌 "아버지와 아들이 동일한가?" 하는 가부장적인 이해로 신적 영역을 논하려는 부류들이 존재하고 있다. 이에 반해 좀 균형 잡힌 주장이라고 생각하면서 니케아 회의 당시에 군주론자들은 한 분지고의 하나님을 수용하지만 아버지와 아들과 성령이 한분이라는 견해에 관해 논박을 하고 있다. 많은 서구 신학자들은 삼위의 구분을 인정하면서도 모두가 한 본성이라는 주장에 동의하고 있지만 자주 너무 물질적이어서 종속적인 입장을 취하는 사람들이 많다. 오리게네스와 많은 동방신학자들은 그를 따라서 감각적인 것을 뛰어넘으려고 했다. 그래서 플라톤주의의 형태를 취하여 셋을 뚜렷한 실체로 인식하면서 한 실체가 다른 것에 종속된다고 보는데 마치 지성과 의지가 조화로우며 일치되어 하나가 되는 것과 같다고 본다. 이러한 변천 과정에서 아리우스가 등장하는데, 그는 새로운 발달 과정이랄 수 있으며, 인간과 동형동성론적인 방법과 형이상학적 언어를 완전히 배제하였으며, 오리게네스의 플라톤적 카테고리를 포기하고 성경 안에 있는 창조주와 피조물의 용어에 의문을 던져 논리적으로 아들은 피조물이라고 주장했다. 이것에 대한 교회의 반응이 바로 니케아 공의회를 초래하게 되었다 할 것이다.

III. 콘스탄티누스의 공헌: 제1차 교회 공의회를 개최함

그리스도 안에서 한 세례(One Baptism), 한 성령(One Holy Spirit), 한 주(One Lord) 사상으로 일치가 강조되는 기독교 신앙의 중심에서 바라볼 때 이렇게 의견의 다양한 분산은 매우 이변인 상황이며 동시에 이런 사상들을 간추려 기독교 신앙의 골격을 세운다는 것은 쉽지 않은 실정이었다. 그 상황에 콘스탄티누스의 등장은 그의 존재만 감안한다 해도 방향을 새롭게 설정할 수 있는 전환점일 수 있다. 그런데 그가 취한 자세가 수동적인 입장이 아니라 능동적으로 그 상황을 수습하려고 노력했다는 점이다.

그 근거로 첫째로 코르두이스 호시오스 같은 유능한 종교 자문관을 지명해 교회 문제에 해박한 경험을 가진 인물을 지명했다는 것이다. A.D. 343년에 있었던 사르디카 공의회에 아타나시우스가 제출한 편지, 『아리안주의에 대한 변증』(*Apologia contra Arianos*, 44)란 서술에서 "호시오스는 모든 면에서 존경할 만한 가치가 있고 그의 연륜, 그의 고백 그리고 그가 지불한 많은 노력 때문에 당연히 그러하다"고 이름만 거룩한 것이 아니라 그의 행함까지 그러하다고 말하고 있다. 그만큼 정통주의 신앙을 위해 가치를 남긴 인물이랄 수 있는데 그는 막시미안 시대, 박해 중에서도 신앙의 절개를 지킨 고백자로서 약 A.D. 295년경 남 스페인의 코르도바에서 감독으로 임명된다. 그 후 줄 곧 60년 동안 감독직에 있게 된다.

A.D. 300년대 초에 발발한 도나티스트 논쟁 중에 그는 콘스탄티누스의 조언자로 활동했다. 특히나 그에 관한 자료가 상세하게 보존되지 못한 상황 속에서 306년에 개최된 엘비라(Elvira: 현대의 그라나다 지역을 말함-필자주) 지역 공의회의 19명 감독들의 명단에 등장하고 있다.[4] 또한 제2차 엘비라 공의회의 지도자였음도 드러난다. 아

---

4) 엘비라 공의회에서는 81개 항의 법규들이 발표되는데 그 핵심사항은 이교도들의 비도덕적인 내용을 포함 배교와 간음에 관한 사항에 대해 언급한 엄격한 규정이었다. 특히 성직자들이 저촉되었을 시는 면직의 고통 하에서 엄격한 절제를 그 바탕에서 요구하고 있다. 즉 니케아 공의회의 규정들보다 그 규정들은 더 가혹했는데 교회의 훈련과 엄격한 도덕성 강조가 잘 드러나 있다고 볼 수 있다. 잠시 동안의 배교 상황에서 회복되었을지라도 수찬정지가 내려졌으며 교회 벽에 성화를 거는 일까지도 금지했고(훗날 프로테스탄트 주장의 역사적 전거가 되기도 함) 또 유대인들이 스페인에 많이 거주하는데 그들과 크리스천이 결혼하는 것도 금

리안주의의 어려움이 한창일 때 황제는 그에게 편지를 들려 보내 알렉산더와 아리우스가 화해할 것을 종용하기도 했다.

그리고 A.D. 325년 니케아 공의회 때는 로마의 대표자들인 Vitus와 Vincent와 나란히 그곳에 참여하여 잠시 의장직을 맡기도 했다. 공의회에서 호시오스의 역할에 대해 여러 가지로 의견이 분분하지만 공통적인 것은 콘스탄티누스의 지명에 의거해 대표격으로 그 자리에 임석했다 하는 것은 사실이다. 콘스탄티우스는 아타나시우스의 복직을 콘스탄스에 의해 강요를 받게 된다.[5] 그 당시에도 교회사의 유명한 족적을 남긴 인물이 호시오스였다. 용감하게도 그는 정통주의에 압력을 가하는 일에 대해 교회가 누리는 고유한 일에 쓸데없이 간섭하는 정부의 억지라는 주장을 굽히지 않았다.[6]

둘째로 콘스탄티누스 황제가 기독교를 향해 행정적 배려를 한 부분은 회의 장소를 니케아로 결정해 참석자들의 편의를 제공한 경우이다. 여러 다양한 자료를 통해 당시 참석자들의 숫자가 분분한 것

지 되었으며 유대인을 가혹하게 다루었음도 알 수 있다. Philiph Shaff, 180-181.
5) 그러나 콘스탄스 사후 350년경에 다시 콘스탄티우스는 극단에 흐르지 않는 아리안주의에 흡족한 공의회를 연거푸 3번이나 개최하기에 이른다. 351년 시르미움(Sirmium)과 353년 가을의 아레레이트(Arelate) 혹은 아를레스(Arles), 355년에 밀란(Milan)에서 개최한 후 코르도바의 호시우스를 직위박탈하면서 추방하기에 이른다. 그리고 알렉산드리아에서 아타나시우스를 5,000명의 중무장한 군인들을 동원해 성무일과를 진행하는 중에 있던 그를 추방하고 그 자리를 교육도 제대로 못 받고 탐욕스런 아리안주의자인 카파도키아의 George를 앉혀놓는 상황까지 발생한다. 100살에 근접한 호시오는 아리안 주의자들의 압력에 견디다 못해 옥살이와 위협 끝에 357년 제 2차 Sirmium회의에서 자신이 작성하지 않은 아리안주의 고백록에 사인하게 된다. 그러나 곧 자신의 불신앙을 회개하고 그 임종 전에 아리안주의 이단을 비판하게 되는 해프닝이 발생한다. 이처럼 기구한 운명의 호시오스는 콘스탄티누스 황제에 의해 발탁되어 종교적 정치적 부침 시기에 교회의 역사적 섭리를 지탱해간 중심인물이었다.
6) http://www.newadvent.org/cathen/07475a.htm.

을 알 수 있다. 그렇지만 전체적인 자료들을 비교해 정리할 때 318
명으로 축약할 수 있다. 적지 않은 숫자의 교회 지도자들이 함께 할
수 있었던 것은 황실의 특별한 배려가 아니면 안 되었으리라 본다.

그런 점에서 니케아 공의회는 에큐메니칼공의회라고 불리지만
〈황실 주관하의 공의회〉(Αὐτοκρατρικές Σύνοδοι)[7]라고도 칭해질
수 있다고 조지 플로로프스키(George Frolovski)는 밝히고 있다. 참
석자들을 위한 교통편의 제공 및 공공 예산처에서 여타 비용부담을
져주었음을 알 수 있다. 또한 모집책으로서만 활약한 것이 아니라
비록 신학적인 결정 사항과 회의 진행과정에서의 약간 제한적인 면
은 있었을지라도 직·간접적으로 활동적인 부분을 차지하고 있었음
이 분명하다. 신학적인 결정 사항에 그리고 토론되는 주제에 관해
관심을 지니고 있긴 했어도 중요하게 투표에는 참여하지 않아 그는
공의회가 순수 교회 지도자들만의 결정이 되도록 했다.[8]

IV. 에우세비오스와 콘스탄티누스

에우세비오스가 쓴 『콘스탄티누스의 생애』(Vita Constantini)란 책
은 『행복한 콘스탄티누스 황제의 생애』(Εἰς τόν βίον τοῦ μακαρίου
Κωνσταντίνου βασιλέως)로 확장 되었다고 많은 역사가들은 덧붙이

---

7) Γεωργίου Φλοροφοσκυ' ΟΙ ΒΥΖΑΝΤΙΝΟΙ ΠΑΤΕΡΕΣ ΤΟΥ 5 ου ΑΙΩΝΑ ,ΠΟΥΡ
   ΝΑΡΑ '' ΘΕΣΣΑΛΟΝΙΚΗ, 1992), 64-65.
   그의 관찰에 의하면 "에큐메니칼공의회"란 용어는 최초로 제2차 에큐메니칼공의
   회 콘스탄티노플에서 개최된 공의회 6번째 항목에 규정된 용어로 등장한다.
8) Γεωργίου Φλοροφοσκυ, 255.

고 있다. 물론 브루하르트(*Burckhardt*)가 에우세비오스를 고대 시대에 관해 최초로 존경심이 전혀 없었으며 신뢰 없는 역사가였다고 비판하지만 에우세비오스에 관해 우리가 이해하면서 접근하는 것은 의미가 있다고 본다.[9] 즉 그 저서는 첫째로, 이상적인 특징을 내포하고 있는 문학적 형태이며 또한 그 저서는 문학적 생애에 관한 기록이 아니라 칭송의 언어로 가득 찬 격찬의 글이라는 점을 염두에 둬야 한다. 둘째로, 에우세비오스 자신도 문자적으로 주장하길 그 저서는 결코 객관성을 전제하는 내용이 없다고까지 밝혔다. 그러나 그 책은 하나님을 기쁘시게 한 왕들에 관한 묘사이며 선한 행위들에게 대한 내용을 기록한 것이기에 불쾌한 것일 수 없는 것이다. 물론 실정에 관한 부정적인 기록을 보전하지 못한 점은 의도적인 것이라고 비판할 수 있지만 일례로 네로 왕의 연감을 포함해 그보다 더 악한 무신론에 속했고 존경받을 만한 업적을 남기지 못한 전제 군주들이 열정적인 작가들을 만나서 수려한 언어로 그들의 부끄러운 행위들을 미화했으며 여러 권으로 펴놓았다. 그런 점과 비교할 때 당시의 상황만 비교해볼 때 에우세비오스의 글은 훨씬 가치 있는 기록이라 칠 수 있을 것이다.

역으로 하나님 자신이 어떤 이에게 그 같은 왕들의 전 역사에 비교할 수 없는 인물을 허락해주시고 그를 가치 있게 여겨 왕을 보게 되며 그를 개인적으로 알고 그와 함께 사귐을 가지게 되며 또한 완전한 변혁을 누리게 된다면 누가 그에 대해 침묵할 수 있겠는가? 그리고 그 같은 현실에 맞부딪친다면 어느 누가 되었던 간에 즉각적으

---

9) Ibid., 258.

로는 객관적 생애에 대해서 쓸 수는 없었을 것이다. 이런 점에서 에우세비오스의 입장이나 후대에 비평적 입장인 브루하르트의 입장이나 다 긍정적인 면이 존재하는 견해들이라 이해할 수 있다고 보인다. 여하튼 1차 공의회 당시의 결과물만을 놓고 볼 때 콘스탄티누스의 이러한 구분은 그 상황에서 황제의 중요했던 역할을 결코 도외시할 수 없는 입장이었음은 분명하다.

콘스탄티노스는 로마에서 추구해왔던 황제의 지위인 Pontifex Maximus에 대치해서 하나님으로부터 두 종류의 감독직이 존재하고 있다고 규정했다. 즉 세속적이며 황제의 권위에 근거하는 감독직과 감독들의 육체 안에 거하는 영적이며 거룩한 권위로서의 감독직이 있다고 보면서 "여러분들은 교회 내부로부터라면 나는 하나님에 의해 영원히 외부를 향해 행사하는 감독직이라"[10]고 규정한다.

이와 같은 양분된 감독직의 권한에 관해서는 확실하게 공식적인 정리가 제3차 공의회에서 발생하게 된다. 즉 교회적인 원리와 정당성 사이에 구분점이 분명히 설정되는데 내부적이고 교리적인 책임은 교회 감독들이 그리고 황실의 감독직은 외부적인 것을 담당하는 것으로 나뉘어졌다. 이 같은 내용의 출발은 바로 제1차 공의회에서 콘스탄티누스의 역할이 바탕이 된 것이다. 특히 〈교회사의 아버지〉

---

10) ὑμεῖς μέν τῶν εἴσω τῆς ἐκκλσίαςἐγώ δέ τῶν ἐκτός ὑπό Θεοῦ καθεσταμένος ἐπίσκοπος ἄν εἴην' Γεωργιου Φλοροφσκυ, "여러분들은 교회 내부의 일이라면 나는 하나님께 속한 존재한다면 외부의 일들을 위해 존재하는 감독입니다"(필자주), 258.

로 불리는 에우세비오스는 로고스 이론을 바탕으로 두 종류의 로고스의 등장을 정리해주고 있다.[11]

제1차 공의회에서 발표된 다섯 번째 규정 항목에 의하면 "감독들은 사도들의 후계자이며 상속자"임이 분명히 드러나고 있다. 하지만 공의회가 합법적인 것이 됨은 황제의 권한하에 있기 때문이었다. 부분적으로는 황제의 재가가 드러난 사인과 부분적으로 개인적인 명령으로 황제는 공의회의 법적인 능력과 법적인 권위를 공의회의 결정 사항에 부여하고 그 결정 사항이 준수되는데 책임도 진다. 그래서 지켜지지 않을 시는 직위 해제와 추방으로 조치할 수 있게 된다.[12]

셋째로 살펴볼 수 있는 규정 사항은 공의회의 진행 과정 중 빠지지 않는 교회 관습은 회의가 진행되는 특정 장소에 테이블 위에나 강대상 위에 "두세 사람이 주의 이름으로 모인 곳에 나도 그들과 함께 한다"는 그리스도의 약속에 의거 신앙고백문과 펼쳐진 복음서를 두었다. 매우 실제적인 의미는 모든 것에 앞서 공적으로 펼쳐진 복음서의 현존이다. "그리스도는 진리이다. 기독교의 진리의 원천이며 기준은 거룩한 계시이며 사도적 유산이며 거룩한 성서이다"라는 점을 그 같은 배열로서 강조했던 것이다. 바로 이 점은 또한 많은 연구가들에게서도 도외시되는 부분인데 공의회가 진행되는 과정에서

---

11) 이 구분점에 관해서는 남성현이 그의 연구 논문 "콘스탄티누스 찬가에 나타난 에우세비오스(Eusebius)의 정치신학," 『한국기독교신학논총』 59 (2008)에서 잘 밝혀주고 있다.
12) 그래서 제1차 공의회는 콘스탄티누스 황제가 제2차 공의회는 Great Theodosius 황제가, A.D. 450-457제 4차 공의회는 마르키아누스 황제가 책임의 자리에 놓이게 되는데 그 시발점에 콘스탄티누스의 케사로 파피스모스(Caesaro-Papismos)의 전통 확립은 비잔틴교회 역사에서 분명하다.

필수적인 상황임이 주지되어야 한다.

그것과 함께 회의가 진행되는 과정에서 황제가 참석할 때를 포함해 회의의 개회사가 황제 측에서 도맡아서 진행했다는 점을 빼놓을 수 있다. 혹 황제가 부재시에는 대리인을 보내 회의가 주관되도록 했는데 대리인으로 참석한 사람이 있었을 때에라도 회의 진행의 개회사를, 라틴어로 되었건 헬라어로 되었건 간에, 황제의 칙령으로서 대리로 읽는 절차를 결코 생략되지 않았다. 이것은 회의의 정당화뿐만 아니라 또한 회의의 권위를 보장해주는 중요한 절차였기에 A.D. 787년 제7차 니케아에서 개최되었던 공의회까지 지속된 관습이었다.

V. 제1차 공의회에서의 콘스탄티누스

그러면 콘스탄티누스가 제1차 공의회를 참여하고 행한 연설문을 다음과 같이 재연한 내용을 살펴보도록 하자[13](다음은 프로로프스키가 소개한 본문을 필자가 한국어로 번역한 내용이다).

사랑하는 나의 친구들이여, 나는 당신들의 회의를 함께 즐길 수 있게 되기를 무척 바랐습니다. 우리는 당연히 하나님께 감사해야만 합니다. 왜냐하면 그의 다른 모든 축복 외에 무엇보다 더욱 위대한 이 회의를 제공하셔서 여기 조화와 한 영으로 모여진 여러분 모두

13) 이 자료는 에우세비오스와 소조메노스와 소크라테스 그리고 루피누스 등을 통해 각기 차이점이 있는 것으로 등장하지만 본질적으로는 일치하는 내용으로 구성되어있음을 읽을 수 있다. *Γεωργιου Φλοροφσκυ*, 272.

를 내가 보고 있기 때문입니다. 어떤 나쁜 의도를 지닌 적들이 우리로부터 이 행복을 탈취할 수 없게 되길 희망합니다. 나는 교회 안에서 분열처럼 어떤 다른 전쟁보다도 더욱 두렵고 마음 상하는 일은 없다고 봅니다. 내가 하나님의 도움으로 나의 모든 적을 무찌르자마자 즉시 나는 하나님께 감사하며 내가 자유롭게 했던 이들과 함께 기뻐하는 일이 더욱 급한 일이었음을 믿었습니다. 그러나 내가 여러분 사이에 분열이 있다는 것을 듣고서는 이 주제가 어떤 방법으로든 관심 밖의 일이 되어서는 안 된다는 점을 이해했습니다. 그리고 희망 속에서 나의 봉사로 지체하지 않고 당신들을 초대하여 도우려고 했습니다. 그러나 나는 여러 다른 이들에게서 하나님의 부름 받은 성직자들이라면 반드시 선포되어야 할 저 평화로운 조화로 전체의 일치된 영들을 보게 될 때만 나의 소원이 완성된 것임을 느끼게 될 것입니다. 그러므로 나의 친구들이여, 뒤로 미루지 마십시오. 하나님의 봉사자들이여, 뒤로 미루지 마십시오. 모든 분열의 원인들을 멀리하시고, 평화의 법칙을 통하여 논쟁으로 빚어진 모든 흐트러진 것들을 풀기 바랍니다. 그렇게 함으로 여러분은 모든 것 위에 하나님을 기쁘시게 할 일을 이루게 될 것이고, 여러분의 동료요 봉사자인 나에게 특별히 큰 기쁨을 선물하게 될 것입니다.[14]

우선적으로 자신이 누리는 역사적 승리를 기독교인 모두와 함께 기뻐하며 하나님께 영광을 돌리려는 입장을 읽을 수 있다. 모여든 교회 감독들을[15]황제가 친히 자신의 동료요, 함께 봉사자 된 인물

14) 주승민, 『초대교회 집중탐구』 (서울: 이레서원, 2000), 93-94 참고.
15) 먼저 아리안주의자들이 이 회의에 약 20명 정도 참여해 자신들의 신앙고백문을

들이라고 묘사하면서 자신을 하나님의 일꾼으로 자처하는 모습을 읽게 되는 내용을 발견한다. 둘째는 로마제국 전체가 하나님을 향한 신앙으로 평화와 일치의 회복이 이뤄지길 기대하는 마음이 엿보이고, 셋째는 교회의 신학적 이견으로 인한 갈등의 문제를 객관화시키면서 동시에 그 문제를 봉합하려고 하는 의지를 표명하고 있다. "나는 교회 안에서 분열은 어떤 다른 전쟁보다 더 치명적이고 두려운 것이며 마음 상하는 일이 없다"는 표현과 함께 "모든 분열의 원인들을 제거 하십시오. 평화의 법칙으로 논쟁으로 빚어진 모든 흐트러진 것을 풀기 바랍니다"라고 권면한다.

물론 그가 회의 전체에 걸쳐 주도적 역할을 한 것은 아니지만(곧 개회사가 마친 후 다음에 진행되는 토의의 연결을 감독들에게 이양함) 회의의 모든 과정을 자신이 지닌 지적 판단력으로 정리하고 있었다 할 것이다. 그리고 자신을 일러서 봉사자란 용어를 확실히 명기했을 뿐 아니라 에우세비오스에 의하면 자신의 개회사가 마치자마자 감독들에게 공의회의 모든 책임을 이양했다.[16] 기독교 변천 과정에 신기

제출했고 회의가 막바지에 이르러 니케아 신조문이 발표되었을 때 긍정적인 편에 사인을 한 그룹이 있었고 분명히 반대 입장을 취한 이들이 있었으며, 중도파에 속한 이들도 있었다. 그들을 선별해 보면 아리우스와 이집트의 2명의 감독, 마르마르키스 데오니스와 프톨레매도스 세쿤도스, 니코메디아의 에우세비오스, 칼케돈의 마리스, 에배소의 메노판투스가 사인을 하지 않았으며 그들을 아리안 주의자들이라 칭할 수 있다. 그리스도의 신성을 확실히 주장한 정통주의 측은 사인할 때 맨 처음 코르도바의 오시우스가 했고 이어서 알렉산드리아의 알렉산더, 안티오키아의 에우스타티오스, 예루살렘의 마카리오스, 앙퀴라의 마르켈루스 그리고 수석 집사로 아타나시우스였다. 또한 사인을 유보했던 중도파인 교회 역사 기록으로 유명해진 카이사리아의 에우세비오스가 있다. Philiph Shaff, 627-628.

16) "παρεδίδου τόν λόγον τοῖς συνόδου προέδροις"라고 개회사 이후의 상황을 정리했다.

원을 이룬 제1회 에큐메니칼공의회는 이렇게 콘스탄티누스의 지대한 역할로 대단원을 열었고 기독교 진리 규정에 획기적 역할을 남긴 회의였다. 그러기에 기독교 진리 확보에도 물론이지만 교회가 어떻게 자신의 행보를 진행해 가야 하는지의 상황도 잘 정립한 중요한 계기가 되었다 할 것이다. 그런 점에서 교회 정신은 성령의 지도와 감독과 인도하심에 우선권을 두어야 하지만 교회인들의 합의점(Consensus)도 너무나 중요해 신인 양성(Theanthropos)한 인격체인 기독론적 이해가 교회의 근간임도 분명히 천명했다 할 것이다.

이와 같이 그는 니케아 신조에 법률적인 정당성을 부여한 역사의 획을 그은 주인공이 되었다.17) 사실 니케아 신조 "내가 믿는다"(*Credo*, Πιστεύω)가 규정되지 않았더라면 "기독교란 무엇인가?" 하는 정체성의 질문에 정확한 답을 찾을 수 없는 혼돈일 수밖에 없었을 것이다. 또한 기독교라고 칭해지는 여러 집단들이 올바르지 못한 가르침을 지니고 있게 될 때도 결코 질서를 잡을 수 없는 이단 사이비 견해에 휩쓸릴 수밖에 없었을 것이다. 기독교적인 것과 기독교가 아닌 것 사이의 경계선이 모호하다면 영지주의의 물결에 함몰되어 순수 기독교에 대한 질문이 그 당시에는 무색한 상황이 되고 말았을 것이다.

이 점에 대해 레렝의 빈센트(Vincent of Lerins)의 말을 인용해보자. "우리는 모든 곳에서, 항상, 모든 사람에 의해 신봉되어온 것을 신봉해야 한다"18)는 말은 다름 아닌 기독교 신앙과 신학에 있어서

---

17) 교회 감독들의 모임이었던 니케아 회의의 참석자들을 콘스탄티누스는 당시 로마의 행정 체제의 중심이랄 수 있는 "원로원"(senate)보다 더 권위를 부여하는 입장을 취했다고 볼 수 있다.

합의(*consensio*)는 물론 보편성(*universitas*)과 유서 깊음(*antiqutas*)이 관련된 주장이랄 수 있다. 사실 레렝의 빈센트는 1차 공의회의 시기와 동떨어진 인물임에 틀림없다. 그러나 펠라기우스파와 아우구스티누스의 논쟁이 화근이 되어 동·서방 교회와의 거리감이 크게 생겼다. 또한 기독교 인간론에 신앙과 이성과 같은 문제에도 많은 혼선을 가져온 정황에 비록 그가 반펠라기우스(Semi-Pelagianism)의 견해에 치중했지만 화해의 역할을 담당하려 했던 인물이었다. 그런 점에서 기독교란 정체성의 정립과 함께 비기독교적인 면과 유사 기독교적인 면 등을 자리매김해야 할 필요성을 강조한 모습을 읽을 수 있다.

사실 역사적 변천 과정과 함께 기독교의 순수성은 항상 질문되어 오고 있다. 초기 기독교에서 "정통"(*Orthodoxy*), "이단"(*Heresy*)이란 용어가 출범할 당시에도 다음의 세 단계가 드리워져 있었음이 분명하다.[19] 1) 예수께서 순수한 교리를 그의 제자들에게 가르쳤다. 부활 전에뿐 아니라 부활 후 40일 과정에서도 물론이다. 2) 예수의 최종적인 지상으로부터 떠나심 이후 제자들은 각자 세계를 할당해 맡아 그 지역을 향해 성숙되지 않은 복음을 들고 흩어졌음이 분명하며 3) 제자들의 사후에도 복음의 가지가 더 널리 뻗어갔지만 기독교 자체 안에서조차 방해 세력들이 등장해 잡초가 우거지듯 되었다. 그러기에 이런 현상은 지속적인 작업이기에 니케아 공의회의 정황을 보면서 당연한 과정임을 확신할 수 있다. 다시 말해 인류의 천부로서

---

18) 다니엘 클렌데닌, 『동방정교회 신학』, 주승민 역 (서울: 은성출판사, 1997), 148.
19) Water Bauer, 23.

창조자이면서 구속자이신 그 분에 대한 인격적 정리 작업이 우선적
으로 인간 지평에서 필요함이 강조되었다는 것이다.

참된 기독교에 대한 이해가 성서에 대한 바른 이해로부터 시작되
어 결정되어 나타내 보여준 초대교회의 지도자들의 작업에 대한 그
위대성은 크다. 그중에서도 진리의 표준을 정해 합법적인 정당성까
지 부여하게 되었던 콘스탄티누스의 과업은 그 당시에는 그리 중요
한 결과에 대해 예측할 수 없는 상황이었을지라도 역사가 충분히 지
나간 오늘의 상황에서 점검해볼 때 그 위대성은 더욱 빛난다. 물론
하나님의 은혜가 주는 자유함은 무한이다. 그러나 사회라고 하는 객
관성이 요구되는 상황에서는 질서가 필연적이다. 무질서가 진행되
는 곳에선 결코 안정과 평화가 유지될 수 없다. 결국 아노미적 상황
이 되어 삶의 무의미가 팽배해질 것이 분명하다.

물론 지상에선 절대적인 공동체, 절대적 질서가 없다. 항상 가변
적이며 유동적이어서 성숙의 방향으로 완전을 지양해가야 한다. 그
런 점에서 항상 열린 자세가 중요하며 타의 견해와 다름에 대한 새
로운 해석이 필요하다 할 것이다. 그런 기본적 이해 속에서 법정적
타당성을 지니고 선언된 신앙 고백, 일명 신앙의 약속 혹은 니케아
신조는 A.D. 381년 콘스탄티노플 공의회 이후에 결정된 니케아 콘
스탄티노플 신조와 함께 인류사의 위대한 유산이다.

VI. 나가는 말

이상으로 기독교 교리 형성에 보여준 콘스탄티누스의 역할에 대

해 정리해보았다. 사회 속에 매우 긍정적이고 적극적인 입장 정리가 되지 않는다면 자못 유대주의적 가르침과 다신 숭배와 인간 숭배에 젖어 있던 그레코로만 사회의 철학 사조의 급류에 휩쓸릴 수밖에 없었던 상황이었다. 하지만 성서와 시대정신인 철학과 동시에 성령의 인도하심과 함께 황제의 후원하에서 토의와 정리 작업을 거쳐 니케아 신조를 결과물로 역사 속에 제출했다. 이 업적은 신앙의 주관주의에 빠지거나 카리스마적 개인주의에도 빠지지 않고 각자 모든 기독교인들이 그리스도의 몸인 교회 공동체의 책임 있는 지체로 생각하고 행동하고 보이지 않는 교회의 승리자들과 교제하는 진리를 추구하도록 했다.[20]

서론에서 언급한 저서 리차드 루벤슨(Richard E. Rubenson)의 『예수는 어떻게 하나님이 되셨는가』라는 책에 대한 대답은 첫째, 책에서 니케아 콘스탄티노플의 결정 사항이 신자들의 삶에 차원에 해악을 끼쳐서 공의회의 결정인 동일 본질 사상, 예수가 하나님이시라는 결론에 도달한다면 예수처럼 살 수가 없다는 역발상을 시도했다. 왜냐 하면 보통 인간이 하나님이 아니기 때문이라는 추론을 하고 있다. 둘째로, 예수가 죄인인 인간의 죄를 용서하기 위해 인간 대신 죽었다면 죄인인 인간은 굳이 예수처럼 살 필요가 없다. 왜냐 하면 죄가 이미 용서되었기 때문이다. 셋째로, 만일 구원이 믿음으로 가능한 것이지 행함으로 가능한 것이 아니라면 예수처럼 살려고 해서도 안 된다. 곧 그것은 예수처럼 살아서 구원에 이르기에 행함으로 구원받으려 하는 것과 같다고 정리하고 있다.[21]

---

20) 다니엘 클렌데닌, 137.
21) 리차드 루벤스타인, 21.

이 같은 정리는 위에서 살펴본 바대로 역사적인 이해력의 결핍의 결과인 것을 여실히 알 수 있다. 특히나 예수처럼 산다는 개념과 또 구원에 있어서 믿음과 행위의 상관관계 등은 이미 초기교회 교부들의 가르침에 모두 등장한 바이다. 그들의 신학적 결론 즉 예수와 성부 하나님은 동일 본질이시며 동시에 삶의 영역에서 실천의 원리는 경륜적으로 이해되는 성부 하나님이 인간의 몸을 쓰시고 임하신 인카네이션에서 사랑의 삶을 유추하기에 니케아 콘스탄티노플의 결론을 따르는 지도자들을 포함 크리스천들은 어느 시대보다 자선과 봉사 그리고 청지기 삶에 충실했음을 알 수 있다. 그러기에 니케아 콘스탄티노플의 교리적 선언이 결코 행동의 저급화에 근거가 될 수 없음은 자명한 이치이다.

역사적 변천과정에서 변질되기 쉬웠던 것은 인간성의 문제였지 교리 형성의 과정이 결코 확실한 과정을 거치지 않았다고 일축할 수 있는 상황은 아니었음이 분명하다. 그 사실을 다음과 같이 요약할 수 있는데 첫째로, 콘스탄티누스가 보여준 인사 정책이었다. 교회를 향해 호시오스 같은 준비된 인물을 배치하여 전후 과정을 다 검토한 연후 회의를 진행했다는 점이다. 하나님의 아들 예수 그리스도의 역사적 발자취에서도 제자들을 세우신 사건은 획기적인 사건이며 제자들을 성숙시키는 그 과정을 통해 복음 운동의 생명력이 보전되었던 것은 사실이다. 이와 같은 패턴이 콘스탄티누스의 교회 정책 상황에 나타나고 있다. 둘째는, 어느 황제도 생각할 수 없었던 공의회에 관한 형성 작업이었다. 교회 정신은 이후에 결국 단독적인 모습이 아니라 합의점이며 협동이란 점이 확실히 되었지만 1054년 교회의 동서간의 분열만 보더라도 로마 교황 우월권이 단초라면 분열 이전의 올곧은 전통은 공의회의 오랜 숙고 기간과 결정 과정 존중 등의 모습과 동떨어진 경우에서 파생된 결과라는 점을 파악할 때 공의회의 정신은 교회사에서 존중되어야 할 중요한 덕(virtue)이라 할 것이다. 특히나 극도의 개인적인 견해가 상대화 객관적으로 취급되기보다는 주관적 절대적으로 논해지기 쉬운 상황 속에서 교회는 개인도 물론이지만 공동체성, 사회성도 그 못지않게 가치 있게 평가되어야 하기에 콘스탄티누스 시대에 공의회라는 새 개념의 등장은 그만큼 가치 있는 교회사적 의의라 할 것이다. 셋째는 무엇보다도 성서 본문에 대한 치열한 해석학적인 논쟁 후에 빚어지는 결론이라는 점을 공의회의 결정 사항에서 찾을 수 있다는 점이다. 단순히 강압적인 그리고 일방 통행적인 성서 해석으로 형법 집행의 상황으로 간 것이 아니라 충분한 토론 과정과 그리고 돌이켜서 정통 신앙에 올곧게 설 것에 대한 제안까지 포함해 시간적 여유를 지니고 공의회가 진행되었다.

사실 아리우스의 논쟁에서 알 수 있듯이 아리우스의 견해는 불신앙적인 견해보다 더 치명적인 독소인 비기독교적 요인이 깔려 있어 정통으로 소위 자리를 차지하고 있던 아타나시우스는 이해할 수 없었다. 그리고 그것에 대해 완강히 맞서지 않았더라면 소위 이단이라 취급된 아리우스파가 기독교로 정착되었다면 기독교의 생명력은 완전 유명무실하게 되었을 것이다. 그리고 그것이 성서적 가르침인가 하는 질문은 오늘날도 계속 의구심을 지닐 수밖에 없는 입장이었다. 거기에 대한 충분한 성서적이면서 관용적인 입장이 공의회에 분명히 드러나는데 오해하는 일각은 그런 사실들에 대한 상세한 검증 없이 무조건 비판적 입장만 취하고 있다고 보인다.

■

로마 가톨릭교회와 개신교회의 구원론 비교

안춘근 | 나사렛대학교 명예교수

I. 서론

신학은 시대에 따라 변천한다. 가톨릭과 개신교회의 교리와 신학도 시대를 거치면서 변화하여왔다.[1] 자유주의 신학은 적극적으로 변화하는 반면에 보수주의 신학은 느리게 변화하고 성서의 근본 진리와 전통적 교리를 지키려 한다. 17세기 후반부터 성서에 대한 역사적 연구가 시작되고 19세기에는 독일을 중심으로 자유주의 신학이 향연을 벌이고 있었다. 불트만의 양식사비평, 후기 불트만주의자들의 역사적 예수에 대한 연구, 편집사비평 그리고 20세기 보스턴대학의 피터 버거(Peter Berger) 교수의 지식사회학적 방법론을 빌린 성서의 사회학적 연구 방법은 성서의 권위를 더 이상 17세기

---

[1] J. Pelikan, *Obedient Rebels* (New York: Harper & Row, 1964).

이전의 상태로 돌아가지 못하게 하였다. 성서의 권위 상실은 또한 전통 속에서 결정된 교리의 내용이나 정통신학의 내용을 요란하게 흔들어놓았다.

그럼에도 불구하고 대부분의 교회들은 루터와 칼빈의 개혁정신을 계승하여왔다. 경건주의 운동의 일파인 모라비안파의 집회에 참여했다가 회심한 18세기 요한 웨슬리의 사상도 루터-개혁정통신학을 근간으로 통전적 신학을 수립하였다.

16세기 종교개혁, 17세기 경건주의운동, 18세기 영국의 대부흥운동, 19세기 미국의 대각성운동, 그리고 20세기 한국의 대부흥운동으로 이어지는 종교사적 흐름에도 불구하고 문명사의 도도한 흐름은 14세기 말 르네상스를 기점으로 15-16세기 가톨릭의 타락으로 인하여 일어난 16세기 종교개혁에 결정적 도움을 주었다. 그리고 17-18세기 봉건 왕정을 무너뜨리고 서구 민주주의를 탄생하게 하였다. 신학적으로는 신 중심에서 인간 중심으로, 믿음 중심에서 이성 중심으로 그리고 정통신학에서 자유주의 신학으로의 방향을 바꾸었다.

가톨릭교회는 루터의 종교개혁 이후 로욜라를 중심으로 반동 종교개혁을 도모했으나 저 엄청난 로마 가톨릭교회의 체계를 바꿀 수는 없었다. 그러나 근·현대를 거치면서 가톨릭도 변하지 않으면 생존할 수 없기 때문에 제1, 제2 바티칸 공회를 열어 개신교회 신학에 보조를 맞추기 시작했고 급기야 한스 큉(Hans Küng) 같은 신학자가 배출되었다. 그러나 아직도 가톨릭교회의 교리와 신학은 개신교회와 근본적으로 다른 부분이 많다.

오늘 필자는 그 다름의 가장 중요한 부분인 구원론을 비교하여

개신교회의 정체성을 분명히 하고자 한다. 먼저 구원론의 역사에서
는 어거스틴(St. Augustine)과 펠라기우스(Pelagius)의 논쟁, 반펠라
기우스 논쟁, 루터와 에라스무스(Erasmus)의 논쟁에서 말하는 구원
론을 다루고 가톨릭교회의 구원론에서는 신비주의 신학의 구원론
그리고 제2 바티칸 공회의 구원론을 다루고 개신교회의 구원론에서
는 칭의론을 중심으로 루터-칼빈 전통의 교회와 웨슬리 전통 교회
의 구원론을 다룰 것이다. 그리고 마지막으로 가톨릭교회와 개신교
회의 몇 가지 중요한 교리적 차이를 설명할 것이다.

II. 구원론의 역사

1. 어거스틴과 펠라기우스의 논쟁

1) 어거스틴의 은총론

어거스틴의 은총론은 그의 신학의 핵심이다. 그의 은총론은 성서
(롬 7:7-25과 9:10-29)를 기반으로 하고 있다.[2] 어거스틴은 네 단계
의 상황을 통해 인간을 이해하고 있는데 첫째는 율법 이전(*ante le-
gem*)의 인간 이해다. 이때의 인간은 하나님이 창조하신 본래적 인간
상태이다. 죄를 짓지 않을 수 있는(*posse non peccare*), 죽을 수도 없는
상태의 인간을 말한다(*non mori*).[3] 둘째는 율법 아래(*sub legem*) 있
는 인간이다. 이것은 범죄 한 인간이다. 죄의 원인은 교만이다. 그리

---

2) B. Schmid/정기환, 『교부학개론』 (서울: 컨콜디아사, 1987), 207.
3) J. Neve/서남동, 『기독교 교리사』 (서울: 대한기독교서회, 1992), 288.

고 그 교만은 자기 사랑(*amor sui*)을 통해 나타났다. 인간의 자기 사랑은 하나님의 형상이라는 본래적 모습을 잃게 했고, 탐욕(*concupi-scentia*)을 낳게 했다. 따라서 인간은 본래 가졌던 '죄를 범하지 않을 수 있는 상태'(*posse non peccare*)에서 '죄를 범할 수밖에 없는 상태'(*non posse non peccare*)로 변하고 말았다.4) 이것은 본성적 타락을 의미한다. 셋째 은혜 아래(*sub gratia*) 있는 인간이다. 이때의 인간은 그리스도의 중보를 통해 하나님과의 교제가 회복된 인간을 말한다. 이러한 회복은 은총에 의한 것이다. 인간구원의 유일한 근원인 하나님의 은혜는 그리스도의 사역 속에 나타나 있다. 그리스도는 인간의 죄를 대속하였고, 인간은 이에 대한 믿음으로 은혜에 참여하는 것이다. 이 은혜는 하나님이 주도권을 쥐고 죄인 된 인간에게 부어주시는 은총(*infusa gratia*)이다. 이 은혜가 인간의 갱신을 가져온다. 이 은총의 힘으로 변화된 인간의 의지는 새롭게 된다.5) 그러나 인간은 세상에 있는 한 원죄의 결과로 주어진 욕망에 맞서야 하며, 승리는 은혜의 도움으로만 가능하다. 마지막으로 넷째는 평화 가운데 있는 인간 이해이다. 이것은 완전한 상태의 인간이다.6)

죄로 인한 하나님과 인간 사이의 긴장은 은총을 통해서 해소된다. 어거스틴은 아담의 타락을 본래 하나님으로부터 부여받은 기억(*memoria*)과 지성(*intelligentia*)과 의지(*voluntas*) 중 의지의 부패로 본다. 하나님처럼 되려는 욕망으로 아담은 하나님의 명령을 어겼다. 아담의 죄 안에는 악의 반란, 마음의 교만, 사기 그리고 감각과 본성

4) H. Pohlman/이신건, 『교의학』 (서울: 한국신학연구소, 1989), 225.
5) 벵트 헤그룬트/박희석, 『신학사』 (서울: 성광문화사, 1989), 189.
6) Ibid., 185.

의 타락이 내포되어 있고, 그 결과 하나님 사랑(*amor dei*)이 자기 사랑(*amor sui*)으로 대체되었다고 하르낙(Adolph von Harnack)은 말한다.[7) 아담의 죄는 본성의 유전으로 모든 인간에게 전달되었다. 타락한 인간의 본성은 창조주에게서 온 것이 아니라, 자유의지의 만용으로 저질러진 원죄(*peccare originale*)로부터 온 것이다.

인간이 처한 비참한 죄악의 상태에서 구원의 상태로 전환하는 데는 은총이 필요하다. 하나님의 은총 없이는 인간의 회복은 불가능하다. 어거스틴은 "은총의 영이 하는 일은 우리 안에 하나님의 형상을 회복하는 것이다. 사람에게 있는 죄는 그 본성과 반대되는 것으로 이 죄를 치유하는 것이 바로 은총이다"라고 말하고 있다.[8)

어거스틴은 은총을 그 일하는 방식에 따라 둘로 구분한다. 먼저 선행하는 은총(*gratia preveniens*)이 있다. 이것은 하나님으로부터 오는 것으로서 우리 안에서 선을 생각하거나 열망하게 하는 은총이다. 이것은 인간이 선 또는 계명을 지키는 데 있어서 가장 원초적으로 작용하는 것이라고 할 수 있다. 이 은총의 도움으로 인간은 하나님의 뜻을 따라 계명을 지키고 선을 행하게 된다. 두 번째는 협동의 은총(*gratia cooperans*)이다. 선행 은총으로 우리의 의지가 활동하면, 선을 행하거나 혹은 계명을 지키는 일에 있어서 그 일을 이루도록 돕는 은총이 협동의 은총이다. 어거스틴이 말하는 은총은 인간의 사고와 행동 영역 밖에서 일어나는 전적으로 하나님의 주권적 의지에 따

---

7) A. Harnck, *History of Dogma* vol. 5, trans. Buchana Neil (New York: Russel & Russel, 1958), 213-214.
8) Augustinus/김종흡, 『아우구스티누스의 은총론』 (서울: 생명의 말씀사, 1990), 56-57.

라 일어나는 은총이다.

2) 펠라기우스의 자유의지론

아일랜드 출신으로서 약 400년경 로마에 온 펠라기우스는 인간에게는 선이든 악이든 자신이 원하는 대로 선택할 수 있는 능력이 본래 주어졌다고 생각했다.9) 그는 인간의 책임을 묻지 않은 채, 신에게 모든 것을 돌리는 인간의 자세를 불신했다. 하나님은 인간을 창조할 때 창조의 은총을 주셨다. 이 창조의 은총으로 인간은 원하는 것을 행할 수 있다. 비록 아담이 선악과로 인해 죄를 짓고 하나님의 형상과 원래의 의(*carentia iustitia*)를 잃었으나, 여전히 그에게는 선을 행할 수 있는 능력이 남아 있다는 것이다. 무엇보다도 아담의 죄의 결과는 자신에게만 해당하며, 그의 후손에게는 상관이 없다.10) 따라서 인간은 선과 악을 개별적으로 선택할 수 있는 능력, 곧 형식적 자유가 있다.

인간에 대한 그의 견해는 지극히 낙관적이다. 그에 의하면 하나님은 인간을 창조하실 때 인간을 다른 피조물들처럼 자연법칙에 종속시키지 않았다. 오히려 인간에게만은 자기 자신의 선택에 의하여 신적인 의지를 성취시킬 수 있는 유일한 특권을 주셨다. 그에 의하면 삶과 죽음, 선과 악의 결정 모두가 인간 자신에게 달렸다는 것이다.11) 따라서 죄는 의지의 책임이다. 그는 레위기 19:2(내가 거룩하

---

9) 출생에 대해서 논의가 분분하다. Roy W. Battenhouse, *A Companion to the Study of St. Augustine* (Grand Rapids, MI: Baker Book House, 1979), 207 참조.
10) 차종순, "은총론: 왜 교회에서 잠잠한가?,"「신학이해」 16 (1998), 136.
11) J. N. D. Kelly/김광식, 『고대기독교 교리사』 (서울: 한국기독교문학연구소,

니 너희도 거룩하라)과 마태복음 5:49(내가 온전하니 너희도 온전하라)을 인용한다. 의의 주인이신 하나님께서 인간에게 불가능한 것을 명하실 수 없다는 것이다.[12] 누구나 선을 명령받았기 때문에 선을 행할 수 있어야 한다는 것이다. 물론 이에 상응하는 악을 행할 자유도 있다. 따라서 그는 원죄로 인해 오는 유전적 죄성을 인정하지 않는다.

그에 의하면 원죄란 존재하지 않는다. 다만 나쁜 본보기가 있을 뿐이다. 그에 의하면 영혼의 죽음은 아담으로 인하여 초래되었으나, 육적인 죽음은 피조물인 인간의 필연성이다.[13] 어린이들은 죄와는 무관한 상태에 있으며, 그들에게 베푸는 세례는 구원의 의미 보다는 축복의 의미인 것이다.[14] 이와 같은 내용들을 종합하여 알랜 셀 (Alan Sell)은 펠라기우스주의를 여섯 가지로 요약했다. (1) 아담은 죽는 인간으로 창조 되었고 죄를 짓지 않았다고 할지라도 죽었을 것이다. (2) 아담의 죄는 그 자신에게만 해당하는 것이며, 인류 전체와는 상관이 없다. (3) 따라서 전 인류는 아담의 죄 때문에 죽는 것도 아니며, 그리스도의 부활 때문에 사는 것도 아니다. (4) 유아는 타락 이전의 아담과 같은 상태를 향유하며, 그 때문에 세례와 상관없이 영생을 얻을 수 있다. (5) 율법과 복음은 둘 다 구원의 수단이다. (6) 그리스도 이전에도 죄 없는 사람이 살았다.[15]

1980), 406.
12) Ibid., 408.
13) Neve, 227.
14) Ibid., 407. 벵트 헤그룬트, 183.
15) Alan P. Sell, "Augustine versus Pelagius: A Cautionary Tale of Perennial Importance," *Calvin Theological Journal* 12, (1977): 120-21.

3) 결과

은총으로 말미암아 아담은 하나님과의 교제를 실제로 즐기고 있었고(*vivebat fruens Deo*), 죄를 범하지 않을 수 있었다(*potuit non peccare*).16) 그럼에도 불구하고 인간의 자유의지는 죄를 자초했다. 그 결과 선을 선택할 수 있는 능력의 일부인 자유를 상실했다. 자유의 상실은 본성의 변화를 초래 했고 욕망과 정욕에 사로잡히게 되었다. 그러나 켈리(J. N. D. Kelly)가 지적하듯, 어거스틴의 이러한 주장은 인간이 자유의지를 박탈당한 것을 뜻하지 않는다. 본질적인 의미는 인간이 인간의 자유의지를 원형대로 간직하고 있지만, 항상 죄를 짓는데 사용할 뿐이라는 것이다. 즉 '죄를 범하지 않을 수 있는 능력'(*posse non peccare*)이 '죄를 지을 수밖에 없는 능력'(non posse non peccare)으로 전환된 것이다.17) 어거스틴과 펠라기우스의 구원관과 결부된 인간 의지의 자유 여부에 대한 논쟁은 431년 에베소 회의에서 펠라기우스가 정죄됨으로 막을 내렸고, "구원은 전적으로 하나님의 은총에 의하여 성취 된다"는 어거스틴의 가르침은 정통 신앙으로 굳게 자리 잡았다.18) 그 이전 펠라기우스의 제자 코엘레티우스(Coeletius)가 카르타고에 와서 펠라기우스의 주장을 반복하여 고소당했고, 사제 서품도 거절당했으며, 412년 카르타고 회의에서 파문되었다.19) 그리고 416년 교황 이노센트 1세(Innocent I)의 갑작스러운 죽음으로 동방 출신 조시무스(Zosimus) 교황이 취임하였는데

---

16) Augustinus, *De civitate Dei*, 14:26.
17) Kelly, 413.
18) Ibid., 409.
19) 코엘레티우스는 에베소로 가서 장로로 안수를 받았다. Battenhouse, 204.

친펠라기우스적이었다. 그는 펠라기우스 정죄가 성급했다고 하여 417년 오히려 로마 회의를 통해 코엘레티우스의 정통성을 인정해버 렸다.

이에 대응하기 위하여 418년 5월 1일 200명의 주교가 북아프리 카 카르타고에 모여 펠라기우스주의의 교설을 상세히 반박하는 '신 앙규범'(canon)을 채택했다. 교황 조시무스는 다시 주교들의 회의 결정을 수락하는 결정을 내렸다.

2. 반펠라기우스주의(Semi-Pelagianism) 논쟁

구원에 있어서 절대 은총을 강조하는 어거스틴의 교설과 인간에 게 구원의 책임을 부여하고자 하는 펠라기우스 사이의 긴장 지대에 등장한 절충적 입장을 띤 새로운 논지가 소위 반(半)펠라기우스주 의다. 이들은 아담의 원죄를 인정한다는 점에서 반(反)펠라기우스 적이지만, 어거스틴의 극단적 예정론을 수용치 않는다는 점에서 반 (反)어거스틴적이다.[20] 요한 카시아누스(Johannes Cassianus)와 그 의 제자 파우스트스(Faustus of Reji)는 예정론을 거부하고, 원죄를 인정한다. 이들에 의하면 회심과 성화는 하나님의 은혜와 인간의 자 유의지가 서로 협력하여 이루어진다고 주장한다. 인간의 의지는 약 해지기는 했으나, 여전히 구원을 위한 노력을 할 능력이 있음을 주 장한다. 따라서 구원은 하나님의 의지와 인간 의지의 협력으로 성취 되는 것이라고 하였는데 이것은 가톨릭교회의 구원관인 것이다

---

20) 이상훈, "A Study of the Theological Anthropology of the Second Council of A. D. 529" (Ph.D. diss., Drew Univ., 1990), 10.

(synergism).[21]

결국 어거스틴의 추종자인 아를레스의 감독 체사리우스는 529년 오렌지 회의를 개최했고, 25개항을 최종적인 교회의 규범으로 결정했으며, 교황 보니파치우스 2세(Binifacius II)는 이를 승인하였다. 이 회의 결정으로 일세기 동안 전개된 어거스틴과 펠라기우스 논쟁은 일단락된다. 그러나 이러한 논쟁을 통하여 어거스틴 정통 사상은 많이 희석된 것으로서 중세의 길을 예비해놓았다. 왜냐하면 선행하는 은총은 여전히 강조되었으나, 회개 후에는 인간의 협력이 강조되었고, 예정론은 유기되었으며, 은총은 세례와 성만찬에 의한 은총으로 만족해야 했기 때문이다. 이 공의회의 결정은 16세기에 이르기까지 공개적으로 언급되지 못했고 제1, 2차 바티칸 공의회에서 비로소 명시적으로 인용되고 있다.[22]

3. 루터와 에라스무스의 논쟁

1) 에라스무스의 자유의지론

에라스무스(Erasmus, Desiderius 1466/69-1536)는 인문주의를 대표했고 마르틴 루터(Martin Luther 1483-1546)는 종교개혁을 대표한다. 초기에 이들은 서로 우호적이었다. 에라스무스의 희랍어 신약성서, 특히 1519년 개정판으로부터 루터는 많은 영향을 받았다. 루터

---

21) B. Hägglund, *History of Theology* (St. Louise, MO: Concordia Publishing House, 1968), 197.
22) J. Neuner and J. Dupuis, *The Christian Faith: In the Doctrinal Documents of The Catholic Church*, rev. ed. (New York: Alva House, 1982), 449.

의 종교개혁은 인문주의자들의 개혁 정신이 뒷받침을 했고, 루터를 피신시키는 데 도움을 준 사람도 에라스무스였다. 그러나 1520년경 교황의 칙서(Exsurge Domine)를 불태운 루터의 행동은 에라스무스의 경계를 불러일으켰다. 또한 1523년 에라스무스는 루터에게 반대하는 입장을 표명하라는 거센 압력을 받았다. 교황 하드리안 4세와 영국 왕 헨리 8세는 철저히 가톨릭의 입장에서 에라스무스를 부추겼다. 에라스무스의 루터에 대한 반대는 다분히 정치적 압력에 의한 것이었다.

구원에 있어서 인간의 자유의지에 대한 루터의 입장은 1518년 하이델베르그 논쟁과 1520년 교황의 파문 교서에 첨부된 것이어서 에라스무스는 이미 잘 알고 있었다. 하이델베르그 논쟁 열세 번째 논제(Th.13)에서 루터는 "타락 이후의 자유의지란 단지 이름뿐이며 (*res de solo titulo*), 그 안에 있는 것을 행할 때, 죽음의 죄를 범할뿐이다" 라고 말했고, 이 문장은 1520년 이단적 문장으로 인정되어 철회를 요구 받았다.[23] 이어서 루터는 1521년 「마르틴 루터의 모든 논제에 대한 주장」(*Assertio omnium articulorum Martini Luther*)이라는 글로 반박했다.[24] 그러자 인문주의 학자 존 피셔(John Fisher)는 1523년 「루터의 주장에 대한 반박」이라는 글을 발표하여 자유의지문제를 논했고, 에라스무스도 1524년 9월초 『자유의지에 대하여』(*De libero arbitrio diatribe sive colltio*)를 출판하여 논쟁이 본격화하였다. 루터는 구원을 순수 신학적인 측면에서 다루고자 한 반면에, 에라스무스는 신학적이고 철학적인 문제로 접근하였다.[25]

---

23) *WA* 1. 354. 5f.
24) *WA* 7. 142.22-149.7.

에라스무스는 이성과 의지의 힘을 인정한다. 사고력, 이해력, 혹은 로고스나 이성으로서의 인간의 판단 능력은 죄로 인하여 약화되었으나, 소멸된 것은 아니다. 에라스무스는 펠라기우스와 같이 자유의지를 죄와 상관없는 창조자의 은총으로 보았다. 그는 토마스 아퀴나스의 은총론과 동일한 주장을 한다.26) 1) 자연적 은총은 죄로 인하여 부패하였으나, 소멸된 것은 아니다. 2) 완벽하지는 않으나 자극하는 은총이다. 3) 의지에 영향을 가하는 은총으로서, 함께 작용하는 은총이다. 4) 궁극적인 목적에까지 인도해주는 은총이다. 뒤의 세 개의 은총은 본질상 같은 은총일 수 있다. 우리 안에서 일하는 방식에 따라 각기 다르게 표명한 것이다. 먼저 자극을 일으키고, 둘째 촉진시키며, 세 번째 것이 완성으로 이끈다.27) 이와 같이 토마스가 에라스무스에게 큰 권위로 작용했음을 알 수 있다.

에라스무스에 의하면 자유의지란, 인간이 구원으로 이끄는 그 무엇에게로 자신을 향할 수도 있고, 멀어질 수도 있는 인간 의지의 능력이다.28) 이것은 인간이 구원받기 위해 은총에 협조할 수도 있고, 은총에서 돌아설 수도 있는 능력을 그의 의지 안에 소유하고 있다는 것을 의미한다. 인간은 자신의 궁극적 구원이나 파멸에 스스로 책임적인 존재인 것이다. 구원에 있어서 인간의 역할이 아무리 작을 지라도 구원은 하나님과 인간의 협동에 의한 것임을 그는 주장하였다.

25) Robert Stupperich, "*Erasmus von Rotterdam: in senier personlichen und wis-senschftlichen Entwicklung*," *ZKG* 99, 1988:61," 안춘근, 박사논문, 83.
26) Thomas von Aquinas, *Summa Theologia*, 1. Teil des II. Buches, Bd. 14. 논제 106-114 "Der Neue Bund und die Gnabe"를 참조.
27) Ibid.
28) Erasmus, *Vom reien Willen*, 29. Vgl. *WA* 18. 662ff.

그는 구약성서 신명기 3:30의 "네가 만일 지키고자 한다면," "네가 만일 돌아서고자 한다면," "네가 만일 선택하고자 한다면," 등과 같은 구절에서 '지킨다,' '돌아선다,' '선택한다'와 같은 동사들은 인간의 의지의 자유를 표현한 것으로 보았다.[29] 그리고 그는 실천적 기독교를 강조하였다.

2) 루터의 노예의지론

에라스무스는 "'오직 은총으로만'이라는 설교는 사람들을 게으르게 만들 것이다. 그리고 인간이 노예처럼 죄 아래 묶여 있다는 것을 지나치게 강조하면 인간은 불행한 존재가 된다. 인간에 대한 하나님의 의도는 그 스스로를 모순에 빠지게 하는 것이다. 그러므로 '노력하라. 인간은 행할 수 있는 힘을 가지고 있으며, 하나님의 은총이 도울 것이다'라고 말해야 한다"고 주장했다.[30] 인문주의 관점에서 주장한 자유의지론에 대항하여 루터는 성서적 관점에서 말씀에 의존하여 글을 쓸 필요를 느끼고 1525년 12월 노예의지론을 집필하였다.

제1부에서 '에라스무스의 자유의지론 서문에 대한 검토'에서 루터는 에라스무스를 회의론자로 규정하고 기독교인은 결코 회의론자가 아님을 주장한다.[31] 그리고 서론에서 '성서의 명백성'을 다룬다. 성서에는 일관된 주제가 있다. 모호하고 난해한 본문은 우리가 무지하기 때문이다. 성서가 난해하다고 하는 주장의 근저에는 진리 자체를 보려하지 않는 인간의 맹목성과 나태함이 있다고 하였다.[32]

---

29) Ibid.
30) H. Bornkamm, "복음주의 신앙의 근본원리," 「루터연구」 5 (1966): 61.
31) 전경연, "노예의지론과 루터의 하나님 이해," 「루터연구」 3 (1967): 6:43.

또한 루터는 에라스무스가 그의 디아트리베 4:10 이하에서 다룬 선택의 자유 문제를 언급한다. 구원과 의지의 연관성에 대한 논의가 중요한 문제임을 루터는 동의한다.

2부에서 루터는 에라스무스의 자유의지론의 일관성을 비판하면서 성서의 두 가지 판단 기준으로 '내적 명확성'(internal clarity)과 '외적 판단'(external clarity)을 제시한다. 전자는 신자의 신앙적 판단(고전 2:15)이고, 후자는 말씀을 증언하는 공적인 사역 및 직임과 관련되어 있다. 이것은 신앙이 약한 사람을 돕고, 적대자들을 논박하는 데 필요한 판단이다. 성서는 구원을 위해 태양보다도 더 밝은 영적인 빛이며, 제1의 원리가 된다고 하였다.[33]

제3부에서 구원은 전적으로 하나님의 일이며, 그것을 인간의 자유의지에 귀속시키는 것은 옳지 않다는 것이다.[34] 루터의 중요한 신학적 주제들은 3부에 들어 있다. 먼저 루터는 에라스무스가 율법과 복음을 구별하지 못하고 있다고 비판한다. 성서의 '돌아오라'(렘 15:19)는 말은 두 가지 용법, 즉 율법적 사용과 복음적 용법으로 쓰인다는 것이다. 전자는 자유롭게 선택하려는 노력뿐만 아니라, 삶 전체의 전환을 요구하는 엄격하고 심각한 명령을 의미한다. 그리고 후자는 하나님의 위로와 약속을 표현하고 있다. 시편 14:7과 23:3 등은 우리에게 하나님이 요구하시는 것이 아니라, 오직 하나님의 은혜를 나타내주고 있다.[35] 루터에 의하면 이러한 율법과 복음을 구분

---

32) *LW* 33:25ff.
33) Ibid., 33:91.
34) Ibid., 33:102-103.
35) Ibid., 33:134ff.

하지 못하는 스콜라 학자들과 에라스무스는 타락한 궤변론자요, 의식이 몽롱한 자인 것이다.36)

두 번째 신학적 주제는 숨어 계신 하나님과 계시된 하나님이다.37) 하나님이 자신을 숨기시는 한 우리는 그에 대한 관심을 유보해야 하며, 자신을 내어주시는 한 그분을 찬양해야 한다. 루터는 다양한 어구를 사용하여 설교되고 제공된 하나님의 자비와 숨어 계신 하나님의 의지를 구분하고, 우리들에게 설교되고 계시되고, 제시되고 경배된 하나님 또는 우리에게 인식되고 우리와 함께 교제하게 된 말씀과 의식을 본질과 위엄 속에 숨어 계시는 하나님과 구분한다. 루터는 계시된 하나님과 숨어 계신 하나님, 즉 하나님의 말씀과 하나님 자신을 구분하지 못하는 에라스무스의 오류를 지적한다.38)

4부에서 루터는 자유의지를 반대하는 자신의 논증을 방어한다. 그리고 5부에서 자신의 주장에 대한 에라스무스의 비판을 반박하고 있다.39) 6부 '루터의 비판'에서는 에라스무스가 사실인 것처럼 주장한 모든 것이 사실은 그 반대이며, 논하고 있는 모든 토론들은 여전히 미결인 채로 남아 있음을 증명하려는 시도이다. 루터는 로마서 1:18은 모든 인간이 하나님의 진노 아래 있음을 말한다. 이것은 하나님의 진노와 형벌을 피할 수 없음을 말하는 것이다. 따라서 로마서의 말씀들로 인하여 자유의지는 완전히 폐기된다. 인간은 전적으로 타락했다. 그러므로 인간은 자유의지가 아닌 그리스도를 필요로

---

36) Ibid., 135.
37) *WA* 18:84-88.
38) *LW* 33:139.
39) 「루터선집」 6:237-72.

한다.

이와 같이 루터는 구원에 있어서 전적으로 역사하시는 하나님의 주권적 자유의지를 강조하고, 인간의 의지는 하등의 역할을 할 수 없는 무능한 하나님의 의지에 반하는 죄에 대한 노예의지를 주장하였다.

III. 가톨릭의 구원론

1. 신비주의 신학

위에서 논의해온 것처럼 서방교회신학의 원조인 어거스틴과 펠라기우스의 논쟁은 반(半)펠라기우스 논쟁을 거치면서 신인협동설로 변하고, 루터와 에라스무스의 논쟁을 거치면서 루터와 칼빈의 후예들은 구원에 있어서 전적으로 하나님의 주권과 하나님의 의지 그리고 절대적인 하나님의 은총으로 구원받음을 강조했다면, 가톨릭교회는 에라스무스의 견해처럼 하나님의 은총에 인간의 의지가 협력함으로서 구원받음을 제2 바티칸 공회에서 법적으로 인정하였다. 그러나 한편 가톨릭교회의 전통은 인간의 노력과 공로로 구원받는다는 구원 신학이 수도원을 중심으로 이어져왔고 우리는 그것을 신비주의 신학, 혹은 가톨릭 영성 신학이라고 일컫게 되었다. 신비주의 신학은 자력 종교다. 어거스틴이나 개신교 신학의 구원은 하나님의 주권적 자유와 은총이라는 타력에 의한 구원이지만 수도원을 중심으로 계승된 신비주의 신학의 구원은 인간이 이성과 의지의 능력으로 하나님을 찾아 가는 자력 구원이다.

수도원은 성 안토니우스(St. Antonius, 251-356)에 의하여 시작되었다. 그리고 성 베네딕트(St. Benedict, 480-546)가 '수도원 규칙서'를 만들고 몬테카시노에서 수도원을 세워 크게 번져갔다. 수도원이 늘어가면서 수도원 신학이 생겨났고 이 신학은 신비주의 신학으로서, 인간이 수행을 통하여 인간 속에 있는 신의 실체를 발현하여 하나님과 하나가 되는 것을 구원이라고 했다(실체론). 이 신비주의 신학은 초기, 중세, 중세 후기를 거치면서 양상을 달리했지만 하나님과의 합일이라는 기본 내용은 같았으며, 영성 신학이라는 명칭으로도 불린다.

하나님의 사랑을 내적으로 체험하는 것을 강조한 아벨라드(Peter Abelard)의 적수였던 초기 스콜라주의자, 클레르보의 베른하르트(Bernhard von Clairvaux, 1090-1153)는 사람이 하나님을 철학적 범주로 사유하지 말고 하나님의 형상을 본원적으로 자기 자신 속에서 회복해야 한다고 주장하였다. 그는 영혼이 하나님께로 올라가는 세 단계가 있다고 하였다. 첫째는 자신의 비참을 아는 것이고, 둘째는 남의 비참함에 대하여 자비를 베푸는 것이며, 셋째는 관조(contemplation)의 황홀에 드는 것이라고 주장했다.[40]

프란시스코회 수도사, 보나벤투라(Bonaventura, 속명은 Johannes Fidanza, 1221- 1274)는 플라톤-어거스틴적 전통을 이어받아 토마스 아퀴나스와 쌍벽을 이루었는데 그는 하나님이 제일 피인식자라고 했다(토마스는 존재를 제1 피인식자라고 함). 그는 "하나님은 현실적으로

---

40) 김광식, 「기독교사상」 (서울: 종로서적, 1986), 41.

영혼 안에 계시고 직접적으로 인식할 수 있다"고 하였다. 그리고 하나님은 선의 근원이므로 선 속에서 하나님을 발견한다고 했다. 또 그는 영원한 빛의 원리인 신적 빛(선험적 범주)으로부터 세계를 인식할 수 있다고 했다. 보나벤투라에게 있어서 현상으로서의 세계는 사실상 영원한 원형을 지시해주는 모형들의 상징이고 흐름이다. 그는 『하나님과 하나되어』(Itnerarium mentis ad Deum)라는 책에서 하나님께 나아가는 7단계의 순례의 길을 묘사했는데 신비주의적 경건 문학의 대표작이다.[41]

도미니칸 수도사, 알베르투스 마그누스(Albertus Magnus, 1206/7-1280)는 아리스토텔레스와 플라톤을 연구했고 지식의 완성을 목표로 탐구하였다. 사실은 신비주의 신학의 대가인 에크하르트와 쿠자누스도 알베르트의 영향을 많이 받았다.[42] 결국 알베르트도 인간속에 내재한 신적 실체를 이성으로 파악하고 이성의 빛을 따라가면 종국에는 하나님을 만날 수 있음을 주장하였다.

중세 최고의 신학자 토마스 아퀴나스(Thomas von Aquinas, 1224-1274)는 아리스토텔레스의 철학을 신학화한 사람이다. 어거스틴이 진리를 발견하기 위하여 인간의 내면을 찾아보았다면 토마스는 밖을 찾아보라고 한다. 그는 감관 인식을 중요시한다. 감관적 지각은 외부의 표상에 이르게 하고 그것은 이른바 환영이지만, 이것 없이는 영혼이 결코 사유할 수 없다. 이러한 외부 표상을 오성이 심사숙고하여 그것으로부터 보편적 본질을 이끌어낸다. 이렇게 하여 사람은 비감관적 보편적 개념에 도달하게 된다. 토마스에게 있어서는 인식

41) Ibid., 43.
42) Ibid., 44.

이 감관에서 시작하지만 오성에서 완성된다.43) 토마스는 이러한 인식론을 바탕으로 창조, 하나님, 영혼, 윤리, 법 등의 주제들을 체계적 설명하였다. 결국 토마스는 인간의 이성을 신적 실체로 파악하고 그 이성의 탐구를 통해, 순수 사유를 통해 하나님을 만날 수 있다고 믿었다.

그리고 중세 후기에 나타난 둔스 스코투스(Johannes Duns Scotus, 1266-1308)는 어거스틴과 아리스토텔레스를 중재하고자 하였고, 중세 스콜라주의를 새로운 사상으로 발전시켰다. 어거스틴은 영원한 법은 이성과 하나님의 뜻이라고 했고, 토마스는 이성을 강조했는데, 둔스 스코투스는 하나님의 뜻을 강조했다. 토마스는 지성을 강조했지만 둔스 스코투스는 의지의 우월성을 강조했다. 하나님과의 관계에서도 신앙이나 사유보다는 사랑을 더 중요한 것으로 보았고 인식, 존재 그리고 윤리의 영역에서 개인을 강조했다. 인간의 의지는 하나님을 찾아 순례의 길을 가게하고 마침내 의지의 노력은 하나님을 만나게 된다고 하였다.44)

스콜라주의를 이해하려면 에크하르트(Meister Eckhart, 1260-1327)를 이해해야 하고 에크하르트를 이해하려면 스콜라주의를 이해해야 한다는 말이 있다. 왜냐하면 스콜라주의와 신비주의가 실체에 있어서 일치하기 때문이다.45) 에크하르트는 신비주의자이며 존재론자다. 그는 하나님의 씨(seed of God)가 우리 안에 속사람으로 존재하며, 그것이 자라고 결실을 맺어 신성(god-nature)에 이른다고 하

---

43) Ibid., 44-45.
44) Ibid., 48-49.
45) Ibid.

였다.46) 그리고 그는 도움이 필요한 불쌍한 사람이 있으면 내면적 명상의 황홀경을 떠나 사랑을 베푸는 것이 더 훌륭한 일이라고 했다.47)

20세기 영성신학자 머튼(Thomas Merton, 1915-1968)은 기도의 3단계를 열거하고 설명한다. 첫 번째는 반향적 기도(reflective prayer)로 하나님에게 전달되지 못하고 다시 돌아오는 낮은 단계의 기도로 죄와 욕망의 인간이 하는 대부분의 기도다. 두 번째는 명상적 기도(meditative prayer)인데, 이 단계에서는 하나님과의 깊은 만남을 이루었지만 아직도 기도하는 주체와 기도를 받으시는 객체인 하나님과의 구별이 존재 하는 상태를 말한다. 마지막으로 세 번째 단계는 관상적 기도(contemplative prayer)다.48) 여기서는 기도의 주체와 객체가 하나가 되어 주체도 객체도 없어지는 무념무상(無念無想)의 신비적 합일의 상태를 일컫는다. 머튼이 지향하는 구원의 신인합일은 관상의 기도에서 성취된다.

이렇게 신비주의 신학의 구원론은 하나님의 실체가 인간 속에 내재한다는 실체론으로서 인간이 금식하고, 기도하고, 성서를 읽고, 묵상하고, 노동하는 삶을 통해 그리고 사랑의 실천을 통하여… 하나님과 하나가되는 이성적-의지적-실천적 노력을 강조한다. 그리고 그것을 통하여 하나님을 만나고 하나님과 일치되는 것을 구원이라고 믿는다.

---

46) 노종해, 『중세 기독교 신비신학 사상연구』(서울: 나단, 1991), 79.
47) 김광식, 50-51.
48) 김경재, 『그리스도인의 영성훈련』(서울: 대한기독교서회, 1990), 194-195.

2. 제2 바티칸공의회의 구원관

사람들은 제2 바티칸 공의회 이후 가톨릭이 많이 달라졌다고 믿는다. 그러나 이 공의회는 종교다원화, 개신교를 분리된 형제로 인정하자는 것 그리고 동방교회와의 연합에 힘쓰는 일 등이 변한 것이고 대체로 달라진 것이 없다. 교리 자체에는 약간의 변화가 있는데 예를 들면 미사를 드릴 때 라틴어가 아닌 자국어를 사용할 수 있으며 예식 집전에서 사제를 돕는 복사(altar server)를 여자도 세울 수 있도록 하였다.

"본 공회는 지금 하늘의 영광 속에서 살고 있는 형제들이나 혹은 연옥 속에서 아직도 정결의 과정을 겪고 있는 형제들과 우리들 간에 존재하고 있는 살아 있는 교제 속에서 우리 조상들의 경건한 신앙을 충성스럽게 수용하는 바이며 또한 본 공회는 제2 니케아 공회(787년 피렌체 공회: 1438-1442) 및 트렌트 공회(1545-1563)의 선언을 다시 추천하는 바이다."

트렌트공회는 물론 제2 바티칸 공회에서도 "회개한 죄인"이 은혜로 의롭다함을 받는 사실을 인정한다. 그러나 은혜로 말미암아 의롭다함을 받은 "회개한 죄인"은 여전히 자신의 죄를 깨끗하게 하기 위하여, 이 땅과 연옥에서 고통을 당해야 한다고 가르친다.[49]

가톨릭교회의 구원관에는 세 가지 특징이 있다. **1) 구원의 완성**: 가톨릭도 구원의 조건이 믿음이라는 사실을 인정한다. 그러나 그들은 믿음으로 시작한 구원은 선행으로 완성되어야 하며 가톨릭교회를

---

[49] Dave Hunt, 『가톨릭의 구원관』, 2010.

통해서 완전한 구원이 성취될 수 있다고 주장한다. 가톨릭교회는 믿기 이전의 선행을 적합 공로(merit of congruency)라고 하고, 믿음 이후의 공로를 정당 공로(merit of condignity)라고 간주한다.[50] 우리나라에도 교리를 맡은 추기경을 파견하여 로마 가톨릭 교황청도 이신칭의(以信稱義)의 진리를 견지한다는 입장을 전달한 바가 있다. 그러나 이들의 입장에는 에라스무스의 구원론처럼 신인협동(synergism)의 구원론이다. **2) 구원의 조건:** 가톨릭에서는 세례를 받지 않으면 구원을 받을 수 없다. 세례를 받지 않아도 혈세(가톨릭 신앙이나 덕행을 지키기 위한 순교 행위)나 화세(하나님을 향한 지극한 사랑으로 자기가 지은 죄를 뉘우치고 영세의 뜻을 가짐)를 받으면 구원을 받을 수 있다는 입장이다. 화세나 혈세에는 인호(하나님의 자녀라는 도장)가 주어지지 않고 세례에는 인호가 있는데 이것은 천당 혹은 지옥에 가든지 영원히 지워지지 않는다는 것이다.[51] **3) 만인 구원설:** 가톨릭은 1442년 피렌체공회에서 교회 밖에는 구원이 없다고 천명했다. 그러나 5백년이 지난 제2 바티칸 공회는 선한 의지를 가지고 살면 타교파, 타종교와 상관없이 누구든지 구원을 받을 수 있다.[52] 심지어 죽은 사람도 대사(그리스도의 무한한 공로와 성인들의 남은 공로를 교회에 간직하고 있다가 교회의 권리로 각 영혼에게 나누어 주는 것)를 통해 구원받을 수 있다.[53] 결국 가톨릭교회는 만인구원론을 견지한다.

50) 기독교대백과사전 편찬위원회, 『기독교 대백과사전』(서울: 기독교문사, 1981), 1156.
51) 박도식, 『천주교와 개신교』(서울: 가톨릭출판사, 1988), 300-310.
52) 김균진, 『기독교조직신학 IV』(서울: 연세대학교 출판부, 1999), 344.
53) 박도식, 346-47.

3. 익명의 그리스도인: 만인구원

위에서도 언급했지만 가톨릭의 구원관은 만인이 구원을 받을 수 있다는 입장인데 16세기 타락한 가톨릭교회는 죽은 자의 구원을 위한다는 명목으로 면죄부를 판매하여 루터의 종교개혁의 도화선이 되었다. 제2 바티칸 공회의 태도 변화로 오늘날 많은 가톨릭 신학자들이 타종교에 대하여 긍정적 입장을 가지고 대화를 주장한다.

이러한 신학자들 중 대표 신학자가 칼 라너(K. Rahner)이다. 라너에 의하면 "하나님의 보편적 은혜의 구원 의지"는 모든 인간에게 효력이 있다. 그에 의하면 모든 인간은 의식적이든, 무의식적이든 간에 하나님을 궁극적 목적으로 지향한다. 이것은 모든 인간 실존에게 부여된 본질적 요소이다. 이 초자연적 실존 요소는 초월적 정신과 인륜적 자유가 이루어지는 곳에는 이미 어디에나 '익명으로' 주어졌다는 것이다. 그러므로 구원 혹은 파멸의 역사는 인간의 자유로운 선택에 의하여 어디서나 일어난다.54)

이와 같은 보편적, 익명적 구원의 역사와 계시로부터 라너는 "명시적, 공적 구원의 역사"와 계시의 역사를 구분한다. 이 역사는 예수 그리스도 안에서 일어난 하나님의 궁극적 자기 전달로부터 시작한다. 하나님의 계시와 구원의 역사는 기독교 밖에서는 익명으로(숨겨진 형태로) 수행되는 반면, 예수 그리스도와 함께하는 데서는 그것이 명시적으로 수행된다. 라너에 의하면 모든 구원의 역사는 그리스도를 지향한다. 그리스도는 하나님의 총체적 구원사의 목적이며 완성

---

54) 김균진, 344-45.

이다. 라너 교수는 타종교인들도 "익명의 그리스도인" 혹은 "잠재적 그리스도인"으로 간주함으로써 기독교와 타종교의 화해는 물론 타종교인들을 기독교화하려는 의도를 가지고 있다. 그러나 타종교인 아무도 자신을 익명의 그리스도인이라고 인정할 사람은 없을 것이다.55) 그러므로 타종교와 기독교는 정의, 자비, 평화와 같은 공동의 목적으로는 만날 수 있지만 계시적, 또는 구원의 차원에서는 만날 수 없을 것이다.

IV. 개신교의 구원론

1. 루터-칼빈 전통 교회의 구원론

종교개혁 이후 루터 정통 교회와 개혁 정통 교회가 주축이 되어 개신교회를 구성하게 되었으며, 루터 정통 신학은 루터의 동역자 멜랑히톤(Philipp Melanchthon, 1459-1560)에 의하여, 개혁 정통 신학은 칼빈에 의하여 수립되었다.

멜랑히톤은 루터의 사상을 체계적으로 정리하였기 때문에 그의 명저『로치 콤무네스』(*Loci Communes*)에서 말하는 구원론도 루터의 견해와 일치한다고 할 수 있다. 멜랑히톤이 1521년 라틴어로 저술한『로치 콤무네스』에는 여러 가지 주제들이 언급되지만 여기서는 구원론과 관련된 자유의지, 죄, 믿음, 칭의, 선행 등에 대하여 소개

---

55) Ibid., 346-47.

하고자 한다.

　루터와 에라스무스의 자유의지에 대한 논쟁은 1524-1525년에
있었는데 멜랑히톤의 견해는 대체로 루터의 입장과 유사하다. 구원
에 있어서 인간의 내적, 외적 자유의지는 멜랑히톤에게 용납되지 않
는다. 인간의 자유의지에 대하여 스콜라 철학적으로 논의되는 것에
대하여 그는 단호히 부정하고 오직 하나님의 예정과 섭리 안에서만
허용됨을 주장한다. 그는 "오, 얼마나 수많은 영혼들이 그들 바리새
적 자유의지에 관한 잘못된 이해 때문에 죽음에로의 괴롭힘을 당해
야만 하는지를 그 어리석기 그지없는 스콜라주의자들이 현실을 바
로 직시할 수 있었더라면"이라고 탄식한다.56) 그는 하나님으로부
터 인정되는 자유의지만을 용납한다. 루터도 구원에 있어서 인간의
자유의지를 부정한다. 인간의 타락은 인간의 전적 부패를 불러왔다.
따라서 인간의 자유의지는 죄와 마귀에게 노예화된 종속된 의지이
기 때문에 구원에 있어서 아무런 역할도 할 수 없다는 것이다. 루터
의 자유의지에 대한 반박과 노예의지론의 주장은 철저히 성서로부
터 온 것이다.57)

　멜랑히톤은 "죄는 하나님의 법을 대적한 뒤틀린 성향, 하나의 거
꾸로 된 마음의 행동이다"라고 했다.58) 원죄의 개념을 도입한 사람
은 터툴리안이며, 원죄란 용어는 펠라기우스와 어거스틴의 논쟁에
서 유래한다. 원죄는 아담과 이브로 인하여 생겨난 죄의 성향을 말

---

56) Philipp Melanchthon, *Loci Communes, 1521: Lateinisch-Deutsch*, Ubersetzt
　　von Horst Georg Pohlmann ed. (München: Gütersloher, 1993), 48-49.
57) 안춘근, 141-2.
58) *LC*, 48-49. *Loci Communes*를 줄여서 *LC*로 쓴다.

한다. 그는 창세기 6:3 "여호와께서 가라사대 나의 신이 영원히 사람과 함께하지 아니하리니 이는 그들이 육체가 됨이라"를 인용하고 로마서 8장을 가지고 '육체'를 설명한다. 그에 의하면 육체는 하나님의 성령이 없는 상태59)이고, 원죄가 죄를 파생한다.60) 철학은 사람의 외형적 형태를 주시하지만, 성서는 내면적 성향들을 감찰한다.61) 멜랑히톤은 "우리 안에서 일어나는 죄 인식, 또는 죄에 대한 대적은 순전히 하나님이 하시는 일이다."62) 그는 "범죄한 인간 본성의 모든 행위들, 모든 욕망과 인간적 힘에 의하여 추구되는 모든 것은 죄로서 이러한 죄성에 사로잡혀 있는 한 사람들에게 주어지는 진정한 자유란 있을 수 없다"고 말함으로써 루터의 노예의지론을 계승하고 있는 것이다.63)

그리고 구원론의 핵심인 "칭의와 신앙"에 관한 글은 루터의 종교개혁사상을 계승하고 있다. 율법을 통하여 죽었던 우리는 그리스도 안에서 약속된 생명과 은혜의 말씀, 곧 죄 용서의 복음을 통하여 다시 사는 약속을 받았다. 우리가 예수를 믿음으로 확고히 붙들면 그리스도의 의가 우리의 의가 되며, 그리스도의 화목제가 우리의 화목제가 되고, 그리스도의 부활이 우리의 것이 됨을 의심할 필요가 없다고 말하며 우리의 선행의 과시를 통하여 의롭다함을 받는 것이 아니라 예수 그리스도를 믿는 믿음 안에서 의롭게 된다고 주장한다.64)

---

59) Ibid., 57.
60) Ibid.
61) Ibid., 63.
62) Ibid., 87.
63) Ibid.
64) Ibid., 207.

하나님의 실존, 하나님의 분노, 하나님의 자비는 영적인 것으로서 육으로는 인식할 수 없다. 마음을 새롭게 비쳐주는 성령만이 하나님의 본성에 속한 모든 것들을 인식할 수 있다. 우리의 의는 그리스도를 나타내는 복음을 믿는 신앙이다. 오직 믿음만이 의롭게 할 뿐이지, 우리의 업적이나, 선행은 고려되지 않는다. 공로는 오직 그리스도의 공로일 뿐이다. 그리고 믿음은 평화와 기쁨을 선물하고, 하나님을 사랑하게 한다. 이 하나님을 향한 사랑은 역시 믿음의 열매이다.[65]

마지막으로 이성과 신앙의 관계를 설명한다. 그는 "인간의 이성은 하나님을 두려워하지도 않고, 믿지도 않는다. 오히려 하나님을 알려고 하지도 않고 하나님을 모욕한다"고 말한다.[66] 그러나 성령의 지배를 받는 이성까지 가볍게 생각하는 것은 아니다. 원칙적인 면에서 루터와 멜랑히톤의 이성에 관한 입장은 같으며, 활용 면에서는 멜랑히톤이 더 적극적이다.

개혁교회의 구원관은 칼빈(John Calvin, 1509-1564)의 구원관에 의존한다. 그리고 칼빈의 구원관은 루터와 같이 어거스틴의 입장을 따른다. 어거스틴의 구원관은 은총의 구원관이다. 그에 의하면 인간의 자유의지는 이성과 의지의 기능을 말하는데 은혜의 도움을 받으면 선을 행하지만 은혜가 없으면 악을 택한다. 인간은 자유의지의 남용으로 죄의 노예가 되어 구원에 있어서 무능하게 되었다. 칼빈의 신학은 은총의 신학이라고 할 수 있는데 그 은총의 표현은 절대적 예정으로 나타난다. 하나님이 그의 절대적 주권으로 예정하고 선택

---

65) Ibid., 282.
66) Ibid., 216.

한 자는 반드시 구원으로 인도된다. 이러한 은총은 저항할 수 없는 은총이다. 칼빈의 예정사상은 그의 사상적 출발점이 아니고 그가 은총을 말할 때 논리적으로 도달한 귀결점이다.

그가 말하는 이중 예정은 어거스틴의 예정론을 더 체계화한 것인데 어떤 사람은 구원으로, 어떤 사람은 멸망으로 예정했다는 것이다. 그는 이중 예정을 통해 하나님의 뜻의 절대성을 적극적으로 긍정하고, 하나님의 주권을 강조하며, 하나님의 은총의 철저성을 강조하는 것이다. 칼빈은 예지가 예정의 원인이라고 주장하는 사람들을 적으로 돌렸다. 예정은 선택을 전제하는데 선택은 공로의 예지로부터 나오는 것이 아니라 하나님의 주권으로부터 나온다. 하나님은 인간 창조 이전에 아담의 타락을 예지하시고 아담 안에서 그의 후손들을 파멸로 선택하셨는데 그것은 그의 영원한 결단의 규정이다. 실로 이것은 무서운 예정이다. 이와 같이 칼빈은 인간의 공로에 의한 예지를 배격하고, 인간의 선행이나 공로와 타협하지 않는 하나님의 절대적 주권에 의한 예정을 강조한다.[67]

그는 『기독교강요』 24장 5절에서 예정과 선택이 그리스도 안에서 인정된다고 주장한다. 그러나 이것이 결정론적이고 숙명론적이라는 반론을 사서 적게 다루었다. 그에 의하면 인간의 공로와 무관하게 그리스도 안에서 예정되고 선택된다. 왜냐하면 그리스도는 창조 이전에 은총으로 결단된 우리의 구원과 선택의 근거이기 때문이다.[68]

---

67) John D. Woodbridge/박용규, 『인물로 본 기독교회사』 (서울: 분도출판사, 1993), 44-60.
68) Ibid.

칼빈의 5대 구원의 교리는 장로교회의 근본 교리로서 다음과 같다. 1) 전적타락(total depravity), 2) 무조건 선택(unconditional election), 3) 제한적 속죄(limited atonement), 4) 불가항력적 은혜(irresistible grace) 그리고 5) 성도의 견인(perseverance of saints)이다.

전적 타락은 부패의 정도가 아닌 부패의 범위를 말하는데 인간의 육체적, 정신적, 정서적 본성이 철저하게 부패되었다는 것을 의미한다. 물론 인간은 동물과 달리 타락한 후에라도 최소한의 상대적 선은 행할 수 있다. 그러나 우리의 근저에는 항상 악한 욕망과 죄의 성향이 자리 잡고 있다. 따라서 이러한 부패의 본성 때문에 인간의 자유의지는 사실상 죄의 노예가 된 상태를 말한다.

당연한 논리적 귀결로서 인간의 전적 부패는 인간의 밖에서, 즉 오직 하나님으로부터 오는 은총을 통해서만 인간이 구원을 받을 수 있다. 그리고 이러한 구원은 만세 전에 그리스도 안에서 미리 정하신 하나님의 영원한 결정에 따라 이루어진 것이다. 이러한 결정은 인간의 선한 의지나 행위, 또는 공로가 아닌 하나님의 자유로우신 주권과 은혜에 기초하여 **무조건**적으로 이루어지는 삼위일체 하나님의 사랑의 행위이다.

그리고 **제한적 구속**은 예수님이 십자가에서 이루신 구속의 사역이 선택받은 사람들만을 위한 것이라는 것이다. 이러한 교리는 5대 교리 중에서도 가장 이해하기 어렵고 수긍하기 곤란한 부분이기도 하다. 그러나 이 교리는 어거스틴과 같이 칼빈의 신앙 체험으로부터 나온 것이라고 보는 학자들도 많은 것 같다. 그래서 고신대 이환봉 교수는 이 "제한적 구원"이라는 교리의 명칭을 "특별한 구속"으로 바

꾸는 것을 추천한다.69)

불가항력적 은혜는 '효과적인 부르심'이라고도 하는데 디모데후서 1:9과 디도서 3:5에 근거하는 바와 같이 우리의 구원은 우리의 의로운 행위로가 아니라 오직 하나님의 뜻과 영원 전부터 그리스도 안에서 우리에게 주신 은혜를 따라 내리시는 주권적 행위이며 전적으로 타락한 우리는 이에 항거할 능력이 없다.70)

마지막으로 **성도의 견인**은 히브리서 6:17-18과 고린도후서 1:21-22에 따라 한번 구원받으면 영원히 구원받는 교리이다. "성도의 궁극적 구원"이라고 할 때 그리스도인의 지속적 믿음을 강조하기는 하지만 결국 그것은 하나님의 계속적인 인내하심과 사랑과 은혜의 보전으로 가능하다는 것이다. 그러므로 일시적 범죄는 연약함으로 잠시 넘어짐에 불과하며, 그들은 끝내 회개하고 돌아올 것이 확실하다.71)

이와 같이 칼빈의 구원론은 처음부터 끝까지 전능하신 삼위일체 하나님의 주권적 은혜와 권능에 의하여 이루어진다. 성부 하나님은 무조건적 은혜로 죄인을 선택하시고, 성자 하나님은 택함 받은 자들을 위해 죽으시고, 성령 하나님은 그리스도의 죽으심을 효과적으로 적용하시어 회심하고 믿게 하심으로 자원하여 복음을 받아드리게 하신다. 그러므로 구원(성화)은 삼위일체 하나님의 사역이다.

---

69) 2011년 7월 25일 인터넷 블로그에 올린 글, "칼빈, 칼빈주의가 말하는 구원신앙" 중에서.
70) Ibid.
71) Ibid.

2. 웨슬리안 전통 교회의 구원론

웨슬리(John Wesley, 1703-1791)의 구원 신학은 대체로 알미니우스(Jacob Arminius, 1560-1609)의 신학을 따르고 있다. 웨슬리는 생전에 한동안 '알미니안'이라는 표제의 잡지를 편집하기도 하였고 그가 출생할 당시 영국 국교회의 칭의론의 신학도 알미니우스주의의 영향을 받았다.72) 알미니우스는 스페인의 지배하에 있던 홀란드에서 출생하였고 그의 유아기 때 독립전쟁의 와중에서 아버지가 살해당했고 15세 때 또다시 그의 어머니와 형제들이 모두 살해되었다. 그러나 주변 사람들이 그의 명석함을 알고 도움을 주어 라이덴(Leyden) 대학에서 공부하였고 재학 중 성적이 우수하여 제네바 대학에 유학하여 칼빈을 연구하였고 칼빈의 후계자 베자에게 인정도 받았다. 그러나 그는 오히려 칼빈 신학과 반대되는 신학 사상을 발표하여 격렬한 신학 논쟁을 불러일으켰다. 1609년 그가 죽은 후 그의 제자들이 알미니우스주의를 조직하고 체계화하였으며 1610년에는 항론(抗論, Remonstration)이라는 신앙고백서를 작성하고 그들의 5대 주장을 정부에 제출하였다.73)

알미니우스 파는 칼빈 파가 주도하는 정부에 의하여 심한 박해를 받았고 칼빈 파는 도르트(Dort)에서 종교회의를 열어 알미니우스주

---

72) Carl Bangs, *Arminius* (Michigan: Francis Asbury Press, 1985), 25-82.
73) 이대섭, "알미니우스주의와 웨슬리의 복음주의 운동,"「활천」vol. 410 (1984): 74. 알미니우스는 하나님이 먼저 모든 인간을 부르시고 인간은 자유의지를 사용하여 그 부르심에 응답하는 것이라고 주장하였다. 알미니우스는 영국교회는 물론 요나단 에드워드에게도 영향을 주었다. 특히 웨슬리와 웨슬리를 따르는 교회들은 대체로 알미니안 신학 체계 위에 서 있다고 본다.

의를 정죄하고 도르트 신조를 공포하였다. 알미니우스파가 1) 인간의 자유의지, 2) 조건적 선택, 3) 보편적 구속, 4) 가항적 성령의 은혜, 5) 은총 이후의 타락의 가능성을 주장하였는데, 이에 대하여 도르트 신조는 1) 인간의 전적 부패, 2) 무조건적 선택, 3) 제한된 구속, 4) 불가항력적 은총, 5) 성도의 견인을 주장하였다.

칼빈주의는 하나님의 주권을 강조한 나머지 하나님의 전적인 뜻에 따라 하나님이 구원받을 자를 결정한다(절대 예정)고 주장하는 데 반하여 알미니우스는 하나님과 인간의 협동으로 구원이 성취된다고 주장하였다. 즉 하나님이 먼저 모든 인간을 위하여 구원의 길을 마련하시고 부르시는데 인간은 자유의지를 사용하여 그 부르심에 응답하는 것이 구원에 절대적으로 필요하다는 것이다. 알미니우스주의는 영국 국교회에 많은 영향을 주었고 웨슬리 역시 대체로 알미니우스의 신학 체계를 따르고 있다.[74]

웨슬리는 칼빈의 예정론을 반대하였고 구원에 있어서 인간의 자유와 개인의 책임을 강조하였다. 하나님은 모든 인간에게 구원의 기회를 부여하셨고 타락한 인간일지라도 선행하는 은총(Prevenient grace)과 자유의지를 주었기 때문에 인간은 이것을 사용하여 하나님의 구원하시는 은총을 받아드리면 구원을 받게 된다는 것이다. 그는 회개하고 믿음으로 예수 그리스도를 구주로 영접하면 하나님은 우리의 죄(자범죄)를 용서하시고 우리를 의롭다고 인정(칭의)하신다. 이렇게 하여 우리는 초기 성결(중생)의 은혜를 얻고 하나님의 자녀가 되는 특권을 획득하는 것이다. 그리고 그는 아직 우리 속에 남

---

74) Ibid.

아 있는 원죄를 생전에 도말하는 온전한 성결을 강조한다. 성령의 세례로 원죄가 사라지고 온전한 사랑으로 충만한 상태가 그리스도 인의 완전이며 이러한 상태를 성결이라고 보았다.[75]

웨슬리의 신학 사상은 사색이나 조직적 연구의 결과가 아니라 그의 신앙 체험으로부터 얻어진 값진 소산이라고 볼 수 있다. 따라서 그의 복음 운동은 17-18세기 합리주의에 반성을 촉구하는 운동이 되었으며 나태와 퇴폐로 무너진 도덕 생활을 새롭게 하였다. 그리고 한편으로는 침체한 교회를 각성하게 하였고 교회의 부흥을 가져왔으며 사회개혁과 교육, 자선사업도 다시 일으켰다. 그의 복음주의 운동은 미국으로, 세계로 번져갔고 감리 교단을 비롯하여 많은 교단이 그의 사상과 이념 아래 출현하였으며 지금도 그의 체험과 산 신학은 많은 교회의 규범이 되고 있다.

웨슬리 신학의 중심 사상은 한마디로 "성결"(Holiness), "성화"(Sanctification), 또는 "기독자의 완성"(Christian Perfection)이라고 할 수 있다.[76]

여러 웨슬리 연구 학자들이 말하는 바와 같이 웨슬리의 중심 주제는 성결이며 이를 실천하는 것이다. 캐논(William R. Cannon)은 "웨슬리만큼 모든 신학적 관심의 핵심을 삶의 계속적인 성결의 문제에 두고 이것을 줄기차게 외치고 연구하고 논증하는 데 시간과 정력을 바친 사람은 없을 것이다"라고 하였다.[77]

---

75) John Wesley, *The Standard Sermon of John Wesley vol.2*. ed. by Edward H. Sugden (London: The Epworth, 1921), 155-156.
76) 한영태, 『삼위일체와 성결』 (서울: 성광문화사, 1992), 18. 성결을 나타내는 동의어들이며 웨슬리는 이 용어들을 혼용하였다.
77) William Cannon, *The Theology of John Wesley* (New York: Abingdon Press,

그러면 웨슬리 신학의 핵심인 "성결(성화)교리"를 간략하게 기술해보자. "성화의 교리"는 대략 다섯 가지 주제, 이중의 죄, 선행 은총, 초기 성결, 온전한 성결 그리고 기독자의 완전으로 요약할 수 있다.

1) 이중의 죄: 감리교회, 성결교회, 나사렛교회를 비롯한 웨슬리안 전통을 따르는 교회들은 두 종류의 죄 즉 원죄 또는 타락성과 자범죄 또는 개인의 죄가 있음을 믿는다.[78] 원죄 또는 타락성이란 아담의 모든 후손들의 본성이 부패하여 창조 때의 의로운 상태로부터 멀어져 하나님을 혐오하고, 영적 생명을 상실하여 악에 치우치고 죄를 범하려는 경향을 가진다. 이러한 원죄는 성령 세례로 마음이 완전히 깨끗해질 때까지 중생 체험을 한 사람들 속에도 계속 남아 있다.[79] 그러나 원죄는 죄를 범할 수 있는 유전된 죄의 경향성으로서 하나님의 치유 대책을 무시하거나 거절하기 전에는 그 누구도 그것에 대한 책임이 없다는 점에서 자범죄와 구별된다.

그리고 원죄의 산물이라고도 할 수 있는 자범죄는 하나님의 알려진 법을 고의로 범하는 것이다. 이사야는 "우리는 다 양 같아서 그릇 행하여 각기 제 길로 갔거늘 여호와께서는 우리 무리의 죄를 그에게 담당시키셨도다"(사 53:6)라고 하였다. 자범죄는 여러 형태로 나타나는데 성서윤리학을 연구하는 학자들에 의하면 하나님께 대한 죄, 사람에 대한 죄, 자기 자신에 대한 죄로 분류하기도 하고 또는 생각으로 지은 죄, 말로 지은 죄, 행동으로 지은 죄로 나누기도 한다. 또

1946), 5. 한영태, 『삼위일체와 성결』에서 재인용.
78) 『나사렛 교회의 *Manual*』, 2005-2009, 31.
79) Ibid., 32.

는 작위(作爲)의 죄, 부작위(不作爲)의 죄로 구분할 수도 있다.80)

이러한 이중적 죄는 각기 다른 은혜의 전기를 통하여 도말되는데 자범죄는 중생의 순간에, 원죄는 성결의 순간에 사함을 받아 없어진다.

2) 선행 은총: 나사렛교회 장정 1장 7절에는 인간은 하나님의 형상을 따라 창조되었고 선악을 분별할 수 있으며 도덕적으로 책임을 지는 존재로 창조되었으나 아담의 타락으로 인하여 인간은 스스로의 힘이나 공로로 자신을 돌이켜 하나님을 믿고 호소할 수 없음을 믿는다고 천명하고 있다. 그러나 우리는 예수 그리스도를 통한 하나님의 은혜가 모든 사람에게 주어졌기 때문에 만일 죄를 떠나 용서함 받고 의롭게 되기를 원하는 사람은 누구나 예수 그리스도를 믿고 하나님 보시기에 기뻐하시고 합당한 선행 은총을 따를 수 있음도 천명하고 있다.81)

웨슬리안들이 믿는 선행 은총(Prevenient Grace)의 신학은 웨슬리로부터 유래한다. 웨슬리는 "우리 자신의 구원을 성취함에 있어서"라는 설교에서 다음과 같이 말한다.82)

'너희 자신의 구원'이라는 것은 선행 은총으로 시작됩니다. 사람이 자기의 범죄를 일시적으로나마 어느 정도 깨닫거나 하나님의 뜻

---

80) Dale M. Yocum/생명줄 편집위원회, 『풍성한 생애』 (서울: 생명줄, 1977), 69.
81) *Manual*, 33.
82) John Wesley, "On Working out our own Salvation," *The Works of Wesley* vol. 3. Albert C. Outler, ed. (Nashville: Abingdon Press, 1986), 137.

에 대한 깨달음이 순간적으로 생긴다면 이것은 선행 은총에 의한 것입니다. … 이 모든 것은 그 하신 일을 전혀 모르는 마음으로부터 건짐을 받는 초기 단계입니다.

웨슬리는 비록 타락한 인간이라고 할지라도 하나님께서 미리 베푸시는 은혜가 있어서 하나님을 찾을 수 있다는 것이다. 인간이 하나님을 찾으려하고, 하나님의 뜻을 약간이라도 깨닫는 마음과 양심을 가지고 있는데 바로 그것이 선행 은총의 증거라는 것이다.[83]

웨슬리의 선행은 총은 구원의 과정에서 1) 구원을 사모하는 열심, 2) 마음의 문을 여는 결단, 3) 두려움과 떨림으로 구원을 받으려는 자유의지의 참여라는 역할을 감당한다. 웨슬리는 앞에서 인용한 그의 설교에서 구원은 선행 은총으로 시작된다고 가르치면서 선행 은총은 하나님을 기쁘시게 하는 최초의 소원이며, 빛의 여명이고, 하나님을 향하여 거슬렸던 죄악에 대한 미약하지만 순간적 최초의 확신을 포함하는 것이라고 설명한다.[84]

이와 같이 하나님이 이끄시는 구원은 선행 은총으로 시작되고, 선행 은총으로 말미암아 인간은 마음의 문을 열고 회개로 들어가게 된다.

3) **초기 성결(중생)**: 선행 은총으로 시작된 구원의 역사는 초기 성결이라는 관문을 통하여 자범죄를 사함 받게 된다. 웨슬리는 중생을 "성결의 관문"(the gate of sanctification)이라고 하였다.[85]

---

83) 이성주, 『웨슬리 신학』 (서울: 다니엘 출판사, 1991), 137.
84) John Wesley, 203-205.

원죄까지 해결하는 온전한 성결을 성취하려면 반드시 중생 체험을 거쳐야 한다. 다시 말하면 중생은 온전한 성결로 들어가는 입구라는 의미에서 초기 성결이라고 하는 것이다. 중생의 체험은 순간적이지만 이 과정을 논리적으로 서술하면 **회개-용서-믿음-칭의-중생- 양자됨**이라는 구분을 할 수 있을 것이다(학자에 따라 순서를 다르게 하는데 필자는 이 순서를 합리적으로 봄). 선행 은총으로 하나님을 찾게 된 사람은 먼저 자신의 개인적인 죄, 행위나 고의로 지은 죄를 하나님께 회개해야 한다. 하나님의 성령은 회개하는 모든 사람에게 은혜로 도와 마음속 깊이 참회하게 하고 자비의 은총을 소망하게 함으로써 용서와 영적 생명을 믿게 한다.[86]

예수 그리스도의 십자가는 이중적 의미를 내포하고 있다. 첫째, 죄의 결과는 사망이라는 것을 충족시킨 사건이다. 즉 공의로우시고 거룩하신 하나님의 본성을 충족시키기 위하여 반드시 죄인이 죽어야 하는데 예수 그리스도를 우리 대신 죽게 하신 것이다. 둘째, 십자가는 아가페이신 하나님의 본성을 충족시킨 사건이다. 독생자, 곧 하나님 자신이 죽기까지 우리를 사랑하신 것이다. 그러므로 우리는 이러한 하나님의 은혜를 감사함으로 받아드리고 예수 그리스도를 구주로 믿어야한다. 이때의 믿음을 일반적 믿음과 구별하여 '구원에 이르는 믿음'(saving faith)이라고 한다. 우리가 예수 그리스도를 구주로 믿고 영접하면 하나님은 우리를 의롭다고 인정하여 주시는데 이것은 하나님이 주시는 은혜의 사법적 행위인 것이다.[87] 하나님의

---

85) Leo George Cox, *John Wesley's Concept of Perfection* (Kansas: Beacon Hill Press, 1968), 82.
86) *Manual*, 33.

230 | 1부_ 교회의 역사와 아드 폰테스(*ad fontes*)

칭의 즉 사법적 은혜가 수여되면 비로소 우리는 거듭나게 되고 하나님의 자녀가 되는 특권을 얻게 되는 것이다. "그런즉 누구든지 그리스도 안에 있으면 새로운 피조물이라 이전 것은 지나갔으니 보라 새 것이 되었도다"(고후 4:17; 롬 6:2-11 참조). 자범죄를 해결하는 중생(regeneration)의 은혜를 얻은 사람은 그리스도 안에서 새로운 피조물이 되고 하나님의 자녀가 된다. 초기 성결 즉 중생 체험을 이렇게 6단계로 구분하였지만 이것들은 동시적으로 이루어지는 은혜의 체험인 것이다.

웨슬리는 "신생"(New Birth)이라는 설교에서 바울의 말대로 중생한 사람을 영적으로 어린 아이와 같다고 말한다.[88] 왜냐하면 중생한 사람에게는 아직 아담으로부터 유전된 생득(生得)의 죄가 남아있기 때문이다. 중생은 새로운 생명의 탄생이라는 점에서는 완전하고 독립된 사건이지만 성결의 관점에서는 시작이다.[89] 그러므로 우리는 중생 혹은 신생을 "초기 성결"(Initial Sanctification)이라는 동의어로 표현하는데 이것은 온전한 성결(Entire Sanctification)을 염두에 둔 표현이다.

4) 온전한 성결(Entire Sanctification): "온전한 성결"이라는 말은 데살로니가 교회의 중생한 성도들을 위한 바울의 서신에서 온 것이다.[90]

87) Ibid., 34. 롬 1:17; 3:21-26.
88) John Wesley/한국웨슬리학회, 『웨슬리 설교전집』 vol. 3 (서울: 대한기독교서회, 2006), 192-193.
89) Cox, 82.
90) William Greathouse/김성원 편역, 『성령충만과 성결』 (천안: 도서출판 대정, 1999), 195.

"평강의 하나님이 친히 너희로 온전히 거룩하게 하시고 또 너희 온 영혼과 혼과 몸이 우리 주 예수 그리스도 강림하실 때에 흠 없게 보전되기를 원하노라"(살전 5:23-24).

그레이트하우스(William Greathouse)는 리욘(George Lyons)의 말을 인용하여 데살로니가전서가 현존하는 가장 오래된 바울서신이며 여기서 사용된 "거룩"(성결)이라는 단어는 바울서신 전체의 평균 두 배가 넘는다고 기술하고 있다.[91]

바울은 데살로니가 형제·자매들이 이단과 이방인들에게 넘어가지 말고 온전히 하나님의 성품을 유지하고 살아갈 것을 교훈한다(살전 2:11-12).

이와 같이 온전한 성결이란 중생한 후에 하나님의 역사에 의하여 신자가 원죄 또는 부패성으로부터 벗어나 하나님께 완전히 헌신하는 상태에 들어가고 사랑의 거룩한 순종으로 완전해지는 것이다.[92] 여기서 하나님의 역사는 "성령의 세례", "성령의 불세례", 또는 "성령 충만"을 뜻한다. 여기서 성령의 세례는 일생에 한번 순간적으로 일어나는 것이며 성령 충만은 성결한 성도에게 수시로 일어나는 하나님의 은혜인 것이다. 웨슬리는 성화가 점진적인가, 순간적인가를 목회 초기에는 분명히 하지 않았다. 그러나 45년간의 목회 사역을 통하여 성화의 점진적인 면과 함께 온전한 성결이 이루어지는 한 시점이 있음을 주장하게 되었다.[93]

---

91) Ibid., 195-6.
92) *Manual*, 34.
93) Cox, 94 참조. 불교에서 말하는 돈오돈수(頓悟頓修)의 사상과 비교하면 흥미로울 것이다.

성결론은 웨슬리 신학의 중심이다. 종교개혁자들은 현세에서 온전한 성결을 체험할 수 없다고 하였으나 웨슬리는 하나님의 은혜의 역사를 통하여 중생의 순간적인 체험과 같이 성결의 두 번째 체험이 가능하다고 주장하였다. 그러므로 두 번째 은혜의 체험이라는 의미에서 "제2의 축복", "제2의 은혜", "두 번째 변화", "온전한 구원", "기독자의 완전"이라고 불렀다.94) 온전한 성결을 체험한 사람은 성령의 능력으로 죄를 더 이상 짓지 않고 "온전한 사랑"을 실천하게 된다.

웨슬리는 올더스게이트 체험 이후 1739년 1월 1일 새벽 페터레인에서 기독자의 완전은 은혜를 통하여 믿음으로 말미암아 이루어진다는 사실을 확신하게 되었다.95)

중생한 신자는 비록 천국에 가는 티켓을 얻었다고는 하지만 영적 상태가 아직 어린아이의 수준이므로 불완전하여 언제 타락할지 모른다. 그러므로 보다 더 완전한 영적 상태이며 중생한 신자의 목표인 성결을 체험하여야 한다. 그리고 성결은 "내가 거룩하니 너희도 거룩하라"(벧전 1:16)고 하신 하나님의 명령이다.

온전한 성결은 소극적으로는 죄를 온전히 추방하는 것이며 적극적으로는 온전한 사랑을 실천하는 것이다. 웨슬리는 온전한 성결은 순수한 사랑 즉 죄를 물리치고 마음과 생활을 지배하는 사랑이라고 규정하였다. 사랑이 마음을 채우고 영혼의 전체 기능을 지배할 때 그 마음에 죄가 발붙일 수가 없다는 것이다.96)

---

94) 한영태, 234.
95) 많은 학자들은 웨슬리의 이날 체험을 성결의 체험으로 봄. 한영태, 234 참조.
96) John Wesley, *The Works of the Rev. John Wesley, A. M.*, 3rd edition, Thomas Jackson, ed. (London: Wesleyan Methodist Book Room, 1829-1831), 46.

성결 신학은 단순한 교리 체계나 신학 이론이 아니다. 그것은 18 세기를 살았던 웨슬리의 성령의 체험과 실천으로부터 나온 교훈이며 확신인 것이다.

5) **그리스도인의 완전**: 온전한 성결을 표현하는 여러 가지 동의어가 있는데 "그리스도인의 완전"(Christian Perfection)은 그 동의어 중 하나이다. "성결"(Sanctification)이 정결하게 되는 작용의 국면에서 표현된 용어라면 "거룩"(Holiness)은 깨끗하게 된 상태의 국면을 나타내는 동의어이다. 마찬가지로 "그리스도인의 완전"도 이중적인 죄(부패성과 자범죄)를 사함 받은 성도, 즉 "인간으로서의 완전"을 의미하는 "성결"의 동의어이다. 웨슬리는 "완전은 성결의 다른 말일 뿐 같은 사실의 두 다른 낱말이다. 성서적 의미로 볼 때 성결한 자는 완전한 자이다"라고 하였다.[97] 웨슬리에게 있어서 완전이란 완전하고 조화된 인격을 의미하며 '그리스도를 본받다'라는 사고에서 구성된 용어이다.

우리가 비록 성결 체험을 통하여 원죄까지 사함을 받고 정결하게 되었다고 할지라도 인간에게는 건망증, 무지, 실수 등과 같은 연약성(infirmity)이 남아 있다. 그러므로 인간이 육체를 지니고 있는 동안에는 타락의 가능성이 있는 것이다. 물론 성령의 내주와 충만으로 성결을 유지하는 것이 원칙이지만 인간의 완전은 천사의 완전도 아니고 그리스도의 완전도 아니다. 인간의 완전은 하나님의 절대적 완전도 아니고 타락 이전의 아담의 완전도 아니다.[98] 그리스도인의

---

97) 한영태, 236. *Sermons* vol. ii. xxxv. 156.
98) 한영태, 236-237.

완전은 어디까지나 상대적 완전, 즉 "인간으로서의 완전"이다. 웨슬리가 말하는 불완전한 완전은 첫째, 하나님과 다른 완전이라는 정의를 뜻하고, 둘째, 완전한 자라도 죄를 고백하고 은총을 통하여 성장할 필요가 있음을 뜻한다.99) 완전한 자라도 인간은 계속 은혜 안에 성장하여야 하며 하나님 앞에 서는 순간 최종적으로 하나님으로부터 의롭다는 인정을 받아야 한다. 이것을 최종적 완전(final stage of perfection) 또는 영화(glorification)라고 부른다.100)

인간의 완전은 불완전한 완전이므로 우리는 항상 은혜 안에 거하고 성장하여야 한다. 하얗고 깨끗한 새 옷을 입은 사람이 비온 거리를 지날 때 흙탕물이 튀어 오르지 않도록 조심하는 것과 같이 성결한 사람은 성령과 동행하는 삶을 살아야 하고 적극적으로 은혜 안에서 아가페를 실천하며 살아야 할 것이다.

바울은 "내가 이미 얻었다 함도 아니요 온전히 이루었다 함도 아니라 오직 내가 그리스도 예수께 잡힌바 된 그것을 잡으려고 좇아가노라"(빌 3:12)고 하였다. 그리스도인의 완전은 상대적 완전으로서 모든 연약성이 극복되고 그리스도의 부활에 참여하는 그날까지 우리는 바울과 같이 부르심의 상을 향하여 달려가야 할 것이다.

웨슬리는 실제로 회심 이후 한동안 중생과 성화에 대한 혼동이 있었던 것 같았으나 페테레인 체험(1739년 1월 1일 새벽) 이후에는 완전의 교리가 그의 중심 사상이 되었고 변화가 없었다.

---

99) Colin W. Williams, *John Wesley's Theology Today* (Nashville, TN: Abingdon Press, 1960), 170.
100) 한영태, 236-237.

V. 기타의 교리

로마 가톨릭교회는 구원론 이외에도 개신교와 많은 상이점을 가지고 있다. 여기서는 성서와 계시, 구원, 우상숭배, 그리고 교회에 관한 입장들을 간단히 고찰해보려고 한다.

1. 성서와 계시

개신교는 종교개혁 이후 루터의 입장을 따라 구약 정경으로 팔레스틴 정경(Palestinian Canon)을 따르고 있다. A.D. 90년경 팔레스틴 얌니야에서 유대인 학자들은 정경의 범위를 39권으로 확정하였고, 15권의 외경을 정경으로부터 제외시켰다. 이것을 팔레스틴 정경이라고 불렀다. 칼빈도 루터와 같은 입장을 취하고 있다. 그러나 루터는 15권의 외경을 정경으로 받아드리지는 않았지만 유익한 책으로 읽을 것을 권했다. 한편 주전 331년 알렉산더 대왕이 페르시아를 물리치고 승리를 거둔 후 고대 근동지방은 희랍 세계로 전환되었고, 희랍어는 세계의 통용어가 되었으며, 유대인들도 모국어 히브리어를 점차 잊고 희랍어를 상용하게 되었다. 따라서 당시 희랍 문명의 중심지, 알렉산드리아에서 주전 3세기 중엽, 히브리어에서 희랍어로 번역된 성경, "70인역"(Septuagint)이 나왔다. 그리고 당시에 유대인들이 구약 이외에 많이 읽었던 희랍어 종교 문서들 중 15권이 있었는데 이것들이 외경이다.

얌니야 회의(A.D. 1세기 말) 이후 구약 정경은 두 가지 전승, 팔레스틴 정경과 알렉산드리아 정경(Alexandrian Canon)으로 나누어졌다. 기독교는 알렉산드리아 전통을 따랐고, 가톨릭교회는 이를 계승하였다. 그러나 루터는 팔레스틴 정경의 입장을 취하였고 개신교회는 이를 계승하였다. 개신교회는 팔레스틴 전통을 따르면서도 정경의 순서는 알렉산드리아의 정경을 따르고 있다. 그리고 가톨릭교회는 알렉산드리아 전통을 따르지만 15권의 책 중 에스드라스 상, 하(Esdras I, II)와 므낫세의 기도(The Prayer of Manasseh)를 제외시켰는데 이것은 트렌트 종교회의(Trent Council, 1545-1563)에서 결정된 것이다.101)

성서는 하나님의 계시의 책이다. 개신교회는 성서를 그리스도인의 신앙과 신학의 최고 규범과 권위로 믿고(딤후 3:16) 있는 반면 가톨릭교회는 성서가 전통으로부터 나왔기 때문에 교회의 전통과 권위를 성서보다 우위에 두고 있으며 교황의 무오를 주장하고 있다. 또한 가톨릭교회는 죽은 자를 위한 기도나 연옥설, 공덕설, 천사들의 중보 사역 등의 교리를 보존하기 위해 외경을 정경에 포함시키고 있으며, 기록되지 않은 성서라고 보는 사도들의 유전(遺傳)과 교회의 유전을 성서의 권위와 동등하게 보고 있다.

예수 그리스도의 말씀처럼 유전을 지키려고 기록된 말씀을 버리는 행위(막 7:9-10)는 그릇된 것이다. 따라서 우리는 성경만이 하나님의 유일한 계시의 책이며 신앙과 삶과 신학의 최고 규범이다.

---

101) 종교교재편찬위원회, 『성서와 기독교』 (서울: 연세대학교출판부, 1985), 40-43.

2. 미사의 의미

개신교회는 그리스도의 십자가 사역이 죄인들의 구속을 위하여 단번에 드려진 완전한 제사였다(히 10:10-14)고 가르친다. 그러나 가톨릭교회는 미사(mass)를 드림으로써 예수 그리스도의 십자가 사역을 통한 제사를 재연한다. 마치 구약의 제사장이 하나님께 제사를 드리는 것과 같이 사제가 미사 때마다 하나님께 예수 그리스도를 제물로 다시 드리는 것으로 인식한다.

이러한 의미에서 미사의 희생제사설은 가톨릭교회의 성만찬, 화체설과 결부되어 있다. 4차 라테란 공의회(1215년)와 1차 트렌트 공의회(1551년)에서 교리로 채택된 화체설은 성만찬의 떡과 포도주가 사제의 축사로 예수 그리스도의 몸과 피로 변한다는 교리이다(눅 22:19-20; 요 6:47-51). 이러한 희생제사설과 화체설은 예수 그리스도의 십자가 사역이 단번에 드려진 완전한 제사(구속: at-one-moment)라는 것을 약화시킨 것이다.

3. 우상 숭배적 요소

1) **마리아 숭배**: 가톨릭교회는 마리아가 예수를 낳기 전에도 처녀였고 낳은 후에도 동정을 유지했다고 주장한다. 그러나 마태복음 13:55-56과 누가복음 2:7은 마리아의 소생이며 예수의 형제, 자매들이 있음을 기록함으로써 가톨릭교회의 주장이 잘못되었음을 증명한다. 에베소공의회(431년)가 당시 예수의 신성을 부인하는 이단들을 대적하기 위해 마리아를 하나님의 어머니라고 교리화하고 그

후 마리아 신성의 증거로 삼았다. 이러한 마리아 숭배 사상은 마리아 무죄잉태설(1868, 바디칸 공의회)과 평생무죄설, 심지어 마리아 부활승천설(1950, 교황 피어스 12세의 선포)까지 나오게 하였다.

그러나 성서는 예수 그리스도 이외에는 그 어떤 구원자도, 중보자도 허락하지 않으며 모든 인간은 죄인임을 선포하고 있다(롬 3:9-10, 23; 고전 4:4). 이러한 마리아 숭배사상은 313년 기독교 공인 이후 집단적으로 개종한 이교도들의 여신 숭배사상이 기독교화한 것이다.

2) 성인(聖人), 성상(聖像) 숭배: 가톨릭교회에서는 지역이나 교회에서 제한적으로 숭배 받는 사람을 복자(福者)로, 전 세계의 가톨릭교인들이 공경하는 사람을 성인(聖人)으로, 그 칭호를 교황이 내린다. 우리나라에도 103위(位)의 성인-성녀가 있다. 가톨릭교회는 믿음과 공덕의 본이 된 성인들이 하나님과 계속 교통하고 있기 때문에 살아있는 신자들의 기도를 도와줄 수 있다고 주장한다. 이것은 공덕 구원설에 근거를 두고 있는 것이며 개신교회에서 말하는 신자들이 하는 중보기도와는 다른 것이다.

그리고 가톨릭교회는 마리아상을 비롯하여 수많은 성상을 만들어놓고 거기에 절한다. 유럽과 중-남미를 비롯한 가톨릭 국가들에는 엄청나게 많은 성상들을 만들어놓고 있다. 그들은 우상숭배가 아니라고 말하지만 그것은 고대 이방종교의 관습으로부터 온 "신 존재의 가시화" 욕구와 관계가 있으며 십계명에 위배되는 것이다(출 20:4-5).

3) 교황무오설: 가톨릭교회는 마태복음 16:15-19에 근거하여 초

대 교황인 사도 베드로를 계승하는 주교가 교황이라고 주장한다. 그러나 그레고리 1세(Greorius I, 540?-604) 때에 와서 비로소 교황권이 인정되었다고 사가(史家)들은 본다. 베드로의 수제자권을 이어받았다고 하는 교황은 분명히 인간인데 오류가 없다는 것은 심각한 문제이다.

또한 가톨릭교회는 교황에게 면죄권이 있다고 주장하지만(마 16:19) 성서는 오직 믿음으로만 의롭다함을 받는다고 가르치고(롬 5:1) 하나님만이 모든 죄를 용서할 수 있는 분이라고 선포한다(요일 1:9).

1546년에 사도들의 유전(遺傳)과 외경을 정경에 포함시켰고, 1854년에는 마리아 무죄잉태설, 1870년에는 교황무오설, 1917년에는 마리아 중재설, 1950년에는 마리아 부활승천설, 그리고 1962년에는 마리아 종신처녀설을 확정하였다.[102]

이밖에 교회론도 개신교회와 가톨릭교회는 많은 부분에서 다르다. 가톨릭교회가 특별 사제직을 주장하는 반면 개신교회는 만인사제직을 주장한다. 가톨릭교회가 교직자가 있는 곳에 교회가 있다는 교직 기구로서의 교회를 주장한 반면 개신교회는 "성도의 공동체", 혹은 "신자들의"공동체를 교회라고 주장한다.[103]

---

102) 이만승, 3927성경연구원 제공. blog.daum.net.
103) 김균진, 『기독교조직신학 IV』(서울: 연세대학교출판부, 1993), 131 이하 참조.

VI. 결론

가톨릭교회와 개신교회는 그 내용과 형식에 있어서 수많은 차이점을 가지고 있지만 가장 중요하게 다루어야 하는 것은 구원의 교리와 신학이다. 구원론은 양진영의 존재를 판가름하는 가장 중요한 교리이며 치명적인 사상이요 척도가 되기 때문이다.

1517년 10월 30일 루터가 비텐베르크 대학 정문에 95개 조항을 내걸고 난 후부터 가톨릭교회와 개신교 양 진영은 각각 다른 길로 갔고 그 후에는 반목과 화해를 수없이 시도했지만 근본적인 문제, 특히 구원의 교리를 달리함으로써 접합점을 찾기는 어렵게 되었다.

따라서 본 논문에서는 가톨릭교회의 구원론과 개신교회의 구원론의 차이점을 고찰함에 있어서 역사적 과정을 기술하였고 복음주의적 입장에서 논지를 전개하였다. 물론 루터 칼빈의 신학적 관점과 웨슬리 알미니안의 신학적 관점을 다룸으로써 개신교회 안에서도 구원론의 차이가 있음을 고찰하였다. 그러나 가톨릭교회와 복음적 개신교회의 구원론은 그 간격을 좁히기 어려울 만큼 차이가 크다고 할 수 있다.

루터나 칼빈 전통은 구원에 있어서 예정과 선택을 강조하고, 은총과 하나님의 주권을 강조하였으며, 인간의 노예의지를 강조하였다. 그리고 웨슬리안 전통은 복음적 신인협동설(Evangelical Synergism)을 주장하여 하나님의 "선행하는 은총"으로 말미암은 인간의 최소한의 의지(은혜에 대한 수납과 가항)를 인정하였다. 그리고 중생한 다음, 원죄까지 해결 받는 두 번째의 은혜의 단계인 온전한 성화(Entire Sanctification)를 가르치고 있음을 지적하였다. 이러한 개신교회 안에서의 입장 차는 가톨릭교회의 구원론에 비하면 얼마든지 극복할 수 있는 문제이다.

그러나 가톨릭교회의 구원론은 신인협동(Synergism)의 칭의론을 말하면서도, 신비주의 신학이 말하는 인간의 행위와 공로를 통한 구원의 교리를 인정한다. 일찍이 카르타고 회의(A.D. 412, 418)와 에베소 회의(A.D. 431)에서 고대 기독 교회가 이단으로 정죄했던 펠라기우스의 구원론을 수도원 신학이 계승하고, 역시 오렌지 회의(A.D. 529)에서 이단이라고 귀정했던 반-펠라기우스주의의 구원론을 로마 가톨릭교회가 계승하는 것은 참으로 역사의 아이러니이다. 또한 그리스도의 십자가와 상관없이 인간의 선한 의지와 공덕을 통하여 구원받을 수 있음을 제2 바티칸 공의회는 천명하였다. 그뿐만이 아니다. 심지어 믿지 않고 죽은 자들까지 살아 있는 자들의 중보와 공덕을 통하여 구원받을 수 있다는 만인구원설을 주장하고 있다. 그리고 칼 라너는 익명의 그리스도인을 주장하여 종교의 보편성과 다원론을 주장하였다.

이렇게 가톨릭교회는 개신교회와 만날 수 없는 구원론을 가지고 있으며, 수많은 교리적, 제도적 차이 때문에 같은 기독교 안에 있으면서도 타종교와 마찬가지로 화해할 수 없게 되었다. 그러므로 양 진영은 신앙적 차원, 계시적 차원에서는 만날 수 없고 다만 인간이 추구하는 보편적 공동의 선을 위해서만 만날 수 있을 것이다.

루터의 사면부(indulgentia) 논쟁의 배경에 관한 소고

김문기 I 평택대학교 교수

I. 서론: 문제의 제기(왜 면죄부가 아닌 사면부인가?)

종교개혁사에서 맨 먼저 떠오르는 것이 있다면 마르틴 루터와 95개 조항으로 이루어진 '사면의 능력의 선언에 대한 논제'(*Disputatio pro declaratione virtutis indulgentiarum*)일 것이다. 일반적으로 우리는 루터의 95개 논제가 면죄부 판매에 대해 신학적 논쟁을 한 것으로 인식하여왔다. 면죄부로 번역된 라틴어의 '인둘겐치아'(*indulgentia*)는 원래 '관용, 부드러움, 자비, 은혜'라는 뜻을 가지고 있는데 후에 '사죄', '사면'이라는 용어로 쓰이게 되었다. 그러나 면죄부라고 하기보다 사면(赦免)이라고 써야 할 이유는 '*indulgentia*'(indulgence, Ablaß)의 원래의 의미가 죄를 면해준다는 면죄(免罪)보다는 죄에서

---

1) 이 글은 「역사신학논총」 제2집(2000)에서 발표한 것을 발췌한 것입니다.

용서를 받고 형벌을 면제받는 사면이라는 뜻을 가지고 있기 때문이다. 그러므로 이 글에서는 면죄부 대신 사면부를 사용하겠다.

루터 이전에도 물론 사면부 발행은 있었다. 그런데 왜 루터에게서 이 문제가 제기되었는가? 이것은 교회의 프락시스(*praxis*)에 대해 성서와 신앙에 근거하여 문제를 제기할 수 있는 시대로 무르익어 갔기 때문이다. 루터의 사면부 논쟁은 기독교에 새로운 전환을 가져온 역사적인 사건이다. 이 글에서는 중세교회의 사면부의 역사와 루터의 사면부 논쟁을 일으키게 된 배경에 대하여 알아보기로 한다.

II. 중세 교회에서 사면부의 기원과 형성

사면부(*indulgentia*)는 회개의 실행에 속한 것이다. 신약성경에서 회개(Buße)는 하나님의 나라에 들어가기 위한 심령의 일회적인 방향전환(μετάνοια)이었다. 고대 교회에서 소위 '죽을 죄'에 해당되는 우상숭배, 간음, 살인을 범한 사람들은 교회에서 추방당했다.[2] 이런 형태의 회개 제도는 6세기 말까지 지속되었다. 예를 들면 오랫동안 스페인에서는 반복된 회개에 대해서 신부로부터 사면을 받을 수 없다고 했다. 그러나 시간이 흐름에 따라 이러한 공적인 회개는 점점 그 의미를 상실하게 되었다.[3] 그 대신 대 바질리우스(Basilius d.

---

2) W. v. Loewenich, *Martin Luther. Der Mann und das Werk*, München, List Verlag, 1982, 104.
3) Bengt Hägglund, *Geschichte der Theologie: ein Abriß*, A. O. Schwede (übers.), Gütersloh, Chr. Kaiser, 1983, 120.

Gr., 329-379)가 헬라의 수도원에서 가르친, 개인적으로 죄를 고백하고 사면을 받는 '개인의 고해'(Privatbeichte)가 나타났다. 이것은 6세기와 7세기에 아일랜드의 선교사들에 의해 영국과 프랑스에 전해졌다. 이제 '개인의 고해'는 더 이상 수도원 생활의 제도가 아닌 신자들이 죄로부터 해방되고 구원을 받게 되는 목회 제도가 되었다.[4]

이와 관련하여 회개는 죽을 죄뿐만 아니라 경미한 과실에도 해당되었다. 여러 가지 과실에 따른 회개의 종류와 기간이 수록된 6세기에 만들어진 『리브리 포에니텐치알레』(libri poenitentiale)라는 책이 있다. 이 책에서 회개의 방법으로 금식, 기도, 구제 그리고 격리 등을 제시하고 있다. 가장 혹독한 형태로 '종신 국외 추방'(peregrinatio perennis)이 있다. 아주 오랫동안 계속되는 회개는 잠자지 않음, 계속적인 시편 낭독 혹은 이와 유사한 일을 통해 더 짧은 기간의 벌로 대치될 수 있었다. 또한 소위 대속(Redemption)의 가능성도 있었다. 그리하여 어떤 정해진 벌을 다른 것으로 바꿀 수 있거나 돈을 지불함으로 회개를 다른 사람에게 떠넘길 수도 있었다. 예를 들면 금식은 시편 50편을 노래한다든지, 구제로 대치할 수 있었다.[5]

개인적인 '고해 회개'(Beichtbuße)는 공개적인 '교회 회개'와 수도원과 경건한 평신도들 사이에서 행해진 '사제의 고해'가 결합된 것이다. 이것은 고대 교회의 공개적인 참회의 기능—교회 공동체로 다시 받아들임—을 만족시켰지만 비밀스런 죄들까지 확대되었다. 이런 형태의 회개의 실천 방법은 켈트족과 앵글로 색슨족의 선교사들

---

4) B. Moeller, *Geschichte des Christentums in Grundzügen*, Göttingen, Vandenhoeck & Ruprecht, 1987, 4.verb. Aufl., 134-35.
5) Bengt Hägglund, 121.

에 의해 대륙에 전해지게 되었다. 8세기 후기의 프랑켄 교회의 회개 교본의 내용들은 켈트족 교회에서 온 것이다. 켈트족의 교회에서는 공개적인 회개 대신 사제 앞에서 개인적으로 죄에 대한 고백을 하고 선행의 보속(*satisfactio*)을 하는 고해 회개를 통해 교회의 공동체의 일원으로 다시 받아주었다(*reconciliatio*).[6] 9세기 초에 소위 카롤링거 시대의 회개 제도의 개혁은 고대 교회의 공개적인 회개를 부활시키고 '리브리 포에니텐치알레'를 폐지한 데 있었다. 그럼에도 불구하고 '리브리 포에니텐치알레'는 존속하였고 개혁은 영향력을 발휘하지 못했다.

800년경에는 교회에서 행하는 공개적인 회개는 사라지고 전통적으로 공적이고 중대한 범죄에 적용된 교회적인 속죄행위인 '통례적인 회개'(*poenitentia solemnis*)만 남게 되었다. 켈트족의 교회로부터 전수된 고해 회개는 널리 퍼졌으며 마침내 로마 가톨릭교회의 회개 제도의 기초가 되었다. 이 제도가 고대 교회의 것과 다른 점은 회개가 반복될 수 있고, 경미하고 비밀스런 죄까지 적용되었다는 것이다. 또한 공개적으로 행해지지도 않았으며, 순수한 개인적이고 비밀스런 회개와 차이가 있었다. 이 회개는 사제 앞에서 행해져야 한다는 것과 바로 부과되는 선행의 보속들(*satisfationes*)과 결합된 데 있다.[7] 이 선행의 보속과 관련하여 우리가 이제까지 로마 가톨릭교회의 면죄부로 이해했던 것이 엄격한 의미에서 면죄부가 아니었음을

---

6) 참조. Gustav Adolf Benrath, Art. "Ablaß", in Theologische Realenzyklopädie (TRE), Bd. 1, Berlin, Walter de Gruyter, 1976, 347: 공개적인 회개에서 회개 행위의 실천은 교회의 공동체 안으로 다시 받아들이는 하나의 조건이었다.
7) Bengt Hägglund, 121-22.

이해하는 열쇠가 된다.

사면부(*indulgentia*)의 기원에 있어서 고해 신부나 다른 성직자들의 중보 기도를 토대로 사죄(*absolutio*)는 대속(*redemptio*)보다 더 중요하게 되었다. 사면은 교회에 의해 과해진 회개 행위(교회법에 따른 회개, 교회에서 부과하는 벌)에 관련된 것이 아니라, 죄에 대해 하나님이 내리는 처벌에 관심을 돌리게 하였다. 신자가 참회를 하고 사제로부터 사면을 받은 것을 확신하여, 하나님이 그의 죄를 용서하고 그에게 두려움이 되는 영원한 지옥의 벌로부터 건져내었다 할지라도, 그는 계속 죄에 대해 이 세상에서 하나님으로부터 받을 기한적인 벌과 연옥을 각오해야 한다. 죄에 대한 기한적인 벌의 완화 혹은 취소에 대한 명백한 소원은 사제들의 중보 기도를 통해(*per modum deprecationis*) 성취할 수 있다고 믿었다. 처음에는 순수하고 영적으로 고해성사에 참여하는 사람에 대한 사제의 도움으로 이해된 사면부가 점점 하나님과 사람 앞에서 정규적인 의무를 진 정당하면서 권위 있는 법률적인 방책으로 이해되었다.[8]

파울루스(Nikolaus Paulus)와 포쉬만(Bernhard Poschmann)의 자세한 연구 결과에 따르면 사면부는 11세기에 시작되었다. 이에 대한 두 개의 사건으로 1035년의 '구제 사면부'(Almosenablaß)와 1095년의 '십자군 사면부'(Kreuzzugablaß)가 있다.[9] 사면부는 죄를 지어 하

---

8) 참조. Gustav Adolf Benrath, 347: *Indulgentia*(속박으로부터 사면, 면벌)라는 용어는 13세기에 등장하는데 11세기에는 아직도 *absolutio*(사죄)라고 한 다음, *relaxatio*(회복), *remissio*(용서), *venia*(총애), *condonatio*(증여)로 사용되었다. 347-48.

9) 참조. Bernd Moeller, Die letzten Ablaßkampagnen. Luthers Widerspruch gegen Ablaß in seinem geschichtlichen Zusammenhang, in Johannes Schilling (hg.), *Die Reformation und das Mittelalter*, Göttingen: Vanden-

나님으로부터 심판으로 받는 기한적인 벌에 대해 교회로부터 인가받은 확고하면서 동시에 법적으로 유효한 약속과 숫자로 정확하게 기술된 규정이 있다. 예를 들면 100일간의 사면부로 100일간에 해당되는 기한적인 벌을 없앨 수 있다. 그러나 나중에는 연옥의 전체 기간(이것은 알 수 없지만)에서 100일을 줄일 수 있는 것으로 가르쳤다. 소위 말하는 '부분 사면부'는 사면을 받을 수 있는 날이 제한되어 있었다. 이러한 예로 11세기에 남프랑스에서 교회 건축을 위한 사면부가 있다.10) 반면 '완전 사면부'(indulgentia plenaria)는 이런 제한이 없었다. 1095년 교황 우르반 2세(Urban II)는 제1차 십자군에 지원한 사람들에게 '완전 사면부'를 약속했다. 이 십자군 사면부는 교회가 제정한 모든 벌에 대한 광범위한 대속으로 이해되었을 뿐만 아니라 동시에 '모든 죄로부터 용서받는 것'(remissio omnium peccatorum)과 죄에 대해 하나님으로부터 받는 기한적인 벌이 면제됨을 확실하게 약속했다. 1세기 후인 1187년 교황 그레고르 8세(Gregor VIII)는 십자군에 참전하지 않더라도 십자군을 위해 기부한 사람들에게도 사면부를 주었다. 이런 경우 회개와 관련된 내용은 쉽게 사라져버릴 수 있었다. 사면부에 대해 신학적으로 맨 처음 비판한 사람은 초기 스콜라 신학자인 아벨라르드(Peter Abaelard, 1070-1142)였다. 그는 하나님에 대한 사랑에서 나온 참회 감정을 하나님으로부터 죄의 용서를 받게 되는 원인으로 간주했다. 의지는 교회에 의해 과해진 회개 행위를 완전케 하기 위한 참회에 속한 것이라고 했다.

---

hoeck & Ruprecht, 1991, 53-54: 가톨릭 신학자인 Nikolaus Paulus는 3권으로 된 'Geschichte des Ablasses im Mittelalter'를 1922-23년에 발표했다.
10) W. v. Loewenich, 105.

그러나 이 행위에서 벗어날 수 없다. 페트루스 롬바르두스(Petrus Lombardus, 1100-1160)의 명제집과 볼로냐 출신으로 카말드리 수도원의 수도사인 그라치안(Gratian, 1158년 사망)이 1140년경에 펴낸 '그라치안의 교회법전'(Decretum Gratiani)도 사면부를 아직 고려하지 않았다. 13세기 초반에 가서야 사면부에 대한 내용은 다양해지지만 활발히 다루어지지 않았다.[11]

사면부가 교회법으로 새롭게 등장한 것은 13세기부터이다. 1215년 제4차 라테란 공의회는 고해(Beichte)를 성례로 결정하였다.[12] 이 공의회의 교회법(Kanon) 21조는 교인은 정규적으로 1년에 1번은 정해진 신부에게 모든 죄를 참회할 것을 결정했다. 이로써 개인을 교회 제도에 완전히 묶어버렸다. 제62조에서는 교회의 고위 성직자들(교황 제외)은 정규적인 사면부를 신자들에게 40일 이상 줄 수 없음을 규정하였다. 이것은 결국 큰 사면부는 교황만 줄 수 있도록 한 것이다.[13]

비로소 토마스 폰 아쿠빈(Thomas von Aquin, 1225-1274)에게서 깊이 있고 긍정적인 사면부 이론이 나왔다. 그는 자신의 '명제해설'(Sentenzenkommentar)에서 사면부의 본질, 사면부를 주고받는 자에 대하여 다루고 있다. 그는 여기에서 교황의 죄 용서의 권세는 그리스도(요 8:11)와 사도들의 (고후 2:10) 죄 용서의 권세로부터 온 것이며 사면부의 실행은 우주적인 교회의 무오 권리를 부여한 것으로 보았다. 그리고 그는 파리대학교 교수인 도미니크 수도회의 초기 스콜

11) Gustav Adolf Benrath, 348-49.
12) W. v. Loewenich, 104.
13) B. Moeller, "Die letzten Ablaßkampagnen," 55.

라 신학자 후고 폰 쌍트 케어(Hugo von St. Cher, 1097-1141)가 전개한 '교회의 보화'(*thesaurus ecclesiae*) 이론을 받아들였다. 13세기에 그의 이론은 사면부의 이론에 결정적인 강화를 가져왔다. 이 이론은 사면부를 주는 것에 대해 교회 전권의 시대라는 인식을 하기에 충분했다. 후고는 기독교의 근본적인 진리인 구원은 그리스도 안에 이루어진다는 사실을 근거로 하여 그리스도의 공로는 성인들의 잉여 선행과 더불어 보화의 형태로 교회에 위임되었음을 주장하였다. 그러므로 교회는 이 보화를 사용할 수 있다는 것이다. 그리스도와 성인들의 공로들은 수량으로 나타나게 되었다. 이 공로들이 하늘에서 온 것을 생소하게 여기게 하고, 현세적이고 법적인 집행을 위해 사용하였다. 이 보화는 특히 교황의 권한 안에 있는 도구가 되었다. 토마스는 사면의 시여에 대한 전권은 오직 교황에게 있다고 했다. 왜냐하면 교황은 정당한 이유가 있는 즉시 그가 원하는 대로 할 수 있기 때문이다. 이로부터 토마스는 연옥에 있는 죽은 사람에게까지 사면부의 사용이 가능함을 인정했다. 사면부가 과거에 개 교회에서 개인의 회개와 목회에서 자리를 차지하였다면 이제 사면은 모든 교회와 이 교회의 머리인 교황의 과업이 되었다.14) 교황은 '교회의 보화'를 자유롭게 사용할 수 있다. 교황은 '공로의 보화'가 있다면 '사면부를 집행할 수 있는 권세'(*potestas faciendi indulgnetias*)를 가진 것에 대해 의심하지 않게 되었다.15) 바로 '교회의 보화'가 사면부의 근거가 되었으며, 이것이 교황의 칙서에 나오게 되기까지 약 100년이 걸렸다. 교황 클레멘스 6세(Clemens VI, 1342-1352)가 1343년 공포한 칙서인

14) G. A. Benrath, 349.
15) B. Moeller, 55.

'*Unigenitus*'이다.16) 그러나 앞에서 말한 완전 사면부는 교황이 공포했다는 점에서 클레멘스 6세의 칙서보다 시간적으로 훨씬 앞서 있다.

사면부에 대한 획기적인 전환은 1300년 교황 보니파츠 8세 (Bonifaz VIII, 1294-1308)가 공포한 기념 사면부 칙서인 '*Antiquorum habet fida relatio*'이다. 이 기념 사면부는 과거의 완전 사면부와 똑같은 효력을 가졌다. 과거의 완전 사면부가 교회의 특별한 프로그램에 의해 제한되고 어려운 것에 비해 (예를 들면 십자군 원정) 이 사면부는 모든 사람에게 완전히 열려 있었다. 이 기념 사면부 칙서는 "*plenissima omnium suorum venia peccatorum*"(그의 모든 죄과에 대한 완전한 용서)을 약속했다. 이것은 십자군에 참여한 사람에게 주어진 완전 사면부와 똑같은 것이다. 누구든지 참회하고 이 사면부를 받고 난 다음에 죽으면 바로 천국으로 갈 수 있다고 어떤 추기경은 해석하였다.17)

이제 좀 더 1300년의 '기념 사면부'에 대하여 알아보기로 하자. 보니파츠 3세는 1300년을 거룩한 해로 지정하였다. 그는 로마에 있는 성 베드로 성당, 성 바울 성당을 그해에 순례하는 모든 가톨릭신자에게 완전 사면을 약속했다. 티버(Tiber) 강변에 자리 잡은 이제까지 교회와 여기에 종사하는 사람들의 숙소로 이루어진 황량했던 도시인 로마가 새로운 활기를 띠고 '영원한 도시'(urbs aeterna)로 변모하게 되었다.18) 이 기념 사면부는 100년에 한 번씩 거행되어야 한

---

16) Ibid., 56.
17) Ibid.
18) Carl Andresen & Adolf Martin Ritter, *Geschichte des Christentums* I/2,

다고 했지만, 곧 바로 이 기한은 50년, 33년으로 줄어들었고 나중에
는 25년으로 줄어들었다. 50년으로 줄어진 이유는 '인간 연수의 짧
음'(*brevitas vitae hominum*)과 구약성서의 희년에, 33년은 예수의 지
상에서의 생애에 근거한다고 했다.[19] 그러나 기한이 짧아진 것은
교황청의 재정 수입과 연관되지 않을 수 없었다. 이 기념 사면부는
결국 신자들의 영적인 빈곤과 교황청의 물질적인 빈곤을 동시에 만
족시킬 수 있는 새로운 고안이었다고 할 수 있다.

　　1390년 교황 보니파츠 9세(1389-1404)는 이 기념 사면부를 로마
순례에 국한시키지 않고 유럽 여러 지역에 있는 성지에도 해당된다
는 '*Ad-instar*' 사면부를 발행하였다. 예를 들면 아시시(Assisi) 근처
에 있는 포르티운쿨라(Portiuncula) 교회[20]를 순례하거나 아인지델
른(Einsiedeln)이나 아헨(Aachen)에 있는 성교회들을 순례하는 것 등
이었다. '*Ad-instar*' 사면부는 매우 확대되었는데 1398년 보니파츠
9세는 후에 루터가 종교개혁을 일으키는 작센 선제후국의 비텐베르
크(Wittenberg)에 있는 성교회(城教會) 순례를 포르티운쿨라 교회를
순례한 것과 같은 것으로 인정했다. 즉 누구든지 '모든 성인들의 날'
(11월 1일)에 비텐베르크의 성교회를 경건한 마음으로 순례하고 이
교회의 유지를 위해 성심껏 헌금하면 포르티운쿨라 교회를 순례해
서 받는 것과 같은 죄와 벌로부터 완전한 사면을 받는다는 것이었
다.[21]

Stuttgart: W. Kohlhammer, 1995, 207.
19) B. Moeller, 57.
20) V. Vinay, Art. "Portiuncula," in RGG, Bd. 5, 464-465: 성 프란시스가 수리했
　　던 작은 교회. 1210년 베네딕트 수도원으로부터 프란시스가 물려받았다. 프란
　　시스는 이곳을 자신의 상속으로 여겼고 이곳에서 복음의 소명을 받았다.

사면부에 대한 새로운 변혁은 교황 식스투스 4세(Sixtus IV, 1471-1484)에 의해 일어났다. 1476년 8월 4일 식스투스 4세는 남 프랑스에 있는 성인들의 주교좌성당 개축을 위해 '살바토르 노스터'(*Salvator noster*)라는 칙서를 공포했다. 이 칙서에서 식스투스는 사면부가 살아 있는 사람들의 구원뿐만 아니라 연옥에서 고통을 받고 있는 죽은 사람들의 구원에까지 효력이 있음을 공포하였다.[22] 이 사면부는 교회의 중보기도를 통해 가능했다(*per modum suffragii*). 40일간의 사면부는 연옥의 벌로부터 상당한 면제를 뜻했다. 이것은 과거의 회개 규정에 의한 40일간의 회개를 통해 용서를 받는 것과 같은 효력을 지녔다. 이 규정이 매우 애매했기 때문에 되도록 많은 사면부를 사야한다는 충동을 유발시켰다. 이때에 바로 교황의 재정 관리에서 부패가 최고도에 달했다.[23] 사실 죽은 자에 대한 사면은 신학에서 오래 전에 되어 왔다. 이와 함께 병행된 것으로 가장 유사한 것이 '죽은 자를 위해 드리는 연미사'(Seelenmesse)이다. 이미 제1차 십자군 원정 때 십자군은 자신들의 공로를 죽은 친척에게 양도할 수 있었다.[24]

III. 고해와 사면부의 관계

앞에서 말한 바와 같이 중세 시대부터 공개적인 회개 외에 신부

---

21) B. Moeller, 57-58.
22) Ibid., 60.
23) Karl Heussi, *Kompendium der Kirchengeschichte*, Tübingen, J. C. B. Mohr (Paul Siebeck), 254-255.
24) B. Moeller, 60.

앞에서 개인적으로 고백을 하고 사죄를 받는 것까지 포함된 고해 (Beichte)는 다음과 같이 3단계로 구성되었다. 1) 심령의 통회(*contritio cordis*): 죄지은 것을 참회하고 아픈 마음을 갖는 것, 2) 입의 고백(*confessio oris*): 신부 앞에서 입술로 죄를 고백하는 것, 3) 선행의 보속(*satisfactio operis*): 자신이 지은 죄에 따른 벌을 받지 않기 위해 선행으로 갚는 것. 선행의 보속으로 회개의 계율은 점점 약해지게 되었다. 1215년 제4차 라테란 공의회에서 회개(고해)는 성례(Sakrament)로 승격되면서 신부가 사면하는 말에 역점을 두게 되었다: 내가 너를 용서한다(*ego te absolvo*). 더 나아가 고해의 첫째와 셋째 부분이 완화되었다. 첫째, 심령의 통회 대신 두려움으로 만족하게 되었다. 이와 동시에 신부를 통한 성례전적인 특성이 강조되었다. 둘째, 11세기부터 죄의 용서 이후에 행해지던 선행의 보속이 일시적인 벌들의 면제로 이해되었다.[25] 고해성사에서 신부가 사죄함으로써 죄의 용서를 받게 된다. 즉 지옥에서의 **영원한 벌**은 죄의 용서로 면제된다. 그러나 일시적인 벌들, 즉**기한적인 벌**들은 아직도 남아 있으며 사면부에 의해 면제받아야 한다. 병, 전쟁, 기근, 연옥 등은 기한적인 벌에 속한다. 사면부에 의해 사람들은 기한적인 벌들을 감면을 받을 수 있다. 그러므로 죄를 면제받는 것이 아니라(면죄부), 기한적인 벌을 면제받는 것이다(사면부).

이제 한 장의 사면부는 삶과 죽음의 위급한 순간에 지불할 수 있는 수표의 한 종류가 되었다. 통회와 고해는 행하는 것이 아닌 지불해야 하는 것으로 이해되었다. 사면부는 시간이 경과함에 따라 교회

---

25) W. v. Loewenich, 104-105.

재정의 높은 수익성의 원천이 되었다. 사면부의 부과는 교황청의 관할 하에 있었다. 그러나 세속의 군주들은 자기들의 영토에서 사면부 판매를 금지할 수 있었다. 돈으로 살 수 있는 사면부는 중세교회의 가장 심한 타락 가운데 하나였다. 이것은 트렌트 공의회에서 폐지되었다(sessio XXI). 그러나 이 사면부가 예술과 사회적인 목적으로 쓰였음을 잊어서는 안 된다. 선제후 프리드리히는 이 사면부의 수입으로 대학을 위한 보조, 엘프(Elb) 교량들의 건설 그리고 수많은 교회의 장식품을 위해 사용했다.26)

IV. 루터의 95개 논제 발단이 된 사면부

수도사로서 그리고 세상에 별로 두각을 나타내지 않은 비텐베르크 대학교의 신학부에서 성경을 가르치고 있었던 루터는 사면부에 대한 논쟁으로 고요한 독방에서 세인의 주목을 받게 되었으며 역사를 만들기 시작하였다.27) 사면부에 대한 루터의 논쟁이 나오게 된 직접적인 원인은 무엇보다도 당시 독일에서 판매되고 있었던 성 베드로 성당 신축을 위한 사면부에 있었다.

1506년 교황 율리우스 2세(Julius II, 1503-1513)는 로마에서 성 베드로 성당을 새로 짓는데 필요한 재정적인 충당을 채우기 위해 '완전 사면부'(Plenarablaß)를 공고하였다.28) 그의 후계자인 교황 레오

---

26) Ibid., 105-106.
27) M. Brecht, *Martin Luther: Sein Weg zur Reformation; 1483-1521*, Berlin, Evangelische Verlagsanstalt, 1986, 173.

10세(Leo X, 1513-1512)는 이 일을 계승하고 1515년 3월 31일 독일의 教會州인 막데부르크(Magdeburg)와 마인츠(Mainz)에 '완전 사면부'인 *Sancrosancti salvatoris et redemptoris nostri*를 공고하게 하였다. 마인츠 대주교구는 당시 기독교 세계에서 가장 큰 교구였다. 1504년부터 1514년 사이 대주교가 무려 3번이나 바뀌었다. 이것은 그만큼 많은 돈이 로마 교황청에 뇌물로 바쳐졌다는 것이다. 대주교가 되기 위해서는 14,000굴덴(Gulden)[29]이 필요했다. 1514년 알브레히트 폰 마인츠(Albrecht von Mainz, 1490-1545)는 마인츠의 대주교로 선출되었다.[30]

알브레히트는 브란덴부르크의 선제후 요한 치체로(Johann Cicero)의 아들로 영적인 일에 별로 열심이 없고 영적 생활의 변화가 전혀 없는데도 불구하고 매우 짧은 시간에 중요한 여러 성직에 임명되었다. 19세의 나이로 그는 마인츠에서 주교좌 성당의 참사회원이 되고 1513년 막데부르크(Magdeburg)의 대주교와 할버슈타트(Halberstadt)의 주교가 되었다. 그는 베틴가(Wettin)에 속한 작센의 선제후들에게 속해 있었던 주교관구 막데부르크를 빼앗았다. 그러나 호엔촐렌가(Hohenzollern)인 알브레히트와 그의 형인 브란덴부르크의 요아힘 1세(Joachim I.)는 이에 만족하지 않았다. 1514년 알브레히트는 대주교구 마인츠를 손에 넣음으로 1518년에는 선제후이며 동시에 추기경의 자리에 올랐다. 그가 이미 막데부르크의 대주

---

28) F. W. Kantzenbach, *Martin Luther und die Anfänge der Reformation*, Güthersloh, Güthersloher Verlagshaus Gerd Mohn, 1965, 78.
29) 1굴덴은 약 14달러 정도 된다.
30) M. Brecht, 176.

교와 할버슈타트의 주교이기 때문에 또 다른 직위에 오르는 것이 교회법적으로 위배된 것임에도 불구하고 알브레히트가 이렇게 할 수 있었던 것은 교황 레오 10세로부터 특례를 받았기 때문이었다. 그는 교황에게 이 대가에 대한 조건으로 뇌물을 주었다. 이 뇌물 외에도 알브레히트는 공식적으로 다른 대주교와 마찬가지로 교황청에 대주교직의 띠를 두르기 위해 돈을 바쳤다. 이 띠는 대주교직을 상징하는 것으로 20,000굴덴이었다. 알브레히트가 이 돈을 지불할 능력이 없자 아우크스부르크에 있는 은행업자인 푸거 가문(die Fugger)이 이 돈을 선불해주었다.31) 루터는 이와 같은 배경을 1517년에 알지 못하고 있었다.32)

교황 레오 10세는 알브레히트에게 1515년 마인츠, 막데부르크 그리고 브란덴부르크에서 성 베드로 성당 신축을 위한 '완전 사면부'를 8년간 판매할 수 있다고 허가했다. 실제로 '완전 사면부'는 교황이 제시한 특별한 경우를 제외하고 모든 죄에 관계하였다. 수도사 서원(청빈, 순결, 복종) 외의 거의 모든 서원은 이 사면부를 사게 됨으로써 변경할 수 있으며 이로써 변제할 수 있다. 간음죄와 정당하지 못한 물건을 버는 것까지 포함된 거의 모든 죄가 면제될 수 있었다. 이 사면부를 판매할 동안에는 다른 모든 사면부는 폐지되었다. 이 사면부에 대한 설교 때문에 다른 모든 설교는 중단되어야 했다. 이 사면부에 대한 방해는 법으로 금지되었다. 루터는 1517년 늦은 여

31) W. v. Loewenich, 106.
32) Bernhard Lohse, *Luthers Theologie in ihrer historischen Entwicklung und in ihrem systematischen Zusammenhang*, Göttingen, Vandenhoeck & Ruprecht, 1995, 113.

름에 이 사면부에 대한 교황의 칙서를 알았던 것으로 생각된다.33)
공식적으로 이 사면부의 수익금은 로마의 성 베드로 성당의 신축을
위해 써야 했지만 레오는 낭비벽 때문에 이 돈의 일부를 사사로이
사용하였다(공금 횡령). 알브레히트는 사면부 판매의 절반은 바로 로
마로 보내고 나머지 절반은 푸거 가문에게 진 빚을 갚을 수 있었다.

알브레히트는 '거룩한 사업'의 실행을 위해 능숙한 사면부 설교가
인 브란덴부르크 지역의 도미니크 수도사 요한 테첼(Johann Tetzel,
대략 1465-1519)을 채용하였다. 테첼은 10년 이상 사면부 설교자로
서 혁혁한 성과를 거두고 있었으며 사기성이 농후한 말로 자신의 목
표를 달성하고야마는 굉장한 사람이었다. 이 일로 그는 상당히 돈도
벌었으며 자기 하인에게 상당한 일당을 지불할 능력도 있었다. 라이
프치히에 그의 사생아가 둘이나 있다는 소문도 떠돌았다. 테첼 자신
이 개정하여 설교에 사용한 '막데부르크 교범'(Magdeburger Instruk-
tion)에 의하면 하나님의 영광을 위한 행위, 영혼의 구원, 교황에 대
한 존경 그리고 성 베드로 성당의 유익을 담고 있었다. 최소한 일주
일에 3번은 '완전 사면부'에 대하여 설교해야 했다. 완전 사면부 설
교의 내용으로는 '완전 사면부 칙서'의 내용, 교황의 권위, 성 베드로
성당 신축의 필요성을 위해 교황이 신자들에게 도움을 요청한다는
것 등이었다. 특히 이 사면부를 사는 사람에게 내리는 4가지 은총이
강조되었다. 첫째, 모든 죄에 대한 완전한 사면이다. 죄인은 완전한
용서를 받아 하나님의 새로운 은총을 입으며 덧붙여 죄와 연옥의 벌
로부터 사면을 받는다. 이 사면부를 사기 위해 왕과 왕비는 25굴덴,

---

33) M. Brecht, 177.

대주교, 고관 귀족은 10굴덴, 일반 성직자, 일반 귀족은 6굴덴, 시민과 상인은 3굴덴, 수공업자 1굴덴, 그 외의 사람 1/2굴덴을 지불해야 했다. 빈곤한 사람은 금식과 기도를 해야 했다. 남편을 둔 아내와 이와 비슷한 경우에는 특별한 법을 적용시켰다. 둘째, 일생에 두 번, 자신이 가장 원하는 시간과 죽음의 시간에 교황이 정한 죄들로부터 사면을 받는다. 셋째, 사면부를 사는 사람과 이 사람들의 죽은 친척들에게 기도, 금식, 구제 그리고 경건한 행위들과 같은 교회의 모든 선행에 참여할 수 있는 은총이 주어진다. 이 은총은 참회 없이 가능하며 사람들은 죄의 상태에서 교회 공동체의 선행에 참여할 수 있었다. 넷째, 연옥에서 고통을 받고 있는 영혼을 위해 이 사면부를 사면 교황의 중보 기도에 의해 이 영혼은 죄의 벌로부터 사면을 받는다. 그리하여 죽은 사람들에게 도움을 줄 수 있고 동시에 성 베드로 성당 건축에 기부할 수 있다. 여기에서 대중적인 유행어가 나왔다. "돈이 연보함에 떨어져 울리자마자 영혼이 연옥의 불로부터 뛰쳐 오를 것이다."[34)]

테첼은 1517년 1월 사면부 판매를 위하여 아이스레벤에 왔다. 그러나 작센 선제후(Kurfürst)인 프리드리히 현공(Friedrich d. Weise, 1486-1525)은 테첼이 자기의 영토에 들어오는 것을 허락하지 않았다. 그는 자기 국민의 돈이 호헨촐렌가로 새나가는 것을 원치 않았다. 그러나 테첼이 국경에서 가까운 위터복(Jüterbog)과 체릅스트(Zerbst)에서 활동할 때에 루터에게 고해를 하는 프리드리히의 비텐베르크 주민들이 그곳에 가서 사면부를 사왔다. 이들은 사면부를 사

34) Ibid., 178-80.

가지고 비텐베르크에 와서 시교회(市敎會, Stadtkirche)35)의 신부인 루터에게 고해 성사를 할 때 그들의 죄에 대한 아무런 뉘우침이나 아픔도 없이 사면에 대한 선언을 요청했다. 진지한 신부였던 루터에게 있어서 이 일은 충격적이었다.36) 이런 사실에서 볼 때 종교개혁의 시발은 루터가 성서 신학 교수로서 신학적인 영역의 문제에 대한 것이 아닌 당시 교회에서 행해지는 회개의 실행에 대한 문제에서 시작되었음을 주목해야 한다.37)

1517년 10월 31일 루터는 성 베드로 성당 사면부에 대한 책임이 바로 알브레히트에 있기 때문에 오랫동안 망설여왔고 두려움과 떨리는 마음 그리고 기도로 알브레히트 대주교에게 그의 이름으로 시행이 되고 있는 이 사면부의 취소를 요구하는 편지를 썼다. 루터가 이 편지를 쓴 것은 다음과 같은 두 가지 이유 때문이었다. 첫째, 루터는 알브레히트가 알지 못하는 사면부 설교를 비판하지 않고 이 설교에 나온 내용을 사람들이 오해하고 있는 것을 우려한다고 말했다.38) 루터는 평범한 사람들이 사면부 설교를 근거로 하여 그들이 사면부를 사는 것만으로 그들의 구원에 대하여 확신하게 된다고 한탄하였다.39) 루터는 신자들의 영혼의 구원을 위해 교회 특히 감독들의 책임이 중대함을 주장하고 있다. 사람들에게 복음과 사랑을 가르치는 것이 감독의 가장 중요한 직무라고 말한다. 그리스도는 사면부를 설

---

35) Ibid., 150-51: 이 시교회는 평민들이 다니는 곳으로 루터는 이 교회에서 설교했다.
36) Ibid., 179-81.
37) Ibid., 173.
38) Ibid., 187.
39) Bernhard Lohse, 117.

교하라고 명령한 적이 결코 없으며 복음을 설교하라고 하셨다는 것이다.[40] 둘째, 막데부르크(Magdeburg) 대주교의 문장이 새겨진 사면부 설교자들을 위한 교본(*Instructio summaria*)이 알브레히트의 인지와 허가 없이 발행되었기 때문이다. 여기에서 사면부를 구입함으로써 얻게 되는 죄의 완전한 용서를 약속했다. 또한 죽은 자들을 위해 사면부를 사는 사람들에게도 참회나 고해가 필요 없다고 했다. 국민들은 사면부를 사게 되면 구원이 확실히 보장된 것으로 믿고 있다. 그들은 사면부가 벌뿐만 아니라 죄까지도 면제해주는 것으로 믿고 있다. 루터는 이 교본은 곧장 폐지되어야 한다고 밝혔다.[41] 루터는 이 문제가 결국 회개에 대한 올바른 이해와 관련되어 있음을 알았다. 그는 사면부의 판매에 대하여 침묵할 수 없었다. 루터는 교회의 책임 있는 선생으로서(신학박사로서의 의무) 이에 대해 의견을 표명해야 할 필요를 느꼈다. 루터에게 있어서 회개는 하나님의 사랑에 근거하여 지은 죄에 대한 고통이었다. 루터의 이러한 회개 이해가 사면부에 대한 논쟁을 시작하게 한 것이다.[42]

같은 날 루터는 자기가 속한 교구의 주교인 브란덴부르크의 히에로니무스 슐체(Hieronymus Schulze von Brandenburg)에게 편지를 썼다. 그러나 이 편지는 보존되지 않았다. 알려지기에는 이 편지에 테첼이 이 교구에 나타나서 활동하는 것에 대한 내용을 담고 있다.[43]

루터는 이 편지들 외에 사면부 논쟁을 뜨겁게 불러 일으켰고 종

.

---

40) M. Brecht, 187.
41) Ibid., 188.
42) Ibid., 182.
43) Ibid., 188.

교개혁의 시발이 된 95개 논제를 1517년 10월 31일[44] 비텐베르크 성교회(城敎會)의 문[45]에 붙였다. 그 당시 성교회의 문은 비텐베르크 대학의 게시판이었다. 이 논제의 제목은 '사면의 능력의 선언에 대한 논쟁'(*Disputatio pro declaratione virtutis indulgentiarum*)이다.

V. 결론

루터의 95개 논제는 학문적인 신학의 영역이 아닌 목회현장에서 가장 중요하게 부딪히는 죄와 이에 따르는 벌의 문제에서 시작된 것이다. 중세인들은 죄에 대한 용서뿐만 아니라 이 죄에 대한 벌로부터의 사면을 중요하게 생각했는데, 당시 교회의 가르침이 중세인들의 삶의 방식과 맞았기 때문이다. 그러나 실상 교회는 벌로부터의 사면을 남용하였고 신자들로 하여금 사면부를 사는 것이 천국에 들어갈 수 있는 표로 생각하게 한 것이다. 이것은 교황청이 요구하는 종교적 행위였지만 그리스도가 가르친 복음이 아님을 루터는 알게되었고 복음과 그리스도에 대한 신앙이 교회의 가장 중요한 토대임을 주장하게 되었다. 그리고 죄와 벌의 문제를 그리스도의 속죄보다

----

44) 참조. Heinrich Bornkamm, "Thesen und Thesenanschlag Luthers", in Geist und Geschichte der Reformation, Festgabe Hanns Rückert zum 65. Geburtstag, Arbeiten zur Kirchengeschichte 38, Berlin, Walter de Gruyter, 1966, 179-201. W. v. Loewenich, 109-10: 루터가 95개 논제를 붙인 것과 날짜에 대해 의문이 제기되고 있는데, 그 이유는 1546년에 발행된 라틴어판 루터 작품 제2권의 머리말에서 멜랑히톤이 이것을 언급하고 있기 때문이다.
45) 당시 비텐베르크 城敎會의 문은 비텐베르크 대학교 신학부의 게시판으로 사용되고 있었다.

는 인간의 행위에 의존하였기 때문에 믿음으로 의롭게 된다는 복음과 멀어질 수밖에 없음을 간파한 것이다.

사면부는 신자들의 신앙생활에서 죄와 그에 따른 벌의 문제를 해결하는 데 중세 시대의 교회에서 교육적인 역할을 한 것은 사실이다. 그러나 자신이 스스로 이 문제를 해결하기보다는 언제나 사제의 도움을 필요로 하였기 때문에 신자들이 성직자들에 대한 의존도를 높여주었고 성직자들은 그들의 교권을 세우는 방책으로 사용할 수 있는 부정적인 요인이 있었다. 그 당시 이러한 상황에서 '만인제사장직'이 나오게 된 것이다.

사실 "오늘 한국의 개신교회의 목회가 과연 복음적인가"라고 자문해볼 때 너무 종교적인 것에 복음이 얽매어 있지 않나 하는 의구심을 떨치기 힘든 상황이라고 생각된다. 이런 점에서 우리는 다시 종교개혁의 도화선이 된 루터의 95개 논제의 의미를 되새겨보고 참교회로 거듭나도록 자성해야 할 것이다.

종교개혁자들은 왜 '오직 성경'을 주장했는가
― 그 배경과 개혁교회 전통*

김주한 I 한신대학교 교수

I. 시작하는 말

성경(the Bible)! 그것은 그리스도인들에게 '신앙의 규범이요 척도'(canon, 무엇을 재는 '자 막대기'의 뜻)입니다. 루터와 칼뱅은 성경과 하나님 말씀을 동일시하였습니다. 이러한 전통을 충실하게 현대적으로 재해석하였던 칼 바르트는 성경을 하나님 계시의 '기록된 말씀'으로 정의하였습니다. 물론 칼 바르트는 '성경만을 유일한 하나님 말씀'으로 간주하지 않았습니다. 그는 역사 안에서 '예수 그리스도의 구속의 행위'와 교회의 '선포된 말씀'을 모두 '하나님의 말씀'으로 수용하였습니다. 하지만 개혁교회 역사에서 성경은 수많은 교회 전통들 가운데 그 어느 것보다 우위에 있고 절대적인 권위를 확보하고

---

* 이 글은 한국기독교장로회 총회교육원 주최 신년목회계획 목회자 세미나 강연
  (2014년 11월 3일)원고를 수정 보완한 것임을 밝혀둔다.

있습니다. 기독교 2천 년 역사에서 성경이 교회와 그리스도인들의 '신앙의 원천이요 규범'으로 자리매김할 수 있었던 데에는 개혁교회의 역할이 지대하였습니다.

성경이 우리 손에 들어오기까지 그 역사적 경로를 파악하는 것은 이 글의 주제를 이해하는 데 도움이 되리라 생각합니다. 주지하다시피 구약성경의 경우 두 가지 필사본이 존재하는데, 하나는 히브리어 '마소라 본문'(MT, 주후 7-8세기경까지 본문 형성이 완성됨)이고 다른 하나는 기원전 3세기부터 이집트 알렉산드리아에서 히브리어 구약성경을 헬라어로 번역하였던 '칠십인 역본'(LXX, 셉투아진타)입니다. 유대인들이 사용하였던 정경은 기원전 400년경에 집성된 '율법서'가 가장 먼저이고, '예언서'는 주전 2세기경 그리고 이후 '성문서'의 순서로 집성되다가 주후 90년경 얌니아(Jamnia)에서 개최된 유대교 총회를 통해 히브리어 정경의 최종 작업이 완료되었습니다. 유대교의 경전화는 주후 70년경 예루살렘 함락 이후 유대교 재정비를 위해 불가피한 일이었습니다. 유대인들이 인정하는 구약성경은 히브리어로 기록된 39권의 책들입니다. 한편 헬라어 문화권에 살던 디아스포라 유대인들을 위해 번역된 히브리어 구약성경 헬라어 판('칠십인역')은 기존 히브리어 구약성경에 들어 있지 않은 10권의 책이 더 포함되었습니다. 이후 '칠십인역' 구약성경은 1세기 후 초대교회의 표준 구약성경으로 확고하게 자리 잡았습니다. 그러니까 디아스포라 유대인들이 사용한 헬라어 '구약성경'(칠십인 역본)과 팔레스타인 본토 유대인들이 사용한 히브리어 '구약성경'은 책의 권수 면에서 차이가 있었습니다.

로마 가톨릭교회는 1548년 트리엔트 공의회에서 '칠십인 역본'

을 최종 정경으로 확정하였습니다. 그만큼 초대교회 때부터 사용해 왔던 '교회의 전통'을 중시한 것이었지요. 본 공의회는 히브리어 구약성경(39권)을 '제1경전'으로, 그리고 '칠십인역' 가운데 '므나쎄의 기도와 제1, 2 에스드라서'를 제외한 나머지 7권의 책을 '제2경전'으로 인정하였습니다. 그러나 마르틴 루터는 1534년 구약성경을 독일어로 번역하면서 '칠십인역'이 아닌 히브리어 '구약성경' 39권만을 정경으로 인정하였습니다. 이후 루터의 구약 정경 목록은 프로테스탄트 개신교회의 표준이 되었고 로마 가톨릭이 인정하는 '제2경전'을 '외경'(apocrypha, 감추어진 책들)으로 간주하였습니다. 그리하여 로마 가톨릭교회의 구약성경은 총 43권이고, 개신교회는 39권만을 정경으로 받아들였습니다.

한편 신약성경의 경우 기원 1세기부터 4세기경 초대교회 안에서 '규범적인 권위'를 갖고서 널리 읽혀졌던 현재의 27권이 AD 393년 힙포의 레기우스 회의와 AD 397년 카르타고 회의를 통해 최종 확정되었습니다. 신약성경의 경우 로마 가톨릭교회와 동방 정교회 그리고 프로테스탄트 개신교회 모두 이의 없이 27권만을 최종 경전으로 받아들였습니다.

이렇게 성경의 정경화 과정을 더듬어볼 때 '성경은 수백 년에 걸쳐 형성되어왔다는 점', 또한 교회와 그리스도인들의 '규범이요 척도'로서 '그 권위와 위상'을 확보하기까지 치열한 논쟁과 피눈물 나는 노력이 있었다는 사실을 알 수 있습니다. 또한 제도 교회가 굳건히 설 수 있었던 배경에는 '성경'의 역할이 결정적이었다는 점도 기억해야 합니다.

II. 성경을 보존하고 전수하려는 치열한 노력들

독일 태생 마르틴 루터가 신·구약성경을 자국어로 번역하여 출간하기 전까지(신약성경은 1521년, 구약성경은 1534년) 유럽 사회에서 평신도들이 성경을 직접 읽을 수 있는 기회는 거의 전무하다시피 했습니다. 유럽의 대중들이 성경을 읽을 수 없었던 이유는 성경이 단순히 각 나라말로 번역되지 못해서가 아닙니다. 시초 교회로부터 초대와 중세를 거쳐 종교개혁시대에 이르기까지 약 1,500여 년 동안 교회와 그리스도인들은 성경을 읽는 것은 고사하고 구경하기조차 어려웠습니다. 필사로 된 성경은 워낙 고가품이고 귀한 서적이어서 소장이 어려웠습니다.

이전 시대와 비교할 수 없을 정도로 경제, 사회적으로 발달했던 중세 유럽 사회도 여전히 문서 작성과 보급 면에서는 진일보하지 못했습니다. 기독교권에서 성경의 보존과 전수(transmission)는 수도사들의 몫이었습니다. 수도사들은 전문적인 필사 능력과 시간을 확보하고 있었습니다. 한마디로 서방 세계의 유일한 지식인 집단으로써 그들은 성경과 고대 문헌들을 필사하는 데 전문가였습니다. 중세 유럽의 수도원들마다 한편에는 필사실이 있었습니다. 보통 한 방에 20여 명의 전문 필사자가 모여 이른 아침부터 저녁까지 작업을 하였습니다. 그들은 발걸이에 발을 얹어놓은 상태에서 앞 책상에는 필사할 책을 펴놓고 옆 책상에는 펜촉, 잉크, 칼, 지우개, 각도기와 자 등을 놓고 작업했습니다. 필사용지는 양피지(양, 송아지, 염소 가죽)였습니다. 그 위에다 한자 한자 옮겨 적는 일은 대단히 힘들고 고통스러운 일이었습니다.

필사본 귀퉁이나 여백에 필사자들의 심경을 토로한 낙서들이 발견되었는데 내용은 이렇습니다. "그리스도여, 나의 작업에 호의를 베푸소서." "오직 세 개의 손가락만이 사용되고 있다. 내 몸의 나머지 부분은 지치고 괴로움에 빠져 있다." "이 작업은 더디고 어렵다." "벌써 밤이 되었구나. 저녁 먹을 시간인데." "필사자는 최고의 포도주를 마실 권리가 있다." "이 여백 위에 오늘 태양의 반짝거림이 즐겁다. 태양은 그렇게 어른거리고 있다."

종이가 유럽 사회에 전해져 제지술이 본격적으로 발전하기 시작한 때는 A.D. 13세기경이었습니다. 제지술이 발전되고 구텐베르크에 의해 활판 인쇄술이 발명되자(1450년) 서적의 대량 보급이 가능해졌습니다. 성경 출판 및 보급에서 '코페르니쿠스적 전환'이 일어난 것입니다. 이른바 '구텐베르크 성경'(1456년, 라틴어 성경)을 비롯하여 '루터의 9월 성경'(1522년 9월 신약 출판), '취리히 성경'(1527-30년), '제네바 성경'(1560년) 등 유럽의 각 나라 교회들마다 각종 성경들을 봇물처럼 출판하고 보급하였습니다. 루터가 1520년대 신구약 성경 일부를 번역 출판하자 110번의 추가 인쇄가 이루어졌고 문자를 읽을 수 있는 독일인 중 삼분의 일이 성경책을 소유할 정도로 성경 독자층은 광범위하게 확보되었습니다. 이른바 '성경의 출판과 보급의 르네상스 시대'가 열린 것이지요. 하지만 이런 사정은 프로테스탄트 개신교회의 이야기이고 로마 가톨릭교회와는 여전히 거리가 멀었습니다.

III. 종교개혁가들의 '오직 성경만'(*Sola Scriptura*)

1. 역사적 정황

위에서 살펴본 성경 형성 과정의 기초 지식을 바탕으로 이제 나는 종교개혁가들이 왜 '오직 성경'만을 주장했는지 그 이유를 본격적으로 설명해보겠습니다. 무엇보다 당대 시대사조를 파악하는 일이 중요합니다. 15세기 무렵 유럽 사회는 중세 후기 기독교 문화의 쇠락을 경험하였습니다. 교황제로 대변되는 로마 가톨릭 체제는 더 이상 새로운 문명의 물결을 수용할 수 없을뿐더러 역사 발전에 장애물처럼 여겨졌습니다. 그리하여 유럽의 지성 집단들은 '종교 권력'의 폐해를 신랄하게 비판하며 새로운 문명의 패러다임을 구축해나갔습니다. 이른바 '인문주의'(중세의 어거스틴적 비관론을 거부하고 인간의 자기 개발과 창조성에 대한 긍정) 열풍이 몰아닥친 거죠. 마키아벨리, 단테, 보카치오, 미켈란젤로, 다빈치, 에라스무스, 존 콜레트, 요한 로힐린, 기욤 부데, 주안 비베스 등 철학과 문학, 예술 분야에서 뛰어난 활약을 선보였던 인문주의자들은 고전 작품에 대한 재발견을 통해 당대의 모순을 해결하고 새로운 대안을 제시하고자 노력하였습니다. 이들이 내건 구호는 '아드 폰테스'(*ad fontes*), 즉 '고전으로 돌아가자'였습니다. 고전 탐구를 통해 새 시대의 비전을 제시하고자 했지요. 그리하여 기독교 인문주의자들은 성경과 초대교회 교부들의 문헌들을 탐구하였습니다. 그들은 당대 학문 방법인 아리스토텔레스의 논리 법칙이 성경보다 우선할 수 없다고 생각했습니다. 그리하여 그들은 교황과 교회가 아닌 그리스도가 직접 가르치고 의도했던 기독교가 무엇인지를 찾으려고 했습니다.

　이 같은 시대풍조는 루터나 츠빙글리, 칼뱅과 같은 종교개혁가들에게 '원전으로 돌아가자'로 수용되었습니다. 그들은 성경으로 돌아가 교회의 본질적인 성격을 규명하고자 했습니다. 기독교 2천 년 역사를 회고해볼 때 종교의 개혁은 '경전 번역'에서 부터 시작되었음을 알 수 있습니다. 경전을 독점한 세력에 대한 저항이 바로 개혁 운동의 출발점이었지요. 즉 소수 종교권력자들의 전유물이 되어버린 성경을 그들의 손에서 빼앗아 대중들의 손에 넘겨주는 작업이야말로 최고의 개혁이 아니고 무엇이겠습니까? 전문성의 비전문화! 다수의 대중들이 함께 공유할 수 있는 공통의 기반을 확보하는 일이야말로 시대의 건강성을 유지하는 최상의 비결이 아닐까 싶습니다. 하지만 기득권 세력의 공고한 권력은 '시대의 반항자'(?)들을 여지없이 처형하였습니다. 카타리파와 왈도파, 얀 후스, 위클리프, 틴데일 등 모두 성경 번역이 주된 이유가 되어 형장의 이슬로 사라졌습니다.

　이처럼 종교개혁 이전 성경 번역 때문에 수많은 사람들이 파문당하고 사형에 처해졌습니다. 중세시대 마녀사냥과 종교재판, 미신과 부패와 폭력이 만연했던 이유는 신자들에 대한 교권의 성경 독점과 성경에 대한 성도들의 무지에서 비롯되었습니다. 당시 제도 교회를 지탱했던 것은 성경이 아니라 교회법과 종교 의례였습니다. 그러다 보니 비성경적인 예전들, 예를 들면 성상 및 성물 숭배, 성인 무덤 순례 등이 일반화되었습니다. 이러한 성경적 무지를 일소하고 신앙의 본질을 회복하는 길은 바로 성경을 대중화시키는 일이었습니다. 16세기 유럽의 종교개혁가들은 바로 이를 위해 하나님으로부터 부름 받은 사람들이었습니다.

2. 쟁점은 무엇인가?

1) 성경 해석에 관하여

종교개혁 운동은 성경을 기반으로 출발했다고 해도 과언이 아닙니다. 그러나 역사적으로 로마 가톨릭이나 개신교회 모두 '성경의 권위'를 무시하거나 불인정한 적은 없습니다. 그렇다면 로마 가톨릭 교회와 개신교회의 차이는 어디서부터 출발했을까요? 그것은 바로 성경 해석의 권위의 소재였습니다. 루터의 '95개조 반박문'(1517년) 이후 로마 교황청과 루터가 처음으로 대결했던 '라이프치히 논쟁'(1519)도 '성경과 교도권, 어느 것이 우위인가'의 문제가 아니라 '성경 해석'에서 교황청의 성경 해석을 절대적인 권위로 수용할 것인가 아니면 개개인의 성경 해석의 자율권을 받아들일 것인가의 여부였습니다. 루터는 로마교황청의 교도권(*magisterium*, 교황이나 주교는 '교회의 올바른 가르침'을 보호 전달할 임무를 위임받았다는 데서 그 권위가 확보된다)을 받아들일 수 없었기 때문에 파문을 당하였습니다.

중세 로마 가톨릭교회는 성경 해석에서 성경 자체보다 교회의 권위를 중시하였습니다. 그리하여 로마 가톨릭교회는 교회의 전통과 권위에 근거한 성경 해석을 강조하였습니다. 그러나 루터와 칼뱅 모두 성경 해석의 원리는 성경 그 자체의 권위에 있다고 주장하였습니다. 따라서 그들은 성경의 문법적, 역사적 이해를 강조하였습니다. 칼뱅은 종교의 권위는 '오직 성경'에 있음을 역설하였습니다. 그는 '교황권'이나 과거 교회 공의회에서 도출된 '교리'가 기독교 신앙인들의 최종 표준이 아니라 '오직 성경'만이 기독교인의 최종 권위요 신앙의 정초라고 단언하였습니다. 이 점에서 칼뱅은 루터보다 더 완강하고 철저하였습니다. 그는 그리스도인의 신앙의 표준은 '오직 성경'만이고 그 이외 일체의 것들은 다 폐기시켰습니다. 좀 더 이야기를 진전시켜 보겠습니다.

2) 거룩한 전승(holy tradition)에 관하여

사실 성경 해석과 관련한 로마 가톨릭과 프로테스탄트 종교개혁가들 사이의 논쟁의 핵심은 초기 교회부터 전해 내려오는 '교회의 고유한 전통'을 인정하느냐의 여부, 그리고 그 전통들이 성경과 어떤 관계를 맺느냐의 입장에 대한 차이에 있습니다. 로마 가톨릭교회는 '성경과 거룩한 전승'을 동일선상에 놓고 '하나님 계시의 자료요 그리스도인들의 신앙의 규범'으로 수용하였습니다. 종교개혁에 대항하여 개최된 트렌트 공의회(1545-1563)는 교회의 전통의 존재와 효력을 분명히 하였습니다. 본 공의회는 "모든 교회는 성경과 마찬가지로 전통도 받아들이며 존중해야 한다"고 규정하였습니다. 400여 년 후 제2차 바티칸 공의회(1962-1965)는 성경과 관련하여 교회 전승의 중요성을 다시 한번 정리하였습니다: "성경 본문의 뜻을 올바로 알아내기 위해서는 전체 교회의 살아있는 전통과 신앙의 유비를 염두 해 두어야 하며… 성경 해석에 관한 모든 것은 하나님 말씀을 보존하고 해석하라는 하나님의 명령과 그 직무를 수행하는 교회의 판단에 속한다."

로마 가톨릭교회가 주장하는 '거룩한 전승'이라함은 교리, 신앙 생활상의 관행, 행동 규범, 거룩한 경험 등 성경에 기록되어 있지 않지만 교회 초창기부터 전해 내려오는 가르침과 실천적인 관행을 지칭합니다. 문제는 이러한 전승들이 교회 내에 존재하느냐의 여부가 아니라, 이것들이 성경과 어떤 관계를 맺느냐에 있습니다. 루터와 칼뱅, 츠빙글리 등 16세기 유럽의 종교개혁가들의 눈에 이 모든 전승들은 단지 인간적인 것들로 비쳐졌습니다. 그리하여 그들은 전승들을 거부하고 '성경만이 오직 유일하고 참된 하나님의 계시의 원천'이라고 주장하였습니다.

　로마 가톨릭은 종교개혁가들의 이 같은 태도는 시초 교회의 역사적 정황을 올바로 이해하지 못한 결과라고 비판하였습니다. 로마 가톨릭교회의 견해에 따르면 시초 교회에서 성경과 전통은 대립될 여지조차 없었다고 합니다. 사도전승을 문서로 기록한 것이 바로 신약성경이기 때문입니다. 시초 교회 때부터 다양한 전승들 중에 이미 '표준 전승'이 있었고 그것이 나중에 '규범적 전통'이 되어 교회와 그리스도인들의 신앙 규범이 되었다는 겁니다. 따라서 기록된 전승이 있는가 하면 기록되지 않은 형태의 전승(통)이 있습니다. 그러므로 종교개혁가들이 주장하는 것처럼 '성경'을 '성전'(聖典)과 완전히 독립된 별개의 존재로 대립시켜놓은 것은 잘못이라는 거지요. 문제는 이 같은 전승들이 훗날 제도 교회에서 현실적으로 해석, 적용되는 과정에서 성경과 해석된 전승 사이에 긴장과 대립이 발생했다는 데 있습니다. 아무튼 현재도 로마 가톨릭교회는 전승의 올바른 해석을 강조하며 그 최종 권위는 교황에게 주어져 있다고 주장합니다.

　한편 루터는 성경을 유일한 구속력 있는 척도로 삼았습니다. 그는 신앙 문제를 논함에 있어 오직 성경에 의한 논증만을 인정하였습니다. 그 이외 공의회의 결정이나 교회의 전통에 의존하는 것을 단호히 배격하였습니다. 한 마디로 교회의 권위에 대하여 하나님 말씀(성경)의 권위를 강하게 강조한 것입니다. 칼뱅은 루터보다 한층 더 엄격하였습니다. 그는 성경이 명시적으로 가르친 것만을 인정하였습니다. 칼뱅의 이 같은 견해는 이후 개혁교회 성경관의 토대가 되었습니다. 개혁교회 신앙고백서 가운데 가장 우수한 것 중 하나로 평가받는 「벨기에 신앙고백서」(1561년)는 제7조 성경의 완전성에 관하여 칼뱅의 견해를 더욱 분명히 명문화하였다: "사람이 쓴 어떤 신성한 책이 있었다손 치더라도 성경과 비교할 수 없다. 하나님의 진리는 지고(至高)하기 때문에 관례, 대중, 고전(古典), 연륜, 전승, 회의들, 법령들, 혹은 제도 등등의 가치와 비교할 수 없다."

로마 가톨릭교회의 입장에서 볼 때 프로테스탄트 개신교회가 '교회의 전통'을 배제하고 교회의 권위를 짓밟는 것처럼 보였겠지만, 그래서 로마 가톨릭은 개신교도들을 한동안 열렬히 박해하였지만 종교개혁가들은 성경의 진리를 흐리게 만드는 여하한의 교회 전통들도 용납할 수 없었습니다. 아무튼 종교개혁가들은 '오직 성경만'을 통해 교회와 그리스도인의 삶의 본질을 규명하려 노력하였습니다.

3) 종교개혁가들의 성경 사랑

종교개혁가들의 성경 사랑은 패러디하자면 '나는 성경을 사랑한다. 고로 존재한다'라고 표현해볼 수 있습니다. 그만큼 그들은 성경에 정통하였고 성경을 통해 자신들의 개혁의 원리와 방법, 방향, 정책을 수립하였습니다. 어찌 보면 그들은 '성경 집착층'에 사로잡힌 '성경주의자들'(biblists)이었는지도 모릅니다. 루터는 비텐베르크 대학이 바이블클라스가 되기를 원하였고 칼뱅은 제네바를 지상 최고의 '바이블 학교'가 되기를 소망하였습니다. 종교개혁가들 대부분 '성경 박사들'이었습니다. 루터의 박사 학위명도 '거룩한 성경 박사'

(Doctor of Holy Scripture)였습니다. 루터와 칼뱅 모두 성경 번역과 성경 주해, 성경 강의, 성경 강해설교에서 타의 추종을 불허하였습니다. 그들이 양산해낸 수백 권의 책 대부분은 성경 주석과 설교로 채워져 있습니다. 루터의 책이나 칼뱅의 주저『기독교강요』를 보더라도 그들이 성경에 얼마나 정통하였는가를 여실히 보여줍니다.

루터는 20세가 될 때까지 성경을 본 적이 없었다고 고백하였습니다. 1505년 7월, 그가 에어푸르트 어거스틴 수도원에 입회하였을 때 그는 비로소 성경을 읽을 수 있었습니다. 이후 2년 동안 루터는 성경을 통째로 암기하였습니다. 루터는 비텐베르크 신학부 교수로 학생들을 가르칠 때 교수 초임부터 시편 강해를 비롯하여 로마서, 갈라디아서를 강해하였습니다. 개혁 작업이 한창일 때에도 루터는 일 년마다 성경을 두 번씩 읽고 암기하였으며 성경 각 장의 골격을 머릿속에 그려 넣었습니다. 성경 암송은 루터가 행한 수천 편 설교의 원동력이었고 적대자들과 논쟁할 때 강력한 '무기'였습니다.

스위스 취리히의 종교개혁가 츠빙글리는 취리히 대성당(그로스 뮌스터) 사제로 취임하자(1519년) 마태복음 1장부터 강해 설교를 하였습니다. 교회력에 따른 설교와 예전이 관행이었던 당대 교회에서 성경 본문 자체를 한 구절씩 읽어가며 설교한다는 것은 획기적인 사건으로 받아들여졌습니다. 이후 츠빙글리 개혁그룹 내에 독자적으로 성경을 읽고 해석하는 일종의 '성경 그룹'이 탄생하였습니다.

칼뱅의 성경 사랑은 편집증적인 경향을 보일 정도로 대단하였습니다. 칼뱅은 성경을 안경에 비유했습니다: "노인이나 눈이 흐린 사람에게 책을 내보이면 어떤 종류의 책인지는 겨우 알 수 있겠지만 거의 두 낱말도 해독할 수 없다. 그러나 안경을 쓰면 똑똑하게 읽어

내려갈 수 있을 것이다. 성경은 이처럼 하나님에 대한 혼란한 지식을 우리 마음에서 바로잡고 우리의 우둔함을 쫓아버리며, 참 하나님을 우리에게 보여준다." 칼뱅은 성경의 권위를 약화시키려는 사람들을 '개'에 비유했습니다. 그는 성경의 권위, 신빙성은 성령의 내적 증거로 확증되어야 하고 교회의 판단에 의해 좌지우지되는 것을 악랄한 거짓으로 규정했습니다.

칼뱅은 제네바교회 교인들에게 성경을 직접 가르쳤습니다. 칼뱅이 택한 방법은 설교였습니다. 그는 제네바교회에서 주일은 두 번, 평일에는 세 번(월, 수, 금) 설교하였습니다. 주일 오전에는 신약, 오후에는 신약이나 시편, 그리고 주중에는 구약을 강해하였습니다. 칼뱅도 츠빙글리의 방법을 따랐습니다. 즉 성경책 중 한 권을 택하여 처음부터 끝까지 빠짐없이 강해 설교를 한 것이지요. 칼뱅은 미리 짜놓은 성경 구절(lectionary)을 설교하거나 설교자 개인의 기호에 따라 본문을 선정하는 데 반대하였습니다. 칼뱅은 1538년 제네바에서 추방당하여 스트라스부르에서 3년을 지냈습니다. 1541년 9월 칼뱅이 제네바교회로 다시 돌아왔을 때 1538년 중단되었던 성경 본문 바로 뒤이어 설교를 했다는 사실은 강해 설교의 진수가 무엇인지를 보여줍니다.

교회가 비로소 '무지와 미신과 부도덕의 질곡'에서 벗어날 수 있었던 것은 바로 성경을 직접 읽고 깨달음으로써 가능했습니다. 교회가 바로 서느냐 넘어지느냐의 운명은 '성경'에 달려 있었습니다. 그런 점에서 기독교 역사에서 종교개혁가들이 외친 '오직 성경만'의 원리는 위대한 역사의 유산으로 소중하게 계승, 발전시킬 필요가 있습니다.

4) 성경과 개혁교회의 유산

16세기 종교개혁가들이 성경을 번역하여 가르쳤다고 해서 모든 개신교도들이 자유롭게 성경을 보유하고 읽을 수 있었던 것은 아닙니다. 성경의 가르침에 따라 살려고 노력했던 수많은 개혁교회 신자들은 숱한 박해와 죽음을 경험해야 했습니다. 특히 성경의 신자들로 불렸던 위그노(프랑스 개신교도)들은 17세기 프랑스 왕정에 의해 무참하게 박해를 받았다. 1685년 루이 14세가 위그노들의 시민권을 박탈하자 약 20만 명의 위그노는 조국을 떠나 이웃 나라 등지로 피신하였습니다. 프랑스 왕정을 무너뜨린 혁명정부(국민회의)는 1793년 성경을 금지한다는 법령을 의결하기도 하였습니다. 3년 뒤 이 법안은 폐기되었지만 프랑스 개혁교회 교도들이 성경을 자유롭게 읽고 실천하기까지는 숱한 고난을 겪어야만 했습니다.

개혁교회에서 성경의 위치와 역할은 절대적이라 해도 과언이 아닙니다. 개혁교회는 성경을 교회 선포의 유일한 규칙으로서, 그리고 그리스도인들의 삶의 규칙으로서 분명히 하였습니다. 성경 이외의 어떤 다른 문서(교부들의 글이나 교황의 회칙, 교리 등)도 교회 선포에서 지위와 권위를 갖지 못한다는 점을 명확히 하였던 것이지요. 그리하여 개혁교회에서 설교, 교회 조직, 예전, 선교 활동 등 교회의 모든 사역은 성경적 근거의 토대 위에서 형성되었습니다. 따라서 개혁교회에서 신도들에게 성경읽기를 권하고 성경을 쉽게 접할 수 있도록 각 나라 언어로 번역하여 보급하는 일은 최고의 선교 목표가 되었습니다.

한국 개신교회 선교의 시작은 성경 번역 사업부터 시작되었습니다. 한글 성경 출판은 만주에서 이루어졌습니다. 1872년 만주 우장

(牛莊)지역에는 스코틀랜드 장로교가 파송한 존 맥킨타이어와 존 로스 목사가 선교활동을 펴고 있었습니다. 그들은 조선 선교에 관심을 갖고 조선인들을 위한 성경을 번역 발간하기로 계획하였습니다. 마침내 로스 목사는 의주의 보부상들이었던 이응찬, 백홍준, 서상륜, 서경조 등의 도움을 받아 1887년『예수셩교젼셔』를 출간하였습니다. 이렇게 출간된 성경은 만주 지역 한인촌을 중심으로 배포되었습니다.

19세기 말 조선 사회에서 선교활동이 어느 정도 자유롭게 되자 수많은 선교사들이 한국에 입국하였습니다. 그들은 성경 번역과 문서선교를 위하여 「성서번역위위회」를 조직하여(1889년) 활동하였습니다. 이처럼 한국 개신교회는 선교 초기부터 성경 번역과 보급을 전도의 핵심으로 삼았습니다. 그런 이유 때문인지 몰라도 오늘날도 여전히 큰 교회부터 조그마한 개척 교회에 이르기까지 성경공부를 실시하지 않는 교회가 없을 정도로 한국 개신교회의 성경 사랑은 남다르다 할 수 있습니다. 이 같은 전통은 한국교회가 계승해야 할 소중한 유산이 아닌가 싶습니다. 한국 개신교회의 사회적 공신력이 실추되어 있는 현 상황에서 '본질'(성경)을 붙잡는 일이야말로 교회 혁신의 첫걸음이 아니겠습니까?

IV. 마치는 말

지금까지 나는 성경이 우리 손에 들어오기까지 그 역사적 경로와 종교개혁가들이 '오직 성경만'을 주장하게 된 역사 신학적 근거들을 설명하였습니다. 한국 개신교회만큼 성경을 애독하는 교회도 찾아보기 드뭅니다. 그러나 성경을 오독하고 잘못 해석할 수 있는 여지도 그만큼 크다는 점을 명심해야 합니다. 기독교 역사에서 이단으로 정죄 받은 집단들도 결국 성경을 잘못 이해한 데서 기인한 바가 큽니다. 현재 한국 개신교회가 보여주고 있는 모습은 성경의 권위와 위상을 강화하고 있습니까? 아니면 추락시키고 있습니까? 성경의 사적 이해는 그만큼 교회를 잘못된 방향으로 이끌 공산이 큽니다. 그러므로 공론의 장에서 객관적이고 합리적인 이해를 추구하는 신앙에 기초한 성경 해석의 틀이 절실히 요청된다 할 수 있습니다. 성경이 귀에 걸면 귀걸이, 코에 걸면 코걸이인 양 개인의 신앙 경험과 성향에 따라 마구잡이로 해석되어 교회 현장에서 혼란을 부추기는 일은 지양해야 합니다. 다시 말하면 성경의 객관성과 개개인에게 적용된 신앙 경험을 구분할 필요가 있다는 말입니다. 전자가 후자의 원인으로 작동해야지 후자가 전자를 규정하는 원인이 되어서는 곤란합니다.

성경이 교회와 그리스도인들에게 남긴 자산은 이루 형언할 수 없습니다. 성경은 교회와 그리스도인들 생활의 유일한 표준입니다. 칼뱅의 다음 말은 교회의 미래를 위한 중요한 교훈이라 생각합니다. "하나님의 교회를 양육하는 데는 하나님께서 자신의 목소리로 구원의 길을 직접 보여주신 말씀의 빛 이외의 다른 방법은 없음을 배우게 된다." 교회의 부흥과 성장은 성경을 선포하고 가르치는 것에 근거해 있다는 말입니다. 위기를 겪고 있는 한국 개신교회가 종교개혁가들이 외친 '오직 성경만'(*sola scriptura*)의 가르침을 다시 한번 새겨들어야 할 이유가 바로 여기에 있습니다.

루터의 아드 폰테스(*Ad fontes*)
: "오직 믿음으로"

김동주 | 호서대학교 교수

I. 들어가는 말

종교개혁의 믿음은 새로운 창조가 아니다. 이는 고대 교회의 "오직 믿음"에 기초한 신앙의 재현이다. 가장 뛰어난 초대 교부인 어거스틴(Augustine of Hippo, AD 354-430)은 펠라기우스(Pelagius) 이단과의 논쟁에서 이 주제를 기둥처럼 제시하였다. 영국의 수도사 펠라기우스는 이런 형식적인 신자들을 비판하며 행함을 강조하였다. 그런데 펠라기우스가 과했던 것은 인간이 자유의지를 가지고 하나님을 선택할 수 있으며 또한 선행이 구원의 필수 조건이라고 주장한 것이다. 아우구스티누스는 펠라기우스의 이런 사상을 배격하였다. 아우구스티누스는 신앙이 인간의 행위에 근거할 때 가장 저급한 상태에 이른다고 믿었다. 인간의 진정한 선행이란 신성한 은혜를 믿음으로 수용하는 것이며 이때 진정한 이웃사랑도 나온다는 것이다.

사실 초대교회에서는 그리스도의 행함으로 우리의 구원이 성취된 것에 대해 확고하게 가르치고 있었다. 그러나 중세의 천년은 기독교의 상태를 인간 종교에 이르게 하였다. 그러한 면을 고려할 때 마르틴 루터의 종교개혁은 믿음의 원천 즉 "아드 폰테스"(*Ad fontes*)를 찾아간 것이라고 할 수 있다. 바로 이런 이유로 종교개혁을 초대교회 신앙의 복원이라고 부르는 것이다.

"원천을 향해"라고 풀이되는 이 라틴어는 성경 구절에서 유래한 것이다. 시편 42:1에는 "하나님이여 사슴이 시냇물을 찾기에 갈급함 같이 내 영혼이 주를 찾기에 갈급하나이다"(*quemadmodum desiderat cervus ad fontes aquarum ita desiderat anima mea ad te Deus*)라고 노래한다. 여기에서 "시냇물을 찾기에" 부분이 제롬의 불가타(the Vulgata) 성경에서 "아드 폰테스"이다. 본고는 원천의 신앙을 회복한 루터의 "오직 믿음" 주장의 특성들을 살펴보고 믿음과 선행과의 관계도 논의하고자 한다.

II. "의인은 믿음으로 살리라"

마르틴 루터(1483-1546)는 지난 2000년의 역사에서 예수 그리스도 다음으로 가장 유명한 인물로 꼽힌다. 루터는 독일 아이슬레벤(Eisleben)에서 태어나 에르푸르트(Erfurt)에서 교육 받고 비텐베르크의 수도사요 사제로 활동하며 인류 역사상 가장 위대하고 격정적인 시대를 열었다.

중세 기독교는 아리스토텔레스 사상에 기초한 구원론을 가르쳤다. 이는 "유사성을 이루어 같은 종류가 되는"(like is known by like) 방법론을 가진 사상이었다. 즉 완벽한 하나님과 유사한 일들을 행함으로 인간이 하나님이 원하시는 의에 인간 스스로 도달하려는 노력이다. 그러므로 중세 1천 년 동안 구원이란 인간이 선행을 통해 하나님과 유사해지는 최선의 노력이 요구되었고 성취를 시도하였다.[1] 그러나 본질적으로 자신에게서 나온 선행으로 구원받으려 하는 것은 자기 의를 쌓으며 종결점도 평안도 없는 자기 종교의 산물일 뿐이다. 초기의 루터는 그러한 비성서적 구원론 아래 내적 불안과 공포에 늘 시달렸다. 그 영적 번민에 대한 대답을 그는 다음 성경 구절에서 찾았다.

"복음에는 하나님의 의가 나타나서 믿음에서 믿음에 이르게 하나니 오직 의인은 믿음으로 살리라"(로마서 1:17).

루터는 위 구절을 새롭게 이해함으로 큰 발견을 하였다. '하나님의 의'(Righteousness of God)는 중세 사람들에게 도달해야 할 '기준'이었다. 그러나 모든 인간은 그 의의 기준에 스스로의 힘으로 결코 이르지 못하고 죽는 것을 루터는 잘 알고 있었다. 그 기준이 인간이 도달하기 불가능한 것이라면 그것이 어떻게 "기쁜 소식" 즉 복음이 겠는가! 루터는 이 구절을 역으로 생각하였다. 그 '의'를 얻는 것이 "기쁜 소식"이 되려면 결국 인간이 도달하는 것이 아니고 하나님께서 역으로 내려주는 선물이라고 생각한 것이다. 그리고 '선물'이 바

---

1) Carter Lindberg, *Beyond Charity: Reformation Initiatives for the Poor* (Minneapolis: Augsburg Fortress, 1993), 68.

로 '은혜'인 것이다. 본래 이 두 단어는 고대 세계에서 같은 의미를 지녔다.

또한 '의로움'이 하늘의 선물이라면 그동안 이를 성취하려고 매진한 모든 중세적 선행들 즉 금식, 자선, 독신, 순례, 유물, 십자군, 면죄부, 교황에 대한 복종 등은 부차적인 것들이 되는 것이다. 때문에 루터의 사상은 한마디로 중세 1천 년의 전통을 뿌리 채 뒤흔든 것이었다. 그러나 루터의 발견은 총체적 위기에 직면한 인간들에게 소망의 메시지였다. 삶의 모든 의미와 참 안정은 인간이 쌓는 선행 탑으로 얻어지는 것이 아니라 하늘에서 내려온 예수 그리스도의 사랑과 용서와 생명으로부터 출발한다고 가르쳤기 때문이다. 사랑과 용서는 십자가를 통해 이루어졌고 새 생명은 주어졌다. 이것이 바로 은혜이다. 또 은혜는 다름 아닌 그리스도 자신이시다. 고로 루터에게 그리스도는 늘 선물이다.

"여러분, 바로 이 구절 속의 단어 '우리에게'를 주목하십시오. 예수님은 우리에게 태어나셨고, 우리에게 주어졌습니다. 다시 강조해 말합니다. '우리에게 태어나셨습니다!' 형제와 자매들이여, 그리스도의 출생을 과거에 단지 일어난 역사적 사건으로만 생각하지 마십시오. 단지 한 명의 위인의 탄생으로 여기지 마십시오. 예수님의 탄생을 여러분의 것으로 만드십시오. 여러분 안에서 주님이 탄생하시게 하십시오. 여러분의 마음에 주님이 탄생하셨다고 믿으면 이 순간 이 믿음으로 여러분은 정결하게 되는 것입니다. 이를 위해 아무런 개인의 공로도 필요치 않으며 예수님을 심령에 탄생케 함으로써 여러분은 약속된 복을 상속받을 것입니다. 하나님을 사랑하는 믿음을 통해 우리는 예수님이 가지신 보물과 예수님이 이루신 공로를 다 우리의 것으로 받는 것입니다. 그리스도는 우리를 대신해 하나님께 온전히 순종하는 행함을 이루셨는데 이것이 바로 우리의 구원의 근거가 되는 그분의 선행입니다."[2]

루터는 오직 은혜만이 우리를 죄와 악한 세상에서 구원한다는 강한 믿음을 말했다. 인간에게 필요한 것은 자신의 공로가 아니라 십자가에서 이루어진 그리스도의 공로이다. 즉 우리에게 필요한 것은 선한 도덕 선생으로서 행함을 요구하는 이가 아니라 우리의 죄와 사망을 십자가와 부활로 직접 짊어져 온전히 처결하시는 그리스도가 필요한 것이다. 우리의 죄는 우리의 행함이 씻는 것이 아니고 보혈이 씻는다. 죄들이 용서받고 죄책이 없어지고 죄성이 못 박히고 죄인이 사면 받은 것이 바로 십자가의 복음의 첫 단계이다.

III. "믿음에서 믿음으로"

루터는 이 믿음이 모양을 갖추지 못한 믿음에서 모양을 갖춘 믿음이라는 해석을 거부하였다. 믿음은 자신이 만드는 것이 아니고 모양을 갖추지 못한 믿음은 말 그대로 믿음이 아니다. 어떤 의인도 '모양을 갖추지 못한 신앙으로 살지 않기 때문이다. 하나님의 의는 십자가에 자신이 매달리지 않는 것을 믿는 믿음에서 결코 나오지 않는

---

2) Roland H. Bainton, *Martin Luther's Christmas Book* (Minneapolis: Augsburg, 1971), 37.

다. 또한 "믿음에서 믿음으로"는 초신자의 믿음과 연륜자의 믿음을 말하는 것도 아니다. 이는 사람이 믿음 안으로 점점 더 성장하여 의로운 자가 계속해서 의롭게 되는 것이다. 그래서 어느 누구도 성숙의 목표를 취해야 한다.3)

더 나아가, 루터에게, 세상적 축복과 물질이 많아지는 것을 목적으로 예수를 믿는 것은 거짓된 신앙이다. 루터는 이를 소위 "영광의 신학"(theology of glory)으로 부르며 거부하였다. 오히려 세상 가치들을 추구 않고 그리스도의 고난을 따르는 삶인 "십자가의 신학"(theology of cross)만이 기독교의 본질이라고 보았다. 루터에게 교황들이나 중세기독교의 모습이 거짓으로 보였던 것은 바로 외적인 요소에 대한 치중과 예수 이름을 이용한 상업적 신학, 십자가 없는 세상 영광을 추구하는 종교성이 가득했기 때문이다. 사실 루터 사상에서 주목할 점은 바로 이 부분이다. 인간은 본성적으로 세상으로 회귀할 경향성을 가지고 있고 또한 기복을 위해 종교를 갖는 본능을 가지고 있기 때문이다. 그러나 예수 그리스도의 신앙은 이런 차원을 뛰어넘는 것이다. 오히려 그것은 십자가를 향한 그리스도의 삶을 따라가며 성숙해지는 것이다.

---

3) Martin Luther, *Luther's Works*, 55 Vol. Eds. Jaroslav Pelikan, Hilton C. Oswald, and Helmut T. Lehmann (Saint Louis: Concordia Publishing House, 1955-86), 152-153.

IV. "오직 사랑으로"

　루터의 사상은 5개의 라틴어 '솔라'(sola)로 설명할 수 있다. 인간은 자신의 공로가 아니라 '오직 은혜'(sola gratia)만으로 의로워지며 십자가에 대한 '오직 믿음'(sola fide)만으로 구원에 이른다. 또한 교황이 아니라 '오직 그리스도'(sola Christo)가 교회의 중심이며 공의회의 전통이 아니라 '오직 성경'(sola Scriptura)만이 최고 규범이다. 더 나아가 루터는 진정한 의미의 '오직 행함'(sola opera)을 강조하였다. 면죄부 구입이나 유물 수집 같은 "중세의 선행"들을 거부하고 '이웃 사랑'만이 참 선행(bona opera)이라고 주창하였다. 루터는 그리스도의 왕국이 낮고 천한 자들, 고통과 박해를 받는 자들, 십자가를 지는 자들 가운데 존재한다고 믿었다. 그는 이렇게 전파한다.

　"동방박사들은 황금과 유향과 몰약이라는 세 가지 선물을 드렸습니다. 첫째, 황금은 왕권을 상징하며 이를 선물로 드린 것은 주님을 우리의 왕으로 모시는 행위를 의미합니다. 나의 교만을 버리고 나의 이성과 사고까지도 주님께 드리는 것이 필요합니다. 우리 자신이 어리석고 발가벗고 무능한 존재임을 시인하며 주님의 통치를 받을 준비를 하는 것입니다. 예수님을 우리의 왕으로 모시고자 소망해야 합니다. 둘째, 유향의 선물은 향처럼 하늘로 올라가는 살아 있는 기도로서 올리는 믿음의 고백을 뜻합니다. 셋째, 몰약은 병든 이들에게 주는 치료약입니다. 그러므로 유향은 믿음을, 황금은 소망을, 몰약은 사랑을 상징하는 선물입니다. 믿음은 우리 자신을 하나님께 바치는 것이고, 소망은 분노하지 않고 모든 괴로움을 인내케 하며, 사랑은 하나님을 기쁘시게 하는데 내 자신을 드리게 합니다. 우리도 동방박사들처럼 이 선물들을 주님과 이웃에게 드려야 합니다. 사랑하는 나의 형제와 자매들이여! 가난한 자들을 돕고, 아이들을 학교에 보내고, 하나님의 말씀으로 자녀들을 양육하고, 교회와 좋은 목회자를 섬기는 것 등이 바로 아기 예수께 선물하는 것과 같은 것입니다."4)

루터가 진정 우려한 것은 아무런 희생도 봉사도 헌신도 없이 면죄부 구입 같은 행위로 구원을 받는다고 믿는 '가짜 기독교'의 등장이었다.

제95조: [면죄부라는] 거짓된 확신이 아니라 많은 고난을 통해서 천국에 가는 것이다.5)

그리스도의 성육신 신학은 그의 사상 중심에 있었다. "하나님께서 심지어 자기 자신까지 우리에게 주시기 위해 세상에 오셨는데 어찌 구원도 선물하지 못하시겠는가! 그러므로 그리스도 안에 있는 십자가를 믿는 그대는 구원을 그리스도의 공로로 받았다. 그리스도는 그대에게 선물이다. 이제 그대에게 하나님이 요청하시는 것은 오직 이웃사랑일 뿐이다." 고로 하나님과의 관계에서 신자는 행함을 자랑하지 말아야 하고 이웃과의 관계에서는 믿음을 자랑하지 말아야

---

4) Roland H. Bainton, *Martin Luther's Christmas Book*, 59-60.
5) Henry Bettenson, *Documents of the Christian Church* (New York: Oxford Universoty Press, 1963), 191.

한다. 하나님께는 믿음만이 필요하고 이웃에게는 오직 행함만이 필요하다. 바로 이러한 인식이 루터 사상의 핵심이다.

오랜 동안 중세 교회는 "가난"을 구원에 이르는 덕목 중 하나로, 적어도 이념적으로는 그렇게 숭배해왔다. 무력과 전쟁을 선호한 중세 초기의 야만 문화에 대해 성자 베네딕트(St. Benedict, d. 547)는 마태복음 5:3 "심령이 가난한자의 복"을 외치며 영적 가난과 겸손을 강조하였다. 중세 전성기, 봉건체제에서 빈부의 격차가 극심해지고 물질적 성취가 칭송받던 시대에 성자 프란시스(St. Francis, d. 1226)는 누가복음 6:20의 "물질적 가난한 자의 복"을 믿으며 무소유의 영성을 전파하였다. 가난에 대한 중세의 신학은 경제적 가치관을 극복한 영적 안목을 보여주었다는 점에서 한편으로는 긍정적이었다. 그러나 중세의 공로구원론과 가난의 주제가 만나게 됨으로 여러 가지 일탈적인 사상들이 생성되었다. 가난한 자들에 대한 자선은 중세에 있어 가장 많은 공로를 쌓는 선행 중의 하나였다. 그러므로 가난한 자에 대해 적선하는 것은 하나님을 향해 가까이 가는 길이었다. 천년이 넘게 중세의 설교자들은 자선을 구원의 조건으로 강조하였다. 즉, 그들은 "자선에 의해 형성되는 믿음"(Faith formed by charity)에 대해 말해왔다.6) 가난을 덕으로 보는 중세의 가치관으로 인해 몸이 온전한 성인들조차도 걸식을 하며 살았다. 가난한 사람들은 하나님께서 부자들의 공적을 쌓기 위해 마련해둔 것으로 인식하였다. 깨끗한 부에 대한 관심보다는 낮고 천함에 대한 가치를 우선적으로 존중히 여긴 중세 사상은 종교개혁가들에 의해 여러 면에서 부정되거나

6) Carter Lindberg, *The European Reformations* (Cambridge, MA: Blackwell Publisher, 1996), 111.

수정된다.

16세기 종교개혁자들이 살던 시대는 자선활동이 사회 경제적 변화와는 동떨어진 채 현실적 구호 기능을 상실하였고 여전히 구원론적 기능만이 부각되었다. 루터는 사랑의 자선행위가 구원의 수단이 될 수 없음을 주장하였다. 공로구원론의 거부를 통해 루터는 가난에 대한 허울 좋은 이데올로기적 시각을 버리게 되었다. 구원이란 우리의 행위에 관계없이 하나님의 선물로 주어주는 것이므로 공로를 얻기 위해 자선을 행하는 일은 더 이상 의미가 없다. 이러한 이유로 루터는 가난을 공덕으로 보는 관념을 공격하였다.

그렇다면, 루터에게 있어 기독교 봉사와 자선은 어떤 의미를 가지는가? 이 개혁자에게 있어서 자선이란 예배 행위이다. 예배는 구원받은 자가 하나님께 올려드리는 것이다. 이를 더 명확히 표현하면, 예배 후의 예배(liturgy after liturgy)라 할 수 있다. 즉, 찬양과 기도, 말씀만이 예배가 아니라 삶에서의 실천과 행위가 바로 하나님을 공경하는 또 다른 예배라는 것이 루터의 신학이다. 중세 교회의 높은 고딕식 건축물들을 보며 루터는 수백 년 동안 가시적인 것을 위해 소모된 자원들을 함께 보았다. 중세가 추구했던 "화려하고 장엄한 예배"를 위해 소비된 많은 재화들을 보며, 루터는 우리 삶의 또 하나의 예배, 즉 자선을 위해 이러한 재원들이 사용되어야 함을 "예배 후의 예배"라는 함축적 표현을 통해 의도하였다. 루터의 일관된 주장은 이웃에 대한 봉사였으며 이것은 바로 하나님께 대한 봉사의 동의어와 다름없었다. 이 개혁자가 외친 "dienst Gottes"이 바로 그것이다. 문자적으로는 '예배'의 뜻을 담고 있으나 이웃에 대한 봉사도 이 단어를 통해 표현한다. 루터에게 있어 최고의 사랑이란 "도움을 필요로 하는 자들에게 베푸는 봉사이다."7) 이 개혁자는 자선을 그리스도인의 삶을 더욱 풍요롭게 하는 성례전으로 이해하였고 "가난한 자를 위해 기도하고 이들의 권익을 위해 싸우고 도와야 한다"고 주장하였다.

루터는 빈곤이 가난한 자들의 책임만이라고 보는 시각도, 그리고 부정한 방법을 통해 획득한 부가 하나님의 축복이라는 시각 또한 결코 갖지 않았다. 오히려 그는 부유한 이들의 부정직한 축재 방법에 큰 비판을 하였고 빈곤을 야기 시킨 사회구조 또한 함께 공격하였다.8) 이 개혁자는 1519년 "고리대금업에 대한 짧은 설교"(Short Sermon on Usury)를, 1년 후 "고리대금업에 대한 긴 설교"(The Long Sermon on Usury)와 "선행에 대한 논문"(Treatise on the Good Works) 그리고 "독일 귀족에게 고함"(To the German Nobility) 등의 여러 저술을 통해 기독교 사회사업의 실천론을 전개하였다. 1524년에도 루터는 "상업과 고리대금업"이라는 논문을 발표해 16세기 경제에 대한 자신의 사회적 인식과 윤리관을 밝혔다.

상업 경제의 등장으로 신흥 부유층이 생겨나고, 기존의 봉건 지주계층은 토지를 독점하다시피 한 상황에서 빈부의 격차는 극심히 증가했다. 루터는 특정 계층의 부를 결코 하나님의 축복을 많이 받은 것이라는 시각으로 보지 않았다. 오히려 극심한 부의 편중 현상은 물질에 대한 끝없는 인간의 이기심과 탐심에서 비롯된 것임을 간파하였다. 하나님의 말씀을 가지고 사회의 부적절한 현상을 질타해

---

7) Hans J. Hillerbrand, ed., *The Oxford Encyclopedia of the Reformation* (New York: Oxford University Press, 1996), 303.
8) Carter Lindberg, *The European Reformations*, 112.

야 함을 자신의 논문들을 통해 여실히 보여주었다. 그는 빈부의 차이가 줄어드는 사회를 만들어가야 한다는 신념을 가지고 있었다. 따라서 상인들이 스스로 절제와 자율의 정신을 가지고 상행위를 해야 함을 강조하였다. 부정직하고 견제 장치가 없는 이윤의 단순 극대화는 경제를 좀먹는 탐욕에 다름 아님을 그는 또한 지적하였다.

또한 1540년 루터는 "성직자는 고리대금업을 반대해야 한다" (That Clergy Should Preach Against Usury)라는 설교를 발표하였다. 이 개혁자는 영주들과 부유층들이 고리대금업을 행하는 것을 비판하고 불의하게 재산을 축적해서는 안 된다고 지적하였다. 또한 설교자들도 이 문제에 관해 두려워말고 잘못을 지적해야 한다고 주장하였다. "누구든지 이자 총액을 빌려준 돈 액수 이상으로 회수하면 이것이 바로 불의한 고리대금업"이라고 구체적인 가이드라인까지 제시하였다. 고리대금업은 그 자체로 강도질이나 살인에 버금가는 죄라고 보았다. 심지어는 고리대금업자가 교회에 올 경우 성직자들은 그들의 회개를 촉구하고 만약 개전의 정이 보이지 않을 경우는 성찬을 허락하지 말아야 한다고 하였다.9) 일정 한계와 기준이 없는 무한 자본주의가 이기심에 편승할 때 다수의 경제적 공멸을 가져오게 됨을 루터는 직시하였기 때문이다.

한편 '가난'이라는 사회문제에 대한 답으로 루터는 공동금고 (Common Chest)를 제안하였다. 이후 종교개혁을 받아들인 거의 모든 마을이 이 공동금고를 설치하여 운영하였다. 공동금고는 각 마을의 가장 큰 교회당에 배치해두고 이를 네 개의 각각 다른 자물쇠로

---

9) Fabiunke Günter, *Martin Luther als Nationalökonom* (Berlin: Akademische Verlag, 1963), 207.

잠갔다. 그 속에는 교회의 재정과 모금된 금고 재정, 헌물, 장부 등을 넣어 보관하였다. 4명의 마을 대표를 선출하여 이들이 열쇠를 소유하였다. 매주일 이들과 교회의 성직자들이 모여 공동금고의 재정을 어떻게 사용할 것인가에 대해 논의하였다. 처음에는 교회의 재정을 함께 공동금고 안에 두고 이를 자선사업과 교회 운영에 같이 사용하였다. 성직자의 급여, 건물 보수, 관리비 등을 여기에서 지출하다 재정 운용상의 문제가 불거지자 가난한 자들에 대한 프로그램을 더욱 구체화하기 위해 교회 관리 재정은 이후 공동금고에 두지 않고 분리시켰다. 금고 재정으로 가난한 자들에게 줄 물품과 양식을 구입하였고, 가난한 노동자와 빈곤 계층의 소상인들에게는 싼 이자로 대출해 주었다. 고령자와 병약자들을 구호하기 위한 기금으로도 사용되었다. 새로운 이주자가 아무 재산 없이 마을로 오게 되었을 때 약간의 정착금도 금고에서 지불하였다. 가난한 집 자녀들의 학업을 위해 장학금을 지불하였다. 때로는 지참금이 없는 저소득층 집의 딸의 혼인 행사를 위해서도 보조금을 금고에서 지급하였다. 만약 공동금고의 재정이 떨어지게 되면, 즉시 마을 관리들은 주민들에게 재정 충당을 위한 세목을 만들어 세금을 거두어들였다. 공동금고를 통해 빌린 돈으로 많은 빈곤 계층은 자신의 사업을 시작할 수 있었다. 현대 독일과 유럽 각지에 빈곤 퇴치를 위한 공공 정책은 바로 루터의 사상에서 기인하였다. 이점에서 루터는 사실상 최초의 현대 사회사업 실천론자였다고 할 수 있다.[10]

---

10) Robert Jütte, *Abbild und Soziale Wirklichkeit des Bettler- und Gaunertums zu Beginn der Neuzeit* (Cologne: Booehlau, 1994), 108.

V. "기쁨의 사람"

루터가 십자가를 말하고 이웃사랑을 강조한다는 것을 듣고 그를 교리적이고 경직되고 또는 고통에 몸부림치는 그리스도인으로 간주하는 것은 전적으로 오해이다. 그는 사람들을 좋아했고 그의 집은 늘 접대 받는 이들로 넘쳐났다.

루터는 가정의 소중함을 어느 개혁자보다 강조한 인물이었다. 그는 독신 우월주의에 빠진 중세적 환경에 반기를 들고 가정의 의미와 가치를 발견하여 그 신학적 중요성을 제시하였다. 이 개혁자에게 있어 가정은 자손 번식의 장 이상이었다. 그곳은 사랑하는 가족과 이웃을 위한 병원이고, 학교이고, 식당이고, 수도원이고, 안식처가 되어야 함을 지적하였다.11) 루터와 카타리나의 가정이야 말로 돌봄의 사역으로 어우러진 최초의 목회자 가정이었다. 그의 가정은 자선 활동의 센터로서 역할을 훌륭히 감당하였다.

1525년 도망친 수녀 카타리나 폰 보라와 루터는 결혼하였다. 축복 대신 온갖 비난과 조롱을 받은 두 사람의 결혼은 이후 22년간 지속되었고 종교개혁에 큰 영향을 주었다. 그들의 집은 항상 사람들로 넘쳐났다. 루터 부부는 버려진 작은 어거스티니안(Augustinian) 수도원을 개조 수리하였다. "수백 명의 사람"이 도움을 요청하거나 또는 단순 방문을 목적으로 왕래하였고 이들을 루터의 가정은 잘 공궤하였다. 무엇보다도 외지로 떠나온 학생들과 고아가 된 아이들에게 따뜻한 접대를 하였다. 자신들의 네 아이와 고아가 된 6명의 인척 아이

---

11) Heiko Oberman, Heiko. *Luther: Man between God and the Devil*, trans. Eileen Walliser- Schwarzbart (New York: Doubleday, 1989), 282.

들까지 길렀다.12)

대화는 어디서나 항상 활기찼고 직설적이었고 기쁨으로 삶을 누렸다. 다음 일화는 그런 단면을 보여준다. 어느 날 루터는 친구 부겐하겐(Johann Bugenhagen)과 멜랑히톤(Philip Melanchthon)을 저녁식사에 초청하였다. 식사 기도를 앞두고 루터는 갑자기 내기를 제안하였다. 식사 기도를 가장 짧게 하는 이에게 선물을 주자는 것이었다.13) 모두 동의하고 먼저 부겐하겐이 다음과 같이 독일어로 기도하였다.

"Dit und dat, Trocken und nat Gesegne Gott"(이것저것 마른 음식과 수프를 복주소서).

이에 루터는 라틴어로 더 짧게 기도하였다.

"Dominus Jesus Sit potus et esus"(주 예수께서 나의 음료와 음식이 되소서).

그러나 멜랑히톤이 다음과 같이 기도하고 상을 받았다.

---

12) Martin Brecht, *Martin Luther: Shaping and Defining the Reformation 1521-1532*, Vol. 2, trans. James L. Schaaf (Minneapolis: Fortress Press, 1990), 201-204.
13) Philip Schaff, *The History of the Christian Church, vol. 7: Modern Christianity and the German Reformation* (New York: Charles Scribner's Sons, 1910), 603-604.

"Benedictus benedicat"(복 받은 자시여 복 내리소서!).

VI. 나가는 말

루터를 비롯한 개혁자들의 모두는 값없이 구원받은 은혜에 대한 가르침과 비례되는, 디아코니아로 함축되는 이 행함을 겸비하고 있었다. 흔히 종교개혁은 '종교' 분야의 개혁으로 이해한다. 그러나 정확히 말하면 종교개혁이란 '종교가 개혁시킨 새 시대'를 의미한다. 오늘날의 한국교회에는 바로 이 두 가지 과제가 부여되어 있다. 교회 자체의 개혁과 교회를 통한 사회의 개혁이다. 우리 모두는 바로 철저히 실천적이었던 종교개혁자들의 영적 피를 받은 후손들임을 기억해야 한다. 시대를 흘러오며 인간과 세상을 변혁시켜온 기독교의 복음은 오늘 우리에게 개혁자들이 성실하게 모범을 보인 바로 '행함 있는 산 믿음'을 요구한다.

"그리스도인들은 모든 것으로부터 자유롭다.
동시에 그리스도인들은 모든 이들의 종이다."_마르틴 루터

마르틴 루터의 세례 이해

홍지훈 | 호남신학대학교 교수

I. 서론

루터는 1519년과 1534년 사이에 자신의 세례론을 정리하였다. 처음에 루터는 로마 가톨릭 성례론에 반대하여 세례를 시행할 때 신앙이 우선해야 함을 강조하였다. 이는 가톨릭교회가 성례전 신학에서 주장하는 사효론(事效論, *ex opere operato*)을 비판하기 위함이었다. 그러나 1525년부터 등장하기 시작한 재세례파가 루터가 강조한 신앙이 말 못하는 어린아이들에게는 결여되었을 것이 분명하므로, 유아세례를 거부하고 성인에게 다시 세례를 베풀기 시작하자 이들 재세례파에 대하여서는 하나님의 사역(Gottes Werk)으로서의 세례를 강조하였던 것이다.

세례에 대한 양자의 상이한 접근 방식을 놓고 각각의 경우에 따라 대응한 것이 결국에는 서로 상충되는 것 같아 보이는 루터의 세례 이해를 유발하게 되었던 것이다. 반면에 이것이 루터의 세례 신학에는 완성을 향한 발전 과정이라는 견해도 있다.[1]

마르틴 루터의 세례론에 등장하는 세 가지 요소는 표지(*signum*)와 언약 말씀(*promissio*) 그리고 신앙(*fides*)이다. 이 세 가지 가운데 어떤 요소가 어떤 역할을 하는지 그리고 역사적인 정황에 따라 어떤 요소를 강조하는지에 따라서 루터의 세례론은 변화 내지는 발전하였다고 여겨질 수 있다. 그러나 루터에게 있어서 세례 성례전은 '하나님의 사역' 이외의 다른 것이 아니다.

이 논문에서는 루터의 세례론에 등장하는 세 가지 요소를 중심으로 역사적 발전 과정 속에 일관성 있게 주장되는 루터의 세례론을 재구성하려고 한다. 비록 재세례파는 루터의 세례 이해에 불연속성이 있어서 일관성이 결여되었다고 주장하지만, 루터의 사고 가운데는 언제나 세례의 3요소가 자리하고 있었으며 그중 하나는 그 뿌리로써 그리고 나머지 다른 두 가지는 경우에 따라 강조됨으로서 그 역할을 담당했던 것이었다.

---

1) Paul Althaus, "Martin Luther über die Kindertaufe," in *ThLZ*, 73 (1948), 705-714.

II. 세례의 올바른 사용

1. "거룩하고 존중되는 세례 성례전에 대한 설교"(1519)[2]

이 설교는 1519년에 행해진 세 편의 성례전 설교(회개, 세례, 성만
찬) 가운데 하나이다. 루터가 성례전에 관한 설교를 하게 된 것은 그
이전과 이후 모두에 매우 중요한 의미가 있다. 하나는 1513년부터
진행된 성서 강의들(시편, 로마서, 갈라디아서, 히브리서)을 통하여 루터
가 깨달은 종교개혁적인 발견들과 "면죄부의 효능에 대한 반박문"
(1517)과 그 "해설문"(1518)에 드러난 신앙에 대한 강조는 당연히 성
례전에 대한 자신의 입장을 표명하도록 안내하였다는 뜻이다. 다른
하나는 성례전에 관한 세 편의 설교를 기초로 하여 루터는 "교회의
바벨론 포로"(1520)라는 매우 중요한 성례전 논문을 발표하게 되었
다는 점이다.

루터의 주장을 한마디로 요약한다면, 성례전에 관한 교회의 결정
을 무조건적으로 따르는 대신에 성서를 기준으로 이 문제를 재고하
겠다는 것이다. 다시 말하면, 성서에 근거하여 가톨릭의 일곱 가지
성례전을 받아들일 수 없듯이, 성서에 근거하여 성례전의 본질을 설
명하겠다는 것이 루터의 의도인 것이다.

이 설교를 통하여 루터가 발견한 것은 세례 가운데 약속과 희망
의 표지(ein Zeichen der Zusage und Hoffnung)가 주어졌으며 하나님
께서는 당신이 세례를 통하여 시작하신 일을 삶의 마지막 때에 마무

---

2) Ein Sermon von dem heiligen hochwürdigen Sakrament der Taufe, WA 2,
   727-737.

리 지을 것이라는 확신이었다.3) 세례의 표지는 "사람을 아버지와 아들과 성령의 이름으로 씻는 것이며, 물속에 그대로 두지 않고 다시 건져내는 것"4)이다. 그러므로 세례의 의미는 죄가 영적으로 죽으며 하나님의 은총으로 사람이 다시 살아나는 것으로써, 죄 가운데 거하던 옛 인간은 사라지고 새로운 인간으로 변하여 은총 가운데 다시 태어나는 것이다.

동시에 세례의 삼 요소인 '표지', '의미', '신앙' 중에서 표지에 관하여 루터는 다음과 말하였다: "인간은 이제 아주 깨끗하고 무죄하다. 즉 그는 하나님의 표지(Zeichen Gottes)인 세례를 받은 것이다. 이것으로 그의 모든 죄가 없어진다는 것을 보여준다. 그러나 죄가 완전히 사라진 것이 아니라, 죄 없이 되기 시작했다는 뜻이다."5)

2. "교회의 바벨론 포로에 대하여"(1520)

루터는 세례의 구성 요소를 표지(Zeichen), 의미(Bedeutung), 신앙(Glauben)으로 보았다.6) 이 세 가지의 구성 요소가 중요한 이유는 죄를 용서하고 신생을 가능케 하는 세례의 능력이 어디에서 비롯되었는가를 밝히는 데 필요하기 때문이다. 이와 관련하여 고트쉬크(Johannes Gottschick)는 루터에게 성례전이란 "보이지 않는 은총의 보이는 표지로써, 그것을 칭하는 말씀과 밀접하게 연관되어 있다"7)

---

3) Wolfgang Schwab, *Entwicklung und Gestalt der Sakramententheologie bei Martin Luther*, Frankfurt am Main 1977, 307.
4) WA 2, 727, 25f.
5) WA 2, 730, 2ff.
6) WA 2, 727, 20ff.

고 설명하였다.

세례의 표지란 사람이 아버지와 아들과 성령의 이름으로 물로 씻는 예식을 가리킨다. 물세례를 통하여 외적으로는(äußerlich) 그리스도의 백성 됨을, 내적으로는(innerlich) 진리에 속하기 되었음을 증거 하는 것이다. 고트쉬크는 루터의 생각을 정리하였는데, 세례와 신생은 하나님의 이름 아래, 하나님의 입장에서 시행되어야만 한다고 하였다. 그러므로 세례를 베푸는 사람은 단지 하나님을 대신하는 도구일 뿐이다. 이러한 차원의 세례이해는 중세의 성례전 개념에서 일탈하는 진보된 성례전 이해라고 할 수 있다.

하나님의 언약에 근거하여 세례는 베풀어지는 것이며, 이것은 오직 신앙 안에서만 가능하다. 그래서 루터는 "세례 주는 자는 오직 하나님이시며 사제는 단지 봉사자요 도구"[8]라고 함으로서 세례를 일종의 "사효론"(opus operatum)적으로 여기는 로마 교회의 오류에 대항하였던 것이다.

"거룩하고 존중되는 세례 성례전에 대한 설교"와 "교회의 바벨론 포로"라는 초기의 글을 통하여 드러나는 루터 세례론을 요약하면 다음과 같은 결론을 얻을 수 있다:

(1) 아직은 유아세례에 대한 언급이 두드러지지 않는다.
(2) 로마 가톨릭의 성례 개념(ex opere operato)에 반대하여 세례 시행에 있어서 신앙의 중요성이 강조된다.

....

7) Johannes Gottschick, *Die Lehre der Reformation von der Taufe*, Tübingen 1906, 5.
8) WA 6, 530, 29-31.

(3) 세례 시행에 필요한 신앙의 개념이 "하나님의 언약 말씀"에
 대한 신앙이라는 점이 부각된다.

(4) 세례의 삼 요소가 표지(*signum*)와 언약 말씀(*promissio*)과
 신앙(*fides*)라는 점에 기초를 이루고 있다. 그러나 아직은 이
 세 가지 요소를 면밀하게 구분하여 설명하지는 않고 있다.

(5) 이상과 같은 내용에서 드러나는 점은 1520년까지의 루터는
 세례의 "올바른 사용"에 관심을 두고 있다는 것이다.

III. 세례의 본질

세례의 본질에 관하여 언급한다는 뜻은 과거의 강조점이 달라진
다는 의미이기도 하다. 1520년까지의 글은 세례를 바르게 받도록
하는 사용의 문제에 초점을 맞추었기 때문에, 세례 시행에 있어서
신앙의 문제를 강조하였다. 그러나 1522년을 기점으로 등장하는 종
교개혁 급진주의자들의 주장은 세례의 외적 요소인 '물'의 의미를 무
시할 가능성이 있었다. 왜냐하면 재세례파는 루터가 '바벨론 포로'
에서 신앙을 강조할 때 인용했던 "믿고 세례 받으면 구원을 얻으리
라"(막 16:16)는 말씀을 곡해하여 신앙의 절대 우위권을 주장하였기
때문이다. 따라서 '신앙 고백이 불가능한 영아'에게 세례를 베풀지
말고, 이성으로 신앙을 고백할 수 있는 어른에게 베풀도록 요구하였
다. 이들이 유아세례를 무효화하고 재세례를 시행하였던 사건은 스
위스 취리히의 종교개혁자 츠빙글리의 주변에서 등장하였지만, 저
들의 영향은 독일로 확산되었고, 독일 내에서도 한스 후트(Hans

Hut) 같은 이는 루터의 영향권 내에서 재세례를 주장하였던 것이다. 여기에서는 루터가 유아세례에 대하여 어떠한 태도를 보이는지 살펴보기로 하자.

1. 유아세례와 유아 신앙

1) 유아세례의 근거: 외래 신앙(*fides aliena*)인가?

루터에게 중요한 두 개념이 바로 외래 신앙(*fides aliena*)과 유아 신앙(*fides infantium*)이다. 과연 루터는 유아세례 때에 외래신앙을 인정하였는가? 루터의 몇몇 작품들은 마치 그가 외래 신앙의 효과를 승인한 것처럼 보이기도 한다. 예를 들면 "성찬 성례전을 받는 거룩한 마음의 준비에 관한 설교"(*Sermo de digna praeparatione cordis pro suscipiendo sacramento eucharistiae*, 1518)에서 루터는 아이들은 "외래 신앙의 도움으로"(*aliena fidei merito*)[9] 세례 받는다고 하였다. 일 년 후 1521년 "모든 논문의 근본과 이유"(Grund und Ursache aller Artikel)에서 루터는 "아이들은 세례 예식 때 수세자를 대신하여 묻는 질문에 대답하는 대부의 신앙과 신앙고백에 따라 세례 받는다"고 하여 외래 신앙을 인정하였다는 오해의 소지를 짙게 하였다.

이 문제에 관하여 츠어 뮐렌(Karl-Heinz zur Mühlen)은 루터가 사용한 외래 신앙(*fides aliena*)의 개념을 다음과 같이 긍정적인 차원에서 이해하여야 한다고 주장하였다: "하나님의 언약이 오직 신앙 안에서 영향을 끼친다고 한다면, 당연히 루터에게는 '아이들에 대하여

---

9) WA 1, 333, 26.

는 신앙의 문제를 어떻게 해야 할까?'라는 질문이 생길 수밖에 없다. 루터는 이 경우에 그 아이를 세례에 데려오는 자의 신앙(fides aliena)의 논리로 대답하였던 것이다."10)

다시 말하면 루터가 성례전의 사용은 신앙에서 비롯된 것임을 애써 주장하면서도 외래 신앙(fides aliena)의 개념을 포기하지 못하는 이유가 무엇인지를 츠어 뮐렌은 붙들고 있다는 뜻이다. 루터가 주장하는 '외래 신앙'은 그 용도상 세례 시행의 아주 작은 역할만을 담당하고 있다. 대부의 신앙고백은 말 못하는 유아를 세례 시행에 데리고 나오는 역할을 할 뿐이지 이 고백으로 그 아이가 구원을 받게 되는 것은 결코 아니다.

2) 유아에게 신앙이 있는가?

어느 정도 모호하다고 여겨지는 루터의 태도가 보다 분명한 논조를 띠기 시작한 것은 사실 재세례파의 등장과 무관하지 않다. 더구나 로마 가톨릭에 반대하여 신앙이 세례 때에 필수적인 역할을 한다는 주장과 유아가 신앙을 가질 수 있는가의 문제는 보다 분명히 설명되어야만 하는 단계에 이르렀다. 루터는 이미 1525년에 유아 신앙(fides infanium)에 대하여 다음과 같이 선언하였다: "사람이 말하는 것이 소용 있는 것이 아니다. 아이들은 나중에 이성이 생기면 갖게 될 미래의 신앙(zukunftiger Glaube)에 근거하여 세례 주는 것이다. 왜냐하면 신앙은 반드시 세례 때에 있어야만 하는 것이기 때문

10) Karl-Heinz zur Mühlen, "Luthers Tauflehre und seine Stellung zu den Täufern," in Helmar Junghans (Hg.). *Leben und Werk Martin Luthers von 1526-1546*, Göttingen 1983, 122.

이다. 그렇지 않으면 아이는 악마와 죄의 세력에서 놓임 받을 수 없다."

그러므로 루터의 생각에 따르면 아이들은 그의 대부나 교회의 신앙에 근거하여 세례 받는 것이 아니다. "대부와 기독교의 신앙은 아이들에게 그들이 세례 받기에 합당한 자신들의 신앙이 생겨나서 스스로 믿게 되기를 간구하는 것이다."[11] 1525년에 루터는 말 못하는 어린아이도 세례 때에 자신의 신앙을 가져야 하며, '외래 신앙'은 단지 저들에게 합당한 신앙이 주어지기를 간구할 수 있을 뿐이라고 확신하였다. 비록 아이들은 그 대부의 신앙으로 세례에 참여하게 되지만, 유아세례는 외래 신앙(*fides aliena*)에 근거하여 시행된 것이 아니라는 점이 분명해졌다. 따라서 이제는 유아에게도 신앙이 있다는 것을 논증하여야만 하였다.

"재세례에 관하여 두 명의 목사에게"(Von der Wiedertaufe an zwei Pfarrherrn, 1528)라는 작품은 유아 신앙 논증에 중요하다. 루터는 유아의 신앙 문제가 성서에 저촉되는 지의 여부를 질문하였다. 그래서 루터는 만일 재세례파가 유아 신앙이 불가능하다는 그들의 주장을 성서적으로 확증할 수 없다면, 그들 자신이 스스로 성서에 위배된다고 하였던 것이다. 루터에게 유아들은 비록 이성을 갖추지 못하였다 하더라도 신앙을 갖는 일이 불가능하지 않았다. 그 증거로 루터는 "엘리자벳이 마리아의 인사를 받았을 때 복중의 아이가 뛰놀았다"(눅 1:41)는 말씀을 들었다.

---

11) WA 17 11, 83, 10-12.

이제 루터의 관점은 성서적으로 증거하기에 분명하지 않은 유아 신앙을 유아세례의 근거로 드는 일을 포기하고 좀 더 본질적인 관점에서 자신의 세례론을 진술하기 시작하였다. 여기에서부터 루터는 신앙에 근거하여 세례를 베풀지 않는다는 1525년의 관점을 다시 강조하기 시작한다. 신앙에 근거하여 세례를 베푸는 것이 아니라, 하나님의 명령(das Gebot Gottes)에 근거하여 세례를 시행한다는 것이다. 그러므로 세례의 능력은 신앙과는 무관하다. 신학적으로 루터는 세례와 하나님의 말씀(das Wort Gottes)을 분리하지 않았다.

2. 세례의 구성 요소

루터는 대요리문답(Der große Katechismus)과 소요리문답(Der kleine Katechismus)을 통하여 세례의 내적 요소와 외적 요소를 구분하여 언급하였는데, 이것은 세례를 시행할 때 물이라는 외적 요소와 말씀이라는 내적 요소를 일치시키려는 특징적인 시도로서 세례의 본질을 정의하는(eine charakteristische Wesenbestimmung) 일종의 방법이다.

루터는 1519년 "거룩하고 존중되는 세례 성례전에 대한 설교"에서 세례의 세 구성 요소를 포지(Zeichen)와 의미(Bedeutung)과 신앙(Glauben)이라고 하였다.[12] "교회의 바벨론 포로"에서는 그 저술 동기에서 드러나는 바와 같이 신앙이 강조되는데, 세례 때 요구되는 신앙이란 하나님의 약속을 믿는 신앙을 의미한다는 것이다. 따라서

---

12) WA 2, 727, 20ff.

"교회의 바벨론 포로"에서는 세례의 세 가지 요소는 이제 하나님의 언약 말씀(*divina promissio*) 집중하게 된다. 그래서 과거에 삼요소로 언급된 표지와 의미와 신앙은, 다시금 표지(*signum*)와 신앙(*fides*)과 언약(*promissio*)으로 재구성된다. 이제 재세례파 세례론의 도전을 받은 후에 루터는 대요리문답(Der große Katechismus, 1530)을 통하여 세례의 본질 문제를 정리하게 된다. 이제 세 가지 요소를 중심으로 세례의 본질에 관한 루터의 주장을 재구성하여보자.

3. 세례의 의미와 표지

1) 계약의 표지(Bundeszeichen)

마가복음 16:16의 말씀과 함께 마태복음 28:19의 말씀은 루터의 세례 신학의 성서적 뿌리이다. 마가의 말씀이 하나님의 언약과 제정하심을 강조하고 있다면, 마태복음 28:19은 세례가 하나님의 언약임을 한층 더 강조하는 명령적 표현이라 할 수 있다. 그래서 루터는 이 두 가지의 말씀이야말로 세례가 하나님의 제정에 의한 하나님의 사역임을 드러낸다고 주장하였다.13) 루터는 그의 "소요리문답"에서 마태복음 28:19을 "세례 명령"(Taufgebot)이라고 칭하였고, 마가복음 16:16을 "세례의 용도에 대한 말씀"(Aussage über die Nutzen der Taufe)이라고 설명하였다.14)

세례는 인간의 생각 속에서 발명해낸 교회 의식 가운데 하나가 아니라, 하나님의 의지에 근거하여 하나님의 편에서 제정된 것이다.

---

13) Wolfgang Schwab, 330.
14) WA 30 1, 379ff.

하나님께서는 물세례라는 당신이 제정하신 계약의 표지를 통하여 우리 인간과 계약을 체결하신다는 것이다.

2) 신앙과 언약(*fides et promissio*)

루터의 세례 신학에서 또 한 가지 아주 중요한 역할을 하는 것이 신앙이다. 루터는 1520년에는 스콜라주의 신학의 성례전 이해(*ex opera operato*)에 대항하여 신앙의 필수성을 역설하였고, 1528년에는 재세례파의 세례 이해에 대항하여 하나님의 사역으로써의 세례 시행을 강조하였다. 1520년 루터는 세례 근거에 대하여 말할 때에 세례 시행에서 가장 먼저 고려되어야 하는 것이 "하나님의 언약"(믿고 세례 받으면 구원을 얻으리라)이라고 하면서도, 인간의 편에서는 신앙을 중요하게 여겨야 한다고 하였다. 왜냐하면 하나님의 언약을 굳게 붙잡는 것이 필수적이기 때문이다. 반면에 루터는 세례를 시행하는데 신앙이 아무리 필수적이라고 해도 세례 자체의 기초가 될 수는 없다고 주장하였다:

> 세례의 본질은 하나님의 약속에 있는 것이지 인간적인 신앙에 있지 않다. 세례 받을 때 필요한 신앙이란 다름 아닌 하나님께서 직접 약속하신 말씀에 대한 신앙인 것이다. 즉 "나는 내가 순수한 업적을 이를 수 없다는 것을 너무도 잘 안다. 그러나 나는 속이지 않으시는 하나님께서 나와 연합하시어 내 죄를 묻지 않으시고 없애주시기에 세례를 받는 것이다."[15] 신앙 역시 인간의 사역이 아니라 하

---

15) WA 2, 732, 21-24.

나님의 사역이다.

3) 신앙과 표지(*fides et signum*)

우리가 루터의 세례론을 이해하려 할 때 물과 신앙의 관계를 간과해서는 안 된다. 루터는 세례 시행이 올바로 진행되어야 한다는 것을 강조할 필요가 있을 때는 "신앙이 함께 하지 않는다면 그것(세례)은 열매 없는 표지에 불과하다"[16]고 하였지만, 이와는 반대로 세례의 능력과 의미가 강조되어야 할 때에는 "그러므로 세례 그 자체는 언제든지 합당하며, 비록 사람이 세례에 합당한 신앙 없이 그것을 받았다고 해도 그 본질은 여전히 남아 있다. 왜냐하면 하나님의 질서와 말씀은 인간의 힘으로 바뀌거나 변화될 수 없기 때문이다"[17]라고 하여 세례의 표지를 강조하였다.

즉, 신앙과 표지, 즉 신앙과 물은 세례의 내적인 면과 외적인 면이라고 할 수 있는데, 루터의 시도는 이러한 세례의 양면성을 그 본래의 뜻에 맞도록 강조한 것이다. 양면성에 대한 구분은 그 역사적 배경에서부터 비롯된 것이다.

이처럼 루터에게는 외적인 표지(Zeichen)와 내적인 신앙 (Glauben)은 모두가 필수불가결한 요소였다. 그리고 세례 시행 때는 절대로 그 세례의 기능 문제로 착각에 빠지도록 해서는 안 된다. 세례는 믿는 자의 신생에 영향을 끼치는 것이다. 만약 사람이 이점에 실수하면, 그는 세례의 능력으로 돌아가서 세례에는 오직 신앙으로만 접근할 수 있음을 알아야 한다. 하지만 이러한 점에도 불구하고 루터

16) WA 30 1, 221, 10-11.
17) WA 30 1, 220, 1-4.

는 세례의 능력이란 신앙에 얽매여 있는 것이 아니라고 하여 세례의 효과는 하나님께 달려 있음을 강조하였다.

IV. 결론: 루터의 세례론 요약

재세례파를 향한 루터의 반박은 언제나 세례의 본질 문제에 집중하여 있다. 그래서 재세례파가 '신앙 없이 받은 세례'를 문제 삼는 것에 대하여, 세례 그 자체를 문제 삼지 말고 세례 때에 가져오지 못한 신앙을 문제 삼으라고 주장하였던 것이다. 다시 말하면 세례를 다시 시행할 것이 아니라, 부족한 신앙을 다시금 확고히 하면 될 일이라고 하였던 것이다.

사실 1520년의 "바벨론 포로에 대하여"에서는 결코 세례의 본질을 설명하거나 세례가 무엇인지를 정의하려는 의도가 없었다. 로마 교회의 세례 사용이 올바르게 진행되고 있지 못하다는 확신 때문에 신앙이 반드시 필요한 것임을 강조하였던 것이다. 결국 루터는 그 이유 때문에 유아세례에 있어서 '외래 신앙'의 개념을 도입하였다. 그러나 그는 한번도 '외래 신앙'이 세례 시행의 근거라고 주장한 적은 없다. 신앙은 우리 인간을 세례의 길로 부르지만, 그 세례의 확실성과 유효성은 결코 신앙에 달려 있지 않다. 마찬가지로 외래 신앙도 아이들을 세례에 데리고 나아가, 하나님께서 저들에게 신앙 주시기를 희망하는 데에 쓰일 뿐이지, 세례 시행의 근거는 언제나 하나님의 명령에 있다.

이와 같은 연구에 의하여 분명히 드러나는 것은 루터의 세례 이

해가 언제나 확고한 역사적인 정황 위에서 발전되었으며 대적들의
도전에 정향되어 있다는 점이다. 이러한 원인에서부터 그의 세례론
에 다양한 강조점이 발생하게 된 것이다. 따라서 루터의 세례론의
발전 과정은 다음과 같이 세 단계로 나누어야 할 것으로 여겨진다.

첫째, 중세 후기 세례론에 대항하여 세례를 새롭게 이해하는 단
계. 둘째, 성령주의적 성례이해에 반대하는 단계. 셋째, 루터 세례론
의 확립기.

상기한 단계별 차이점들에도 불구하고 루터의 세례론에는 지속
적으로 등장하는 특징이 있는데, 그것은 바로 세례의 근거를 하나님
의 말씀 또는 하나님의 언약에서 찾는다는 점이다. 1521년까지 그
는 로마 가톨릭에 대항하여 성례전의 올바른 사용(Gebrauch)의 문
제로 논쟁하였고, 1528년까지는 열광주의자들과 재세례파들에 대
항하여 세례의 본질(Wesen der Taufe) 문제를 부각시켰다. 곧 바로
루터는 자신의 세례론을 분명히 할 필요를 느꼈기에 "대요리문답"
을 통하여 보다 심화되고 조직화된 세례론을 기술하였던 것이다. 이
상의 연구 결과를 도표화하면 다음과 같다.

	루터의 관심사	중심사상	목표
1521년까지 反교황주의	성례전의 올바른 사용(막 16:16)	*promissio*를 바탕으로 *fides*를 강조	신앙 강조: 세례의 내적 의미 反 *ex opere operato*
1528년까지 反열광주의	세례의 본질 (마 28:19)	*signum+verbum*	표지 강조: 세례의 외적 의미 反열광주의적 성인세례론
종합	세례의 본질과 올바른 사용을 구분함	*signum, promissio,* *fides* 세례론을 조직화	하나님의 명령으로서의 세례 하나님의 언약을 믿음

21세기와 칼빈 신학

이양호 I 연세대학교 교수

I. 서론

21세기에 있어서도 칼빈 신학이 타당한가 하는 의문이 제기되고 있다. 이 의문은 칼빈 신학이나 칼빈주의에 대해 비판적인 사람들 가운데서 제기되기도 하지만 칼빈주의자들과 칼빈 연구가들 안에서도 제기되고 있다. 스코틀랜드의 라이트(David F. Wright) 교수는 이렇게 쓰고 있다. "오늘날 서구의 기독교 세계가 와해되는 것을 볼 때 칼빈주의의 유산이 지속되기 어려울 것처럼 보인다. 지난 수세기 동안 네덜란드, 네덜란드 개혁 교회가 지배한 남아프리카, 스코틀랜드, 청교도가 지배한 잉글랜드, 뉴잉글랜드 등에 다양한 모습으로 존재해왔던 단일한 기독교 사회의 진지한 질서가 문화적, 종교적 다원주의에 의해 해체되고 있다."[1]

그러나 라이트는 이어서 이렇게 쓰고 있다. "이와는 대조적으로,

한국교회의 빠른 성장이 입증하듯이 칼빈주의의 신학과 교회 정치의 시대가 결코 지나간 것이 아니다."2) 라이트는 세계의 칼빈주의 교회의 약화를 보면서 한국 장로교회 안에서 칼빈주의 교회의 희망을 보고 있는 듯하다. 부스마(William J. Bouwsma)는 1988년 매우 논쟁적인 칼빈 전기를 썼다. 그 책의 제목은 『존 칼빈: 하나의 16세기 초상화』3)이다. 부스마는 이 책에서 칼빈을 미궁(labyrinth)과 심연(abyss)을 극복하려고 한 사상가로 묘사하고 있다. 미궁은 속박의 상징이라고 하면 심연은 무한한 자유 또는 방종의 상징이라고 할 수 있다. 중세는 미궁과 같은 시대였다. 반면에 르네상스는 심연과 같다고 할 수 있다. 16세기는 미궁과 심연 모두를 극복할 과제를 안고 있었다. 칼빈은 이를 극복하려고 했기 때문에 칼빈의 초상화는 단순히 칼빈만의 초상화가 아니라 16세기의 초상화라는 것이다. 부스마는 나아가서 미궁과 심연 모두를 극복하는 문제는 모든 인류가 안고 있는 문제이기 때문에 칼빈의 초상화는 모든 시대의 초상화가 되는 것으로 해석하였다. 요컨대 칼빈은 인류의 보편적 문제를 해결하려고 한 사상가였다는 것이다.

　라이트가 지적하듯이 세계의 칼빈주의 교회는 쇠퇴 일로에 있다. 칼빈 신학과 칼빈주의는 이 시대에 타당성을 잃은 것처럼 보인다. 그러나 한국 장로교회의 교세와 그리고 부스마의 해석을 따르면 칼

---

1) David F. Wright, "Calvin's role in church history," *The Cambridge Companion to John Calvin*, ed. Donald K. McKim (Cambridge: Cambridge University Press, 2004), 288.
2) Ibid.
3) William J. Bouwsma, *John Calvin: A Sixteenth Century Portrait* (New York: Oxford University Press, 1988).

빈 신학과 칼빈주의는 여전히 타당성이 있어 보인다. 우리는 이 논고에서 칼빈 신학이 이 시대에 여전히 타당성이 있는지를 검토해보려고 한다. 여기서는 지면 관계상 칼빈의 몇 가지 사상만을 다루어보고자 한다.

II. 칼빈의 섭리론

칼빈은 1559년판 『기독교 강요』에서 창조론과 섭리론을 관계시키면서 다음과 같은 말로 섭리론을 시작했다. "더욱이 하나님을 그의 사역을 단순히 한때에 완성한 일시적인 창조자로 만드는 것은 냉담하고 빈약한 것이다. 그리고 우리에게 있어서는 하나님의 권능의 임재가 세상의 첫 기원 못지않게 세상의 영속적인 상태에 있어서도 빛난다는 점에 있어서 특별히 우리는 세속적인 사람들과 달라야 한다."[4] 『기독교 강요』 1559년판에 첨가한 이 한 구절은 그의 섭리론을 잘 요약하고 있다. 칼빈은 하나님이 세상을 창조한 후 어떤 원리에 의해 스스로 운행하게 했다고 보는 것은 에피쿠로스주의자들처럼 하나님을 게으르고 나태한 존재로 만드는 것이라고 생각했다.

칼빈은 이 세상에서 일어나는 모든 일은 하나님의 부성적 사랑의 표현이거나 심판의 표현이라고 했다. 칼빈에게 있어서 하나님의 섭리는 그의 백성들에게 인내를 가르치고 그들의 악한 감정을 교정하

---

4) *Calvin: Institutes of the Christian Religion* (이하 *Inst.*라 약함), ed. John T. McNeill and trans. Ford Lewis Battles, *Library of Christian Classics* (Philadelphia: The Westminster Press, 1960), 1.16.1.

고 욕망을 길들이고 자기 부인을 실천하게 하고 나태에서 분발하게
하는 것이며, 교만한 자를 낮추고 불경건한 자들의 계교를 분쇄하며
그들의 책략을 전복시키는 것이었다.5)

칼빈은 하나님이 만물을 지배하시므로 아무것도 두려워할 필요
가 없다고 했다. 칼빈은 이렇게 말했다. "하나님의 섭리의 빛이 일단
경건한 사람 위에 비치면 그는 전에 자기를 누르던 극한 불안과 공
포에서뿐만 아니라 모든 염려에서 구원과 해방을 받는다."6) "그는
이전에 운명을 두려워했지만 이제 두려움 없이 하나님께 자신을 맡
긴다. 그가 위로를 얻는 것은 하늘 아버지가 만물을 권능의 장중에
잡고 그의 권위와 뜻에 따라 통치하며 그의 지혜에 따라 다스리므로
하나님이 작정한 것이 아니고는 아무것도 일어날 수 없음을 알기 때
문이다." 그래서 칼빈은 섭리에 대한 무지는 모든 불행 중 최고의 불
행이며 최고의 행복은 섭리를 인식하는 데 있다고 말했다.7)

칼빈은 하나님이 만물을 섭리하시기 때문에 이 세상에는 운명이
나 우연과 같은 것은 존재하지 않는다고 했다. 칼빈은 바실의 말을
인용하면서 운명이나 우연이라는 말은 이교도들의 용어라고 일축
했다.8) 도둑이나 야수를 만나는 것, 바다에서 갑자기 강풍을 만나
파선을 당하는 것, 집이나 나무가 넘어져 깔려 죽는 것, 광야를 방황
하다가 구조를 받는 것, 파도에 밀려 표류하다가 항구에 도착하여
죽음을 면하는 것, 인간의 이성은 이 모든 일들을 운명의 탓으로 돌

---

5) *Inst.* 1.17.1.
6) *Inst.* 1.17.11.
7) *Inst.* 1.17.11.
8) *Inst.* 1.16.8.

리지만, 너희에게는 머리털까지 다 세신 바 되었다는 말씀을 아는 사람들은 하나님의 은밀한 계획에 따라 만사가 지배되는 것으로 생각한다고 칼빈은 말했다.

이런 칼빈의 섭리론이 큰 태풍으로 목숨과 재산을 잃은 사람들, 지구 온난화로 살던 섬이 바다에 잠겨 난민이 된 사람들에게 과연 호소력이 있는가. 그러나 칼빈에게는 특별 섭리론만 있는 것이 아니라 일반 섭리론도 있다. 칼빈은 『기독교 강요』 1539년판에서는 일반 섭리론을 부정하였다. 칼빈은 이렇게 말하였다. "나는 특정한 피조물에 대한 특별한 배려를 하지 않는 하나님의 일반 섭리를 상상하는 자들의 견해를 위에서 합당하게 배격했지만, 무엇보다 먼저 중요한 것은 우리가 우리를 향한 이 특별한 배려를 인정하는 것이다." 그러나 1559년판에서는 다음과 같은 문장을 첨가하였다. "우주가 하나님에 의해 지배를 받는 것은 그가 스스로 세운 자연의 질서를 관찰할 뿐만 아니라 그가 그의 피조물들의 각각에 대해 특별한 배려를 행사하기 때문임을 그들이 인정한다면, 나는 일반 섭리에 관해서 말하는 것을 전적으로 거부하지 않는다." 말하자면 성숙한 칼빈은 자연의 법칙을 인정한 것이다. 이 세상은 하나님이 창조하시고 확립하신 자연의 법칙에 의해 운영되는 것이다. 그러나 하나님은 자연의 법칙에만 맡겨두신 것이 아니라 특별 섭리를 행사하기도 하신다는 것이다. 동남아시아에서 큰 태풍으로 많은 사람들이 생명과 재산을 잃었을 때, 그들이 기독교를 믿지 않고 다른 종교를 믿기 때문에 하나님이 벌을 내리신 것이라고 해석하는 것은 문제가 있다. 오히려 일반 섭리, 즉 자연의 법칙으로 해석해야 하는 것이다.

III. 칼빈의 교회 일치론

칼빈에 의하면 하나님께서 교회 안에서 구속 활동을 하는 두 방편은 말씀과 성례이다. 그러므로 말씀이 순수하게 전파되고 성례가 바르게 집행되면 하나님의 교회가 존재한다. 그러나 옛날의 카타리파나 노바티아누스파나 도나투스파 그리고 칼빈 당시의 재세례파는 교회의 일치를 해치고 있다.9) 그러나 마태복음 25:32의 말씀처럼 양과 염소를 분리시키는 것은 그리스도의 고유한 일이다. 그러므로 교회 안에 순결하지 못한 삶을 사는 사람이 있다고 해서 교회에서 분리해나가는 일은 그리스도를 찢는 일이어서 용납될 수가 없다. "하나님의 양떼로부터 제외되는 것보다 더 무서운 것이란 아무것도 없다. 왜냐하면 하나님이 우리를 한 머리 아래 한 몸으로 모으는 것을 제외하고는 희망할 안전이 없기 때문이다. … 그리스도는 그의 교회로부터 찢어지지 않을 것이며 찢어질 수 없다. 그것에 그는 불가분리의 매듭으로 결합되어 있다. … 그래서 우리가 신자들과의 일치를 이룩하지 않으면 우리는 그리스도로부터 단절된 것으로 본다."10)

칼빈은 삶의 순수성의 문제로 분리해 나가는 것도 잘못이지만 교리에 다소 불순성이 개입된다 하더라도 분리해서는 안 된다고 한다. "더욱이 교리들에 있어서나 성례들의 집행에 있어서 어떤 잘못들이 들어올지 모른다. 그러나 이것이 우리를 교회 내의 교제로부터 분리시켜서는 안 된다. 왜냐하면 참된 교리의 모든 조항들이 동일한 종류에 속하는 것은 아니기 때문이다. 어떤 것들은 필수적으로 알아야

---

9) Calvin, *Commentary* (이하 *Comm.*으로 약함) on Psalms, 15. 1.
10) *Comm.* Ezek. 13. 9.

할 것으로서 모든 사람들은 그것들을 종교의 고유한 원칙들로 확정하고 의심하지 말아야 한다. 그런 것들은 하나님이 한 분이라는 것, 그리스도는 하나님이고 하나님의 아들이라는 것, 우리에게 있어서 구원은 하나님의 자비에 의존해 있다는 것 등등이다."11)

칼빈에 의하면 교리들 가운데 중심적인 것이 있고 주변적인 것이 있다. 그런 중심적인 것이 부정되면 참된 교회일 수가 없다. 그러나 "교회들 중에는 신앙의 일치를 깨뜨리지 않는, 논쟁이 되는 다른 것들이 있다."12) 즉, 주변적인 것들이 있다. 칼빈은 빌립보서 3:15을 인용하고 나서 "이것은 이런 비본질적인 문제들에 대한 불일치가 그리스도인들 사이의 분열의 자료가 되어서는 안 된다는 것을 잘 지적해주지 않는가?"13)라고 묻는다. 환언하면 칼빈에게는 본질적인 교리들과 비본질적인 교리들에 대한 구별이 있다. 그리고 비본질적인 교리들이 다르다고 해서 교회를 분열시키는 것은 인정되지 않는다.

칼빈은 이런 근본적인 교리들 이외에 다른 문제들에 대해서는 의견의 차이를 인정하고 있다. 칼빈에게 있어서는 비본질적인 교리의 차이 문제보다는 교회의 일치 문제가 더 중요한 관심사였다고 할 수 있다. 한편 칼빈은 교직 제도의 문제에 있어서는 더욱 관대했다. 파니에(Jacques Pannier)가 지적한 것처럼 칼빈은 주교뿐만 아니라 대주교도 인정하고 있으며, 칼빈이 비판한 것은 주교직 그 자체가 아니라 그 직책을 오용하는 것이었다.14) 칼빈은 영국교회의 대주교인

---

11) *Inst.* 4.1.12.
12) *Inst.* 4.1.12.
13) *Inst.* 4.1.12.
14) Jacques Pannier, *Calvin et l'Épiscopat* (Strasbourg: Libraire Istra, 1927).

크랜머에게 보낸 편지에서는—교회의 일치를 논하는 자리라면—"그것은 내게 대단히 중요하므로 내가 조금이라도 도움이 된다면, 그 일을 위해서 필요하다면, 열 개의 바다라도 건너가기를 싫어하지 않을 것입니다"[15]라고 말하고 있다. 그런데 칼빈이 생각한 교회일치는 루터파, 츠빙글리파, 영국 국교회 등 기존한 교회들의 존재를 인정하면서 일종의 세계적 교회 연합체를 구성하려는 것이었다고 할 수 있다.

20세기 세계 교회의 가장 큰 문제는 교회 일치 문제였다. 기독교 세계가 분열되어 1차 세계대전과 2차 세계대전을 겪은 후 세계 교회는 '세상 나라가 비록 분열하고 상호 전쟁을 하지만 교회는 하나가 되어 분열을 극복해야 한다'는 사명을 자각하기 시작하였다. 21세기 지금도 세계 교회는 일치를 위해 노력하고 있다. 세계 교회는 양자 간 대화나 다자간 대화를 통해 교회 일치의 폭을 넓히려 하고 있다. 이런 점에서 교회 일치를 위해, 특별히 루터파와 츠빙글리파의 일치를 위해 혼신의 노력을 다한 칼빈은 현대 교회의 모형이 된다. 그리고 교회 일치를 위한 그의 신학적 노력은 현대 교회에 영감을 줄 수 있다.

IV. 인문학과 과학에 대한 칼빈의 이해

칼빈은 1554년 창세기 1:16 주석에서 이렇게 말하였다. "천문학

---

15) Epistola, 1619 "Calvinus Cranmero," *Calvini Opera quae supersunt omnia* (이하 *CO*로 약함), 14.314.

은 알면 즐거울 뿐만 아니라 매우 유익하다. 이 학예가 하나님의 놀라운 지혜를 보여준다는 사실을 부인할 수 없다."16) 또한 칼빈은 1559년판 『기독교 강요』에서 철학에 대해 이렇게 말하였다. "나는 참으로 그들[철학자들]이 가르치는 것들이 진실하며, 배우면 즐거울 뿐만 아니라 유익하며, 그것들은 그들에 의해 정교하게 수집되었음을 인정한다. 그리고 나는 그것들을 배우려고 하는 사람들을 막지 않는다."17) 칼빈은 『기독교 강요』의 1559년판에서 인간에 대한 플라톤의 견해를 다음과 같이 한껏 높이 평가하였다. "플라톤의 견해는 더욱 옳다. 왜냐하면 그가 영혼 안에 있는 하나님의 이미지를 고려하기 때문이다."18)

칼빈은 땅의 일에 관련된 인간의 활동을 이렇게 예찬한다. "시민적 질서와 규율을 매우 공정하게 확립한 고대 법률가들 위에 진리가 빛난다는 사실을 우리는 부정할 것인가? 철학자들은 자연에 대해 바로 관찰하고 예술적으로 묘사했는데 그들을 눈이 어둡다고 말할 것인가? 논쟁술을 생각하고 조리 있는 화법을 우리에게 가르친 사람들을 지성이 없는 사람들이었다고 말할 것인가? 의학을 발전시켜 우리의 유익을 위해 노력을 다한 사람들을 우리는 제정신이 아니라고 말할 것인가? 모든 수학적 과학들에 대해서는 무엇이라고 말할 것인가? 그것들을 미친 사람들의 고함으로 생각할 것인가? 아니다. 우리는 이들 주제들에 관한 고대인들의 저작들을 높이 찬양하지 않고 읽을 수 없다. … 그러나 우리는 동시에 그것이 하나님으로부터

---

16) *Comm.* Gen. 1:16.
17) *Inst.* 1.15.6
18) *Inst.* 1.15.6.

나온다는 것을 인정하지 않고 어떤 것을 찬양할 만하거나 고상하다고 생각할 것인가? … 우리는 인간 본성이 그 참된 선을 빼앗긴 후에도 주님이 많은 은사들을 인간 본성에 남겨두었다는 것을 그들의 예를 보아서 알아야 한다."[19] 칼빈은 여기서 법학, 철학, 논쟁술, 의학, 수학 등 모든 학문적 노력을 높이 평가하고 있음을 볼 수 있다. 그래서 칼빈은 결론적으로 "이 다양성 속에서 우리는 하나님의 형상이 남아 있는 자취들을 보며, 이 자취들이 인류 전체와 다른 피조물들을 구별한다"[20]라고 말하였다.

칼빈은 인문학과 과학에 대해 깊은 애정과 관심을 가지고 있었다. 지금은 어느 시대보다 인문학과 과학의 융합이 요청되는 시대이다. 이런 점에서 칼빈은 앞서간 사상가였다.

V. 칼빈의 정치 사상

칼빈은 근대 민주주의의 어머니라고 여겨져 왔다. 근대에 와서 민주주의가 일찍 발전한 국가들은 영국, 스코틀랜드, 네덜란드, 스위스, 미국 등이었으며, 이들 국가들에서 민주주의의 발전을 위해 공헌한 사람들은 대체로 칼빈의 사상을 따르는 칼빈주의자들이었기 때문에 전통적으로 칼빈을 근대 민주주의의 주창자로 여겨왔다. 그러나 1937년 셰네비에르(Marc-Edouard Chenevière)는 그의 저서 『칼빈의 정치사상』에서 이런 전통적인 해석에 대해 비판을 가했

19) *Inst.* 2.2.15.
20) *Inst.* 2.2.17.

다. 셰네비에르에 의하면 프랑스와 영국에서는 오래전부터 칼빈주의적 종교개혁을 "근대 민주주의 정신적 어머니"로 간주해왔으나 그것은 자유주의적 프로테스탄트주의와 종교개혁자들의 종교개혁을 혼동한 데서 기인한 것이라고 한다.[21] 그에 의하면 몇몇 나라들에서 칼빈주의자들이 종교적 소수자로 그들의 자유를 위해 민주주의 발전에 공헌을 한 것은 사실이지만 종교개혁과 근대 민주주의 사이에는 심연이 가로놓여 있다고 한다.[22]

반면에 허드슨(Winthrop S. Hudson)과 맥니일(John T. McNeill)은 칼빈과 후대의 칼빈주의자들을 구별하여 후대의 칼빈주의자들이 근대 민주주의의 발전에 공헌한 것은 사실이지만 칼빈 자신은 민주주의의 주창자가 아니었다고 하는 이런 주장자들에 대해 그들의 논문을 통해 반박하고 있다. 허드슨은 "칼빈의 사상은 민주주의적 관념을 정교화하는 데 잠재적인 근거를 제공했다. 그는 독재에 대한 저항의 근거를 제공했을 뿐만 아니라, 그의 사상은 명백한 민주주의적 정치 철학의 구성을 배제하지 않았다. 칼빈주의적 관념은 필연적으로 선택된 자에 의한 정치를 의미한다고 하는 가정은 단순히 허구에 지나지 않는 것이다"[23]라고 말한다. 맥니일도 칼빈은 "내심에 있어서 정치적 공화주의자"[24]였으며 귀족정과 민주정의 혼합이라고 하는 칼빈의 관념은 "우리의 대의 민주주의의 개념에 가까운 것"[25]

21) Marc-Edouard Chenevière, *La Pensée politique de Calvin* (Genève: Slatkine Reprints, 1970), 9.
22) Ibid., 10.
23) Winthrop S. Hudson, "Democratic Freedom and Religious Faith in the Reformed Tradition," *Church History* 15 (1946): 179.
24) John T. McNeill, "The Democratic Element in Calvin's Thought," *Church History* 18 (1949): 162.

이라고 한다. "그의 후기 저서를 보면 정부의 이상적 기초는 시민에 의한 선거임이 분명히 드러난다"26)고 맥니일은 덧붙인다.

칼빈의 저작들을 살펴보면 칼빈은 귀족정과 민주정의 혼합정을 주장함으로써 대의 민주주의를 지향하고 있음을 알 수 있다. 또한 그는 지도자를 백성이 선출하는 제도를 권장하였다. 칼빈은 이렇게 말하였다. "만약 우리가 법관과 관료를 선택할 자유를 가진다면(…) 그것은 탁월한 은사이기 때문에 그것을 보존시키며 선한 양심으로 그것을 사용해야 한다."27) "만약 우리가 인간의 정부에 대해 논의한 다면 우리는 자유 국가에 사는 것이 제후 아래 사는 것보다 훨씬 더 나은 상태라고 말할 수 있다."28) "이유 없이 명령을 내리는 제후를 가지는 것보다 선출 받아 그 직임을 수행하며 법을 준수하는 통치자를 가지는 것이 훨씬 더 지지할 만한 일이다."29)

칼빈은 시민 통치의 사명에 대해 이렇게 말했다. 첫째 건전한 종교를 보호하고 육성해야 하며, 둘째 공적 평화를 유지해야 하며, 셋째 개인의 소유를 보호해야 하며, 넷째 사람들이 원만한 거래를 하도록 해야 하며, 다섯째 사람들 사이에 정직과 순수함이 유지되도록 해야 한다고 한다. 칼빈은 이 외에도 가난한 자를 돌보고 학교를 세우고 가난한 자와 여행자를 위한 건물을 세우는 것 등을 시민 정부의 사명으로 보고 있다. 시민 통치의 사명이 이러하기 때문에, 관리가 되는 것은 하나님 앞에 거룩하고 합법적인 일일 뿐만 아니라 인

---

25) Ibid., 69.
26) Ibid.
27) Calvin, *Sermons* (이하 *Serm.*으로 약함) on Deuteronomy, 16, 18-19.
28) *Serm.* Deut. 17. 14-18.
29) *Serm.* Deut. 17. 14-18.

간의 직업 가운데 가장 존경할 만한 것이라고 한다.

요컨대 칼빈은 근대 민주주의의 어머니라고 여겨질 만큼 민주주의를 선호하였다. 민주주의 사상이 세계적으로 널리 보급되었지만 아직도 많은 나라들이 완전한 민주주의에 이르지 못하고 있다. 그런 점에서 칼빈의 사상은 여전히 유효하다고 하겠다.

VI. 칼빈의 경제 사상

칼빈의 경제 사상에서 먼저 생각해보려고 하는 것은 자본주의적인 면이다. 우선 칼빈은 일부 재세례파가 재산의 공유를 주장한 데 대해 사유재산 제도를 옹호했다. 재세례파에서는 에덴동산과 신천지에는 사유재산이 없고 교회의 원형인 예루살렘 원교회는 재산의 공유를 실시했기 때문에 참된 교회가 되려면 재산을 공유해야 한다고 주장했다. 또한 그들은 예수님이 자기를 부정하고 모든 소유를 버리고 예수님을 따르라고 했기 때문에 사유재산을 포기해야 한다고 주장했다. 이에 대해 칼빈은 사유재산제는 인간이 타락한 후 하나님이 정해준 제도라고 주장했다. "각 개인이 자기의 사유재산을 소유하도록 허락하는 시민적 질서가 문란하게 되지 말아야 한다. 왜냐하면 재산의 소유권이 인간들 사이에서 구별되고 개인적이 되는 것은 인간들 사이에 평화를 유지하기 위해 필수적이기 때문이다"[30] 라고 칼빈은 말했다. 예루살렘 원교회가 공유재산 제도를 택했다는

----

30) *Inst.* 41.3.

재세례파의 주장에 대해 칼빈은 사도행전에서 밭을 팔아 그 값을 바친 두 사람을 특별히 언급하고 있는데, 만일 모든 사람이 재산을 바쳐 재산을 공유했다면 이 두 사람을 특별히 언급하지 않았을 것이라고 반론을 폈다. 그래서 칼빈은 예루살렘 원교회는 재산을 공유한 것이 아니라 다만 신앙이 돈독한 신도들이 재산을 팔아 구제할 정도로 열성을 보였다고 해석했다. 그래서 칼빈은 이렇게 말한다. "광신주의자들 때문에 이 구절[행 2:44]에 대한 건전한 해석이 필요하다. 그들은 재산의 κοινωνία를 주장하는데, 그것에 의해 모든 시민적 질서가 전복된다. 이 시대에 재세례파가 소요를 일으켜왔다. 왜냐하면 그들은 각자의 재산을 한 덩어리로 모아놓고 모든 사람이 그것을 공동으로 사용하지 않는다면 교회가 존재하지 않는다고 생각했기 때문이다."31)

재세례파는 재산의 공유가 그리스도인의 사랑의 표현인 것으로 본 데 반해, 칼빈은 재산을 공유하면 그리스도인의 사랑의 실천인 자선을 행할 수 없다고 보았다. "이 광기에 의해 성취되는 일이란 아무도 선한 양심으로 구제할 수 없게 되는 것이다"32)라고 칼빈은 말했다. 또한 칼빈은 공유재산 제도를 택하면 인간들이 일하기 싫어하고 나태해지는 것으로 생각했다. 칼빈은 수도원의 재산의 공유에 대해 이렇게 비판한다. "수도사들은 아무것도 자기 것이라고 하지 않기 때문에 사도들의 규칙을 지킨다고 말하는데, 그들의 뻔뻔스러움은 우스꽝스러운 것이다. 그들은 아무것도 팔지 않고 가난한 사람이 있어도 전혀 관심을 보이지 않으며 그들의 게으른 배를 가난한 자들

---

31) *Comm.* Acts, 2. 44.
32) *Comm.* 2 Cor., 8. 13.

의 피로 채우며, 재산의 공유에 관심을 가지는 것은 온 세상이 굶주린다 하더라도 다만 자기들은 풍만하고 사치스럽게 생활하기 위한 것일 뿐이다."33) "공산주의적" 재세례파에 대한 칼빈의 비판은 공산주의가 몰락한 현재에서 볼 때 여전히 타당성이 있는 가르침이다.

이와 같이 칼빈은 개인의 자유성을 강조하는 자본주의적 면을 주장한 반면 사랑의 사회성을 강조하는 기독교 사회주의적 면을 주장했다. 칼빈은 사유재산제는 신적 제도이긴 하지만 기금을 형성하여 곤란에 처한 사람들을 도와서 풍부한 사람도 없고 결핍한 사람도 없는 공동체를 만드는 것이 주님의 뜻이라고 가르쳤다. 칼빈은 빈부의 격차를 인정했지만 우리의 재물을 가난한 사람들을 위해 사용해야 한다고 주장했다. 칼빈은 이렇게 말했다. "하나님이 우리에게 선을 행할 기회를 주려고 하지 않았다면 왜 이 세상에 빈곤이 있게 하였겠는가? 따라서 우리가 어떤 사람은 부하고 어떤 사람은 가난한 것을 볼 때 운명의 탓으로 돌리지 않는다. … 하나님이 인간의 용기를 시험하기 위해 이 세상의 덧없는 재물을 불공평하게 분배해준다. … 만일 어떤 사람이 그의 도움을 필요로 하는 사람들에게 선행을 행한다면… 이것은 좋은 증거이다."34)

그리고 1559년에는 제네바 아카데미가 세워졌으며 교사들의 봉급을 시가 담당함으로써 가난한 학생들에게 수업료를 받지 않게 했다.

칼빈은 교회에 집사 제도를 둠으로써 집사들을 중심으로 불우한 자들을 위해 물질을 거두고, 병자를 간호하고 불우한 자들을 위한 구제 활동을 하는 등 복지 활동을 하도록 했다.35) 중세에는 deacon

33) *Comm*. Acts. 2. 44.
34) *Serm*. Deut., 15. 11-15.

이 부제였으나 칼빈은 deacon의 역할을 사제 보좌의 역할이 아니라 사회사업가의 역할을 하도록 했으며 칼빈은 이것은 성서적 의미의 deacon을 회복하는 것이라고 생각했다. 칼빈은 이렇게 교회에 집사 제도를 두었을 뿐만 아니라 교회 헌금은 고대 교회의 관례에 따라 4등분해야 한다고 주장했다. "교회법들에는 교회의 수입을 네 부분으로 나누었는데, 하나는 교직자를 위해 하나는 가난한 자들을 위해, 하나는 교회 및 다른 건물들의 보수를 위해, 하나는 가난한 나그네나 가난한 본토민들을 위해서였다."[36] 그래서 칼빈은 교회 수입의 "적어도 절반"은 가난한 자의 몫이 되어야 한다고 주장했다.[37] 여기서 칼빈이 "적어도"라는 표현을 쓴 것은 고대 교회에서는 재난 대문에 긴급한 구제가 필요한 때는 그 절반 이외에도 교회의 기물을 팔아서 구제했기 때문이었다.

그레이엄(W. Fred Graham)은 칼빈의 사상은 "16세기 중부 유럽에 하나의 조그마한 복지국가를 탄생시키는 데 공헌했다. 토니(Tawney)의 표현으로 하면 그것은 기독교 사회주의였다"[38]라고 말했는데, 그 해석은 적절하다.

---

35) *CO* 10a, 23.
36) *Inst.* 4.4.7.
37) *Inst.* 4.5.16.
38) W. Fred Graham, *The Constructive Revolutionary: John Calvin and His Socio-Economic Impact* (Atlanta: John Knox Press, 1978), 196.

VII. 결론

칼빈주의에 근거한 교회들의 약화는 칼빈의 신학과 칼빈주의에 대한 회의를 불러 일으켰다. 칼빈의 신학과 칼빈주의는 더 이상 타당성이 없다는 것이다. 그러나 본고에서 살펴본 것처럼 칼빈 신학은 여전히 타당성이 있는 것으로 보인다.

칼빈은 하나님의 섭리에 대해 특별 섭리만을 주장한 것이 아니라 일반 섭리도 주장하였다. 하나님은 자연의 법칙에 따라 세계를 경영하시면서 특별 섭리도 행사하신다는 것이다. 한국교회에서는 아직도 특별 섭리만을 주장하여 교회 밖으로부터 비난을 받고 있다. 한국교회는 일반 섭리도 인정한 칼빈의 가르침에도 귀를 기울어야 할 것이다.

칼빈은 에큐메니컬 운동의 선구자로 여겨질 만큼 교회 일치에 관심이 깊었다. 칼빈은 종교 개혁의 2세대였다. 칼빈이 활동을 시작할 때 종교개혁 운동은 이미 여러 갈래로 나누어져 있었다. 칼빈은 이렇게 분열된 개신교회의 일치를 위해 노력하였다. 그는 영국 성공회의 크랜머 주교에게 보낸 편지에서—교회의 일치를 논하는 자리라면—"그것은 내게 대단히 중요하므로 내가 조금이라도 도움이 된다면, 그 일을 위해서 필요하다면, 열 개의 바다라도 건너가기를 싫어하지 않을 것입니다"라고 말하였다. 20세기는 에큐메니컬 시대였고 21세기도 에큐메니컬 운동을 필요로 하고 있다. 그런 점에서 칼빈은 현대 교회의 모형이 된다.

칼빈은 인문학과 과학에 대해 깊은 애정과 관심을 가지고 있었다. 그는 철학에 대해 "나는 참으로 그들[철학자들]이 가르치는 것들이 진실하며, 배우면 즐거울 뿐만 아니라 유익하며, 그것들은 그들에 의해 정교하게 수집되었음을 인정한다. 그리고 나는 그것들을 배우려고 하는 사람들을 막지 않는다"라고 말하였다. 또한 칼빈은 천문학에 대해 "천문학은 알면 즐거울 뿐만 아니라 매우 유익하다. 이 학예가 하나님의 놀라운 지혜를 보여준다는 사실을 부인할 수 없다"라고 말하였다. 지금은 어느 시대보다 인문학과 과학의 융합이 요청되는 시대이다. 이런 점에서 칼빈은 앞서간 사상가였다.

칼빈은 근대 민주주의의 어머니라고 여겨질 만큼 민주주의를 선호하였다. 칼빈은 백성이 지도자를 선거에 의해 뽑는 제도가 가장 좋은 제도라고 생각하였다. 그는 또한 민주정과 귀족정의 혼합정을 최선의 정부 형태로 보았다. 그것은 오늘날로 말하면 대의 민주주의이다. 민주주의 사상이 세계적으로 널리 보급되었지만 아직도 많은 나라들이 완전한 민주주의에 이르지 못하고 있다. 그런 점에서 칼빈의 사상은 여전히 유효하다.

칼빈은 자본주의의 아버지라 불릴 만큼 자본주의의 발전에도 공헌하였다. 그는 '공산주의적' 재세례파을 비판하면서 사유재산 제도는 하나님이 정하신 제도라고 하였다. 그는 상공업 활동을 높이 평가하였고 이자 받는 것을 허용하였다. 그러면서도 그는 복지 기금을 많이 늘려 부자도 없고 빈자도 없는 사회를 만들어야 한다고 주장하였다. 이 세기는 어느 시대보다 복지 사회에 대한 요구가 높다. 이런 점에서 칼빈의 가르침은 이 시대를 위한 예언자적 가르침이 될 수 있다.

니고데모파의 니고데모 이해에 대한 칼빈의 비판

강경림 | 안양대학교 교수

"사람들의 마음에 들도록 하기 위해 우상(偶像)을 숭배하고 또한 그러한 우상들이 자기 양심상 사특하고 하나님께 대항하는 것임을 알고 있으면서도 바로 그것들에 외형상 동의하는 척하는 일들"[1]을 자행하는 이들 즉, 니고데모파 사람들이 요한복음에 등장하는 니고데모(Νικόδημος)를 빙자하여 자신들의 행위를 정당화하고 있을 때, 칼빈은 이들이 "방어용으로 니고데모라는 이름을 차용하여 마치 그들이 그의 모방자라도 되는 것처럼 행세"[2]하며 "니고데모의 망토"[3] 아래 숨어 "자신들을 감추려 하는 자들은, 니고데모에게 심한

---

1) *Excuse à messieurs les Nicodémites, sur la complaincte qu'ils font de sa trop rigueur* (1544), in CO, 6.37-38. 拙稿, "칼빈의 反니고데모派 作品 연구(1): *Excuse à messieurs les Nicodémites, sur la complaincte qu'ils font de sa trop rigueur* (1544),"『基督敎史學硏究』(서울: 기독교사학연구소, 1955), 2.123. 본 논문은 拙著,『칼빈과 니고데모주의』(서울: 기독교문서선교회, 1997) 25-37의 내용을 응축한 것이다.
2) *Excuse*, 608; 拙稿, 142.

모욕을 주는 것"4)이라고 하면서 그들을 비판하였다. 칼빈은 종교적 가장(假裝)을 일삼는 이들이 '니고데모'가 그리스도에 대해 무지했을 때와 믿지 않을 때 행했던 것을 따르려 한다고 주장한다.5) 결국 니고데모주의자들과 칼빈 사이에는 '니고데모'라는 인물에 대한 이해 차이가 뚜렷하며, 따라서 칼빈의 요한복음 주석과 기독교 전승 자료에 드러난 니고데모의 인물 됨됨이를 논구함으로써 칼빈의 니고데모파에 대한 비판의 정당성을 확인하고자 한다.

I. 칼빈의 니고데모 이해

신약학자인 배슬러(J. M. Bassler)는 "니고데모는 혼란스럽고 수수께끼 같은 인물"6)이라고 평가하였다. 그래서인지 신약 학자들은 니고데모를 연구함에 있어서 상당히 매력을 느끼는 모양이다.7) 유대

---

3) Ibid.
4) *Excuse*, 609; 拙稿, 143.
5) Ibid.
6) Jouette M. Bassler, "Mixed Signals: Nicodemus in the Fourth Gospel," *JBL* 108/4 (1989): 635.
7) J. Bligh, "Four Studies in St. John, II: Nicodemus," *HeyJ* 8 (1967): 40-51; F. P. Cotterell, "The Nicodemus Conversation: A Fresh Appraisal," *ExpTim* 96 (1984-85): 237-242; M. de Jonge, "Nicodemus and Jesus: Some Observation on Misunderstanding and Understanding in the Fourth Gospel," in *Jesus Stranger from Heaven and Son of God* (Missoula, MT: Scholars Press, 1977), 29-47; G. Gaeta, *Il dialogo cum Nicodemo* (Brescia: Paideia, 1974); J. Graf, "Nikodemus," *TQ* 132 (1952): 62-86; M. Krenkel, "Joseph von Arimathaea und Nikodemus," *ZWT* 8 (1965): 438-45; M. Michel, "Nicodème ou le non-lieu de la vérité," *RevScRel* 55 (1981): 227-36; F. Roustang, "L'entretien avec Nicodème," *NRT* 78 (1956): 337-58; K.

인들이 נקדימון(Naqdimon)에서 음역(音譯)하여 사용한 헬라어로서[8] "백성의 정복자"라는 뜻의 Νικόδημος(니고데모)는 1세기에 상당히 흔한 이름이었다. 요한복음에만 그 이름이 언급되고 있는 니고데모는 유대인의 관원이요, 바리새인이며(3:1), 아마 산헤드린의 회원이었을 것이다. 그는 매우 부유했던 것 같으며(19:39), 예수께서 그를 두고 이스라엘의 선생이라고 불렀다(3:10).[9]

요한복음의 저자는 니고데모를 세 번에 걸쳐 등장시킨다. 요한복음에서만 유일하게 등장하는 니고데모는(요 3:1-12) 밤에 예수께 방문하여 "거듭남"(ἀναγεννάσθαι)에 관하여 담화를 나누었다. 두 번째 등장은 십자가 사건 전 약 6개월간 "대제사장과 바리새인들"은 예수를 속이는 자라 하여 체포하려 하였다(7:32, 45-52). 그때 니고데모는 "우리 율법은 사람의 말을 듣고 그 행한 것을 알기 전에 판결하느냐?"(7:51)고 항의함으로써 예수를 옹호하려다, 그들로부터 예수의 갈릴리 패거리라는 비난을 받는다(7:52). 니고데모는 마지막으로 예수께서 십자가에서 운명하시고 난 후 나타나는데, 상당히 많은 향유를 가져다가 예수의 시체에 발랐다(19:38-42).

칼빈은 요한복음에 소개되고 있는 니고데모를 각 장면마다 "경건

Tsuchido, "The Composition of the Nicodemus Episode, John 2,23-3,31," *AJBI* 1 (1975): 91-103. Jouette M. Bassler, "Mixed Signals: Nicodemus in the Fourth Gospel," *JBL* 108/4 (1989): 635.

8) C. K. Barrett, *The Gospel according to St. John* (Philadelphia: The Westminster Press, 1955, 1978(2)), 204. Rudolf Schnackenburg는 니고데모의 헬라어 명칭은 아람어에서 차용한 것이라고 한다. See: Rudolf Schnackenburg, *The Gospel According to St. John* (New York: Crossroad, 1990), 1.365.

9) Jon Paulien, "Nikodemus," *The Anchor Bible Dictionary* (New York: Doubleday, 1992), 4.1105.

의 씨," "경건의 불꽃," "하늘의 충동"으로써 각각 표현하면서 단계적으로 깊은 신앙의 단계로 나아갔음을 기술하고 있다.

1. 경건의 씨(요 3:1-21)

니고데모는 "밤에"(νυκτὸς) 예수께 와서 "랍비여 우리가 당신은 하나님께로서 오신 선생인 줄 아나이다. 하나님이 함께 하시지 아니하시면 당신의 행하시는 이 표적을 아무라도 할 수 없음이니이다(2절)."라고 자기 입술로 신앙을 고백하였다. 니고데모의 신앙 고백은 안드레[10]나 나다나엘[11]의 것보다 심오하지는 못해도, 그들의 신앙 고백에는 빠져 있는 중요한 통찰력을 함유하고 있는데, 즉 예수는 "하나님께로부터 오셨다"는 것이다. 그러나 니고데모의 신앙 고백에 대한 예수의 반응을 종합해보면, 2:23-25에 언급되고 있는 이적에 기초한 신앙의 수준으로 보인다(2:11).[12] 칼빈은 그의 『요한복음 주석』에서 니고데모의 초기 신앙 상태를 다음과 같이 언급하고 있다:

> 요한복음의 저자는 니고데모를 통해 우리에게 그리스도의 이적들을 보고 감동받아 갑자기 그리스도의 편에 가담한 자들의 신앙이 얼마나 일시적이며 약한 것인가를 보여주고 있다.[13]

---

10) 요 1:41: Εὑρήκαμεν τὸν Μεσσίαν.
11) 요 1:49: σὺ εἶ ὁ υἱὸς τοῦ θεοῦ
12) Bassler, 637.
13) *Comm. Ioannis*, in CO, vol. 47.51.

니고데모는 "밤에" 예수를 방문한 것으로 인하여 상당히 소심한 인간으로 이해되고 있다. 그가 마지막으로 등장한 장면에서 요한복음의 저자는 한 번 더 독자에게 "일찍 예수께 밤에 나아왔던"(19:39)자라고 상기시켜줄 만큼 소심한 자로 보는 것이 옳을 것이다. 그런데 이 부분에 대해 로빈슨 같은 이는 달리 해석하고 있는데, 니고데모는 매우 용기 있는 자라는 것이다.14) 니고데모가 밤에 온 것은 두려움 때문이 아니라 예수님과의 면담을 방해받지 않을 양으로 군중을 피하기 위함이라는 것이다.15) 바레트도 "니고데모가 어두움에서 참 빛에게로 나아왔다"16)고 적극적으로 해석하고 있다.17) 브루스는 니고데모의 야간 방문은 하나의 단순한 사건의 회상으로 풍유적인 해석 없이 그냥 내버려두는 것이 최상이라고 하면서, 니고데모가 그의 용무를 그의 동료들이나 다른 이들이 알기를 원치 않아서인지, 아니면 예수와 오랜 담화를 나누기 위해 예수께서 방해받지 않는 밤 시간을 택했는지 우리가 조사할 필요가 없다는 입장을 표명하고 있다.18) 더 적극적으로 브라운은 니고데모를 유다의 상대인으로 보고 있는데 즉, 니고데모는 어두움에서 빛으로 옮겼고(3:2), 유다는 빛에서 어두움으로 옮겼다는 것이다(13:30).19) 이와는 반대로,

14) J. A. T. Robinson, *The Priority of John*, ed. J. F. Coakley (London, 1985) 284: Paulien, Ibid.
15) Rey, 5.
16) Barrett, 205. 요 3:21-22과 비교해보라.
17) R. E. Brown, *The Anchor Bible: The Gospel According to John* (New York: Doubleday, 1966), 29.130. Cf. P. Billerbeck, *Kommentar zum Neuen Testament aus Talmud und Midrasch (1922-28)* 2.419f. See: Leon Morris, 『요한복음』, 이상훈 역 (서울: 생명의 말씀사, 1979, 1990(2)), 259-60.
18) F. F. Bruce, *The Gospel of John* (Grand Rapids, MI: Eerdmans, 1983), 81.
19) R. E. Brown, *The Gospel according to John* (Garden City, NY: Doubleday,

샌더스와 매스틴은 "밤에"를 니고데모의 영적 상태의 상징으로 보고 있다.[20] 마이클은 니고데모의 야간 방문을 두려움의 발로였을 것이라고 한다.[21] 칼빈은 더 강력하게 니고데모의 야간 방문을 "대단한 겁쟁이요, 영예에 눈이 현혹된"[22] 것으로 보고 있다. 즉, 니고데모는 "빛을 얻기 전에는 어두움을 구했었다"[23]는 것이다. 그럼에도 불구하고, 칼빈은 다른 신약 학자들과는 달리 특별하게 니고데모에게서 "경건의 씨"(pietatis semen)를 발견하고선 그를 긍정적으로 이해하려고 한다:

그런데 경건의 씨가 그에게 엿보이고 있다. 그는 하나님의 선지자가 오셨다는 말을 들었을 때, 그는 하늘로부터 내려온 가르침을 멸시하거나 무시하지 않았으며, 오히려 그의 교훈을 갈망하게 되었기 때문이다. 이러한 소원은 단순히 하나님을 경외한 데서 생겨나는 것이다. 종교심과 양심의 지각이 니고데모로 하여금 예수의 가르침을 더 밀접히 알려고 하는 열망을 재촉하였다. 그리고 비록 그러한 씨가 오래 숨어 죽은 듯 엎드려 있었을지라도, 그리스도가 오신 후 그 씨는 그 어떤 이도 기대할 수 없었던 만큼 열매를 맺었던 것이다.[24]

1966), 130.

20) J. N. Sanders & B. A. Mastin, *A Commentary on the Gospel According to St. John* (Peabody: Hendrickson,1968), 122-3.

21) J. Ramsey Michaels, *John: A Good News Commentary* (San Francisco: Harper & Row, 1984), 38.

22) *Comm. Ioannis,* in CO, 47.52.

23) *Excuse,* in CO, 6.608; *Comm. Ioannis,* in CO, 47.54.

24) *Comm. Ioannis,* in CO, 47.52.

2. 경건의 불꽃(요 7:45-52)

요한복음 2:23-25이 예수님과 니고데모 사이의 첫 조우를 평가하는 해석적 렌즈를 제공한다면, 요한복음 7:12-13은 그 담화에서 니고데모의 두 번째 출현에 대하여 똑같은 기능을 상당히 제공하고 있다. 니고데모에 대해 긍정적으로 평가하는 데 더 공헌하는 것은, 요한복음 7:17에 나오는 예수의 말씀이다. 예수님은 하나님께로부터 오신 선생이라는 신앙 고백을 연상시킨다. 대단한 칭찬처럼 보인다. 그러나 요한복음 7:12-13절은 어두운 그림자를 드리운다. "유대 사람이 무서워서"라는 말(7:13, 9:22, 19:38, 20:19, cf. 12:42)은 이 복음서에 있어서 가장 중요한 모티프다.25)

바리새인들이 예수를 정죄하면서 아울러 그를 체포하지 못한 성전 경비병들을 꾸짖자, 니고데모는 그들에게 "우리의 율법으로는 먼저 그 사람의 말을 들어 보거나 그가 하는 일을 알아보지도 않고 사람을 판결할 수는 없지 않소?"(7:51)라고 하였다.26) 즉, 율법27)은 그 누구도 듣지 않고서는 정죄하지 않는다는 원리에 호소하면서, 예수를 위해 조심스레 말하고 있는 것이다.28) 얼핏 보기엔 이 말은 예수의 권고를 내포하는 것 같다: "겉모양으로 판단하지 말고, 공정한 판단을 내려라"(7:24). 그러나 예수의 말씀은 그의 인격에 대하여 정

---

25) Bassler, 639-40.

26) 칼빈은 "죄 없는 사람을 정죄하는 것보다 범죄자를 풀어주는 것이 더 낫다"(*satius esse absolvi nocentes quam innocentes damnari*)라는 그 당시의 法理論으로 설명하고 있다. See: *Comm. Ioannis*, in CO, 47.187.

27) 출 23:1; 신 1:16; 신 13:14; 신 17:4; 신 19:18. 로마법에도 일방통행식 재판을 막는 조항이 있는 것 같다(행 25:16).

28) Sanders and Mastin, 217; Barrett, 332.

확한 판단을 내리라는 것이며, 니고데모는 단지 법적 절차에 대한 관심을 언급한 것뿐이다. 그의 말은 바리새인들의 위선의 정체를 벗겨내고 있으나,[29] 반드시 자신의 신앙의 깊이를 말하는 것은 아니다.[30] 다시 말해 그의 언급(51절)은 신앙 고백이라기보다는 공평함을 청원하는 말로 보아야 한다.[31] 그가 보다 자유롭게 그리스도를 변호하지 못하는 것은 그의 지나친 소심함의 발로일 것이다. 그러므로 복음 전도자 요한은 니고데모가 여전히 밤의 숨김을 갈망하고 있으며, 그리스도의 참된 제자가 되지 못함을 나타내고 있다. 요한은 니고데모가 한 번 밤에 그리스도께 찾아왔지만, 원수들 가운데 공공연하게 남아 있었고, 그들의 진영에 자리를 잡고 있었다고 말한다.[32]

복음 전도자 요한은 비록 니고데모가 중립적이며, 신령한 교리를 진지하게 변호하는 일에 목숨을 내걸지는 않았지만, 그 진리가 억압받는 것에 대하여는 참지 못하는 그의 모습을 또한 보여주고 있다.[33] 그가 그리스도의 가르침을 사랑하지 않았다면, 결코 불경건한 자들의 격노에 감히 대항하지 못하였을 것이다.[34] 따라서 칼빈은 비록 니고데모가 유약하게라도 감히 한 마디 했을 때, 그것은 그의 마음으로부터 빛나는 "경건의 불꽃"(*pietatis scintilla*)이며,[35] 그러므로 나중에 열매를 맺은 그 "복음의 씨"(*semen evangelii*)가 지금 그

---

29) Paulien, 1105.
30) Bassler, 640.
31) Michaels, 128; Morris, 531-532.
32) *Comm.Ioannis*, in CO, 47.187.
33) Ibid., 186.
34) Ibid., 187.
35) Ibid.

의 속에서는 여전히 억제되고 있는 것으로 보고 있다.[36]

3. 하늘의 충동(요 19:38-42)

아리마대 요셉과 니고데모가 예수의 시체를 달라고 공개적으로 요청한 것(요 19:38)은 두려움을 극복하고, 사실상, 공적인 신앙 고백에 이르게 된 것을 가리키는 것이다.[37] 그리고 "유대인을 두려워하여"(38절)라는 말이 요셉과 니고데모의 신앙을 손상시킨다면, 그들이 십자가 사건 후에 "유대인들을 두려워하여" 모인 곳에 문들을 닫고 있었던 나머지 제자들(20:19)과는 어떻게 구별될 수 있는지 고려되어야만 한다.[38]

지금까지 그들은 자신들의 재산 때문에 그리스도의 편에 가담하지 못했으며, 대단한 증오와 수치심의 대상인 신앙 고백을 못하도록 방해 받았다. 요한은 아리마대 요셉이 이 두려움 때문에 공공연하게 자신이 그리스도의 제자라는 사실을 고백하지 못했다는 점을 분명히 밝히고 있다(38절). 니고데모에 대해서는 앞서 지적한 바처럼, 곧 그가 은밀하게 밤에 예수께로 왔었던 점이 반복되고 있다(39절). 그런데 그들은 막다른 골목에서 이처럼 담대하고 공개적으로 나오게 만든 이 영웅적 용기가 갑자기 어디서 생겨났을까?[39] 제사장들과

---

36) Ibid.
37) R. E. Brown, *The Gospel according to John* (Garden City, NY: Doubleday, 2 vols., 1966), 2. 940, 959; *Community of the Beloved Disciple* (New York: Paulist, 1979), 72 n. 128; R. Schnackenburg, *The Gospel According to St. John* (New York: Herder & Herder, 3 vols., 1968), 1. 365-66; B. emelsoet, "L'ensevelissemen selon Saint Jean," (Leiden: Brill, 1970), 47-65.
38) Bassler, 642와 비교해보라.

바리새인들과 서기관들이 살기등등하게 감시하고 있는 그러한 시점에, 그들은 모든 사람 앞에 자기들의 신앙을 고백하였으며, "수치"나 "치욕", "증오"나 "동요"나 "박해"도 두려워하지 않고,[40] 그들이 자기 민족에 대항하는 끊임없는 투쟁을 택하기를 주저하지 않았다는 것은 위대한 일이다. 그러므로 이것은 "하늘의 충동"(coelesti impulsu)에 의해 행해진 것이 확실하며, 그리하여 그리스도가 살아계실 동안에는 그분에게 마땅한 영예를 드리기를 두려워했던 그들이 마치 새사람이 된 것처럼 지금은 그리스도의 시체를 가져갈 수 있도록 재촉하고 있는 것이다.[41]

니고데모는 그리스도의 몸의 부패를 방지하기 위해 향료들을 가져와서 그리스도의 시체에 바르고 또한 그 시체를 향료에 담갔을 것이다. 주석가들은 향료의 양에 대하여 모두 놀라고 있으며, 그것의 중요성을 해석하는 데는 입장 차이가 드러난다. 즉, 사랑과 경의, 유대인들의 왕을 위한 충성스러운 매장인가?[42] 아니면 니고데모의 선견 즉 그 무덤 너머를 볼 능력이 모자라는 것, 삶과 죽음, 부활과 생명 가운데 있는 자의 시체를 부패하지 않게 보존하려는 바보 같은 시도를 나타내는가?[43] 하는 것이다. 우리가 주목해야 할 것은 베드

---

39) *Comm. Ioannis*, in CO, 47. 423-24.

40) *Excuse*, in CO, 6.609.

41) *Comm. Ioannis*, in CO, 47. 424.

42) E. Haenchen, *A Commentary on the Gospel of John* (Philadelphia: Fortress, 2 vols., 1984), 1.207, 쉬나켄버그(Gospel, 3.297), 브라운(Gospel, 2.960) 등이 주장한다.

43) 드 용(De Jonge, "Nicodemus and Jesus," 34)과 특히 믹스(W. A. Meeks, "The Man from Heaven in Johannine Sectarianism," *JBL* 91 (1972): 55) 등이 그렇게 주장한다.

로와 그 "사랑하시던 다른 제자"도 예수가 그들에게 나타날 때까지는 부활의 의미를 깨닫지 못했다는 사실이다. 이것은 그리스도 자신이 말씀하신 진리를 통해 충분히 이해할 수 있을 것이다: "한 알의 밀이 땅에 떨어져 죽지 아니하면 한 알 그대로 있고 죽으면 많은 열매를 맺느니라"(요 12:24). 여기서 우리는 그리스도의 죽음이 그가 살아 계실 때보다 소생시키는 면이 더 강하다는 점을 보여주는 하나의 좋은 증거를 얻는다. 그리스도의 죽으심이 이 두 사람의 마음에 불어넣어준 달콤한 향기의 효용은 얼마나 컸던지 그들의 모든 육적인 성정을 쉽게 소멸시켜버렸던 것이다. 돈과 야망에 대한 사랑이 그들을 다스리고 있는 한, 그들은 그리스도의 은혜는 맛볼 수 없었을 것이다. 그러나 지금 그들은 온 세상을 즐기기를 멈추었다.[44] 그들의 이러한 면들을 두고, 코터렐(F. P. Cotterell),[45] 킹(J. S. King),[46] 모리스(Leon Morris),[47] 쉬나켄버그(R. Schnackenburg)[48] 등은 요한복음 19:38-42의 행위들은 은밀하지만 위임된 예수의 제자의 행위들이 되는 것으로 이해하고 있다. 칼빈은 한걸음 더 나아가 "우리가 그리스도께 어떤 의무를 지고 있는지 그들의 모범으로부터 배우자."[49] 고까지 설파한다.

---

44) *Comm. Ioannis*, in CO, 47.424: "*nunc vero totus mundus illis sapere desinit.*"
45) F. P. Cotterell, "The Nicodemus Conversation: A Fresh Appraisal," *ExpTim* 96 (1985): 238.
46) J. S. King, "Nicodemus and the Pharisees," *ExpTim* 98 (1986): 45.
47) Morris, *John* (NICNT), 210.
48) R. Schnackenburg, *The Gospel According to St. John* (New York: Herder & Herder, 3 vols., 1980-82), 1.364-65.
49) Ibid., 424.

II. 기독교 전승

니고데모가 탈무드나 요세푸스의 작품들 가운데 나오는 한 사람 내지 더 이상의 인물들과 동일시될 수 있는지 아닌지 여부에 대하여 상당한 연구가 진척되어왔다. 그 형적에 대한 유익한 요약은 클라우스너,[50] 로빈슨,[51] 쉬트랙-빌러백[52] 등에게서 찾을 수 있다. 그러나 그 형적은 이 지점에서 어떤 확고한 결론을 내리기에는 불충분하다. 탈무드에 니고데모가 전혀 등장하지 않는 것은 니고데모가 정말 그리스도인이 되었다면 놀랄 일이 아닐 것이다.[53]

기독교 전승에 따르면, 빌라도 법정에서, 유대인들이 예수를 십자가에 처형해달라는 요청에 빌라도가 난감해 하자, 니고데모가 유대인들 앞에 당당히 나서서, 그 이전에 회당에서 장로들과 제사장들과 레위인들에게 그리스도의 이적 행하심에 관하여 그리스도의 이적은 사람에서 난 것이 아니라 하나님께로 말미암은 것이라고 말한 것을 되새기면서, 그리스도는 죽어야 할 이유가 없으니 그를 풀어주라고 요청하자, 유대인들이 니고데모에게 분을 내면서, "네가 그의 제자가 되더니 그를 위하여 말하는도다"라고 힐책하면서 "그의 진리와 분깃을 받으라"고 말하자, 니고데모는 "아멘. 너희가 말한 대로 될지라"고 응했다고 한다.[54] 결국 그는 그리스도의 편을 들었다가

---

50) J. Klausner, *Jesus of Nazareth* (New York, 1929), 29-30.
51) Robinson, 284-87.
52) *Kommentar zum Neuen Testament aus Talmud und Midrash* Vols. I-IV/2 ed. (Hermann L. Strack- and) Paul Billerbeck (Munich: C. H. Beck Verlag 1926-28), 2.413-19.
53) Paulien, 1105.
54) Felix Scheidweiler, "The Gospel of Nicodemus," in *New Testament Apocry-*

관직을 박탈당하고 그 결과 적개심에 불타는 유대인들에 의해 박해를 받았으며, 베드로와 요한에 의해 세례를 받은 것으로 전해지고 있다. 『빌라도 행전』(*Acts of Pilate*)55)은 14세기 이후로 라틴 전승에서 『니고데모 복음』(*The Gospel of Nicodemus*)56)으로 알려지게 되었다.

III. 나가는 말

미셸57), 파멘트58), 실바59) 등은 니고데모가 예수를 위하여 한 번도 적극적인 결정을 내리지 못한 채, 요한복음을 통틀어 살펴볼 때 변두리에 머물러 있었다고 주장한다.60) 분명히, 니고데모를 둘러싸고 있는 모호성을 인정하고 심지어 그 점을 강조한 이들이 있다. 예를 들면, 믹스 같은 이는 모호성을 그의 문학적 묘사의 "중요하고 신중한 역할"로 묘사하고 있다.61) 프라이네(Sean Freyne)는 그가 "그의 마지막 충성에 관한 문제는 적어도 모호하게 놓인 채로 나타난다"62)라고 결론지을 때, 니고데모의 애매성을 그대로 두는 데

pha, ed. Wihelm Scheemelcher, trans. R. McL. Wilson (Louisville, KT: Westminster/John Knox Press, 1991), 1.510.
55) Scheidweiler, "The Gospel of Nicodemus," 501.
56) Ibid., 505.
57) M. Michel, "Nicodème ou le non-lieu de la verité," *RevScRel* (1981) 55. 231.
58) M. Pamment, "Focus in the Fourth Gospel," *ExpTim* (1985): 97. 71, 73.
59) D. D. Sylva, "Nicodemus and His Spices (John 19:39)," *NTS* 34 (1988): 149.
60) Paulien, 1106.
61) Meeks, "Man from Heaven," 54.
62) Sean Freyne, "Vilifying the Other and Defining the Self: Matthew's John's Anti-Jewish polemic in Focus," in *To See Ourselves as Others See Us*, J. Neusner and E. S. Frerichs eds. (Chico, CA: Scholars Press, 1985), 140.

더 찬성하는 것으로 보인다. 그러나 같은 논문의 전반부에서 그는 반대의 결론에 도달하며, 니고데모를 최종적으로 단호하게 불신 세계 편에 놓는다.[63] 드용은 니고데모에 관한 우리 정보의 부족함을 강조함으로써 그의 논문을 시작하는데,[64] 그 다음 그는 그러한 경향을 극복하기 위해 자기 논문의 나머지를 할애하고 있다. 배슬러는, 문학 비평은 하나의 모호한 본문에, 그것이 니고데모의 경우에서와 같이, 특히 모호성이 영속적이고 두드러질 때, 명료한 결정을 강요하는 것은 지혜롭지 못하다고 제안하고 있다.[65]

그런데 비록 요한복음상의 니고데모에 대한 묘사가 문학비평적으로 모호성을 주장할 만한 여지를 지니고 있다 할지라도, 억지로 모호하게 풀어나갈 것이 아니라, 코터렐(F. P. Cotterell), 킹(J. S. King), 모리스(Leon Morris), 쉬나켄버그(R. Schnackenburg) 등과 같이 니고데모를 긍정적으로 보려는 학자들도 많이 있고, 신약성경 다음으로 제일 오래된 문헌인 『빌라도 행전』에 따라 니고데모를 호의적으로 이해하려는 데도 큰 무리가 없을 것이다. 따라서 칼빈처럼 "경건의 씨", "경건의 불꽃", "하늘의 충동" 등의 수사를 동원하여 니고데모가 점차적으로 그리스도인으로 변화되어간 것으로 해석하는 것도 충분한 설득력을 지닌다. 그러므로 니고데모파 사람들이 니고데모를 단지 일부러 고난을 유발하지 않고, 지혜롭게, 은밀히 밤을 이용하여 예수와 담화를 나눈 자로서만 이해하여, 스스로 니고데모의 망토

---

63) Ibid., 127.
64) Jonge, 29.
65) Meir Sternberg, *The Poetics of Biblical Narrative: Ideological Literature and the Drama of Reading* (Bloomington: Indiana University Press, 1985), 186-229.

아래 숨으려고 한 것에 대하여 그 당시 칼빈이 신랄하게 비판한 것
은 정당하다고 하겠다.

요한 웨슬리의 영성 세계

이후정 | 감리교신학대학교 교수

I. 서론

교회의 역사상 가장 위대한 부흥사, 전도자의 하나로서, 그가 영국에서 일으킨 18세기 복음주의 부흥운동(Evangelical Revival)을 통해 메소디스트교회(Methodist, 감리교회는 정확한 번역이 아님)를 창시한 요한 웨슬리(John Wesley, 존 웨슬리)에 관해 우리는 많이 들어서 잘 알고 있다. 하지만 그의 교리와 신학, 영성과 실천은 20세기 후반에 들어서야 본격적으로 활발한 학문적인 연구의 대상이 되었다. 미국 감리교회 및 전 세계 웨슬리안 계통 교회들의 탁월한 신학자들을 중심으로 촉진된 웨슬리 연구(Wesley studies) 및 그 결과는 웨슬리에 대한 기존의 사고와 이해를 많이 수정하였다. 이미 웨슬리 전집(The Works of John Wesley) 2백주년(Bicentennial) 기념판이 30여 권으로 기획되어 1975년에 옥스퍼드 출판사에서 시작된 후 미국연합

감리교회의 애빙턴(Abingdon) 출판사에 의해 계속된 지도 오래이다. 많은 웨슬리 학자들이 연구에 참여하여왔으며, 웨슬리의 학교인 옥스퍼드 대학교에서 5년마다 계속된 세계 감리교 신학자 학술대회(Oxford Institute of Methodist Theological Studies)는 작년에 제13차 모임을 가진 바 있다.

이러한 연구에 가장 큰 시초적인 공헌을 한·미 연합감리교회의 역사신학자 앨버트 아우틀러(Albert C. Outler)에 의해 웨슬리의 신학은 깊이 있게 포괄적으로 재조명되었고, 특히 복음주의와 에큐메니컬 양자의 연결, 통합적 지평에서 논구된 바 있다.[1] 필자는 아우틀러의 신학적 작업을 출발점으로 해서, 에모리 대학교의 저명한 조직신학자였던 테드 러년(Theodore Runyon) 교수의 지도 아래 웨슬리와 동방교부 사이의 역사신학적 대화를 학문적 과제로 삼고 연구하였다.[2] 그 후에도 계속 웨슬리의 영성에 대한 관심을 발전시켜오면서, 좀 더 교회사적, 역사신학적인 지평과 관점에서 그것을 자리매김하려고 노력해보았다.

아우틀러의 가장 주된 관심 중의 하나는 웨슬리의 신학과 영성을 특히 초대교회 동방 교부와의 연속성 속에서 읽고 해석하려는 것이

---

1) cf. Thomas C. Oden & Leicester R. Longden, eds., *The Wesleyan Theological Heritage: Essays of Albert C. Outler* (Grand Rapids, Michigan: Zondervan, 1991) Oulter는 주로 웨슬리를 복음주의적 보편주의(evangelical catholicism)의 관점에서 해석하려고 노력해왔다.
2) Randy L. Maddox, ed., *Rethinking Wesley's Theology for Contemporary Methodism* (Nashville: Abingdon, 1998) 속에 포함된 필자의 논문 제13장 "Experiencing the Spirit in Wesley and Macarius" 참조. Theodore Runyon, *The New Creation: John Wesley's Theology Today* (Nashville: Abingdon Press, 1998) 참고. 한국어판은 『새로운 창조: 오늘의 웨슬리신학』이란 제하에 KMC출판사에서 번역, 출간되었다.

었다. 에큐메니컬 관점에서, 그는 서방 교회와 동방 교회 신학을 연결, 통합하는 신학적 가교로서 웨슬리의 신학을 제시한 것이다. 거기에서 그에게 큰 흥미를 준 자료는 마르쿠스(Macarius)라는 수도원 전통의 이집트 사막 교부의 설교집이었다. 원래 콥틱 금욕 수도사였던 이 위대한 마카리우스의 저술로 알려진 50편의 「신령한 설교」는 하지만 학자들의 연구 결과 익명의 저자에 의한 시리아 수도원 전통의 산물로 추측하게 되었다.[3] 아우틀러가 지적하였듯이, 이 저술의 일부가 위대한 동방 교부 신학자 닛사의 그레고리(Gregory of Nyssa)의 한 저술과 상당부분 일치된다는 점에서 이 둘의 관계 및 영성, 신학의 의존성이 흥미를 불러일으켰고, 웨슬리가 이들의 영향을 받았다는 점이 주목된 것이다. 아우틀러의 중요한 주장은 이들의 동방 교부 영성이 웨슬리의 성화론에 큰 영향을 미쳤으며, 특히 완전(teleiosis)을 이생에서의 그리스도인의 목표(skopos)로서 보면서 상태보다는 과정으로서 상정하도록 만들었다는 것이다.[4] 이러한 통찰에 근거하면서, 필자는 성화와 그리스도인의 완전에 관한 웨슬리의 가장 중심적인 교리, 영성과 신학이 바로 동방교부에게 상당히 뿌리를 둔 것이라는 점을 좀 더 상세한 연구의 주제로 삼게 되었다.

이제 우리는 웨슬리의 영성 세계를 숙고함에 있어서, 총체적으로보다는 좀 더 중요한 주제들에 국한해서 주목하려고 한다.[5] 특별히

---

3) 이후정 역, 『마카리우스의 신령한 설교』 (서울: 은성출판사). George A. Maloney, S. J. ed., *Pseudo-Macarius: The Fifty Spiritual Homilies and The Great Letter* (New York: Paulist Press, 1992) 참고.
4) Outler, *John Wesley* (New York: Oxford University Press, 1964), 10.
5) 이후정, 『성화의 길: 오늘을 위한 웨슬리의 영성』 (서울: 기독교서회, 2001); 『이후정 교수가 쉽게 쓴 기독교 영성이야기』 (서울: 신앙과 지성사, 2013)를 참고하라.

단권으로 기획된 그의 가장 주된 영성 저술인『그리스도인의 완전에 관한 평이한 해설』을 중심으로 그의 핵심 사상인 성화와 완전론을 다루면서, 원리적인 차원과 실천적인 차원에 걸쳐 살펴보려 한다.6)

II. 성화와 완전의 도리의 역사적 전개

1. 기독교 영성의 역사에 있어서 웨슬리가 남긴 가장 위대한 업적과 공헌은 성화와 그리스도인의 완전의 도리를 일생에 걸쳐 가르치고 선포한 것이라고 생각된다. 물론 다른 영성가들도 이 주제를 피력하고 논의했지만, 웨슬리 나름대로의 독특성을 가지고 이 주제가 주목되었다는 것이다. 일찍이 옥스퍼드 대학교 크라이스트 처치(Christ Church)의 학생 시절에 웨슬리는 거룩한 삶(holy living)을 목표로 하여 자신의 삶을 온전히 하나님께 헌신하기로 결심하였다.7) 제레미 테일러 감독, 토머스 아 켐피스, 윌리엄 로 등의 저술을 읽으면서 감동받은 웨슬리는 내면적인 마음의 종교(heart religion)에 집중하게 되었다. 그것은 마음의 의도와 정감의 문제이며 그 단순하고

---

6) *A Plain Account of Christian Perfection.* 한글 번역판은『그리스도인의 완전』, 이후정 옮김 (서울: 감신대출판부, 2006)을 보라. 이 책에 관한 상세하고도 깊이 있는 해석과 주석적 고찰, 신학적 연구를 위해서는 Mark K. Olson, *John Wesley's 'A Plain Account of Christian Perfection': The Annotated Edition* (Fenwick, Michigan: Alethea in Heart, 2005)과 동 저자의 *John Wesley's Theology of Christian Perfection: Development in Doctrine and Theological System* (Fenwick, Michigan: Truth in Heart, 2007)를 참고할 수 있다.

7)『그리스도인의 완전』, 7-9.

순결함, 혹은 성결함이 종교의 대원리임을 깨닫게 된 것이다. 이것을 다른 말로 하면 성화, 혹은 그리스도인의 완전이라고 불렀던 것이다.

물론 위에서 언급한 대로, 웨슬리는 동방 교부들의 저술에도 많이 심취되었는데, 그중 마카리우스의 『신령한 설교』는 초대교회의 가장 높은 영성의 표현 중 하나로 경모되었다. 그 속에서 웨슬리는 영성의 삶의 실천적 신학(practical divinity)을 찾아내었고, 그것을 그의 이후의 거룩한 생활의 가이드로 삼으려 했던 것이다. 고대 교회(Christian Antiquity) 전통은 이처럼 웨슬리의 영성과 신학의 중요한 표준의 하나로 자리매김하게 되었다. 더불어 웨슬리는 모친으로부터 소싯적부터 훈련의 영성을 익혀온 바 청교도들의 영성 저술들에도 많이 눈을 돌려 이에 섭취하게 되었다. 그렇다고 해서 웨슬리가 후에 칭송을 털어놓았던 몇몇 로마 가톨릭 영성 신비가들의 숭고한 영적 세계들에 대해 닫혀 있던 것도 아니다.

하지만 결국 웨슬리의 성화와 완전의 도리는 하나님의 말씀인 성경을 그 최종적인 원천과 표준으로 한 것이었다. 그는 이렇게 말했다.

> 1729년 나는 성서를 진리의 유일무이한 표준으로, 순수한 종교의 유일한 모본으로 읽을 뿐만 아니라 연구하기 시작하였다. 그 결과 나는 그리스도의 마음(mind: 정신)을 품는 것과 그가 행하신 대로 행하는 것, 그것도 그의 마음의 어느 부분만 아니라 그 전부를 품으며, 많은 점에서가 아니라 모든 것에서 그의 행하신 대로 행하는 것이 필요불가결함을 더욱더 분명한 빛 속에서 보게 되었다. 이것이 내가 이 시기에 있어서 일반적으로 종교를 그리스도를 한결같

이 따르는 것이요 우리 주님께 전적으로 내면적 및 외면적인 차원에서 일치하는 것이라고 생각하게 된 관점이었다. 따라서 이 법칙을 나 자신이나 다른 사람들의 체험에 맞게 굽히거나 또는 극히 작은 그 어떤 일에 있어서라도 나 자신을 우리의 위대한 모범이 되신 분과 일치하지 않게 내버려두는 것보다 더 두려운 것이 없었다.8)

여기서 우리는 웨슬리가 주장한 기독교적 영성의 삶의 가장 주된 도리인 성화와 완전의 핵심은 그리스도와의 일치(conformity)요 그 주님을 본받고 따르는 제자의 도리로 본 것임을 발견하게 된다. 내외적인 전체에 걸쳐 예수 그리스도와 하나 되는 길이 곧 성화와 그리스도인의 완전인 것이다. 일찍이 청년 웨슬리를 사로잡은 주제는 거룩함이란 그리스도께서 가져온 하늘나라의 진리요 하나님 아버지께서 온전(완전)하심과 같이 온전하게 되는 사랑의 율법의 완성이다. 마음이 정결케 되는 정화를 통해 온 마음과 존재를 다해 하나님을 사랑하고 이웃을 자신과 같이 사랑하는 것이 성화이다. 하나님께 집중된 사랑은 오직 그에게 영광 돌리는 삶이요, 전적으로 사랑으로 충만하게 변화되는 그리스도의 마음을 품게 되는 것이다.9) 그러한 그리스도인의 완전은 오직 하나님을 기뻐함이요, 하나님과 함께함으로써 행복한 것이다. 성결은 곧 행복이다. 주님의 사랑이 내 자신 전체를 소유하는 것이 될 때, 이 성화는 온전한 주님의 지배(하나님의 사랑의 전적인 주권적 통치) 아래 있는 것이 된다. 칼빈처럼 웨슬리도 하나님 중심주의적인 영성과 신학을 품고 있다. 동방교부들처럼 웨

---

8) Ibid., 9.
9) Ibid., 11.

슬리도 성화를 하늘의 아담, 신의 성품이신 그리스도께서 인간의 성품을 하나님의 성품으로 변하여 신성에의 참여(koinonia)를 가능하게 하는 것으로 본다.

웨슬리는 1739년 회심 1년 후에 이 주제를 명백하게 기술, 표명한 책자를 출간했는데, 그 제목은 『메소디스트의 성격』(The Character of a Methodist)이었다. 우리는 다음의 짧은 서술 속에서 그리스도인의 완전에 관한 일목요연한 묘사를 읽게 된다.

> 메소디스트는 자기의 마음을 다하고 목숨(성품)을 다하고 생각을 다하고 힘을 다하여 주 하나님을 사랑하는 사람이다. 하나님은 그 마음의 기쁨이시오, 그 영혼의 소원이시다. 그의 영혼은 '하늘에는 당신 외에 누가 내게 있으리오, 또한 땅 위에서는 주밖에 나의 소원할 자 없나이다.' 나의 하나님 나의 전체시여! '당신은 내 마음의 힘이시며 나의 영원한 분깃이시나이다' 하고 끊임없이 외친다. 그러므로 그는 하나님 안에서 행복하다. 그렇다, 항상 행복한 것이다. 그분 안에 영원한 삶 속으로 솟아나는 샘 근원이 있어서, 그의 영혼을 평화와 희열로 넘쳐흐르게 한다. 이제 완전한 사랑이 두려움을 몰아내었으므로, 그는 항상 기뻐한다. 그렇다, 그의 기쁨은 충만하다.[10]

웨슬리는 이 완전한 그리스도인을 동방 교부 알렉산드리아의 클레멘트가 일찍이 묘사했던 완전과 연결시키기도 하였는데, 상당히

---

10) Ibid., 15.

이상적인 그리스도인의 모형을 제시하고 있다고 하겠다. 그러나 그것은 성서적인 그리스도인 상이요 사도 바울이 말씀하신 항상 기뻐하고 쉬지 않고 기도하며 범사에 감사하는 "완전한 사랑"(Perfect Love)에 사로잡힌 존재의 형상이다. 그러한 완전한 그리스도인은 모든 죄의 정욕에서 순결하게 된, 성화된 존재요, 생의 유일한 소원과 의도를 하나님의 뜻에 두는 자이다. 그는 하나님의 계명과 율법 전체를 순종하며 지키는 성도요 모든 것을 하나님의 영광을 위해(*soli Deo gloria*) 행하는 성도이다. 웨슬리의 고백에 의하면, 이러한 초기의 성화와 그리스도인의 완전에 관한 그의 믿음과 헌신은 그의 일생에 걸쳐 변함없이 일이관지한 그의 대강령이요 최고의 교리였던 것이다.

2. 두 번째로 우리가 그리스도인의 완전의 도리에 관해 문제 삼게 되는 점은 그것에 대한 웨슬리의 좀 더 정확한 정의일 것이다. 1740년대 이후로 웨슬리는 이 주제를 그의 설교 「그리스도인의 완전」 속에서 확고하게 설명하려 했다. 우선 먼저 그리스도인은 어떤 의미에서 완전하지 않은가에 대해 밝혔다. 여기에서 중요한 점은 웨슬리가 완전을 어떤 관점과 의미에서 해석했느냐의 문제이다. 그의 이해에 따르면, 그리스도인들은 무지, 과오, 혹은 이해력, 상상력, 언어, 말, 행실 등의 약점들, 유혹들에서 자유롭지 못하며, 따라서 혈육에 거하는 한 완전하다고 할 수 없다. 이러한 의미에서 웨슬리는 이 땅 위에서 "절대적 완전"이 없다는 것을 밝혔다. 반면, 상대적인 의미에서의 완전이 이생에서 가능하다는 것이요, 계속적인 증가를 허락하지 않는 완전은 없다는 것이다.[11]

그렇다면 웨슬리는 어떤 의미에서 그리스도인은 완전할 수 있다고 보았는가? 요한 서신에 특별히 주목하면서 펼쳐진 웨슬리의 해명에 의하면, 완전은 우리 죄를 자백하여 사함 받아 깨끗하게 될 수 있다는 데 근거한다. 따라서 그리스도인은 죄를 범하지 않을 만큼 완전한데, 모든 악한 생각, 기질, 욕망, 의지, 행실 등에서 깨끗하게 되는 순결한 거룩함이 가능하다는 것이다. 이것은 그리스도와 같이(Christlike) 되는 것을 의미한다.[12] 나아가서 좀 더 긍정적인 차원에서 해명한다면, 성화와 완전은 하나님의 형상을 회복, 갱신하는 것으로서 사랑으로 새롭게(renewal by love) 되는 것이다. 그것은 칭의, 중생 이후에 하나님께서 성화하는 은혜로 인간은 모든 죄에서 자유케 하시며, 성령으로 말미암아 죄의 근원과 뿌리를 뽑는 완전한 구원, 높은 구원, 혹은 구원의 충만(fullness of salvation)이다.[13]

웨슬리는 이 완전에 관해서 하나님의 사랑으로 충만한 온전한 성화, 헌신으로 설명하려 하였다. 그것은 우리의 모든 언행심사에 걸쳐 하나님께서 받으실 만한 영적 제사로 계속 바쳐지는(헌신하는) 것이며, 하나님의 사랑으로 온통 불타는 마음을 품고 마음과 삶과 존재가 하나님을 찬양하는 것이다. 이러한 웨슬리의 결론은 먼저 하나님의 말씀에 철저히 비춰본 바요, 하나님의 자녀들의 체험(경험)에 비교하여 충분히 살펴본 바에 의한 것이었다.

---

11) Ibid., 20-21.
12) Ibid., 23이하.
13) 웨슬리는 죄 없는(sinless) 완전에 관해 논쟁에 휘말려 들었으며, 상당한 유보를 가지고 이 미묘한 정의를 다루려 했다. 강한 표현으로서 설명할 때도 있었지만, 좀 더 늦춰진 입장일 때 웨슬리는 인간의 육체에 거하는 한계와 상대적인 차원을 고려하려 하였다.

1744년 첫 감리교 연회가 모였을 때, 이 교리의 문제를 집중적으로 다뤘으며, 그 이후의 연회들에 걸쳐 정리된 중요한 요점들은 다음과 같다.[14) 성화된다는 것, 그리스도인의 완전은 하나님의 형상으로 새로워지고 회복되는 것이며, 마음과 뜻과 목숨을 다하여 하나님을 사랑하며 이웃을 자신과 같이 사랑하는 것이다. 그 말은 모든 내적인 죄, 나아가서는 자발적(의지적) 죄로부터 자유롭게, 정결하게 됨을 의미한다. 이러한 사랑 안에서의 완전히 새로워짐인 전적인 성화는 의롭다 하심을 받는 순간에 시작되어 은혜 안에서 성장하는 것이며, 보통 죽기 조금 전에 이생에서 주어질 수 있다.

웨슬리의 성숙한 성경적인 구원론에 의하면, 구원의 순서(*ordo salutis*, way of salvation)에서 의롭다 함은 받는 칭의는 관계적인 변화(relative change)이며 성화는 실질적인 변화(real change)이다. 또한 웨슬리는 이 완전 성화가 순간적으로 주어진다고 주장했으며, 죽기 이전 일찍도 가능하며, 따라서 매 순간 현재적으로 추구하며 기대해야 한다고도 설명하였다. 또한 그리스도인의 완전은 순수(결)한 사랑으로 충만해지는 것이라고 설명하면서, 그것을 너무 높거나 낮게 설정하는 일을 피하여야 한다는 현실주의를 보여주기도 하였다. 단순하게 표현하여서, 완전은 순결한 완전한 사랑이 마음과 삶을 지배하는 것이며, 우리의 모든 기질과 말과 행동 전체에 그 사랑이 퍼져, 충만하게 되는 것이다. 많은 반대와 오해, 논쟁 등에 직면하면서도 완전론을 끝까지 지켜나갔던 웨슬리는, 1759년에 출판된『그리스도인의 완전에 관한 고찰』속에서 완전 성화에 대한 경험적인 증거

---

14)『그리스도인의 완전』, 40 이하.

와 판단을 이렇게 설명하였다.

　　그가 칭의에 앞서 경험했던 것보다 훨씬 더 깊고 분명한 확신에
의하여 타고난 죄를 완전히 깨닫고, 그것이 점점 소멸되어가는 것
을 체험한 후, 죄에 대하여 전적으로 죽고 하나님의 사랑과 그의 형
상으로 완전히 새로워져서, 항상 기뻐하고 쉬지 않고 기도하며 범
사에 감사하게 될 때, 그렇게 판단할 수 있을 것이다. '사랑만을 느
끼고 죄를 느끼지 않는 것'만으로는 충분한 증거가 되지 않는다. …
그러므로 그의 완전 성화를 그의 칭의 때처럼 분명히 입증해주시는
성령의 증거가 더해지기 전에는 아무도 그 역사가 이루어졌다고 믿
어서는 안 된다.15)

　　완전한(전적인) 성화 이전에 점진적인(gradual) 변화의 과정이 있
지만 완전의 순간에 어느 변화보다도 무한히 더 큰, 체험하기 전에
는 상정할 수도 없는 변화를 체험하게 된다는 것이다. 그러므로 반
드시 구별되어야 할 칭의와의 관계에서 볼 때에도, 이처럼 성화는
그 종류가 다른 변화요 "무한히 더 큰(infinitely, immensely greater) 변
화"인 것이다. 하지만 웨슬리는 이 변화 이후에도 죽을 때까지뿐만
아니라 영원무궁토록 그리스도인은 은혜 안에서 성장을 계속한다
고 믿었다. 다른 한편, 완전 성화 이후에도 항상 그것을 잃어버리고
다시 떨어져 타락할 수 있으며, 또다시 그 완전한 사랑을 회복할 수
도 있다고 웨슬리는 주장한다.16)

15) Ibid., 64.
16) Ibid., 106. 이러한 웨슬리의 완전론에는 다분히 동방 교부 닛사의 그레고리의

III. 실천적인 권면들

웨슬리는 성화와 그리스도인의 완전의 도리를 주장하면서 많은 어려움, 오해와 반대와 공격을 대면하지 않을 수 없었다. 외부로부터의 비난도 많았지만, 내부적으로 완전주의적 열광주의자들(perfectionistic enthusiasts)의 문제와 대면하면서 크게 상처를 입기도 하였다.17) 웨슬리의 영성이 다듬어지고 성숙하는 과정에서, 그는 그 외에도 정적주의, 유신론(solifideism), 도덕주의, 율법주의, 반(反)율법주의, 형식주의 등의 많은 장애물들을 헤치면서 나아가지 않으면 안 되었다. 진정하고 순전한 영성의 길에는 많은 유혹과 곁길들이 존재하는 것이다.

특별히 그의 『그리스도인의 완전에 관한 평이한 해설』 후반부를 그와 같은 실제적인 도전들에 직면하여 자신의 완전 교리를 명백히 하는데 사용되었다. 율법에 관해 다루면서, 웨슬리는 율법무용론과 오도된 유신론(唯神論)의 위험을 극복하기 위해 율법을 긍정적으로 주장하였다. 그리스도인의 완전은 순결하고 온유고 겸손한 사랑의 완전을 의미하므로, 그것은 그리스도께서 성취하신 사랑의 율법의

완전론과의 유사성이 발견된다고 볼 수 있다. 물론 마카리우스의 설교에서도 그와 같은 통찰이 나타난다. 또한 이것은 웨슬리의 동방 교부적 연관에서의 신인협력론(synergism)을 분명히 반영하고 있다.

17) 이에 관해서 필자가 쓴 "완전한 사랑과 그 장애물: 웨슬리의 열광주의 비판," 「신학과 세계」 78호 (2013년 겨울)을 참조하라. 좀 더 포괄적인 연구를 위해서는 W. Stephen Gunter, *The Limits of 'Love Divine': John Wesley's Response to Antinomianism and Enthusiasm* (Nashville: Abingdon/Kingswood Books, 1989); Henry H. Knight III, *The Presence of God in the Christian Life: John Wesley and the Means of Grace* (Metuchen, NJ & London: The Scarecrow Press, Inc., 1992)를 참조할 수 있다.

성취와 다른 것이 아니라고 그는 해명하였다. 이 사랑에 관해 웨슬리는 사도 바울의 고린도전서 13장에 전적으로 의존하였다.

잘못된 지나친 은사주의나 열광주의에 반대하면서, 웨슬리는 성화와 완전을 성령의 열매와의 관계에서 실천적으로 많이 생각해보았다. 물론 성령의 증거도 중요하지만, 웨슬리는 그 열매들을 중요한 시험으로 보면서 하나님께 속한 자의 특징으로 설명한 것이다.

사랑과 희락과 화평이 항상 거하는 것으로 알 수 있고, 변함없는 오래 참음과 인내와 포기함으로, 모든 노여움을 초월하는 온화함으로, 심령이 양선하고 온순하고 사랑스럽고 부드러움으로, 충성됨과 단순함과 경건한 성실함으로, 심령이 온유하고 평온하며 흔들리지 않으므로, 음식과 수면뿐만 아니라 모든 본성적, 영적인 일에 절제함으로 알 수 있다.18)

웨슬리가 결론적으로 말해서 한 마디로 완전 성화의 의미는 "하나님과 이웃에 대한 겸손하고 온유하고 오래 참는 사랑이 우리의 기질과 말과 행동을 지배하는 것이다"라고 요약한 것이 그것이다.19) 이러한 점에서, 사랑으로 새로워졌다고 주장하면서 열광주의적인 완전을 표방하는 감리교 내의 극단주의자들 속에서 웨슬리는 그러한 성령의 열매들과 그 완성으로서의 사랑이 결여되어 있음을 보았던 것이다.

실천적인 권면과 충고에 있어서 웨슬리는 교만을 경계하며 끊임

18) 『그리스도인의 완전』, 99.
19) Ibid., 137-38.

없이 깨어 기도하라고 우선적으로 강조하였다.[20] 이것은 신자들의 죄의 문제에 관한 것이다. 한번 물리친 것 같지만, 이 교만의 정욕은 아주 위험한 것으로서 쉽게 신자들이 삶에 스며들어 유혹에 빠지게 한다. 자신이 무엇이나 된 것처럼 생각하거나, 우리가 가진 어떤 것을 자신에게 돌리는 것, 가지고 있지 않은 것을 가지고 있다고 생각하는 것 등이 교만의 종류들이다. 웨슬리는 자신이 다른 사람에게 가르침 받을 필요가 없다고 생각하는 교만에 대해 강하게 책망하면서, 잘못되거나 약한 누구에게도, 모든 사람에게서 배울 필요가 있다고 충고하였다.

교만에 대한 치유책은 물론 겸손이다. 그것은 그리스도 예수 안에 있는 마음과 정신을 품는 것이다. 자신이 작고 낮고 천하고 무가치하다고 믿고 생각하고 실천하는 것이 겸손이다. 이러한 자신의 아무것도 아님 속에 오직 하나님을 전체로 인정하고, 순종과 경외, 타인에 대한 존경 속에서 겸손의 삶을 사는 것이 웨슬리적인 기독교 영성의 핵심이다.

겸손한 사랑, 온유한 인내하는 사랑은 저절로 주어지는 것은 물론 아니다. 거기에는 여러 가지 십자가와 반대, 공격과 박해를 포함하는 그리스도를 위한 고난의 훈련이 전제되는 것이다. 이에 대해 웨슬리는 경험을 통해 잘 알고 있었으며, 그것이 하나님의 섭리의 과정에서 불가피하고 유익하고 필요한 것으로 보았다. 그는 이렇게 말한다. "은혜 안에서의 성장을 위하여 최선의 도움이 되는 것들은 우리에게 닥쳐오는 핍박과 모욕과 손실 등이다. 이런 것들은 거기에

20) Ibid., 107.

우리의 의지가 개입되지만 않았다면 다른 모든 것보다 바람직한 것으로서, 모든 감사함으로 받아야 한다"21) 하나님의 손으로부터 비롯되는 고난, 그가 기뻐하시는 고난은 그리스도의 십자가에 동참하는 길이며, 주님과의 일치를 이루는 첩경이라는 것이다. 그러므로 하나님께서 우리를 사랑하신다는 가장 큰 증거는 우리에게 감당할 은혜와 함께 환난과 고난을 허락하시는 것이다. 나아가서 아무리 큰 환난 중에서라도 우리를 사랑하시는 하나님의 손으로부터 받는 그 고난을 기쁨을 느끼면서 감내할 수 있다고 웨슬리는 권고한다.

고난과 함께 우리에게 주어지는 영적 훈련의 결실은 참된 복종과 포기(resignation, surrender)이다. 이것은 세상에서 일어난 모든 것을 뜻하시고 행하시는 하나님의 전체적인 뜻에 철저하게 일치하는 것이다. 좋든지 나쁘든지 모든 것에는 하나님의 뜻이 있다. 의인들은 따라서 가장 큰 환난 중에서도 평화 속에 흔들림 없이 "영혼의 모든 능력을 하나로 통일하여 하나님에 대한 내적인 사랑으로써 그에게 완전히 복종한다."22) 이러한 복종에는 고요한 감내가 있어야 하며, 그러한 인내를 가지고 하나님의 방식대로 다루시는 것을 자원하게 전적으로 맡기는 것이 참된 영성인의 모습이다. 그것은 어린 양 예수께서 죽기까지 복종하신 것을 따르는 것이며, 불평이나 비난 없이 주님 가신 길을 따라가는 것이다.

예수 그리스도가 탄생하신 베들레헴까지, 그가 채찍에 맞으시던 법정에까지, 그가 십자가 위에서 죽으신 갈보리까지 벗은 몸으

21) Ibid., 122.
22) Ibid., 123.

로 그를 추구하고 따라가기 위하여 모든 것을 포기하고 모든 것을 벗어버릴 수 있는 것은 크나큰 자비이므로, 하나님의 아들을 믿는 믿음으로 말미암지 않고서는 누구에게도 그 사실이나 그것에 대한 지식이 주어지지 않는다.23)

그것은 실로 전적인 은혜이다. 하나님에 대한 사랑은 인내가 없이 불가능하며, 겸손하고 온유한 정신이 없이는 인내가 불가능하다. 웨슬리에 따르면, 겸손과 인내는 사랑의 증가―완전한 성화의 본질―에 대한 가장 확실한 증명인 것이다. 겸손만이 인내와 사랑을 결합시키며, 오직 그렇게 됨으로써 고난은 우리에게 유익이 된다고 웨슬리는 고백한다. 다시 한번 웨슬리는 참된 겸손이 모든 덕(virtue)의 중심이며, 그것이 일종의 자아멸절이라고 말한다. 자기를 죽이고 멸할 때, 진정한 생명과 영원한 사랑의 삶이 가능하다는 진리일 것이다. 죄의 용서가 있었다면, 우리는 이제 더 깊은 마음속의 겸손과 함께, 엄격한 규율하에서 언행과 남은 고난 속의 삶이 있어야 한다는 가르침이다.

사랑이 최고, 최상의 진리요, 은혜라면, 그 완전한 사랑의 삶, 성화는 어떤 것인가? 웨슬리의 표현에 의하면, "사람들을 견디어내고 온유와 침묵 속에서 악들을 겪어내는 것이 그리스도인의 삶의 총괄이다."24) 여기에서 웨슬리는 완전을 이웃과 타자에 대한 용서하고 용납하는 태도, 아마 그리스도께서 십자가상에서 저들이 알지 못하여 그러는 것이오니 저들을 용서하소서 하고 기도했던 사랑에서 읽

23) Ibid., 124.
24) Ibid., 124.

으려 한 것 같다. 원수를 사랑하며 십자가의 고난 속에서도 모든 악과 해와 저주를 담당하고도 침묵 속에 인내하며 용서하는 겸손하고 온유한 사랑이 완전한 사랑이라는 것이다.

기도에 관해서 말하면서, 웨슬리는 일찍이『메소디스트의 성격』속에서 완전한 참된(real) 그리스도인, 진실하고 순전한(genuine) 성도의 삶의 불가결한 요소로서 쉼 없는(ceaseless) 지속적인 기도를 언급하였다. 쉬지 않는 기도가 가능한 이유는 기도가 마음의 언어이기 때문이다.

> 언제나 그의 마음의 언어는 다음과 같다. "주여, 내 입은 소리 없어도 당신께 향하여 있으며, 내 침묵은 당신께 말하나이다." 그의 마음은 언제나 어디서나 하나님께 들어올려져 있다. 어느 누구도 그 무엇도 그가 이렇게 하는 것을 방해하지 못하며, 중단시키지는 더욱 못한다. 홀로 있거나 누구와 함께 있을 때, 한가한 때나 일할 때나 대화할 때, 그의 마음은 늘 주님과 함께 있다.25)

이처럼 기도하는 자는 항상 하나님과 함께 있는 존재이며, 어떤 상태로서의 기도를 넘어서서 항상 기도한다. 그의 영혼의 사랑하는 시선이 하나님께 고정되어 있으므로, 보이지 않는 그분을 보며 그와 동행하는 것이 기도이다.

이와 같은 기도의 영성은『그리스도인의 완전에 관한 평이한 해설』후반부에서 더 펼쳐 설명되고 있다. 기도는 은혜 안에서 성령을

---

25) Ibid., 16.

주심으로써, 응답하심으로써 행하시는 하나님의 역사 속에서 드러난다. 그리고 기도는 중보의 능력을 일으키며, 새로운 기도는 새로운 승리를 계속 가져온다. 마음의 불안을 이기려면 물러가 기도해야하며, 결과로써 하나님의 은혜와 빛이 우리에게 찾아온다. 가장 크나큰 시험들 속에서도 그리스도를 한 번 바라보고 그 이름을 입 밖에 내기만 해도 기도하는 것이며, 악한 자를 정복하기에 충분하다. 따라서 영적 확신과 평정을 가지고 기도하여야 한다. 쉬지 말고 기도하는 것은 하나님의 생명을 영혼 속에 보존해주시는 하나님의 은혜가 우리에게 필요하다는 사실에 근거한다. 어거스틴처럼 웨슬리도 끊임없는 기도를 마음의 소원으로 본다. "우리가 하나님을 생각하든지 그에게 말씀드리든지, 그를 위하여 무슨 일을 하든지 무슨 고난을 받든지 간에 하나님의 사랑과 그를 기쁘시게 하려는 소원 외에 다른 목적이 우리에게 없다면, 그 모든 것이 기도이다."26) 하나님의 명령을 따라 단순함 속에 행하는 모든 것이 순결한 마음속에 완전한 사랑의 소원이 있다면 계속적인 기도, 완전한 기도인 것이다.

웨슬리의 영성에 관한 실천적인 권면은 선행과 자비의 행위에 관한 그의 가르침에서 마지막에 달한다. 웨슬리는 이웃 사랑의 실천을 하나님 사랑에서 결코 분리할 수 없다고 보았다. 우리가 구원을 받아 하나님의 사랑받는 자녀가 되었다면, 그 사랑을 다시 비추는 선한 자비의 행위를 함으로 하나님을 기쁘시게 해드리지 않을 수 없다는 것이다. 이것은 이웃을 통해 하나님을 참으로 섬기는 것이기도 하다. 자비와 사랑과 선행은 하나님에게서 나와서 하나님께로 돌아

---

26) Ibid., 125.

간다.27) 그렇게 될 때에 모든 이기주의는 극복되며, 우리는 죽고 비워져서 자신의 무(nothingness)로 돌아감으로써 불멸의 생명으로 채워지는 것이며, 오직 하나님께서 존귀하게 영광 받으시는 것이 된다. 모든 것이 근원이신 하나님에게서 나와서 하나님께 되돌아가는 것이 웨슬리의 영성의 마지막 결론이다. 그것이 깊은 감사이다.

IV. 글을 맺으며

이제까지 요한 웨슬리의 영성을 그 원리와 실천면에서 살펴보았다. 과연 그를 젊은 시절부터 사로잡았던 성화와 완전의 영성이 무엇인지를 그 중심 내용을 집중해서 밝혀보려고 한 것이다. 성경 전체의 대지(tenor)인 성화는 하나님의 형상의 회복과 갱신이다. 하나님과 이웃을 온전히 사랑하는 최고의 계명의 성취인 것이다. 하지만 완전 교리의 전개에 있어서 웨슬리는 많은 어려움과 반대, 비판과 오해에 대면하지 않을 수 없었다. 그래서 그는 그 도리를 분명하고 적절하게 해명하는 데 힘을 기울였던 것이다.

그럼에도 불구하고 남은 의문과 숙제는 있다고 하겠다. 과연 한 순간에—물론 그 이전과 이후의 점진적인 단계, 정도의 진보, 퇴보 등을 포함한다 해도—완전한 성화가 이 세상에서 이루어질 수 있는 것일까? 웨슬리는 자신이 말하는 완전이 인간적인 한계와 약점, 결함을 포함한 상대적인, 조건적인—불완전한—완전임을 강조하였

---

27) Ibid., 128 이하.

다. 절대적인 완전은 저 세상, 하늘나라에서 가능한 것이다. 하지만 그에겐 또한 그 하늘나라가 현재적으로 오늘 여기에 존재함이 특별히 성령론적으로 중요하였다. 종교개혁자 루터, 칼빈과 달리, 그에겐 목적론적이고 희망에 근거한 신학적인 오리엔테이션이 지배적이었다. 여하튼 자신의 신도들 속에서 이러한 완전한 사랑의 충만한 순간적 체험의 경험적인 증거가 있었으며, 그것을 거부하거나 무시할 수 없었던 웨슬리는 오히려 그것을 선포하고 촉진함이 마땅하다고 느꼈던 것이다.

나아가서 웨슬리의 실천적인 영성 속에서 우리는 영성의 경험 많은 멘토의 심오한 지혜들을 읽게 된다. 오늘 우리의 교회가 개혁되고 성숙하게 되려면, 무엇보다도 영적인 갱신이 앞서야 하리라고 본다. 이를 위해 웨슬리 같은 영성의 지혜들은 매우 귀중한 것이라고 하겠다. 그와 같은 지혜들을 통해 우리는 오늘 우리의 기도 생활, 십자가의 제자도, 영적인 성장과 성숙에 관한 신중하고 분별력 있는 가이드들을 발견하게 되며, 높은 목표를 향해 달려가는 진정성 있는 그리스도인의 삶을 배우게 된다. 물론 웨슬리의 이와 같은 지혜들은 단 시일에 쉽게 획득된 것은 아니며, 그의 일생에 걸친 헌신된 영성의 삶과 하나님의 특별하신 섭리적 은혜가 있었음을 깨닫게 된다.

'웨슬레 구락부' 연구

김진형 | 호서대학교 외래교수

I. 들어가는 말

웨슬레[1] 구락부는 한국 전쟁 직후 제때에 교육받을 수 없는 이들을 위해 한국 감리교회에서 세운 학교이다. 감리교회 창시자인 웨슬레의 이름을 따고 '클럽'의 일본어 음역인 구락부(俱樂部)을 붙여 이름을 지었다. 한국 감리교회를 비롯한 한국 개신교회는 이 땅에 선교를 시작한 이후 그 시대가 안고 있는 사회적인 문제를 외면하지 않고 적극적으로 해결을 모색하였다. 이것은 바로 예수 그리스도의 사랑을 전하는 것이고 결국 선교의 결실로 돌아오리라는 믿음 때문이었다. 한국 감리교회는 시대에 따라 이 땅에 교육, 의료, 여성 복지와 아동 복지, 농촌 계몽 등 다양한 형태로 시대의 아픔을 짊어지고

---

1) 한국 감리교회는 'Wesley'를 '웨슬리'로 통일하여 표기하고 있으나 여기서는 당시 사용하던 그대로 '웨슬레'라 표기한다.

나감으로 많은 국민들의 지지를 받았다. 웨슬레 구락부는 바로 그 고난의 시대에 기독교 교육을 통한 참된 소망을 보여준 한국 감리교회의 의미 있는 사회선교라고 볼 수 있다. 웨슬레 구락부가 시작된 때가 1954년이고 사라진 때가 1960년 말이니 60년이 훨씬 넘었다. 그러나 본격적으로 이 주제를 다룬 연구 논문이 없다. 이 소논문이 웨슬레 구락부 연구의 시발점이 되어 차후 더 많은 연구 논문이 이어지길 기대한다.

II. 한국 감리교회의 교육 선교의 전통을 이어받은 웨슬레 구락부

1. 선교 초기 빈민아동 교육기관인 매일학교

웨슬레 구락부는 1954년 시작되었다. 이 사업은 개신교 선교 초기의 매일학교(Day School)의 연장선에서 바라보아야 한다. 개신교 선교사들이 한국 선교를 시작하면서 선교 전략의 일환으로 시작한 선교학교(Mission School)가 바로 그 시대에 웨슬레 구락부의 역할을 한 것이다. 이 학교는 매일 모인다는 의미에서 '매일학교'라 불렀다. 반면 기숙사에서 공부하는 기숙학교(Boarding School)도 있었다. 오늘날 굴지의 사학이 된 연세대학교와 이화여자대학교도 처음에는 고아 몇 명을 데려다가 가르치기 시작한 매일학교에서 비롯되었다는 것은 너무도 잘 알려진 사실이다. 선교사들은 적령기의 아동들이 제대로 된 교육을 받지 못하는 것을 매우 안타깝게 생각하였다. 이들을 교육시키는 것이 바로 한국의 개신교를 전파하는 가장 효율적인 길이라 생각하였다. 이 사업은 한국 사회에 주효한 선교 전략이었다. 이들은 자연스럽게 기독교인이 되었고, 그 부모들의 상당수도 기독교인이 되었다. 자녀를 위해서라면 무엇이든 희생하는 한국 부모의 마음이 움직인 것은 당연했다. 매일학교를 통해 자녀들을 교육시키면서 성경을 비롯한 기독교 교육을 시켰다. 서당이 있었으나 서양 학문을 가르치는 매일학교가 인기가 있었다. 서당이 차차 사라지고 매일학교가 그 자리를 대체하였다. 초등 과정을 끝낸 아동들을 위해 중등 과정의 학교를 세웠고 그 학교들은 각 지방의 명문학교가 되었다. 서울의 배재, 이화, 경신, 정신, 평양의 숭실, 광성 등 개신교가 세운 학교가 그 지역의 사립명문학교가 되었다. 한국 개신교가 짧은 역사 속에서도 한국근대사에 견고한 자리를 잡은 것은 분명 교육사업의 성공에서 찾을 수 있다. 개신교의 교육사업은 큰 성공을 거두어 한국 선교에 지대한 공헌을 했을 뿐 아니라 한국의 근대화에도 결정적인 역할을 하였다.

2. 일제 강점기 개신교의 교육: 농촌계몽운동과 야학

일제의 식민지 통치가 시작되면서 매일학교는 거의 사라지게 되었다. 일제는 학교 시설과 교사의 자격 등의 조건을 앞세워 인가받지 못하는 학교를 폐교시켜 대부분의 매일학교가 문을 닫았다. 조건을 맞추어 인가를 받은 개신교 학교는 정규 학교가 되었다. 학교의 문턱이 높아짐으로 가난한 빈민 아동, 특히 농촌의 아동들은 제대로 된 교육을 받지 못하는 경우가 많았다. 1920년대 한국교회는 농촌

계몽운동을 전개하였다. 농촌계몽운동의 주된 활동은 문맹 퇴치였다. 그중에서 교육 적령기의 아동들에 대한 교육이 시급하여 판단하여 도시의 기독 청년들이 농촌에 들어가 계몽운동을 하였다. 심훈의 소설『상록수』의 실제 인물로 알려진 최용신이 대표적인 청년이었다. 최용신은 '천곡학원'이란 학교를 세우고 가난으로 학교를 보내지 못하는 아동들을 불러 모아 공부를 가르쳤다. 경우에 따라 낮에는 일하고 밤에 공부할 수 있도록 야학의 형태로 운영되기도 했다. 한편 야학은 도시의 빈민들을 위한 유용한 교육기관이었다. 역시 가난으로 인해 정규 학교에 갈 수 없는 도시의 아동들을 위해 뜻있는 청년들이 야학을 설치하여 운영하였다. 그러나 야학은 개신교에서 주도적으로 이끌어간 운동은 아니었다.

한편 1929년 평양에서 선교하고 있던 장로교 선교사인 킨슬러(F. Kinsler)는 어려운 환경 가운데 초등 교육도 받지 못하는 아동들을 모아 가르쳤다. '성경구락부'란 이름으로 시작한 이 학교는 일반 초등 교육을 감당하면서 성경공부를 통해 교회 안으로 학생들을 인도할 목적을 가지고 있었다. 정규 학교의 형태를 갖출 경우 일제의 까다로운 감독을 받아야 했으므로 인가를 받지 않고 학교를 운영하였다.[2]

---

2) 한국정신문화연구원, "성경 구락부,"『한국민족문화대백과 사전 12』(서울: 한국 정신문화연구원, 1995), 387.

III. 웨슬레 구락부의 시작

해방이 된 후 한국 감리교회는 재건과 복흥으로 나뉘어 다투다가 1949년 기독교대한감리회로 다시 통합된 후 미국 감리교회의 적극적인 원조를 받게 되었다. 한국 감리교회 교육국이 주목한 사업은 농촌복음학교와 공민학교, 고등공민학교였다.[3] 해방 이후 정부는 국민의 보통교육을 위해 사회 각 기관이 학교를 설립하여 운영하도록 하였다. 공민학교는 정부에서 1946년 5월 '공민학교 설치 요강'에 따라 국민 생활에 필요한 보통교육과 문맹퇴치를 위해 설립한 학교이다. 설립 운영자는 정부의 시, 군, 읍, 면, 동, 리와 공장, 회사, 종교단체와 성인교육협회 등이었다.[4] 소년과, 성년과, 보수과를 두었고, 필요한 과만 설치할 수 있었다. 소년과는 초등학교 과정, 성년과는 한글을 깨우치려는 성인을 위한 과정이었다. 한편 보수과는 중학교 과정으로 1948년 발표된 고등공민학교 규정에 의하여 고등공민학교로 개편, 발족되었다. 보수과는 중학교 과정으로 13세 이상된 초등학교 졸업생이 입학할 수 있었다.

1949년 당시 한국 감리교회는 주력한 사업은 농촌 운동이었는데 그 핵심은 바로 교육 운동이었다. 1949년 12월 15일자 「대한감리회

---

3) 1949년 10월 25일과 26일 양일간 서대문교회와 충정로 감리교신학교 도서실에 열린 총리원 이사회와 지방 감리사 연석회의에는 미국 선교본부 총무 브럼보 박사와 미감리회 부녀국 총무 빌리슬리가 참석하였다. 이 두 사람은 미국 감리교회의 해외선교를 총괄하고 실제적인 원조를 집행하는 위치에 있었다. 이 회의의 의제 중 종교교육의 신 방향, 특히 농촌문제와 농민복음학교 문제가 깊이 논의되었다. 「대한감리회보」, 1949년 11월 25일자.
4) 한국정신문화연구원, "공민학교," 『민족문화대백화 사전 2』 (서울: 한국정신문화연구원, 1995), 771.

보」를 보면 "수원 지방 고모리교회 청년회 활동"이란 다음과 같은 제목의 기사가 나온다.

수원 지방의 고모리교회 청년회 활동" 1. 농촌문화를 향상시키기 위하여 문맹퇴치의 첫걸음으로 야간농민복음학교와 야간공민학교를 설립하였는데 (1) 농민복음학교는 중등 1년 정도의 성경과 농사개량법등을 가르치고 (2) 공민학교는 한글, 수학, 일상생활상식 등을 가르친다고 한다.

이를 통해 한국 감리교회는 한국 사회의 시급한 문제인 농촌 문제와 교육 문제에 적극적으로 뛰어들고 있었다는 것을 알 수 있다. 전쟁 직전인 1950년 2월 25일자 「감리회보」 기사는 농민학교와 공민학교 사업을 활발히 전개하고 있음을 보여준다.

현재 우리 교회에서 몇 지방에 시설하고 농촌지도자를 양성하는 농민학교(공민학교)에서는 어디까지나 농민의 생활학교의 성격을 잃지 말고 농민을 실제적으로 향상시키는 교육을 주도록 하기를 바란다. 어떤 곳에서 명칭은 농민학교라고 하나 실제로는 인문중학(人文中學)의 성격을 가지고 교육하는 것을 보게 된다. 이것은 매우 유감스러운 일이다.

6.25 전쟁 이후 전국적으로 빈민 아동들은 이루 헤아릴 수 없었다. 먼저 생계가 우선이어서 자녀 교육은 뒷전일 수밖에 없었다. 전후 혼란 중에도 가정적으로 부유했던 가정의 자녀는 정규 학교에 다

닐 수 있었으나 상당수의 아동들이 교육할 기회를 얻지 못하고 있었다. 앞서 장로교 선교부에서는 6.25 전쟁 후 부산 제주도를 비롯하여 여러 지방으로 성경구락부를 확산시켜 1954년에는 전국 17개 지부에 학생수가 7만여 명이나 이르렀다.5) 감리교회를 비롯한 각 교회에서는 공민학교나 고등공민학교를 운영하기도 하였다.

일례로 인천의 계산중앙교회에서는 1951년 계성고등공민학교를 설립하고 30명의 학생들에게 중등 과정을 가르쳤다. 이웃 교회의 목회자가 교사로 참여하였다. 전후 물자가 부족한 시절이라 헌 판자를 구해 책상을 만들고 헌 책을 구해다가 가운데 놓고 읽고 베껴 쓰며 공부하였다. 1954년에 1회를 시작으로 3회까지 배출하고 폐교하였다. 인근 부평에 정규 중학교가 설립되어 그 학교로 편입하는 학생들이 많았다. 졸업생들은 정규 중학교에 편입하거나, 정규 고등학교에 입학하여 큰 일꾼이 되었다.6)

웨슬레 구락부는 개교회에서가 아니라 총리원에서 직접 주도한 운동이었다. 6.25 전쟁 후 미국 감리교회는 파괴된 교회와 학교를 복구하는 데 막대한 지원을 아끼지 않았다. 1951년 피난지 부산에서 열린 기독교대한감리교 특별 총회에서 선출된 유형기 감독은 장로교회의 한경직 목사와 함께 미국 전역을 돌며 전쟁의 참상을 알리고 전후 복구에 대한 미국 교회의 적극적인 지원을 요청하였다. 그 결과 미국 감리교회에서 막대한 헌금과 구호물자가 답지하였다. 1954년 미국감리교해외구제위원회(MCOR, Methodist Committee for Overseas Relief) 위원장을 비롯한 미 감리회 선교부 총무, 재정 책임

5) Ibid., 387.
6) 현성초, 『길갈의 돌기념비』 (서울: 이미지네이션, 2005), 221-25.

자, 여선교회 극동지역 총무 등 실질적인 구호 책임자들이 대거 내한하여 충남 대천에서 구체적인 전후 복구와 향후 선교 전략을 논의하였다.

이 같은 구체적인 교회 재건책이 논의되는 해인 1954년 감리교 선교사인 제프리(F. B. Jeffery)는 미국 원조금의 효율적인 지원을 제안하였다. 한창 배울 나이에 거리를 떠돌고 있는 어린이들을 보면서 이들을 잘 교육시켜 장래 건강한 기독교인이 되게 하는 것이 매우 효율적인 선교 방식이라 믿었다. 이 사업은 전쟁으로 폐허가 된 한국 감리교회를 복구하는 방식으로 시작하였다. 우선 수원과 인천동 지방에 15개 구락부를 설치하는 것으로 시작하고 이 일을 총리원 교육국에서 전담하도록 하였다. 미 감리회 선교부에서 지원하고 이를 교육국에서 관장하여 발전시키도록 한다는 것이었다.

웨슬레 구락부는 해방 후 정부에서 주도한 공민학교와 비슷하였다. 공민학교 교육은 1950년대 초반까지 학생 수가 1백만 명을 초과하였다. 공민학교는 초등 교육이 의무 교육이 됨으로 크게 줄어들었다. 웨슬레 구락부가 시작되던 1954년에는 2,976개 교에 222,200명이었으나 1959년에는 2,309개 교에 186,306명으로 줄어들고 있었다.[7] 여전히 교육 적령기의 아동들이 거리를 방황하고 있었다. 이들을 위해 개교회가 아닌 감리교회 전체에서 미국 원조금이란 안정된 기금을 가지고 한국 감리교회 전체를 대상으로 사업을 시작하였다.

---

7) Ibid., 771.

IV. 규약을 통해 본 웨슬레 구락부

웨슬레 구락부 규약은 1955년 9월 1일자로 시행되었다. 이 규약을 근거로 웨슬레 구락부의 실제 운영 실태를 살펴보기로 하자.

첫째, 웨슬레 구락부의 대상은 정규 교육을 받지 못하는 어린이들이었다. 6.25 전쟁 후 소위 '베이비 붐'이 불어 거리에는 배우지 못한 어린이들이 넘쳐나고 있었다. 당연히 국가에서 이들을 교육해야 하지만 국가는 이들을 책임질 교육 체계를 마련할 수 없었다. 교회는 이런 사회 환경에서 초등 교육과 더불어 효율적인 기독교 교육을 시키고자 하였다. 반면 가장 큰 단점은 정규 학교가 아니어서 상급 학교 진학에 상당한 제약이 있었다. 전후 우리나라 교육 체계가 불안정할 때 웨슬레 구락부 출신들이 정규 학교에 전학하거나 상급 학교에 입학할 수 있는 통로가 열려 있었다.

둘째, 학교 운영은 교회에서 맡도록 하였다. 교사(校舍)는 교회 형편에 따라 예배당에서 수업하는 경우도 있었고, 교육관을 이용하는 경우도 있었다. 또한 천막을 따로 마련하여 교사로 사용하는 경우도 있었다. 교회는 수업 장소를 제공하고, 교사를 임명하고 관리하며 예배 및 기독교 교육을 책임지게 하였다. 학교 운영에 드는 비용은 총리원에서 매월 지급하는 보조금을 사용하였다. 학비를 내기 어려운 학생들을 대상으로 한 만큼 수업료는 일체 받지 않았다. 학교 운영에 필요한 경비는 미국 감리교회의 선교부에서 마련하여 총리원을 통해 각 구락부에 전달되었다. 교회는 매월 보고서를 총리원에 제출하는 의무를 가졌다.

셋째, 교수 과목은 국어의 비중을 가장 높이되 교과서는 『예수의 이야기』(계명협회 편)와 『웨슬레 구락부 독본』(총리원 교육국 발행)을 사용하여 기독교 교육을 병행하도록 하였다. 다른 과목은 지금의 초등학교의 일반 교과목과 동일했다.

넷째, 수업은 주일을 제외한 6일간 매일 실시하였다. 매일 3시간 수업을 하되 45분 수업에 10분 휴식을 하였다. 단 설립 목적에 따라 매일 25분을 기도회 시간으로 배정하여 예배와 기도회를 갖도록 하였다. 휴일은 각 구락부의 형편에 따라 교회 명절, 주일, 국경일, 여름(방학), 겨울(방학), 농번기로 정하였다. 역시 설립 목적에 따라 교회 명절이 들어간 것과 농촌의 일손이 부족한 농촌의 현실을 고려하여 농번기를 휴일로 정한 것이 이채롭다.

다섯째, 교사는 구락부가 속한 교회의 담임목사가 선정하였다. 자격은 감리교인으로 사명감과 봉사 정신이 투철하고 수업시간을 충실히 지킬 수 있는 자로 정하도록 하였다. 담임목사가 본교회 교인 중에서 선발하는 것은 당연한 일이었다. 교회 안에 마땅한 자격을 갖춘 이가 없으면 지역사회에서 자격을 갖춘 이를 임명하였다. 총리원 교육국에서는 매년 전국적인 교사 강습회와 지구별 강습회를 열고 교사 교육을 실시하였다.

웨슬레 구락부 규약

제1장 총칙
제1조 본 구락부는 ○지방 ○○○교회에 둠
제2조 본 구락부의 명칭은 ○○웨슬레 구락부라 칭함

제3조 본 구락부는 정규교육을 받을 기회를 갖지 못한 어린이들에게 기독교 신앙을 중심한 초등교육을 실시하고 아울러 일상생활에 있어 예수 그리스도의 교훈을 실천함으로써 기독교 전 인격을 함양함을 목적함

제2장 조직과 편성

제5조 본 구락부는 취학 불능한 만 7세 이상 만 15세 미만 남여 아동을 그 조직 대상으로 함

제6조 본 구락부는 제 3조의 목적을 달성키 위해 아동들을 학반으로 나눌 수 있음. 단, 구락부 아동수는 특수한 경우를 제외하고 30명 이상을 원칙으로 함

제7조 본 구락부의 학반 교수는 단식으로 함을 원칙으로 하되 복식도 무방함

제3장 교과목 시간과 기간

제8조 본 구락부가 지도할 교과목은 다음과 같음

　　　ㄱ. 국어지도

　　　　　1. 한글첫걸음(계명협회 발간)

　　　　　2. 예수의 이야기…… 1, 2, 3, 4, 5……(계명협회 편)

　　　　　3. 웨슬레 구락부 독본(총리원 교육국 발행)

　　　ㄴ. 수학지도

　　　　　1. 국민학교용 교과서

　　　ㄷ. 사회생활지도

　　　　　1. 국민학교용 교과서

　　　ㄹ. 자연과학지도

　　　　　1. 국민학교용 교과서

　　　ㅁ. 예능지도

　　　　　1. 미술 음악 국민학교용 교과서 및 찬송가

제9조 제8조의 각 과목에 대한 시간배정은 다음에 준함

과목	성경 국어	셈본	사생	자연 과학	미술	음악	보건	계
주간 시간수	5	4	4	1	1	1	2	18

단, 매일 기도회 한 시간(25분)과 수업 3시간(매 시간 45분 수업 10분 휴식) 이상 가질 것.

제10조 제 8조의 전 과목 수료기간은 3개년 이내로 함. 단, 어린이의 성적에 의하여 그 기간을 적당히 조절할 수 있음

제11조 본 구락부의 연중 수업은 2기로 나눌 수 있음

　　　제1기 - 4월 1일로 9월 30일까지

　　　제2기 - 10월 1일로 익년 3월 31일까지

제12조 본 구락부는 다음과 같은 휴일을 가질 수 있음

　　　교회명절, 주일, 국경일, 여름(방학), 겨울(방학), 농번기

제4장 학생의 의무

제13조 본 구락부는 회비를 부담시키지 않음이 원칙이나 형편에 의하여 최소한의 회비를 부담시킬 수 있음

제14조 구락부 학생은 다음의 성적고사를 받음

　　　ㄱ. 고사가 필요하다고 생각할 때의 고사

　　　ㄴ. 매학기 말의 고사

제5장 지도자의 자격 및 의무

제15조 본 구락부를 지도할 교사는 다음 각 항의 자격을 구비한 자라야 함

　　　1. 신앙과 인격에 있어 교양이 학생의 존경과 신뢰를 얻을 수 있는 자

　　　2. 감리교인으로 학식과 교양이 학생의 존경과 신뢰를 얻을 수 있는 자

　　　3. 강한 사명감과 봉사의 정신으로 소정의 수업시간을 충실히 지킬 수 있는 자

제16조 구락부 지도자 중 부장은 구락부를 대표하여 전반 사무를 총괄하고 구락부 교사들을 지휘하며 모든 시설을 보존할 책임이 있음. 단, 부장

의 임명권은 소속 각 교회 담임자에게 있음

제17조 부장은 구락부의 소정 과정을 수료한 자에게 수료장을 줄 것이며 매월 말 보고를 기일 내로 총리원 교육국에 제출해야 함

제6장 부칙

제18조 본 규약은 1955년 9월 1일부터 시행함

제19조 본 규약의 첨삭 수정은 총리원 교육국 웨슬레 구락부 위원회에서 할 수 있음

제20조 2개월간 계속하여 보고서를 제출치 않는 구락부는 해산한 것으로 인정함

V. 웨슬레 구락부의 발전과 해체

1956년 당시 27개 지방에 200개소의 웨슬레 구락부가 있었다. 그리고 50개소에서 신설을 원하고 있었다. 1956년 제1회 웨슬레 구락부 위원회가 개최되었다. 1956년 보조 대상자는 전년의 186개 구락부를 포함하여 200개로 늘리기로 했다. 매 구락부에는 월 3천 환을 보조하기로 했다. 아울러 1년간 지방별로 5구락부 당 1구락부를 자립시켜 새로운 후진 구락부에 보조하기로 하였다. 웨슬레 구락부의 위원은 박신오 목사, 조윤승 목사, 이철상 목사, 조용구 목사, 째프리 목사, 스탁튼 선교사, 김폴린 선생, 최귀덕 선생이었다.[8]

1958년 웨슬레 구락부 위원회는 향후 4년간의 계획을 수립하면

---

8) "56년도 새사업을 결정 – 웨슬레 구락부위원회에서,"「감리회보」1956년 7, 8월호.

서 매년 60개소를 늘려 2배로 증가시키고자 하였으나, 미국 보조금이 줄어들어 전년과 같이 225개교만 지원하였다. 각 교회에 보내는 보조금도 1,000환씩 줄었다. 이때 활발히 웨슬레 구락부를 운영하면서 교육국의 보조를 요청하는 학교가 70개소가 되었다.

교육국에는 유영희 장로가 처음부터 오랫동안 이 일을 감당하였다. 그는 교육국 간사로 MYF와 웨슬레 구락부의 일을 맡았다. 1959년 이태희 선생이 교육국에 들어와서 이 일을 분담하게 되었고, 다시 이태희 선생이 유학을 떠남에 따라 안준희 선생이 1961년 1월부터 수고하게 되었다. 유영희 장로가 간사로 꾸준히 일을 하다가 1965년 1년간 유학을 다녀와서 복귀하여 이 사업을 계속하였다.

웨슬레 구락부 위원회는 구락부의 발전이 교사의 자질에 달려 있다고 보아 교사교육에 치중하였다. 매년 웨슬레 구락부 전국 교사 강습회가 열렸다. 1956년에는 10월 8일부터 13일까지 신도교회에서 진행되었다. 신도교회는 서울역에서 버스를 타고 구파발에서 내리면 보이는 곳에 있어 교통이 편리한 곳이었다. 참가 인원은 구락부 부장이나 교원으로 구락부 당 1인이 참석하도록 하였고, 회비는 등록비 300환, 부식비 1,200환, 쌀 3되였다.

이번 강습회는 주로 구락부 관리법, 아동심리학, 교재와 교안, 성경개론, 성경지도법, 교수의 실제 비판 및 토의, 보건, 예배법, 창작활동, 음악, 게임지도, 무용 등의 과목을 강습했으며, 일주간 합숙하며 서로의 동지적 우애를 두텁게 하였다. 특히 기록해야 할 것은 아침 저녁의 경건집회로 깊은 은총을 느꼈으며 공동생활과 운동경기, 영화, 환등, 친목회, 웅변대회 등을 통해 인간 생활의 기쁨과

선린, 질서의 생활을 배웠다.9)

　전국 단위의 강습회 외에도 지방 단위의 교사회도 매년 열어 전
국 교사회에 참석하지 못한 교사에게 전달 교육을 하였다.
　웨슬레 구락부는 1960년대 접어들면서 서서히 쇠락의 길로 접어
든다. 가장 큰 이유는 정규 학교가 점차 신설됨으로 무인가 학교였
던 웨슬레 구락부의 인기가 한결 시들해졌기 때문이다. 한국 전쟁
직후 제자리를 찾지 못하던 국민교육은 1950년대 말부터 차차 자리
를 잡아감에 따라 학교가 없던 지역에 초등학교가 곳곳에 생겨나기
시작했다.10) 인근에 초등학교가 생기거나 학부모의 형편이 나아지
면서 정규 초등학교로 편입하는 경우도 많았다. 그럼에도 1960년대
는 웨슬레 구락부가 계속 존속할 수 있었다. 초등학교가 의무교육이
었으나 약간의 월사금이 있었는데 이것마저도 못 내는 가난한 가정
이 있었기 때문이다.
　정규 초등학교가 세워짐으로 웨슬레 구락부가 폐지하게 되자 일
부 구락부는 초등 과정의 구락부를 포기하고 중등 과정의 웨슬레 구
락부를 시작하기도 하였다. 총리원에서도 중등 과정의 웨슬레 구락
부를 권장하였다. 중등 과정은 고등공민학교에 해당하는 학교로 정
규 학교인 중학교에 형편이 어렵거나 거리가 멀어 진학하지 못한 학
생들을 대상으로 하였다.11)

---

9) 「감리회보」 1956년 10-11월호.
10) 우리나라의 의무교육은 1948년 헌법과 교육법으로 제정되었으나 실질적인 초
　　등학교 의무교육은 지난 1954~59년 '의무교육 완성 6개년 계획'에 따라 처음으
　　로 실시되었다. "의무교육(무상의무교육)," 〈네이버 지식백과〉.
11) 고등공민학교는 1946년 공민학교 보수과에서 시작되어 1948년 발표된 「고등

중등 과정의 웨슬레 구락부 운영을 위한 규약도 1961년 6월에 시행되었다.[12] 이 규약은 초등 과정과 동일하나 중요한 몇 가지가 달랐다. 우선 교과 과목은 성경, 국어(성경 중심으로 1시간), 음악(찬송가 중심으로 1시간), 수학, 영어, 실과, 과학 생물, 사회생활 등이었다. 초등 과정에 없던 경상비 난에서는 제16조는 "본 구락부의 사업은 교회가 하여야 할 가장 귀중한 사업 중의 하나로 인정하고 그 소속 교회의 독자적인 경비 부담에 의해 독립 경영할 것을 원칙으로 함"이라 하고 독자적으로 자립하여 교회별로 운영하도록 하였다. 1961년에는 이미 미국 감리교회의 지원금이 차차 삭감되고 있었다. 한편 웨슬레 구락부 중등 과정에 다니는 학생들은 해당 교회 예배에 반드시 참석하도록 명기하였다. 이와 같이 의무는 많은데 실제로 학생들을 가르칠 교사가 거의 없거나, 가르칠 교실이 없었다. 그래서 아주 일부만이 중등 과정을 실시하였다.

그러나 실제로 중등 과정의 웨슬레 구락부를 잘 운영한 곳은 그리 많지 않아 보인다. 일선 교회의 형편은 1954년 웨슬레 구락부를 조직하여 모범적으로 잘 운영하였던 신평구락부를 일례로 알아볼

공민학교규정」에 의하여 개편되어 발족되었다. 중학교 과정을 배우는 고등공민학교는 6.25 전쟁 후 급증하여 1955년에는 학교수가 561개교에 학생수가 6만 8천 86명에 이르게 되는데 이듬해부터 크게 줄어 1956년에는 학교 수 384개교, 학생 수 4만 5천 373명이 된다. 1959년에는 더욱 줄어 296개교에 1,564명에 불과하였다. 고등공민학교가 대부분 사립으로 재정난을 이기지 못하여 폐쇄하는 경우가 많았고, 정규중학교가 생김으로 자연스럽게 폐쇄하는 경우도 많았기 때문이다. 정부에서는 정규학교만을 육성하기에 어려움이 있어 고등공민학교 가운데 여러 조건을 따져 공립으로 개편하거나 교사 봉급의 반을 보조하기도 하였다. "고등공민학교", Ibid, 378.
12) 이 규약은 『거산교회 90년사』에 전문이 소개되어 있다. 『거산교회 90년사』(거산교회 역사편찬위원회, 2002), 174-176.

수 있다. 신평구락부는 1962년 초등 과정을 마감하고 1963년부터 중등 과정을 시작하였다. 2년간 어렵게 운영하다가 그만 문을 닫았다.

웨슬레 구락부는 1966년 말까지 12년간 약 13만 명을 가르쳤다.[13] 1968년 당시 전국 웨슬레 구락부에서 공부하는 학생들이 거의 1만 명에 이르렀고, 교사도 5백 명에 이르고 있었다.[14] 웨슬레 구락부는 1970년 어간에 거의 폐지 수순에 돌입한 것으로 보인다. 1969년 8월 18일부터 22일까지 입석캠프장에서 있었던 전국 웨슬레 구락부 전국교사강습회는 64개 구락부 회원들이 모였다. 주제는 "현행 웨슬레 구락부의 재검토"였다. 주관하는 이들이나 참석자들은 어찌되었던 웨슬레 구락부 운영에 대한 재검토 없이는 더 이상 존속하기 어렵다는 점에 공감하고 있었다. 이 강습회에서는 모범 교사와 모범 구락부 표창이 있었다. 표창 받은 모범 교사는 박청수(북마산구락부), 안준일(속초구락부), 최동혁(전남구락부), 이상문(송곡구락부), 최병상(서울북지방 신도구락부), 유무웅(평사구락부), 김군식(작촌구락부), 김종철(인천서 신도구락부)이었다.[15]

웨슬레 구락부에 대한 미선교부의 보조는 1970년에 대부분 소멸되었다. 1970년까지 미국 인디에나 주 연회에서 1970년 5월까지 9,000불을 보조하고 70년부터 3년간 3,000불을 주고 끝낼 것이란 통보를 받았다. 교육국에서는 다른 연회에서 12,000불을 보조해달라고 요청했으나 회답 여부는 알 수 없다.[16]

---

13) "교회와 사회와 국가에 기여한다," 「기독교세계」 (1966. 7. 21): 5.
14) "웨슬레 구락부의 실태를 파악하며," 「기독교세계」 (1968. 2): 9.
15) "전국 웨슬레 구락부 교사 연수회 폐회," 「기독교세계」 521호 (1969): 23.
16) "웨슬레 구락부," 「기독교세계」 525호 (1970. 1 . 10): 4.

VI. 웨슬레 구락부의 공헌과 성과

첫째, 웨슬레 구락부는 정규 교육의 암흑기에 국민 교육기관으로 역할을 감당함으로 국민교육의 공백을 상당히 메웠다. 국가는 마땅히 국민의 행복을 위해 기본 교육을 감당하는 것이 마땅했지만 그때는 그럴 여력이 없었다. 마침 상당한 지원금으로 한국인들을 효율적으로 도울 방법을 물색하고 있던 미 감리회 선교부는 이 사업을 통해 한국 국민에게 가장 절실한 문제를 해결해주었다. 특히 전후 피폐해진 상황에서 젊은이들이 방황할 때 그리스도의 따뜻한 사랑으로 교육하였다. 공부만 가르치는 것이 아니라 인성을 잘 가르치고 지도하였다. 기본적인 목표는 참된 그리스도인이 되게 하려는 것이었다. 기독교 교육을 통해 국가의 큰 일꾼을 세워나갔다는 데서 그 공헌을 찾을 수 있다.

둘째, 웨슬레 구락부는 지역사회에서 교회의 위상을 높이는 데 큰 공헌을 하였다. 교회가 웨슬레 구락부 사업을 맡아 주관함으로 지역주민의 절실한 문제를 해결하는 데 큰 역할을 하였다. 교회가 지역사회의 어려운 문제를 함께 해결함으로 지역사회를 교회에 대한 깊은 신뢰를 가지게 되었다. 웨슬레 구락부 교사들의 헌신적인 수고는 지역사회에 깊은 믿음을 주었다. 이런 믿음대로 상당수의 졸업생들이 가정에서 지역에서 큰 일을 감당하였다.

셋째, 웨슬레 구락부는 교회 성장에 큰 기여를 하였다. 웨슬레 구락부 학생들은 매일 교회를 나와야 했다. 공부하는 교실이 대부분 교회 건물이었기 때문이었다. 매일 교회에 나와 매일 예배를 드리고 성경을 교재로 국어 교육을 하면서 점차 기독교인이 되어갔다. 한국 감리교회가 웨슬레 구락부를 설치한 가장 중요한 이유 중에 하나는 선교였다. 초등 과정이 대부분이어서 구락부 학생들은 각 교회 주일학교에 잘 출석하였다. 아예 구락부 학생들은 교회 출석이 의무이기도 했다. 교회학교가 많이 성장했으며 이들은 자라면서 장년교인이 되어 교회를 이끌어가는 평신도 지도자들이 많이 배출되었다. 총리원 교육국에 오는 일선 웨슬레 구락부의 편지에는 이런 교회 성장의 모습이 오롯이 담겨 있었다. 충주지방 감물교회 웨슬레 구락부 교사가 보낸 다음과 같은 편지는 구락부가 교회학교 성장을 상당한 역할을 하고 있음을 보여주고 있었다.

"저희들의 교회는 구락부 학생들로 하여금 이방인에게 빛이 되고 모범이 되어서 주일학생까지도 많이 증가되고 있습니다. 어린이들 지도하는 교사의 열성과 배우려고 애쓰는 학생들의 모습은 매우 아름답습니다."17)

VII. 나가는 말

이상과 같은 짧은 소논문을 통해 6.25 전후 한국 감리교회가 시행한 웨슬레 구락부 운동을 상세히 살펴보았다. 한국 감리교회를 포함한 한국 개신교회는 우리 민족의 아픔을 함께하면서 성장하였다. 교회가 민족의 고난을 함께 할 때 성장하였으나 민족의 아픔을 외면

---

17) "충주지방 감물구락부의 편지," 「감리교생활」 1959, 6월호, 78.

할 때는 국민들로부터 외면당한다는 사실을 역사를 통해 너무도 명확히 알 수 있다. 특히 개신교회의 교육 사역은 선교 이래 민족의 고난기마다 우리 민족사를 밝힌 귀중한 빛이었다. 교회는 사회를 이끌어가는 빛이다. 이 역할을 할 때 교회는 자연스럽게 성장한다.

한국교회의 침체기에 직면하여 한국교회가 어떻게 민족을 섬겨야하는 지를 잘 보여주는 운동이 바로 웨슬레 구락부 운동이다. 한국 감리교회를 비롯한 개신교회 모두가 다시 한번 이 시대에 고난을 직시하여 그 속에서 그리스도의 사랑의 복음을 실천하는 귀한 사명을 감당하길 바라며 이 짧은 소논문을 맺는다.

웨슬리(John Wesley) 신학에 나타난 경건의 뿌리

박창훈 | 서울신학대학교 교수

I. 글을 시작하며

한국웨슬리학회에서 2009년 번역 출판한 『존 웨슬리 논문집 I』
은 모두 5부, 즉 역사, 교리와 변증, 영성 생활, 사회적 성화와 경제
윤리, 그리고 총회록으로 구성되어 있다. 웨슬리 저작을 부분적으로
발췌 번역하여 1970년대 나온 『존 웨슬리 총서』(10권) 이후, 큰 진척
을 보이지 않던 웨슬리 저작 번역 작업은 2006년 한국웨슬리학회가
『웨슬리 설교전집』(7권)으로 150편 설교를 완역하여 내놓으면서 활
기를 띠기 시작하였고, 계속하여 논문 형식으로 전해오던 글들을 번
역하면서 웨슬리 저작 번역의 중흥기를 이어가고 있다.

1970년대를 전후로 하여, 역사학의 발전은 웨슬리 연구에 대한
새로운 기폭제가 되었는데, 그중 마틴 슈미트(Martin Schmidt)는 그
의 저서, 『존 웨슬리』(John Wesley)를 통해 웨슬리의 전기를 면밀히

구성하여, 독일 경건주의의 영향을 비교적 자세하게 기술하였다. 이제까지 상투적으로 알고 있던 웨슬리의 도서목록을 일일이 찾아 원저서와 비교하는 수고를 통해, 웨슬리가 직·간접적으로 받은 영향을 꼼꼼하게 정리하였다. 슈미트의 업적은 단순히 웨슬리의 회심과 신학 발전에 모라비안(Moravian)들을 통한 경건주의의 영향이 크다는 것을 확인한 것뿐만이 아니라, 웨슬리 이전 시대에 안톤 호넥(Anton Horneck)을 통한 신도회(Society)운동이 영국에서 "기독교 지식증진회"(Society for Promoting Christian Knowledge) 등으로 이미 일어났고, 이는 당시 독일의 할레대학 경건주의와 연관성이 있었음을 밝혔다는 점이다.

웨슬리에 대한 독일 경건주의의 영향은 특히 오광석 박사의 일련의 논문을 통해 국내에 소개되었는데, 독일 경건주의를 단순히 하나의 기원이나 역사를 가진 운동으로 쉽게 일반화시키는 경향에 대해 보다 엄밀한 기원과 역사로 나누어 웨슬리에게 준 영향을 살폈다. 경건주의를 지역적으로 프로이센 왕국 안의 할레(Halle) 경건주의, 모라비안들의 헤른후트(Herrnhut) 경건주의, 니더라인(Niederrhein) 지역의 경건주의, 그리고 뷔르템베르크(Württemberg) 경건주의 등으로 나누어 연구를 진행했다.

할레 경건주의는 일반적인 경건주의를 일컬을 때 지목되는 이들이다. 요한 아른트(Johann Arndt)의 글을 읽은 웨슬리는 행위가 아닌 믿음으로 구원을 얻지만, 이 믿음은 반드시 모든 선행과 성결을 낳는다는 생각을 공유하고 있다. 또한 구원의 길(Way of Salvation)에서도 두 사람은 공통점을 가지고 있다. 필립 슈페너(Philipp Spener)에게서는 명시적이지는 않지만 평신도의 훈련과 연대를 위한 교회론에서 유사함을 보인다. 어거스트 프랑케(August Francke)로부터는 여인, 어린아이, 농부 등 평범한 이들을 위한 쉬운 진리라는 생각을 발전시키도록 도전을 받았다.[1]

니더라인 지역의 경건주의는 형태적으로 급진 경건주의자들인 고트프리드 아놀드(Gottfried Arnold)와 게하르트 테어스테겐(Gerhard Tersteegen) 등으로 웨슬리가 북미 조지아로 선교를 떠날 때 함께 했던 모라비안들을 통해, 찬송가로 신학적인 영향을 준 이들이다. 아놀드의 교회사에 대한 도전적인 해석("편파적이지 않은 해석")은 웨슬리에게서도 유사한 점을 찾을 수 있고, 특히 그리스도인들이 완전한 자가 되기까지 단계적으로 성장해야 한다는 구원론이 특히 눈에 띤다. 테어스테겐은 하나님의 은총이 구원의 각 단계에서 발전적으로 작용한다는 생각을 가지고 있었다. 이들 모두는 동방 교부의 신화(theosis)에 대한 이해를 통해 웨슬리에게 영향을 준 것으로 평가된다.[2]

"주님의 순결한 사랑"을 찬양하기 위해, 조지아 시절을 회상하며 웨슬리는 테어스테겐의 찬송(당신 하나님의 높으심인 하나님의 숨겨진 사랑, Thou Hidden Love of God, Whose Height)을 인용한다:

> 천하에 어느 하나라도
> 하나님처럼 여기려는 것이 내 마음에 있는가?

---

1) 오광석, "존 웨슬리와 모라비안들 사이의 논쟁에 관한 역사적 신학적 고찰," 「한국기독교신학논총」 59 (2008): 127-54.
2) 오광석, "독일 뷔템베르그 경건주의와 존 웨슬리," 「한국기독교신학논총」 65 (2009): 107-33.

아, 이를 물리치시고 홀로 군림하시어,

주님이 나의 바라는 모든 것 되소서.3)

웨슬리에 따르면, 북미 선교 시절에도 바로 이 주님의 완전한 사랑을 갈망하고 있었고, 이는 급진 경건주의와 유사함을 드러낸다.

뷔르템베르크 경건주의는 요한 벵엘(Johann Albrecht Bengel)과 프리드리히 외팅어(Friedrich Christoph Oetinger)를 지칭한다. 웨팅어에 대해서는 난해함과 복잡함으로 웨슬리는 고개를 저었지만, 벵엘에 대하여는 웨슬리 자신의 『신약성서주석』(*Explanatory Notes Upon the New Testament*)에서 다양하게 인용하고 있으며, 특히 요한계시록에서는 벵엘의 종말론에 관하여도 많은 관심을 표현하였다. 즉 뷔르템베르크 경건주의를 통하여 웨슬리는 보수적인 성서영감설에 기초하면서도, 역사적이며 문학적 배경에 대한 이해를 무시하지 않는 해석의 태도를 배울 수 있었다.4)

마지막으로 모라비안을 통한 헤른후트 경건주의는 웨슬리와 직접적인 접촉을 통하여 영향을 주고받았다. 웨슬리는 모라비안들을 통해 루터의 신학과 경건주의를 만났다. 특히 모라비안들의 초대교회적인 공동체적인 삶을 통해 많은 감동을 받은 것도 사실이다. "믿음으로 말미암는 의인"의 교리와 구원의 확신은 모라비안들의 도전으로 가능했으며, 초기 메소디스트 조직, 즉 반(Band) 조직은 모라비안들에게 영향을 받은 것이 분명하다. 그러나 웨슬리와 모라비안들 사이에는 복음적 신인협동설과 율법무용론 사이의 갈등이 있었다.5)

---

3) 존 웨슬리, 『존 웨슬리 논문집 L』 (서울: 한국웨슬리학회, 2009).
4) Ibid.

II. 웨슬리와 모라비안 경건주의

사실, 루터주의 일파라 스스로 여겼던 모라비안들로부터의 신앙적 도전이 없었다면, 웨슬리의 "복음주의적 회심"은 불가능했을 것이다. 웨슬리가 미국으로 선교 여행을 가는 도중, 그들이 부른 찬송은 마음의 평안과 은혜를 끼쳤기에 조지아에서 이를 영어로 번역하기 시작했다.

특히 선교지에서의 아픈 경험으로 돌아온 웨슬리가 심리적인 평안을 못 찾고 있을 때, 피터 뵐러(Peter Böhler)와 대화를 통해, 웨슬리는 구원에 합당한 믿음이 순간적으로 일어날 수 있음을 배우게 되었다. 그 결과 1738년 5월 24일 그가 그토록 바라던 체험을 하게 되었다:

> 저녁에 나는 내키지 않는 마음으로 올더스게이트(Aldersgate) 거리에 있는 한 소사이어티에 참여했는데, 그곳에서 어떤 이가 루터의 로마서 서문을 읽고 있었다. 9시 15분 전쯤에 이르러서, 그가 그리스도에 대한 믿음을 통해서 하나님이 우리 심령에 일으키시는 변화에 대해 이야기할 때, 나는 내 마음이 이상하게 따뜻해지는 것(strangely warmed)을 느꼈다. 내가 그리스도를 신뢰하며, 그리스

─────────────────────────────

5) 오광석, "존 웨슬리와 모라비안들 사이의 논쟁에 관한 역사적 신학적 고찰," 127-154. 오광석은 모라비안 지도자인 진젠도르프와의 갈등에서 율법의 기능에 대한 다른 이해라 보았는데, 오히려 율법의 제3기능(sustaining)을 웨슬리가 주장하고 있음을 명시적으로 보여주지 못하고 있다. 또한 웨슬리가 규정한 "율법무용론자"들과의 미묘한 차이 즉 웨슬리가 전가된 의(imputed righteousness)뿐만이 아니라, 내재하는 의(inherent righteousness)를 주장하고 있음을 밝히고 있지 않다.

도만이 구원이시며, 그분이 나 같은 죄인의 죄를 사하시고, 죄와 사망의 법에서 나를 구원하셨다는 확신(assurance)이 생겼다.[6]

이 체험이 웨슬리의 루터주의에 입각한 구원의 확신을 가져다준 것이긴 하였으나, 웨슬리의 신학적 순례의 모든 해답을 제시한 것은 아니었다.

그는 올더스게이트 체험 후 며칠 이내에 다시금 자신 안에 기쁨과 소망이 지속되지 못하는 것을 발견하고는 믿음에는 여러 정도(degrees of faith)가 있음을 고백하게 된다. 믿음에는 온전한 믿음 하나만 있다고 여기는 뵐러의 주장에 다소 의아해 하면서, 웨슬리는 모라비안 지도자 진젠도르프(Zinzendorf)를 만나기 위해 독일 방문 길에 오른다. 이 여행에서 웨슬리는 모라비안 내에도 다양한 신학적 입장이 있음을 발견하고, 돌아오는 길에서 자신의 신학적 질문의 답은 결국 먼 곳에 있었던 것이 아니라 영국 국교회 안에 이미 있었다는 고백을 한다.[7]

1738년부터 1740년까지 모라비안으로 대표되는 루터주의 신학으로부터 웨슬리는 "믿음"에 대한 새로운 이해를 얻었다. 하지만, 실상 믿음을 통해 얻게 되는 "구원의 과정"에서 "칭의"에서가 아니라, 그와 함께 시작되는 "성화"의 단계에서 온전한 믿음과 죄의 권세로부터 자유롭게 되며, 더 나아가 죄 자체로부터 해방되는 상태가 된다는 것을 알게 되었다. 그러므로 칭의와 감정의 상태를 표현하는

---

6) John Wesley, *Journals & Diaries, The Works of John Wesley I* (Bicentennial Edition) (Nashville, TN: Abingdon Press, 1988).
7) Ibid.

확신이 항상 동일하게 일어나는 것은 아니라는 입장을 피력한다.8) 1741년 웨슬리는 루터의 갈라디아서 주석을 읽었는데, 그는 이 책을 읽고 자신이 루터와 너무나 다르다는 사실을 깨닫고 충격을 받았으며, 그 문제를 자신의 일기 속에서 다루면서, 올더스게이트의 체험에 근거하여 루터에 대한 자신의 지지를 어떻게 되돌릴 수 있을지에 대해 무척 고민하였다.9)

결국 모라비안 지도자들이 온전한 믿음 하나만 있다는 주장을 펴면서, 믿음의 단계를 부정하기에 온전한 믿음이 있기 전에는 성찬에 참여하지 말 것을 메소디스트 소사이어티 내에서 강조하게 되자, 웨슬리는 이에 강력히 반발하였다. 웨슬리는 은혜의 수단에 참여할 때, 믿음이 성장하게 되고, 없던 믿음도 생기게 된다는 은혜에 대한 강한 긍정을 하였던 것이다. 온전한 믿음 없이 은혜의 수단에 참여하지 말라는 모라비안들의 정숙주의(Stillness)에 대해서, 웨슬리는 엄중하게 율법무용론자들이라 비판하였다.10) 모라비안들 특히 필립 몰더(Philip Molther)에게 있어서 유일한 은혜의 수단은 그리스도밖에 없다는 입장이었고, 독일 이민 공동체를 근간으로 하는 모라비안 공동체는 영국에서의 전도를 일차적 목적으로 두지 않았기에, 국교회의 성찬에 참여하는 것이 그리 중요한 문제는 아니었던 이유도 있었다.

---

8) Methodist Conference, *Minutes of the Methodist Conference from the First, Held in London, by the Late Rev. John Wesley, A.M., in the Year 1744* (London: John Mason, 1862).

9) John Wesley, *Journals & Diaries, The Works of John Wesley II* (Bicentennial Edition) (Nashville, TN: Abingdon Press, 1990).

10) 존 웨슬리, 『존 웨슬리 논문집 I』.

웨슬리는 은혜의 수단을 아주 폭넓게 이해하는 국교회의 전통을 간직하고 있었다. 즉 성찬, 세례, 기도, 말씀, 금식, 그리고 성도의 교제 등의 "경건의 일"(Works of Piety)뿐만 아니라 선행과 구제를 포함하는 "자비의 일"(Works of Mercy)을 하나님의 은혜를 받는 수단으로 인정했다. 1740년 7월 20일에 2년여 같은 소사이어티를 이끌어 왔던 모라비안들과 결별하고 비로소 웨슬리 자신이 중심이 된 메소디스트 소사이어티를 독립하게 된다.

III. 『논문집 I』에 나타난 경건주의와의 갈등

율법에 대한 높은 평가, 특히 율법의 제3기능에 대한 입장을 강조하면서, 웨슬리는 도덕주의에 대한 입장에 기우는 것이 사실이었다. 특히 율법무용론을 비판하면서, 웨슬리 자신은 "오직 믿음으로"를 넘어서는 것을 주장하는 방향으로 나아가는 것처럼 보인다. 모라비안 지도자 진젠도르프의 루터주의에 대하여, 중년의 웨슬리는 두 번에 걸친 '율법무용론자'와의 대화 형식을 통하여 그가 생각하는 율법의 개념을 드러냈다. 영국 국교회 목회자인 윌리엄 커드워스(William Cudworth)는 이 『대화』이후 『두 번째 대화』가 출판되기 전, 웨슬리가 그리스도의 "전가된 의"(imputed righteousness)보다는 "내재하는 의"(inherent righteousness)를 강조한다는 점을 지적했다.

웨슬리는 그리스도인들이 그리스도에 의해 죄 사함을 받았을지라도, 그들 안에 죄가 있다는 실제적인 사실을 인식하는 데서 출발한다.[11] 웨슬리는 그리스도인들이 그들의 궁극적 구원을 위해서는 무엇인가 해야 한다는 사실과 이 궁극적 구원을 위해 율법이 주어졌다는 것을 주장한다. 고린도전서 9장 20절과 21절, "유대인들에게 내가 유대인과 같이 된 것은 유대인들을 얻고자 함이요 율법 아래에 있는 자들에게는 내가 율법 아래에 있지 아니하나 율법 아래에 있는 자 같이 된 것은 율법 아래에 있는 자들을 얻고자 함이요 율법 없는 자에게는 내가 하나님께는 율법 없는 자가 아니요 도리어 그리스도의 율법 아래에 있는 자이나 율법 없는 자와 같이 된 것은 율법 없는 자들을 얻고자 함이라"에 대한 주석을 하면서, 웨슬리는 그리스도인들은 (의식적인: ceremonial) 율법 아래 있지 않다는 사실을 수용하면서도 "그리스도의 율법 아래"에서 행동하고 참여해야 한다는 것이다(웨슬리, 2009). 웨슬리가 의식적인 율법으로부터 구별되는 도덕법을 강조했다는 것은 흥미로운 사실이다. 더 나아가 웨슬리의 율법무용론에 대한 비판에는 마태복음에 나타난 산상수훈에 대한 주석을 근거로 하고 있다.[12]

웨슬리는 그가 교황주의자라 비난받은 근거인 "내재하는 의"를 명백하게 주장한다.[13] 그는 "그리스도께서 그분의 영으로, 의를 위해 믿음을 전가 받은 사람들 안에서 의롭게 하는 일을 하신다"고 분명하게 주장한다. 즉 웨슬리는 그리스도에 의해 그리스도인들에게 부여된 의는 그들 안에서 자란다고 생각한 것이다. 그러나 율법무용론자들은 의로움은 칭의로 완전하다고 생각한다. 즉 칭의는 성화와 같은 사건이라는 것이다.[14] 웨슬리는 바로 이러한 생각에 동의할

11) Ibid.
12) Ibid.
13) Ibid.

수 없었던 것이고, 거룩함은 은혜 가운데 성장하는 것이라 생각했다. 그리스도인들이 하나님을 사랑하고 이웃을 사랑하는 한, 그들의 거룩함은 그들 안에서 증가하는 것이다.

웨슬리의 『대화』에 대한 대응으로, 윌리엄 커드워스는 그의 『대화』를 썼다.15) 루터주의에 입각하여, 커드워스는 웨슬리가 자신에게 "율법무용론자"로 이름을 잘못 붙였으며, 자신은 "하나님의 의를 설교하는 자"라 주장한다. 커드워스에 따르면, 그리스도의 구속의 사역은 매우 완벽해서 그리스도인들이 받아야 했던 벌뿐만 아니라, 모든 죄를 제거하셨다는 것이다.16) 그리스도의 희생은 매우 완전해서 미래의 죄를 걱정할 이유가 없다고 보았다. 커드워스는 웨슬리가 진정한 믿음은 사랑이라는 근거에서 율법을 강조하는 것을 알아보았다. 그러나 "사랑으로 역사하는 믿음"이라는 말에서 사랑은 하나님과 연합되어 있다고 생각했기에, 커드워스는 용서는 어떤 종류의 인간적인 선행으로도 주어질 수 없다고 주장했다.17) 즉 그리스도인들은 단순히 도덕법으로부터 자유로울 뿐만 아니라, 의식적인 율법

----

14) Ibid.

15) William Cudworth, *A Dialogue Between a Preacher of Inherent Righteousness, and a Preacher of God'S Righteousness, Reveal'D from Faith to Faith: Being an Answer to a Late Dialogue Between an Antinomian and His Friend* (London: J. Hart, 1745). 오광석은 커드워스의 『대화』와 이후의 『두 번째 대화』에 대한 존재를 언급하지 않음으로 인해, 웨슬리의 『대화』들이 단순히 웨슬리와 진젠도르프와 논쟁의 재연이 아니라, 실제로 웨슬리와 커드워스 사이에서 벌어진 대화라는 사실을 지적하지 않고 있다. 오광석, "초기 독일 루터교 경건주의자들과 요한 웨슬리."

16) William Cudworth, *A Dialogue Between a Preacher of Inherent Righteousness, and a Preacher of God'S Righteousness, Reveal'D from Faith to Faith: Being an Answer to a Late Dialogue Between an Antinomian and His Friend.*

17) Ibid.

으로도 자유롭다는 것이다. 그리고 그리스도인들이 선행을 행해야 하지만, 이는 그리스도인들에 의한 것이 아니라, 성령에 의한 것이라 주장했다.[18]

커드워스의 『대화』에 대한 응답으로, 같은 해 웨슬리는 『율법무용론자와 그의 친구 간의 두 번째 대화』를 썼다. 커드워스로부터의 인용을 통해, 구원은 계속되는 과정임을 주장했다:

> 그분께서 스스로를 드림으로, 온 세상의 죄에 대해서 단번에, 충만하고도 완벽하며 충분한 희생, 드림 그리고 보속이 되셨다고 믿네. 그러나 그분께서 "절대적이고, 틀림없고, 필연적인, 온 세상의 구원에 필요한 모든 것을" 이루시지는 않았네. 그렇다면, 전 세상이 구원을 받았겠지, 반대로 "믿지 않는 자는 저주를 받거든."[19]

웨슬리에 따르면, 그리스도의 구속의 사역은 끝나지 않았다. 불신자와 그리스도인들의 미래의 죄를 위해, 그리스도께서는 지금도 역사하신다. 이러한 의미에서 웨슬리는 현재의 죄에 대한 비관적인 견해를 가지고 있다. 그리스도인들은 결국 "죄를 지을 것이냐?" 아니면, "죄를 피할 것이냐?"를 선택해야만 하는 냉엄한 현실 속에 살고 있는 것이다. 그리스도인들에 의해 저질러질 죄에 대하여, 그리스도께서 이미 이루신 것 외에 또 다른 희생이 필요하다는 것을 받아들이지는 않지만, 그리스도인들은 조건, 즉 믿음을 만족시켜야 함을 강력하게 암시하였다.[20]

....

18) Ibid.
19) 존 웨슬리, 『존 웨슬리 논문집 I』.

웨슬리는 그리스도인들이 진정한 믿음이 있다면, 도덕법에 순종해야만 한다는 것을 재차 강조한다. 고린도전서 9장 21절을 다시 인용하면서, 그리스도인들은 "하나님의 율법"과 함께 살며, "그리스도의 율법 아래"에 산다는 것을 주장했다.[21] 커드워스의 주장과 구별하면서, 웨슬리는 자신이 결국 칭의가 아니라 성화를 의미했다고 밝히고 있다. 그러므로 율법을 따르는 것이 분명히 필요하다. 웨슬리에게 있어, 진정한 성결은 내적이고, "내재적인" 요소를 표함하며, 믿음의 진정한 열매, 즉 선행을 통해 발견된다.[22] 이러한 의미에서 웨슬리는 율법에 대한 포괄적이면서도 독특한 생각을 가지고 있었던 것이다. "내재적인"이라는 개념으로 그리스도인들은 진정한 변화, 즉 그리스도의 의를 따르는 자신들의 의를 보일 수 있는 것이다.

즉 웨슬리에게 있어서 율법은 그리스도와 전혀 갈등을 일으키지 않고 있다. 그리스도인들은 그리스도를 구세주로 믿은 후에도 율법을 지켜야 한다. 웨슬리는 율법과 그리스도 양자에서 기독교의 풍부함을 보았다. 즉 율법에서 하나님의 아름다움과 진지하심을 보았고, 그리스도에게서 하나님의 사랑을 보았던 것이다.

1745년의 이 『대화』편들 후에, 웨슬리는 자신의 율법에 대한 생각을 정리하면서, 일련의 설교, "믿음으로 얻는 의"(1746), "산상설교 I-XIII"(1748-1750), "율법의 기원, 본성, 속성 및 용법"(1750) 등을 완성시켰다. 특히 "율법무용론자와 그의 친구 간의 두 번째 대화"의 첫 인용문으로 사용했던 로마서 3장 31절을 본문으로 하여, "믿

---

20) Ibid.
21) Ibid.
22) Ibid.

음으로 세워지는 율법"(1750)이란 설교를 두 편 작성하였다. 결론적으로 믿음으로 말미암는 칭의를 주장하면서, 율법무용론적인 경향이 있는 이들에 대하여 웨슬리는 경고하였다. 이들은 율법을 설교하지 않으면서, 믿음이 성결의 필요성을 넘어선다고 가르친다고 지적하였다. 이러한 율법무용론적인 가르침의 문제는 이들이 "오직 믿음만으로"를 강조하면서 의를 따르는 것을 무시한다는 것이다:

여기에서나 그 밖에 어디에서도 사도 바울은 믿음을 우리의 이후에 일어나는 의로 간주하지는 않았습니다. 믿음 '이전에' 의가 없다고 바울이 가르치기는 했습니다만, 믿음 '후에' 의가 없다고는 바울이 어디에서 말하고 있습니까? 그는 성결이 칭의에 선행할 수 없다고 주장하되, 칭의 후에 따르지 않는다고는 말하지 않습니다. 그러므로 사도 바울은 믿음이 성결의 필요성을 대신한다고 가르침으로써 율법을 무용하게 만드는 구실을 결코 제공하지 않습니다.[23]

만약 믿음 자체를 의, 즉 성결과 동일시하는 하는 태도는 하나님의 명령을 경시하게 될 것이다. 웨슬리는 죄를 짓지 않기 위한 그리스도인들의 진지한 노력이 반드시 필요하며, 이러한 실제적인 삶은 "은혜 아래에" 있는 그리스도인들의 모습이라 보았다. 이러한 의미에서 기독교는 "값싼 은혜"를 기초로 한 것이 아님을 강하게 주장한 것이다.

---

23) 존 웨슬리, 『웨슬리 설교전집』 (서울: 대한기독교서회, 2006).

IV. 언약 예배

웨슬리는 모라비안과의 결별 후에, 자신의 결정을 분명히 할 필요가 있었다. 웨슬리는 믿음이 성장하게 되는 가장 중요한 과정은 은혜의 수단에 참여하는 것이라 보았다. 즉 칭의 후에 계속되는 구원의 과정에서 위로부터의 능력을 받고, 하나님의 법을 지켜야 한다는 것이다. 그 구체적인 하나님의 법이 바로 은혜의 수단이었다. 그래서 자신이 모라비안과의 결별의 이유를 밝혔던 일지(IV)의 제일 마지막에 찰스 웨슬리의 시 "은혜의 수단"을 수록했던 것이다. 은혜의 수단에서 웨슬리는 하나님의 사랑으로부터 솟아나는 완전한 율법을 보았다.

흥미로운 사실은 모라비안 경건주의와의 갈등 속에서, 웨슬리는 개혁주의 계통의 경건파들인 청교도들이 강조한 언약(계약, cove-nant)에 대한 관심을 가졌다(Richard). 청교도들에 따르면, 행위의 언약과 은혜의 언약의 차이를 강조하면서, 아담에 의해 깨어진 행위의 언약 후에, 하나님께서는 인간과 새로운 언약을 맺으셨다. 이를 위해 인간에게는 그리스도를 믿는 것만이 요구되었다. 믿는다는 것은 믿음을 소유하는 것이요, 이 믿음이 새 계약의 조건이다. 청교도들의 기여는 그리스도인들이 책임과 의무가 있다는 것으로 언약을 이해한 점이었다. 이러한 생각을 웨슬리도 지니고 있었다:

그리스도께서는 단 한 번 자신을 제물로 드림으로써 최초의 율법 혹은 계약(실제로는 이것은 하나님에 의하여 모세에게 주어진 것이 아니라 무죄의 상태에 있던 아담에게 주어진 계약)을 종결지은 것입니다. 이 최초의 법 혹은 계약을 가감 없이 직설적인 논조로 말하면,

"이것을 하라. 그리하면 살리라"는 것이었습니다. 그러나 그리스도 께서는 동시에 우리를 위해서 더 좋은 계약, 즉 "믿으라. 그리하면 살리라"는 은혜의 계약을 희생을 치르고 획득하셨습니다. "믿으라. 그리하면 너희가 구원을 받으리라." 그래서 우리는 이제 죄책과 죄의 세력 모두로부터 구원 받았으며 죄의 삯의 결과에서 해방을 받 았습니다.[24]

실제로 웨슬리는 언약(계약) 갱신을 로마 가톨릭교회나 개신교에 서 너무도 무시된 은혜의 수단으로 간주하면서, 후에는 매해 첫 주 일에 반복할 것을 강조하였다.[25] 이 예배를 위한 예문을 『존 웨슬리 논문집 I』에서 볼 수 있다.

V. 글을 마치며

웨슬리에게는 여러 형태의 경건주의 영향과 유사점을 찾을 수 있 다. 소그룹 운동, 실천의 강조, 교회사에 대한 해석, 과정으로서의 구원, 종말론과 성서해석, 그리고 찬송에 이르기까지 실로 그 영향 은 넓고 깊다. 그리고 이러한 전체적인 영향을 직접적으로 전해준 이들은 바로 모라비안 경건주의자들이었다. 웨슬리는 모라비안 경 건주의자들과의 만남을 통해, 종교개혁적 의미의 구원의 "확신"을

---

24) Ibid.
25) John Wesley, *Journals & Diaries, The Works of John Wesley V* (Bicentennial Edition) (Nashville, TN: Abingdon Press, 1993).

얻었고, 이를 순간적으로 체험할 수 있음을 발견하였다. 그러나 그가 지니고 있었던 감정적으로 불완전한 요소가 모두 해결된 것은 아니었고, 신학적으로 더 깊이 있는 성찰과 체험이 필요하였다. 그리고 웨슬리 자신의 체험과 목회적인 경험을 통해, 모라비안들에게 나타나는 문제도 함께 발견하였다.

모라비안들이 루터주의에 입각해 칭의를 성화와 동일시하려는 입장에 대해서 웨슬리는 믿음에는 단계(degrees)가 있으며 구원의 과정에서 신자 안에 진정한 변화가 일어난다는 점을 강조하였다. 즉 웨슬리에게 있어 성화의 과정은 그리스도를 통한 "전가된 의(imputed righteousness)"에서 시작되지만, 결국은 신자 안에 "내재하는 의(inherent righteousness)"를 획득하는 과정으로 보았던 것이다. 그리하여 이들의 "정숙주의"에서보다는 "사랑으로 역사하는 믿음"에서 신자의 참 모습을 보았다.

웨슬리는 올더스게이트 체험 후에도 성례에 대한 강조와 함께, 보다 넓게는 은혜의 수단에 대한 폭넓은 이해를 통해 하나님의 율법에 대한 강조를 하고 있으며, 이런 의미에서 모라비안과의 신학적 밀월은 오래갈 수 없었다. 그리고 더 나아가 모라비안의 신학적 기초가 되고 있는 루터의 "믿음만으로"라는 구호가 하나님의 율법을 무시하는 경향이 강하게 나타나는 것을 지적했던 것이다. 그리고 이러한 율법무용론의 위험으로부터, 경건주의와는 다르게, 웨슬리는 자신의 율법에 대한 신학을 더 섬세하고 강력하게 발전시켰다. 그러므로 웨슬리 신학에 있어 경건의 뿌리는 이런 의미에서 독일의 경건주의를 넘어 더 근원으로 향하고 있었던 것이다.

독일 슈바벤 지역 경건주의와
블룸하르트 부자(父子)의 "예수 이겼네!"

임희국 | 장로회신학대학교 교수

I. 시작하면서: 독일 슈바벤지역 경건주의와 아버지 블룸하르트

흔히들 '아버지' 블룸하르트(Johann Chr. Blumhardt, 1805-1880)로 소개하는 이 글의 주인공은 독일 서남부 지역 경건주의 전통, 특히 슈바벤 지역 경건주의자(die schwäbischen Väter) 벵엘(Johann A. Bengel)과 외팅어(Friedrich Chr. Oetinger)의 영향 아래에서 교역 활동을 시작했다.

1838년 9월 스튜트가르트 근처 뫼틀링엔(Moettlingen) 교회의 담임으로 부임한 블룸하르트(33세)는 이곳에서 교역하는 동안에 일생에서 가장 중요한 변화를 경험했다. 즉, 선한 '싸움'(Kampf)을 통해

---

* 이 글은 장로회신학대학교 국제학술대회(2014. 5. 12)에서 발표한 원고를 발췌한 것입니다.

악한 마귀가 제압되는 체험이었다. 그는 고틀리빈 디투스(Gottliebin Dittus)를 괴롭히고 죽이려 달려드는 악한 영과 처절하게 싸웠다. 디투스는 1815년 10월 31일에 태어났고, 그녀는 정신질환에 쉽게 걸릴 수 있는 환경에서 자랐다. 20대부터 그녀는 신장병을 앓기 시작했다. 의사들이 그녀를 치료했으나 별반 차도가 없었다. 그러한 그녀에게 부인병 증세마저 찾아왔다. 이때부터 고틀리빈은 의사가 처방한 기구를 사용해야만 소변을 볼 수가 있었다. 심한 질병 때문에 그녀의 한 쪽 발이 조금 오그라들었고, 등도 굽어졌고, 게다가 위장병도 얻었다.

II. 블룸하르트의 뫼틀링엔 선한 싸움

블룸하르트가 목회 현장에서 경험한 선한 싸움은 두 단계로 진행되었다. 처음에는 그가 이 싸움을 '무기력하게' 바깥에서 그냥 바라보고 있는 구경꾼 노릇을 했고, 그러다가 어느 한 순간에 그는 '목회자'(Seelsorger)로서 이 싸움에 뛰어들며 선한 싸움을 시작했다. 이때가 1842년 6월 말이었는데, 이제부터 싸움에 임하는 블룸하르트의 '기도'가 달라졌다: "주 예수시여, 나를 도우소서! 우리는 오랫동안 마귀(Teufel)가 행하는 짓을 충분히 보았습니다. 이제는 우리가 예수께서 하시는 역사를 보기 원합니다."[1] 이 기도는 뫼틀링엔 선

---

1) Robert Lejeune, "Die Erwartung des Reiches Gottes mit besonderer Beziehung auf den Sozialismus," in R. Lejeune & L. Ragaz, *Die Botschaft vom Reiche Gottes. Ein religioes-soziales Bekenntnis* (Zuerich: Reutimann & Co.,

한 싸움에 '결정적인 전환점'이었고, 블룸하르트는 하늘에서 임하는 불가항력적인 힘에 이끌리어 이 싸움으로 몰입해 들어갔다. 그는 이 싸움이 앞으로 어떻게 전개될 것인지 전혀 예상치 못하고 스스로를 "하나님의 도구"(Werkzeug Gottes)로 인식하며 고틀리빈을 마구 괴롭히는 악한 영과 더불어 싸웠다. 이 싸움은 그녀가 치유되던 1843년 성탄절까지 지속되었다. 그녀가 치유되는 순간에, 곁에서 돌보고 있던 사촌 카타리나(Katharina)가 "예수 이겼네!"라고 고함쳤다. 이 싸움이 종결된 직후의 주일 예배에서 블룸하르트는 누가복음 2장 46-55절의 '마리아 송가'를 설교 본문으로 말씀을 선포했다. 그는 고틀리빈을 괴롭히던 악한 영을 이기신 예수 그리스도의 승리를 증언했다.2)

　죄 용서를 통한 질병 치유가 뫼틀링엔에서 계속 연이어 일어났다. 고틀리빈은 아버지 블룸하르트의 양녀로 입양되었고 그리고 아버지의 질병 치유 사역에 동역했다. 이와 더불어 뫼틀링엔에서 신앙 각성 운동이 일어났다. 이 운동의 핵심 알맹이는 죄 용서와 질병의 치유였다. 이 신앙 운동이 소위 "블룸하르트 운동"으로 발전되었고, 여기에 대한 소문이 빠르게 여러 지방으로 퍼져 나가서 수많은 사람들이 뫼틀링엔으로 몰려왔다. 또 유럽 여러 나라에서도 사람들이 대거 이 마을을 찾아왔다. 1852년에 아버지는 교역 현장을 뫼틀링엔

1933), 8.
2) 고틀리빈의 질병과 치유에 관하여 보벳(Theodor Bovet)이 정신의학적으로 서술하였다. Theodor Bovet, "Zur Heilungsgeschichte der Gottliebin Dittus," in *Johann Chr. Blumhardt, Der Kampf in Moettlingen*, Band 1. (Hg) G. Schaefer (Goettingen: Vandenhoeck & Ruprecht), 1-29; 유광웅 편, 『블룸하르트의 투쟁과 소망』 (서울: 한장사, 2004), 55-130.

에서 받볼(Bad Boll)로 옮겼다. 거기에서 블룸하르트 운동이 계속 이어졌다.

1. "예수 이겼네!"

블룸하르트의 교역과 목회(Seelsorge)는 이 싸움을 통해 체득한 '예수 이겼네!'에서 시작되었다. 이것은 땅에 임하는 하나님 나라의 징표(Zeichen)였다. 이 징표는 경건주의자들이 이제까지 경험하지 못한 것이었고, 그래서 이것이 이들에겐 아주 낯설었다. 당시의 경건주의자은 '저 피안이 세상'에서나 이루게 될 구원을 희망했는데, 이 징표는 '이 세상 한복판에서' 죄 용서와 질병 치유를 통해 일어난 구원 사건이었다. 이 사건이 다음과 같이 정리되었는데, 1) 기도 치유는 하나님 나라의 주인이신 예수 그리스도께서 "실제로 임하심"(das tatsächlche Nahesein)을 체험한 사건이었다. 2) 치유 은사의 근거는 신약성경 복음서에 기록된 예수의 치유에 있다. 복음서에서 읽는 치유 사건이 현대 의학 지식으로는 납득할 수 없기에 그저 기적(Wunder)이라 표현하는데, 그런데 이 사건은 주님이 행하신 "자연스런"(das Natürliche) 것이었다. 그 치유 사건이 오늘도 여전히 뫼틀링엔 교회에서 동일하게 일어났음을 확인한 블룸하르트는 종말론적으로 "예수 그리스도는 어제나 오늘이나 영원토록 동일하시다"(히 13:8)라고 확신하였다. 그런데, 주위에서 많은 이들이 그 치유 사건을 인정하지 않으면서 그런 일은 신약성경에서만 읽을 수 있는 이야기라고 일축했다. 그러나 블룸하르트는 성경의 역사(사건)가 '오늘도 여전히' 일어나고 있음을 체험했기에, 성경의 하나님은 '살아 계신 하나님'이시며 고틀리빈을 비롯하여 환자들을 질병에서 치유하시고 자유하게 하신다고 강조했다.

2. 바르트의 신학적 평가

고틀리빈의 치유 사건에 관하여 칼 바르트(K. Barth)가 여러 차례 신학적으로 고찰했다.[3] 뫼틀링엔 선한 싸움을 통해 파악된 현실, 곧 사람이 세상 현실에서 겪는 고통, 고난, 곤궁이 어떤 것인지 그 실체를 드러냈고 이와 동시에 그 현실에 임하는 하나님의 위로, 치유, 약속도 경험했다고 보았다. 이 선한 싸움을 통해 얻은 가장 중요한 결실은 하나님의 Reality(Wirklichkeit)에 대한 각성이었는데, 고통 받는 인간 현실의 Reality에 대한 인식과 그것보다 앞선 하나님의 Reality를 각성하는 것이었다. 즉, 고통당하는 인간의 Reality를 파악하기에 앞서 예수께서 그 인간을 구원하시는 Reality를 먼저 깨우치는 것이었다. 이것은 고통당하는 인간의 Reality를 직시하면서도, 그런데 그 Reality를 거부하시며 의로운 분노를 발하시는 하나님의 약속과 계시가 먼저 보인다는 것이다. 이것은 인간이 자신의 고통을 운명(숙명)으로 받아들이려는 체념을 강하게 거부하는 것이다. 그러므로 바르트는 고틀리빈의 치유와 함께 터져 나온 '예수 이겼네!'는 고통당하는 인간이 그 고통을 숙명으로 받아들이려는 체념을 강하게 거부하시는 하나님의 뜻이 드러난 것이라 해석했다.

---

3) Karl Barth, *Die protestantische Theologie im 19. Jh.*, 4. Aufl. (Zürich: Theologischer Verlag, 1981), 588-597; ___, *Kirchliche Dogmatik* (이하 *KD*) IV,3/1 (Zuerich: Theologischer Verlag, 1959), 188-316.

바르트는 이와 함께 뫼틀링엔 선한 싸움이 180도 전환되던 때의 기도를 언급했다. 아버지 블룸하르트가 "주님 예수시여, 나를 도우소서! 우리는 지금까지 악한 마귀가 어떤 짓을 하는지 충분히 보았습니다, 이제는 우리가 주님께서 하시는 것을 보고자 합니다." 이렇게 처절한 기도를 통해 블룸하르트는 고난의 현장에 오시는 살아 계신 예수를 만났고, 이것이야말로 하나님 약속의 종말론적 Reality였다. 바르트는 그러므로 이 기도는 아버지 블룸하르트가 경건주의 전통을 극복해 나오는 것이라 보았다. 일반적으로 경건주의는 하나님의 계시 사건이 거룩한 장소(교회)에서 일어나는 것으로 인식하는데, 블룸하르트는 하나님의 계시 사건이 일상(日常) 삶의 현장에서 일어나는 사실을 경험했다고 보았다. 경건주의는 하나님의 역사가 경건한 신앙인에게 일어난다고 인식하는데, 블룸하르트는 경건하지 않은 죄인에게 하나님의 역사가 선포됨을 경험했다고 파악했다. 경건주의는 신앙을 개인의 범주에다 묶어두려 하는데, 블룸하르트는 성령이 모든 육신에게 임하심을("Ausgiessung des hl. Geistes auf alles Fleisch") 체험했다는 점을 강조했다. 블룸하르트는, 바르트에 따르면, 성령께서 세상 모든 인류와 피조 세계까지 두루 포괄하는 우주적(universal, cosmic)으로 역사하심을 체득하였다.[4]

바르트는 블룸하르의 종말론적 희망인 우주적 '기다림과 서두름'도 파악하였다. 이 종말론은 정적주의(Quietismus, 아무런 현실참여 없이 그저 두 손 모아 찬란하게 펼쳐질 미래세상을 위해 기도)도 아니고 행동주

---

[4] 바르트의 절친이자 그를 블룸하르트에게 인도한 투르나이젠(E. Thurneysen)도 거의 동일한 해석을 했다. Eduard Thurneysen, *Christoph Blumhardt* (Zuerich/ Stuttgart: Zwingli Verlag, 1962)

의(Aktivismus, 인간이 해낼 수 있다는 확신 속에서 섣불리 현실 속으로 뛰어
드는 행위)도 아닌 제3의 영역에서 블룸하르트로 하여금 목회자
(Seelsorger)로서 뫼틀링엔 선한 싸움에 참여하게 하였다고 보았다.
또 이 목회적 돌봄은 Scientismus(육신의 병 치유에만 집착하고 하나님
의 영광을 소홀히 여기는 태도)와 경건주의(Pietismus, 인간의 영혼/내면 상
태에만 관심을 가지고 육신을 소홀히 여기는 이분법적 경건주의) 저편에서
'통전적'(영혼과 육체의 통전) 치유'와 '온전한 구원'(죄 용서와 질병 치유)
이 일어나게 했다. 특별히, 뫼틀링엔 신앙 각성 운동에서 블룸하르
트는 "성령이 항상 새롭게 임하심"(eine neue Ausgiessung des Heiligen
Geistes)을 '서두르며 기다렸다.'

3. 몰트만의 신학적 평가

몰트만(J. Moltmann) 또한 뫼틀링엔의 '예수 이겼네!'를 종말론적
하나님 나라의 사건으로 파악했다.[5] 그는 고틀리빈의 치유가 축사
(Exorcism), 최면 치료(Magnetismus) 그리고 마법(Magie)과 전혀 무
관하다고 강조했다. 질병 치유는 하나님의 구원이 통전적으로
(ganzheitlich) 임하는 사건인바, 질병 치유는 지금 여기에서 이루어
지는 '새로운 창조'의 종말론적 징표이다. 하나님의 구원은 그러므
로 소위 영적인 차원에서만 일어나는 것이 아니라 몸의 영역에서도
역사하고, 한 걸음 더 나아가서 그 구원은 피조 세계의 모든 생명체
에서 일어난다(만유 구원). 하나님의 구원은 미래의 저세상에서 비로

---

5) J. Moltmann, *Der Weg Jesu Christi. Christologie in messianischen Dimensionen*
  (München: Chr. Kaiser Verlag, 1989), 127.

소 시작된 것이 아니고 지금 여기에서 악의 세력을 제어하고, 죄용서의 사건이 일어나며, 부활 생명의 역사가 삶의 현장에서 일어나는 것이며, 이를 통해서 하나님 나라가 이루어져가는 것이다(살전 5:8; 롬 8:24).

III. 아버지의 목회 유산 "예수 이겼네!"로 그의 목회를 갱신한 아들 블룸하르트

1880년 2월에 아버지 블룸하르트가 세상을 떠났고, 그가 교역하던 교회를 아들 블룸하르트(Christoph Fr. Blumhardt, 1842-1919)가 이어 받았다. 아들 블룸하르트는 '예수 이겼네!'를 아버지의 신앙 유산이자 목회 유산으로 깊이 새겼다. 그래서 그도 '예수 이겼네!'를 목회 좌우명으로 삼았다. 또한, 아들도 아버지처럼 환자들을 기도로 치유했다. 아들 블룸하르트의 설교 역시—아버지처럼—감화력이 대단히 컸다. 이 때문에 이웃 교회들과 다른 도시(예, 프랑스, 슈트라스부르크)의 교회들이 종종 그를 설교나 집회의 강사로 초청했다. 그는 이미 30대에 황제가 참석한 예배에서 설교하는 유명한 설교자가 되었다. 그럼에도 블룸하르트의 관심은 자신의 이름이 널리 알려지는 데 있지 않았고 오로지 아버지의 유산이 잘 계승되는 데 있었다.

1. 갱신의 과정

그런데, 그는 아버지의 신앙 유산이 제대로 계승되지 않는다는 문제의식을 가졌다. 그 유산의 계승을 방해하는 요인들이 자신의 교회 안에서 발견되었다. 1) 교인들의 이기적이고 자기중심적인 신앙 경건이었다. 교인들이 자기 속사람의 상태를 성찰하지 않고서 오로지 병든 육체를 치유하는 데에만 관심을 갖고 있는 것이었다. 2) 이분법적 경건주의자들이었다. 이들은 영적 갈증을 채우고자—땅의 일에 무관심 한 채—하늘의 것만 찾고 또—이 세상의 안녕에는 눈을 감고서—저 세상에서 누릴 복을 위해서만 기도했다. 3) 교회 전통을 문자적으로 답습하고 루터 교회의 교리를 문자적으로 고수하려는 정통주의자들이었다. 이러한 현실을 직시하게 된 블룸하르트는 "교회의 죽음"(죽음에 처한 교회)에 대하여 심각하게 고민하기 시작했다.

아들 블룸하르트는 자신이 교역하는 교회 교인들의 신앙 상태를 살펴보았다. 교인들의 신앙이 한편 규칙적이고도 부지런한 경건 훈련을 통하여 잘 형성되었음이 분명한데, 그런데 또 다른 한편 그 신앙은 이기적이고 자기중심적인 신앙 심성, 자기만족을 위한 경건 훈련, 자기의 의로움에 도취된 경건에 지배되었다. 신약성경 공관복음서에 등장하는 바리새인처럼, 자신의 의로움을 기준 삼아 이웃의 신앙을 판단하고 업신여기고 배척하는 일이 교인들 사이에서 흔히 일어났다. 바리새인적 경건은 회칠한 무덤 같은 경건이고 또 자기 의(Selbstgerechtigkeit)에 사로잡힌 경건이고, 그 경건은 무늬만 경건일 뿐이고 경건의 능력(Reality)이 결핍되었는데, 이러한 경건이야말로 껍데기만 남은 경건이자 화석화된 경건이라 판단되었다. 이러한 신앙 또한 죽어 있는 신앙임이 분명하다. 블룸하르트는 바리새인적인 경건이 '자기 부인'을 통해서 갱신되어야 한다고 강조했다.

이렇게 온통 죽음의 힘에 눌려 있는 교회의 현실을 직시한 블룸하르트는 죽음의 권세를 이기고 부활하신 예수 생명의 Reality(Lebenswirklichkeit)를 간절히 '서두르며 기다렸다.' 그러나 그 부활 생명은 십자가의 고난과 죽음을 관통하여 이루어진 것이므로, 영웅주의와 바리새인적 경건으로 죽어 있는 교회가 자기 자신의 현실을 부인(갱신)해야만 그 죽음을 극복할 수 있을 것인바, 갱신되어야 할 지금의 교회는 하나님의 심판 아래 있다고 보았다.

예수 그리스도의 부활 생명을 인지한 블룸하르트는 아버지의 유산인 '예수 이겼네!'를 '예수 부활하셨네!'로 계승하고자 했다("죽어라, 그래야 예수가 사신다."). 이에 따라 그의 목회 관심은 점점 교회에서 세상으로 나아가기 시작했다. 왜냐하면 예수는 예루살렘 성문 밖 골고다에서 십자가에 달리셨고 또 죽음의 권세를 이기고 세상 한복판에서 몸으로 부활하셨기 때문이다. 블룸하르트는 이에 부활의 현장인 세상으로 나아갔다. 이와 함께 그는 "두 번의 회개"를 강조했다. 먼저는 세상에서 교회로 회개하고, 그 다음엔 교회에서 세상으로 회개해야 한다고 강조했다.

자기부인의 갱신을 추구한 블룸하르트는 자기부인이 이루어질 모든 영역을 "육신"(Fleisch)이라고 총칭했다(욕심, 탐심, 그릇된 욕망 등). 이 육신이 하나님 나라가—예수께서 부활하신—세상에서 자라지 못하도록 방해한다고 보았다. 그러나 동시에, 부활하신 예수 그리스도 역시 육신이 되신 하나님의 말씀이시다(요 1:14). 이렇게 육신에 대한 이중적 인식은 육신을 변증법적으로 이해하게 했다. 육신으로 세상에 오신 하나님의 말씀이 죄로 말미암아 죽음에 이른 사람의 육신을 '정화'(갱신)해야 할 것이다. 정화의 핵심은 죄 용서인데,

죄로 말미암아 더럽혀지고 죽음의 힘에 눌린 사람이 죄 용서를 받아 깨끗이 정화되어 새 사람으로 변화되어야 할 것이다.

이에 블룸하르트는 아버지의 유산인 '예수 이겼네!'를 성육신 인식을 바탕으로 파악했다. 이 세상에 오신 그리스도, 그분은 하늘에 계신 아버지 하나님의 외아들로 세상에서 태어나셨고, 이 성육신을 통해서 하늘과 세상 사이에 있던 깊은 골이 메워진 것으로 파악했다. 이에 따라 그는 '예수 이겼네!'가 그리스도의 성육신 안에서 세상한 가운데의 먹고 마시는 일상 영역에서 Reality로 나타나야 한다고보았다.

블룸하르트는 성육신 인식을 통해 더욱더 분명히 이분법적 경건주의를 극복해나갔다. 그는 '세상을 향해 열린 경건'과 '이 세상 속에서의 경건'을 추구했다. 세상 속에서의 경건이라고 해서 세상으로부터 출발한 경건이 결코 아니고, 하늘로부터 세상 속으로 임하는 경건인데, 이 경건이 세상 한가운데서 실천되어야 한다는 뜻이었다. 블룸하르트의 목회 관심은 이제 본격적으로 세상으로 향했다. 그는 예수께서 가르쳐주신 기도대로 '하나님의 뜻이 하늘에서 이룸같이 땅에서도 이루어'지는 목회를 모색했다. 그는 '세상을 이처럼 사랑하사 독생자를'(요 3:16) 내어주신 하나님의 사랑으로 사회 현실을 바라보았다. 이와 함께 그는 '예수 이겼네!'가 교회에서는 물론이거니와 사회 현실(=부활 현장)에서도 이루어져야 한다고 확신했다.

2. 블룸하르트의 루터교 정통주의와 경건주의 비판

아들 블룸하르트가 이해한 죽음은—목숨이 끊어진 몸이 싸늘하게 식은 시체가 아니라—루터 교회의 교리와 신조 또한 예전과 교회법 그리고 심지어 경건 습관 속에서 역동적으로 강하게 뻗치고 있는 어둠의 '힘' 었다. 그리고 그는 죽음을 죄의 결과로 이해했다. 예컨대 교리 교육에 있어서 교리를 자구적으로 가르치고 교리 구절을 문자적으로 달달 외우게 하고 그 교리 안에 담겨 있는 신앙의 진리는 파악하지 못하게 한다면, 이것은 의미가 없거나 의미를 잃어버린 교리 교육이 분명했다. 이러한 교리 교육의 현실에서 블룸하르트는 죽음 현상을 보았다. 말씀의 능력을 잃어버리고 더 이상 발전이 없는 교리는 죽은 교리였다. 진리의 생명샘이 말라버려서 메말라버린 신조는 죽은 문자에 불과했다. 이런 뜻에서 블룸하르트는 루터교 정통주의 교리와 신조를 비판했다.

19세기 독일 루터 교회의 현실이 블룸하르트에게 죽음 현상으로 다가왔다. 죽음의 힘에 눌려서 그 힘에 지배당하고 있는 교회 현실이었다. 이런 현실을 가져온 주된 원인은 초대교회 사도들의 신앙 유산을 잃어버리고 한갓 제도(Institution)로 굳어진 데 있다고 진단했다. 제도로서의 교회, 곧 국가교회 체제 아래에서는 교회가 단지 전통 종교로만 인식될 수밖에 없고 또 교회는 교인들의 신앙 또한 관습과 인습으로만 남아 있을 수밖에 없다고 보았다. 의미 없이 교리를 외우고 습관적으로 예배에 참석하고 인습에 젖어 있는 교회생활 등, 이러한 현실 교회야말로 "죽어 있는 기독교"(eine tote Chris-tenheit)라고 그는 공격했다.6) 이제, 그는 그리스도교(기독교)와 그리스도를 따로 분리시켜 보았다. 산 자와 죽은 자가 함께 있지 못하

------

6) PA I, 416.

듯이, 몰락해서 죽어 있는 기독교와 부활해서 살아 계신 그리스가 결코 함께 있을 수 없기 때문이다. 죽어있는 기독교와 부활해서 살아 계신 그리스도 사이엔 서로 접촉점이 없이 단절되었다고 그는 확신했다. 그는 그리스도와 그리스도교(기독교)가 동일(identisch)할 수 없다고 말하면서,7) 사람들에게 그리스도와 그리스도교 사이에서 둘 가운데 하나를 선택하라고 말했다: "이것이냐-저것이냐: 그리스도냐 혹은 그리스도교냐?"8) 그에게 자명하게 와닿는 점은: 이제는 죽어 있는 그리스도교(기독교)를 떠나서 살아 계신 그리스도에게로 건너가야 할 때인 것이다.

블룸하르트는 이제 죽음의 종교에서 부활 신앙으로 넘어가는 길을 찾았다. 이 길을 그는—경건주의 전통을 새롭게 인식하면서—'자기 부정'(Selbstverleugnung)에서 찾았다. 즉, 지금까지의 모든 것을 부정하고 이제부터 부활과 생명이신 그리스도 안에서 다시 새롭게 시작하는 갱신을 모색했다. 그는 이 갱신의 길이 성경의 유산을 다시 찾고 사도들의 신앙 유산을 다시 회복하는 데 있다고 보았다. 그리고 갱신은 이 유산을 회복할 뿐만이 아니라 하나님 나라를 향해서 앞으로 나아가야 하는 것이라고 보았다. 이를 위해서 그는 성령의 역사를 간구했다.

3. 블룸하르트의 자유주의 신학 비판

블룸하르트의 신학 사상은—루터교 정통주의와 경건주의의 몰

---

7) PA II, 312.
8) AB I, 194.

락을 비판하면서—자유주의 신학 사상으로 가까이 다가가는 것처럼 보였다. 특히, 그가 발전이라는 주제를 신학적으로 깊이 생각한 점은 당시 자유주의 신학자들과 같은 궤도를 달렸다. 자유주의 신학자들이 모더니즘 시대의 발전 이데올로기를 적극적으로 받아들인 것처럼, 그도 과학과 기술의 발전이 인간의 삶을 여러 가지로 개선하고 질적으로 향상시키고 있다고 믿었다. 자유주의자 신학자들이 이 세상 안에서 점진적으로 발전하는 하나님 나라를 강조했는데, 그도 역시 그리스도가 부활한 곳이 이 세상임을 강조했다. 이 세상을 강조하면서 그는 이원론적 세계관에 묶여있는 경건주의를 극복해 나갔다: 많은 경건주의자들이 이원론적 세계관을 바탕으로 이 세상을 '고통과 눈물의 골짜기'로 인식하면서 저 피안의 세계를 추구했다. 또한 자유주의 신학자들이 기독교 정신을 사회 안으로 확산시키기 위해서 사회윤리를 신학적으로 구상했듯이, 블룸하르트 역시 이 세상 속에서 그리스도의 부활의 능력이 실천되는 사회윤리에 크게 관심을 가졌다.

그러나 블룸하르트의 생각과 자유주의 신학 사상 사이에는 여러 가지 점에서 차이가 크게 드러났다. 부활을 강조하는 그의 기독론은 종말론과 하나님 주권사상도 강하게 내포되어 있다: "불가능의 가능성"(unmögliche Möglichkeit). 즉, 죽음의 권세를 이긴 그리스도의 부활은 사람의 힘으론 불가능한데 하나님의 권세로 말미암아 가능하다는 것이다. 불가능의 가능성을 강조하면서 그는 하나님 나라가 이 세상을 초월하는 하나님의 권세로서 이 세상 안에 내재해 있다고 이해했다. 이러한 하나님 나라는 부활의 그리스도로 말미암아 이 세상을 갱신하는(Erneuerung) 하나님의 권세로 역사하고, 또한 세상은 이 갱신을 통해서 새롭게 시작하고 발전해야 한다고 강조했다. 이에 비해서 자유주의 신학 사상은 기독론보다는 인간론에 역점을 두었기에 인간의 가능성을 적극적으로 보았다. 자유주의 신학 사상은—하나님 주권을 강조하기보다는—진화론에 기초한 점진적인 사회 발전을 강조했으므로 종말론적 하나님 나라에 대한 언급이 거의 없었다.

자유주의 신학과 블룸하르트 신학 사상 사이에 있는 입장 차이는 세속화 과정(Säkularisierung)에 대해서도 서로 달랐다. 자유주의 신학을 대변하는 문화 프로테스탄티즘(Kulturprotestantismus)은—앞에서 살펴보았듯이—대체로 기독교와 문화의 조화를 모색하고 또 신학과 일반 학문의 조화를 모색하면서 세속화 과정을 적극적으로 끌어안고 이 사회 안에 도덕과 윤리의 범주에서 영향을 끼치고자 했다. 그리고 이들은 장차 이상적인 미래 사회가 이 세상 안에서 (innerweltliche Zukunftsutopie) 이루어질 것으로 확신했다. 그러나 블룸하르트는 19세기 세속화 과정에 대해서 양면적인 입장을 가졌다. 그는 현실 기독교(정통주의, 경건주의)가 몰락한 까닭에 이제 교회는 사회 안에서 그 영향력을 상실할 수밖에 없게 되었고, 이러한 사회 현실에서 교회의 영향력을 벗어나는 세속화 과정이 올 수밖에 없다고 보았다. 이제 일반 사람들의 눈에 비쳐지는 기독교의 모습은 단지 유럽 전통 문화 가운데 하나이다. 그래서 이들이 갖고 있는 교회에 대한 인상은 단지 문화사적으로 가치 있는 옛 (교회)건물과 유물을 소장한 장소에 불과하다. 그나마 아직까지 전통 명절로 남아 있는 성탄절이나 부활절 등은 기독교적인 의미와 정신을 간직하고 있기보다는 그냥 그 이름만 갖고 있다. 이러한 세속화 현상에 대해서 블룸하르트는 이중적인 태도를 취했다: 세속화를 수용함과 동시에 그 문제점을 비판했다. 그가 본 세속화의 문제점은 사람이 이제 하나님을 찾지 않고 사람 스스로 그 가진 힘을 극대화해서 자기 마음대로 세상을 운영하는 현실이 되었다는 점이다. 그는 세속화와 함께 사람들이 자기 스스로를 높이 치켜세우는 자기 의(自己義: Selbst-gerechtigkeit)에 사로잡혀 있음을 발견했다. 이것이야말로 그가 교회 안에서 경건한 사람들에게서 읽었던 부정적인 모습이었다. 그래서 자기 의는 몰락한 경건주의 안에 있는 죽음의 힘이며 또한 세속화 과정에서 교회와 사회를 지배하는 죽음의 힘이었다.

4. 블룸하르트의 하나님 나라 신학

블룸하르트는 몰락하여 발전이 결핍된 루터 교회 정통주의와 경건주의를 공격했고, 그러면서 〈발전〉을—자유주의 신학자들처럼—신학의 주제로 잡았다. 그러나 그는 자유주의 신학이 모색하는 조화 곧 이 세상과 하나님 사이의 조화에 대해서 결코 찬성할 수 없었다. 특히, 교회와 사회에 임한 하나님의 심판을 강조한 그의 종말론적 하나님 나라 이해는 자유주의 신학의 하나님 나라 이해와 크게 차이가 났다. 자유주의 신학자들이 이 세상 안에서 발전해가는 하나님 나라에 대해서 '낙관적'(optimistisch)인 견해를 갖는 데 비해서, 그는 이 세상을 "심판"하시는 하나님의 권세를 선포했다. 그리고 이 심판의 범주에는 몰락한 기독교의 현실은 물론이고 모더니즘 시대의 사회 전체가 포함된다. 심판에 직면해 있는 19세기 후반 모더니즘 시대의 교회와 세상이 블룸하르트에게 '위기'로 파악되었다. 이런 점에서 그에겐 정통주의와 경건주의는 물론이고 자유주의 신학도 몰락한 기독교의 범주에 들어갔다. 이렇게 해서 19세기 독일 개신교 신학 사상들 가운데 어느 곳에도 소속될 수 없던 그의 신학 사상은 독자적으로 기독론-종말론-성령론이 함께 엮어지는 하나님 나라의 신학을 전개했다.

히틀러의 반유대인 정책

김기련 | 목원대학교 교수

I. 히틀러의 집권

인류 역사 가운데 짧은 기간에 한 민족을 대량으로 학살한 사건은 히틀러의 유대인 학살 사건이라 할 수 있다. 히틀러의 유대인 학살 사건은 히틀러의 집권과 나치 정권의 반유대인 정책에서 그 원인을 찾아봐야 할 것이다.

1929년 가을에 시작된 세계 경제공황과 때를 같이하여 바이마르공화국이 급속히 몰락하고 1930년 9월의 총선에서 바이마르공화국을 지지하던 유권자의 대다수가 나치를 지지하게 되었다. 1932년 3월 13일 1차 대통령 선거에서 히틀러는 비록 힌덴부르크(P. von Hindenburg)에 패했지만 전 국민의 3분의 1 이상의 지지를 획득하였다. 그러나 공산당의 세력이 커지자 공산당에 의한 사회개혁의 위험성을 통감한 금융업자와 기업가들이 다투어 나치를 지지하였고 융커(Jungker: 농업단체)와 대지주(大地主)까지 나치로 돌아섰다. 1933년 1월 4일에 나치와 보수제정파(保守帝政派)가 연합하고 히틀러가 제국 수상이 되는 것을 합의하였다. 드디어 1933년 1월 30일 아돌프 히틀러와 나치는 독일에서 합법적으로 정권을 장악하였다. 바이마르(Weimar)공화국 대통령인 힌덴부르크가 나치의 히틀러를 제국 수상으로 임명한 것이다. 왜냐하면 힌덴부르크는 경제적 위기와 공산당을 싫어하는 극우 세력의 강력한 요구에 대한 다른 대안이 없었기 때문이었다.[1] 그리하여 독일의 전권(全權)이 히틀러에게 넘어간 것이다.

히틀러의 내각은 1933년 2월 4일 '국가와 민족의 보호'를 위한다는 명목으로 긴급조치를 발령하여 히틀러 정부에 저항하는 정치 집회와 선전과 언론을 금지하는 법적 수단을 마련하였다. 이 법안으로 공산주의 계열의 신문들과 사민당(社民黨, sozialdemokratische Partei)의 신문들 그리고 수많은 진보적인 신문들이 출판 금지되었다. 또한 민주주의 정당들의 집회가 금지되고 히틀러에 적대적인 정당들이 해산되었다. 공교롭게도 2월 27일 국회의사당에 불이 났다. 히틀러는 재빨리 그 방화를 독일 공산당과 그 밖의 정치적 적수들을 축출할 기회로 이용하였다. 그날 밤에만 약 4,000명이 체포되었는데 그 대다수가 공산당 국회의원들이거나 사민당과 진보정당의 지도자들이었다.[2] 이 긴급조치에 의하여 독일 헌법의 대부분의 기본권이 무

1) Max Geiger, *Der deutsche Kirchenkampf 1933-1945* (Zürich: EVZ-Verlag, 1965), 17.
2) Daniel Cornu, *Karl Barth und die Politik* (Wuppertal: Aussaat Verlag, 1969), 9.

효화 되었고 히틀러가 무제한적 권력을 갖는 데 방해되는 요소들이 제거된 것이다.

1934년에 힌덴부르크 대통령이 사망하자 히틀러는 대통령을 겸하여 총통(總統)이 되어 명실공이 제3 제국의 독재자로 군림하게 되었다. 정권을 잡은 히틀러는 점차 정신적 결함이나 신체적 장애를 지닌 사람들, 그리고 자신의 정책에 반대하는 정치적 저항자들을 강제수용소에 수감하기 시작하였다. 또한 히틀러는 반유대인 정책을 통해 강제수용소에서 약 6백만 명의 유대인들을 무자비하게 학살하였다. 히틀러는 왜 그렇게 유대인들을 혐오하고 학살하였는가?

II. 반유대인 정책의 역사적 배경

유럽사에서는 사회적인 약자들이 미움의 대상이 되어 핍박을 받은 사례가 있었다. 마녀로 몰린 여자들, 이교도인, 유대인, 집시, 나병환자 등이 그들이다. 유대인에 대한 박해는 중세 이래로 유럽에서 흔히 자행되어왔다. 유대인들이 박해를 받은 이유는 그들이 결코 기독교로 개종하지 않는다는 것과 유대인들이 살고 있는 지역의 경제를 장악하고 있다는 데 있었다. 특히 기독교가 이자(利子) 사업하는 것을 금하는 것에 반해 유대인들은 고리(高利)의 이익을 통해 부(富)를 축적하게 되어 비난을 면치 못하였다.[3] 그리하여 유럽 사회에 반(反)유대인 정서는 보편화되어 있었다. 반유대주의(Antijudaismus)

---

3) Georg Denzler and Volker Fabricius, *Die Kirchen im Dritten Reich 1* (Frankfurt: Fischer, 1984), 134.

란 말은 1879년 빌헬름(Wilhelm)이 주창한 말 "반유대주의"에서 유래한다. 원어인 안티세미티즘(Anti-semitism)에서 'Semite'는 구약성서에서 말하는 셈족의 자손, 즉 유대인들을 가리킨다.

독일 민족주의자들은 유대인을 독일 일체화의 저해 요소로 지적하여 반유대주의를 역설하였다. 나치의 반유대인 정책의 원인은 먼저 정치-사회적인 요소에서 찾아볼 수 있다. 제1차 세계대전의 패배로 인한 독일의 비극은 유대인의 존재에서 비롯되었다는 나치즘의 견해와 일맥상통하였다. 히틀러와 독일인들은 제1차 세계대전의 패배와 그 후 심화된 사회 경제의 위기를 이성적으로 규명하는 대신 속죄양을 찾는 일에 혈안이 되었다. 히틀러는 제1차 세계대전 패배로 인한 발생한 비극의 책임을 베르사유 조약과 유대인에게 돌렸다. 베르사유 조약은 독일이 엄청난 전쟁 배상금을 물어야 하는 가혹한 멍에였다. 그러므로 히틀러와 나치는 정권을 잡은 뒤 곧바로 군국주의의 힘을 발휘하여 전후(戰後) 빼앗겼던 라인란트 팔츠(Pfalz)를 되찾고 베르사유 조약을 파기시켰다.

히틀러와 나치는 유대인들이 독일 안에 혈통, 인종, 문화, 종교, 사회적으로 독소를 퍼뜨려놓았다고 보았다. 나치는 순수 독일 혈통에 의한 제국을 건설함으로써 세계에 독일 민족의 우수성을 알리려고 했던 것이다. 독일민족의 순수 혈통 유지에 걸림돌이 되는 유대인들의 제거가 나치의 '인종 청소' 정책이었다. 이어서 히틀러와 나치는 경제적인 이유로 유대인들을 제거하는 정책을 세웠다. 독일인과 유대인 사이에는 경제적·사회적·정신적 측면에서 상당한 대립이 있었다.[4] 독일인들에게는 유대인들이 고리대금과 폭리를 취하는 사회 기생충이라는 왜곡된 상(像)이 자리 잡고 있었고 이것이 바로 반유대인정책에 있어서 정치-사회적인 도구로 이용될 수 있었다.

나치의 반유대인 학살 정책의 또 다른 원인은 히틀러의 인종주의에 기인한다.5) 히틀러는 그의 자서전인 '나의 투쟁'(Mein Kampf)에서 그가 빈(Wien)에서 체류하는 동안 반유대주의로 전향하게 되었는데 그 이유를 유대인들의 불결, 민족의 도덕적 오점을 발견하고 혐오의 감정을 품게 되었다고 한다. 또한 그는 유대인들의 신문, 예술, 문학, 연극 등은 여러 분야에서 가식적이고 혐오스러워 마치 페스트보다 더 무서운 질병으로 여겼다. 더구나 매음제도와 소녀매매를 자행하는 매음업의 포주가 유대인이라는 사실을 알게 되고 전율과 분노가 치밀었다고 말하였다.6)

독일인들은 아리안인의 우수성을 신봉함으로써 이를 반유대주의 정책의 논거로 삼았다. 히틀러와 나치는 유대인에 대한 독일인들의 거부감과 반감, 민족 간의 반목이 독일 국가 발전의 커다란 장애 요소로 보고 점차 유대인을 독일인들로부터 분리시키고자 하는 계획을 진행하였다. 히틀러는 "유대인은 게르만족의 위험스런 적대자로서, 독일 사람의 일자리 확보와 순수혈통을 유지하기 위해서는 철저하게 유대인들을 제거해야한다"라고 주장하였다.7) 그리하여 히틀러는 '뉘른베르크 인종법'(Nürnberger Rassegesetz)을 제정하여 유대인들을 점차 독일 사회에서 제거하기 시작하였다. 1933년부터 유대인 상점들에 대한 불매운동이 전개되었고 4월 7일에 히틀러는 '직

4) 라파엘 젤리하만/박정희, 정지인, 『집단애국의 탄생: 히틀러』(서울: 생각의 나무, 2008), 7.
5) Denzler and Fabricius, 134.
6) A. 히틀러/이명성, 『나의 투쟁』(서울: 홍신문화사, 2011), 43-44.
7) Denzler and Fabricius, 135.

업공무원법'(Gesetz zur Wiederherstellung des nationalen Berufsbeam-
tentums)을 제정하여 모든 유대인들을 공직에서 추방시켰다.[8] 그리
하여 독일 국민은 '광신적 애국주의'에 빠져 유대인 대학살이라는 집
단적 히스테리를 발동하였다.

III. 뉘른베르크 인종법

나치의 유대인에 대한 대대적인 박해는 1935년 9월 15일 '뉘른베
르크 법'이 시행되면서 급진적으로 진행되었다. '뉘른베르크 법'은
히틀러가 고안하고 나치 당 집회에서 승인한 두 가지 반유대주의적
인 법안을 말한다. 첫째, '제국국민법'으로서 유대인의 독일시민권
을 박탈하고 유대인들을 국가의 종속물로 명명했으며, 둘째, '독일
혈통법'(Blutgesetz) 및 '명예보존법'으로서 유대인과 독일 시민 또는
독일(아리안)계 혈통 간의 결혼과 성관계를 금지하고 있다.[9] 제3국
에서 치러진 결혼이라도 모두 무효이며 이를 어긴 자는 강제노동에
처한다는 조항을 담고 있다.

히틀러는 결혼과 성 관계를 아리안족 사이에서만 이루어지도록
제한하면 독일인들을 지구상에서 가장 훌륭한 민족으로 만들 수 있
으리라고 믿었다. 그러나 이 같은 발상은 유럽에서 이미 1천 년 이상
타 민족들과의 혼혈이 이루어져왔고 그 때문에 아리안족뿐만 아니

---

8) Max Geiger, *Der deutsche Kirchenkampf 1933-1945* (Zürich: EVZ-Verlag,
   1965), 42.
9) Ibid., 43.

라 그 어떤 민족에게도 순수 혈통이 없다는 사실을 외면한 허황된 믿음이었다. 이들 법률은 1935년 11월 14일의 첫 부속 법령에서 더욱 구체화되어 적어도 조부모 중에 한 사람이라도 유대인이면 유대인으로 간주하여 제국의 시민이 될 수 없으며 투표권을 행사할 수 없고 공직에 몸담을 수 없었다. 뒤이어 유대인 분리 과정을 완결하기 위한 법령들을 속속 제정했는데, 유대인은 45세 미만의 독일인 혹은 독일 혈통의 여자를 가정부로 둘 수 없으며 유대인 여권에는 붉은색으로 'J'(Jude, 유대인)라는 도장이 찍혔고 유대인들은 유대인식 이름을 쓰도록 강요당했다. 유대인들은 독일 국기를 게양할 수 없었다.

유대인 사회는 1938년 3월 28일의 법령으로 법적 지위를 박탈당했으며 유대인들에게 의료업과 변호사직을 허용하지 않는 일련의 조치들이 취해졌다.

또한 히틀러는 소련 땅과 우크라이나에 독일인들만의 '삶의 공간'(Lebensraum)을 건설하려고 하였다. 즉 순수 아리안족들만의 삶의 공간을 확보하기 위해 그곳에 거주하는 슬라브족들을 학살하거나 굶겨 죽이려 했고 유대인들은 물론 집시들까지 말살하려 했다.[10]

IV. 죽음의 강제수용소

제2차 세계대전 중에 나치는 인종 청소라는 명목으로 약 6백만

---

10) 베빈 알렉산더, 『히틀러는 왜 세계정복에 실패 했는가?』, 함규진 역 (서울: 홍익출판사, 2001), 10.

명의 유대인들을 학살하였다. '홀로코스트'라고 부르는 이 사건은 인간의 폭력성, 잔인성, 배타성, 광기(狂氣)가 어디까지 갈 수 있는지를 극단적으로 보여주는 사건이었다.

나치의 유대인 대학살은 유대인과 아리안인의 결혼과 성 관계를 금지하는 내용을 골자로 한 '뉘른베르크 법'이 통과된 1935년 9월 15일부터 본격적으로 시작되었다. 그 이전에 1933년 단종법(斷種法)이 시행되어 정신장애자들, 유전적 결함이 있는 자들 수십만 명이 강제수용소에서 살해되었다. 이후 나치는 나치 체제에 저항하는 교회 세력을 제거하기 시작하였다. 1936년 9월 27일에 반체제 인사들에 대한 대대적인 체포가 있었는데 이때 약 8,500명이 체포되어 강제수용소에 수감되었다. 1938년 7월 14일에 두 번째 체포가 있었다.[11] 강제수용소에 수용된 목회자들은 대부분 독방에 감금되거나 다른 수감들과 접촉하지 못하도록 극심한 활동의 제한을 받았다. 1938년까지 주로 공산주의자들과 반체제 성직자와 정치범들이 수용되었고 1939년부터는 여기에 유대인들, 거지들, 집시들, 동성애자들과 매춘부와 양심적 병역거부자들인 여호와의증인 신자들이 추가되었다. 이후 강제수용소 외에 점차 유대인을 집중적으로 학살할 절멸수용소(絕滅收容所, Vernichtungslager)가 세워지게 되었다.[12]

1942년부터 본격적으로 가동하기 시작한 절멸수용소에서는 독가스 처형 방법에 의해 유대인 문제가 최종 해결되었다. 유대인 절멸정책을 입안한 것은 1942년 1월 20일 베를린 교외의 반제 호숫가

---

11) Leon Poliakov and Joseph Wulf, *Das Dritte Reich und die Juden* (Wiesbaden: Fourier Verlag, 1989), 102.
12) 최호근, 『나치대학살』 (서울: 푸른역사, 2007), 300-9.

친위대 별장에서 열린 '반제회의'(Wansee Konferenz)에서이다. 이 회의의 목적은 "유럽의 유대인 문제의 총괄적 최종 해결(Endlösung)" 방안을 마련하는 것이었다. 유대인 최종 해결 방안은 우선 유대인들을 독일 땅에서 몰아내어 강제수용소에서 해결(학살)하는 것이요, 전 유럽으로 흩어져 있는 유대인 1천 1백만 명을 학살 대상자로 삼은 것이다.13) 독일 내에서는 유대인들을 강제로 이송하는 데에 대한 저항이 없었다.

나치가 조직적으로 유대인을 학살하는 범죄를 자행해도 바티칸과 독일 교회는 유대인 대량 학살에 대해 공식적으로 항의하거나 유대인들을 보호하려는 의지를 전혀 보이지 않았다.14) 그것은 히틀러와 나치에 조직적으로 저항할 세력이 제거되었고 독일인들이 히틀러와 나치에 대한 일체감이 유대인과의 관계보다 훨씬 강했기 때문이다.

V. 아우슈비츠(Auschwitz)의 대학살(Holocaust)

나치가 유대인들을 집중적으로 학살한 곳은 약 300만 명 이상이 희생당한 강제수용소 '아우슈비츠'로 알려지고 있다. 1943년 12월 1일까지 아우슈비츠 수용소 소장이었던 훼스(Rudolf Franz Ferdinand Höss)의 증언에 의하면 적어도 아우슈비츠에서 250만 명이 독가스

---

13) Kurt Pätzold, ed., *Verfolgung Vertreibung Vernichtung* (Leipzig: Reclam Verlag, 1983), 336-339.
14) 라파엘 젤리하만, 416-417.

로 처리되었고, 50만 명 이상이 굶어죽거나 질병으로 죽었다고 한다.15) 수용소에 들어올 때부터 노동력이 없는 병자와 노약자는 곧바로 죽음의 가스실로 보내졌고 어느 정도 노동력이 있는 사람은 따로 분류되어 죽을 때까지 고통과 공포 속에 살다가 살인공장(화장터) 굴뚝의 재가 되어 사라지게 되는 것이다.16) 이 아우슈비츠에서 살아남은 유대인 정신분석학자인 빅터 프랭클(Viktor E. Frankl) 박사는 그가 체험 수기로 쓴『죽음의 수용소에서』를 통해 나치의 잔인하고도 비인간적인 학살만행(虐殺蠻行)을 전 세계에 고발하였다.

나치 치하에서 얼마나 많은 유대인들이 희생되었는지는 정확히 알 수 없다. 일반적으로 5백 50여만 명이 죽었다고 보고 흔히들 약 6백만 명이 학살되었다고 말한다. 그러나 나치 친위대(Schutzstaffel) 장관이었던 히믈러(Heinrich Himmler)의 계산에 의하면 유대인들은 6백만 명 이상 살해당했다고 말한다.17) 이것은 독일이 점령한 각 지역에 설치된 절멸수용소에서 희생된 유대인 전체수를 말한다. 특히 초기에 폴란드의 바르샤바(Warschau)의 유대인 게토에서는 25만 명의 유대인 중 90% 이상이 제거되었다고 한다.18)

독일인들은 유대인 대학살에 대해 모른 척 외면하거나, 용인하거나 심지어 거기서 이득을 취했다.19) 독가스실에서 엄청난 숫자의 유대인들이 죽어가고 있을 때에도 기독교계는 아무런 저항을 하지

15) Poliakov und Wulf, 127.
16) 빅터 프랭클,『죽음의 수용소에서』, 이시형 역 (서울: 청아출판사, 2007), 38-40.
17) Poliakov and Wulf, 99-100.
18) Ibid., 227.
19) 라파엘 젤리하만, 7.

못했다. 공산주의이든, 독일 가톨릭교회이든, 프로테스탄트이든 독일 안에 히틀러의 저항 세력은 거의 제거되었기 때문이다. 소수의 프로테스탄트의 고백교회가 나치에 끝까지 저항했지만 대다수의 독일 가톨릭교회와 독일 제국교회들은 국가교회답게 히틀러에게 복종하고 독일의 승리를 위해 싸울 것을 촉구할 뿐이었다.

독일 안에서만 유대인들이 학살당한 것이 아니라 독일이 점령한 모든 나라에서 체포된 유대인들이 절멸수용소에 수용되어 희생된 것이다. 독일이 점령한 지역에서 체포되어 희생된 유대인들에 대한 통계가 다음과 같이 집계되었다.[20]

	국가명	유대인 주민 (1939년 9월 기준)	유대인 희생자수(명)	희생율(%)
1	폴란드	3,300,000	2,800,000	85.0
2	구소련(러시아)	2,100,000	1,500,000	71.4
3	루마니아	850,000	425,000	50.0
4	헝가리	404,000	200,000	49.5
5	체코슬로바키아	315,000	260,000	82.5
6	프랑스	300,000	90,000	30.0
7	독일	210,000	170,000	81.0
8	리투아니아	150,000	135,000	90.0
9	네덜란드	150,000	90,000	60.0
10	레트란드 (발트해 연안)	95,000	85,000	89.5
11	벨기에	90,000	40,000	44.4
12	그리스	75,000	60,000	80.0
13	유고슬라비아	75,000	55,000	73.3
14	오스트리아	60,000	40,000	66.6
15	이탈리아	57,000	15,000	26.3
16	불가리아	50,000	7,000	14.0
17	기타(여러 곳)	20,000	6,000	30.0
계		8,301,000	5,978,000	72.0

....
20) Poliakov and Wulf, 229.

위에서 보는 것 같이 폴란드 아우슈비츠에서만 희생된 유대인이 약 300만 명이 되는 것을 알 수 있다. 이 외에도 구소련(러시아)군 포로 3,700,000명이 나치에 의해 희생되었다.[21]

VI. 새로운 지평

유대인 학살 사건은 전후 독일에게 있어서 정치적으로 큰 짐을 안게 되었다. 이 문제를 풀지 않고서는 독일은 국제사회에서 신뢰를 회복하기 어려웠다. 이에 1970년 12월 7일, 폴란드를 방문한 서독 수상 빌리 브란트(Willy Brandt, 1913-1992)는 나치 정권의 희생자를 기리는 바르샤바 게토의 추모비 앞에서 무릎을 꿇고 홀로코스트 (Holocaust)의 용서를 빌었다. 전 세계의 언론은 "무릎 꿇은 사람은 한 사람이었지만 일어선 것은 독일 전체였다"라고 용서를 구하는 빌리 브란트의 용기를 높이 평가하였다.

전후 독일과 이스라엘이 외교 관계를 유지하고 있지만 홀로코스트 문제는 여전히 두 나라 사이에 민감한 문제로 남아 있다. 이스라엘인의 기본 입장은 "용서는 하되 잊지는 말자."라는 것이다. 한 예를 보자. 2000년 2월 16일 이스라엘 국회에서 홀로코스트의 용서를 구하는 독일 대통령의 감동적인 연설이 있었다. 복음주의 기독교 신자인 독일 대통령 요하네스 라우(Johannes Rau, 1931-2006)는 독일에서는 역사상 처음으로 이스라엘 국회에서 600만 희생자들 앞에 머

---

21) Comite International de Dachau ed., *Konzentrationslager Dachau* (Bruxelles: Comité International de Dachau, 1974), 17.

리 숙여 사죄한다고 말했다. 국회의원들은 격찬해 마지않았으나 몇몇 항의자들은 독일인이 의회에서 연설하는 것을 원치 않는다고 물러나기도 하였다. 나치의 군대가 바르샤바 게토를 에워싸는 것을 목격했던 한 국회의원은 독일어를 '악마의 언어'라고 외쳤다. 이 연설 후 이스라엘의 오랜 친구인 라우(Rau)는 예드 바쉠(Yad Vashem) 홀로코스트 대학살기념관에도 들렀다.[22]

독일은 오래전부터 홀로코스트의 희생자 가족에게 배상금을 지불하였고 지금도 나치의 만행에 대한 새로운 흔적이 발견되면 그것을 감추기보다는 오히려 역사적 사실로 보존하려는 노력을 하고 있다. 그러나 일본은 역사적 사실을 부정하고 역사를 왜곡하는 범죄를 뉘우치지 못하고 있다. 전후 독일과 같은 패전국인 일본의 역사 왜곡을 보면서 나치의 전범을 솔직히 인정하고 용서를 구한 독일의 위대한 점을 새롭게 인식한다.

---

22) 척 피어스, 레베카 와그너 시세마, 『교회의 미래전쟁』, 매리앤 이 역 (서울: 쉐키나출판사, 2008), 246.

고대 가야에 있어서 그리스도교 전래 가능성 연구

황정욱 ｜ 한신대학교 교수

I. 서론

근래에 복음이 고대 가야에 전래되었다는 주장이 제기되었는데, 이런 주장은 가야에 대한 관심이 높아진 것과 무관하지 않은 듯하다. 고대 가야에 대한 관심이 높아지게 된 계기는 아동 문학가 이종기의 글 때문인 듯하다. 그는 『三國遺事』紀異篇 駕洛國記에 언급된 首露王의 비 許黃玉의 출신지 아유타국(阿踰陀國)을 답사하고, 아유타국은 서기 20년까지 존재했던 인도의 아요디야국으로 그 위치가 갠지스 강 유역의 내륙지방이었다고 단정하였다. 이종기는 그 근거로 아요디야에서 많이 볼 수 있고, 또한 주(州)의 문장으로 삼은 雙魚文은 김해 首露王陵 정문의 쌍어문과 동일하다고 것을 내세웠다.[1]

---

[1] 이종기, 『駕洛國 探査』(서울: 일지사, 1977), 87-89.

이종기의 글에 대한 학계의 반응은 엇갈렸다. 일부 학자들은 그의 글에 대한 검증 작업 없이 가야의 건국 설화를 역사적 사실인 것처럼 받아들임으로써 허 왕후의 출신지에 대한 치열한 논란이 있었다. 그러면서 소위 '역사 만들기'가 시작되었고, 매스컴까지 가세하여 이 문제에 대해 세인들의 주목을 집중시켰다.2) 그러나 이런 역사 만들기에 관여한 사람들은, 가야 건국 설화가 오랜 세월에 걸쳐 여러 전승들과의 복합 과정을 거쳐 최종적으로 편집된 것이라는 것을 망각하고 있었다.3) 그런데 문제는 이런 '역사 만들기'가 교회사학계에서도 그동안에 이루어졌고 여기에 대해 학계에서 별 반응이 없었다는 것이다.

1987년에 당시 관악고등학교 역사 교사 유우식은 영주시 평은면 왕유리에서 특이한 형태의 석상을 발견하였는데, 그는 이 석상이 사도 도마의 상이라고 주장하였다.4) 필자의 현장 답사에 의하면 석상은 높이 7m, 폭 11m 정도의 자연석에 음각되어 있다. 인물의 머리는 없으며 가슴에 두 손을 모으고 있으며 맨발의 형상이었다. 관찰자가 볼 때 인물상 우측에 4개의 특이한 각자(刻字)가 있고, 또한 인물상 좌측에도 한자 刻字가 있었다.

유우식은 우측의 刻字를 히브리어 מ ס י ע로 읽고, 이것은 "도마의 손과 눈"을 말하는 것이라고 보았다. 또한 좌측의 刻字를 한자 耶蘇花王 引導者 刀馬 名全行으로 읽었다. 그는 이밖에 인물상 발가락

---

2) 「조선일보」 1991년 4월 23일, 4월 30일, 5월 14일자 기사; 김병모, 김수로 왕비 허황옥, 조선일보사 1994 참조.
3) 김태식, 『가야연맹사』, 35; 이광수, "가락국 허왕후 도래 설화의 재검토," 「한국고대사연구」 31 (2003): 180-182 참조.
4) "1900년 전, 한반도에 사도 도마가," 「신앙계」 (1988. 9): 49-53 참조.

밑에서 장미와 모란 문양을 찾아냈다고 주장했다. 그는 자신의 발견에 근거해서 400년경 이 지역을 점령한 고구려의 好太王, 즉 廣開土大王이 쇼行으로 하여금 이 지역에서 복음을 전한 사도 도마를 기리기 위해서 형상을 새기게 한 것이라고 주장했다.

나는 유우식의 발굴 경위에 문제가 있다고 본다. 「신앙계」의 보고서에 의하면 그는 고대 한국의 전래 가능성을 입증할 물증을 찾기 위해서 하나님께 기도했으며 하나님이 응답을 주었으므로 문제의 석상을 발견했다고 말했다. 즉 유우식은 이 석상이 그리스도교 유물이라는 선입견을 가지고 조사에 임했던 것이다. 15세기에 아메리카 대륙에 도달한 유럽인들은 그곳의 원주민들이 사용하고 있는 십자 문양을 보고서 자신들이 도달하기도 전에 이미 그리스도의 복음이 그곳에 전파된 것인가 하고 놀란 일이 있었다. 그러나 그 후에 사람들은 십자 형상이 그리스도 탄생 이전부터 이미 세계 도처에서 사용되었던 부호임을 알게 되었다.[5] 그 조성 시기나 조성 경위가 불분명한 석상 하나를 방증 자료 하나 없이 그리스도교 유물로 단정하고 고대 한국의 그리스도교 전래 가능성을 운운하는 것은 학문적인 태도가 아니라고 생각된다.

나는 이 문제를 한번 학문적으로 검증할 때가 되었다고 생각하고, 다음 순서로 고찰해보기로 한다: 1) 사도 도마의 인도 선교는 역사적 사실인가? 2) 사도 도마는 한국에 왔는가? 3) 가야는 과연 그리스도교 국가인가?

---

5) Goblet d'Alviella, "Cross," *Encyclopaedia of Religion and Ethics*, vol. 4 (1951): 324 참조.

II. 사도 도마의 인도 선교의 역사성

도마행전에 의하면 사도 도마는 인도에서 선교를 하다가 순교했다고 한다. 그러나 도마행전의 진술에도 불구하고 사도 도마가 실제로 인도에 와서 복음을 전했는가에 대해서 많은 논란이 있었다. 우선 도마행전이 정경에 속하지 않는다는 것이 도마의 인도 선교의 역사성을 의심하게 만들었다. 그럼에도 불구하고 인도의 토마스 교회 그리스도인들은 사도 도마가 토마스 교회의 창설자라는 것을 확고히 믿고 있다.

클레인(Klijn)의 연구에 의하면6) 도마행전은 다른 외경 행전들, 즉 베드로행전, 바울행전, 요한행전과의 관계를 고려할 때 3세기 초에 쓰인 것으로 추정되며, 그 집필 장소는 '에데싸'일 것으로 본다. 현존하는 시리아어, 그리스어, 아르메니아어, 라틴어, 아랍어 사본들을 대조해본 결과 도마행전은 시리아어로 집필되었을 가능성이 가장 큰 것으로 판단된다.

이 문서는 다른 행전들처럼 3개의 큰 주제를 가지는데, 첫 번째는 복음 전파, 두 번째는 사도의 이적 행위, 세 번째는 사도의 순교다. 다른 외경의 행전들처럼 도마행전은 이적 행위에 가장 큰 비중을 두고 있다. 이밖에 이 문서에는 정경 본문을 인용한 듯 보이는 내용들이 종종 발견된다.

예를 들어 제자들이 선교 지역을 분할하는 내용(1)은 제자들에게 세상 땅 끝까지 복음을 전하라는 주의 명령(마 28:19; 행 1:8)에 따른

---

6) A. F. J. Klijn, *The Acts of Thomas*, 1-16 참조.

것이다. 그러나 도마는 마태복음 10:2-4와 마가복음 3:16-19의 12 제자 명단에는 등장하지 않는다.

"우리 주께서 밤의 환상 속에 그에게 나타나서, 도마야, 두려워 말라, 내 은총이 너와 함께 있을 것"이라는 말과 유사한 표현이 출애 굽기 18:9, 사사기 6:16, 예레미야 1:8, 사도행전 18:9에 등장한다. 주의 부르심을 거절하는 모티프는 출애굽기 3:11; 사사기 6:13; 예 레미야 1:6; 요나 1:3에 이미 나타난다. 도마 일행이 산다루크에 도 달했을 때, 왕의 전령이 마을의 모든 사람은 혼인 잔치에 참석해야 한다고 선포한다(4). 이 동기는 마태복음 22:1-14에 이미 발견된 다. 피리 부는 소녀가 "이 사람은 신이거나 신의 사도"(9)라고 말한 것은 사도행전 14:11을 연상케 한다. 이와 유사한 예는 이하 본문에 도 종종 발견된다. 사도 도마의 유골을 통해서 이루어진 기적적 역 사(170)는 엘리사 사후에 일어난 기적을 연상케 한다(왕하 13:21). 그 러므로 여러 학자들은 도마행전을 정경에서 인용한 표현들로 이루 어진 허구적 문서로 취급하였다.

이밖에 도마행전에 나타난 지명 중 '산다루크'는 그리스어판에는 안드라폴리스(ἀνδράπολις)로 표기되었다. 그러나 이 지명은 현대인 에게는 알려져 있지 않다. 인도 왕 마즈다이(Mazdai)(87장)는 그리스 어판에는 미스다이오스(Μισδαιος)로 표기되었다. 레비(Sylvain Levi) 는 마즈다이를 마즈다교(=조로아스터교) 영향 아래 '바수데바'(Vasu- deva)의 변형으로 보았으며 이 인물을 쿠샨 왕조의 카니쉬카 왕 (Kanishka, †서기 126년경)의 후계자 마두라의 바수데바(Vasudeva of Mathura) 왕과 동일 인물로 보았다.7) 만일 레비의 주장이 옳다고 한 다면, 마즈다이는 사도 도마와 동시대인이 아닐 것이다.

도마행전에 의하면 사도는 마즈다이 왕의 명령으로 군인들의 창에 찔려 살해되었다. 그러나 행전은 그의 유해가 어떻게 되었는지에 대해서는 말하지 않는다. 행전의 저자는 유해의 행방에 관심을 두지 않았다. 다만 이렇게 서술한다: "형제들은 좋은 겉옷과 많은 아마포를 가져왔고 유다스를 옛날 왕들이 매장된 무덤에 매장했다"(168장). 그런데 마르코 폴로는『동방견문록』에서 사도 도마의 순교에 대한 언급은 없이 다만 그의 유해가 말라바르(Malabar) 지방에 안치되어 있다고 주장하였다.8) 실제로 4세기 이전의 전승 가운데 도마행전과 시리아 교부 에프라엠(Ephraem) 등의 시리아 전승을 제외하고는 사도 도마의 선교 및 순교를 인도와 연결시키는 경우는 찾아볼 수 없다. 오히려 영지주의자 헤라클레온(Heracleon) 및 알렉산드리아의 클레멘스는 사도 도마가 자연사했다고 주장했다.9)

오리게네스와 유세비우스 등의 고대 교부들은 사도 도마를 파르티아(Parthia)의 선교사로 믿었다.10) 오히려 유세비우스는 판테누스(Pantaenus)를 언급하면서 사도 바돌로메오가 인도에 최초로 복음을 전했다고 말한다.11) 반면에 사도 도마를 인도의 선교사로 보는 것은 시리아 교회 전통이다: 도마행전뿐 아니라 250년경 시리아어로 기록된『사도 교훈』(Didascalia apostolorum)은 사도 도마가 인도에서 서신을 보냈고 인도는 도마로부터 복음을 받았다고 기록한

7) "St. Thomas, Gondophares et Mazdeo," *Journal Asiatique* (1897): 27-42, J. F. Fleet, "St. Thomas and Gondopfernes," *Journal of Royal Asiatic Society* (1905): 223-36에서 재인용.
8) Marco Polo,『동방견문록』, 176장 참조.
9) Clement of Alexandria, *Stromata*, IV, 9 참조.
10) Origenes, *Comm. in Genesis*. 3; Eusebius, *Historia Ecclesiastica*, III, 1.
11) Eusebius, op. cit., V, 10.

다.12) 또한 약 100년 후 시리아 교부 에프라엠(Ephraem)은 도마가 인도에서 순교했고 그의 유골의 일부는 에데싸에, 일부는 인도에 있다고 주장했다.13) 에프라엠의 주장은 도마 행전에서 연역한 것으로 추정된다. 이처럼 도마의 선교지에 대해서 시리아 교회와 알렉산드리아 교회는 상당한 차이를 보인다. 이런 점들이 도마행전의 역사성을 의심케 만드는 또 다른 이유다.

그러나 우리는 알렉산드리아 전통과 시리아 전통이 완전히 배치된다고 볼 필요는 없다. 왜냐하면 고대 북부 인도의 역사는 인접한 파르티아와 밀접한 관계 속에 전개되었기 때문이다. 파르티아가 북부 인도를 지배했던 역사를 감안할 때,14) 고대 저자들이 사도 도마를 때로는 인도의 선교사로, 때로는 파르티아의 선교사로 진술하는 것을 우리는 충분히 납득할 수 있다. 어쨌든 중요한 것은 시리아 전통과 알렉산드리아 전통 모두가 분명히 인도 교회의 사도적 기원을 증언했다는 사실이다.

---

12) W. Cureton ed., *Ancient Syriac Documents relative to the earliest establishment of Christianity in Edessa*, 32-33.
13) St. Ephraem, *Carmina Nisibena; Hymni dispersi*, 5-7 참조.
14) 이 사실에 대해서 G. M. Moraes, *A History of Christianity in India*, vol. 1, 17-24 참조.

III. 고대 가야에 있어서 그리스도교 전래 가능성

1. 사도 도마 혹은 선교사들이 가야로 올 수 있는 가능성 고찰

먼저 사도 도마 혹은 다른 선교사가 인도 동부 해안을 출발해서 가야로 올 수 있는 가능성을 생각해보자. 로마제국과 인도 사이의 항로는 이미 기원전부터 알려져왔고, 몬순을 이용한 항해술 덕분에 인도 항해는 이전보다 수월해졌다. 선박 발달사를 보면, 원시적인 통나무배에서 나무판을 묶어 만든 목판선(木板船)으로 그리고 다시 범선(帆船)으로 발달하였다. 은(殷)대에 이미 범선이 출현했다고 하는데,15) 초기 범선은 가로돛을 사용하다가 서기 1300년경에 가서야 비로소 세로돛과 삼각돛을 사용하게 되었다. 또한 초기에는 단수의 돛을 사용하다가 점차로 복수 돛을 사용하였다. 서기 1세기경의 선박은 돛을 갖추었으되 주로 인력을 이용해 노를 저어 항해했으므로 오늘의 선박에 비해 속도 면에서 매우 느렸다.16)

조선술의 발전에 상응해서 항해술도 점진적으로 발전했는데, 해상 활동의 초기에는 모든 선박은 예외 없이 해안에 가까운 연해로를 따라서 항해하였다. 도서와 육지의 지형지물을 기준으로 삼아 어림짐작으로 항행하는 원시적 항법을 지문도항법이라고 부른다. 이러한 지문도항법에 의해서 항해하던 시절에는 해안선을 따라서 항행

---

15) 정수일, 『실크로드학』, 193 참조.
16) 김인배는 허황옥이 인도에서 타고 온 것은 범선이 아니었다고 주장하지만, 이것은 무근거한 주장이다. 단 1세기의 범선은 현대적 의미의 범선과는 수준이 달랐다. "해류를 통해 본 한국 고대민족의 이동," 『역사비평』 (1988, 가을호): 121 참조.

해야 하기 때문에 많은 시간이 소요할뿐더러 리아시스식 해안 곳곳에 숨어 있는 암초에 걸리거나 섬들 사이를 흐르는 빠른 해류 때문에 난파하기가 십상이었고 또한 늘 해적들이 연안을 통과하는 선박들을 위협하고 있었다. 또한 원거리 항해를 해야 할 경우, 중도 기항 없이 목적지까지 항해를 할 수 없고 구간 항해를 해야 했다.[17)

일례를 들어서 東晋의 고승 法顯(338-423)의『佛國記』에 의하면, 法顯은 天竺[인도]에서 11년간 구도하다가 409년 초겨울 갠지스 강 하구에 있는 多摩梨帝國에서 계절풍을 이용하여 14일 만에 獅子國[현 스리랑카]에 이르러 2년간 체류한 후 중국 상선을 타고 3개월여간의 난항 끝에 耶婆帝國[현 수마트라]에 도착하였다. 그는 거기서 5개월 머물다가 412년 4월에 인도 상선을 타고 북상해서 3개월 만에 산동반도 뇌산(牢山)에 도착하였다. 그가 귀국하는 데 소요한 시간은 2년 8개월이나 되었다. 그가 갠지스 강 하구에서 곧바로 동진하지 않고 남행하여 獅子國으로 간 것은 귀국할 배를 얻기 위해서였다. 그가 2년간이나 獅子國에 머문 이유는 중국행 선박을 만나지 못했기 때문이다.[18) 또한 耶婆帝國에서 산동반도까지 항해할 때 法顯이 탄 선박은 근해 항해를 했을 것이다.[19)

---

17) 우리는 그 단적인 예를 사도 바울의 항해 이야기(사도행전 27-28장)에서 발견할 수 있다.
18) 6세기경 중국에서 지문도항법에서 벗어나 해와 달, 별 등 천문 대상을 기준으로 정하여 항해하는 천문도항법이 도입됨으로써 근해 항해가 가능해졌다. 그러나 여전히 원거리 항해는 불안전성을 면치 못하고 장시간을 요했으며 연안 및 근해 항해가 위주였다. 정수일, op. cit., 59 참조.
19) 항해 방향을 잡는 데 필수적인 나침반은 1세기에는 물론 알려지지 않았다. 나침반은 11세기 말 北宋대에 비로소 처음으로 항해에 도입되었다. 나침반은 12세기 후반 南宋대에 아랍인들에게 전해졌으며 유럽인들은 12세기 말에 아랍인들을 통해서 전수 받았다. 나침반의 도입은 비로소 심해 항해를 가능하게 만들었

만일 1세기에 인도에서 가야로 오려고 한다면, 일단 중국까지 항해한 후 중국과 한반도 간의 항해로를 따라서 항해했을 것이다.[20] 한·중간의 고대 항로는 횡단로와 연안로가 있었다. 즉 明州[현 寧波] 혹은 沙尾에서 출항하여 남지나해를 통과하여 흑산도에 이르는 횡단로가 있었다.[21] 그러나 이 해로에는 해류의 위험이 도사리고 있었으므로 난파의 위험이 매우 높았고 불안전했다.[22] 그래서 이 남방 횡단로는 6세기 말 통일 신라 시대 이후에야 비로소 본격적으로 이용되었다고 한다.[23] 그러므로 중국에서 가야로 올 경우, 산동반도에서 출발해서 발해만을 건너 요동반도에 이르고 거기서부터 압록강 하구에 도달하고, 그 다음 서해안을 따라 내려와 가야에 도달하거나 혹은 부안에 도착해서 육로를 이용해서 가야에 도달하게 된다.[24] 그렇지만 이상의 서술은 공간적 이동 경로가 그러했다는 것을 이론상으로 말할 뿐이다.

사도 도마가 활동했던 1세기에는 조선술과 항해술의 아직 원시 상태를 면치 못하였다. 그러므로 만일 도마나 혹은 다른 사도가 인도에서 가야까지 오기 위해서 해로를 택했다고 가정했을 경우, 매우 많은 시간을 소요해야 함은 고사하고, 난파당하지 않고 안전하게 목

으며, 따라서 선박들이 연안을 따라 항행하는 연해 혹은 근해 항해 대신 직항로를 통과하는 심해 항해가 가능하게 되었다. 정수일, op. cit., 293 이하 참조.
20) 물론 육로를 이용할 수도 있지만, 육로는 훨씬 위험하고 많은 시간을 요했다. 예를 들어서 唐의 玄奘은 629년에 四川을 출발하여 633년에 갠지스 강 동북부의 불교 성지에 도달했다.
21) 무함마드 깐수, 『신라 서역 교역사』, 522 이하 참조.
22) 이에 관해서 김인배, op. cit., 117-20 참조.
23) 정수일, 『고대 문명 교류사』, 674f. 참조.
24) Ibid., 667; 권주현, 『가야인의 삶과 문화』, 88f. 참조.

적지에 도착했을 가능성은 거의 없다고 보아야 한다.

2. 가야 지역 유물들의 고찰

가야 지역에서 발굴된 유물들을 통해서 그리스도교의 흔적을 발견할 수 있는가? 다음 몇 가지 경우를 고찰함으로써 이 의문에 답변해 보자.

1) 앞에서 언급한 왕유리 석상을 발견한 유 교사의 주장대로 이것이 5세기의 작품이라고 본다면, 십자가 형상이라도 보일 법도 하지만 어디에도 발견되지 않는다.[25] 종교적 선입견이 없는 관찰자가 왕유리 석상을 관찰한 후 그리스도교 도상이라고 판단한다면, 이 석상이 그리스도교 유물이라는 주장은 보다 설득력을 가질 것이다. 나는 고고학자인 한신대학교 이남규 교수에게 문제의 석상 사진을 보여주었는데, 그의 답변은 이러했다: "석상의 손 모습과 의복의 주름 모양을 보아서는 고려나 조선 시대의 불상으로 보이며, 刻字는 조선조의 것으로 보인다." 인물상 좌측의 4 刻字는 현재로서는 해독이 불가능하다. 왼편으로부터 처음 두 문자는 히브리어 ה ם과 유사하지만, 이것을 '도마'로 읽을 수는 없다. '도마'는 아람어로 תאומא라고 표기하기 때문이다. 나머지 2개 刻字는 사람의 형상처럼 보인다. 다른 한편 유우식이 "名 全 行"이라고 읽은 우측의 刻字들은 누군가 서툰 솜씨로 암석에 새기려고 한 듯 보이며, 나로서는 판독할 수 없다. 나는 이 석상을 고려 혹은 조선 시대 불상으로 판단한 것이

---

25) 십자가 형상은 4세기 중엽부터 그리스도교 도상에서 등장하기 시작한다. "경교 형상 유물 연구," 「한국교회사학회지」 16 (2005): 219-23 참조.

100% 옳다고 보지는 않는다. 그러나 나는 이 석상에서 그리스도교 와 연결할 만한 어떤 단서도 발견할 수 없었다.

2) 순장(殉葬)이란 죽은 사람을 위해 살아 있는 사람을 함께 매장 하는 장례 행위다. 순장 묘가 되기 위해서는 첫 번째로 피장자와 순 장당한 자가 동시에 매장되어야 한다. 두 번째로 순장당한 자는 강 제로 죽음을 당해야 한다. 세 번째로, 시신의 위치나 부장품의 질과 양 등에서 피장자와 순장당한 사이의 주종 관계가 명백해야 한다. 가야 시대 고분들을 발굴한 결과 4세기부터 6세기 초까지의 고분들 에서 많은 순장 시신이 발견되었다.26) 순장 행위는 사람을 강제로 죽여서 다른 사람의 장례에 사용한다는 점에서 인간에 대한 지배- 예속 관계를 보여준다. 순장은 생사여탈권을 가진 지배자가 군림하 는 고대 사회에서 시행되었다. 순장은 피장자가 사후에도 순장 대상 을 지배한다는 관념에서 기원한 것으로 볼 수 있다. 또한 순장은 인 간이 사후에도 삶을 계속 이어간다는 원시적 신앙을 반영한다.

순장은 고대 이집트, 그리스뿐 아니라 고대 중국에서 시행되었 고, 고조선, 부여, 고구려, 신라에서도 시행되었다. 고구려 中川王(3 세기)은 순장을 非禮라고 여겨 금지했으며,27) 신라의 경우 지증왕 3년(502)에 순장을 금지했다는 기록이 있다.28) 그러나 대부분의 나 라들에서는 율령 국가 체제를 갖춘 이후에는 순장 풍습은 사라졌다. 고구려에서는 고분벽화의 인물도들이 人身 犧牲을 대신하였고, 신

---

26) 권오영, "고대 영남지방의 순장," 「한국 고대사 논총」 4 (1992): 31-50; 김태식, 『미완의 문명 7백년 가야사』vol. 2, 116-21; 권주현, op. cit., 210-17 참조.
27) 『三國史記』 高句麗本紀 第五 東天王條.
28) 『三國史記』 新羅本紀 第四 智證麻立干.

라의 경우 흙으로 빚는 인형[土俑] 같은 것을 매장하는 풍습이 생겼다. 고구려, 신라에서 순장이 사라지게 된 원인에 관해서, 삼국이 장기간의 항쟁에서 살아남기 위해서 생산력이 대량 필요하였고 이를 위해서는 노비들의 사회적 지위가 향상되면서 순장제가 폐지되었다는 견해가 있고, 다른 한편에서는 순장 대상의 부족화, 人身 供犧 사상의 쇠퇴 등으로 설명한다. 두 견해는 상호 보완적으로 볼 수 있으니, 생산에 필요한 인적 자원을 순장에 소모하는 것은 무모하다는 견해가 점차 지배했고, 또한 인간 인식의 변화와 내세관의 변화는 人身 供犧 사상의 쇠퇴를 초래했다고 볼 수 있다.29) 이것은 불교의 포교와 무관하지 않을 것이다.

반면 가야의 경우 562년 대가야가 멸망할 때까지 순장 풍습이 사라지지 않은 것으로 보인다. 6세기 초로 추정되는 가야 고분에서도 순장 시신이 발견되었기 때문이다. 가야에서는 왕족뿐 아니라 상류층에서도 순장이 시행되었던 것으로 보인다. 가야에서 순장이 사라지지 않았다는 것은 가야가 다른 국가에 비해서 정치적, 사회적으로 뒤떨어졌음을 말해준다. 만일 가야가 복음화되었다면 인접한 신라에서는 금지된 이 원시적이고 비인도적 풍습이 어째서 사라지지 않았을까?

3) 옛 가야 지역에서 다수 출토된 高杯를 성찬에서 사용된 잔으로 볼 수 있는가? 학계에서는 고배를 일상적 식기라기보다는 祭器로 보는 견해가 지배적이다. 고배를 장식하는 역할을 하였던 투창(透窓)을 형태별로 장방형, 삼각형, 원형, 화염형으로 구분한다. 그

---

29) 권오영, op. cit., 57 참조.

런데 조국현은 화염형 투창을 예수의 손에 박힌 못 자국을 상징한다고 주장하였다. 그러나 이런 주장을 위해서는 좀 더 설득력 있는 증빙 자료가 요구된다. 또한 부산대학교 박물관에 소장된 가야 시대의 器臺는 맨 밑 부분의 투창이 십자형으로 관찰자의 주목을 끈다.[30] 그러나 십자 형상은 이미 언급한 대로 동서고금을 막론하고 전 세계적으로 나타나는 문양이며, 그리스도교만의 상징물로 여기는 것은 금물이다.

4) 고대 가야 지역에서 불교 유물이 발견되지 않았다는 것이 그리스도교 전파를 반증하는 것이라고 주장할 수 있을까? 학계에서는 고령 고아동 고분 천장에 그려진 蓮花文을 불교 유물로 추정한다.[31] 김태식은 고구려, 백제가 차례로 불교를 공인함에 따라서 528년 불교를 공인한 신라를 통해서 가야도 뒤늦게 불교를 수용했을 가능성을 조심스럽게 추정한다.[32] 『三國遺事』 塔像篇 金官城 婆娑石塔 條에 의하면 허왕후가 아유타국에서 올 때 婆娑石塔을 싣고 왔다고 하였다. 석탑은 인도 불교 예술에 속하므로, 인도 불교가 이때 가야에 들어왔다고 보는 이론도 있기는 하다. 그러나 김태식은 이 설화의 성립 시기를 『駕洛國記』가 편집된 고려 文宗代로 본다. 그러므로 이 설화는 편집된 시기의 시대 상황을 반영한 것으로 추정된다. 따라서 현재 김해 허왕후릉에 있는 婆娑石塔을 인도에서 온 불교 유물로 보아야 할 근거가 없어진 셈이다.

그렇다면 가야 사람들은 불교가 들어오기 전에는 어떤 신앙을 가

---

30) 김원룡, 안휘준, 『한국 미술의 역사』, 250 참조; 이장식, op. cit., 381 참조.
31) 김원룡, 안휘준, op. cit., 240, 255 참조.
32) 김태식, 『미완의 문명 7백년 가야사』, 128 참조.

졌을까? 고고학적 발굴을 근거로 해서 추정할 때 가야에서는 동물 뼈를 이용한 점복술이 성행했다.[33] 또한 『三國志』魏書 東夷傳 韓 條에는 3세기 가야인들의 신앙을 엿볼 수 있는 기록이 전해진다: "오월에 씨를 뿌리고 난 뒤 귀신에게 제사를 지낸다. … 시월에 농사 일이 끝난 후에도 똑같이 한다. 귀신을 믿는다." 5월 제사는 농사의 풍요를 기원하는 행위이고, 10월 제사는 추수 감사제로 볼 수 있다. 이것은 어느 농경 사회에서나 흔히 볼 수 있는 것인데, 대상이 귀신 이다. 여기서 말하는 귀신은 天神을 의미한다고 볼 수 있다. 즉 이어 서 말하기를: "국읍에 각각 한 사람을 세우고 天神에 대한 제사를 주관하게 했는데, 이름하여 天君이라 한다. 또 각 소국에는 별읍이 있어 이름을 蘇塗라 하며, 방울과 북을 매단 큰 나무를 세워서 귀신 을 섬겼다."[34] 이 기록은 가야를 포함한 三韓의 풍습을 언급한 것으 로서 이를 통해서 가야인의 天神 숭배 신앙을 단편적으로 엿볼 수 있다.

5) 앞서 말한 대로 이종기는 인도 아요디야를 방문하고 그곳에서 수로왕릉 정문의 쌍어문과 유사한 형태의 것을 발견하고 수로왕릉 의 쌍어문과의 연관성을 지시한 바 있다. 조국현은 여기서 유추해서 쌍어문이 그리스도교의 상징이며 수로왕이 그리스도인이라고 주장 하였다. 그러면 『三國遺事』駕洛國記에 언급된 아유타국은 도대체 어디를 말하며 어떻게 가야 건국 설화 속에 들어오게 되었는가? 최 근 연구에 의하면 아유타국은 힌두 서사시 「라마야나」에 나타난 사 라유(Sarayu) 강안에 위치한 아요디야(Ayodhya)를 말한다. 그러나

----

33) 권주현, op. cit., 224 참조.
34) Ibid., 208.

아요디야는 신화상으로는 존재하지만 5세기 이전에는 실제로는 존재하지 않는 도시였다. 따라서 「라마야나」에 나타난 아요디야는 역사적으로 존재한 특정 도시를 모델로 해서 만들어진 가상의 도시로서 그 모델은 사라유 강안에 위치한 사께따(Saketa)였다. 5-6세기경 사께따는 다른 인도의 도시들과 더불어 몰락했다. 바로 이 시기에 라마야나의 최종 편집이 이루어졌는데, 이 무렵에 사께따는 신화 속의 도시 아요디야로 치환된 듯하다. 그리고 중세 이후 아요디야는 인도인의 성지로 자리 잡았다. 이광수는 허왕후 설화가 불교로 윤색되는 과정에서 아유타 모티브가 삽입된 것으로 본다. 아요디야라는 명칭은 힌두 문화의 전령으로서의 「라마야나」와 더불어 전해졌다고 보아야 한다. 아요디야라는 이름이 한국에 알려진 경위는 신라 말에서 고려 초 일부 불교 승려들 혹은 지식인들이 불경을 통해 얻은 것으로 추정된다. 곧 아유타국은 불경을 통해서 알려진 인도를 대표하는 성도로 인식되면서 가야 건국 설화의 확대 재생산 과정에서 삽입되었다고 볼 수 있다.[35]

그렇다면 수로왕릉의 쌍어문을 어떻게 볼 것인가? 쌍어문이 아요디야 고유의 문장이라는 이론은 더 이상 수용될 수 없다. 한 연구에 의하면, 쌍어문은 전 세계적으로 나타나는 현상으로서 神聖, 힘, 풍요를 상징한다.[36]

한국에서는 백제 무령왕릉에서 출토된 청동잔에서 발견된 쌍어문이 최고의 것이며, 김해 銀河寺 대웅전, 양산 溪源寺 대웅전, 通度

---

35) 이광수, "가락국 허왕후 渡來 說話의 재검토," 「한국 고대사 연구」 31 (2003): 189-90 참조.
36) 이헌재, "雙魚文의 分布와 象徵," 「京畿史論」 2 (1998): 33-34 참조.

寺 三聖閣 등에서도 볼 수 있다. 김해 수로왕릉 정문 현판에는 불탑과 한 쌍의 잉어, 두 개의 양궁, 두 마리 코끼리, 두 개의 연꽃 봉우리가 새겨져 있다. 또한 安香閣 문 위 栱包에도 쌍어문이 새겨져 있다.

그런데 김태식의 연구에 의하면 수로왕릉의 정문 조성 연대는 정조 이후로 보아야 하며, 이것은 쌍어문이 가야 시대부터 지속적으로 남아 있었을 가능성을 부인하게 한다. 안향각의 조성은 이보다 더 늦은 순조 24년(1824)에 이루어졌다.[37] 따라서 쌍어문은 수로왕의 신앙과는 무관한 후대인의 작품이다. 따라서 이것을 그리스도교의 상징으로 여기는 것은 불가능할 것이다.

6) 마지막으로 故김양선 목사가 경주 불국사에서 발견하였고, 현재 숭실대학교 기독교 박물관에 소장된 돌 십자가에 대해 언급하고자 한다. 6세기에 건립된 불교 사찰에서 십자가와 성모자상이 발견되었다는 것은 매우 흥미로운 일이다. 그래서 어떤 사람들은 이것을 근거로 唐 景敎가 통일 신라에도 들어온 것으로 보았다. 그런데 어떤 유물이 발견되었을 경우 출토된 경위가 중요하다. 내가 숭실대 박물관 학예관에게 문의한 결과 두 유물에 관한 발굴 기록은 남아 있지 않다는 답변을 들었다. 이런 경우 돌 십자가를 불국사에서 발견했다고 해서 불국사 승려가 이것을 사용했다고 볼 수도 없고, 또 불국사가 건립된 시기부터 있었다고 판단할 수도 없다. 돌 십자가는 외형적으로 관찰하건대, 수직선과 수평선의 길이가 거의 같고 오랜 세월 탓으로 모서리의 마모 상태가 매우 심하다. 그러나 현재 상태로는 이것은 景敎 십자가가 아니라 그리스식 십자가라고 판단된다.

---

37) 여기에 대한 자세한 연구는 김태식, "金海 首露王陵과 許王后陵의 補修過程 檢討," 「韓國史論」 41-42 (1999): 33-96, 특히 75 이하 참조.

景敎 십자가는 대개 양측 기단으로부터 잎사귀가 올라와 마치 불길처럼 십자가를 위요한 형태(이것은 보통 잎을 가진 십자가로 칭해진다), 또한 계단 위에 놓여 있고 아래 다리가 이중으로 되어 있는 형태, 각 팔이 꽃봉오리 형상을 가진 형태, 각 팔 끝을 진주 모양으로 장식한 형태 등이 발견된다. 그러므로 돌 십자가를 景敎 유물로 단정하고 여기에 필요 이상의 의미를 부여하는 것은 금물이다.

Ⅳ. 결론

학계의 일반적 견해에 따르자면 도마행전에 등장하는 구드나파르 왕이 1세기경 실재했던 인물이라는 것이 판명된 이상 도마행전이 전적으로 허구만은 아니라고 결론을 내릴 수 있다. 또한 인도 토마스 교회에서 전수되는 여러 가지 전승들이 사도 도마의 인도 선교를 역사적 사실로 인정하는 쪽으로 기울게 만든다. 그러나 우리가 섣불리 판단할 수 없는 이유는, 구드나파르 왕이 동시대의 실재 인물이라고 하더라도 사도 도마가 그를 개종시켰다는 것을 입증할 단서가 없고, 알렉산드리아 전통에서는 도마가 아니라 바르돌로메오를 인도의 선교사로 간주하기 때문이다.

그런데 사도 도마 혹은 다른 사도가 인도에서 선교 활동을 했다고 가정하더라도, 그가 인도에서 가야까지 해로를 통해 도래했을 가능성은 거의 희박하다. 가야는 비인간적인 순장 풍습과 점복술이 성행했으며 天神을 섬기는 풍습이 있었던 나라였다. 고고학적 자료를 통해서 판단할 때, 가야에 그리스도교가 전래된 흔적을 발견할 수 없다. 오히려 가야는 6세기경 인접한 신라를 통해서 불교를 받아들인 것으로 국사학계는 추정한다. 수로왕릉의 쌍어문은 수로왕의 신앙과는 무관하며 그리스도교적 상징도 아니다.

영주시 왕유리의 석상의 정체를 구명하는 것은 고고학자들의 몫이다. 그러나 단순히 도마의 가야 선교라는 허구에서 연역 추리하여 석상을 그리스도교의 유물로 보는 것은 전혀 설득력 없다. 결론적으로 말해서, 설령 누군가 그 옛날에 한반도까지 와서 복음을 전했고 그래서 이런 석상을 남기고 돌 십자가를 남겼다고 가정하더라도, 그리스도교 복음은 고대 한국 사회에 아무런 영향을 남기지 못하고 역사 속으로 사라졌다. 따라서 이런 유물만을 가지고 확대 해석하는 것은 사실을 그르칠 우려가 있다.

다종교사회와 한국 기독교 정치

박명수 I 서울신학대학교 교수

I. 들어가는 말

현대 사회에서 정치는 단지 인간 사회의 여러 분야 가운데 하나
가 아니다. 정치는 종종 사회의 여러 갈등과 이해관계를 조정하는
역할을 한다. 따라서 정치가 어떻게 진행되느냐에 따라서 그 사회가
발전할 수도 있고, 쇠퇴할 수도 있다. 특별히 그 정치의 중심에 대통
령이 있다. 따라서 대통령선거는 사회구성원 전체의 관심사이다.

기독교인들도 예외는 아니다. 기독교인들이 정치에 관심을 갖는
것은 두 가지 차원이 있는 것 같다. 하나는 일반 국민의 한 사람으로
서 대통령 선거에 대해서 갖는 관심이며, 다른 하나는 기독교인으로
서 대통령 선거에 갖는 관심일 것이다. 기독교인들은 대한민국의 국
민인 동시에 하나님의 나라의 백성이기 때문이다. 따라서 기독교인
들은 대통령이 한 나라의 수장으로서 정치를 잘해주기를 기대하는

한편, 더 나아가서 기독교적인 가치가 존중되고, 선교에 도움이 되는 방향으로 정책이 진행되기를 바란다. 이런 관심 때문에 기독교인이 정치에 대해서 갖는 관심은 보다 복합적이라고 말할 수 있다.

지금까지 한국 기독교는 선거에 관해서 두 가지 중요한 이슈를 가졌던 것 같다. 첫째는 기독교인을 대통령으로 만들자는 것이었다. 과거 이승만 대통령이나, 김영삼 대통령 그리고 가까이는 이명박 대통령 등 기독교 장로들을 대통령으로 만들자는 열망을 가졌다. 하지만 기독교는 이들 대통령이 인기를 잃게 되자 기독교도 같이 비난을 받게 되었으며, 실제로 기독교안 대통령들도 타 종교들의 감시와 비판이 두려워 친 기독교적인 정책은커녕 오히려 기독교가 역차별 당하였다. 따라서 우리는 어떤 후보가 신자라고 해서 기독교가 무조건적으로 지원해주는 일은 합당하지 않을 것이다.

두 번째는 기독교 정당을 만들어서 국회에서 기독교의 이익을 대변해보자는 운동이다. 지금까지 기독교는 여러 채널을 통해서 정치권에 자신의 목소리를 알렸다. 하지만 별로 성공하지 못했다. 실지로 국회의원들 가운데 기독교인들의 비율이 가장 많음에도 불구하고, 기독교가 제기하는 문제들이 제대로 국회에서 통과되지 못하고 있다. 따라서 많은 사람들은 기독교 정당을 만들어서 기독교 국회의원들로 하여금 이 역할을 하도록 하자는 것이다. 하지만 이런 노력은 성공하지 못하였다. 그 이유는 다종교사회에서 기독교 정당은 종교 간의 갈등을 야기할 위험성을 갖게 되고, 기독교인들 자체도 기독교 정당의 기독교적인 대표성에 의문을 가졌기 때문이다. 사실 기독교인들의 목소리가 국회에 반영되지 못하는 이유는 정치권에 있기보다는 기독교가 분열되어 하나의 목소리를 갖지 못하고 있기 때문이다.

따라서 본 논문에서는 대통령 선거를 앞두고 기독교와 정치의 관계를 재조명해봄으로써 오늘의 상황에서 기독교인들이 어떻게 정치를 보아야 하며, 정치가들도 기독교의 소리에 귀를 기울여보도록 여러 가지 문제를 제기하고자 한다. 필자는 이런 논문을 전개함에 있어서 다음의 몇 가지를 고려하고자 한다. 첫째, 한국은 정교가 분리된 나라라는 것이다. 따라서 국가는 종교 중립의 의무를 지켜야 하며, 특정 종교를 지원해서는 안 된다는 것이다. 둘째, 한국은 다종교적인 상황이며, 이런 상황에서 국가는 공공성을 해치지 않는 범위 내에서 종교의 자유로운 경쟁을 제한해서는 안 된다는 것이다. 셋째, 정치와 종교는 분리되어 있지만 동시에 다 같이 한국 사회의 한 공동체이기 때문에 서로 협조할 수 있다는 것이다. 다시 말하면 신앙의 영역에서는 국가와 종교는 분리이지만 안보, 복지, 교육 등 많은 분야에서 국가는 종교와 협력해야 한다는 점이다.

필자는 이런 전제를 갖고 먼저 정교분리가 근대 사회와 한국 사회에서 어떻게 형성되어왔는가를 역사적으로 살펴보고, 다음으로 구체적으로 정교분리된 대한민국 사회에서 기독교의 위치를 정리해 본 다음에 마지막으로 현재의 상황에서 한국 정치와 교회가 해야 할 일을 살펴보려고 한다.[1]

----

1) 필자는 이 주제와 관련하여 다음과 같은 논문을 발표한 바 있다: "다종교사회에서의 개신교와 국가권력,"「종교연구」54 (2009): 1-37; "정부의 종교문화정책의 현황과 기독교의 대응방안,"「목회와 신학」255 (2010년 9): 156-166; 256 (2010년 10): 159-169; "다종교사회의 형성과 복음주의 신앙,"「성결교회와 신학」25 (2011년 봄): 11-42; "해방후 한국 정치의 변화와 다 종교사회 속에서의 기독교,"「한국교회사학회지」29 (2011): 249-289; "이명박 정부 시대의 정치와 종교,"「성결교회와 신학」27 (2012년 봄): 42-76. 본 논문의 제1장은 위의 논문

II. 근대 사회의 전개와 정교분리: 역사적 고찰

1. 서양에서의 다종교사회의 등장과 정교분리

인류는 오랫동안 정교일치 사회였다. 한 사회의 근간은 종교였고, 왕은 바로 그 종교의 대표자였다. 특히 동양 사회에서 왕의 중요한 기능은 종교 대표자의 역할이다. 이런 정교일치 사회가 근대 시대에 들어서면서부터 붕괴되기 시작했다. 과거 종교의 선택은 국가의 몫이었다. 하지만 17세기 말 영국에서 발표된 관용령은 종교 선택의 자유를 개인에게 귀속시켰다. 국가는 더 이상 개인의 종교에 대해서 관여하지 말아야 한다는 것이다.

여기에 대해서 고전적인 이론을 제시한 사람이 바로 존 로크(John Locke)였다. 로크는 국가가 종교에 관하여 관여하지 말아야 할 중요한 이유를 세 가지로 말했다. 첫째, 시민정부는 계약에 의해서 이루어지는데, 시민은 국가에 이런 종교적인 임무를 맡긴 적이 없으며, 둘째, 종교는 근본적으로 인간의 영혼을 다루는 곳인데, 정부는 이런 일에 대해서 말할 자격이 없으며, 셋째, 정부는 강제력을 통하여 통치하는데, 종교는 강제력으로 할 수 없는 영역이라는 것이다.[2] 로크의 이런 주장은 유럽의 역사를 바꾸어놓는 것이다.

하지만 관용령은 국교회를 인정하는 가운데서 다른 종교를 믿을 자유를 관용하는 것이다. 본격적으로 로크가 주장하는 정교분리가

중, "다종교사회의 형성과 복음주의 신앙"을 요약 발전시킨 것임을 밝힌다.
[2] John Locke, "A Letter Concerning Toleration," in *John Locke*, eds. John Horton and Susan Mendus (London & New York: Toutledge, 1991), 17-19.

이루어진 것은 바로 미국에서였다. 우리가 알다시피 청교도 사회는 정교일치 사회였다. 하지만 18세기 후반 미국이 영국을 상대로 독립운동을 벌이는 과정에서 개신교의 여러 교파들이 독립운동을 위해서 싸웠다. 그리고 독립 이후에 개신교의 주요 교파들은 자신들이 새로운 나라에서 독점적인 지위를 얻기를 원했다. 이런 상황에서 미국 독립운동가들은 어떤 특정한 교파를 국교로 인정하기보다는 오히려 국가는 종교로부터 분리해야 하며, 특정 종교를 지원해서는 안 된다는 정교분리를 선언하였다. 여기에는 국가에 대한 종교의 간섭을 배재하려는 계몽주의자들의 계산이 담겨져 있다. 이렇게 해서 미국헌법은 인류 역사상 처음으로 정치와 종교의 분리를 선언하게 되었고, 종교는 국가의 문제가 아니라 사적인 문제로 규정되었다. 아울러서 국가는 자유로운 신앙생활을 금지하는 어떤 법도 만들지 못한다는 조항도 만들어졌다.[3]

2. 조선 사회에서의 정교분리와 다종교사회의 등장

그러면 어떻게 이런 정교분리의 원칙이 우리나라에 들어오게 되었는가? 원칙적으로 조선사회는 유교 국가였다. 조선과 대한제국이 망할 때까지 유교는 국가의 공식 종교였다. 이런 상황에서 조선에는 미국의 정교분리 사상이 소개되었다. 먼저 1880년경에 황준헌의 『조선책략』이 소개되었고, 거기에는 미국의 종교인 개신교는 "일정 정사에 관여하지 않으며"라고 기록되었다.[4] 조선 정부로서는 가톨

---

3) J. E. Wood, "Church and State, Separation of," *Dictionary of Christianity in America* (Downers Grove, IL: Intervarsity Press, 1990), 267-68.

릭의 정치 간섭에 대해서 매우 민감해 있었기 때문에 개신교의 정교
분리는 매우 긍정적으로 이해될 수 있는 것이었으며, 이것은 조선
정부가 천주교보다 개신교를 선호했던 이유이기도 했다. 개신교 선
교사들도 이것을 잘 이해하고 있었다. 만민공동회 사건 당시 배재학
당의 학생들을 중심으로 입헌군주제를 내세우며 대한제국의 정치
에 관여하려고 할 때에 선교사들은 기독교는 정사에 관여하지 말아
야 한다고 주장하였다. 정교분리의 원칙은 조선 정부와 선교사들 사
이에 처음부터 받아들여진 하나의 중요한 원칙이었다.[5]

　정교분리와 더불어서 조선 정부는 미국의 종교의 자유의 개념도
받아들이기 시작하였다. 1882년 조미통상조약이 맺어지고, 미국의
사회가 우리나라에 소개되기 시작하였다. 그리하여 1883년 창간된
「한성순보」에는 미국의 종교에 관하여 "인민이 믿는 대로 맡겨져 권
장하는 종교도 없고, 금지하는 종교도 없다"고 설명하고 있다.[6] 여
기에 국가의 종교 불개입 정책이 소개되었다. 이것은 유길준의 『서
유견문』에도 나오는 내용이다. 그는 청교도들이 미국에 와서 나라
를 세우고, "정부가 법령을 너그럽게 하여 종교에 관한 금지령을 해
지하였다. 사람마다 마음 내키는 대로 믿고 싶은 종교는 믿고, 반대
하는 종교는 반대하도록 하여 구속하지 않고, 자유로운 풍속을 이루
어 주었다."[7] 이런 유길준의 생각은 당시 개화파의 주류였던 것 같
다. 1888년 박영효가 고종에게 보낸 상소에서 "모름지기 종교는 백

---

4) 황준헌, 조일문 역주, 『조선책략』 (서울: 건국대학교출판부, 2006), 37.
5) "교회와 정부 사이의 교제할 몇 조건," 「그리스도신문」 (1901년 10월 3일).
6) "미국 약지," 「한성순보」 (제12호); 류영익 외, 『한국인의 대미인식』 (서울: 민음
　사, 1994), 65.에서 재인용.
7) 유길준, 허경진 역, 『서유견문』 (서울: 서해문집, 2005), 365.

성에게 맡겨 자유롭게 신봉하여야 하며, 정부가 관여해서는 안 됩니다"라고 주장하였다.[8] 실질적으로 조선 정부는 종교 문제에 대해서 가능한 대로 간섭하지 않으려고 하였다.

이렇게 조선 정부가 종교에 대해서 간섭하지 않으려고 했던 또 다른 이유는 이미 한국 사회에는 정부의 힘으로 어쩔 수 없는 다양한 종교들이 존재하고 있어서 종교 문제에 개입을 했다가는 정부의 존립 자체가 어렵게 되었으므로 오히려 다양한 종교들을 인정하고, 개입하지 않으려는 입장을 가졌던 것 같다. 이미 개신교를 필두로 해서 천주교가 프랑스의 세력을 없고 다시 등장하고, 동학이 종교의 자유를 외치며, 불교가 일본의 힘을 업고 입성금지를 해지하였다. 조선은 어쩔 수 없이 다종교사회가 되었고, 유교가 국교라는 것은 형식상으로 남아 있었다. 우리가 역사적으로 볼 때 정교분리는 이미 다종교사회가 되어 더 이상 특정 종교로서 사회가 통합될 수 없을 때 나타나는 현상이다.

하지만 조선 정부가 모든 종교에게 동일한 기준을 적용했던 것은 아닌 것 같다. 여전히 유교는 형식적이지만 조선의 국교였으며, 각종 유교식 제례도 여전히 진행되었다. 조선 정부는 천주교의 선교는 공식적으로 인정하였지만 개신교의 선교는 공식적으로 인정하지 않았다. 불교의 도성 입성금지는 해지되었지만 동시에 원흥사라는 절을 통하여 조선의 모든 종교를 통제하려고 했다. 아직도 동학은 사교로 낙인이 찍혀 있었다. 다종교 상황이 전개되었지만 조선은 모든 종교를 같이 대우하지 않았고, 개별 종교마다 다르게 취급하였다.

---

8) "박영효 건백서," 『일본외교』 제12권, 307.

3. 일제 강점기의 종교 정책과 정교분리

우리는 위에서 이미 19세기 말과 20세기 초에 조선 사회가 다종교사회였지만 일관된 종교 정책이 존재하지 않았다는 것을 밝힌 바있다. 이런 상황에서 일제 강점기에는 종교 정책에서 획기적인 변화를 가져왔다. 일본은 지금까지 조선 정부가 인정하지 않던 종교의 자유를 공식적으로 인정하였다. 을사늑약 이후 1906년에 통감부령으로 발표된 "종교 선포에 관한 규칙"에 의하면 신도, 불교 및 기타종교는 통감부에 허가를 신청하여 허가를 받게 하였으며, 허가를 받은 종교 안에서 종교의 자유를 주도록 하였다.9) 다시 말하면 정부가특정 종교를 인가하여 제한된 종교에 자유를 주는 종교공인제도가실시된 것이다. 이런 새로운 정책에 의하여 신도, 불교와 같은 종교뿐 아니라 천주교, 기독교와 같은 서양 종교도 자유를 얻게 되었고, 더 나아가서 조선 정부에 의해서 사교로 몰렸던 동학도 천도교(동학)라는 이름으로 자유를 얻게 되었다. 흥미 있는 것은 조선시대에국교의 위치에 있던 유교는 단지 교육기관으로 전락하여 국교의 위치를 상실하게 되었다.

하지만 이런 공인제도는 몇 가지 중요한 내용을 포함하고 있다. 첫째, 국가 신도의 특권적인 지위이다. 일본은 국가 신도를 국가의중심에 놓았으며, 국가 신도는 종교를 초월하여 모든 국민이 수용해야 할 종교라고 보았다. 일본은 국가 신도는 종교가 아니며 일종의국민의례라고 주장하였지만 기독교인들은 이것을 분명한 종교로

---

9) 「한국시정년보」 통감부 관방, 1906-7, 396; 김승태, 『한말/일제 강점기 선교사연구』 (서울: 한국기독교역사연구소, 2006), 55쪽 주 21참조.

인식하였다. 둘째는 일제의 종교의 자유는 제한된 의미의 자유라는 것이다. 일본은 종교의 자유를 절대적인 자유로 받아들이지 않고, 국가의 공공질서에 저촉되지 않는 한 종교의 자유를 인정한 것이다. 셋째는 일본의 조선 통치가 본격적으로 진행되면서 민족 종교를 인정하지 않았다. 일본은 천도교나 대종교 같은 민족 종교가 유사 정치적인 단체이기 때문에 종교로서 인정할 수 없다고 보았다. 넷째는 미신을 종교로서 인정하지 않았다. 종교의 기능이 국민의 교화라면 미신은 그런 기능을 갖지 못하는 것이다.

일제 강점기의 종교 가운데서 가장 중요한 위치를 갖고 있는 것이 바로 기독교와 불교였다. 일제는 기독교에 대해서는 엄격한 정교분리를 내세웠다. 일본은 정교분리가 미국에서 유래한 것을 알고 정교분리를 주장했지만 그 근본적인 의도는 기독교의 정치 참여를 막고자 하는 것이었다. 선교사들도 기독교가 정치 문제에 관여하면 일본과 마찰을 가질 수밖에 없으므로 한국교회에 정교분리를 강조하였다. 하지만 이런 외형적인 모습에도 불구하고 기독교와 미션 스쿨은 독립운동의 근거지가 되었고, 근대적인 시민의식을 형성하는 중요한 장소가 되었다.

하지만 일본은 불교는 철저하게 총독부의 정책 아래 복속시켰다. 일본은 기독교가 잠재적으로 자신들의 통치에 방해물이 된다고 생각하여 경계한 반면에 불교를 의도적으로 지원해주었다. 총독부는 사찰령을 만들어서 불교를 총독부의 산하기관으로 만들고, 문화재 보호를 명목으로 불교를 지원하였다. 사실 불교의 연등회가 일제 강점기에 크게 부활한 것도 기독교의 크리스마스에 대항하기 위하여 총독부가 의도적으로 지원하였기 때문이다.[10]

결론적으로 일제 강점기의 종교 정책이란 공인제도를 통하여 종교를 근본적으로 총독부의 통제 아래 두었고, 기독교에 대하여는 정교분리라는 이름으로 정치 참여를 막고, 불교에 대해서는 문화재 보호라는 이름으로 지원하였던 것이다.

4. 대한민국의 건국과 정교분리

해방과 더불어서 미군정이 시작되었고, 그 이후 대한민국이 건국되었다. 이런 과정에서 한국 정부의 종교 정책은 주목할 만하게 수정되었다. 우선 미군정과 대한민국은 종교적으로 중립인 정책을 실시했다. 미군정은 처음부터 피점령지의 종교에 개입하는 것을 삼갔고,[11] 대한민국 헌법은 국교를 인정하지 않는다고 주장했다. 이것은 조선이 유교에 근거한 사회이며, 일본이 국가 신도를 기본으로 하여 식민통치를 한 것에 비하면 새로 등장하는 한국 사회는 특정 종교를 국교로 인정하지 않는 세속 국가를 의미한다.

미군정과 대한민국 정부는 국교를 인정하지 않았을 뿐만이 아니라 공인 종교 제도도 포기하였다. 자유민주 국가는 어떤 종교를 인정하고, 어떤 종교는 인정하지 않을 권리를 갖고 있지 않다. 따라서 해방 이후에 대한민국에는 유교, 불교와 같은 전통 종교, 천주교, 기독교와 같은 서양 종교, 천도교, 대종교와 같은 민족 종교가 다 같이

---

10) 편무영,『초파일민속론』(서울: 민속원, 2002), 제2장, 일제하 사월 초파일 참조; 편무영 외,『한국의 민속시론』(서울: 민속원, 2004), 35-90.
11) 허명섭,『해방이후 한국교회의 재형성』(부천: 서울신학대학교출판부, 2003), 103.

자유로운 종교 활동을 할 수 있었다. 특기할 만한 것은 총독부 시절에 교육기관으로 전락되었던 유교는 다시 종교단체로 등록하였고, 국가에 속해 있던 유교 재산은 향교관리법에 의하여 유교 재단에 귀속되었다.

한국 민족의 종교사에서 공산정권의 등장은 우리가 주목할 또 하나의 요소이다. 공산주의를 받아들이고 있는 북한은 명목상으로는 종교의 자유를 인정하지만 실질적으로는 종교를 미신으로 보고 배척하고 있다. 한국의 긴 역사에서 종교 자체를 부정한 역사는 처음 있는 일이다. 하지만 북한은 종교를 부정하는 데서 끝나지 않고, 김일성을 신성시하여 새로운 유사종교를 만들었다고 하는 점이다. 실제로 일부 종교학자들은 북한의 주체사상을 유사종교라고 평가하여 세계 10대 종교 가운데 하나라고 보고 있다.[12] 남북한 사회의 근본적인 차이점은 남한에는 종교의 자유가 있고, 북한에는 종교의 자유가 없다는 점이다.

해방 이후 종교의 자유에는 미신은 포함되지 않았다. 사실 조선시대와 일제 강점기를 통하여 미신은 종교로서 대우를 받지 못하였다. 이것은 해방 이후에도 마찬가지였다. 헌법학자 유진오에 의하면 미신은 종교 자유의 대상에 포함되지 않으며, 오히려 범죄행위로 처벌받아야 한다는 것이다.[13] 이같은 생각은 이승만 시대를 거쳐서 박정희 시대까지 계속되었다. 그 결과 박정희의 새마을운동은 일면 미신타파 운동이었고, 이것은 전국을 걸쳐서 진행되었다. 하지만 전두환 정권 때부터 이것은 달라지기 시작했다. 전두환 정권은 민족문

---

12) http://www.adherents.com.
13) 유진오, 『헌법해제』 (서울: 명세당, 1949), 40.

화의 보존과 발전이라는 명분 아래 소위 국풍 운동을 일으켰고, 이 것은 무속신앙이 공식 무대에 등장하는 것이었다. 따라서 조선시대 이후 미신이라고 규정되던 무속신앙이 이제는 민족 문화 내지는 민 족 종교로서 대우를 받게 되었다.

해방과 대한민국의 건국과 함께 한국의 종교 지형에서는 매우 중 요한 변화가 일어났다. 그것은 조선시대의 국교 제도도, 일제의 공 인 제도도 폐지되고, 정교분리의 세속 국가가 형성되었다는 것이다. 이와 더불어 전통 종교, 민족 종교, 서양 종교가 다 같이 자유 경쟁하 는 종교 시장이 형성되었다. 하지만 각 종교가 국가와 갖고 있는 특 수성 때문에 여전히 전통 종교 및 민족 종교는 국가에 의존하는 상 황이 진행되고 있다.

III. 정교분리 사회에서의 한국 기독교와 정치 · 분석적 고찰

1. 정교분리의 역사적인 맥락

우리는 위에서 어떻게 근대 한국에서 다종교사회가 형성되었으 며, 아울러서 정교분리가 어떻게 진행되어왔는지 살펴보았다. 이런 맥락에서 지난 역사 가운데서 한국 기독교가 정교분리를 어떻게 이 해해왔는지 몇 가지로 평가해보고자 한다.

첫째, 기독교의 정교분리는 역사적 맥락에서 이해해야 한다는 것 이다. 원래 미국에서 정교분리가 처음 확립되었을 때, 그 본래적인 의미는 국가가 특정 종교에 특정 혜택을 주지 못하도록 하는 것이었다. 사실 유럽의 기독교는 국교의 지위를 가지고 정부로부터 특혜를 받아왔다. 미국의 정교분리는 바로 국가가 이런 특혜를 특정 종교에 주지 못하도록 하는 것이다.

한국에서의 정교분리는 미국과는 다른 차원에서 이해되어왔다. 조선은 항상 외세에 대해서 두려워했고, 외세의 정치 개입에 대해서 염려했다. 특별히 천주교는 적극적으로 조선 정부의 정치에 개입하였다. 이것을 잘 알고 있었던 개신교는 선교를 가능하게 하기 위해서는 조선 정부의 염려를 덜어주어야 했다. 다시 말하면 개신교는 천주교와 달리 정치 개입을 하지 않는다는 점을 인식시켜주어야 했던 것이다. 이래서 정교분리는 개신교의 선교 전략 가운데 하나였던 것이다.

이것은 일제 강점기에도 마찬가지였다. 일본이 가장 염려했던 것이 기독교를 통한 민족운동이었다. 따라서 일본은 기독교를 공인하면서 정교분리를 이야기했고, 선교사들은 일제치하에서 선교를 하기 위해서는 정교분리를 받아들여야 했다. 이런 점에서 정교분리는 일제 강점기 총독부와 선교사들이 서로의 이해를 충족하기 위해서 만들어낸 것이다. 따라서 정교분리의 개념은 선교사들이 해당 국가나 권력에 정치적인 간섭을 하지 않는다는 의미로 이해되었다. 조선시대의 정교분리는 조선의 주권을 인정하는 행위이지만 일제 강점기의 정교분리는 일본의 조선 통치를 인정하는 것이 되는 것이다.

이것은 해방 이후에서도 마찬가지이다. 실제로 박정희 정권 아래서 많은 기독교인들은 민주화운동을 벌였다. 당시 박정희의 독재정권에 대한 가장 강력한 비판이 진보적 기독교에서 나왔다. 이때 김종필 총리는 정교분리를 이야기했고, 위에 있는 권세에 순종해야 한다는 로마서의 내용을 인용하였다. 조선 정부나, 총독부와 마찬가지로 기존 정권은 기독교가 정치에 관여하는 것을 싫어했고, 여기에 정교분리의 원칙을 내세웠다.

이것은 2000년대가 지나서도 마찬가지였다. 김대중, 노무현 정부를 지나가면서 당시 정부는 북한에 대해서 유화적인 태도를 취했다. 이들 정부는 통일을 지상과제로 생각한 나머지 대한민국의 정체성에 대해서 상대적으로 덜 강조하였다. 이런 진보적인 입장에 대해서 보수적인 한국 기독교는 강력한 반대의 입장을 표명하였다. 사실 한국 기독교는 오랫동안 반공을 가장 중요한 가치로 인식해왔다.14) 이렇게 보수주의 기독교가 정치에 참여하자 한국의 진보주의자들은 보수주의 교회를 정치적인 세력이라고 비판해왔다. 한국의 정치사에서 정교분리는 항상 기존 권력에 의해서 주장되어왔다.

2. 한국 기독교의 정치 참여

두 번째, 한국 기독교는 실제로 끊임없이 정치에 참여해왔다. 선교사들은 정교분리를 외쳤지만 한국인들은 끊임없이 기독교를 통하여 이 나라를 발전시키고자 노력하였다. 실제로 한국의 최초의 민주화운동은 만민공동회라고 말할 수 있다. 독립협회가 실패로 끝난 다음에 입헌군주제를 내걸고 일어난 만민공동회는 기독교 학교인 배재학당이 중심이 되어서 일으킨 운동이다. 그 후 을사늑약 이후에

----

14) 여기에 대한 보다 전반적인 논의를 위해서는 2004년 여름 「경제와 사회」에 실린 강인철, 엄한진, 이수인의 논문과 필자의 "반공, 통일, 그리고 북한 선교," 「성결교회와 신학」 (2009년 봄): 137-44를 참고하시오.

한국 기독교인들을 중심으로 일어난 신민회운동은 일제로부터 나라를 지키고, 근대 시민의식에 기초한 새로운 나라를 건설하자는 운동이었다. 이 운동의 중심에는 기독교인들이 자리 잡고 있었다.

무엇보다도 기독교인들의 정치 참여의 절정은 삼일운동이라고 말할 수 있다. 당시 한국 기독교는 한국 전체 인구 가운데 지극히 작은 부분이었지만 33인 가운데 16명이 기독교인이었고, 더 나아가서 인구 대비 가장 많은 희생자를 만들었다. 선교사들은 정교분리를 외쳤지만 한국 기독교인들은 민족의 독립을 위해서 일어섰던 것이다. 많은 사람들이 한국 기독교가 개인주의적이고 타계적이라고 지적하지만, 실질적으로 한국 기독교는 한 번도 민족을 포기한 적은 없다.

한국교회사에서 가장 강력한 정치 활동은 해방 직후에 이루어졌다고 생각한다. 해방 이후 한국 기독교는 새로 건설되는 대한민국은 기독교적인 정신에 의해서 이루어져야 한다고 생각하였다. 사실 해방 공간에서 남한에서 정치를 하기 위해서는 1) 친일 세력이 아니어야 하고, 2) 공산주의자가 아니어야 하며, 3) 미국을 이해해야 했다. 그런데 이런 조건에 합당한 사람들이 바로 기독교인들이었던 것이다. 따라서 해방 직후 한국의 정부와 국회에는 기독교인들로 가득 차 있었다. 해방 직후 한국 기독교는 대한민국 건국의 주역이었던 것이다. 이런 기독교인들의 정치 참여는 박정희 시대에는 민주화운동으로, 김대중/노무현 시대에는 친북좌파 척결 운동으로 나타났다. 한국 기독교는 여전히 정치에 깊이 참여하고 있다.

3. 한국 기독교와 정부의 관계

세 번째, 한국 기독교는 다른 종교에 비하여 정부로부터 독립적으로 운영되었다. 정교분리의 가장 근본적인 원칙은 정부가 특정종교를 정책적으로 재정적으로 지원하지 않는 것이다. 그러나 현실적으로 이것은 쉬운 일이 아니다. 권력은 항상 자신을 지지하는 종교를 지원해 주고, 그 지지를 확보하고자 하는 성향을 갖고 있다. 사실 우리나라에는 정교분리의 원칙이 존재하지 않았다. 조선시대에는 유교는 철저하게 국가의 지원을 받았다. 사실 조선 후기에 서구의 새로운 문화의 유입과 더불어서 정부의 유교에 대한 지원이 약해지자 유교는 한국 사회에서 힘을 잃게 되었다. 현재 유교는 하나의 문화로서는 상당한 힘을 갖고 있지만 하나의 종교로서는 그 힘을 잃고 있다고 본다.

조선시대 불교는 정부로부터 많은 박해를 받았다. 하지만 조선 말 이런 박해가 끝나면서부터 다시금 정부의 관리 아래 들어가게 되었다. 일제는 이런 상황을 잘 이용하였다. 그래서 통제를 계속하는 한 편 여러 가지 차원에서 지원도 하였다. 실제로 불교는 사찰령과 그 후속 법령에 의해서 제재를 받기도 하고, 보호를 받기도 한다. 현재에는 불교를 향했던 많은 제재는 해제되고, 여러 가지 명목으로 각종 혜택이 늘어가고 있다. 따라서 정교분리의 사회에서 불교의 정부 의존도는 점점 높아져 가고 있다.

여기에 비해서 기독교는 처음부터 국가로부터 독립되어 운영되었다. 사실 기독교는 정부로부터 특별한 혜택을 구하지도 않았고, 그럴 필요도 없었다. 기독교선교는 처음부터 선교사들의 재정으로 이루어졌고, 다음으로는 신자들의 헌금으로 운영되었다. 또한 운영 체계에 있어서도 국가의 통제를 받지 않고, 신자들의 자발적인 정치에 의서 움직였다. 실제로 고종이 언더우드에게 기독교를 국교로 하면 어떻겠냐고 물었을 때, 언더우드는 우리에게 필요한 것은 종교의 자유이지 정부의 지원이 아니라고 말했다. 한국 기독교는 처음부터 정부의 도움을 요청하지 않았다.

현재 한국 사회에서 정교분리 원칙의 가장 중요한 문제는 바로 여기에 있다. 불교나 유교는 과거부터 정부 의존적이었기 때문에 각종 제도에 있어서 정부와 깊은 관계를 맺고 있다. 이것이 한편으로는 제재로 나타날 수도 있으나 많은 경우에는 혜택으로 이어진다. 사실 불교나 유교에 있어서 그 재산이 완전히 종교의 것인지, 국가의 것인지가 불분명하다. 이런 점에서 정부가 전통 문화 및 민족 문화의 보호라는 명목으로 불교나 유교, 또는 민족 종교를 보호하고 있는 것이다. 따라서 헌법에는 정교의 분리라고 되어 있지만 현실적으로는 정교의 분리가 이루어지지 않고 있다. 다만 기독교의 경우에는 처음부터 국가로부터 독립해서 존재했기 때문에 행정적으로, 재정적으로 정부로부터 독립되어 있는 것이다.

4. 종교 시장의 형성과 기독교

넷째, 한국 기독교는 다른 종교에 비해서 정교분리의 원리를 가장 잘 이해하고, 종교 시장을 받아들이고 있다. 사실 기독교는 이미 미국에서 정교분리를 경험하여 왔고, 국가와 독립적으로 교회를 운영해온 경험을 갖고 있다. 과거 국교제도 아래서 종교 유지의 임무는 국가에 있었다. 하지만 정교분리 이후에는 여러 종교들이 자유롭게 경쟁하는 종교 시장이 형성되었고, 이런 상황에서 종교 시장의 승자는 누가 종교 소비자인 대중들의 마음을 얻는가에 달려 있다.15) 따라서 미국의 기독교는 종교 소비자들을 어떻게 설득할 수 있는가에 집중해왔다. 이렇게 해서 기독교는 보다 대중적인 종교가 되었고, 설교와 예배와 전도에 있어서 보다 경쟁적이 되었다.

한국에 들어온 기독교는 처음부터 대중들에게 다가갔다. 그래서 대중들에게 접근할 수 있도록 한글을 사용했고, 대중들이 쉽게 받아들일 수 있도록 찬송가를 보급하였다. 각종 부흥회는 기독교를 대중 속으로 들어가게 하는 데 큰 기여를 하였다. 큰 틀에서 보면 한국 기독교는 국가 권력에 기반을 두기보다는 대중 속에 그 기반을 두었다. 한국 기독교는 각종 전도 방법을 개발하였고, 대중들의 마음을 얻기 위해서 많은 노력을 하고 있다. 한국에서 출현한 대형 교회는 바로 이런 대중적 기독교의 한 모습이다.

하지만 일부 종교, 특히 불교에서는 이런 종교 시장의 상황을 받아들이지 못하고 있다. 그들은 개신교의 지나친 선교가 한국의 종교 평화를 해친다고 생각하고 이것을 규제하는 법을 만들어야 한다고 생각한다. 이것은 마치 자유로운 종교 시장을 국가의 공권력의 힘을 빌어서 제한하려고 하는 것과 같다. 물론 일부 기독교인들의 지나친 선교를 사회의 물의를 일으켰다. 하지만 이런 것은 일반 실정법으로 해결할 수 있는 것이다. 그런데 한국의 종교 시장을 국가의 공권력

---

15) 여기에 관해서는 피터 버거, 『종교와 사회』, 이양구 역 (서울: 종로서적, 1981); Roger Finke and Rodney Stark, *The Churching of America, 1776-1990* (New Brunswick, NJ: Rutgers University Press, 1997)을 참고하시오.

으로 제한하려고 하는 것은 우리 헌법 정신에 맞지 않는다고 말할 수 있다.16)

5. 한국 사회에서의 한국 기독교

다섯째, 한국 기독교는 다양한 방면에서 한국 사회의 발전에 기여해왔다. 대한민국 헌법에서 말하는 정교분리는 신앙의 영역에서 정치와 종교는 분리되어야 하지만 국가의 공익을 위해서 정치와 종교는 함께 공동으로 노력할 수 있다.17) 사실 한국 기독교는 정교분리를 잘 알고 있지만 국가를 위해서 기독교가 할 수 있는 일들을 해왔다. 해방 이후 대한민국은 건국 과정에서 정체성의 혼란을 겪었다. 이런 과정에서 반공과 자유민주주의에 대한 분명한 신념을 가진 집단이 바로 기독교였다.

해방 이후 한국 기독교는 이런 대한민국의 정체성 확립에 크게 기여했다고 생각한다. 우선 보수적인 기독교는 반공을 통해서 대한민국의 안보를 도왔고, 진보주의는 민주화운동을 통해서 대한민국의 내실을 형성했다. 사실 반공이 없이는 대한민국이 건국될 수 없었고, 민주화운동이 없이는 대한민국은 민주국가가 될 수 없었다. 이런 점에서 한국 기독교는 진보와 보수 다 같이 대한민국의 발전에 크게 기여했다고 생각한다.

뿐만이 아니다. 해방 이후 기독교는 당시 정부가 할 수 없는 일들을 감당하였다. 군목 제도를 통해서 안보를 도왔고, 학교를 설립하

---

16) BTN News 2011년 10월 27일
17) 문화체육관광부, 『공직자 종교차별 예방 교육교재』(2009), 18-25.

여 국민 교육에 이바지하였으며, 구호단체들을 통하여 국민 복지를 해결하고자 노력하였다. 또한 기독교는 한국이 세계로 나가는 통로가 되었다. 오늘의 대한민국이 세계로 나갈 수 있었던 것은 기독교의 교량 역할이 있었기 때문이다. 필자는 해방 이후 기독교는 일종의 유사 정부의 역할을 담당했다고 본다.

많은 사람들이 기독교의 군목 제도나 학교 설립이 정부로부터 특혜를 받아서 이루어진 것처럼 이야기한다. 하지만 이것은 잘못이다. 물론 기독교가 이런 일들을 하면서 교회 성장에 도움을 얻기도 하였을 것이다. 하지만 우리는 기독교를 통해서 얼마나 안보가 튼튼해지고, 민주주의가 정착되었으며, 국민이 교육을 받고, 굶주린 사람들이 도움을 받았는가를 생각해보아야 한다. 이런 점에서 한국 기독교는 대한민국의 어떤 종교도 못하는 일들을 했다고 말할 수 있다.

IV. 결론: 다종교사회에서의 한국 정치의 역할

현재 한국 사회는 이념 갈등, 지역 갈등, 세대 갈등에 이어서 종교 갈등이 중요한 이슈로 등장하고 있다. 지금 한국의 정치가들에게 가장 중요한 것은 사회의 갈등을 치유하고, 사회 통합을 이루는 것이다. 한국 사회에서 어떻게 해야 종교 간의 갈등이 해결되고, 종교 간의 평화가 이루어질 수 있을까? 필자는 마지막으로 다종교사회에서 정치가들의 역할과 기독교인들이 해야 할 역할을 살펴보려고 한다.

첫째, 정치가는 특정 종교에 의존해서 자신의 권력을 유지하려고 해서는 안 된다. 다종교사회에서 특정 정권이 특정 종교와 결탁하게 되면 상대적으로 여기에서 소외된 종교는 억울한 생각을 갖게 되고 이것은 종교 간의 갈등의 원인이 된다. 일찍이 아담 스미스는 다종교사회에서 권력이 특정 종교에 근거하고 있으면 그것 자체가 사회 불안의 요소가 된다고 보았다. 따라서 현재 정치가들이 특정 종교를 찾아다니며 특정 정책을 약속하고 다니는 것은 매우 조심해야 한다고 생각한다. 과거 기독교가 특정 정권을 지지했을 때, 그 역풍으로 종교 편향 문제가 나왔으며, 실질적으로 한국 기독교는 그 결과 많은 역차별을 경험하였다.

둘째, 정치가는 모든 종교에게 공평한 법과 제도를 만들어야 하며, 특정 종교에 편향된 지원은 없어야 한다. 한국은 다종교사회이며, 자신의 교리와 행동을 통해서 신자들을 모아야 한다. 그런데 국가가 특정 종교를 정책적으로, 재정적으로 지원한다면 이것은 불공정 경쟁을 야기할 수밖에 없다. 종교 간의 갈등을 없애는 가장 중요한 길은 정부의 종교 중립 의무이다. 국가가 종교 중립의 의무를 성실하게 준수한다면 종교 간의 갈등은 사적인 갈등으로 축소되고, 이것은 실정법으로 해결될 수 있을 것이다. 하지만 특정한 종교에게 유리하도록 법을 만들고, 집행한다면 이것은 구조적으로 종교 간의 갈등을 야기하는 것이다. 현재 한국의 특정 종교는 자신들에게 유리한 방향으로 법을 개정하여 정부로부터 막대한 지원을 받으려고 하고 있다.

셋째, 정치가는 종교의 영역을 침범하지 말아야 한다. 종교마다 자신의 진리를 절대화한다. 따라서 정치가 종교 평화의 이름으로 모든 종교를 다 같은 구원의 길이라고 보고, 다른 종교를 체험하도록 하는 프로그램을 진행하는 것은 정치가 종교의 영역을 침해하는 것이다. 어떤 사람이 자신의 종교를 절대적으로 믿던 상대적으로 믿던 그것은 개인의 종교의 자유 및 양심의 자유에 속한다. 따라서 국가가 종교 평화의 이름으로 종교다원주의를 받아들이게 하려는 것은 세속 정부의 영역을 넘어서는 것이다. 국가는 물리적인 힘이나 폭력적인 방법으로 종교 간의 평화를 해칠 때 실정법의 집행자로서 역할을 감당하면 될 것이다. 필자의 생각으로는 현재 정부가 하고 있는 종교 프로그램은 종교다원주의적인 경향을 갖고 종교 간의 대화나 타종교의 종교 체험을 하고 있는 것 같다. 이것은 세속 정부의 범주를 넘어서는 것이라고 생각한다.

넷째, 종교의 자유는 공공성을 해치지 않는 한 절대적으로 보장되어야 한다. 대한민국은 자유민주주의 국가이며, 자유민주주의 국가에서 종교의 자유는 인간의 가장 중요한 기본권에 속한다. 최근 공무원 종교차별금지 조항은 공무원의 사적인 종교의 자유를 심각하게 위축시키고 있다. 공무원도 종교의 권리를 가진 한 사람의 시민이며, 자신이 믿는 종교를 선교할 권리를 갖고 있다. 아울러서 위에서도 지적하였지만 종교평화법이라는 이름으로 종교의 자유를 위축시키는 법을 제정해서는 안 된다. 모든 종교는 자신이 믿는 진리를 공공성을 해치지 않는 범위 내에서 자유롭게 전할 수 있어서 공정한 종교 시장이 형성될 수 있는 것이다.

다섯째, 종교의 자유는 통일과 외교 정책에 있어서도 중요한 가치가 되어야 한다. 한국 기독교는 종교의 자유는 인간의 가장 중요한 자유 가운데 하나라고 생각한다. 따라서 남북관계에 있어서도 종교의 자유를 중요하게 생각해야 한다. 우선 북한에서 활동하는 대한민국 국민의 예배의 자유를 보장하는 것에서부터, 북한 사회의 종교 자유에 대해서도 관심을 가져야 한다. 아울러서 외교 정책에 있어서도 해당 국가의 종교의 자유를 증진시키는 방향으로 정책을 발전시켜야 할 것이다. 종교의 자유는 특정 문화의 산물이 아니라 인류가 가져야 할 보편적인 가치라고 믿기 때문이며, 이런 종교의 자유가 전제가 될 때 한국 기독교의 선교활동도 가능한 것이다.

여섯째, 정부는 공공성을 내세워서 종교단체의 자율성을 해쳐서는 안 된다. 기독교는 이 땅에 들어와서 학교와 사회복지단체들을 운영하면서 한국 사회에 기여해왔다. 이런 기독교 단체들은 각각 종교적인 신념에 의해서 단체를 운영하고 있다. 그러나 현재 한국 사회는 종교의 자유를 내세워서 특정 종교단체가 특정 종교 행위를 할 수 없도록 하고 있다. 특히 이것은 종립학교에서 매우 심각한 문제이다. 따라서 한국 기독교는 기존의 평준화 정책에 종교를 고려한 학교선택제를 도입하여 종교 교육을 원하지 않는 학생에게 종립학교를 제외시켜줄 수 있는 방안을 마련하여 학생의 종교 자유와 학교의 종교 교육권을 다 같이 보장할 수 있는 방안을 마련하여 달라고 요청하고 있다.

일곱째, 정부는 공적인 행사에 있어서 특정 종교를 강요해서는 안 된다. 정교분리의 사회에서 국가가 특정 종교의 예배를 강요하는 것은 잘못이다. 이런 점에서 여러 지방에서 벌어지고 있는 지방축제에 특정 종교의 의식을 문화라는 이름으로 강요하는 것은 시정되어야 한다. 일반인들에게는 단지 문화로 인식하고 있을지 몰라도 기독교인들에게 그것은 분명히 또 다른 종교인 것이며, 여기에 참여한다는 것은 신앙 양심에 어긋나는 것이다. 하지만 사적인 장소에서 자신의 재정으로 사적인 예배를 드리는 것은 충분히 인정해주어야 한다. 공무원의 사적인 종교 행위조차도 제재를 받는다면 이것은 개인의 종교의 자유가 침해되는 것이다.

여덟째, 종교와 문화는 적절한 선에서 구분해야 하며, 정부는 근대 문화에 대해서도 보다 큰 관심을 가져야 한다. 현재 정부는 전통 문화, 민족 문화의 이름으로 특정 종교에 엄청난 재정적인 지원을 하고 있다. 한국 기독교는 국가가 전통 문화나 민족 문화를 보존해야 할 의무를 갖고 있다는 것을 인정한다. 하지만 이것은 어디까지나 제한적인 범주에서 이루어져야 한다. 국가는 보호해야 할 문화적 유산을 엄선해서 지원해주고, 그 외에는 자신들의 종교의 힘으로 자신들의 종교를 유지 보전해야 할 것이다. 현재의 상황은 국가가 해당 종교의 운영의 상당한 부분을 담당하고 있으며, 이것은 정교분리의 원칙에 어긋나는 것이라고 본다. 정부는 이런 차원에서 기독교를 통해서 전래된 근대 문화에 대한 적절한 규모의 지원도 있어야 한다고 본다.

우리 헌법에 종교의 자유가 보장되고, 국교가 인정되지 않으며, 정교의 분리가 규정되어 있지만 이것이 구체적으로 어떤 의미를 지니고 있는지는 앞으로 한국 사회가 합의를 이루어야 할 부분이라고 생각한다. 사실 우리의 헌법은 다종교사회가 종교 간의 갈등을 일으키지 않고 서로 평화롭게 나갈 수 있는 길을 열었다고 생각한다. 대한민국의 정치가들은 이런 대한민국의 헌법 정신을 기억하면서 종교 간의 갈등을 피하고 종교 간의 평화를 이룩할 수 있는 길을 마련해야 한다고 생각한다.

2부

성서, 신학 그리고
아드 폰테스*ad fontes*

야곱의 하나님 체험

: 이야기를 형성하는 신학을 위하여

한동구* l 평택대학교 교수

I. 들어가는 말

1. 잃어버린 '성스러운 감정'

구한말 한반도는 암울한 상황이었다. 청일전쟁과 러일전쟁은 조선인의 의식 구조에 적지 않은 변화를 초래했다. 청나라는 더 이상 조선을 지킬 수 있는 힘을 가진 보호국이 아니었다. 그렇다고 조선이 스스로를 지킬 수 있는 힘이 있는 것도 아니었다. 따라서 불쌍한 백성들은 누구에게도 의지할 수 없는, 마치 목자 없는 양과 같이 되었다. 이러한 상황에서 기독교가 전래되면서, 새로운 세계관과 가치관이 소개되어 조선 사회에 파장을 일으키기 시작했다.

* 한국구약학회 前회장

유교적 세계관은 당시 조선 사회의 현존 질서를 대변하는 세계관
이었다. 유교와 대조되는 기독교의 새로운 세계관은 대안적 세계관
으로 조선의 국민의 마음속에 자라기 시작했다. 기독교의 세계관은
현세가 전부가 아니며, 사후에도 삶이 계속된다는 '천국 세계관,' 즉
'영생의 세계관'을 전파했다. 나아가 기독교는 '만인은 하나님의 형
상대로 지음을 받았으므로, 모든 인간은 하나님 앞에서 평등하고 소
중한 존재'라는 사상을 전했다. 이러한 사상은 기독교 신자는 물론
다른 조선의 백성들에게까지 신에 대한 '성스러운 감정'을 갖게 했다.

이러한 '성스러운 감정'은 현존 질서인 유교적 세계관과 차별되게
했고, 현존 질서를 거부할 수 있는 힘이 되었다. 무엇보다 조선시대
는 사농공상의 4계층과 천민으로 나누어진 엄격한 신분제 사회였으
나, 기독교는 양반과 천민, 주인과 종 및 남자와 여자의 차이를 거부
했다. 뿐만 아니라 기독교의 '성스러운 감정'은 외세의 부당한 지배
를 거부했으며 이를 저항할 수 있는 현실적 힘으로 발전했다.

해방 이후 한국 사회는 급격한 경제 성장을 이루면서 많은 사회
적 문제를 낳았다. 산업화 시대에 사회의 중심에 놓였던 중간 계층
이 점차 사라지고, 소수의 부유층과 대다수의 가난한 계층으로 양분
화 되었다. 경제적인 양극화는 물론, 도시와 농촌 간의 양극화, 노인
과 젊은이 사이의 양극화 그리고 자국민과 다문화 가정의 양극화로
발전하였다.

이러한 상황에서 한국교회는 한편으로는 민주화 운동을, 다른 한
편으로는 영성 운동을 각각 추구했다. 두 가지 운동 모두 확고한 신
앙 운동이었다. 전자는 '성스러운 감정'이 영웅적 투쟁으로 폭발한
것이었고, 후자는 현실의 고난을 '성스러운 감정'이 인내할 수 있는

힘으로 성화된 것이었다.

한국 사회의 문제를 극복하려는 한국교회의 두 운동은 모두 성공적이었다. 그러나 성공 이후에 후유증 역시 적지 않았다. 이 두 가지 운동을 거치면서 '성스러운 감정'이 퇴색되었다. 민주화 운동은 세상과의 소통을 명분으로 세속화되면서 '성스러운 감정'을 버렸고, 영성 운동은 성장과 부유함의 단맛에 젖어 성스러움과 속됨을 구별할 수 있는 의지와 능력을 잃어버려 '성스러운 감정'을 상실했다.

한국교회는 성장하고 부유해졌으나, 세상의 악과 싸울 도덕적 힘을 상실해버렸다. 더욱이 큰 문제는 한국교회가 더 이상 한국 사회가 직면한 새로운 과제와 문제를 향해 허리를 동여매고, 새로이 출발할 용기를 상실했다는 것이다. 이 모든 것의 근원적인 원인은 하나님 체험에서 오는 '성스러운 감정'의 상실에 있다. 이제 한국교회에 가장 절실한 신앙적 요청은 하나님을 다시 체험하는 것이며, 이를 통하여 잃어버린 '성스러운 감정'을 회복하야 한다. 성스러움의 회복과 함께 이제 한국교회는 이야기(스토리)를 만드는 교회를 거듭나야 한다.

2. 숨 가쁜 인생 야곱 같은 대한민국

대한민국은 건국 후 60년 넘는 세월을 숨 가쁘게 달려왔다. '잘살아보자'는 일념으로, 선진국 진입을 향해 전력 질주해온 것이다. 그 결과 성공의 기쁨도 누렸지만, 불가능에 도전하느라 기다림의 불안, 성공해야 한다는 강박관념 및 실패에 대한 공포를 안고 살아야 했다. 이는 마치 구약성서의 야곱의 삶과 비교될 만하다. 야곱은 일생

동안 위기에 처할 때마다, 기만과 교활로 위기를 넘겼다. 그래서 그는 항상 불안에 떨어야 했고, 삶과 죽음을 넘나드는 공포 속에 살아야 했다.

대체 야곱은 어떤 인물일까? 야곱은 형 에서와 대조되는 인물이었다. 에서는 사냥을 좋아하는 용맹스러우며, 남성답고, 사교적이며, 매력적인 남성으로 뭇 여성들에게 인기가 있는 자였다. 뿐만 아니라 그는 장남으로서 아버지의 신임을 받았다. 아버지는 그를 가문을 책임질 자로 생각하고 항상 좋아했다.

이와는 달리 동생 야곱은 집안에서 가축을 돌보는 자로, 여성스럽고, 소심하고, 내성적이고 비사교적인 인물이다. 그래서 어머니는 그를 항상 측은히 여기고, 그의 미래를 걱정했다.

야곱은 출생에서부터 장남이 아닌 차남으로서 2등급의 인생을 살아야 했다. 장남과 차남 사이에는 각기 다른 운명의 길이 정해져 있었다. 장남은 모든 것을 독식했고, 이와 반대로 차남은 모든 것을 형에게 양보해야 했다. 야곱은 인생의 제 1막에서 차남으로서 져야 했던 2등급 인생의 운명을 극복하는 데 전력했다. 긍정적 의미에서 보면, 형 에서를 이기려했다기보다는 장남과 차남이 태생적으로 불합리한 운명의 길을 걸어야 했던 잘못된 인습의 굴레를 넘어서려고 한 것이었다.

"야곱은 에서에 비해 서열이나 자질 면에서 부족함에도 불구하고, 역사에서는 그를 이스라엘의 정통으로 기억하고 있다. 그 이유는 무엇일까? 야곱은 형 에서를 이기기 위해 모든 기회를 이용했을 뿐 아니라, 심지어 아버지와 형을 기만해서라도 목적을 쟁취하려 했다. 그러나 야곱은 '하나님 체험'을 하면서 인격적으로 변화하기 시작했고, 신앙적으로 경건해져갔다. 야곱이 '하나님 체험'에서 얻게 된 '성스러움의 감정'으로 인해, 역사가들은 그를 에서보다 우선하는 역사의 주체로 기억하게 했다.

II. 야곱의 인생과 하나님 체험

1. 야곱의 '나그네살이' 인생

야곱은 브엘세바를 떠나, 삼촌 라반의 집이 있는 하란으로 도망을 갔다. 길을 가던 중, 해가 져서 그곳에서 야숙을 해야 했다.

야곱은 그곳에서 쉽게 잠을 이룰 수가 없었다. 아마도 집에서 있었던 모든 일들이 주마등처럼 떠올랐기 때문이다. 먼저 그는 어머니를 생각했다. 어머니 리브가는 항상 자신의 입장에서 자신을 이해하고 배려했으며, 따뜻하게 감싸주었다. 어머니의 사랑이 참으로 그리웠다. 그러나 더 이상 어머니의 사랑을 받을 수 없다. 이제는 어머니의 돌봄 없이 홀로 서기를 해야 하고, 또 야곱의 생각으로는 홀로 서기를 할 수 있을 것 같았다.

다음으로 아버지가 생각했다. 아버지 이삭은 항상 준엄하고, 신앙적이었다. 그는 언제나 원칙 중심적이었고 그래서 때로는 무섭기도 했다. 그럼에도 이런 점들이 야곱으로 하여금 아버지를 자랑스럽게 느끼게 만들었다. 아버지가 자랑스럽다고 생각하니, 아버지가 자기를 특별히 미워한 것도 아니었다는 생각이 들었다.

그리고 형이 생각났다. 형 에서의 남성미 넘치는 모습, 즉 뭇 여성들에게 사랑을 받는 모습이 언제나 부러웠다. 아버지에게 신뢰받는 형의 모습도 부러웠다. 자신에게 항상 열등감을 느끼게 한 형이었지만, 지금은 미안하고 그립기도 했다.

이 모든 것을 과거의 일로 여겨야 했다. 이제 야곱은 이 모든 것 없이 살아야 했다. 그러나 한 가지 일 때문에 야곱은 잠을 이룰 수 없었다. 야곱은 하나님 없이는 살 수 없을 것 같았다. 야곱은 집을 떠나 '나그네살이'를 하다보면, 자신이 들나귀처럼 떠도는 인생이 되지 않을까 두려웠다.

2. 야곱의 하나님 체험

이런 생각에 잠겨 있는 동안에 그는 잠이 들었다. 야곱은 꿈에서 하나님을 만났다. 아니 그가 하나님을 만난 것이 아니라, 하나님께서 그를 찾아오신 것이다.

하늘에서 사다리 하나가 땅을 향해 내려왔다. 사다리의 한쪽 끝은 땅을 향해 서 있고, 다른 한쪽 끝은 하늘에 닿아 있었다. 하늘로 향한 사다리 끝에 문이 하나 달려 있었다. 꿈에 생각해보니, "아하 저 문을 열고 들어가면, 하나님을 만날 수가 있겠구나!" 하는 생각이 들었다. 그리고 "그 안에 하나님께서 어떤 모습을 하고 계실까? 신화에서 보듯, 하나님은 가운데 앉아 계시고 주위에 천사들이 둘러 서 있는 모습일까? 아니면 다른 모습일까?" 하며 이런저런 생각을 하고 있는데, 갑자기 사다리 위에 하나님의 사자들이 나타났다. 이들은 분명히 천사들이었다. "천사들이 사다리 위에서 오르락내리락 하고 있었다"(창 28:12). 이들은 아주 멀리 있어 작아 보였고, 또 모양도

뚜렷하게 보이지 않았다.

3. 찾아오시는 하나님

야곱은 하나님의 도움이 아니면 어쩔 수 없는 자였기에, 그는 하나님을 만나야 했고 하나님은 그를 찾아왔다. 그러나 에서는 부족한 것이 없기에 하나님을 필요로 하지 않았고, 하나님은 그를 찾아오지도 않았다.

야곱은 항상 자신의 운명과 싸워야 했고, 그래서 인습과 싸워야 했다. 때로는 이러한 현실에서 도피하고도 싶었지만, 그럼에도 생의 고민을 안고 살아야 했다. 그러기에 하나님은 먼저 그를 찾아왔다. 그러나 에서는 신의 도움 없이도 살아가는 데 어려움이 없었기에, 더 이상 하나님의 율법을 준수하는 것에 자신의 생을 매달아둘 필요도 없었다. 하나님의 은총 없이도 살아가는 성인이 된 자였기에 하나님은 그를 만나지 않으셨다. 아니 하나님께서 그를 찾아왔으나, 그를 만날 수 없었을 것이다. 에서는 멋있고, 포용력 있는 완숙한 사나이, 체구도 건장하고, 인정이 있으며, 효심도 있고, 인간미도 풍성한 자이기에, 그는 더 이상 하나님을 만날 필요가 없다고 생각했다. 그래서 그는 하나님과 친구가 될 수가 없었다.

스스로 신이 되었거나, 신이 되어가는 인간에게는 하나님께서 찾아와 만날 자리가 없었다. 에서는 제단을 쌓는 일도, 신의 이름을 부르는 일도 없었다. 그에게는 오직 아름다운 여성과 함께 생의 즐거움만 있을 뿐이었다.

야곱은 불안하고 왜곡된 인격이나마, 그의 심장에는 신의 도움을 향한 간절한 호소가 있었으며, 삶의 깊이에서 하나님을 찾았다. 하나님은 만날 필요가 없어 하나님을 찾지 않는 자가 아니라, 하나님과 만날 필요가 있어 하나님을 간절히 애원하는 자를 찾아오신다.

4. 야곱이 느낀 '두려운 신비'

하나님 체험으로부터 야곱은 '성스러운 감정'을 갖게 되었다. 이 성스러운 감정의 첫 요소는 두려움이었다. 야곱이 아침에 잠에서 깨어났다. 그는 지난 밤 꿈에 있었던 일들이 생생히 생각났다. 야곱은 '자신의 삶 가운데로 하나님께서 찾아오셨다'는 것을 깨달았다. 그는 두려웠다. 그래서 그는 "이 장소가 얼마나 두려운 곳인가?"(창 28: 17)라고 고백했다.

야곱은 '두려운 신비'에 사로잡혔다. 이 성스러운 감정은 "때로는 평온한 예배 속에서 고요한 호수와 같이 우리의 마음에 엄습해오기도 한다." 그리하여 우리의 영혼에 머물다가 "여운을 남기고 사라져 버리면서, 우리의 영혼을 또다시 속된 세계로 몰아넣는다."[2]

이 두려운 신비는 나아가 위압감으로 발전한다. 야곱은 하나님 체험으로 인해, 즉 성스러운 것 앞에서 늘 압도되었다. 이 위압감은 "갑자기 저돌적인 충격과 경련을 일으키면서 영혼으로부터 폭발해 나오기도 하며 때로는 이상한 흥분과 도취, 환희와 황홀경으로 이끌기도 한다."[3] 이 비밀스러운 감정은 야곱의 내면을 굳게 지켜주는 '성스러움'이 된 것이다.

---

2) 루돌프 오토, 『성스러움의 의미』 (왜관: 분도출판사, 1987, 2009), 47-48.
3) Ibid., 48.

'성스러운 분'으로부터 야곱이 느낀 두려운 신비감은 다름 아닌 힘, 위력, 위압, 절대적 압도성에 근거한다. 이 압도성은 두려운 위압성으로, 오토(R. Otto)는 이를 '피조물적 감정'이라 불렀다. "객체적으로 의식된 압도적인 것과 대조적으로 인간은 자신을 아무것도 아닌 것으로 여긴다. 인간의 함몰성 내지는 무화(無化)를 드러낸다. 오토는 자신을 먼지와 잿더미와 같이 아무것도 아닌 것으로 느끼는 감정을 '종교적 겸손의 감정'이라 했다.4)

아브라함은 기도 중에 자신을 "티끌이나 재와 같은 존재"에 비유했다: "제가 티끌이나 재와 같은 존재일지라도, 보십시오! 제가 감히 주님께 말씀드립니다"(창 18:27). 야곱의 하나님 체험(창 28장)에서는 이러한 표현을 명시적으로 나타내고 있지는 않으나, 계속되는 그의 행동들은 하나님 앞에서의 피조물적인 의존성을 나타내고 있다. 야곱의 기도(창 32:9-12)에서 그는 "주께서 주의 종에게 감당할 수조차 없는 은총과 진실을 베풀어주셨습니다. 처음에 지팡이 하나로 요단을 건넜으나, 지금은 두 떼나 이루었습니다"(창 32:10)라고 기도했다.

압도적인 것 앞에서 느끼는 무력감과 자신이 아무것도 아닌 것, 즉 무성(無性)을 느낀다. 오토는 이 무성을 '피조물적인 자기 비하'라 했다. 하나님 앞에서 자신은 스스로 무를 느끼게 되며, "나는 아무것도 아니요, 당신은 모든 것입니다!"라는 고백을 하게 된다.

---

4) Ibid., 57-62.

5. 야곱을 사로잡은 위압과 경탄의 '대조적 조화'

성스러움의 체험은 '두려운 신비의 감정'을 줄 뿐 아니라, 이와 대조적 감정인 '매혹적인 감정'도 함께 줄 수 있다. 이것이 성스러운 감정의 두 번째 요소이다. 성스러운 감정은 '무한한 전율'과 '무한한 경탄'의 이중적 감정을 불러일으킨다. 루터도 "우리는 성스러운 것에 대한 두려움을 가지고, 영광을 돌리는 것과 마찬가지로, 성스러운 것으로부터 도피하지 않고 오히려 더 가까이 나아간다"라고 말했다.[5]

성스러움의 체험은 압도적이며 동시에 매력적인 인상을 마음에 심어준다. 그것은 우리를 겸허하게 만드는가 하면, 동시에 우리를 고양시킨다. 우리의 마음을 제약하는가 하면, 또 스스로 초월하기도 한다. 공포와 유사한 감정을 유발시키는가 하면, 행복한 감정을 자아내기도 한다. 오토를 이를 "대조적 조화"라 했다.[6]

신비는 단순히 놀라운 것이며, 동시에 경탄스러운 것이다. 야곱은 그에게 성스러움을 가져다주었던 그 곳을 "하나님의 집"이요, 또 하나님과의 만남을 가능하게 하는 "하늘의 문"이라 경탄했다(창 28: 17). 그리고 그 장소의 이름을 벧엘, 즉 '하나님의 집'이라 불렀다.

찾아오시는 하나님은 세속적 공간을 거룩한 공간으로 만든다. 하나님께서 자신의 성스러움을 나타내심으로, 야곱이 잠자던 곳을 "하나님의 집"으로 만들었으며, 야곱으로 하여금, 즉 하나님을 체험한 자로 하여금, 주변의 세계로부터 초월이 가능하게 했다. 그곳에

---

5) Ibid., 79.
6) Ibid., 97-98.

서는 더 높은 세계로 향하는 문, 즉 "하늘의 문"이 있어, 하나님과 그의 사자들은 그곳을 통해 지상에 내려오며, 인간은 그곳을 통해 하나님께로 올라갈 수 있다.

"하늘의 문"이라는 표현은 하나님과의 영적 교류의 가능성을 내포하고 있다. 여기는 천상과 지상의 전이되는 곳이며, 나아가 한 인간이 세속적 공간에서 거룩한 공간으로 나아갈 수 있는 지점이다.[7]

6. 전혀 다른 존재로의 야곱의 전향

두려운 신비감은 '전혀 다른 것'으로의 전향을 가져온다. 종교적으로 신비한 것 혹은 기이한 것은 일상적인 것과 전혀 다른 것을 말한다. 세상 사람들이 생각하는 것과 전혀 다른 것이기에 놀라움을 불러일으킨다.

성스러운 체험으로 인한 피조물적 겸손은 모든 인간으로 하여금 전혀 다른 존재, 즉 일상적인 것으로부터 벗어나 이제까지와는 다른 새로운 존재가 되게 한다.[8] 이 신비는 새로운 시작의 출발점을 제공해준다. 피조물적 겸손은 야곱으로 하여금 새로운 존재로 거듭나게 했다. 그로 하여금 형 에서와 다른 존재가 되게 했다.

성스러움의 감정은 세상과 전혀 다른 것이기에 놀라움을 넘어, 세상과 대립할 수 있는 힘으로, 불의한 권력에 저항할 수 있는 힘으로 나타날 수 있다.

---

7) 멀치아 엘리아데, 『성과 속: 종교의 본질 (학민글발 4)』, 이동하 역 (서울: 학민사, 1983, 2009), 23-27.
8) 루돌프 오토, 65-74.

하나님 없이 살게 될 것이라는 야곱의 두려움에 맞서, 하나님께서 먼저 야곱을 찾아오심으로 야곱의 생각을 뒤집었다.

7. 돌베개와 제단

이스라엘의 선조들은 무수한 세월을 유목을 하며 살았다. 한곳에서 다른 곳으로 옮겨 다니며, 정처 없이 떠돌았다. 새로운 곳을 발견하면, 그곳에 천막을 치고, 또 우물을 파고 그곳에 터전을 잡았다. 그리고 그곳에 제단을 쌓아 하나님께 예배했다(창 12:6, 8; 창 26:24-25).

제단을 세우는 것은 장소의 신성화 이상의 것을 의미한다. 그것은 경계를 확정하고 세계의 질서를 정립함으로 세계를 창건하는 일이다. 엘리아데는 제단을 건립하고 그 지역을 신성화하는 것은 그것을 코스모스로 만드는 것으로, 제단을 세우는 것은 천지창조를 소우주적 규모에서 재현하는 일과 같은 것이라 했다.9) 제단을 세우는 자는 세계의 중심, 즉 우주의 축에 놓인다고 보았다.10)

그러나 이스라엘의 선조들은 성스러움의 체험에서 장소의 성스러움보다는 새로운 삶과 새로운 존재로의 변화를 더 강조했다.

야곱은 들판에서 야숙을 했다. 양떼를 돌보기 위해 종종 야숙을 하기도 했지만, 이처럼 홀로 도망을 가는 중에 야숙하는 것은 이례적이었다. 그래서 그는 천막을 치지도 못했다. 물론 우물도 파지 않았다. 다만 하룻밤의 잠을 위해 그가 누울 곳 주위에서 돌 하나를 취

---

9) 멀치아 엘리아데, 27-33.
10) Ibid., 33-43.

하여 베개로 삼고 잠을 청했다(창 28:11).

그날 하나님께서 야곱을 찾아오신 것이었다. 야곱은 두려움과 경탄에 빠졌으며, 나아가 새로운 존재가 되었다. 구약성경에서는 장소의 거룩성보다는 성스러움을 체험한 인간, 야곱에 초점이 맞추어져 있다. 야곱은 하나님과 함께 하는 새로운 존재로 거듭났다.

그래서 아침이 되어 잠에서 깨어났을 때 그는 베개로 삼았던 그 돌을 가져다가 석상, 즉 제단으로 세우고 그 위에 그의 유일한 소유인 기름을 붓고 하나님께 예배했다(창 28:18). 야곱은 자신의 전(全) 소유를 하나님께 드려 헌신한 것이었다. 야곱이 드린 것은 그의 소유가 아니라, 자기 자신이었다.

8. 성스러운 분, 하나님 야훼

성스러운 분에 대하여 구약성서는 물론 세계의 다른 종교들도 함께 증언한다. 세계의 여러 종교들은 신을 측량할 수 없을 정도로 기이하다고 묘사하며, 두려움과 공포의 대상으로 표현하고 있다.

이와 함께 세계의 종교들은 특정한 장소, 인물, 사물도 전적으로 신비로우며 질적으로 다른 것으로 구별하여 그것들을 일상의 영역으로부터 분리하여 숭배의 대상으로 여긴다. 사람들은 성스러운 것들로부터 특별한 힘과 권능을 느끼기에, 이를 두렵고 신비한 것으로 구별하게 한다. 따라서 '거룩함'이란 일상생활과 구별된, 특정한 대상물로부터 비인격적인 힘을 느끼는 것을 말한다.

세계의 여러 종교들이 '성스러움'이라는 표현을 제의 기구, 제의 행위, 제사장 등과 관련하여 주로 사용하고, 하나님에 대하여 드물게 사용하였다. 구약성서에서 성스러운 분이란 다름 아닌 하나님을 지칭하는 말이다. 구약성서에서는 자연주의적 힘과 비인격적 실체로부터, 영적인 차원으로 끌어 올려져 인격적 요소가 중심에 놓여 있다.

성스러움은 하나님의 주권으로부터만 유래한다. 하나님께서 어떤 장소에 나타나시거나(출 3:5; 19:23; 수 5:15), 하나님과 만남 중에 있는 백성이나(출 19:6, 10, 14; 민 11:18; 수 3:5; 7:13), 하나님께 드려야 할 전리품(수 6:19)에 대하여 거룩하다는 표현을 사용한다. 그러나 사람이나 사물을 성스러움(거룩함)의 영역으로 옮기는 것은 바로 하나님 자신의 활동의 결과이다.[11]

9. 약속하시는 하나님

하나님께서 친히 야곱을 찾아오심으로, 그는 성스러움을 체험했다. 형 에서의 위협으로부터 도망하는 야곱에게 야훼 하나님께서 찾아와 약속하셨다. 하나님의 사자들과 함께 야훼 하나님께서 사다리 위에 계셨다. 그의 모습은 보이지 않았으나, 그의 음성이 들려왔다. 야훼께서 하늘 사다리를 타고 '나그네살이' 인생 야곱에게 찾아오신 것이다. 야훼 하나님은 결코 성전에 묶이신 분이 아니며, 그의 백성에게로 항상 이동 가능하신 분이시다.

야훼 하나님께서 야곱을 찾아와, 약속의 말씀으로 새로운 희망의 불씨를 지펴주셨다. 먼저 그는 자신이 누구인지 소개했다: "나는 야

---

11) 발터 아이히로트, 『구약성서신학 1-2』, 박문재 역 (일산: 크리스챤다이제스트 사, 1994, 2003), 286-306.

훼, 선조의 하나님이다." 그리고 야훼의 축복의 약속은 무엇보다도 '나그네살이'를 하는 야곱의 현존재를 향한다: "보라! 내가 (친히) 너와 함께 할 것이며, 네가 가는 곳마다 나는 너를 지킬 것이며, 내가 너를 이 땅으로 돌아오게 할 것이다. 네게 말한 것을 내가 행하기까지 내가 너를 떠나지 아니할 것이다"(창 28: 15).

야훼 하나님은 선조의 하나님으로 가나안의 신들과는 다르다. 가나안의 신들은 가나안의 성전과 결부되어 있다. 그래서 가나안의 신들은 가나안의 사회조직과 지배자들을 위해, 전투적인 신, 또 군주의 신으로 발전되었다. 가나안의 신들은 가나안의 계급과 그들의 계급적 사회의 가치 체계를 옹호해주는 신들이었다.

그러나 이스라엘의 선조의 하나님은 공동체 안에서는 평등의 가치를 옹호하며, 또한 공동체 밖에서는 이웃사랑의 가치를 옹호하고, 이스라엘의 선조들은 선조의 하나님을 예배하면서 소유와 노동의 평등의 가치를 다짐하고, 토착민과 이주민의 평화의 가치를 결의한다. 어느 누구에게도 특권이 허용되지 않는다.

10. 축복의 약속

야훼의 약속은 야곱의 현존재를 넘어, 미래를 지향한다. 먼저 야곱이 누워 있는 땅을 그와 그의 후손에게 주겠다고 약속했다: "네가 누워 있는 그 땅을 내가 너와 네 자손에게 줄 것이다"(창 28:13). 땅은 삶의 터전이요, 생업의 공간이다. 뿐만 아니라 땅은 나라를 세우는 공간이다. 야곱은 여기에서 야훼 하나님의 뜻과 성스러운 가치를 펼쳐야 한다.

또 후손들이 땅의 먼지와 같이 번창하고, 사방으로 퍼져나갈 것임을 약속했다. 그리고 궁극적으로는 축복의 중재자로 모든 민족들에게 야훼의 축복을 전할 것임을 약속했다(창 28:14). 하나님의 축복의 약속이 궁극적으로 지향하는 목적은 축복의 중재자로서의 국가가 되는 것이다. 야곱에게 내린 축복의 약속은 세계를 행정 조직으로 보지 않고, 가족적 가치로 바라본다. 이스라엘의 존재 의의를 세계를 섬기는 자로 자리매김 하고 있다. 이스라엘의 길은 세계를 향한 거룩한 봉사자(=제사장)가 되는 것이다.

11. 야곱의 무지(無知) 고백

야곱이 잠에서 깨어 자신이 무지했음을 고백했다: "아! 진실로 야훼께서 이 장소에 계시는데, 내가 (그것을) 알지 못했구나!"(창 28:16). 여기에서 야곱이 "알지 못했다"라고 고백했다. 이 무지의 고백은 그의 지적 능력의 결함을 말하는 것이 아니라, 하나님에 대한 신뢰의 결핍을 말한다.

야훼 하나님께서는 세 나그네의 모습으로 아브라함과 사라를 찾아와 "내년 이맘때 나는 네게 반드시 돌아올 것이다. 보라! 네 아내 사라에게 아들이 있을 것이다"라고 확언하자, 사라는 웃으며, 불가능한 현실을 떠올렸다. 그러자 야훼께서는 "어찌 사라는 웃으면서, '내가 늙었는데 어떻게 아들을 낳을 수 있을까?'라고 말하는가!"라고 질책하며, "야훼께 불가능한 일이 있겠는가?"라고 되물었다. 야훼 하나님은 인간 내면의 깊은 불신앙의 상처를 바라보며, 치유하시기를 원하셨다.

모세가 바로를 찾아가 "내 백성을 보내라! 그러면 그들이 광야에서 나에게 축제를 지킬 것이다"라고 야훼 하나님의 명령을 전하자, 바로는 야훼의 요구를 단호히 거절하며, "야훼가 누구이기에 내가 그의 목소리를 듣고 이스라엘을 보내겠느냐! 나는 야훼를 알지 못하거니와 이스라엘을 보내지도 않겠다"라고 답했다. 여기에서 "나는 야훼를 알지 못한다"는 표현은 야훼의 존재를 근본적으로 부인하는 표현이다. 이와 반대로 예언자 에스겔은 "너희는 알라 '내가 야훼이다'"라는 표현으로 이와 같은 인간의 불신과 오만에 맞섰다. 예언자 에스겔과 포로기의 많은 익명의 신학자들은 "모든 역사의 흐름을 주관하시는 분은 야훼이다"라는 점에 대한 분명한 인식을 요구한다. 또한 "소리를 듣는다"는 말은 순종과 불순종의 태도를 나타낼 때 사용하는 표현이다.

야곱은 이스라엘의 하나님께서 선조들과 함께 하시듯, 항상 그와 함께 했으며, 또 앞으로도 그와 함께 하실 것이라는 것을 분명히 알게 되었다. 야곱의 내면에는 선조의 하나님이 확실하게 자리 잡게 되었고, 이것이 그로 하여금 신앙적인 역사의 주체가 되게 했다.

행함 있는 믿음(*fide cum opera*)의
제사(예배)를 찾으시는 하나님
─ 창 4:1-15; 사 1:10-20; 암 5:4-27을 중심으로

임태수 | 호서대학교 명예교수

지금 한국교회는 위기에 빠져 있다. 한국교회가 위기에 빠진 이유는 무엇일까? 혹시 그 이유가 한국교회의 예배의 타락에 있는 것은 아닐까? 한국교회가 드리는 예배를 하나님은 기뻐 받으실까? 아니면 기뻐 받으시지 않는 것은 아닐까? 하나님이 받으시는 예배(제사)는 어떤 것이고, 받지 않으시는 예배(제사)는 어떤 것인가?

이 글에서 다루려는 창세기 4:1-15, 이사야 1:10-20, 아모스 5:4-27은 하나님이 받으시는 제사(예배)와 하나님이 받지 않으시는 제사(예배)가 어떤 것인지에 대하여 말해준다. 우리는 이 성경구절들이 말하는 올바른 제사의 정신을 배워서, 하나님이 받으시는 예배를 회복하여, 위기에 빠진 한국교회를 다시 일으켜 세워야 할 것이다. 우리는 성경이 말하는 제사(예배) 정신으로 되돌아가야 할 것이다(*ad fontes*). 그래야 한국교회가 다시 살아날 것이다.

I. 창세기 4:1-15

1. 전통적 해석

가인은 땅의 소산으로 여호와께 제사를 드렸고, 아벨은 양의 첫 새끼와 그 기름으로 여호와께 제사를 드렸다. 그런데 아벨의 제사는 받으시고 가인의 제사는 받지 않으셨다(3-5절). 그 이유에 대하여 웬함(G. J. Wenham)은 여러 학자들의 견해들을 다음과 같이 요약하였다.[1]

1) 하나님은 농부(gardener)보다 목자(shepherd)를 더 선호하신다(H. Gunkel). 이 견해는 창세기 2:15에서 하나님이 아담에게 땅을 경작하라고 명령한 사실에 비추어볼 때 타당하지 않다.

2) 하나님은 동물 희생제사를 식물(곡식)제사보다 더 선호하신다(J. Skinner, B. Jacob). 동물의 피를 흘려 드리는 제사가 분명히 더 가치 있는 제사로 간주되는 것은 사실이지만, 율법은 곡식제사도 합당하고 필요한 제사로 인정하고 있다는 관점에서 볼 때 이 설명은 타당하지 않다.

3) 하나님이 아벨의 제사는 받으시고 가인의 제사는 받지 않은 동기는 불가사의하다. 하나님이 아벨의 제사를 더 선호한 것은 하나님의 선택의 신비를 보여준다(G. von Rad, B. Vawter,

---

1) G. J. Wenham, *Genesis* 1-15, WBC vol. 1 (Waco, TX: Word Books, 1987), 104.

F. W. Golka, C. Westermann). 하나님이 동생을 선호한다는 사실은 창세기에 자주 나오지만(이삭/이스마엘, 야곱/에서 등), 이 설명은 본문이 하나님의 행위에 대한 다른 이유를 제공하지 않는 경우에만 호소력이 있는 설명이다.

4) "믿음으로 아벨은 가인보다 더 나은 제사를 드렸다"는 히브리서 11:4에 근거하여, 일부 주석가들(J. Calvin, A. Dillmann, S. R. Driver, E. König)은, 하나님만이 아시는 두 형제의 서로 다른 동기 때문이라고 말한다.

5) 그러나 이러한 해석들보다는 고대나 현대의 대부분의 주석가들은, 가인과 아벨의 제사의 질(quality) 때문에 하나님이 아벨의 제사는 받으시고, 가인의 제사는 받지 않으셨다고 본다. 즉 가인은 단순히 "땅의 소산"을 드린 데 반하여, 아벨은 가장 정선된(choicest) 제물 즉 "양의 첫 새끼와 그 기름"을 드렸기 때문이라는 것이다.

이와 같이 여러 학자들이 아벨의 제사는 받으시고 가인의 제사는 받지 않으신 이유에 대하여 설명하지만, 이러한 이유들은 본문(4:1-15)에서는 그 근거를 찾기 어렵다는 점에서 타당성이 없다고 필자는 생각한다. 필자는 본문에서 아벨의 제사는 받으시고 가인의 제사는 받지 않으신 이유를 새롭게 찾아보고자 한다.

2. 필자의 새로운 해석

1) 가인의 제사: "행함 없는 믿음"의 제사

가인이 하나님께 제사를 드린 것으로 보아서 우리는 가인이 하나님을 믿는 사람임을 알 수 있다. 만약 가인이 하나님을 믿는 믿음을 가지고 있지 않았다면 그는 하나님께 제사를 드리지 않았을 것이다. 믿음이 없는 사람은 하나님께 제사를 드릴 자격도 없고, 드릴 마음도 가질 수 없다. 그렇다면 가인이 믿음을 가지지 않았기 때문에 하나님께서 가인의 제사를 받지 않으셨다고 말할 수는 없을 것이다. 가인은 분명히 하나님을 믿는 믿음을 가지고 있었다. 그러나 믿음을 가지고 제사를 드렸지만 하나님은 가인의 제사를 받지 않으셨다. 그렇다면 하나님께서 가인의 제사를 받지 않으신 이유가 무엇일까? 우리는 그 이유를 본문에서 찾아볼 수 있다.

(1) 하나님께 분노 표출

하나님께서 가인의 제사를 받지 않으시자 가인은 몹시 분노하였다(5절). 누구를 향한 분노였을까? 아마도 첫 번째는 자기의 제사를 받아주시리라고 기대했던 하나님이 자기의 제사를 받아주시지 않은데 대한 분노였을 것이고, 두 번째는 자기의 경쟁 상대인 아우 아벨에 대한 분노였을 것이다. 가인은 분노함과 동시에 그의 "안색이 변했다"고 했다. "안색이 변했다"는 말은 히브리어로는 "그의 얼굴이 떨어졌다"이다. KJV은 "Why is thy countenance fallen?"으로, NIV는 "Why is your face downcast?"로, 공동번역개정은 "왜 고개를 떨어뜨리고 있느냐?"로 번역했다. 가인이 고개를 떨어뜨린 이유는, 하나는 하나님과 아벨에 대한 분노에서였고, 다른 하나는 하나님이 기뻐하시는 제사를 드리고 칭찬을 받아야겠다는 자기의 뜻이 이루어지지 못한 데 대한 실망감이었을 것이다.

하나님께서 제사를 받지 않으시면 "아! 내가 잘못된 제사를 드렸구나!" 하고 자기 자신의 잘못부터 찾고 회개해야 마땅할 텐데, 그와는 정반대로 마치 하나님께서 아벨을 편애해서 아벨의 제사는 받으시고, 자기의 제사는 받지 않았다는 듯, 다시 말하면 하나님이 잘못 판단해서 자기의 제사를 받지 않으셨다고 생각하고 하나님을 향하여 화를 낸 것이다. 하나님은 공정하게 판단하시고 결정하시는 공평무사(公平無私)한 분이요, 잘못 판단하시는 하나님이 아니신데, 이런 하나님께 대하여 화를 내고 안색이 변했다고 한 것은, 가인이 평상시에 하나님께 대하여 어떤 마음자세를 가지고 있었는가를 알 수 있게 해준다. 여기에서 우리는 가인의 잘못된 믿음의 자세를 볼 수 있다. 가인은 하나님을 믿는 믿음을 가지고는 있었지만 진정으로 하나님을 경외하는 자는 아니었다. 이것이 하나님께서 가인의 제사를 받지 않으신 첫 번째 이유이다.

(2) 선을 행하지 않는 삶

7절에서 하나님께서는 "네가 선을 행하면 어찌 낯을 들지 못하겠느냐? 선을 행하지 아니하면 죄가 문에 엎드려 있느니라. 죄가 너를 원하나 너는 죄를 다스릴지니라"고 말씀하신다. "네가 선을 행하면 어찌 낯을 들지 못하겠느냐?"는 말씀은 "선을 행하지 않았다"는 말씀이다. 반대로 말하면 "죄를 범하고 악을 행했다"는 말이다. 가인이 선을 행하지 않고 악을 행했기 때문에 "낯을 들지 못하는" 결과가 왔다는 말씀이다. 선을 행하지는 않지만, 그렇다고 악을 행하지도 않는 경우도 있다. 그러나 이 경우에는 낯을 들지 못하지는 않는다. 가인의 경우는 선을 행하지 않았을 뿐만 아니라, 낯을 들지 못한 것으로 보아, 선을 행하지 않은 데서 한걸음 더 나아가 악을 행하고 범죄까지 했다고 추측하는 것은 무리가 아니라고 생각한다. 그리고 이어서 나오는 "선을 행하지 아니하면 죄가 문에 엎드려 있느니라"는 말씀은 미래에 대한 경고이지만, 이 경고는 가인의 과거에도 해당된다. 왜냐하면 과거에도 "선을 행하지 아니하면 죄가 문에 엎드리는" 상황에 직면해 있었는데, 가인은 그 죄를 다스리지 않았기 때문에 "고개를 떨어뜨릴" 수밖에 없는 결과를 가져온 것이다.

7절의 말씀은 "네가 선행을 하고 악행을 하지 않겠다는 생각과 의지를 가지고 살지 않으면, 죄가 문에 엎드려서 기다리고 있으면서 너를 죄를 짓도록 유혹하고 범죄하게 한다"는 말씀이다. 이런 죄의 유혹 앞에서 가인은 "죄를 다스렸어야" 했는데 가인은 죄를 다스리지 않고, 선을 행하지 않았을 뿐만 아니라 악을 행했기 때문에 "낯을 들지 못하는" 결과를 가져왔다는 말씀이다. 이 말씀에 의하면 가인은 선을 행하고 악을 행하지 않으려는 적극적인 자세로 살지 않고, 죄의 유혹을 따라서 살았음을 의미한다. 가인은 죄의 유혹을 이기고 그 죄를 다스렸어야 했음에도 불구하고, 죄의 유혹을 이기지 못하고 범죄하는 삶을 살아온 것을 알 수 있다. 신약의 표현을 빌리면 가인은 "성령을 따라 살지 않고 육체의 소욕을 따라서 산" 것이다(갈 5: 16-17). 이렇게 범죄하는 삶을 살면서도 가인은 그 죄를 회개할 생각은 하지 않고 제사를 드린 것이다. 이와 같이 가인은 선을 행하지 않고 악을 행하고 범죄하는 삶을 살아왔으면서도, 이러한 삶을 반성하거나 회개하지 않은 채, 하나님께 제사를 드린 것이다. 그래서 하나님께서는 가인의 제사를 받지 않으신 것이다. 다시 말하면 가인은 하나님을 믿는 믿음을 가지고는 있었지만, 가인의 삶은 그 믿음에 합당한 삶을 살지 않고, 선행을 추구하기보다는 악행을 일삼는 삶을 살아온 것이다. 그래서 하나님은 이런 가인의 제사를 받지 않으셨던 것이다. 다시 말하면 가인은 "행함 있는 믿음"의 사람이 아니라, "행함 없는 믿음"의 사람이었던 것이다. 그래서 하나님께서는 가인의 제사를 받지 않으신 것이다.

"네가 선을 행하면 어찌 낯을 들지 못하겠느냐? 선을 행하지 아니하면 죄가 문에 엎드려 있느니라. 죄가 너를 원하나 너는 죄를 다스릴지니라"는 7절의 말씀은 만고불변의 진리요, 가인의 과거와 현재와 미래 모두에 해당되는 말씀이다. 7절의 말씀은 과거 가인의 잘못에 대한 책망의 말씀임과 동시에, 현재와 미래에 대한 경고의 말씀이기도 하다. 가인은 이 사실을 알고도 죄를 다스리지 않고 살아왔으므로 하나님께서 그의 제사를 받지 않으신 것이다. 과거에 선을 행했음에도 불구하고 하나님께서 가인의 제사를 받지 않으신 것이 아니다. 만약 그랬다면 하나님은 공평무사한 하나님이라고 할 수 없었을 것이다. 가인은 제사지내기 이전에도 선을 행하지 않고 범죄하는 삶을 살았기 때문에 하나님께서 그의 제사를 받지 않으신 것이다. 이러한 과거의 삶의 태도가 동생 아벨을 죽이는 사건으로 다시한 번 나타난 것이다. 아벨을 죽이는 사건은 제사 사건 이후에 나타난 사건이지만, 이 살인사건은 과거의 가인의 삶이 어떠했는가를 극명하게 보여주는 사건이다. 가인은 살인도 서슴지 않는, "행함 없는 믿음"의 삶을 살아온 것이다. 그래서 하나님께서는 가인의 제사를 받지 않으신 것이다. 이것이 하나님께서 가인의 제사를 받지 않으신 두 번째 이유이다.

(3) 아벨 살해

가인은 아우 아벨을 살해하였다(8절). 이것은 아벨에 대한 시기심에서 나온 것임이 분명하다. 물론 아벨을 살해한 것은 하나님께서 가인의 제사를 받지 않은 결과로 나타난 것이기는 하다. 그러나 여기서 우리가 알 수 있는 것은, 가인은 하나님께서 그의 제사를 받지 않았다는 이유만으로도 살인할 수 있는 악한 사람이었다는 사실이다. 화난다고 모두 다 살인하는 것은 아니다. 살인한다는 것은 그만큼 악하다는 것을 의미한다. 이런 살인 정신을 가지고 가인은 살고 있었던 것이다. 살인할 수 있는 악한 마음을 가지고 살고 있었던 가인은, 살인할 만큼 증오로 가득한 마음을 가진 채로 제물을 가지고 하나님께 나아가서 제사를 드렸던 것이다. 이것이 하나님께서 가인의 제사를 받지 않으신 세 번째 이유이다.

(4) 하나님께 거짓말

여호와께서 가인에게 "네 아우 아벨이 어디 있느냐?" 하고 물으셨다. 이때 가인은 "내가 알지 못하나이다. 내가 내 아우를 지키는 자니이까?"(9절) 하고 거짓말을 하였다. 가인은 하나님에게까지도 거짓말을 하는 사람이었으니 사람들에게는 더 말할 나위도 없을 것이다. 이 거짓말은 제사 이후에 한 거짓말이지만, 우리는 이 거짓말에서 가인이 제사 지내기 이전에도 거짓말하는 삶을 살아온 것을 미루어 짐작할 수 있다. 가인은 사람들에게는 물론 하나님에게 마저도 거짓말하는 사람이었다. 이런 거짓말하는 삶을 살아도 하나님은 제사를 받으시는 하나님이라고 생각하고 가인은 제사를 드린 것이다.

위에서 말한 네 가지 이유들 때문에 하나님께서는 가인의 제사를 받지 않으신 것이다. 가인은 하나님으로부터 저주를 받고 땅 위에서 쉬지도 못하고, 떠돌아다니는 사람이 되었고(12절), 여호와 앞을 떠나서 에덴 동쪽 놋 땅에서 살게 되었다(15절). 가인의 이야기에서 우리는 하나님께서는 믿음만 있다고 해서 제사(예배)를 받으시는 것이 아니고, "행함 없는 믿음"의 제사도 받지 않으신다는 사실을 알 수 있다. 이런 사실은 구약과 신약의 다른 예들에서도 얼마든지 발견할 수 있다.

2) 아벨의 제사: "행함 있는 믿음"의 제사

하나님께서는 아벨의 제사를 받으셨다. 그 이유가 무엇일까? 본문 창세기 4:1-15에는 그 이유가 나와 있지 않다. 우리는 신약의 증언들에서 그 이유를 찾을 수 있을 뿐이다.

(1) 믿음의 사람

아벨이 하나님께 제사를 드린 것으로 보아서 우리는 아벨도 하나님을 믿는 사람이었음을 알 수 있다. 만약 아벨이 하나님을 믿는 믿음을 가지고 있지 않았다면 그는 하나님께 제사를 드리지 않았을 것이다. 믿음이 없는 사람은 하나님께 제사를 드릴 자격도 없고, 드릴 마음도 가질 수 없다. 히브리서 11:4는 아벨의 믿음에 대하여 이렇게 말한다.

"믿음으로 아벨은 가인보다 더 나은 제사를 하나님께 드림으로 의로운 자라 하시는 증거를 얻었으니 하나님이 그 예물에 대하여 증언하심이라 그가 죽었으나 그 믿음으로써 지금도 말하느니라."

여기에서 우리는 아벨이 믿음의 사람이었음을 알 수 있다. 필자는 위에서 가인도 믿음을 가지고 있었다고 말했다. 그렇다면 가인과 아벨 모두 믿음을 가지고 있었는데, 왜 하나님께서는 가인의 제사는 받지 않으시고 아벨의 제사만 받으셨는가 하고 의문을 제기할 수 있을 것이다. 우리는 그 해답을 아래에서 찾을 수 있다.

(2) 의인

히브리서 11:4은 "믿음으로 아벨은 가인보다 더 나은 제사를 하나님께 드림으로 의로운 자(a righteous man)라 하시는 증거를 얻었으니"라고 말한다. 히브리서 11:4은 아벨을 "의인"(a righteous man)이라고 말한다. "의인"이란 의로운 일을 행하는 사람을 말한다. 아벨은 의로운 일을 하는 사람이었다는 말이다. 예수님께서도 마태복음 23:35에서 "그러므로 의인 아벨의 피로부터 성전과 제단 사이에서 너희가 죽인 바라갸의 아들 사가랴의 피까지 땅 위에서 흘린 의로운 피가 다 너희에게 돌아가리라"고 말씀하셨다. 여기서 예수님은 아벨을 "의인"이라고 말씀하신다. 요한1서 3:12도 "가인 같이 하지 말라 그는 악한 자에게 속하여 그 아우를 죽였으니 어떤 이유로 죽였느냐 자기의 행위는 악하고 그의 아우의 행위는 의로움이라"고 말씀한다. 아벨은 의인이었다는 말이다. 우리는 이상의 증언들에서 구약 정경에는 나타나 있지 않지만, 이스라엘 전승 속에서는 아벨이 의인이었다는 사실이 수천 년을 전해 내려오고 있었음을 알 수 있다. 이스라엘 전승은 아벨이 의인이었고, 의로운 행위를 하는 사람이라고 말한다. 그래서 하나님께서는 아벨의 제사를 받으신 것이다.

이제 "가인과 아벨 모두 믿음을 가지고 있었는데, 왜 하나님께서는 가인의 제사는 받지 않으시고 아벨의 제사만 받으셨는가?" 하는 질문에 대한 대답을 할 차례다. 그 대답은 이렇다. 가인과 아벨 모두 믿음을 가지고 있었지만, 가인은 "행함 없는 믿음"을 가지고 있었고, 아벨은 "행함 있는 믿음"을 가지고 있었다. 그래서 아벨의 제사는 받으시고, 가인의 제사는 받지 않으신 것이다. 여기서 우리는 믿음에는 "행함 없는 믿음"과 "행함 있는 믿음"이 있음을 알 수 있다(약 2:18). 히브리서 11:4에서 말하는 아벨의 믿음은 "행함 있는 믿음"이었던 것이다. 그래서 하나님은 아벨의 제사는 받으신 것이다. 이에 반하여 가인은 믿음은 가지고 있었지만 그 믿음이 "행함 없는 믿음"이었기 때문에 하나님께서 그의 제사를 받지 않으셨던 것이다. 가인과 아벨의 이야기에서 우리는 하나님께서는, "행함 없는 믿음"의 제사는 받지 않으시고, "행함 있는 믿음"(*fide cum opera*)의 제사만 받으신다는 사실을 알 수 있다. 이런 사실은 이사야 1:10-20과 아모스 5:4-27의 예들에서도 찾아볼 수 있다.

II. 이사야 1:10-20

이사야는 1:10-20에서 이스라엘 사람들의 제사에 대하여 말한다. 우리는 여기에서도 가인의 경우와 같은 "행함 없는 믿음"의 제사와, 아벨의 경우와 같은 "행함 있는 믿음"의 제사를 발견할 수 있다.

1. "행함 없는 믿음"의 제사

하나님은 이사야를 통하여 이사야 1:11-15에서 다음과 같이 말씀하신다.

> "[10]너희 소돔의 관원들아 여호와의 말씀을 들을지어다 너희 고모라의 백성아 우리 하나님의 법에 귀를 기울일지어다 [11]여호와께서 말씀하시되 너희의 무수한 제물이 내게 무엇이 유익하뇨 나는 숫양의 번제와 살진 짐승의 기름에 배불렀고 나는 수송아지나 어린 양이나 숫염소의 피를 기뻐하지 아니하노라 [12]너희가 내 앞에 보이러 오니 이것을 누가 너희에게 요구하였느냐 내 마당만 밟을 뿐이니라 [13]헛된 제물을 다시 가져오지 말라 분향은 내가 가증히 여기는 바요, 월삭과 안식일과 대회로 모이는 것도 그러하니 성회와 아울러 악을 행하는 것을 내가 견디지 못하겠노라 [14]내 마음이 너희의 월삭과 정한 절기를 싫어하나니 그것이 내게 무거운 짐이라 내가 지기에 곤비하였느니라. [15]너희가 손을 펼 때에 내가 내 눈을 너희에게서 가리고 너희가 많이 기도할지라도 내가 듣지 아니하리니 이는 너희의 손에 피가 가득함이라."

10-15절에서 이사야가 대상으로 생각하고 말하는 사람들은 이스라엘의 지도자들과 백성들이므로 하나님에 대한 믿음을 가진 사

람들이다. 그들이 믿음이 있는 사람들이라는 증거는 다음과 같다.

하나님께 무수한 제물을 가져옴(11, 13절).
하나님 앞에 보이러 옴(12절).
하나님 앞에 분향함(13절).
월삭과 안식일과 대회로 모임(13절).
하나님께 손을 펴고 많이 기도함(15절).

그들은 안식일과 월삭을 지키고, 많은 제물을 바쳐 제사 드리며, 분향하고, 많이 기도하는 사람들이다. 이런 그들의 종교 행위로 볼 때 그들은 열심 있는 믿음을 가진 사람들임이 분명하다. 그런데 왜 하나님께서는 그들의 무수한 제물이 유익하지 않으며(11절), 그들의 번제와 짐승의 기름과 피를 기뻐하지 않으며(11절), 헛된 제물을 다시 가져오지 말며, 분향은 하나님이 가증히 여기는 바요 월삭과 안식일과 대회로 모이는 것을 하나님이 견디지 못하며(13절), 그들의 월삭과 절기를 싫어하며, 그것이 하나님께 무거운 짐이요 지기에 곤비하며(14절), 그들이 손을 펼 때에 하나님이 눈을 가리고, 많이 기도할지라도 하나님께서 듣지 않으시겠다(15절)고 하셨을까?

그 이유는 그들의 "손에 피가 가득하기" 때문이라고 하나님은 말씀하신다(15절). 피를 흘린다는 말은 사람들을 때리고 죽인다는 말이다. 이사야는 59:3-8에서 피를 흘리는 일이 어떤 것들인가에 대하여 자세히 말한다.

"³이는 너희 손이 피에, 너희 손가락이 죄악에 더러워졌으며 너희 입술은 거짓을 말하며 너희 혀는 악독을 냄이라 ⁴공의대로 소송하는 자도 없고 진실하게 판결하는 자도 없으며 허망한 것을 의뢰하며 거짓을 말하며 악행을 잉태하여 죄악을 낳으며 ⁵독사의 알을 품으며 거미줄을 짜나니 그 알을 먹는 자는 죽을 것이요 그 알이 밟힌즉 터져서 독사가 나올 것이니라 ⁶그 짠 것으로는 옷을 이룰 수 없을 것이요 그 행위로는 자기를 가릴 수 없을 것이며 그 행위는 죄악의 행위라 그 손에는 포악한 행동이 있으며 ⁷그 발은 행악하기에 빠르고 무죄한 피를 흘리기에 신속하며 그 생각은 악한 생각이라 황폐와 파멸이 그 길에 있으며 ⁸그들은 평강의 길을 알지 못하며 그들이 행하는 곳에는 정의가 없으며 굽은 길을 스스로 만드나니 무릇 이 길을 밟는 자는 평강을 알지 못하느니라"(사 59:3-8).

본문 15절에서 말하는 "사람의 손에 피를 흘리는 일"은 이사야 59:3-8에서 말하는 갖가지 범죄를 하는 일들을 상징하는 말이다. 이사야 59:1-2에서도 본문에서와 마찬가지로 하나님께서 이스라엘을 구원하지 않고, 그들의 기도를 듣지 않는 이유가 바로 이사야 59:3-8에서 말하는 피 흘리는 일로 상징되는 여러 가지 죄를 범하였기 때문이라고 다음과 같이 말한다.

"여호와의 손이 짧아 구원하지 못하심도 아니요 귀가 둔하여 듣지 못하심도 아니라. 오직 너희 죄악이 너희와 너희 하나님 사이를 갈라놓았고 너희 죄가 그의 얼굴을 가리어서 너희에게서 듣지 않으시게 함이니라"(사 59:1-2).

본문 10-15절에서 말하는 사람들은 믿음을 가진 사람들이다. 그러나 그들은 하나님의 계명과 율법을 지키지 않는 사람들 즉 "행함이 없는 믿음"을 가진 사람들이다. 이런 사람들의 제사는 받지 않으시겠다는 것이 하나님의 뜻이다. 우리 주위에도 이런 믿음으로 예배드리는 사람들이 있다는 사실을 우리는 알고 있다. 이런 사람들을 기다리고 있는 것은 구원이 아니라 심판이라는 것이 이사야가 줄기차게 외치는 예언의 핵심이다.

2. "행함 있는 믿음"의 제사

본문 16-17절에서는 "행함 있는 믿음"의 제사를 지낼 것을 하나님께서 요구하신다. 16-17절에서 하나님은 하나님을 믿는 이스라엘 사람들에게 믿음에 합당한 행함을 다음과 같이 요구하신다.

> "너희는 스스로 씻으며 스스로 깨끗하게 하여 내 목전에서 너희 악한 행실을 버리며 행악을 그치고 선행을 배우며 정의를 구하며 학대 받는 자를 도와주며 고아를 위하여 신원하며 과부를 위하여 변호하라 하셨느니라."

하나님이 먼저 요구하시는 행함은 "스스로 씻으며 스스로 깨끗하게 하여 내 목전에서 너희 악한 행실을 버리며 행악을 그치는"(15절) 회개를 하는 일이다. 잘못을 회개하지 않고 올바른 행함을 할 수 없기 때문이다. 행함에는 두 종류가 있다. 하나는 남에게 악을 행하지 않는 행함이다. 이는 소극적 행함이다. 십계명 6-10계명이 말하는 행함이다. 다른 하나는 남에게 선을 행하는 행함이다. 이는 적극적 행함이다. "마음을 다하며 목숨을 다하며 힘을 다하며 뜻을 다하여 이웃을 자신 같이 사랑하는" 적극적 행함이다(눅 10:27). 본문 17절 에서 하나님은 "선행을 배우며 정의를 구하며 학대 받는 자를 도와 주며 고아를 위하여 신원하며 과부를 위하여 변호하라"고 말씀하는 행함은 후자에 해당하는 적극적인 의미에서의 행함이다. 이런 행함 있는 믿음을 가진 사람들에게 하나님께서는 다음과 같은 은혜를 베 풀어주실 것을 본문 18-19절에서 약속하신다.

> "여호와께서 말씀하시되 오라 우리가 서로 변론하자 너희의 죄 가 주홍 같을지라도 눈과 같이 희어질 것이요 진홍 같이 붉을지라 도 양털 같이 희게 되리라 너희가 즐겨 순종하면 땅의 아름다운 소 산을 먹을 것이다"(사 1:18-19).

이스라엘 사람들이 진정으로 회개하면 그들의 모든 죄를 용서하 여주시고, 즐겨 순종하면 땅의 아름다운 소산을 먹을 수 있게 하여 주시겠다는 하나님의 약속이다. 이 약속은 가나안 땅에서 쫓겨나지 않고 계속 평안하게 살 수 있도록 보장하여주시겠다는 약속이다.

우리는 창세기 4:1-15에 이어서, 이사야 1:10-20에서도 "행함 없는 믿음"의 제사와 "행함 있는 믿음"의 제사가 있음을 보았다. 하 나님이 바라시는 제사는 "행함 없는 믿음"의 제사가 아니라 "행함 있 는 믿음"의 제사임은 두 말할 필요도 없다. 하나님은 행함 없는 믿음 의 제사는 받지 않으시고, 행함 있는 믿음의 제사만 받으신다는 사 실을 본문에서 다시 한 번 분명히 확인할 수 있다. 행함 있는 믿음의 제사에는 "땅의 아름다운 소산을 먹을 수 있는"(19절) 복과 은총이 주어지고, 행함 없는 믿음의 제사에는 "칼에 삼켜지는"(20절) 저주와 심판이 주어진다.

III. 아모스 5:4-27

우리는 아모스 5:4-27에서도 "행함 없는 믿음"의 제사와, "행함 있는 믿음"의 제사가 있음을 발견할 수 있다. 4-27절에서 아모스가 말하는 대상은 이스라엘 족속(5:1-4, 25)이다. 여기서 아모스는 이스라엘 백성들 전체를 향하여 말하고 있다. 그들은 하나님을 믿는 믿음을 가진 사람들이다. 그들은 벧엘, 길갈, 브엘세바 등 성소들을 찾아가서(5절) 절기와 성회들을 지키며, 여호와의 날을 사모하며(18절), 번제, 소제, 화목제를 드리는 사람들이다(21-22절). 이와 같은 종교행위를 하는 것으로 볼 때 그들은 열심 있는 믿음을 가진 사람들임이 분명하다. 그런데 4-27절에서 우리는 이 사람들이 드리는 제사가, 하나는 하나님이 받지 않으시는 "행함 없는 믿음의 제사"요, 다른 하나는 하나님이 받으시는 "행함 있는 믿음의 제사"임을 발견하게 된다.

1. "행함 없는 믿음"의 제사

4-27절에서 아모스는 믿음은 있되 행함이 없는 사람들에 대하여 말한다. 여기에서 아모스가 대상으로 말하는 사람들은 이스라엘 백

성들이므로 당연히 하나님에 대한 믿음을 가진 사람들이다. 그들은 분명 하나님을 믿는 믿음을 가진 사람들이다(5:5, 18, 21-22). 그런데 왜 하나님께서는 제사 지내는 이스라엘 사람들을 향하여 "벧엘을 찾지 말며 길갈로 들어가지 말며 브엘세바로도 나아가지 말라"(5a절)고 하시면서(암 4:4-5 참고) "길갈은 반드시 사로잡히겠고 벧엘은 비참하게 될 것"(5b절)이라고 말씀하셨을까? 왜 하나님께서는 "화 있을진저 여호와의 날을 사모하는 자여 너희가 어찌하여 여호와의 날을 사모하느냐 그 날은 어둠이요 빛이 아니라 마치 사람이 사자를 피하다가 곰을 만나거나 혹은 집에 들어가서 손을 벽에 대었다가 뱀에게 물림 같도다"(18-19절)라고 재앙을 선포하셨을까? 왜 하나님께서는 "내가 너희 절기들을 미워하여 멸시하며 너희 성회들을 기뻐하지 아니하나니 너희가 내게 번제나 소제를 드릴지라도 내가 받지 아니할 것이요 너희의 살진 희생의 화목제도 내가 돌아보지 아니하리라"(21-22절)고 하셨으며 "내가 너희를 다메섹 밖으로 사로잡혀 가게 하리라"고 심판을 선언하셨을까? 그 이유는 그들이 "정의를 쓴 쑥으로 바꾸며 공의를 땅에 던지는 자들"(7절)이고, 그들이 "성문에서 책망하는 자를 미워하며 정직히 말하는 자를 싫어하고"(10절), 또 "힘없는 자를 밟고 그에게서 밀의 부당한 세를 거두고"(11a절), "허물이 많고 죄악이 무겁고… 의인을 학대하며 뇌물을 받고 성문에서 가난한 자를 억울하게 하는 자"이기 때문이다. 이 사람들은 믿음은 가지고 있었지만 행함이 없는 사람들이었다. 그들은 가인처럼 "행함 없는 믿음"의 제사를 드리는 사람들이었다. 이와 같이 믿음은 있되 행함이 없는 사람들의 제사는 받지 않으시겠다고 본문 5:21-22에서 하나님은 말씀하신다.

²¹내가 너희 절기들을 미워하여 멸시하며 너희 성회들을 기뻐하지 아니하나니 ²²너희가 내게 번제나 소제를 드릴지라도 내가 받지 아니할 것이요 너희의 살진 희생의 화목제도 내가 돌아보지 아니하리라.

2. "행함 있는 믿음"의 제사

벧엘, 길갈, 브엘세바를 찾으면서 범죄하는 것과는 대조적으로, 4절에서는 "너희는 나를 찾으라 그리하면 살리라"고 말씀하고, 6절에서는 "너희는 여호와를 찾으라. 그리하면 살리라."고 말씀한다. 여호와를 찾는 것은 무엇을 의미하는가? 그 구체적인 내용이 14절과 24절에 나타나 있다. 14절은 "너희는 살려면 선을 구하고 악을 구하지 말지어다"라고 말씀한다. 그리고 24절에서는 "오직 정의를 물 같이, 공의를 마르지 않는 강 같이 흐르게 할지어다"라고 말씀한다. "선을 구하고 악을 구하지 않는 것"과 "정의를 물 같이, 공의를 마르지 않는 강 같이 흐르게 하는 것"은 같은 것이다. 그것을 한 마디로 하면 4-27절에서 말하는 악을 행하지 않고, 그 대신에 선을 행하는 것이다. 이렇게 하는 것이 행함 있는 믿음이요, 이렇게 하는 사람들이 드리는 제사가 하나님이 받으시는 제사다. 이런 사람은 살게 될 것이라고 말한다(4, 6절). 믿음은 있되 행함 없는 사람들은 제사를 드리지만 하나님이 받지 않으시고, 결국 심판을 받아 죽게 되고(구원을 받지 못하게 되고), 행함 있는 믿음을 가진 사람들의 제사는 하나님이 받으시고, 이런 사람들은 살게 된다(구원을 받게 된다)는 것이 5:4-27절에서 아모스가 말하는 예언의 내용이다.

위에서 살펴본 바와 같이 제사에는 "행함 없는 믿음"의 제사와, "행함 있는 믿음"의 제사가 있다. "행함 없는 믿음"으로 제사를 드리는 사람의 제사는 하나님이 받지 않으시고 구원을 얻을 수 없다. 반면에 "행함 있는 믿음"으로 제사를 드리는 사람의 제사는 하나님이 받으시고 구원을 얻을 수 있다.

IV. 맺는 말

우리는 위에서 창세기 4:1-15, 이사야 1:10-20, 아모스 5:4-27에 나타난 두 종류의 제사에 대하여 살펴보았다. 하나는 "행함 없는 믿음"의 제사요, 다른 하나는 "행함 있는 믿음"의 제사다. 제사를 드린다고 해서 하나님께서 모두 다 받으시는 것이 아니다. 하나님께서는 "행함 없는 믿음"의 제사는 받지 않으시고, "행함 있는 믿음"의 제사만 받으신다. 이 진리는 창세기에서부터 요한계시록에 이르기까지 성경 전체가 가르치는 진리다. 이러한 진리는 오늘 우리에게도 그대로 적용된다. 지금도 하나님께서는 "행함 없는 믿음"의 예배는 받지 않으시고, "행함 있는 믿음"의 예배만 받으신다는 사실을 기억하고, "행함 있는 믿음"의 예배를 드리는 사람들이 되어야 할 것이다. 그래야 살고 구원을 얻을 수 있다. 우리는 성경이 말하는 예배 즉 "행함 있는 믿음"(*fide cum opera*)의 성경적 예배로 돌아가야 한다 (*ad fontes*). 그래야 한국교회가 다시 살아날 수 있을 것이다. 한국교회가 다시 살아나서 갖가지 문제로 갈등하고 죽음의 병을 앓고 있는 한국 사회를 살리고, 더 나아가서 비어가고 죽어가는 유럽 교회와 세계 교회를 살리는 한민족의 세계적 사명을 다하는 한국교회가 되기를 간절히 소망한다.

초기 유대주의 개혁에 나타난
아드 폰테스

안근조 | 호서대학교 교수

I. 들어가는 말

초기 유대주의는 에스라의 종교개혁으로부터 시작한다. 제2 성전 건축 후 에스라와 느헤미야의 개혁이 나타나게 되는 시기인 주전 515년에서 460년까지의 기간을 헤르만은 암흑시대로 보고 있으며 존 브라이트는 역경과 좌절의 세월로 요약한다.[1] 정치적으로는 여전히 페르시아 제국의 식민지하에서 민족의 독립은 요원한 상태였다. 단지 대제사장들에 의하여 이끌려지는 신정정치(theocracy)의 형태로 성전 중심의 사회(Temple-Society)를 이어가고 있을 뿐이었다. 그러나 이 종교적 지도자들은 페르시아의 황실과 타협하지 않을 수 없었으며[2] 따라서 옛 시대처럼 순전한 야웨 신앙을 지켜가는 것

---

1) 존 브라이트, 『이스라엘 역사』, 박문재 역 (서울: 크리스챤다이제스트, 1981), 501.

을 기대할 수 없었다. 더군다나 제2 성전 건축 당시 학개와 스가랴에 의해서 선포된 예루살렘의 회복과 영화가 성취되지 않는 상황 가운데 포로 귀환 유다 공동체(이하, 예후드 공동체)의 신앙적 상실감은 전통적 야웨 신앙의 소멸에 이를 정도로 심각하였다.

이 시기에 단행되었던 에스라-느헤미야의 사회개혁은 무엇보다도 에스라가 페르시아에서 예루살렘으로 올 때에 가져온 "모세의 율법책"의 낭독으로 촉발되었다(느 8:5-8). 에스라의 율법 운동은 자칫 "유다 공동체의 몰락"[3]으로 치달을 수밖에 없었던 시기에 "유대주의"를 새롭게 창조했을 뿐만 아니라 신구약 중간시대를 거쳐서 신약의 기독교 신앙에 연결되는 야웨 신앙의 유산을 보존할 수 있도록 하였다. 이러한 사회개혁의 기반에 근본적 계약 사상의 정신으로 돌아가려는 계약 회복 운동, 즉 **아드 폰테스**(*ad fontes*)의 사상이 자리하고 있었다.

나는 본 논문에서 에스라의 개혁운동에 나타난 "원천으로 돌아가기"의 정신을 추적해보려고 한다. 이를 위해 먼저, 주전 450년 전후의 예후드 공동체의 상황을 파악하여 어떠한 사회적 문제와 신앙적 위기에 직면해 있었는가를 살펴보려 한다. 이어 어떻게 에스라의 토라 선포와 율법 대각성 운동이 새로운 유대주의 운동을 촉발하게 되었는가에 대한 사회학적 원인과 신학적 근거를 설명할 것이다. 끝으로, 이 시기의 신앙적 보존과 개혁의 중심 주제는 전통으로의 회귀

---

2) 일찍이 페르시아 황실의 도움으로 제 2성전이 건축되었기에(스 6:3-12) 당시 유다 공동체(Yehud Community)는 성전에서 페르시아 황실을 위한 기도와 제사가 계속해서 드려지고 있었다.
3) W. 푀르스터, 『신구약 중간사』, 문희석 역 (서울: 컨콜디아사, 1992), 36.

에 있었음을 논의하려 한다.

II. 예후드 공동체의 상황

와인버그에 의하면 예후드 공동체는 성전 중심 사회(Citizen-Temple Community)였다. 이는 정치적 독립이 없는 페르시아의 식민지 상태에서 종교 중심의 신정체제적 사회 제도를 일컫는 개념이다.[4] 이러한 제도하에서 실질적인 정치적 권력이 제국 정부의 비호 아래 종교 지도자인 제사장들에게 주어짐으로써 식민지에서의 종교적 지도자와 페르시아 정부 사이의 정치적 결탁은 필연적이었다. 물론 와인버거는 예후드 공동체 내 성전 중심 사회의 지배 제도는 자율적 통치권을 가지고 있었고 일일이 페르시아 정부의 간섭을 받지 않은 채, 정치적 독립을 유지했다고 말하고 있다. 이는 구약성서 에스라-느헤미야의 기록에서 확인할 수 있듯이 예후드 공동체가 제국 정부의 영향력으로부터 상당한 거리를 두고 있었다는 해석과 맥을 같이 한다. 그러나 여전히 예후드 공동체의 성전 중심 사회는 페르시아 권력의 비호 아래 있었음을 부인할 수는 없다. 더군다나 블레킨솝과 윌리암슨이 주장하는바, 제국 정부가 예후드 공동체 내의 경제적 엘리트 그룹의 성장을 독려했고 이 그룹이 식민지 전체의 지배권을 행사하는 행정 권력을 차지하고 있었다는 주장은 당시의 정황 속에서 부인할 수는 없다.[5]

---

4) Joel Weinberg, *The Citizen-Temple Community* (JSOTSup 151; Sheffield: JSOT Press, 1992).

사실상, 포로 귀환 공동체에서 제2 성전의 건축이 지체된 이유도 새로운 유다 공동체 건설에 있어서 페르시아 제국의 지원으로 인하여 그에 따른 정치적 부담감이 작용하고 있었다.6) 만약 제국 정부의 지시를 따른다면 그들의 영향과 지배를 계속해서 수용해야 하는 상황이 전개될 것이 명백했기 때문이다. 제2 성전 건축 초기 활동한 학개와 스가랴의 예언은 이런 의미에서 포로 귀환 공동체에게는 자치적인 민족 독립운동의 의미를 지니고 있었다. 성전의 재건은 예루살렘에서의 야웨 통치의 새로운 시작이었으며 스룹바벨을 상징으로 하는 다윗왕조의 회복을 상징했기 때문이다(학 2:20-23; 슥 4:9, 6:12-13).7) 스가랴는 그의 비전을 통하여 성전 재건의 기초 돌을 놓은 이후 야웨의 복과 번영이 확정되었다고까지 선포함으로써(슥 8:9-12) 민족정신을 고취하고 성전 재건을 격려하였다.

그러나 주전 515년 제2 성전의 재건에도 불구하고 회복의 비전을 선포한 예언자들의 예언이 실현되지 않았다. 메시아 대망의 당사자였던 스룹바벨은 성전 봉헌식에 등장하지 않는다(스 6:16-18).8)

---

5) Joseph Blenkinsopp, "Temple and Society in Achaemenid Judah," in *Second Temple Studies: 1. Persian Period*, ed. P.R. Davies (Sheffield: JSOT Press, 1991), 47-51; Hugh Williamson, "Judah and the Jews," in *Studies in Persian History: Essays in Memory of David M. Lewis*, ed. Pierre Brian et al. (Leiden: Netherlands Instituut voor het Nabije Oosten, 1998), 159.
6) Rainer Alberetz, *A History of Israelite Religion in the Old Testament Period, Vol., II: From the Exile to the Maccabees*, trans. John Bowden (Louisville, KY: Westminster John Knox Press, 1994), 444.
7) Carol L. Myers and Eric M. Meyers, *Haggai, Zechariah 1-8* (New York: Doubleday, 1987), 68.
8) 일단의 학자들에 의하면 스룹바벨은 페르시아 제국 정부에 의해 은밀하게 처형된 것으로 추정하기도 한다. 그러나 이에 대한 확실한 증거는 없다. 분명한 사실은 결국 포로 후기 공동체에서 "기름부은 자"로 최종 인정받은 자는 대제사장 여

페르시아 제국 정부의 정치적 지배는 더욱 공고해져만 가는 상황이었다. 이에 실망한 공동체의 신앙인들은 점차로 예언의 말씀을 불신하고 순수한 신앙적 기대를 포기한다. 대신에 제도권 종교의 현실주의를 택한다. 즉 당시 종교적 권위와 지배권을 쥐고 있는 제사장 집단의 지도를 추종하게 된다. 그 결과 대제사장에게 최고 권력을 부여하는 성전 중심의 신정체제가 견고해져만 갔다. 반면에 지배권을 상실하고 백성의 지지를 잃은 예언자 집단들은 환상주의 예언운동을 전개하고 더 나아가 묵시주의의 길로 치닫게 된다.[9]

그러나 예후드 공동체 내의 분열은 폴 핸슨의 "묵시주의의 기원"에서 전제했던 것처럼 단순히 성전 중심의 제사장 집단과 성전 지배권에서 소외된 예언자 집단 사이의 갈등에서만 일어난 것은 아니었다. 더 근본적인 분열의 씨앗은 바빌론 포로 기간 동안 끌려가지 않고 그 땅에 남아 있던 자들과(암하레츠) 포로로 끌려갔다가 페르시아 정부에 의해 다시 돌아온 자들(하골라) 사이의 알력 다툼 가운데 있었다. 아래에서 살펴보겠지만 에스라의 종교개혁에 참여할 수 있었던 자들은 포로에서 돌아온 자들 곧 **하골라**에 국한되어 있었다. 예를 들면 에스라 10:7-8의 선포는 **하골라**만이 해당 대상이었다:

> 유다와 예루살렘에 사로잡혔던 자들의(하골라) 자손들에게 공
> 포하기를 너희는 예루살렘으로 모이라 누구든지 방백들과 장로들

호수아였다는 사실이다(슥 6:9-14): J. Maxwell Miller & John H. Hayes, *A History of Ancient Israel and Judah* (Philadelphia: The Westminster Press, 1986), 459-60.

9) Paul D. Hanson, *The Dawn of Apocalyptic: The Historical and Sociological Roots of Jewish Apocalyptic Eschatology* (Philadelphia: Fortress, 1979).

의 훈시를 따라 삼일 내에 오지 아니하면 그의 재산을 적몰하고 사로잡혔던 자의(하골라) 모임에서 쫓아내리라 하매

나중에 행해지는 잡혼 금지의 규정도 **하골라** 집단에게만 해당되는 것이었다(10:12, 14). 결국 예후드 공동체의 구성원은 사로잡혔다가 돌아온 귀환민 중심의 엘리트 사회로 형성될 운명이었다.10)

이러한 파당적 공동체의 배타적 성향 위에 예후드 공동체의 와해를 촉진한 또 다른 문제는 제도권 종교의 신앙적 타락과 도덕적 해이였다. 제사장들의 성전제사는 형식화되었다. 병들고 흠이 있는 동물을 바치고 백성들은 노골적으로 신앙 행위를 경멸하기에 이르렀다(말 1:6-14). 안식일이 거룩하게 준수되지 않았고(느 13:15-22), 십일조를 도둑질하였으며(말 3:7-10) 하나님의 실재성을 부인하는 사람들이 생겨났다(말 2:17; 3:13-15). 신앙의 틀이 깨어진 예후드 공동체는 사회적 기강이 붕괴되어 걷잡을 수 없는 악화일로를 달리게 된다. 이혼이 성행하게 되고(말 2:13-16) 사기와 간음과 약자에 대한 압제가 공공연히 일어나며(말 3:5) 가진 자들이 빚을 갚지 못하는 가난한 자들의 땅을 빼앗고 같은 동포를 노예로 삼는 일이 벌어졌다(느 5:1-5). 뿐만 아니라 이방인과의 통혼이 심각할 정도로 일반화되고 있었다(말 2:11-16; 느 13:23-27). 공동체의 순수성을 중시하는 자들에게 잡혼의 문제는 예후드 공동체 내의 큰 걸림돌이었다. 왜냐하면 유대인들의 민족적이고 신앙적인 정체성을 지켜주는 경계가 무너져 내리고 있었기 때문이다.11)

---

10) David Janzen, "Politics, Settlement, and Temple Community in Persian-Period Yehud," *CBQ* 64 (2002): 492-93.

이러한 상황에서 고대 이스라엘의 야웨 신앙은 그 근본부터 내려 앉을 큰 위기에 봉착하였다. 비슷한 시기 예루살렘이 아닌 다른 곳에 흩어져 사는 유대인들에게 또 다른 문제가 대두되고 있었으니 바로 혼합주의적 야웨 신앙이 그것이었다. 이집트에 용병으로 끌려가 나일 강 상류의 엘레판틴이라는 섬에서 생활하던 유대인들은 자체적인 성전을 짓고 야웨와 더불어 야웨의 배우자 여신인 아낫을 동시에 섬기고 있었다. 또한 이집트의 알렉산드리아에서는 주전 300년 경 히브리 성경의 희랍어 번역본인 70인역이 번역되어서 기존의 토라, 예언서, 성문서의 순서를 바꾸었을 뿐만 아니라 예레미야서와 같이 그 내용과 형식에 있어서도 큰 차이를 보이는 경전 전통이 나타나고 있었다.12) 이와 같은 상황에서 전통적 야웨 신앙의 핵심을 다시금 붙들고 동시에 새로운 환경 가운데 발전시켜야 하는 시대적 과제가 예후드 공동체에게 대두되었다.

III. 에스라의 모세 율법

모세의 율법은 본래 이집트를 탈출한 이스라엘 백성들에게 사회적 질서와 체계를 부여할 목표로 주어졌다. 정치적 주권 상실과 제국 정부의 경제적 착취 그리고 제2 성전의 제사장들의 타락 등 혼돈

---

11) 존 브라이트, 『이스라엘 역사』, 520.
12) Bruce C. Birch, Walter Brueggemann, Terence E. Fretheim, & David L. Peterson, *A Theological Introduction to the Old Testament* (Nashville: Abingdon, 1999), 424.

으로 치닫고 있었던 예후드 공동체에게 이제 율법 중심의 새로운 질서 확립은 시급한 과제였다. 마침 당시의 페르시아 제국 정부의 정책은 그들의 제국 영토 내의 다양한 민족의 문화를 존중하며 자신들의 종교와 법을 실행할 수 있도록 장려하는 제도를 폈기에 모세 율법의 집대성이 이 시기에 가능했다. 따라서 제국 내의 각 식민지 내에서 전통적인 법들의 보존과 확장이 활발히 이루어지고 있었다. 이러한 배경에서 에스라는 페르시아 황제의 명령을 받고 유프라테스 강 건너의 식민지 지역으로 파송된다. 그의 사명은 "하늘의 하나님의 율법"(스 7:12)을 식민지 지역 특히 예후드 공동체 내에 교육하고 실행하여 질서를 확립하는 일이었다.

블렌킨솝을 비롯한 모세오경 연구의 전문가들은 이러한 율법 정신을 기반으로 에스라 손에 들린 모세의 율법책(스 6:14)을 정리한 일단의 사가들을 P(제사장사가)로 본다. 그들의 신학적 특징은 다음과 같이 정리된다.[13] 첫째, 제사장 사가들은 족보를 강조하는데 이는 예루살렘의 함락과 포로기를 겪으면서 대두된 민족적 연속성의 문제가 부각되기 때문이다. 더 나아가 대두되는 새로운 질서의 정당성을 확보하기 위함이다. 둘째, 아론계 제사장에 대한 강조가 두드러지는데 이는 포로기 이후 돌아온 자들 그리고 새롭게 재건한 성전 예배의 실행자들을 대표하는 계층이 바로 아론계 제사장이었기 때문이다. 특히 이 제사장 계층은 페르시아 제국 정부의 입장에서는 제국의 평화를 유지해주는 유용한 수단으로 작용한 것 또한 사실이

---

13) Joseph Blenkinsopp, *Wisdom and Law in the Old Testament: The Ordering of Life in Israel and Early Judaism* (Oxford: Oxford Press, 2003), 124-126; K. Koch, *The Prophets II* (Philadelphia: Fortress, 1982), 187.

다. 셋째, 이민족과의 동화될 위험에 대한 경계가 첨예하게 대두된다. 이는 포로기간뿐만 아니라 포로기 이후 예후드 공동체의 공통된 현상이다. 특히 창세기의 제사장 사가의 자료에 의하면 야곱이 메소포타미아(밧단아람)로 부모를 떠가가게 된 중심 이유를 가나안 족속과의 혼인을 피하기 위해서로 기록하고 있다(창 26:34-35; 27:46-28:5). 넷째, 제사장 사가들은 신명기 사가(Dtr)의 율법 이해를 수정한다. 즉 인과응보적 사상을 중심으로 율법 준수 여부를 통해 공동체의 존망이 결정되는 조건적 계약사상으로부터 하나님의 은혜에 기반한 영원한 언약을 강조하게 된다. 대홍수 이후 하나님은 노아에게 무지개 언약을 허락하고(창 9:8-17) 족장 시대에 이르러 다시금 아브라함에게 영원한 언약(베릿 올람)을 선포한다(창 17:1-21). 이 경우 언약이 유효하기 위한 단 하나의 조건은 하나님의 기억하심이다(출 2:24; 레 26:42, 45).

에스라의 모세 율법을 통한 개혁의 배경에는 이와 같이 민족의 연속성, 아론계 제사장들의 득세, 이민족과의 동화 위험, 조건이 아닌 은혜의 회복 등의 이슈들이 있었다. 왕대일 교수는 포로 후기 에스라-느헤미야 시대의 중심 문제를 한 마디로 유대인의 생존의 문제라고 지적하며 그 생존 방식을 배타적 실존의 방식으로 설명한다. 즉, "누가 참 이스라엘인가?"의 문제를 제기하며 인종의 순수성을 확립하는 일이 중심 과제였다.14) 어떻게 보면 이스라엘의 신앙적 다양성과 다중적 신학적 발전은 에스라-느헤미야 시대보다도 80여 년이 앞선 포로기 직후의 상황이었음을 알 수 있다. 전통적 야웨 신

---

14) 왕대일, 『구약성서 신학』 (서울: 감신대성서학연구소, 2010), 425.

앙에 대한 노골적 거부로부터 대안적 신앙을 찾기 위한 노력들이 다각도로 부상했었다. 야웨 하나님의 능력에 대한 회의와 신적 무관심에 대한 항의 또는 인과응보론에 기반한 부정의의 하나님 고발, 아니면 가장 보수적인 측면에서는 율법 불순종으로 인한 자체적인 반성에 이르기까지 봇물 터지듯이 다양한 문제들이 쏟아져 나왔던 것이다.15) 그러나 60년(주전 597-538)에 가까운 포로기를 거쳐 새로운 다윗왕조의 회복을 꿈꾸며 시작하고 있었던 예후드 공동체의 상황은 이전의 혼란스러울 만치 산만하고도 다양한 문제로부터 점차로 하나의 문제에 집중되었다. 바로 정체성 확립의 문제였다. 전적으로 새로운 출발선상에 있는 귀환 공동체에게 이스라엘과 비이스라엘을 가르는 경계의 문제가 가장 중요했다. 족보와 제사를 중시하는 제사장사가들의 활동이 이 시기에 두드러졌다고 하는 것은 우연이 아니다. 따라서 제2 성전 건축 시기로부터 사마리아는 철저히 배제되었고(스 4:1-3) 더불어 그 땅에 남아있었던 자들(암하레츠)은 포로에서 돌아온 **하골라**의 주도적 사회 공동체 형성에서 배제되었다(스 4:4-5).

"누가 참 이스라엘인가?"라는 시대적 물음과 과제 앞에서 에스라가 페르시아로부터 들고 온 모세의 율법서는 예후드 공동체에게 적절한 해답을 제시하기에 부족함이 없었다. 무엇보다도 당시의 성전 중심 사회의 지배층이었던 제사장들의 유일한 권위가 바로 모세의 율법이었기 때문이다. 에스라가 가져와서 선포했던 율법서가 실제

---

15) Joseph Blenkinnsopp, *Sage, Priest, Prophet: Religious and Intellectual Leadership in Ancient Israel* (Louisville: Westminster John Knox Press, 1995), 50-51.

로 어떤 형태였을까에 대하여는 학자들마다 의견이 분분한다.16) 그러나 분명한 것은 위에서도 살폈듯이 제사장사가들의 신학적 성향이 반영될 수밖에 없는 상황에서 성전 중심의 예후드 공동체에서 율법 중심의 개혁 운동은 종교적 세력과 정치적 헤게모니가 합쳐져 시너지 효과를 거두며 실제적 사회 변화를 결과할 수 있었다.

둘째, 포로살이로부터 돌아온 **하골라**에게 모세의 율법만큼 자신들 그룹의 정당성을 보장해줄 수 있는 효과적인 권위의 수단은 없었다. 에스라 7:25에 따르면 새로운 공동체의 지도자들은 "하나님의 지혜"를 따라 "하나님의 율법"을 아는 자들로 기준을 삼고 있다. 이는 신명기에서 전형적으로 나타나는 사상이다: "너희는 지켜 행하라 이것이 여러 민족 앞에서 너희의 지혜요 너희의 지식이라 그들이 이 모든 규례를 듣고 이르기를 이 큰 나라 사람은 과연 지혜와 지식이 있는 백성이로다 하리라"(신 4:6). 이와 같은 신명기 중심의 사상을 기반한 모세의 율법서가 "참 이스라엘"의 기준을 제공하고 있었다. **하골라** 집단은 바로 이 모세의 율법에서 말하는 하나님의 지혜와 지식의 장본인임을 자처하고 있었다.17)

셋째, 페르시아 제국의 식민지 정책이 에스라의 율법 중심의 개혁 성과에 큰 몫을 차지하고 있었다. 이미 언급한바, 페르시아 정부는 제국의 영토 내의 식민지 국가들의 자율권을 부여하고 자체적인 법과 종교 가운데 운영되도록 하였다. 따라서 제국에 협조하는 엘리트 계층들을 파송하여 정치적 안정을 꾀하였던 것이다.18) 에스라는

---

16) 허셜 생크스 편/김유기, 『고대 이스라엘』 (서울: 한국신학연구소, 2009), 321-322.
17) Joseph Blenkinsopp, *Wisdom and Law,* 139.

이러한 제국 정부의 강력한 지원을 받고 있었기에 그의 개혁은 순풍에 돛단배처럼 신속하고 강하게 진행될 수 있었다.

민족적 연속성과 성전 제의의 회복, 유대인의 배타적 생존을 위해 이 시기에 모세의 율법이 사회 개혁의 최전선에서 그 기능을 담당하고 있다는 것은 율법이 가지는 질서 부여의 본질적 성격에 기인한다. 특히 제사장사가들에게 있어서 천지 창조와 성막공동체의 창조 그리고 계약공동체의 보존과 유지는 하나같이 말씀을 통해 부여되는 질서의 확립에 있었다. 에스라가 가지고 온 "하늘의 하나님의 율법"(스 7:12)은 제의적 영역에서뿐만 아니라 실제적인 삶의 영역에서 유대인의 정체성을 구분하는 경계를 설정해주었고 그에 따른 안정적 사회의 발전을 견인할 수 있었다. 물론, 에스라가 선포했던 그 "율법서"가 전적으로 오늘 우리의 손에 들려진 모세오경이 아닐 수도 있다. 그러나 분명한 것은 모세오경의 형성 과정 중에 있는 어떤 특정한 단계의 오경이었음은 부인할 수 없다.[19] 에스라를 제2의 모세로 부르는 이유도 모세의 오경적 전승을 계승하여 혈통적 단절과 신앙적 붕괴의 위기 가운데 처한 예후드 공동체를 전적으로 새롭게 유대인의 율법 공동체로 거듭나게 한 장본인이기 때문이다.

우리는 에스라의 모세 율법 중심의 사회 개혁이 당시에 성공적으로 이루어졌던 이유를 정치적인 측면과 종교적인 측면에서 각각 이루고자 했던 목표가 일치했다는 점에서 찾을 수 있다. 즉, 에스라가 이루고자 했던 유대인의 배타적 생존과 공동체의 질서 확립의 사회 개혁이 페르시아 정부의 식민지 정책과 조응하였고 포로로 끌려갔

---

18) Joseph Blenkinsopp, *Sage, Priest, Prophet,* 90.
19) Joseph Blenkinsopp, *Wisdom and Law,* 135.

다가 돌아온 유대인 귀환 공동체의 성전 재건과 제의 회복의 소원에 적절히 응답하였다. 그런데 이와 같은 사회적 요건을 충족시킬 수 있었던 또 다른 신학적 요인을 주목할 수 있다. 바로, 모세오경의 율법 정신이 추구하는 경계 설정과 안정적 질서의 확립이다.[20] 이와 같은 의미에서 에스라의 종교개혁을 전통적 사상의 회귀(ad fontes)로 부를 수 있는 근거를 마련한다.

IV. 전통으로의 회귀

블렌킨숍은 에스라-느헤미야 시대의 새로운 유대인 공동체의 발전을 논하면서 다윗왕조에 대한 관심에서 성전 제의에 대한 관심으로 신학적 강조점이 변화되고 있지만 그 근본에는 성문화된 율법의 존재가 여전히 예후드 공동체의 안정과 질서 부여를 위해 가장 비중 있게 작용하였음을 갈파한다.[21] 더불어 이스라엘의 지성적 전승은 율법 준수에 있음을 가장 극명하게 보여준 자료는 신명기임을 지적한다.[22] 율법 준수가 곧 현실의 삶에서 지혜롭게 사는 길이다:

내가 나의 하나님 여호와께서 명령하신 대로 규례와 법도를 너희에게 가르쳤나니 이는 너희가 들어가서 기업으로 차지할 땅에서

---

20) Bruce C. Birch, Walter Brueggemann, Terence E. Fretheim, & David L. Peterson, *A Theological Introduction*, 157-58.
21) Joseph Blenkinsopp, *Wisdom and Law*, 138.
22) Joseph Blenkinsopp, *Sage, Priest, Prophet*, 22.

그대로 행하게 하려 함인즉 너희는 지켜 행하라 이것이 여러 민족 앞에서 너희의 지혜요 너희의 지식이라 그들이 이 모든 규례를 듣고 이르기를 이 큰 나라 사람은 과연 지혜와 지식이 있는 백성이로다 하리라(신 4:5-6).

이미 출애굽 공동체가 가나안 땅에 들어가려는 시기부터 이스라엘 사회는 율법 중심의 사회로 방향지워져 있었고 그러한 율법의 존재 자체가 현실에서의 생존과 번영을 위한 지혜로운 삶의 첩경임을 천명하고 있었다.

이와 같은 유대인 사회의 현실적이고 실천적인 삶의 측면은 예후드 공동체의 확립에서 여실히 드러난다. 왕대일은 에스라와 느헤미야의 사회 개혁을 현실주의자들의 개혁으로 간주한다. 그들의 현실 개혁적 실천주의는 학개와 스가랴에게서 나타난 성전 지향적 이상주의로도 나아가지 않았고 제3이사야(사 56-66장)나 말라기가 바라본 종말론적 변혁주의로도 나아가지 않았다. 도리어 예후드 공동체의 사회 개혁은 본래 이스라엘의 근본이라 할 수 있는 토라 신앙에 기반하고 있음이 지적되었다.

> 이스라엘의 신앙의 뿌리가 여기에 다 담겨 있다. 이스라엘 신앙 공동체는 이 문헌을 "타낙"의 으뜸 부분이라고 불렀다. 에스라의 개혁은 이 토라(이야기)를 구속력 있는 규범(norm)으로 리모델링하였다. 신앙의 토대를 담아 놓은 경전을 삶의 토대를 이끄는 지침서로 규정하였다.[23]

흥미롭게도 민족적 정체성의 상실과 신앙적 야웨 공동체의 공멸의 위기 가운데 구원투수로 등장한 것은 새로운 사조도 변혁적 이데올로기도 초월적 환상주의나 소종파적 예언 운동도 아니었다. 철저하게 현실 위에 서서 근원적 전통으로 돌아가는 일, 곧 **아드 폰테스**의 정신이었다.

에스라-느헤미야의 종교개혁의 상황은 느헤미야 8:1-10:39에 보도되어 있다. 당시의 개혁 자체는 근본적 계약 사상의 정신으로 돌아가려는 계약 회복 운동이다. 고대 이스라엘의 역사 속에서 위기와 변동의 순간마다 계약 갱신제 또는 계약 회복 운동(수 24장)을 통해 민족적 쇄신을 경험한다. 이러한 계약 회복 운동은 이스라엘이 야웨 하나님을 처음으로 만났던 그 시내산을 향하고 더 나아가 출애굽의 구원 경험을 향한다. 이와 같은 뿌리 신앙의 시내산 계약 전통을 기반으로 에스라의 율법 중심의 사회 개혁은 다음과 같은 특징을 보인다.

첫째, 책임적 응답이 부각된다. 흥미롭게도 에스라 율법 개혁의 본문에서는 책임적 응답이 가능했던 여러 가지 이유가 발견된다. 무엇보다도, 선포되는 말씀에 대하여 알아듣도록 하는 번역이나 부가적인 해석이 주어질 때 말씀의 의미를 밝히 깨달아 계약 관계에 적극적으로 반응하게 된다.[24] 또한, 역사적 회고를 통하여 하나님의 은혜를 묵상케 하고 그와는 대조적인 본인들의 죄악에 대한 인정이 새로운 하나님 관계를 위한 기회가 열릴 때에 주저 없이 참여토록

23) 왕대일, 『구약성서 신학』 426.
24) Mark A. Throntveit, *Ezra-Nehemiah* (Louisville: John Knox Press, 1992), 110.

한다. 뿐만 아니라 책임적인 계약의 참여는 사회적 행동에까지 확장되어 구체적인 실천으로 나타나게 하는 것(10:29-39)을 볼 때에 에스라-느헤미야의 개혁 운동이 얼마나 실질적으로 수행되었는가를 실감할 수 있다.

둘째, 에스라-느헤미야는 페르시아 제국에서 강 건너의 식민지권 특히 예후드 식민지를 관할토록 파견된 제국의 관리들이었기에 자칫 요시야의 종교개혁처럼 "위로부터의"의 제도권적 개혁의 실패를 경험할 수도 있었다.25) 그러나 이집트 노예살이로부터의 해방 사건에 대한 역사 회고는 그와 유사한 현재의 식민지살이에 있던 백성들에게 새로운 희망과 자발적인 참여를 이끌어내었다. 특히 **하골라** 즉, 포로 귀환 공동체 주도의 개혁이었기에 개혁을 추진할 만한 세력이 갖추어져 있었으며, 신앙적인 상상력에 있어서도 바벨론으로부터 예루살렘으로의 돌아옴은 전통적인 이집트에서 약속의 땅으로의 진입이라는 모티프와도 긴밀하게 상응하고 있었다.

셋째, 에스라-느헤미야의 시기에 이르기까지 이스라엘 공동체가 경험해야 했던 하나님 섭리에 대한 물음과 회의가 모세의 율법책 낭독과 역사적 회고를 통하여 "용서하시고 긍휼히 여기시는 하나님"(9:17b, 19, 27, 28b, 31)의 은혜에 대한 깨달음 가운데 해소되었다. 이전까지 제기되었던 근본적인 질문들, 즉 자신들이 섬기고 있었던 야웨 민족 신의 무관심과 퇴거, 심지어는 능력의 부족과 그 존재성

---

25) 실제로 맨덴홀은 정치적 지도자인 총독으로서의 느헤미야의 개혁이 요시야 왕의 종교개혁과 같이 실패한 것으로 주장한다: George E. Mendenhall, "Covenant," *ABD Vol. 1* (New York: Doubleday, 1992), 1194. 그러나 실제로 본문 (느 8-10장)의 실제적인 개혁의 지도자는 총독 느헤미야가 아닌 학사요 제사장인 에스라이다: Mark A. Throntveit, *Ezra-Nehemiah,* 94.

마저도 의심되었던 신앙적 위기가 있었다.[26] 그러나 그들의 신앙의 뿌리가 에스라를 통하여 선포되고 이제껏 잊고 있었던 이스라엘을 향한 하나님의 구원 역사가 기억되는 순간 예후드의 유대인 공동체는 최종적으로 공의로운 하나님을 고백하게 되고(9:33) 그 하나님의 은혜에 기반한 새로운 계약 관계로 들어갈 수 있게 되었다(9:38).

우리는 이와 같은 기존의 계약 신앙의 갱신을 통하여 다시금 신명기적 계약 사상 위에 에스라의 율법 공동체가 자리하게 됨을 목격한다. 이는 동시에 기존의 지혜문학인 잠언에서 항상 주장해왔던 창조 세계의 하나님의 질서와 섭리 방식과도 그 맥을 같이한다. 또한 욥기에서도 얼핏 잠언의 인과응보적 세계관을 허문 것 같지만 다시금 42장 결론부에서 여전히 하나님을 만나 새로운 깨달음을 얻게 된 욥에게 배가의 축복이 주어진다는 인과응보 사상의 재건을 발견할 수 있다. 결국, 에스라의 모세 율법을 통한 율법공동체의 건립은 다양하고 혼란스러운 신앙적 위기의 사회로부터 통합적이고 안정적인 신앙 공동체로의 개혁을 시사한다. 그리고 이러한 토라 정신의 회복의 근저에는 이미 계약 사상의 형성 초기부터 사회질서를 꾀하는 지혜전승의 흐름도 여전히 함께하고 점차로 강화되고 있음을 볼 수 있다.

26) Joseph Blenkinsopp, *Sage, Priest, Prophet,* 49.

V. 나가는 말

주전 450년 전후의 예후드 공동체의 상황은 기존의 권위와 경계들이 무너져 내리고 유다 지역에 남아 있던 **암하레츠**들과 포로지로부터 귀환한 **하골라**들과의 갈등이 첨예화되었으며 제국 정부와 정치적으로 결속된 제2 성전의 제사장 집단의 타락 등으로 야웨 신앙이 붕괴될 위기에 처해 있었다. 더군다나 이질적이고 혼합주의적인 야웨 신앙이 디아스포라 유대인들에게 등장하고 있는 시기이기도 하였다. 그러나 페르시아 정부의 식민지 민족들을 향한 문화정책은 고대 이스라엘의 율법 정신 계승의 전기를 마련해주었고 페르시아로부터 파송된 지혜자요 제사장인 에스라의 손에 들린 모세의 율법서는 위기의 예후드 공동체에게 새로운 질서를 부여함으로써 율법 중심의 유대인 공동체를 탄생케 하였다. 혼란의 시기에 예언자 집단의 환상주의 운동이나 소종파 운동 등의 신흥적 사상이 아니라 본래의 뿌리 신앙에 기반한 율법적 신앙으로 돌아가 민족의 생존을 이끌어낸 것은 단순히 제국 정부의 정책과 예후드 공동체의 종교적 관심의 일치에만 기인한 것은 아니다. 본래 오경에 흐르고 있었던 율법 정신 자체가 전통적 이스라엘의 고유한 지혜전승의 창조 신학적 지평에 수렴되고 있었기 때문이다. 즉, 하나님의 창조를 통한 경계 설정과 질서 부여는 오경을 통해 이스라엘 사회에 질서를 이루는 율법 정신으로 승화되어 있었고 포로 후기 다시금 혼돈으로 떨어진 예후드 공동체에게 전통적 지혜 정신의 유산이 담긴 토라 정신으로 돌아감을 통해 다시금 야웨 신앙 중심의 사회적 개혁을 일구어낼 수 있었던 것이다.

혼란의 시기에 이러저러한 목소리와 유행에 요동하는 대신 묵묵히 원천으로 돌아가는 **아드 폰테스**의 정신과 실천이 새로운 창조를 이루어낸다. 왜냐하면 뿌리 경험에 이미 우리 자신의 모습이 담겨 있고 그 원천으로부터 문제 해결의 실마리가 발견되기 때문이다. 오늘날 나의 정체성을 잃어가는 시기에 에스라의 종교개혁에 담긴 "원천으로 돌아가기"는 우리 자신과 이 한국 사회의 개혁에 돌파구가 되리라 기대해본다.

영원한 기독교 고전 신약성서
— 바울서신과 복음서를 중심으로

조태연 | 호서대학교 교수

기독교의 기원은 어디에 있을까? 기독교의 근본은 무엇일까? 엄마 없이 태어난 아이가 엄마를 찾듯, 사람이 자신의 근원을 찾는 것은 사람됨의 기본이다. 본래 '아드 폰테스'(*ad fontes*)는 근원으로 돌아가자는 취지로서 르네상스 휴머니즘의 근본정신이었다. 종교개혁 또한 '솔라 스크립투라'(*sola scriptura*)를 외치며 "오직 성서로" 돌아가자고 부르짖었다. 우리는 2,000년이나 되는 두터운 전통과 특히 신약성서를 통해 복음을 듣고 예수를 만난다. 영원한 기독교 경전인 신약성서에 대한 바른 이해와 소통이야말로 교회를 진정한 복음의 근원으로 인도할 것이다. 바울서신과 복음서 특히 마가복음을 중심으로 신약성서에 대한 바른 이해와 복음의 소통에 대하여 살펴본다.

I. 기독교 기원

1. 사도행전의 보도

사도행전은 기독교 기원과 발전의 구도를 1장 8절로 설명한다: "오직 성령이 너희에게 임하시면 너희가 권능을 받고 예루살렘과 온 유대와 사마리아와 땅 끝까지 이르러 내 증인이 되리라 하시니라" (1:8). 기독교는 예루살렘에서 기원하였고, 온 유대로 확장되었으며, 심지어 사마리아에도 전파되었으며, 마침내 제국의 땅 끝 로마까지 이르렀다는 것이다

예루살렘교회 ⇨ 온 유대와 사마리아 ⇨ 땅 끝

사도행전을 좀 더 세밀하게 분석하자면, 기독교는 분명 예루살렘 교회에서 기원하였다. 이윽고 기독교는 온 유대와 사마리아 등 주변 세계로 확장하였다. 그러다가 예루살렘에 필적할 만한 또 하나의 거점을 안디옥에 마련하였다. 바나바와 바울 등 교회의 선구자들은 이 선교적인 교회를 기반 삼아 세 차례 선교여행을 통해 터키 반도와 유럽 대륙으로 확장하였다. 그 후 곡절 끝에 마침내 로마에까지 도달하였다.

예루살렘 교회와 주변 세계 ⇨ 안디옥 교회 ⇨ 터키 반도와 유럽 ⇨ 로마

누가는 사도행전뿐 아니라 누가복음도 저술하였다. 이 두 편의 저작은 연속물이다. 후편인 사도행전이 사도들의 행적을 보도한다면, 전편인 누가복음은 예수의 행적을 보고한다. 사도들의 행적이 예루살렘에서 시작한다면, 누가복음에서 가장 분명한 문학적 특성은 바로 '예루살렘 지향성'이다. 그 중심엔 분명 예수의 확고한 결심이 자리하고 있다: "예수께서 승천하실 기약이 차가매 예루살렘을 향하여 올라가기로 굳게 결심하시고…"(9:51). 누가복음의 이런 구도는 고스란히 기독교 기원과 발전에 대한 사도행전의 도식에 기반을 제공해준다.[1]

2. 포괄적 이해

하지만 누가의 저작물 중 전편인 누가복음이 전적으로 '예수의 이야기'라는 점은 기독교 기원이 온전히 예수에게 있다는 역사적 사실의 반증이기도 하다. 훨씬 먼저 기록된 마가복음뿐 아니라 비슷한 무렵 혹은 후에 기록된 마태복음, 누가복음, 요한복음은 모두 '예수 이야기'다. 따라서 동일한 관점을 보인다.

전통적으로는, 역사적 예수 이후 그에 대한 단편적 구전전승이 자유로이 떠돌다가 마가복음 등 복음서가 출현하게 되었다고 알려져 있었다. 그러나 헬무트 쾨스터는 역사적 예수 이후 자유로이 떠돌던 파편적 구전전승(free oral tradition)과 네 개의 신약복음서

----

1) Hans Conzelmann, *The Theology of St. Luke* (Harper & Row, 1961); Luke Timothy Johnson, "Luke-Acts, Book of," in vol. 4 of *Anchor Bible Dictionary*, edited by D. N. Freedman (New York: Doubleday, 1992), 410.

(canonical gospels) 사이에 '기록된 문서들'(written sources) 즉 예수 전승의 다발이 '원시적인 복음서'로 존재했음을 밝혔다. 이를테면 마가복음과는 별도로 마태복음과 누가복음에 유용한 '자료'로 활용된 Q복음, M, L 등이 그 경우다. 요한복음의 유용한 자료였던 '표적의 복음'(Signs Gospel)이나 도마복음의 전신도 마찬가지다. 마가복음의 자료에 해당하는 초기 수난사화, 기적 이야기 연속물 등도 이에 해당한다.

〈신학교 다닐 때 배운 것〉

역사적 예수 ⇨ 체험자의 기억과 단편적 구전(口傳) ⇨ 복음서의 출현

〈1970년대 초 북미 대륙 신학의 발견〉

역사적 예수 ⇨ '단편적' 구전의 예수 전승 ⇨ 예수 전승의 다발 ⇨ 복음서

예수 전승에 대한 이러한 주밀한 관찰은 기독교의 기원과 발전에 대하여 상기한바 사도행전의 도식으로는 전혀 이해할 수 없던 그 무엇이 존재했음을 웅변한다. 사도행전이 펼치는 구도와는 별도로, 그리고 사도행전이 제시하는 기독교 발전과 동시에, 역사적 예수의 직접적인 계승자로서 예수전승을 담지한 원시 기독교가 존재하였다는 점이다. 우리는 이를 '예수운동'이라 부른다. 지리적으로는 팔레스타인과 시리아에 위치했고, 시기적으로는 역사적 예수(30년경) 이후 마가복음의 출현(70년) 사이에 존재했으며, 전승사적으로는 유독

예수 전승을 간직했던 사람들이다.[2] 기독교의 기원과 발전은 본시, 크게 말하여, 1) 예수운동과 2) 헬레니즘적 기독교로 이뤄진 것이었다. 그러므로 기독교 기원과 발전에 대하여 우리는 다음과 같이 새로운 모델로 이해하여야 한다:

역사적 예수   ⇨ (1) 예수운동   ⇨ 신약의 네 복음서

⇨ (2) 헬레니즘적 기독교   ⇨ 신약의 바울서신

II. 헬레니즘적 기독교

1. 케리그마

기독교의 기원과 발전이 예수운동과 헬레니즘적 기독교의 이원적 구성을 보이듯, 이에 따라 복음도 서로 다른 양상을 보인다. 먼저, 헬레니즘적 기독교에게 복음이란 무엇이었는지 살펴보자. 바울은 고린도인들에게 쓴 편지에서 가장 원초적이며 그러므로 소중한 기독교 전승을 인용한다. "내가 받은 것을 먼저 너희에게 전하였노니 이는 성경대로 그리스도께서 우리 죄를 위하여 죽으시고, 장사 지낸 바 되었다가, 성경대로 사흘 만에 다시 살아나사, 게바에게 보이시고 후에 열두 제자에게와 그 후에 오백여 형제에게 일시에 보이셨나니… 그 후에 야고보에게 보이셨으며 그 후에 모든 사도에게와 맨

---

2) 조태연, 『예수운동』 (서울: 대한기독교서회, 1997).

나중에 만삭되지 못하여 난 자 같은 내게도 보이셨느니라"(고전 15:3-8). 네 개의 중요한 연속적인 동사와 두 차례 사용된 "성경대로"라는 수식어를 주목하면 다음과 같이 배열되어 있다.

성경대로　①　죽으시고(죽으심)

　　　　　②　장사 지낸바 되셨다가(묻히심/장례)

성경대로　③　일으킴을 받으사(부활하심)

　　　　　④　보이시고(나타나심/현현)

　　바울이 인용한 원시 기독교 전승은 그리스도의 구속적 사건을 네 개의 연속적인 동사로서 설명하지만, 여기에는 일정한 패턴이 있다. 묻히심은 죽으심의 증거가 되고, 나타나심은 부활하심의 증거가 된다. 구약의 예언을 뜻하는 "성경대로"는 각각 죽으심과 부활하심을 수식한다. 그리스도의 구속적 사건에서 그의 죽으심과 부활하심이 핵심을 이루는 것이다. 사도 바울에게 꽃을 피운 헬레니즘적 기독교에게 복음이란 이것이다. 그리스도께서 우리 죄를 위해 죽으셨다! 그러나 그는 다시 살아나셨다! 헬레니즘적 기독교는 죽음과 부활의 그리스도를 전하였던 것이다. 우리는 이 선포를 가리켜 '케리그마'(Kerygma)라 부른다. 바울서신에서 케리그마는 모든 신학적 선언과 윤리적 권면에 가장 중요한 기초를 형성하고 있다.

2. 고린도전서의 경우

　　하지만 우리에게 바울 신학이란 무엇인가? 서신에 남긴 바울의 신학적 언명과 윤리적 지침들을 우리는 어떻게 받아들여야 하는가? 고린도교회의 경우는 바울서신의 집필과 회람에 매우 중요한 통찰을 전한다. 다음은 사절과 서찰을 포함하여 바울 자신과 고린도 교회 사이의 관계와 왕래를 보여준다.

1. 고린도 입성과 사역(50 가을~52 봄)

    (52년 봄 고린도를 떠남) → 안디옥 방문 → 에베소 입성과 목회

2. 아볼로의 고린도 목회

    * 바울이 안디옥을 방문하고 관계를 개선할 때 아굴라/브리스길라 부부는 에베소에서 아볼로를 고린도에 파송하여 목회하게 함

3. "글로에의 집사람들"의 보고(1:11)

4. "너희 쓴 말"(7:1)

5. 고린도전서 집필 — "내가 너희에게 쓴 편지"(5:9)

    갈라디아서 집필(52년)

6. 스데바나, 브드고도, 아가이고의 방문과 보고(16:17)

7. 디모데 파송(4:17; 16:10-11)

8. 고린도전서 집필(53말~54초, 겨울)

9. 중간 방문: 바울의 두 번째 고린도 방문(54년)

10. 디모데 돌아와 있음(고후 1:1)

11. 디도 + 한 형제(고후 12:18)

12. **고린도후서**의 여러 부분 집필(54 여름~55 여름, 에베소와 빌립보에서)

    — 변명의 편지(고후 2:14-6:13 + 7:2-4) (54 여름)

        * 빌립보서의 여러 부분 및 빌레몬서 집필(54 겨울~55 봄)

— 눈물의 편지(고후10-13장) (54 겨울~55 봄)

— 화해의 편지(고후 1:1-2:13 + 7:5-16) (55 여름)

— 추천의 편지(고후 8) (55 여름)

— 연보의 편지(고후 9) (55 여름)

바울의 서신서 집필에는 어떤 분명한 '역사적 배경'이 있었다. 예를 들어 고린도전서 집필만 하여도, 1년 6개월 동안 고린도에서 사역한 바울이 고린도를 떠난 후 고린도교회와 에베소의 바울 사이에는 아볼로의 고린도 목회, 글로에의 집 사람들이 에베소의 바울 방문과 보고(고전 1:11), 고린도 교회의 공개서한과 질의(고전 7:1), 바울의 고린도 서한 집필 및 발송(고전 5:9), 스데바나 브드고도 아가이고가 에베소의 바울을 방문하고 교회 상황을 보고함(16:17), 디모데 파송(4:17; 16:10-11) 등 아주 많은 일들이 있었다. 그만큼 바울의 고린도전서 집필에는 매우 구체적이고도 중요한 '정황'이 있었던 것이다.

3. 바울서신의 의미

그러므로 바울이 전하고자 하였던 메시지도, 그 뒤에 숨겨진 바울의 의도도, 성서가 오늘 우리에게 전하는 의미도 모두 그 특별한 '정황' 안에 있다. 이를테면, 바울이 고린도전서를 쓸 무렵 고린도 교회의 가장 큰 문제는 그들이 바울의 지도력을 인정치 않고 전적으로 아볼로만을 추앙한다는 점이었고, 바울의 가장 큰 과제는 어떻게 이 사람들을 잘 권면하여 자신이 전한 복음에 충실하도록 만들까 하는 점이었다.

그런데 같은 사도 바울이 창설했을지라도 처한 형편과 사정은 교회마다 달랐다. 물론 사도도 각각의 교회를 생각할 때마다 마음이 달랐고, 특정한 문제에 대하여도 시기마다 다를 수 있었다. 그만큼 유동적이었고 변화무쌍했다는 뜻이다. 이를테면 고린도 교회에서 창설자인 바울을 버리고 아볼로를 추종하고자 하는 극성 지도자들은 여성들이었다. 하여, 사도는 교회에서 여성의 발언권을 금지하는 것이다. "여자는 교회에서 잠잠하라. 그들에게는 말하는 것을 허락함이 없나니 율법에 이른 것 같이 오직 복종할 것이요, 만일 무엇을 배우려거든 집에서 자기 남편에게 물을지니 여자가 교회에서 말하는 것은 부끄러운 것이라"(고전 14:34-35).

그러나 빌립보 교회의 사정은 전혀 달랐다. 빌립보는 마케도니아의 으뜸가는 도시였는데(행 16:12), 결과적으로 빌립보 교회는 유럽 전체에서 모교회가 되었다. 하지만, 교회의 출범 자체가 후덕한 여성 루디아의 집에서 이뤄졌다. 그 여인의 가문 자체가 바로 교회였던 것이다(행 16:11-40). 훗날 사도는 목회와 선교의 가장 예민한 문제를 다룰 때마다 언제나 빌립보 교회를 모든 교회의 귀감으로 꼽았다(고후 8:1-5; 9:1-5 등). 교회의 창설 당시 부동의 지도자가 루디아였다면, 빌립보서를 집필할 즈음엔 유오디아와 순두게라는 두 여성조차 지도자로 활동하였던 듯하다(빌 4:2). 빌립보 교회에서 여성 리더십은 움직일 수 없는 현실이었던 것이다.

만일 고린도전서와 빌립보서가 잘못 배달되었다면 어땠을까. 여성 리더십을 엄히 제한하려는 고린도전서가 빌립보 교회로 가고, 여성 리더십을 고양시키려는 빌립보서가 고린도 교회로 들어갔다면 말이다. 본래 바울의 편지란 이런 것이다. "예루살렘부터 일루리곤까지" 유럽 전역을 누비며 순회목회를 하던 사도가 멀리서 고린도 교회에 어떤 문제를 있음을 알게 되어 서신을 띄우면 그게 고린도서고, 갈라디아 교회에 전혀 다른 문제가 있어 급한 마음에 인편으로 서찰을 보내면 그것이 갈라디아서다. 교회마다 사정은 다르고 형편은 변화무쌍하다. 그러므로 우리는 말할 수 있다. 바울서신의 신학적 언명은 무시적, 보편적, 절대적 진리가 아니다. 서신서의 역사적, 해석학적 의미란 오히려 한시적, 지역적, 상대적 진리 안에 있는 것이다. 물론 모든 신학적 언명과 윤리적 권면 기저엔 그리스도의 죽음과 부활에서 정점을 이루는 케리그마가 자리한다 할지라도 말이다.

III. 복음의 이야기 세상

1. 예수 이야기, 마가의 문학적 창안

헬레니즘적 기독교가 바울로 계승되고 발전하였다면, 예수운동은 신약의 여러 복음서와 특히 마가복음에서 화려한 꽃을 피웠다. 예수운동이 다양한 갈래로 뻗어나갔고 그 신학적 특성 또한 다채로웠지만, 그들은 모두 예수로 말미암은바 하나님 나라의 비전을 가지고 있었다. 일찍이 바울이 고린도후서를 쓸 때 "비록 우리가 그리스도도 육신을 따라 알았으나 이제부터는 그같이 알지 아니하노라"며 역사적 예수에 대한 담론을 포기할 때, 예수운동은 예수에 관한 실로 중요한 전승을 후세대에 남겼다. 비유와 아포리즘 등 예수의 다양한 말씀(가르침)과 치유와 식탁 교제 그리고 고난과 죽음 등 예수의 다채로운 행적(생애)을 전한 것이다.

　모두는 복음서에 남아 있다. 그중 마가는 처음으로 예수운동의 광범위한 예수 전승을 집대성하여 '복음'(복음서)을 집대성한 것이다. 마가에게 복음이란 헬레니즘적 기독교의 케리그마나 이에 대한 신화적 선언이 아니었다. '복음'(εὐαγγέλιον/유앙겔리온)은 오히려 전기(傳記)와도 같은 하나의 '이야기'다(story, narrative). 그것은 수려한 문학작품으로서의 전기 곧 '예수 이야기'인 것이다. 현대 신약학자들은 복음을 '예수 이야기'(a story of Jesus)라 정의한다. 복음은 예수께서 하신 이야기와 예수께 관한 이야기다. 예수는 가고 없어도, 예수를 계승한 자들은 예수 이야기를 나누는 중에 예수의 부활을 경험하였고 예수와의 강력한 유대를 다졌던 것이다. 그러므로 마가는 역사상 처음으로 복음을 문학의 반열에 올려놓은 선구자로 평가할 수 있다! 이 길을 마태와 누가와 요한이 따랐다. 하여, 마태복음과 누가복음 그리고 요한복음이 출현하였다.

　문맹(文盲)의 시대, 복음이란 입으로 선포하고 귀로 듣는 것이었다. 초대교회의 현장에서 복음의 소통이란 예수 이야기의 스토리텔링(storytelling)이었던 것이다. 물론 신약시대(1세기)의 초대교회는 오늘 현대교회와 비교하여 한 가지 차이점이 있었다. 오늘의 그리스도인은 네 개의 복음(복음서)을 갖고 있지만, 초대교회는 각기 하나의 복음만을 가졌다! 이를테면 마가공동체는 마가복음만을 알고 있었다는 말이다. 그러므로 초대교회 공동체에게 복음은 상대적이기보다 절대적이었다. 설교자나 회중에게 역사와 해석은 구분되지 않았다.

　그 대신 초대교회의 설교자는 복음서 저자의 '스타일'(문체)과 '필치'를 알았다. 마가공동체의 설교자는 마가복음의 문체와 필치 그리고 그들이 자아내는 분위기에 매우 익숙하였던 것이다.[3] 그러므로 초대교회 예배의 현장에서 교회 지도자의 설교(說敎)란, 복음서 저자의 문학적 필치를 익히 알고, 그 안에서 만음(萬音)으로 복음(福音)을 재생(再生)하는 변사(辯士)의 역할에 다름이 아니었다. 마가복음에서 예수 이야기가 내포하는 1만 가지 말소리와 효과음을 생각해보라!

2. 복음의 구성과 이해

문명(文明)의 시대, 지성인들에게 복음이란 무엇인가? 복음이란 예수 이야기다. 모든 이야기가 그러하듯, 복음은 시간(time)과 공간(space)으로 배경을 설정한다.[4] 이를테면, 마가는 예수가 살고 활동하던 곳을 중심으로 '공간'을 펼쳤다. 공간은 지리(地理)와 지형(地形)으로 구성된다. 지리적으로는, 남으로 유대 땅과 데가볼리 땅으로부터 북으로 두로와 시돈의 페니키아 땅까지 경계를 설정하였다. 복음의 기원은 그곳에 있다. 갈릴리와 유대는 유대인의 땅이다. 그 중에 남쪽의 유대는 더욱 유대적인 유대인들의 땅이다. 갈릴리 바다와 요단강을 넘으면 트랜스조단인데, 이방인의 땅이다. 멀리 북방으로는 역시 이방인의 땅 두로와 시돈이 있고, 트랜스조단의 남부에는 역시 이방인의 땅 데가볼리가 있다. 지형적으로도 다채롭다. 하늘과

---

3) 하지만, 오늘의 설교자와 그리스도인은 복음을 네 개나 가지고 있어 부지중에 늘 혼란스러우며 각 복음의 레퍼토리를 섞어 사용한다!
4) David Rhoads 외, 『이야기 마가』(서울: 이레서원, 2003), 171-94.

땅, 강과 광야, 산과 바다, 바닷가와 들판(빈들, 한적한 곳), 도시(성읍, 마을)와 시골(밭, 농지, 전토), 저자(길, 첩경)와 장터…. 갈릴리 바다엔 가버나움, 벳새다, 게네사렛, 달마누다와 같은 항구 도시가 있다. 예루살렘 주변에는 여리고, 베다니, 벳바게 등의 위성 도시가 있다. 예루살렘 도성 안에는 겟세마네 동산이나 골고다 언덕 같은 구체적인 지형도 있다. 문명의 건축물은 다양하게 등장한다: 성전, 회당, 집, 브라이도리온, 대제사장의 관저, 세관…. 디테일을 살피면 더욱 다채롭다: 지성소와 성소 그리고 성전 뜰, 지붕, 문, 뜰 안, 아랫뜰, 윗뜰, 앞뜰, 옥, 다락방, 객실, 잔치의 상석….

시간은 복음의 배경에서 또 다른 축이다. 마가는 1년 미만의 시한을 설정하였다. 복음은 그때 거기서 기원하였다. 시간의 줄기를 타고 계절이 순환한다. 유월절과 같은 연중의 절기는 모두에게 성스럽고 특별한 시간이다. 해와 달이 순환하듯 시간에도 달(月)이 있다. 달은 안식일에서 정점을 이루는 몇 개의 주(週, 이레)로 이루어진다. 주는 날(日)로 구성된다. 달 기울고 해가 뜨면 날이 바뀐다. 하루에도 시간의 마디(時)가 있다. 경점이 있는 것이다. 이러한 시간은 아비아달 대제사장의 때와 같은 역사의 지평으로 확장되고 나아가 창조의 시간까지 거슬러 올라간다. 또한 미래를 향해서는 이 세대가 지나가는 시점을 경과하여 종말의 때와 영원에까지 확장된다. 복음적 사건이든 복음 자체든 모두 시간의 단위와 질서 속에 편입돼 있다.

문인 마가는 시간과 공간의 축에 모든 소품과 다양한 인물을 배치하였다. 예수와 모든 등장인물은 특정한 시간에 지리와 지형을 따라 각자 자기의 자리를 차지하고 있다. 예루살렘과 유대 땅에는 보다 더 유대적인 사람들이 살고, 북방(페니키아)과 동방(트랜스조단)과

남방(데가볼리)의 이방 땅에는 철저한 이방인들이 거한다.5) 산은 하늘에 맞닿아 영기(靈氣)로 가득하나, 바다는 사단의 기운으로 가득하다. 바다에는 수면 위에 눈에 보이는 배도 있지만, 수면 아래 보이지 않는 곳에 신화적 짐승 곧 사단의 리워야단(레비아단)이 살고 있다.

공간에 배치된 예수와 모든 인물은 시간의 축을 타고 다른 공간으로 이동한다. 제자들과 함께 항해를 하며 또 여행을 하는 것이다. 일면 목적도 없이 지향도 없이 부유(浮游)하는 유랑 같지만, 예수는 길 위에서 사람을 만난다. 숱한 사람들과 만나 복음적 사건을 일으킨다. 하여, 예수의 길도 여행도 마침내 하나님의 길이 된다.6) 하지만, 항해를 통하여 제자들은 언제나 바다 속 짐승 리워야단을 만난다. 씨 뿌리는 자의 비유가 말하듯 사단은 제자들에게서 말씀을 빼앗는다. 그런 제자들이, 예수가 여행길에 사람을 만나 복음적 사건을 일으키듯, 저들의 인생길에서 하나님 나라의 위대한 권능을 구현하며 인간의 실존을 바꿀 수 있을까.

IV. 복음의 구연, 하나님 나라의 구현

1. 비유의 바다에서

이 문명(文明)의 시대에, 복음의 선포란 무엇인가? 오늘 우리에

---

5) Werner H. Kelber, 『마가의 예수 이야기』, 서중석 역 (서울: 한국신학연구소, 1987), 25-26.
6) David Rhoads 외, 『이야기 마가』, 192-93.

게 설교란 무엇인가? 바울서신은 케리그마를 설교하는 것이지만, 복음서에서 복음은 예수의 삶을 통해 하나님의 나라를 보여주는 것이다. 바울서신은 부활을 전제로 그리스도의 '죽음'을 설파하지만, 복음(복음서)은 예수의 '삶'(생애)에 대한 이야기 구연(口演)이다. 바울 서신은 직설(直說)의 설교지만, 복음(복음서)은 은유와 상징 그리고 '본'의 텍스트다. 마가 이후, 복음은 문학이며 예술이어서 무한의 상상과 해석을 허용한다. 물론 역사비평을 기본 전제로 하지만 말이다.

비유를 보라. 마가에게 비유의 선포란 복음의 재생(구연)으로 하나님 나라의 실재를 보게 하는 것이다. 1) 비유를 말할 때 예수는 명한다. "들으라. 보라!"(ἀκούετε. ἰδού).[7] 비유는 듣는 것이고 또한 보는 것이다. 무엇을 듣고 무엇을 들으라는 것인가? 들음으로써 봄으로 나아가는 것이라 할까?

2) 예수는 다시 명한다. "너희가 듣는 것을 너희가 보라"(βλέπετε τί ἀκούετε).[8] 그대, 듣는 것을 보라! 소리를 볼 수 있는가? 예수는 천재적인 스토리텔러여서, 비유의 말씀으로 하나님 나라의 그림을 만든다. 비유는 '그림 언어'여서, 말씀을 듣는 순간 소리는 사라져도 소리가 존재하던 그 찰나(刹那)에 잔상처럼 그림을 남긴다. 비유는 '소리로 빚는 빛의 예술'인 것이다. 그대여, 한 토막 예수의 비유를 듣고 생명 가득 하나님의 나라를 볼 수 있는가? 문명인을 자처한다

---

7) 막 4:3. 유감스럽게도 우리 말 성경은 "보라"라는 명령형 동사를 빠뜨렸다. 이를 의식하는 신약학자들은 이 명령어가 고작 독자에게 주위를 환기시키는 정도의 허사(虛辭)일 뿐이라고 여긴다.
8) 막 4:24a. 이 부분에서 우리 말 성경은 심히 유감스럽게도 직역하지 않고 "너희가 무엇을 듣는가 스스로 삼가라"고 번역함으로써 뜻을 아주 모호하게 만들었다.

면, 비범한 '텍스트'(경전)를 읽고 마음에 불멸의 '비전'을 그릴 수 있는가? 그렇게만 된다면 그의 삶은 이미 하나님의 나라다. 비유는 경계의 이야기여서, 비유 세상에 발을 들이면 어느새 이 세상 나라로부터 나와 하나님의 나라로 진입한다.

3) 하지만, 비유는 보지 못하게 하고 깨닫지도 못하게 하는 기능이 있다. "하나님 나라의 비밀을 너희에게는 주었으나 외인에게는 모든 것을 비유로 하나니 이는 그들로 보기는 보아도 알지 못하며 듣기는 들어도 깨닫지 못하게 하여 돌이켜 죄 사함을 얻지 못하게 하려 함이라"(막 4:12). 비유는 분명 들음의 문제이고 봄의 문제이다. 하지만, 비유는 하나님의 나라를 볼 수 있도록 빛을 주지만 보지 못하게 빛을 빼앗기도 하며, 그 복된 소리를 듣도록 말씀으로 선포하지만 그 소리를 빼앗기도 한다. 비유 세상이 이 세상 나라와 하나님 나라 사이의 경계에 있듯, 비유는 참 빛(봄)과 어둠(보지 못함)의 사이에 있고 참 소리(들음)과 침묵(듣지 못함)의 경계에 놓여 있다. 그러므로 무엇을 듣되 참 소리를 가려서 들어야 한다. 무엇을 보되 그 진정한 모습을 직시해야 한다.

2. 비유가 된 복음

4) 마가는 한 걸음 더 나아갔다. 예수는 배를 타고 비유를 시작했으나(4:1), 예수가 탄 배는 바다를 건너 횡단한다(4:35). 비유가 항해로 확장되는 것이다. ① 첫 번째 항해(4:35-41)에서 제자들은, 마치 씨앗이 길가에 떨어진 것처럼, 바다 속 레비아단(사단)에게 그만 말씀을 빼앗기고 만다(4:4, 15). 제자들은 '믿음 없음'을 지적당하며 호

되게 꾸중을 듣는다(4:40). 믿음 없음이란 그들이 사탄에게 말씀을 빼앗겼기 때문이며, 따라서 하나님 나라의 비전을 그려낼 수 없기 때문이다. ② 다음 항해(6:45-52)에서 제자들은 예수를 보기는 보아도 알아보지 못한 채 '유령'이라며 소리친다(6:49). 예수로부터 신현적(神顯的) 자기계시의 말씀을 듣기는 들어도 깨닫지 못하고 도리어 오해의 바다에 빠진다(6:50-52). 비유가 외부인들에게 참 소리를 막고 계시의 빛을 빼앗는다는 비유의 말씀(4:12)이 항해를 통하여 제자들에게 이루어졌다. 그 결과, 배는 목적지 벳새다에 이르지 못하고 반대편 게네사렛에 이르고 말았다(6:45, 53). ③ 마지막 항해(8:14-21)에서는 아예 예수께서 심판하듯 제자들에게 판결을 내린다. "너희가 눈이 있어도 보지 못하며 귀가 있어도 듣지 못하느냐?"(8:18). 세 차례 항해에서 쟁점은 언제나 보지 못함과 듣지 못함이고, 제자들의 둔함이다. 항해를 거듭할수록 그들은 바다 속 사탄에게 말씀과 빛을 빼앗긴다.

5) 제자들은 한 비유를 알지 못해 모든 비유를 알 수 없다(4:11). 그러나 복음 전체는 비유로 변하고 예수는 비유적 인물로 남는다. "비유가 아니면 말씀하지 아니하시고…"(막 4:34). 예수는 외적으로 유대교 지도자들과 갈등하지만, 내면적으로는 제자들(그 열둘)과 전선(戰線)을 유지하게 될 것이다. 항해야말로 그들의 운명을 이렇게 결정하였다. 본래 예수는 당신과 함께 있으라고 열둘을 세웠다(3:14). 그러나 당신이 겟세마네 동산에서 잡히실 때에 그들은 모두 도주할 것이다(14:50). 한 명은 예수를 팔아넘기고(14:12), 다른 한 명은 끝내 저주하며 당신을 부인할 것이다(14:71). 마가에서는 복음이 비유고 비유의 이야기 바다에서 항해는 제자들에겐 실로 버거운

여정이다. 일이 이러할진대 복음이란, 살며 끝없이 실패만 거듭하는 우리들 실존의 거울인가?

3. 이야기 연출과 복음의 재생

마가는 세상의 만음(萬音)을 취하여 복음(福音)을 만들었다. 세속의 소리까지 이야기에 담아 성스러운 소리로 만든 것이다. 신비로운 그 시원(始原)의 소리와 빛을 만드시는 예수의 소리부터 저자와 장터의 질펀한 아우성까지 다 복음이 될 수 있을까. 문인 마가의 필치는 그 소리에 문자를 입혔다. 이야기는 텍스트로 변하고, 예수와 여행길의 사람들 사이에 일어난 복음적 사건은 성서 본문으로 우리 앞에 다가온다. 문자에서 소리를 재생할 수 있을까. 본문에서 복음적 사건을 재연할 수 있을까. 일상은 성스러움이 되고, 성서는 실재가 될 수 있을까.

작중 인물은 작품 속에 영원히 살아 있다. 우리의 해석과 교육이 복음서의 예수와 모든 등장인물들을 살려낼 수 있을까. 오늘날 교회의 지도자들에게 성서 교육의 관건은 성서의 사람들이 성서로부터 오늘의 사람들에게 걸어 나오게 하고, 오늘의 사람들이 성서의 사람들에게 말 걸게 하는 것이다. 그래서 오늘의 사람들과 성서의 사람들이 만나고 대화하며 교류하는 것이다. 그것이 가능하기는 할까.

성서의 사람들과 오늘의 사람들 사이를 잇는 것은 상상력이다. 그것은 한편으로는 공감(sympathy)이고 다른 한편으로는 감정이입(empathy)이다. 공감(共感)이란, 예수든 상대역(役)이든, 우리가 성서의 인물과 어떤 동류의식을 갖는 것이다. 복음의 독자로서 내가 그 등장인물이 되는 것이 아니라 그와 동일한 정서를 나누는 느낌과 감정인 것이다. 그래서 그가 기쁠 때 내가 기쁘고 그가 슬플 때 나도 슬퍼하는 것이다. 감정이입(感情移入)이란, 예수든 상대역(役)이든, 우리가 복음서 속의 특정 인물이나 어떤 사물과 자신을 동일시하는 것이다. 예를 들면, 그가 웃을 때 우리도 마음으로부터 따라 웃는 것, 그가 슬플 때 함께 슬퍼하는 것 등이다.

공감과 감정이입의 상상력이란, 예수가 만났던 그 가련한 사람들을 우리도 예수처럼 미어지는 가슴으로 바라보며 애달파하게 한다. 공감과 감정이입의 상상력이란, 예수를 찾았던 그 절실한 사람들처럼 우리도 그렇게 절실한 맘으로 손을 내어뻗어 그를 만지게 할 것이다. 그러면 복음은 애니메이션이 된다. 모든 사람들이 이야기 속에서 살아나고 부활하는 것이다.

성서 저자는 필객처럼 글을 쓰고 길을 떠났다. 성서학도는 필객의 필치에서 글의 뜻을 찾고 복음의 진리를 세상에 밝힌다. 그러면 설교자는 상상력으로 예수와 당신이 상대한 모든 사람들을 살려내 오늘의 회중과 (혹은 개인들과) 대면케 한다. 그들 각자에게 호흡을 주고 얼굴에 표정을 입혀 작중의 인물이 우리들 산 사람을 대면케 하고 우리와 저들 사이에 복음을 소통케 하는 것이다. 그러면 예수는 어김없이 부활한다. 그러면 하나님의 나라도 어느 사이 이만치 가깝고, 우리의 근원도 이렇게 분명하다.

누가-행전의 코 텍스트(Co-text) 분석

윤철원 | 서울신학대학교 교수

I. 들어가는 말

신문학비평의 등장과 함께 현대 성서학에는 새로운 경향이 나타났다.[1] 그것은 다름 아닌 텍스트를 총체적으로 읽는 습관이다. 이러한 읽기 방식은 성서의 문학적 특성과 신학적 강조점을 정확히 파악하게 도와주어 독자와 설교자들에게 매우 유용하다. 사실 신학이 교회와 무관할 때 하나의 탁상공론으로 화석화될 수 있다는 점을 인정하는 것은 특히 중요한데, 텍스트를 하나의 완성된 작품으로 읽으려는 시도는 성서 해석사에서 가장 의미 있는 각성임에 틀림없다. 이러한 방법론은 과거의 역사 중심으로 통시적 읽기 방법에 대한 반

---

1) Cf. E. S. Malbon and E. V. McKnight, eds., *The New Literary Criticism and the New Testament*, JSNTSS 109 (Sheffield: Sheffield Academic Press, 1994), 1-26.

성적 성찰이 크게 작용했다. 특히 누가 문서처럼 두 책으로 저술된 작품을 읽을 때 우리는 저자의 특이한 문학적 관례를 이해해야 한다. 왜냐하면 저자의 구성에서 돋보이는 문학적 평행이나 신학적 통일성을 이해하지 않으면 저작 의도를 제대로 이해하는 것이 쉽지 않기 때문이다.

본 글은 평생을 한걸음으로 하나님의 말씀을 증언하고 교회사 속에서 하나님이 행동하신 구원과 신앙의 정당성을 간파하기 위해 교회사가로서 몰입해 오신 호서대학교 강일구 총장님의 칠순(七旬)을 맞이하여 그분의 신학이 갖는 총체적인 연속성과 헌신의 중대성을 인식하며 작성하려고 한다.2) 총체성과 연속적인 특징을 갖는 이러한 문학적 읽기를 위해 '코 텍스트'(co-text) 개념을 활용하여 사도행전 3장을 해석하며 이를 토대로 누가 문서의 다시 읽기의 가능성을 타진하려고 한다.3) 물론 코 텍스트는 유사한 용어들과 비교할 때 그것이 함의하는 바가 무엇인지 쉽게 이해할 수 있을 것이다. 두 문서를 '상호-텍스트'(inter-text)처럼 두 문서를 간주할 것인지 아니면 하나의 동일한 관점을 상정하여 한 권의 완성된 책으로 읽을 것인지 질문하면 둘 사이의 차이를 간파할 수 있다. 즉 누가-행전은 한 저자의 2부작인가 아니면 전, 후편인가? 아니면 누가가 본래 3부를 기록했는데 현재는 손실되었는가?4) 본 글을 통해서 우리는 이 문제를

---

2) 강일구 총장님은 한양대학교에서 공학을 전공하시고 나서 하나님의 소명을 받고 서울신학대학교 신학대학원에 진학하였다. 졸업 후 미국으로 유학을 떠나 드류(Drew) 대학교에서 교회사전공으로 박사학위(Ph.D.)를 취득하였다. 언제나 위트와 열정을 가슴에 품고 사시는 강 총장님의 삶 가운데 마르지 않는 생물처럼 다 함이 없는 새로운 도전과 성령이 제공하는 생명이 분출되기를 소망한다.
3) 필자는 누가-행전에 대한 문학적 해석에 관해 여러 편의 글을 발표했다. 특히 『사도행전의 내러티브 해석』(인천: 도서출판 바울, 2014)을 참고할 수 있다.

해명하는 하나의 답변을 제공할 수 있을 것으로 기대한다.

II. 코 텍스트와 상호 텍스트 유형5)

본 연구를 진행하기 위해서 우선 코 텍스트와 상호 텍스트의 차
이점에 대해서 알아보고 우리의 논의가 갖는 특징을 찾아보기로 한
다. 먼저 코 텍스트는 밀접한 연관을 가진 어떤 텍스트들이 함께 의
미를 산출해내는 것을 지칭하는 용어로 정의할 수 있다. 예를 들어,
우리가 본 연구에서 사도행전을 누가복음서와 함께 읽어야 의미가
명확하게 파악할 수 있다고 생각하는 것과 같은 경우이다. 그렇다면
우선 코 텍스트(co-text)와 인트라 텍스트(intra-text) 사이의 차이점
을 알아보는 게 본 용어를 파악하는 데 더 적절할 것 같다. 인트라
텍스트는, 신비평(New Criticism)이 주로 관심을 가졌던 분야로서,
작품 하나에 내재되어 있고 그 안에서 완결되는 의미 구조를 말하는
것으로, 코 텍스트는 문서와 문서를 대칭적으로 이해할 때 사용되고,
인트라 텍스트는 작품 하나에만 제한적으로 사용될 수 있다.

코 텍스트는 작은 단위의 이야기부터 더 확장된 내러티브까지 텍
스트가 놓인 맥락에서 그 단서를 찾도록 한다. 자연적으로 코 텍스

---

4) H. J. Cadbury, "Roman Law and the Trial of Paul," in K. Lake and H. J.
   Cadbury, eds., vol. 5, Additional Notes to the Commentary in F. Jackson
   and K. Lake, eds., *The Beginnings of Christianity*, Part 1, The Acts of the
   Apostles (London: MacMillan and Co., 1933), 327.
5) J. B. Green, *The Gospel of Luke*, NICNT (Grand Rapids: Eerdmans, 1997),
   13-14. 여기서 텍스트의 유형은 그린의 이해가 많은 도움이 되었다.

트는 어떤 작품에서 앞에 있는 요소에 관심을 갖도록 이끈다. 즉 독자가 현재의 본문 바로 앞에서 들었거나 읽은 것은 내러티브에서 그것의 의미를 파악하는 데 결정적인 역할을 수행한다. 실제로, 코 텍스트는 주어진 본문 이전뿐만 아니라 이후까지 더 광범위하게 관심을 확대한다. 그러므로 독자들은 내러티브에서 형성된 약속을 기대한다. 그래서 이러한 기대는 내러티브에서 반드시 성취된다. 그러나 그러한 기대가 항상 독자의 기대를 만족시킨다고 생각할 수 는 없을 것이다. 왜냐하면 어떤 경우에는 그 기대가 다른 코 텍스트에 의해서 산산이 허물어질 수도 있기 때문이다.

다음으로 상호 텍스트의 특성을 알아보려고 한다. 상호 텍스트는 텍스트의 상호 관계를 설명하는 용어로서 크리스테바(Julia Kristeva)에 의해서 사용되었다.6) 이 용어는 공개적이거나 은밀한 인용과 인유에 의해서든지, 이전의 텍스트가 지닌 특성을 이후의 텍스트가 흡수하든지, 또는 공통의 문학적 규약들과 관례들에 단순히 참여함으로써, 어떤 하나의 문학 텍스트가 다른 텍스트들의 메아리가 되거나, 그 텍스트들과 불가피하게 연결되는 여러 방법을 가리키는 데 쓰인다.7) 즉 상호 텍스트는 의미가 텍스트 안에 내재하는 것이 아니

---

6) 상호 텍스트성에 대해서는 다음을 참고할 수 있다. J. Hollander, *The Figure of Echo: A Mode of Allusion in Milton and After* (Berkeley: University of California Press, 1981); J. Culler, *Structuralist Poetics: Structuralism, Linguistics and the Study of Literature* (Ithaca: Cornell University Press, 1975); M. Riffaterre, "Intertextual Representation: On Mimesis as Interpretive Discourse," *Critical Inquiry* 11 (1984), 141-62; C. Baldick, *The Concise Oxford Dictionary of Literary Terms* (Oxford: Oxford University Press, 1990), 112.
7) 이명섭 편, 『세계 문학비평 용어사전』 (서울: 을유문화사, 1985), 470.

라 의미의 구조 같은 것이 있어서 텍스트와 텍스트 사이에 내재한다는 것이다. 그래서 이렇게 주장하는 학자들은 어떠한 작품이 출판될 때마다 기존의 책들의 의미가 변한다는 제안을 할 수 있는 근거를 확보할 수 있다.

이러한 상호 텍스트는 신약성서와 구약성서의 관계를 적절하게 설명해준다. 왜냐하면 신약성서의 모든 맥락은 구약성서에 대한 성취와 완성으로 이해하기 때문이다. 그러므로 복음서와 바울서신에 나타나는 수많은 구약 본문의 인용은 바로 이러한 상호 텍스트로 복음서 저자들과 바울 등이 이해하는 것을 보여준다. 간-텍스트는 의미를 설명하기 위해서 적용된 더 큰 구조 안에서 텍스트의 위치를 밝혀준다. 우리는 특히 누가가 자신의 내러티브를 위해서 70인역을 적용하고 확대했는지 관심을 갖는데 바로 이런 측면의 이해가 상호 텍스트적인 이해에 해당된다. 내레이터가 구약성서를 인용할 때, 어떻게 그것을 아는 것이 가능한가? 많은 경우에 있어서 누가가 구약성서를 사용하는 것은 명백하다.

이러한 우리의 이해를 돕기 위해서 최근의 논의를 살펴보는 것이 좋을 것 같다. 본즈는 로마의 시인 버질(Virgil)의 서사시 에이네이드(*Aeneid*)와 사도행전을 비교하는 것으로 자신의 논지를 전개하는데,8) 호머의 서사시 일리아드(*Iliad*)와 오딧세이(*Odyssey*) 같은 그리스의 서사시의 전통적인 구성을 모방한 것으로 보는 그녀는 버질이 자신의 서사시를 통해서 로마제국의 세기를 신적인 정당성으로 제시한다는 것이다. 그러므로 사도행전의 저자 역시 버질이 행한 것처

---

8) M. P. Bonz, *The Past as Legacy: Luke-Acts and Ancient Epic* (Minneapolis: Fortress, 2000).

럼, 유대교 디아스포라의 성서인 70인역에서 제시된 이스라엘의 과거의 거룩한 전통을 채용하고 변형시켜서 영광스런 초기 기독교의 뿌리를 형성하는 서사시를 만들었다고 이해한다. 이런 이해가 바로 상호 텍스트 분석을 위해서 가능한 해석이다.

III. 누가-행전의 문학적 특성

누가-행전은 두 권으로 구성되었지만 실제로는 하나의 이야기로 신약성서의 정경화(Canonization) 과정의 결과로 독자들의 관심을 충분히 끌지 못했다.9) 누가복음이 예수의 생애와 교훈을 담은 네 복음서와 배치되는 것이 마땅하다는 전제에서 누가복음의 후반부인 사도행전은 전통적으로 부득불 요한복음의 다음에 놓이게 되었다. 이렇게 해서 예수의 이야기부터 바울의 사역까지 가교(架橋) 역할을 사도행전이 담당하게 되었다. 사도행전은 정경의 위치에서 바울을 이해하기 위한 신학적 토대를 마련해주고, 누가복음은 다른 복음서와 같이 하나의 복음서로 구분되어 이해되었다. 이것은 누가-행전을 기록한 저자의 의도에 배치되는 것으로 독자의 신중한 읽기를 요구하는 바이다.

누가복음의 서문(1:1-4)과 사도행전의 서문(1:1-2)을 두고 누가-행전 사이에 어떤 관련성이 있는지 오랫동안 논의되었고, 누가 문서가 동일저자의 것으로 인식되었다. 또한 사도행전은 누가복음의 후

---

9) Cf. H. J. Cadbury, *The Making of Luke-Acts* (London: SPCK, 1927), 10.

편으로서 특징을 지닌다. 예를 들면, 사도행전 1장 1절은 "먼저 쓴 글"(πρῶτον λόγον)을 언급할 뿐만 아니라 "예수께서 행하시고 가르치시기 시작한 모든 것"(πάντων ὧν ἤρξατο ὁ Ἰησοῦς ποιεῖν τε καὶ διδάσκειν)이라는 신학적 주제를 밝힌다. 이 요약은 예수의 공적 사역을 말씀과 다양한 사역으로 규정하는 누가복음의 언급과 동일하다. 이 요약은 생명을 공급하는 자인 예수의 임재를 나타내는 이름(행 3:6, 16; 4:7, 10, 12, 17, 30; 8:12; 9:15, 34; 10:43; 16:18)을 부르는 제자들이 예수의 사역을 연속적으로 실천하는 것을 보여준다(행 2:21; 9:21; 15:17; 18:15; 22:16).

그래서 한 이야기(누가복음)가 끝나고 또 다른 이야기(사도행전)가 시작되었음을 굳이 밝힐 필요가 없었을 테고, 두 번째 문서가 다른 주제를 다루기 시작했다는 사실도 공지할 불필요했을 것이다.10) 고대 저자들은 편의상 책의 길이로 내용을 구분했을 정도였다. 파피루스 두루마리 하나의 가장 긴 길이는 약 40피트였고,11) 신약성서에서 가장 길게 쓰인 누가 문서는 길이가 가장 긴 두루마리에 꽉 채울 수 있을 정도였다. 실제로 길이의 측면에서 두 문서는 거의 같은데, 누가복음은 19,404단어, 사도행전은 18,374 단어로 쓰였다.12) 따라서 누가복음과 사도행전은 서로 평행을 이루도록 구성되었다는 신약학자들의 의도를 충족시킨다.

10) L. C. A. Alexander, "The preface to Acts and the historians," in B. Witherington III(ed.), *History, Literature and Society in the Book of Acts* (Cambridge: Cambridge University Press, 1996), 78-79.
11) B. Witherington III, *The Acts of the Apostles: A Socio-Rhetorical Commentary* (Grand Rapids, MI: Eerdmans, 1998), 6.
12) D. E. Aune, *The New Testament in Its Literary Environment* (Cambridge: James Clarke & Co., 1987), 117-118.

바꿔서 말하면, 누가복음과 사도행전의 기록 양식은 균형을 맞추려는 의도를 갖고 있었다고 추측된다. 두 문서의 내러티브는 모두 예루살렘에서 시작한다.13) 누가복음은 예수의 승천 내러티브와 결합된 제자파송 이야기와 함께 마무리되고, 거기서 사도행전이 시작한다. 두 문서의 전체 기간은 대략 30년간이며, 예루살렘에서 열린 예수의 재판(19:28-24:53)과 바울의 재판(행 21:27-28:31)에 대한 법정묘사는 각각 25% 정도를 차지할 만큼 길다. 또한 누가는 다양한 방식으로 사도행전에 등장하는 사도들과 초기 그리스도인들이 예수의 사역을 계속 이어가 문학적 평행을 보여준다.14)

내러티브 분석을 통해 누가-행전을 읽으면, 하나의 이야기를 총체적인 안목에서 읽는 것이 가능하다. 하나님의 구원 목적이 실현되는 것은 세례자 요한의 이전 사역과 예수의 생애, 죽음 그리고 승천과 모든 사람들에게 메시지를 증언하는 예수의 제자들에게 약속된 능력이 부여됨으로 가능해진다. 예수가 남성과 여성, 성년과 어린이, 부자와 빈 자, 의인과 죄인 사이의 장벽을 허물어버림으로 범세계적 사역을 위해 준비한다. 사도행전은 유대인들, 사마리아인들 그리고 이방인들로 구성된 평등주의적 공동체를 세우기 위해 하나님

---

13) Cf. L. T. Johnson, *The Gospel of Luke*, Sacra Pagina 3 (Collegeville: Liturgical Press, 1991), 14.
14) W. L. Liefeld, *Interpreting the Book of Acts* (Grand Rapids: Baker, 1995), 39; Cf. A. J. Matill, Jr., "The Jesus-Paul Parallels and the Purpose of Luke-Acts: H. H. Evans Reconsidered," *NovT* 17 (1975): 15-46; R. F. O'Toole, "Parallels Between Jesus and His Disciples in Luke-Acts: A Further Study," *BZ* 27 (1983): 195-212; D. P. Moessner, "The Christ Must Suffer': New Light on the Jesus-Peter, Stephen, Paul Parallels in Luke-Acts," *NovT* 28 (1986): 220-256.

의 구원목적을 실현시키는 선교 내러티브로 구성된다. 그야말로 역전의 신학적 의미가 사도행전이 펼치는 선교의 현장에서 생산된다.15)

누가-행전의 내러티브적 통일성은 원(原) 독자는 물론, 이 글을 바로 이해하기 기대하는 연구자들에게도 매우 중요하다. 누가복음의 모든 이야기는 사도행전에서 앞으로 이어갈 이야기를 미리 암시한다. 특히 시므온은 구원이 곧 탄생할 예수 안에서 이방을 비추는 빛으로 경험될 것을 예상한다(눅 2:25-35). 그러나 누가복음에서 기록된 것으로 그의 사역기간 예수는 오직 비(非) 유대인들과는 관계를 거의 맺지 않는다.16) 우리는 이방 선교가 어떻게 시작되고 합법화되며 하나님의 명령이 구체화되고 성령에 의해서 이끌리고 충만함을 받는지를 보기 위해서 사도행전의 내러티브까지 기다려야만 한다. 누가복음의 마지막 장면인 24장은 이야기의 중요한 흐름이 끊어진 채 끝나는 느낌이 역력하다. 그래서 파슨스와 퍼보는 저자의 통일성에 대해서만 동의하고 다른 부문의 일치에 대해서는 긍정하지 않는다.17) 그러나 누가-행전의 내러티브를 전체적으로 읽어보면 만민을 위한 하나님의 구원 계획이 기록 목적이라는 점이 깊이 잠재되어 있다. 그러므로 독자들은 누가복음에서 실현되지 않은 것 같은 내용이 전체 내러티브의 구조 내에서 환하게 열려 있기 때문에 누가복음은 그 자체로는 미완성이지만 이 부분은 사도행전에서 느리지만 절묘하게 실현될 것을 인식해야 한다.

---

15) L. T. Johnson, 22.
16) J. B. Green, *The Gospel of Luke*, NICNT (Grand Rapids: Eerdmans, 1997), 10.
17) Cf. M. C. Parsons and R. I. Pervo, *Rethinking the Unity of Luke and Acts* (Minneapolis: Fortress, 1993).

IV. 사도행전 3장 1-10절의 코 텍스트 분석

사도행전 3장은 1, 2장의 내용과 전적으로 다르며 전개도 격정적이다. 이 장면에는 갈등과 위기 그리고 고난 모티프가 있으며, 하나님의 구원에 대한 베드로의 웅장한 선포도 나온다. 사도행전이 초대교회의 거대한 내러티브라는 사실이 여기서 다시 한번 확인된다. 유대교의 성전과 정결법 위반으로 그곳에 접근할 수 없는 장애인과의 만남, 예수의 제자들인 베드로와 요한의 등장 그리고 이 장애인의 치유 사건이 내러티브의 핵심이다.[18]

지금부터는 성전에서[19] 벌어지는 사건을 살펴보려고 한다. 여기서 행해지는 베드로와 요한의 치유 행위는 사도행전의 내러티브를 여행하는 독자들에게 하나의 흥미꺼리와 자극이 될 것이다. 우리가 볼 사건은 유대교의 심장인 예루살렘 성전에서 벌어지고 있다. 거룩한 장소인 성전과 지체장애인이라는 부정한 인간의 등장이 바로 하나님의 구원 행동이 발생하는 현장이다.[20] 이 사건에 등장하는 지체장애인은 구걸로 생존하고, 그가 앉아 있는 곳은 아름다운 문(美門)[21] 앞이다. 이런 절묘한 구도는 사도행전 읽기의 묘미를 제공한

18) 필자는 사도행전의 바울 재판 내러티브를 반유대적 읽기를 통해서 분석했다. 윤철원, 『신약성서의 그레꼬-로마적 읽기』 (서울: 한들출판사, 2000), 265-316.

19) Cf. 김명수, 『원시그리스도교 예수 연구』 (서울: 한국신학연구소, 1999), 104-105. 성전은 원래 기능적으로 경제력, 정치권력 그리고 이데올로기의 중심축을 형성했다.

20) 물론 성전이라고 해서 싸잡아서 모든 게 다 거룩하다고 할 수는 없다. 왜냐하면 예루살렘의 주요 수입원은 제의(祭儀)를 매개로 하는 수입이 주류를 형성했기 때문이다.

21) Cf. J. Jeremias/한국신학연구소 번역실, 『예수시대의 예루살렘』 (서울: 한국

다. 드라마틱한 전개에 담긴 누가의 문학적 천재성과 신학적 강조점이 특히 눈에 들어온다. 베드로와 요한은 그의 선생 예수가 했던 것과 동일하게 지체장애인에게 자기들을 보라고 말한다(4절). 그런데 여기서 또 한번의 해프닝은 사도들과 그 장애인 사이에 존재하는 관점의 차이다. 5절에서 장애인은 평상시와 같이 자선을 기대하는 태도를 보인다. 장애인으로 생존기제의 발동이란 바로 이런 것이 아니고 무엇이겠는가?

그러나 아래의 논의에서 이유가 곧 밝혀지겠지만, 베드로의 선언에서 그는 섣부르게 실망할 이유가 없다. 그 장애인이 구걸할 수밖에 없는 까닭은 소유의 부재, 노동력을 발휘할 수 없다는 것이기에 그렇고, 그의 장애의 원인 즉 구걸할 수밖에 없는 현실을 극복할 수 있도록 치유될 것이기 때문이다. 그러나 이 장애인은 '일어나 걸으라'(ἔγειρε καὶ περιπάτει, 6절)는 베드로의 선언을 탐탁해 하지 않는다. 그것이 결코 가능하지 않다는 것은 누구보다 더 당연시할 수밖에 없기 때문이다. 그러나 내러티브를 모두 이해하는 내포 독자는 '나사렛 예수 그리스도의 이름으로 일어나 걸으라'(ἐν τῷ ὀνόματι Ἰησοῦ Χριστοῦ Ναζωραίου ἔγειρε)는 베드로의 선언에 이 장애인이 곧 걸을 수 있게 치유될 것을 직감한다.

사도행전의 앞 책인 누가복음에서 예수의 치유 사역을 통해 수많은 장애인들이 고침을 받은 것을 이미 인지하고 있는 독자들이기에 예수가 치유의 주인공으로 치유의 동인이라는 사실은 분명하다. 이

신학연구소, 1988), 161. 이 문(Gate Beautiful)은 일명 니가노르 문(Nicanor Gate)이라고도 불리며, 이방인의 뜰을 지나서 여성들의 뜰로 들어갈 때 통과하게 되는 문이다.

장애인이 발로 뛰고 건강을 회복하자, 사도들은 다시 성전으로 들어간다. 그러나 곧 중요한 새로운 장면이 나오는데, 온전히 치유된 바로 그는 걷고, 뛰고, 하나님을 찬미하면서 그들과 함께 성전에 들어가기 때문이다(3:8). 결국 이 이야기는 급진적 측면을 제시한다. 사도들과 다른 그리스도인들이 정해진 기도시간에 관례적으로 성전을 찾는 것보다는 그 장애인이 성전의 경계선을 넘어선다는 데 초점이 맞춰진다. 이것이 초기 그리스도인들의 증언을 통해서 선포된 예수의 복음이 갖는 혁신적 특징이다.

구약성서와 누가복음에서 지체장애인에 대한 사회-종교적 지위를 살피는 것은 이러한 사건의 급진적 특성을 보다 선명하게 이해하는데 도움을 준다. 고대 이스라엘에서는 제의적 성결과 육체의 온전함은 연관성이 깊다.[22] 모세의 율법은 희생 제물로 다리를 절거나 다른 흠이 있는 동물을 드리는 것과 다리를 절거나 다른 불구자인 제사장들이 성전에서 제사 드리는 것을 엄격히 금지했다(레 21:16-24; 신 15:21; 말 1:8, 13). 이런 규범은 제사장 사회에서뿐만 아니라 이스라엘의 사회 전반에 걸쳐 장애인을 '죽은 개', 즉 가치가 없고 무능하며 비열한 존재로 간주하게 만드는 합법적 근거가 되었었다(삼하 9:8). 사무엘하 9장에서 다윗이 요나단과의 우정으로 그의 가솔(家率)에게 은혜를 베풀 것을 공언하는데, 요나단의 아들 므비보셋은

---

22) 제의적 정결은 고대 유대교의 중요한 특징 가운데 하나이다. 'Tahor', 즉 '제의적으로 정결한' 사람이나 물건은 하나님에게 다가가기 위하여 성전의 내부에 들어가기에 적합했다. Tah-may, 즉 '제의적으로 부정결한' 사람이나 물건은 하나님에게 가까이 갈 수 없었음으로 성전 내부에도 들어가지 못했다. 이후에 랍비들은 Tahor와 Tah-may의 성서적 용어들을 그들이 선호하는 용어 즉, kosher란 용어로 대체했다.

장애인이었기에 그 이야기가 더 뭉클하게 읽혀질 수 있다(삼하 9:3).

따라서 누가복음에서 지체장애인을 시력장애자, 청각장애자, 나병병자, 죽은 사람들, 가난한 사람들(7:22; 14:21), 즉 전형적으로 사회-종교적인 소외계층으로 분류하는 것은 결코 놀랍지 않다. 그러나 여기서 가장 선명하게 드러나는 것은 누가가 이 부류에 속하는 부정한 사람들을 예수의 특별 관심 대상으로 제시하고, 그들을 '하나님의 가족'(*familia Dei*) 즉 확대된 가족(extended family)이라는 연대감으로 예수와 그 제자들의 동역자들로 세우고 있는 것이다(5:17-26; 7:21-23; 14:7-24).23) 따라서 베드로와 요한이 성전 문에서 그 지체장애인이 예수의 이름을 선포하고 그와 함께 성전에 들어간 것은, 당시 사회의 부적절하고 부정한 것들에 대항해서 경계를 허물고 신앙공동체를 공고하게 세우려는 예수의 사역을 사도들을 중심으로 하는 초기 그리스도인들이 지속적으로 수행하고 있음을 반증한다.

사도행전 3장의 치유 이야기와 앞서 말한 누가의 내러티브 사이의 또 다른 중요한 접촉점은 공의롭고 자애로운 하나님과의 친밀한 교제와는 동떨어진 군상의 대표로 성전에 들어가는 화려한 미문에서 극도로 궁핍한 상태에 빠져버린 지체장애인이 등장한다는 매우 아이러니컬한 측면이다. 누가복음 18장으로부터 21장에 걸친 여러 장면에는 부자와 가난한 자라는 사회-경제적 요소, 성전 경내라는 공간적 요소 그리고 기도 시간이라는 제의적 요소가 내러티브의 플롯(plot)에 지속적으로 포함되므로 가난한 자들을 착취하는 오류를 확대재생산하는 성전 제도의 부패상을 만천하에 노출시킨다.

---

23) Cf. J. Stambaugh and D. L. Balch, 『초기 기독교의 사회 세계』, 윤철원 역 (서울: 한국신학연구소, 2000), 143.

V. 코 텍스트 읽기와 누가복음의 내러티브 분석

앞서 지적한 바와 같이, 사도행전 3장에서 표출된 유대교를 향한 비판적 태도는 누가복음의 몇 장면을 살펴보면 연속적인 강조점이라는 점을 금세 파악할 수 있다. 필자는 그린(Green)과 스펜서(Spencer)의 이해를 활용해 보다 심층적인 해석을 시도한다.24) 먼저 누가복음 18장에서 바리새인과 세리가 기도하는 장면에서 유대교의 허상은 쉽게 파악되고, 또한 19장에서 예수가 펼친 성전 청결 사건은 그가 성전 지도층의 계략으로 십자가에서 처형되는 직접적인 원인을 제공한다. 여기서 예수와 성전의 대칭구도가 명쾌하게 파악될 수 있다. 마지막으로 20장에서 유대교 지도자들에 대한 예수의 비판은 그의 사역에서 중요한 위치를 차지하는 대상이 유대교(Judaism)라는 사실을 깨닫게 한다. 아래에서 우리는 누가복음에서 선택한 몇 장면에서 이러한 특징에 주목하면서 누가 문서를 코 텍스트로 읽어갈 수 있는 가능성을 찾아보려고 한다.

1. 바리새인과 세리의 이야기(18:9-14)

누가복음에서 예수는 성전에서 바리새인과 세리의 기도를 면밀하게 대조한다. 이 바리새인은 '나는 소득의 십일조를 드린다'(ἀποδε

---

24) Cf. J. B. Green, 'Internal repetition in Luke-Acts: contemporary narratology and Lucan historiography,' in B. Witherington III, ed., *History, Literature and Society in the Book of Acts* (Cambridge: Cambridge University Press, 1996), 283-99; F. S. Spencer, *Acts* (Sheffield: Sheffield Academic Press, 1997), 46-47.

κατώ πάντα ὅσα κτώμαι)고 기도함으로 자신이 성전을 경제적으로 후원하고 있다는 것과 자신은 멀리 떨어져서 겸손하게 하나님의 자비를 구하는 세리 같은 멸시받는 사람과는 사회적이고 도덕적으로 구별된다는 점을 자랑한다.25) 뻔뻔한 이 바리새인의 기도는 대략 네 개로 요약 정리할 수 있다.26)

(1) 바리새인의 기도가 감사시편처럼 시작하지만, 감사를 돌리는 하나님의 행위는 결코 열거되지 않는다. 바리새인은 하나님의 행동 대신 자신의 행동을 늘어놓는다.

(2) 바리새인은 토색, 불의, 간음을 행하는 자들과는 다른 범주에 자신을 위치시키고 있다.

(3) 바리새인은 성전에 있는 다른 사람들과 자신을 육체적으로 분리하고(그는 따로 서서 기도한다), 세리들을 희생시켜 자신의 경건을 자랑한다.

(4) 마지막으로 바리새인들이 스스로 거리를 두고 있는 사람들 속에 자신들을 포함하고 있다는 사실을 간과해서는 안 된다. 11장 39절에서 예수는 그들의 탐욕을 고발했고(11:39), 의(義)에 대한 그들의 위임에 대하여 질문했다(11:42; 16:15). 그리고 그는 이혼에 대한 율법을 느슨하게 준수하는 그들을 고발하여(16:18) 그들 자신이 간음죄를 유도한다는 점을 질타한다. 바꿔 말하면, 바리새인들은 지금 이 바리새인

---

25) J. B. Green (1997), 646.
26) 윤철원, 『누가복음』, 서울신학대학교 개교 100주년 기념성서주석 (부천: 서울신학대학교출판부, 2014), 470-471.

이 실천하는 것, 자신이 의롭고(16:15) 다른 사람들을 멸시하는 그러한 항목으로 비판받았다.

하나님의 법도에 충실하지 않는 성전의 기능이 마비된 상태에서 미문 앞에 앉아 구걸하는 장애인을 치유할 수 없듯이, 하나님의 자비 대신 자신의 자비를 선전하는 바리새인의 모습은 유대교의 현실을 적나라하게 드러내준다. 바리새인으로 대표되는 성전 당국자들은 자기 스스로를 과장하고, 공동체의 가난한 사람들을 돌봐야 할 계약 의무를 방기하는 사람들이었다. 예수는 전통적인 예언자의 입장에 서서 그들을 호되게 비판하는 대신, 세리의 기도를 인정하고 그가 집으로 돌아갈 때 의롭다고 선언함으로 그의 손을 들어준다. 이렇게 된 이유는 14절에 가서야 비로소 밝혀진다. 그 장소도 성전임을 기억할 필요가 있다.27) 여기서 세리의 상황은 반전되고, 바리새인의 교만하여 우쭐대는 행동은 추락의 나락으로 떨어진다. 이런 반전 메타포는 특히 마리아의 찬가(1:46-55)에서 가장 뚜렷하게 나타나는데, 세리와 바리새인의 기도 장면에서 다시 의미가 부각된다. 물론 바리새인들의 모든 행동이 잘못되었다는 의미는 아니다.28) 즉

27) J. Nolland, *Luke 9:21-18:34*, WBC 35B (Waco: Word Books, 1993), 897.
28) Cf. B. M. Metzger, 『신약성서개론』, 나채운 역 (서울: 대한기독교출판사, 1983), 37-40. 탈무드에 나타나는 일곱 종류의 바리새인들을 열거한다. 1. 잠시 대기형(wait-little Pharisee: 선행을 기피할 구실을 찾는다), 2. 멍든 상처형/유혈형(bruised or bleeding Pharisee: 여자를 보지 않으려고 눈을 감고 가다가 벽에 부딪쳐 멍이 들거나 피를 흘린다), 3. 어깨 으쓱형(shoulder Pharisee: 모든 사람들이 볼 수 있는 곳에서 보라는 듯이 어깨를 으쓱대며 선행을 하는 사람들), 4. 곱사등형(hump-backed Pharisee: 거짓으로 겸손한 체하면서 허리를 깍듯이 굽히고 걷는 자들), 5. 계산형(ever-reckoning Pharisee: 자기의 악행을 상쇄시킬 만큼의 선행만 하기 위해 늘 계산을 맞추는 사람들), 6. 하나님

누가복음이 제시하는 하나님의 역사 통치 방법이라는 점이 여기서
폭로된다.

2. 성전 청결 사건(19:45-48)

누가복음 19장 마지막 부분에서 예수는 성전에서 장사하는 상인
들을 질책하면서 성전의 경제 기초를 집중 공격한다.[29] 이 사건도
성전과 연결되어 발생하고 있다고 언급된다. 예루살렘의 주요 수입
이 제의를 매개로 하는 것이었음을 감안할 때, 비판이 갖는 수위가
너무 높았다고 지적할 수 있을 것도 같다.[30] 예수는 이사야와 예레
미야를 인용하면서 하나님이 성전을 기도하는 집으로 세웠으나(사
56:7) 현재는 이방인들과 고아들과 과부들을 압제하거나 그 땅의 무
고한 자들의 피를 흘리게 하여(렘 7:6) 강도들의 소굴로 만들었으며,
가난한 자들과 힘없는 자들의 필요를 돌보기는커녕 그들의 젖을 짜
내는 탐욕적 기회주의자들의 처소가 되었음을 탄식한다(19:46).

예수는 성전을 당연히 기도하는 집이라고 말한다. 이것은 누가복
음 전체에서 나타나는 성전과 연결된 기능이다(1:10, 13; 2:29-32, 37;
18:9-14; 24:53; cf. 행 3:1; 22:17). 성전에서 기도하는 것은 일반적으로
하나님의 구원 계획을 충실하게 수행하려는 인간의 노력을 반영한

경외형(God-fearing Pharisee: 하나님을 경외하고 두려워하는 바리새인들),
7. 하나님 사랑형/천생형(God-loving or born Pharisee: 이들은 아브라함의
참 아들이고 진정한 바리새인들이다).
29) 김명수, 105. 예수 시대의 성전정화 운동, 곧 탈(脫)성전 운동으로는 쿰란 운동,
바리새 운동, 젤롯당 운동, 세례 요한의 회개 운동 등이 있다.
30) Cf. J. Jeremias, 185.

다. 성전이 기도하는 집으로서의 기능에 충실했다면, 예루살렘이 하나님의 시간을 인식하는데 성공했을 것이다. 18장 1-8, 9-14절에서 나열된 기도의 특징은 정의(justice)에 대한 지속적인 요구로 묘사된다. 성전이 기도하는 집으로 바르게 활용되었다면, 그곳의 지도자들이 하나님 나라의 본질과 평화에 관한 일을 인지하는 데 실패할 수 없었을 것이다. 그러나 성전은 현재 강도의 소굴이 되어 있다. 성전은 유대교 제의의 센터와 하나님의 계시를 위한 기도하는 집으로서 막중한 기능을 상실하고 말았다. 그곳을 정화하는 예수의 행동은 성전이 다시 회복될 것을 암시한다.[31]

여기서 예수의 성전에서의 상징적 행동에 대한 견해를 정리해보면 다음과 같다.[32] 첫째, 성전에서 장사하는 것은 영적인 목적에 대한 모독이다. 둘째, 이방인들이 하나님에게 예배할 수 있는 유일한 공간인 성전의 경내에서 매매(賣買)가 성사되면서 그들의 권리는 박탈된다. 셋째, 장사와 환전 업무는 과도한 수수료를 통해 사람들을 착취한다. 넷째, 성전에 시장(市場)이 존재하는 것에 전적인 책임을 갖고 있는 제사장 계급은 이런 방식으로 사업에 관여하여 자신들이 갖는 영적 소명을 오용(誤用)한다. 다섯째, 예수는 성전에 시장을 허가한 대제사장 가야바와 갈등 관계에 있다.

위에서 밝힌 것처럼, 여러 이유를 제시할 수 있지만 예수가 자신의 행동이 무엇을 의미하는지 알고 있었다고 지적하면서, 제사를 하나님이 명한 것으로 간주하고 있었고, 제사에는 어느 정도 장사가 요구된다는 것도 알고 있었고, 그러기에 장사를 방해하는 몸짓을 한

---

31) 윤철원, 『누가복음』, 511.
32) J. Nolland, *Luke 18:35-24:53*, WBC 35C, 935.

다는 것이 하나님이 제정한 제사에 대한 공격을 나타낸다는 것도 알고 있었다. … 그러므로 그 행위가 적어도 하나님의 공격을 상징화하는 것으로 알아들으며, 그 공격이 파괴와 무관하지 않음에 주목한다33)고 주장하는 샌더스(Sanders)의 견해를 따라서 예수의 성전 청결 사건이 갖는 본래적인 의미를 읽을 수 있다. 그러므로 예수의 공격적이고 파괴적인 행동이 갖는 상징성은 곧 성전의 온전한 회복을 향한 상징적인 행동이었음이 분명하다.34) 이러한 코 텍스트 읽기를 통해 성전 미문의 장애인을 향한 베드로와 요한의 치유 행동은 예수의 이러한 행동과 일치하는 것으로 이해된다.

3. 서기관들에게 대한 예수의 비판(20:45-47)

20장은 예수가 그들은 과부의 가산을 삼키며 외식으로 길게 기도하는 자라고 지적하며 성전 당국자들의 가난한 자들의 돈을 횡령하는 것과 길게 기도하는 것을 책망하며 마무리한다(20:47). 곧 이어지는 장(章)에서 성전 헌금함에 가난한 과부의 생활비 전부(두 렙돈)를 삼키는 사례가 제시된다(21:1-4). 예수가 이런 상황을 보며 개탄한 이유는 그렇게 아름다운 성전 건물(21:5)이 여기에 나오는 과부처럼 극도의 궁핍함을 대가로 건축되었기 때문이다.

신약성서 시대의 서기관은 직업적인 해석자와 율법학자 그룹에 속한다. 주후 70년 이전에 개인적인 서기관에 대한 기록은 거의 없

---

33) E. P. Sanders, 『예수운동과 하나님 나라』, 이정희 역 (천안: 한국신학연구소, 1997), 138.
34) Ibid., 138.

다. 서기관은 귀족 가문 출신이고, 다른 부류는 일반 제사장 그룹 또는 하급 성직자 그룹의 출신으로 구성된다. 사회의 각 분야에 걸친 출신이었고, 자신의 생활을 영위하기 위해 장사를 하는 경우도 있었다.35) 또한 이들은 대부분의 시간을 율법 연구에 보냈다. 그러므로 존경받는 서기관들조차도 찢어지게 가난했으며, 제자들이 제공하는 선물이나 성전 금고에서 가난한 사람들에게 제공하는 후원금으로 생활할 정도였다고 미쉬나의 기록은 전해준다.36)

그럼에도 불구하고 모든 서기관들은 세금을 면제받았는데, 일단의 서기관들은 이런 혜택을 받는 것에 혈안이 되었을 뿐만 아니라 많은 제자들을 가르치는 서기관들은 상당한 부를 구가했을 정도였다. 또한 고정 수입을 받던 일련의 율법학자들도 있었다. 그들은 성전에 고용되어 해마다 바치는 성전세에서 급료(給料)를 지불 받아 고정적으로 수입을 올렸다.37) 그러므로 우리는 예수의 서기관들을 향한 질책이 바로 이런 부류에 속하는 자들이었음을 추론할 수 있을 것이다. 성전에서 장사하는 사람들에게 행한 상징적인 행동과 마찬

---

35) G. H. Twelftree, "Scribes," in J. B. Green, S. McKnight and I. H. Marshall, eds., *Dictionary of Jesus and the Gospels: A Compendium of Contemporary Biblical Scholarship* (Downers Grove: IVP, 1992), 732-735.

36) J. Jeremias, 158-159. 예레미아스는 탈무드의 기록을 근거해서 율법학자의 부인이 다수로 언급되는 경우가 한 번도 없다는 사실은 그들이 일부일처제를 높이 평가한 데서 연유한 것이 아니라 가난한 처지에서 연유한 것이라고 그들의 빈한함에 대해서 잘 설명한다. 그들이 얼마나 가난한지에 대한 설명은 아래의 사례에서 확증된다. 랍비 가말리엘 2세의 두 제자들은 지중해의 물방울 수를 헤아릴 수 있을 만큼 매우 박식했지만, 이들에게는 먹을 음식과 입을 옷이 없었고, 유명한 율법 학자 랍비 아키바와 그의 부인은 겨울철에 짚을 덮고 잠을 자야 했다고 한다. 또한 랍비 예후다는 단 한 벌의 외투만을 가지고 있었고, 그 부인이 집밖으로 나갈 때면 부인과 그는 외투를 번갈아 입어야 했다고 한다.

37) Ibid., 158.

가지로 예수의 서기관들을 향한 비판도 유대교의 중심부를 향하여 반성을 촉구하는 동시에 하나님의 구원의지를 파악하라는 명령으로 이해된다.

이와 같은 역사적 배경에서 사도행전 3장의 지체장애인 이야기는 좀 더 정확하게 이해할 수 있다. 매일 기도시간 성전 미문에서 앉아서 구걸하는 것은 비극적이게도 무익한 일인 것처럼 보인다. 누가의 관점에서 성전 경제는 가난한 자들에게 자선을 제공하기보다 그들로부터 더 많이 거둬들였고, 성전의 기도 행사는 가난한 자들을 보살피는 관대한 행위를 격려하는 하나님과 함께 하는 참된 친교 행위라기보다는 가식적인 동정의 표현으로 작용할 뿐이다. 따라서 그 장애인은 경제적이고 종교적인 새로운 체제의 대표자격으로 베드로와 요한이 자기 앞을 지나갈 때까지 구걸 행각에서 얻은 것이 거의 없었을 것이다. 그들은 은과 금이 없다고 한 것처럼 줄 돈을 가지고 있지 않았다(3:6).[38] 어느 유명한 설교자가 이 말씀을 설교하면서, 사도들이 돈이 없는 이유는 그들이 십일조를 드리지 않았기 때문이라고 말했다고 한다. 성서의 어느 부분에서 그들이 하나님에게 십일조를 바쳤다는 기록이 있느냐고 회중들에게 물었다는데, 어처구니없다. 그들에게 돈이 없는 이유는 그들이 자신들의 재산을 불리

38) Cf. F. F. Bruce, *The Book of Acts: Revised*, NICNT, (Grand Rapids: Eerdmans, 1988), 77-8. 코넬리우스 아 라피데(Cornelius a Lapide)의 기록은 본문의 새로운 이해를 위해서 통찰을 제공해준다. 토마스 아퀴나스(Thomas Aquinas)가 교황 이노센트 2세(Innocent II)를 방문해서 대화하는 내용이다: 교황이 엄청난 양의 돈을 세면서, 토마스, 당신이 보는 것처럼, 교회는 더 이상 '은과 금은 내게 없다'고 말할 필요가 없어요. 이에 아퀴나스가 대답하기를, '맞습니다, 교황 성하(聖下), 그러나 교회는 이제 일어나 걸으라고 말할 수도 없습니다'라고 답했다고 한다.

기 위해 축적해놓아서가 아니라 모든 구성원들의 필요(2:44-45)를 충당하기 위하여 공동체 기금에 그들의 소유와 물건들을 양도했기 때문일 것이다. 그들은 기도했지만(1:14; 2:42) 그들 스스로에게만 관심을 가지고, 이웃들로부터 자신들을 구별하는 것이 아니라 그들과 함께 예수의 이름을 부르는 모든 사람들에게 하나님의 축복을 빌었다(2:21, 38-39).

그러한 축복은 사도행전에서 장애인에게도 임했다(3장). 그가 치유되고 구원을 받게 되었을 때 그는 예수의 이름으로 온전해지고 마침내 성전 문 안에서(3:6-8) 하나님에게 예배할 수 있었다. 당시 이스라엘의 성소는 그와 같은 소외된 사람들을 멸시하는 지도부이 권한을 가지고 조종하고 있었다. 그가 나아가 성전 뜰에서 뛰기 시작했을 때 '그 때에 저는 자는 사슴같이 뛸 것이라'(사 35:6)는 이스라엘의 회복에 대한 중요한 예언의 표적이 산헤드린에서 실제로 발생했다. 이 표적은 많은 사람들과 성전당국자들에게 회개를 촉구한다. 이스라엘은 하나님의 '거룩하고 의로운 자'(3:14)를 거절한 것을 인정하고 회개하고 나사렛 예수 그리스도의 길에 합류하라고 요청을 받고 있는 것이나 다름없다.

VI. 나오는 글: 코 텍스트로 누가 문서 읽기와 소득

지금까지 누가 문서를 코 텍스트로 설정하여 사도행전 3장의 베드로와 요한의 치유기적 이야기를 읽어보았다. 본 독서는 누가-행전의 문학적 맥락이 잘 짜인 플롯(plot)에 의한 것임을 확인했다. 이러한 관점에서 사도행전과 누가복음을 읽어야 하는 이유는 코 텍스트로 텍스트를 읽는 것이 누가 문서를 보다 정확하게 해석하는 지름길이기 때문이다. 신문학적 읽기 방법은 각각의 신약 문서들을 하나의 완성된 작품으로 읽을 것을 권장하고 있다. 우리는 여기서 한 발짝 더 나아가 사도행전은 누가복음과 하나의 짝으로 읽을 것을 제안한다. 또한 이러한 방식의 읽기는 누가 문서의 배열에서 끊이지 않는 논쟁(전/후편, 1/2부 또는 3부설)을 종식시킬 수 있는 예비적 결론이나 마찬가지인 셈이다. 적어도 3부설에 대한 견해는 그 가능성이 매우 적다. 몇 명의 제안처럼, 목회서신이 누가 문서의 3부라고 가정한다면,39) 그것은 코 텍스트 읽기로는 그 답변을 구할 수 없음이 명백해졌다.

이와 동시에 누가문서를 코 텍스트로 읽는 방식은 이 문서를 다른 복음서와 비교함으로 본문 해석에 대한 오류에 빠질 수 있는 함정을 미연에 방지할 수 있게 한다. 그러므로 우리는 이런 읽기 방법을 통해서 역사비평 방법이 제시하는 이점(利點)과 더불어 위에서 제시한 새로운 관점을 활용해서 신약 문서들을 읽을 것을 제안한다. 본 글은 코 텍스트의 의미가 본문 내에서 어떻게 적용되는지 다루었고, 코 텍스트의 틀로 신약성서의 많은 문서 가운데 사도행전 3장을 중점적으로 분석했다. 결과적으로 사도행전을 누가복음과 함께 읽을 때 문학적 맥락이나 의미가 더 분명해지고, 저자의 본래 기록목

---

39) Cf. J. D. Quinn, 'The Last Volume of Luke: the Relation of Luke-Acts to the Pastoral Epistles,' in C. Talbert, ed., *Perspectives on Luke-Acts* (Edinburgh: T. & T. Clark, 1978), 62-75; S. G. Wilson, *Luke and the Pastoral Epistles* (London: SPCK, 1979); M. Davies, 「목회서신」 윤철원 역 (서울: 이레서원, 2000), 154-156.

적에 보다 더 근접해갈 수 있음이 파악되었다. 이처럼 텍스트에 대한 코 텍스트 읽기와 더불어 해석자의 독창적 읽기가 결합할 때 텍스트의 세계는 언제나 본래적인 동시에 새로운 의미를 드러내줄 것이다. 이러한 작업을 통해 독자가 경험할 세계는 텍스트가 낯설게 하는(defamiliarization) 또 다른 경험을 하게 될 것이다. 그래서 성서의 독자는 늘 흥겹고 즐거운 것이다. 그래서 롤랑 바르트는 텍스트의 즐거움을 통해서 독자의 위치를 새롭게 발견하도록 촉구한다.[40]

하나님의 말씀인 성서를 독자의 구미에 맞춰서 마구잡이식으로 해석하는 것은 교회 내·외부적으로 큰 문제를 야기할 수 있는 소지를 안고 있다. 고백의 차원은 제외하고 독자로서 책임 있는 읽기를 수행할 사명은 성서를 제대로 읽어야 할 성서 연구자를 비롯해서 신앙공동체가 최우선적으로 실천할 과제이다. 그러므로 신약성서 연구자들은 위에서 제시한 두 지평,[41] 즉 특정 시점에서 기록된 문학작품이라는 수평적 지평과 하나님의 말씀이라는 수직적 지평이 맞닿는 제3의 지평을 향하여 능동적이고 적극적으로 나갈 수 있도록 만반의 준비를 해야 한다. 즉 본문(text), 독자(reader) 그리고 고백(confession)이라는 차원을 아우르는 총체적 읽기가 성서 독자가 궁

---

40) Cf. R. Barthes, 『텍스트의 즐거움』 김명복 역 (서울: 연세대학교 출판부, 1990).
41) A. C. Thiselton, *New Horizons in Hermeneutics: The Theory and Practice of Transforming Biblical Reading* (London: Collins, 1992). 시슬톤은 성서가 기록되던 당시의 지평과 현재 독자가 서 있는 지평의 이해가 본문 해석의 중요한 지점으로 이해한다. 또한 성서학과 조직신학의 두 지평의 융합을 새로운 과제로 제안하는 입장은 다음을 참고하라. J. B. Green and M. Turner, eds., *Between Two Horizons: Spanning New Testament Studies & Systematic Theology* (Grand Rapids: Eerdmans, 2000).

극적으로 도달할 마지막 지점이다. 언제나 새로움을 향해 질주하시면서 칠순(七旬)을 맞이하시는 강일구 총장님의 성서에 근거한 사역이 더욱 더 풍성한 결실을 거둘 수 있기를 소망하며 다시 한번 칠순을 진심으로 축하드리며 본 글을 마치려고 한다.

아드 폰테스,
다시 'to euangelion tou christou'(갈 1:7)으로
— 갈라디아 교회의 성령의 경험을 중심으로

이승문 | 명지전문대학교 교수

I. 서언

바울서신은 어떠한 전망으로 그것을 해석하느냐에 따라 그 주요 메시지의 색깔들이 판이하게 달라진다.[1] 바울을 연구하는 것은 마치 산을 오르는 다양한 길을 찾는 것과 같다. 최근에 톰 라이트(N. T. Wright)도 지적한 바와 같이, "어느 방향에서 접근하든 우리는 바울에게서 숨은 보화와 놀라움을 발견할 것이다. 우리가 그의 역량을 꿰뚫었다고 생각하는 순간, 바울은 빙그레 미소지으며 우리가 익히 알고 있다고 여기는 본문을 상당히 다른 관점으로 다시 읽어보게 만든다."[2] '갈라디아 공동체'[3]의 멤버들이 그리스도교로 개종한 주요

---

1) 서중석, 『바울서신해석』(서울: 대한기독교서회, 1998), 8.
2) 톰 라이트/순돈호, 『톰 라이트의 바울』(서울: 에클레시아북스, 2012), 19. 바울과 그의 서신들을 바라보는 옛 관점, 새 관점, 그리고 또 다른 관점들에 대해서는,

한 요소는 아브라함에 대한 약속의 성취처럼, 역동적으로 경험되는 '그 영', 곧 '성령'이라 할 수 있다(갈 3:2-5; 4:6).⁴⁾ 여기서 중요한 것은

같은 책, 24-52를 참조하라. 제임스 던/최현만, 『바울에 관한 새 관점』 (서울: 에클레시아북스, 2012); Kent L. Yinger, *The New Perspective on Paul* (Eugene, Oregon: CASCADE Books, 2011)을 보라. 바울에 대한 새 관점 연구를 복음주의와 종교개혁적 입장에 서서 비평적으로 소개한 것으로는 최갑종, 『바울연구 III』 (서울: 기독교연합신문사, 2011), 179-291을 보라.

3) 본 논문에서는 갈라디아서가 '갈라디아 교회들'(갈 1:2)에게 보내어진 것이지만, 결국 바울이 본 서신에서 그들을 하나의 대상으로 간주하며 언급하고 있는 점에 착안하여 '갈라디아 교회들'에 해당되는 용어를 갈라디아 내에 있는 크리스천 공동체를 의미하는 '갈라디아 공동체'라는 용어로 채택하여 사용하게 될 것이다. 램지에 따르면, 일군의 학자들은 '갈라디아 교회들'이라는 용어를 남 갈라디아의 네 도시들이라 하며, 또 다른 일군의 학자들은 그 교회들이 북갈라디아에 놓여 있었다고 주장한다. 이 두 반대되는 견해들을 편의상 전자를 남-갈라디아 설로, 후자를 북-갈라디아 설로 명명하였다. William M. Ramsay, *A Historical Commentary on St. Paul's Epistle to the Galatians* (Grand Rapids, Michigan: Baker Book House, 1900, 1979), 1. 최근에 쉬라이너가 그의 주석에서 소개한 바와 같이, 한계를 지을 수는 없지만, 베츠(Hans D. Betz)를 비롯한 독일계 신약학자들이 주도적으로 북갈라디아설을 주장하고, 리즈너(Reiner Riesner), 브루스(F. F. Bruce), 롱에네커(Richard N. Longenecker), 헤머(Colin J. Hemer), 미첼 (Stephen Mitchell), 리차드 보캄(Richard Bauckham), 스캇(James M. Scott) 등이 남갈라디아설을 지지한다. Thomas R. Schreiner, *Galatians: Exegetical Commentary on the New Testament* (Grand Rapids, Michigan: Zondervan, 2010), 23 n.6, 8; H. D. Betz/한국신학연구소 번역실, 『갈라디아서』 (서울: 한국신학연구소, 1987). 바울의 교회론에 대한 최근의 주요 논의로는, James D. G. Dunn, *Jesus, Paul, and the Gospels* (Grand Rapids, Michigan/ Cambridge, U.K.: William B. Eerdmans Publishing Company, 2011), 165-80. 필자는 갈라디아 공동체가 '하나님 경외자' 출신의 이방인 크리스천들과 '이교도' 출신의 이방인 크리스천들로 구성되어 있다고 본다. 그 이유는 사도 바울이 갈라디아서의 수신자들이 유대교의 율법이나 할례 등을 잘 이해하고 있는 것을 전제하고 그의 서신을 기록하고 있기 때문이다. 이러한 구성에 대한 논의를 위해서는, 이승문, "갈라디아 공동체에는 '하나님 경외자' 출신의 이방인 크리스천들이 있었는가," 「신약논단」 제15권 3호 (2008년 가을): 743-767를 참조하라.

4) Gordon D. Fee, "Freedom and the Life of Obedience (Galatians 5:1-6:18)," *RE* 91 (1994), 201-17, 인용은 201-2. 영은 그리스도교의 개종이나 회심의 중요한 요소이며, 아브라함에 대한 약속의 성취(3.14)로서 극적으로 경험되는 것이다(3:2-5; 4:6); idem., *God's Empowering Presence: The Holy Spirit in the Letters*

갈라디아 공동체 가운데에서 영의 역할이다. 적어도 갈라디아서에서 '성령'은 3장 2절에서 시작하여 6장 10절에 이르기까지 매우 주도적인 역할을 수행하는5) 대상 중 하나라 할 수 있다. '성령의 약속' (*ho epangelia ho pneuma*)6)은 '아브라함의 복'(*ho eulogia ho Abraam*)에 포함되는 것이다(갈 3:14).7) 아브라함이 믿음을 통하여 받게 되는 복은 하나님이 그에게 하신 약속의 성취인 성령을 받음으로써 이루어진다. 이와 같이 갈라디아서에서 성령의 약속은 아브라함의 이야기와 함께 다루어진다.

바울은 갈라디아서에서 아브라함의 이야기를 해석할 때 여러 부분에서 알레고리적 읽기 방식을 취하고 있는 것을 볼 수 있다. 이러한 알레고리적 읽기는 바울이 갈라디아인들의 성령의 경험을 근거

----

of Paul (Peabody, Massachusetts: Hendrickson Publishers, Inc., 1994), 370.

5) Gordon D. Fee, *God's Empowering Presence* (1994), 369.

6) 갈라디아서의 '영의 약속'에 대한 주요 연구로는, Sze Kar Wan, "Abraham and the Promise of the Spirit: Galatians and the Hellenistic-Jewish mysticism of Philo," *SBL Seminar Papers* 34 (1995), 6-22. 영의 약속에 대한 포괄적인 연구로는, Thomas R. Schreiner, "Satisfied by the Promise of the Spirit: affirming the fullness of God's provision for spiritual living," *JETS* 41 (D., 1998), 652-654; James E. Rosscup, "Satisfied by the Promise of the Spirit: affirming the fullness of God's provision for spiritual living," *MSJ* 8.2 (Fall, 1997), 232-234; Thomas R. Edgar, *Satisfied by the Promise of the Spirit: affirming the fullness of God's provision for spiritual living* (Grand Rapids: Kregel Pubns, 1996).

7) 브롤리는 기독론적인 유산이 아브라함적이라고 보았다. 즉 그리스도는 아브라함의 복이 모든 민족들의 하나의 실재가 되는 것이 가능토록 하였다는 것이다. 브롤리에 의하면, "아브라함의 복은 그 영의 약속을 포함한다(갈 3:14). 갈라디아 크리스천들이 그 영을 받았을 때(3:2), 그들이 경험했던 것은 하나님이 아브라함과 약속을 맺은 유산의 부분이다(3:14)." Robert L. Brawley, "Contextuality, Intertextuality, and the Hendiadic Relationship of Promise and Law in Galatinas," *ZNW* 93(1/2 Heft, 2002), 99-119, 102.

로 하여 판단한 부분으로 볼 수 있다.8) 갈라디아서에서 알레고리 읽기는 "해석학적인 힘의 행사를 포함"9)한다. 적어도 갈라디아서의 아브라함 이야기는, 성령을 경험한 공동체의 정황 내에서 읽을 필요가 있다. 이는 "해석학적인 우선성이며, 갈라디아 공동체 멤버들의 자기 해석이 아니라 바울에 의해서 해석된 경험"10)이라 할 수 있기 때문이다. 이러한 해석은, 주요한 문제의 보다 깊고 영적이며, 참된 의미를 제공함으로 틀에 박힌 관점을 보완하거나 밀어내고 대신하도록 만들려는 노력이라 할 수 있다.11) 그렇다면 바울이 갈라디아 공동체의 어떠한 상황 때문에 이렇게 '성령의 경험'의 이야기로 갈라디아 공동체 멤버들에게 다가가고 있는가? 이와 아울러, 바울이 공동체 멤버들에게 그들이 '성령의 약속'의 대상에 속한다고 강조함으로 갈라디아 교회 공동체의 어떠한 사회적 기능을 기대하였을까?

본 논문은 갈라디아서의 '성령의 경험'(3:2-5)과 '성령의 약속' (3:14)의 대상에 대한 연구이다. 즉 이 연구의 주제가 사회학적 성서 해석의 전망에서 바울과 갈라디아 공동체와 '갈라디아 대적자들'12)

---

8) Stephen Fowl, "Who Can Read Abraham's Story? Allegory and Interpretive Power in Galatians," *JSNT* 55 (1994), 77-95 참조. 헤이스가 본 바울의 성서읽기 방식, 곧 바울의 해석적인 전략들은 그리스도 중심적이라기보다는 교회 중심적이었으며, 영의 경험의 빛에서 읽는 것이었다. Ibid., 77.

9) Ibid., 78.

10) Ibid., 79.

11) Ibid., 80.

12) 갈라디아서의 대적자들에 대해서 뤼데만은 다음과 같이 소개한다. 그에 따르면, 대적자들은 바울의 복음과 다른 복음을 전파한다(갈 1:7). 대적자들은 갈 4장 10절에서 간략하게 묘사된 율법 준수, 곧 날과 달과 년의 준수를 소개한다. 대적자들은 갈라디아인들에게 할례를 장려하고 있다(6:12). 대적자들은 바울의 사도직을 공격했다(1:1,12). Gerd Luedemann, *Paul, Apostle to the Gentiles: Studies in Chronology*, tr. F. Stanley Jones (Philadelphia: Fortress

의 삼자 간 역학관계 속에서 어떠한 의미를 갖고 어떠한 사회적 기
능을 수행하는지를 규명하려는 것이다.

II. 바울의 '성령의 경험 이야기'와 갈라디아 교회

바울이 '영의 경험'13)에 대한 이야기로 갈라디아 교회의 멤버들

Press, 1984), 44-45. 뤼데만은 뭉크(Munck)와 바르트(M. Barth), 그리고 슈
미탈스(Schmithals)의 견해가 잘못되었다고 지적한다. 뤼데만은 갈라디아의
바울의 대적자들은 오히려 율법 없는 복음에 대한 바울의 선포에 의해서 위협을
받았던 팔레스틴 유대인 크리스천들로서 보아야 한다고 말한다. 그들은, 참 복
음이 율법준수를 포함하는 것이며, 아마 예루살렘에서만 또는 예루살렘과 연관
된 선교로만 가르침을 받았을 것이다. … 대적자들은 바울의 예루살렘에 대한
의존과 그의 종속적인 위치를 지적함으로써 바울의 복음(그리고 바울의 사도
직)에 대하여 논쟁한다. 바울의 변호가 갈라디아서에 담겨 있다. Ibid., 45. 갈라
디아 대적자들과 바울의 복음에 대해서는, 이승문, "갈라디아 공동체의 대적자
들과 바울의 복음,"「신학논단」제47집 (2007. 3), 49-71; 톰 라이트/최현만,
『톰라이트 칭의를 말하다』(서울: 에클레시아북스, 2011), 149-156; Mark D.
Nanos, "The Inter-and Intra-Jewish Political Context of Paul's Letters to
the Galatians," in *Paul and Polictics: Ekklesia, Israel, Imperium, Interpreta-
tion,* Essays in Honor of Krister Stendahl; ed. by Richard A. Horsley
(Harrisburg, Pennsylvania: Trinity Press International, 2000), 146-159을
참조하라. 갈라디아서의 율법 이해를 위해서는, 조광호, "갈라디아서에 나타난
바울의 율법 이해,"「신약논단」제10권 4호 (2003년 겨울), 965-993; James
W. Thompson, *Moral Formation according to Paul: The Context and Cohe-
rence of Pauline Ethics* (Grand Rapids, Michigan: Baker Academic, 2011),
111-134을 보라.
13) 갈라디아서에서 성령의 경험에 대해 바울이 호소하는 것에 대한 연구로는, H.
Terris Neuman, "Paul's Appeal to the Experience of the Spirit in Galatians
3:1-5: Christian Existence as Defined by the Cross and Effected by the
Spirit," *JPT*9 (1996), 53-69. 뉴맨에 따르면, 바울이 그리스도의 경험과 갈라
디아인들의 성령의 경험에 대해 호소하는 것은, 바울의 경우 '성령의 수여'는 하
나님의 이방인들 수용을 가리키며 갈라디아인들이 필요로 하는 윤리적인 삶을
제공했다. 이처럼 기적들에 의해 그들의 회심의 증거가 된, 성령의 현존은 윤리

에게 다가가는 것은 공동체 멤버들인 이방인 크리스천들은 이미 성령을 받은 생생한 경험의 실재를 할례를 받지 않은 상태에서 가졌기 때문이다. 이러한 성령에 대해 피이(Gordon D. Fee)는 다음과 같이 정의한다.

> 성령은 의가 토라로 말미암지 않는다는 증거를 제공하는 하나의 경험된 실재이며(갈 3:1-5, 14; 4:6), 토라의 시기가 지나간 지금 의를 위한 효과적인 대리자이다(5:13-6:10).[14]

바울은 경험된 실재인 성령을 토대로 갈라디아 공동체의 대적자들인 유대인 크리스천들의 다른 복음에 대응하려 했던 것을 볼 수 있다. 이것은 또한 대적자들인 유대인 크리스천들조차도 이미 이방인 크리스천들이 할례를 받지 않은 상태에서도 성령을 받은 경험을 부인할 수 없었던 부분이다. 바울이 갈라디아서 3장 2절과 5절을 통해서 두 차례에 걸쳐서 성령을 받은 사건이 '믿음의 들음'(akoē pisteōs, 갈 3:2, 5)[15]으로 이루어졌는가 율법의 행위들로 말미암은 것인가에

적인 증거들, 특히 십자가에 처형된 그리스도에 대한 동조로 계속해서 분명해진다.

14) Gordon D. Fee, *God's Empowering Presence* (1994), 371. 여기서 피이는 "갈라디아서의 논증이 단순하게 영이 없이 진행된 적은 없다"고까지 성령의 중요성을 부각시키기도 한다.

15) *akoē pisteōs*, '믿음의 들음'에 대해서 윌리암스는 "일종의 주의 깊게 듣고 믿음" 또는 "일종의 듣고 소유하는 믿음"으로 해석할 수 있는 용어로 재정의하기도 한다. 이에 대해서는 Sam K. Williams, "Justification and the Spirit in Galatians," *JSNT* 29 (1987), 91-110, 특히 94, 99 n.7. '믿음의 들음'에 대한 상세한 논의로는, idem., "The Hearing of Faith: *Akoē Pisteōs* in Galatians 3," *NTS* 35 (1989), 82-93; G. Walter Hansen, *Abraham in Galatians: Expository and Rhetorical Contexts*, JSNTSS 29 (Sheffield: JSOT Press, 1989), 109-112. 에

대해서, 너무나도 명확한 대답을 확인하고자 했다. 갈라디아서 3장 1-5절에서 그는 갈라디아 사람들이 크리스천이 될 때 가진 독특한 체험에 호소하며 이렇게 질문한다. "너희가 성령을 받은 것은 율법의 행위로냐 믿음의 들음으로냐?"(갈 3:2, 5 참조). 이 질문에 대해 클라이버(Walter Klaiber)는 다음과 같이 제시한다.

이 질문에서 우리는 놀라운 사실을 발견하게 되는데, 이는 항상 주목받지는 못했다. 1) 갈라디아 사람들이 크리스천이 될 때에 성령을 받았음을 그들이 알고 있다는 사실에 대해서 바울은 전혀 의심하지 않았다. 2) 내용적으로 볼 때 성령을 받음과 의롭다 하는 사건은 전적으로 병행적이다. 2장 16절에서 인의와 관련되어 "율법의 인의로"와 "예수 그리스도를 믿는 믿음으로"의 양자택일이 제기되고 있는 것처럼, 3장 2절에서는 "율법의 행위"와 "믿음의 들음"의 양자택일이 성령을 받음에 대해서 제기된다.16)

이 질문에 대한 바울의 답변은 "믿음의 들음으로 성령을 받았

벨링의 경우, *akoē pisteōs* 용어를 '믿음의 메시지'(message of faith)로 번역하기도 한다. G. Ebeling, *The Truth of the Gospel: An Exposition of Galatians,* trans. by David Green (Philadelphia: Fortress Press, 1985), 176-177 참조.
16) Walter Klaiber/조경철 엮음, "인의(認義)와 성령," 『성서와 성령: 박창건 교수 은퇴 기념 논문집』(서울: 대한기독교서회, 2002), 151-68, 인용은 156. 하나님의 의롭다 하시는 평결을 실존적으로 체험하는 것은 성령의 주심에서 일어난다. 그러므로 하나님의 받아들이심과 그에게 속함은 그가 영 안에서 현존하심으로써 체험할 수 있으며, 더구나 이러한 체험은 '질문하여 알아낼 수'도 있다. 그러나 그 체험은 어디까지나 우리를 위한 하나님의 실재로만 남아 있을 뿐이고, 모든 '육체적인 것' 곧 인간적인 능력과 행위에 근거한 노력과는 다르다. 같은 글.

다"17)고 하는 것이다(갈 3:2-5). 이것은 바울이 갈라디아 공동체 멤버들 모두가 당연히 개별적으로나 공동체가 함께 직접적인 경험을 통해서 선험적인 지식을 소유하고 있는 사건이었던 것으로 전제하고 있음을 볼 수 있다. 바울이 이 사건을 강조하여 제시하는 것은 이를 통해 성령을 받음과 율법이 무관하며, 결국 성령을 받음과 할례가 무관하며, 성령을 받음과 율법의 행위들이 무관하다는 것을 입증하고자 했다. 더 나아가 바울은 이러한 입증을 통해서 결국 '성령의 약속'인 '아브라함의 복'이 '할례'와는 무관하며, 아브라함의 복인 아브라함의 자손됨이 율법, 할례, 율법의 행위들과 무관함을 증거하려 했던 것으로 보인다. 성령을 받은 사건은 갈라디아 공동체 멤버들과 바울 그리고 대적자들조차도 부인할 수 없었던 과거와 현재의 공통된 경험이었다. 이 경험은 그들 사이에 지속되는 성령의 활동들과 아울러, 바울이 갈라디아서에서 하나님의 백성됨의 새로운 표지로써 호소하려 했던 것으로 볼 수 있다(갈 3:2-5).18)

이를 통하여 바울이 의도한 것은, 갈라디아 공동체 멤버들에게 믿음으로 성령을 받은 사건과 아브라함의 신앙인의의 사건을 밀접하게 연관된 것으로 인식시키려 했던 것으로 볼 수 있다. 바울은 처음에 이방인들과 아브라함의 복을 언급할 때, 대적자들의 용어를 계

---

17) 이에 대한 자세한 논의를 위해서는, J. C. O'Neill, "'Did You Receive The Spirit by the The Works of the Law?'(Gal 3:2) ― The Works of the Law in Judaism and the Pauline Corpus," *ABR* 46 (1998): 70-84, 특히 78-84. 여기서 오닐은 믿음 만으로의 인의, 곧 신앙인의는 바울이 의도하는 바가 아니라는 식으로 문제점을 제기하면서 이방인들조차도 율법의 행위들과 불가분의 관계에 놓여 있다고 본다.

18) Gordon D. Fee, *Gospel and Spirit: Issues in New Testament Hermeneutics* (Peabody, Massachusetts: Hendrickson Publishers, 1991), 137 참조.

속하여 다소 사용한다. 그러나 그는 "그 복"을(그 서신의 남은 부분에 대한 그 단어로 결국 돌아가는) "그 약속"으로 대신한다. 또한, 그는 갈라디아 교회의 공동체 멤버들에게 복음을 전파할 때 그들이 받았던 성령(그 '영')과 그 '약속'을 동일시하는, 3장 14절의 두 번째 절에서 특별히 중요한 변경들을 시도한다.19) 이러한 14절의 두 번째 절에 대해 펑(R. Y. K. Fung)은 다음과 같이 제시한다.

그리스도 안에서 계시되어 온 아브라함의 복은 약속된 성령의 은사 안에서 받았다. (약속의 실체인) 성령의 이 은사는 "믿음을 통하여", 문자적으로—3장 7, 9, 11절 이하에서 언급된 그 믿음— "그 믿음을 통하여" 받았던 것이다. 본래적인 아브라함에 대한 약속에서는 성령에 대한 언급이 없으며 다만 신앙인의의 복만 있었다. 그러나 여기서 바울은 믿음을 가진 자들 위에 부어지는 성령 가운데 결국 대치된 것으로써 그 약속의 성취를 생각한다. 이처럼 바울의 사상 가운데 인의의 복은 성령을 받음과 거의 동의어로 나타난다.20)

비록 구약의 아브라함 이야기에서 성령을 받은 사건에 대한 직접적인 보도가 없음에도 불구하고, 바울은 신앙인의와 약속의 공통분모에 기초하여 아브라함의 복이 이방인들을 위한 복이 됨을 지적하

---

19) J. Louis Martyn, *Galatians: A New Translation with Introduction and Commentary*, Anchor Bible (New York: Doubleday, 1997), 321.
20) R. Y. K. Fung, *The Epistle to the Galatians* (Grand Rapids, Michigan: William B. Eerdmans Publishing Company, 1988), 151-52.

려 했던 것을 볼 수 있다. 내용적으로도 이 복은 신앙인의를 통해서 받듯이, '성령의 약속'도 신앙인의로 받게 되는 것임을 연관지어 제시하려 했던 것으로 보인다(3:6, 14 참조).[21]

바울에게서 신앙인의의 사건의 결과는 구원의 사건과 바꾸어 사용할 수 있는 용어이다. 성령의 체험을 통한 구원의 확증은 서로 밀접하게 연관되어 있다고 볼 수 있다. 이에 대한 내용적인 규정은 3장 26절에서 크리스천들이 살고 있는 새로운 현실에 관한 또 다른 모습을 들어서 다시 한번 해석된다: "너희가 다 믿음으로 말미암아 그리스도 예수 안에서 하나님의 아들이 되었다."[22] 여기에서도 크리스천들이 받았고 체험한 구원이 하나님과의 새로운 관계 곧 정당한 자녀의 관계로 언급된다. 그러므로 우리는 '믿음으로 말미암아' 일어나는 것을 말하는 다음과 같은 세 개의 병행적인 표현, 곧 인의, 성령의 수여, 하나님의 자녀됨을 가지고 있는 것이다.[23] 또한 갈라디아서에서는 "믿음으로 말미암아" 아브라함의 자손됨과 하나님의 백성됨도 이루어진다. 결국 이러한 일련의 표현들이 모두 동일한 의미를

---

21) Walter Klaiber, Walter Klaiber, "인의(認義)와 성령," 156-57 참조. 베커에 따르면, 바울은 이제 약속(복)과 그리스도를 이중의 논쟁과 연결시킨다: (1) 율법의 저주를 제거함으로써 그리스도는 "아브라함의 복"이 이방인들에게로 흘러들어갈 수 있도록 하며(3장 14절), (2) 창세기 17장 7절에 따르면 그리스도는 아브라함의 유일한 "씨"이기 때문에(16절) 그리스도는 토라의 시대와 불연속적이고 직접적으로 약속에 관련된다. 토라는 약속 이후 430년에 대두했기 때문에 아브라함에의 하나님의 약속과 아무 관련이 없었다(17-18절). 그리스도는 아브라함에게 한 약속을 성취한 자이다. 왜냐하면 그와 함께 성령(14절)과 믿음이 왔기 때문이다(25절). J. C. 베커/장상, 『사도 바울』(서울: 한국신학연구소, 1991), 82.
22) Walter Klaiber, "인의(認義)와 성령,"157.
23) Ibid.

갖는 용어들이라는 것을 알 수 있다. 갈라디아서에서 바울이 이 모든 것의 표지로 제시하는 것은 다름 아닌, 성령의 체험 사건이라 할 수 있다. 이러한 성령에 대해서 피이는 다음과 같이 제시한다.

> 성령은 공동체의 멤버들과 동행하고, 내주하여 거하고, 그들을 이끌어주기 때문에 더 이상 토라를 필요로 하지 않는다(갈 5:16 -23). 그리스도가 토라에 마침표를 찍었을 뿐만 아니라 그리스도를 믿는 자들이, 토라에 의해서 일깨워진(롬 7:5) 육을 십자가에 못 박기까지 했다(갈 5:24). 성령을 통하여 그들은 서로 사랑함으로 그리스도의 법뿐만 아니라 모든 토라를 성취한다(갈 5:13-14; 6:2).[24]

바울은 공통적으로 성령을 경험한 그들이 아브라함의 복의 대상이며, 성령의 약속의 대상임을 시사하며, 그러한 경험이 아브라함의 자손됨의 표지라고 가르친다. 또한 바울은 이러한 영적 경험이 율법의 행위들이나 할례를 받음으로 경험한 것이 아니라, 오직 바울의 복음을 믿음의 들음으로 이루어낸 사건이었음을 환기시킨다. 그럼으로써, 성령을 경험한 대상들은 모두 아브라함의 복의 대상과 성령의 약속의 대상이며, 아브라함의 자손과 하나님의 아들들이라고 지적한다. 이러한 접근은 바울이 대적자들과 다른 카드를 제시하는 것이었다. 여기서 다른 카드라고 하는 것은, 갈라디아서에서 바울이 대적자들의 다른 복음에 대응하기 위해서 제시한 항목들 중에 영의 경험 사건은 대적자들이 미처 제시하지 못한 전혀 다른 방편이었다

---

24) Ibid.

는 점을 말하는 것이다. 무엇보다도 바울은 갈라디아인들의 영적 체험을 다시금 환기시키면서, 그것이 할례를 받기 전에 이루어졌던 사건이었음을 확인시키려 했던 것으로 보인다. 이를 통하여 바울이 기대한 것은 할례 이전의 사건을 부각시켜서 그들이 할례를 받을 필요가 없다는 것을 확고하게 하려는 것이었다. 이를 위해 성령의 경험은 매우 유용했던 것으로 볼 수 있다.

더 나아가 갈라디아서 4장 21-31절에서, 바울은 이방인 크리스천들 중에 율법 아래 있고자 하는 자들은, 곧 할례와 율법의 행위들을 추구하고자 하는 자들은, 자유하는 여자의 자손인 이삭과 같은 자가 아닌, 자칫 여종의 자손이라는 신분으로 전락할 수 있다는 것을 지적한다. 바울은 율법에 속하고자 하는 대상들마다 모두 종의 자손이라는 불명예로 떨어질 수 있음을 지적한다. 이와 아울러 바울은 그리스도에 대한 믿음 안에서만 자유의 자손으로 규정될 수 있다는 것도 주장한다. 당시 갈라디아 대적자들이 구약의 전통에 근거해 할례를 기준으로 아브라함 자손됨을 증거하려는 것을 봉쇄하기에 적절한 근거는 바로 사라와 하갈의 이야기였다. 여종인 하갈의 아들인 이스마엘은 사라의 아들인 이삭보다도 먼저 할례를 받았다는 것은 갈라디아 공동체 멤버들과 대적자들도 모두 알고 있었던 사항이다.

이러한 인식을 토대로 바울은 할례가 자손의 자리를 견고하게 할 수 없으며, 종국적으로는 자유자의 자손과 더불어 유업을 얻지도 못하고 내쫓김을 당하는 결과를 초래할 수 있다고 지적한다(갈 4:30-31). 바울은 대적자들이 아브라함의 자손인 '이삭'을 예로 들면서 할례의식의 필요불가결한 요소를 강조하며 나아온 것에 대해서, 오히려 그 항목으로 바울은 대적자들의 논리를 무력하게 만들었다. 약속의 자녀인 이삭과 종의 자녀인 이스마엘에 대한 인용은 할례 받는 것과 약속의 자녀의 보증과는 아무런 상관관계가 없다는 것을 부각시키는 데 효과적인 방편이었다.

이러한 인용은 갈라디아 공동체의 대적자들인 유대인 크리스천들에게 대응하기에 좋은 수단이었다. 대적자들은 이방인 크리스천들이 아브라함의 자손과 복과 관련된 정통성에서 벗어나 있다고 주장하였다. 그러나 그러한 주장은 바울의 대응에 의해서 무력화될 수밖에 없었다. 대적자들이 주장하는 바와 바울이 주장하는 바의 주요 논점은 정반대이다. 그럼에도 불구하고 두 주장의 경우, 전체적인 논의의 요소가 동일한 품목을 이루고 있었기에 대등한 논쟁이 가능했고 설득력을 가질 수 있었다. 말을 바꾸면 갈라디아서에서 할례 받은 크리스천들인 대적자들이 자신들의 아브라함의 복의 대상인 정체성을 보증하기 위해 들고 나온 대부분의 항목들이, 오히려 바울에 의해서 무할례자인 크리스천들의 정체성을 보증하는 항목에서 제외되거나 변경되었던 것으로 볼 수 있다.

요컨대 바울은 아브라함에게 종의 자손인 이스마엘이 아닌 자유하는 자의 자손인 이삭을 참 자녀로 허락하시겠다는 하나님의 약속25)을 상기시킴으로 이중적인 목적을 성취할 수 있었던 것으로 보

---

25) 약속에 대한 구더의 소개에 의하면, 아브라함의 일대기(창 12:1-25:18)는 하나의 중심 주제와 여러 개의 부가적인 보충 설명으로 이루어져 있다. 기본적인 이야기는 아브라함이 '큰 민족'을 이루리라는 약속에 초점을 맞추고 있다. 이야기가 전개되는 동안에 그 약속은 여러 번 되풀이된다(창 13:4-18; 15:1-21; 17:1-27; 18:1-16a). 하지만 이야기의 구성은 그 약속을 둘러싼 위기를 강조한다. Paula Gooder/강대홍, 『오경』 (서울: 도서출판 미스바, 2002), 96.

인다. 그중 하나는 성령의 약속에 대한 믿음이 중요하다는 것을 강조하는 것이었다. 또 하나는 할례가 아닌 성령을 받은 경험으로 내재화된 상태와 자유하는 자의 자녀됨, 곧 아브라함의 약속의 자녀됨을 입증할 수 있었다.

III. '성령의 약속'의 대상과 갈라디아 공동체

바울은 갈라디아 공동체 멤버들이 성령의 경험을 가지고 있다는 것을 지적한다(갈 3:2-5). 바울에 따르면, 이러한 경험은 갈라디아 공동체 멤버들 가운데 내재하며, 힘을 부여하는 성령의 현존이라 할 수 있다.[26] 더 나아가 바울이 언급하는 성령의 경험은, 율법의 시대가 지나가고, 이방인들의 복을 포함하는 약속, 곧 하나님이 아브라함과 맺으신 약속에 대한 성취의 시기가 도래했다는 증거라 할 수 있다.[27] 바울은 아브라함이 믿음으로 언약의 약속과 하나님의 복을 모두 받았다는 성서적 논증을 제시하기 전에, 갈라디아 공동체 멤버들이 받았던—계속해서 경험하는—성령의 경험을 그들에게 상기시킨다.[28]

이러한 견지에서 바울은 갈라디아 공동체 멤버들이 지금 당하고 있는 난관에 대해서 "형제들아 너희는 이삭과 같이 약속의 자녀이다 그러나 그 때에 육체를 따라 난 자가 성령을 따라 난 자를 핍박한

---

26) Gordon D. Fee, *God's Empowering Presence* (1994), 378.
27) Ibid., 380.
28) Ibid., 381 참조.

것 같이 이제도 그러하다"(갈 4:28-29)라고 말한다. 여기서 '이제'(nun)라는 단어는 이삭의 시대인 '그 때'(tote)와 갈라디아 공동체의 현재의 시대를 연결시키는 중요한 단어이다. 바울이 이삭을 언급하는 목적은 단지 구약의 한 역사적 이야기를 소개하려는 데 있는 것이 아니라, 바울이 직면한 갈라디아 공동체의 정황과 매우 밀접하게 연관 지으려는 데 있다. 갈라디아서 4장 28-29절에서 '성령을 따라 난 자'와 '약속의 자녀'는 동일한 대상임을 알 수 있다. 그것은 성령을 경험한 대상은 누구든지, 약속의 대상이 된다는 것을 입증하려 했기 때문이다. 갈라디아서에서 약속은 율법과 대립한다. 약속과 율법의 대립은 갈라디아서 3장 6절 이하에서처럼 상호 알력적인 전형적 두 인물인 아브라함과 모세를 대조시킴으로써, 세계적인 차원을 가진다는 점에서 구원사적 의미를 가진다.[29]

그렇다면 바울이 갈라디아서에서 '성령을 따라난 자'와 '약속의 자녀'를 동일한 대상으로 처리하는 이유는 무엇인가? 이에 대해 로핑크(Gerhard Lohfink)는 성령을 받은 것과 구원의 표징의 문제를 연관지어 다음과 같이 주장한다.

> 갈라디아의 크리스천들이 구원된 것이 율법의 준수를 통해서냐 아니면 복음의 수용을 통해서냐고 바울은 갈라디아서 3장 5절에서 묻는다. 갈라디아 공동체가 구원을 참으로 얻었다는 것은 따질 것

---

29) Ernst Kaesemann/한국신학연구소 번역실, 『로마서』(국제성서주석; 서울: 한국신학연구소, 1982), 201. 여기서 약속은 헬레니즘적 개념으로, 유대적 전통, 특히 묵시문학에서 자라 온 하나님의 약속과 보장의 전통과 융합됨으로써 비로소 전문적인 의미를 가지게 되었다. Ibid., 200.

도 없이 전제할 수 있고 사실을 지적할 필요도 있을 따름인데, 무엇으로 갈라디아인들은 구원이 현존한다는 것을 아는가? 대답인즉, 그들이 받은 성령을 통해서라는 것이다. 그러면 또 무엇으로 성령을 받았다는 것을 아는가? 대답인즉, 그들에게 일어났고 또 일어나고 있는 이적들을 통해서라는 것이다.[30]

로핑크가 갈라디아 크리스천들의 구원의 표징과 '성령을 받음'을 연결지은 것은 적절하다. 물론 바울은 갈라디아서에서 성령을 받음과 구원이라는 용어를 직접적으로 연결지어 진술하고 있지는 않다. 그렇지만, 앞의 둘을 연결짓는 것은 구원과 동의어로 사용할 수 있는 '성령을 따라난 자'와 '약속의 자녀', 곧 '아브라함의 자손' 등을 동일한 의미가 함축되어 있는 것으로 사용하고 있기 때문에 설득력을 갖는다. 한편, 로핑크는 성령의 현존에 대한 표징에 대해서 이적들과 기적들을 통해서 성령을 받았다는 것을 알 수 있다고 다음과 같이 제시한다.

갈라디아 3장 1-5절에서 우리에게 가장 중요한 한 맥락이 백일하에 드러난다: 공동체들 안에서 일어나는 기적들이 복음의 선포들을 따라다니며 정당화하는 표징으로서만이 아니라 성령의 현존을 말해주는 표징으로서도 묘사된다. 양자가 당연히 지밀한 관계로

---

30) Gerhard Lohfink/정한교, 『예수는 어떤 공동체를 원했나: 그리스도 신앙의 사회적 차원』 (왜관: 분도출판사, 1985[*Wie Hat Jesus Gemeinde Gewollt? Zur gesellschaftlichen Dimension des christlichen Glauens*, Freiberg: Verlag Herder, 1982]), 148.

연결되어 있으니, 복음을 믿는 신앙이 성령을 선사하기 때문이다. 그러나 어떻든 성령의 현존과 공동체들 안에서 일어나는 기적들과의 내적 관계가 본격적으로 부각될 필요가 있다. 여기서야말로 새삼 예수 활약의 기본 노선이 원시 교회에서 얼마나 충실히 속행되는지가 드러나기 때문이다.[31]

여기서 로핑크는 3장 5절에 근거해서 성령의 현존의 표징으로 공동체의 이적들과 기적들을 제시하고 있다. 브라운도 이 구절을 근거로 갈라디아 공동체 멤버들이 자신들 가운데에서 기적들을 수행하던 바울을 본 바가 있다고 제시한다.[32] 그러나 갈라디아 공동체 내에 과거 또는 현재 이적들과 기적들이 현존하는 가의 문제는, 3장 5절에서 언급되는, '성령을 수여하는 자'와 '너희 가운데 뒤나미스들을 행하는 자'를 그리스도(또는 하나님)로 간주하는가 아니면 특별히 갈라디아 공동체 내에 은사를 받은 개인(바울 또는 공동체의 한 멤버)에 대한 언급인가를 검토하는 것이 필요하다. 만약 후자인 경우라면, '뒤나미스들을 행함'(energōn dynameis)의 의미가 이적들과 기적들일 개연성이 더 높을 것이다. 물론 전자인 경우에도 그리스도(또는 하나님)이 이적들과 기적들을 행한 것으로 공동체 멤버들이 믿을 수 있다는 가능성을 배제할 수는 없다.

이와 관련하여 파라트(J. K. Parratt)를 비롯한 일군의 학자들은 3장 1-5절 단락에서 영을 수여하고 뒤나미스들을 행하는 주체를 갈

---

31) Ibid., 148-49.
32) R. E. Brown, *An Introduction to the New Testament* (New York: Doubleday, 1997), 468-69 참조.

라디아 공동체 내의 특별히 은사를 받은 개인일 가능성을 제시하고 있다.33) 그러나 3장 1-5절 단락은 그 단락의 전후 문맥을 보더라도 하나님(또는 그리스도)일 가능성이 더 큰 것으로 보인다. 왜냐하면 3장 1-5절 전후 문맥을 볼 때, 신앙인의의 문제에서 인간은 믿음 외에는 그 어떤 것으로 획득할 수 없다는 것을 지적하고 있기 때문이다. 이는 결국 인의의 모든 것에 대하여 하나님께서 주체가 되어 은혜를 베푸실 때만이 가능하다는 것을 입증하고 있는 것이라 할 수 있다. 예컨대 3장 1-5절 직전 단락인 2장 19-21절 단락에서는 "하나님의 은혜"(2:21)가 강조되고 있고, 3장 1-5절 단락 직후 단락이라 할 수 있는 3장 6-9절만을 보더라도 인의를 인정하는 주체로서의 하나님이 제시되고 있는 것을 볼 수 있기 때문이다.

이와 같이 전후 문맥을 고려할 때, 3장 1-5절은 하나님(또는 그리스도)께서 주체가 될 때 보다 자연스러운 논리적 흐름 가운데 놓이게 되는 것을 볼 수 있다. 왜냐하면 그리스도(또는 하나님)가 아닌 공동체의 한 개인이 그 주체라고 본다면, 갈라디아 공동체의 대적자들에 대한 일련의 논증에서 마치 행위의 주체가 하나님이 아니라 인간으로 전락하는 듯한 오해를 초래할 수 있기 때문이다.

갈라디아서 3장 1-5절의 경우, '믿음의 들음'(*akoē pisteōs*, 갈 3:2,

---

33) 대부분의 학자들이 성령을 수여하는 자가 그리스도(하나님)라는 데 동의하나 파라트와 던칸(Duncan) 등을 비롯한 일군의 학자들이 이 견해를 취하지 않고 있다. J. K. Parratt, "Romans i.11 and Galatians III.5-Pauline evidence for the Laying on of Hands?" *ET* 79. 5 (1968), 151-152, 특히 152. 특히 파랏의 경우, 이 대상을 갈라디아 공동체 내에 하나의 특별한 은사를 받은 개인일 것으로 추정한다. 그것은 자신의 논문이 '성령의 수여'를 위해 효과적인 방법이 '안수'였으며, 이에 대한 성서적 근거를 이 단락에서 포착하려는 관심에서 이러한 추정을 하고 있는 것으로 보인다.

5)에 의해서, '성령을 받는' 것에 대한 근거를 찾기에는 적합한 단락이지만, 이적들과 기적들의 수행여부를 단정지을 만한 근거로는 다소 부적절한 근거 단락으로 보인다. 무엇보다도 바울이 갈라디아서에서 다른 서신들에서는 언급하는 각종 은사들에 대해서 침묵으로 일관하고 오직 성령의 열매에 대한 언급만을 하고 있기 때문이다(갈 5:22-23). 이 영의 열매에는 이적들과 기적들로 지칭할 만한 것을 찾기가 어렵다. 만일 바울이 3장 5절에서 이적들과 기적들에 대한 언급을 하였다면, 초기 그리스도교에서 흔한 현상이었던 은사를 통한 이적들과 기적들에 해당될 수 있는 품목 등을 언급했을 가능성이 크기 때문이다. 다만 여기서 우리가 알 수 있는 것은 바울이 성령을 받은 사건을 통해서 갈라디아 공동체 멤버들을 굳건히 바울의 복음 가운데 세우려 했다는 것이다. 다른 복음에 동조되거나 동요 가운데 있는 그들에게 이미 그들이 경험했거나, 현재 경험하고 있는 것들을 통해서 성령을 따라난 자, 약속의 자녀, 아브라함의 자손됨의 표징임을 확인시켜주려 했다는 것이다. 비록 대적자들이 할례를 통하여 약속의 자녀됨을 주장하고 있음에도 불구하고, 바울은 갈라디아 공동체 멤버들이 모두 영을 경험한 대상이며, 성령의 따라난 자로서 진정한 약속의 자녀가 됨을 주장하려 했다. 더 나아가 바울은 이를 주장함으로, 갈라디아 공동체의 멤버들이 대적자들의 거짓 가르침에 미혹되어 요동하지 않도록 권면하려 했던 것으로 볼 수 있다.

여기서 약속의 대상임을 확증하는 표지로서 할례를 주장하는 대적자들의 주장과 달리, 바울은 '성령을 받음'이 약속의 대상의 표지가 된다고 주장하고 있는 것을 포착할 수 있다. 이것은 바울이 대적자들과 다른 새로운 정보를 갈라디아 공동체 멤버들에게 제공한 경

우라 할 수 있다. 이 경우, 바울은 자신이 제시한 정보에 대한 신뢰감
을 얼마나 갖게 될 것인지는 갈라디아 공동체 멤버들의 몫이라는 것
을 간과할 수 없는 상황이었다.

　바울은 갈라디아서 3장 2절에서, 성령의 수여가 '율법의 행위들'
에 의해서인지 복음에 대한 '믿음의 들음'을 통해서 인지를 언급한
다. 여기서 바울이 전파한 복음을 듣고 믿음으로 성령을 받았던 갈
라디아 공동체 멤버들이 이제는 다시금 율법의 행위들에 속하는 자
가 되려는 동요가 있었다. 이러한 동요를 종식시키기 위해, 바울은
영을 받은 사건을 상기시킨다. 또한 갈라디아서 3장 3절에서, 영으
로 시작한 일을 육체로 마치는 것이 참으로 어리석은 행동임을 지적
한다. 이러한 지적은 믿음을 통하여 성령을 받음으로 시작한 갈라디
아 공동체 멤버들이 이제는 육체, 곧 '할례'를 받음으로 율법의 행위
들에 속한 자들처럼 마치려고 하기에, 바울은 이들의 모습이 참으로
어리석음 가운데 있음을 지적한다. 더 나아가 바울은 3장 4절을 통
해, 갈라디아 공동체 멤버들로 하여금 지난날의 그들의 많은 경험들
을 연상시키면서, 그 경험들을 헛된 것으로 만들 수 있는 위기의 상
황에 그들이 놓여 있음을 인식시키고자 한다. 이를 통해, 바울은 공
동체의 멤버들이 조속히 지난 많은 경험들을 유익한 상태로 유지할
수 있는 길에 서도록 독려한다. 이와 아울러 바울은 3장 5절에서,
성령을 부여하시고 뒤나미스들을 행하시는 이의 일이 율법의 행위
들에서 파생된 것이 아니라 '믿음의 들음'을 통해 가능했다는 것을
일깨워줌으로 다시금 그들이 할례나 율법의 행위들의 자리가 아닌
믿음의 자리에 확고하게 서도록 권면한다.

IV. 결어

바울은 갈라디아 크리스천 교회공동체가 대적자들의 가르침으로 인하여 분열된 교회의 상황을 직시하고, 성령의 경험과 성령의 약속을 언급하였다. 이러한 언급을 통해서, 바울은 갈라디아 공동체 내의 세 그룹 곧, 바울이 제시한 복음에 여전히 서 있는 그룹과 다른 복음에 동조되어 대적자들의 편에 선 그룹, 그리고 바울이 전한 '그리스도의 복음'과 거짓된 복음인 '다른 복음'의 중간 지대에서 혼돈과 선택의 기로에 서 있는 그룹들이 서로 다투는 상황을 화해의 상황으로 전환하려 했던 것으로 보인다. 무엇보다도 다른 복음의 중심 자리에 서 있는 그룹과 동요되어 흔들리고 있는 그룹 모두에게 성령을 받았던 과거의 경험들을 상기시키려고 했다. 달리 표현하면, 바울은 그들이 모두 이미 그 때 아브라함의 복과 성령의 약속을 받는 자리에 서 있었다는 것을 일깨워주려 했다. 바울은 현재 할례를 비롯한 율법의 행위들을 통하여 아브라함의 복의 대상이 되려는 대상들에게 그들이 거짓된 다른 복음에 미혹되어 저주의 자리로 갔거나 동요하는 가운데, 다른 복음으로 기울어가고 있음을 경고하려 했다. 미혹되어 저주의 자리로 간 대상들은 돌아오고, 동요 가운데 있는 자들은 확고하게 다시 세움을 입도록 그 확고한 근거들을 갖도록 도우려 했다. 바울은 갈라디아 공동체의 크리스천들이 지금은 서로 다른 자리에 서 있는 것을 보고 있지만, 그들이 과거에는 저주의 자리에 함께 있었고 이미 저주의 자리에서 아브라함의 복과 성령의 약속의 자리에 함께 서 있었으며, 지금 분리되어 있다는 것을 상기시키고 있다. 무엇보다도 바울이 갈라디아서 3장을 비롯한 갈라디아서의 전반적인 논증을 시도하는 것은 갈라디아 공동체의 현재적 상황이 어리석게도 대적자들의 가르침에 넘어가 서로 분리되어 다른 자리에 놓이게 되었거나 놓일 위기에 처하여 있다는 것을 폭로하는 데 있다. 이러한 폭로와 아울러, 바울이 논증의 목표로 삼는 것은 공동체 멤버들이 다시금 이전에 이미 이룩한 아브라함의 복과 성령의 약속의 대상의 자리로 회귀하여 다른 복음이 아닌, 바울이 전한 '그리스도의 복음'의 자리에 설 수 있게 하려는 데 있었다. 따라서 바울이 갈라디아서 3장에서 율법의 저주와 아브라함의 복뿐만 아니라 '성령의 약속'을 함께 언급하는 것은 갈라디아 크리스천들의 공존과 더불어 믿음에 속한 자의 반열에 모두를 하나로 묶기 위한 목적으로 사용하고 있는 것이라고 할 수 있다. 아드 폰테스, 다시 '그리스도의 복음'(*to euangelion tou christou*, 갈 1:7)으로!

히브리서의 산출 배경에 대한 소고
— 히 10:32-39, 12:1-7, 13:9-14를 중심으로

유은걸 | 호서대학교 교수

I. 머리말

본 소론의 목적은 히브리서 본문 안의 몇몇 구절들을 주석함으로
서 논란이 되고 있는 독자들의 정황을 규명하는 데 있다. 히브리서
에 대한 연구들은 이 문서의 배후에 있는 난관의 정체를 크게 로마
를 위시한 외부 정치 세력의 핍박으로 보는 부류1)와 유대교와의 관
계 가운데 독자들의 정체감이 희석되며 흔들리고 있는 것으로 보는
부류2) 양자로 구분될 수 있다. 전자를 "정치적인 요인"으로 규정한
다면, 후자는 소위 "신학적인 요인"으로 명명할 수 있을 것이다. 이

---

1) V. C. Pfitzner, *Hebrews* (Nashiville, TN: Abingdon Press, 1997), 28; P.
   Ellingworth, *The Epistle to the Hebrews* (Grand Rapids, MI: Eerdmans, 1993),
   79.
2) 대표적으로 B. Lindars, *Theology of Hebrews* (Cambridge: The University Press,
   1991), 4.

에 대한 논의가 한쪽 입장을 지원하기 위해 반드시 다른 입장을 배제할 필요는 없지만3) 과연 히브리서의 기자가 이토록 고도로 신학적인 문건을 작성하게 된 배경에는 어떠한 문제가 도사리고 있는가? 여기에서는 히브리서의 저술 배경을 정치적인 요인과 신학적 요인으로 보는 근거를 각각 비판적으로 고찰하고 본문을 주석함으로서 필자의 입장을 밝히려 한다.

II. 정치적 요인으로 보는 논거

무엇에 대한 '인내'인가?

독자들의 문제 상황을 외부적인 박해로 보는 시각들은 12:32 이하 등지에서 발견되는 '인내'라는 단어에 주목한다.4) 그러나 과연 12:1에 나오는 '인내'라는 단어는 핍박에 대한 '인내'라고 할 수 있는가? 먼저 12:1-12에서 혼재되어 나오는 '인내'의 주체와 그 내용에 대해서 구분해서 이해해야 할 필요가 있다. 그 이유는 그리스도가

---

3) 후술하겠지만, 1세기에 로마의 정치적인 '입김'은 지중해 연안 어디에나 미치는 것이었고 이는 신약 성경 쓴문서들에 명시적으로, 혹은 암시적으로 반영되어 있는 것이다(H. C. Kee/서중석,『신약성서 이해』(병천: 한국신학연구소, 1990), 460). 따라서 정치적인 박해의 가능성 자체를 부인하는 것은 지나치게 단정적이라고 할 수 있다. 그러나 문제는 히브리서의 독자들이 극심한 박해를 받고 '있는' 상황이었다면 극한의 환난에 처해 있는 독자를 위해 과연 저자가 정작 로마에 대한 언급은 철저히 외면한 채 유대교에 대한 문제만을 그토록 첨예하게 다룰 수 있었겠느냐라는 점이다.

4) P. Ellingworth, *The Epistle to the Hebrews*, 639.

몸소 행하신 '인내'는 독자들에게 일종의 모델로 제시된 것이지 동일한 핍박의 정황에서 동일한 인내를 하도록 요구하고 있는 것이 아니기 때문이다. 이것은 12:1-3의 문장 구조를 살펴보면 분명해 진다. 예수를 바라보고(ἀφορῶντες) 생각해야(ἀναλογίσασθ) 하는 이유는 목적을 나타내는 ἵνα절이 이끌고 있다. 바로 '지쳐서 낙담하지 않기 위해'(ἵνα μὴ κάμητε ταῖς ψυχαῖς ὑμῶν ἐκλυόμενοι) 그렇게 해야 한다는 것이다. 바로 이러한 목적을 위해 '순교'나 '인내'하라고 저자가 말하는 것이라 보기는 어려울 것이다.

따라서 12:4의 "너희가 죄와 싸우되 아직 피흘리기까지는 대항치 아니하고"라는 말도 현재 박해의 정황 가운데 인내를 촉구하는 구절이 아니라 "너희가 아직은 예수께서 하신 것처럼, (다가올) 박해에 순교한 것은 아니지 않느냐"5)라고 타이르고 있는 것이다. 이러한 이해는 이어지는 5절의 내용과도 문맥상의 조화를 이룬다. "아들을 대하듯이 여러분에게 건네시는 위로(παράκλησις)를 여러분은 잊었습니다." 곧 예수의 대속 행위를 바라볼 때마다 피곤하거나 낙심케 되는 일이 없다(12:3)는 것이 위로의 구체적인 내용이며, 이것은 수신자들이 감당하고 있는 어려움의 내용을 궁극적인 예수의 죽음과 대비시킴으로써 설득의 효과를 높이고 있는 것이다. 만일 4절을 현재의 박해에 예수처럼 순교할 것을 강권하는 것으로 이해하면 중대한 난관에 빠지게 된다. 왜냐하면 4절의 '순교의 요구'가, 5절에서 하나님의 '위로' 및 6절에서는 하나님의 '교육'(παιδεία)이 되기 때문이다. 결국 죄에 대해 싸우는 너희는 (예수처럼) 피를 흘리기까지 애쓴 것은

---

5) 이 순교는 미래에 다가올 박해 상황을 상정한 것으로 생각된다.

아니니[6] 현실의 어려움에 피곤하여 낙심치 않기 위해서는 예수를 생각하라는 권고로 풀이된다.

그러나 히브리서 본문 안에는 이러한 박해의 정황이라고 할 수 없는 중요한 단서가 있다. 바로 11:35-38에는 과거에 수신자들이 경험했던 고난을 언급하고 있는데, 이것은 박해의 전형적인 사례라고 할 수 있는 '악형'(11:35), '희롱', '채찍질', '투옥'(36), '돌로 치는 것', '톱으로 치는 것', '시험', '칼로 죽는 것', '떠돌아 다님'(37) 등으로 예시된다. 그러나 이 같은 사례들에 대해 히브리서 기자는 결정적으로 호의적인 진술을 하지 않는다. "이 사람들이 다 믿음으로 말미암아 증거를 받았으나 약속을 받지 못하였으니"(11:39). 이들이 예수를 알지 못해 약속을 받지 못한 것이라는 설명으로는 부족하다. 왜냐하면 예수를 통한 약속의 중요성을 부각시키기 위해서는 이 핍박의 언급을 생략하더라도, 11장 전체에서 예시하고 있는 수많은 실례들로 이미 충분하기 때문이다.[7] 문제는 만일 독자들이 핍박을 받아 독자들이 와해될 정도로 위기를 맞고 있는 상황이라면, 그들이 당하고 있는 것과 정확하게 일치하는 예를 들며 그 시련의 의의를 격하시킬 수 있겠는가 하는 점이다.[8] 즉 이들이 이 같은 박해를 지

---

6) F. F. Bruce, *The Epistle to the Hebrews* (Grand Rapids, MI: Eerdmans, 1990), 342. 브루스는 이 비교 대상이 그리스도 이외에도 11장에 나오는 위인들이 "율법을 위해서 죽음의 고문을 당하기까지 저항했다"는 것일 가능성을 제기한다.

7) 피츠너는 이 문제를 해결하기 위해서 '약속'의 의미를 '고통'(suffering)에 대한 보답으로 보는데, 이러한 견해는 본문상의 근거를 전혀 얻지 못한다. V. C. Pfitzner, *Hebrews*, 152. 이에 대한 필자의 대안은 후술한다.

8) 11:39은 "이들이 증거를 받았지만 '여러분이 핍박을 견디는 것과는 달리' 약속을 얻지는 못했습니다"라고 되어 있지 않다. 만일 이들이 감내한 '핍박'의 결과와 독자들의 그것을 저자가 비교하려 한 것이었다면, 이 항목은 본 서신의 근본적인 목적을 다루는 것이기 때문에, 비교의 대상과 기준을 반드시 언급했어야 할 것

금 받고 있다면 현재 상황과 정확한 상응을 이루는 옛 고난의 사례에 대해서 '약속을 받지 못했다'고 말하는 것은 부적절하다.

기본적으로 가장 두려운 로마의 박해를 피해 유대교로 도망간 사람들에게 유대교의 열등함을 부각시키면서, 진정으로 문제가 되고 있는 정치적 박해[9])에 대해서는 단지 '인내하라'고 말할 수 있는가? 그렇다면 왜 정치적 박해를 '인내해야' 하는지 그것에 대한 설명이 더욱더 필요했을 것이다. '인내'라는 단어는 본문 상에 산발적으로 등장한다(10:36; 12:1; 12:7). 수신자의 입장에서 보면 별다른 상황의 제시도 없이 '인내'라는 말을 산발적으로 언급하는 것을, 지배적인 주제인 유대교보다 우월한 기독교라는 관점하에 이해하게 되는 것은 자명하다고 할 수 있다. 다시 말해서 "너희의 신앙의 도리가 유대교보다는 우월하다"는 주장과 함께 "로마의 세력은 그저 '인내'하라"고 저자가 말하고 있다는 추정[10])은 해석자의 입장에서 본문을 과도하게 강요하고 있다는 비판을 면키 어렵다. 왜냐하면 '인내'라는 언급 자체가 이들의 추론 근거이지, 핍박의 정황에서 '인내하라'는 권고가 전혀 아니기 때문이다. 주지하다시피 '인내'라는 것은 다양한 상황에 대해 요구될 수 있는 것이다. 단순히 관념적인 갈등 및 수치심, 소외감에서부터 육신적인 고통에 이르기까지, 그 인내해야 할

....

이다.
9) 10:34나 13:3의 '옥에 갇힌 자'를 생각하라는 권고는 로마에 핍박으로 인한 것이라고 볼 근거가 없다. 왜냐하면 감옥을 찾아가 돌보는 행위는 랍비 문헌에서 중요한 덕목으로 취급되고 있기 때문이다. S. T. Lachs, *A Rabbinic Commentary on the New Testament* (Hoboken: Ktav Publishing House, 1987), p. 394. 오히려 이것은 독자에게 '사랑'과 '선행'을 권고한 맥락(10:24; 13:1-2)에서 당부하는 것으로 보는 편이 자연스럽다.
10) V. C. Pfitzner, *Hebrews*, 152.

상황은 주관적일 수 있기 때문에 이 단어로부터 그 정황을 추출(抽出)해내는 것은 왜곡의 소지가 너무 크다고 할 수 있겠다.

그렇다면 본문의 지원을 받는바 저자가 언급하는 '인내'란 어떤 것을 의미하는가? 저자가 강변하는 '인내'는 '훈련'을 위한 것이다 (12:7). 독자들은 디아스포라 유대인으로서 속죄 의식에 참예할 수 없는 박탈감을 느끼고 있는데 이것은 평강의 열매를 맺기 위해 (12:11) 자녀로서 응당 감내해야 하는 친아버지의 '교육'인 것이다 (12:8).

III. 신학적 요인으로 보는 논거[11]

'제사'가 아닌 '사람'의 대비

히브리서가 유대교에 대한 기독교의 우위를 주장하고 있다면 어떤 문제에 대해 누구를 향한 공격이라고 할 수 있는가? 히브리서 전체는 유대교인들에 대한 비난보다는 유대교의 종교적 열등함을 논증하는데 집중하고 있음을 보인다. 그러나 13:9 이하를 보면 저자의 비교가 단지 종교적인 것이 아니라 기독교인보다 유리한 종교적 입지를 누리고 있는 유대교인들에 대한 암시가 드러남을 알 수 있다.

---

11) 히브리서 전체에서 누누이 되풀이되고 있는 '유대교'와 '기독교'의 제사적 비교를 여기서 일일이 언급하지는 않을 것이다. 13:9-14는 제사 기능에 대한 '신학적' 비교가 아니라 유대교와 기독교 안의 '사람'의 비교라는 측면에서 이전의 논의와는 차이가 있다.

13:10에서 "우리에게 제단이 있는데 그 위에 있는 제물은 장막에서 섬기는 자들이 이 제단에서 먹을 권이 없나니"라고 말하고 있는 것에서 나타나듯이 유대교인들과 독자들 사이에 미묘한 대조를 나타내고 있다. 물론 이 문제는 표면적으로 유대교 제사 규례에 관한 대비이겠으나 행간의 의미는 유대교인들과의 관계하에 놓여 있는 독자들의 입지를 언급하고 있는 것으로 볼 수 있다.

유대교의 대제사장은 짐승의 살은 영문 밖에서 불사르고 그 피를 가지고 성소에 들어갔으나(13:11) 독자들은 예수가 영문 밖으로 나갔듯이 영문 밖으로 나아가야 한다(13:13). 이것은 장막의 안과 밖으로 상징되는 유대교와 기독교의 경계 구분이라고 할 수 있으며 여기에서 저자는 유대교와의 단절을 주장하고 있다. 결국 13:10은 유대교에 대하여 소외감을 느끼고 있는 독자들의 입지를 세워주려는 뉘앙스가 있다.

13장 9절이 중요하다. "마음은 은혜로써 굳게 함이 아름답고 식물(食物, βρώμασιν)로써 할 것이 아니니 식물로 말미암아 행한 자는 유익을 얻지 못하였느니라." 이것은 12:16에서 "음행하는 자와 혹한 그릇 식물(βρώσεως)을 위하여 장자의 명분을 판 에서와 같이 망령된 자가 있을까 두려워하라"는 권고 및 9:10의 "먹고 마시는 것(βρώμασιν καὶ πόμασιν)과 여러 가지 씻는 것과 함께 육체의 예법"과 그 맥을 같이하고 있다. 그렇다면 저자가 말하고 있는 '식물'(βρῶμα)이란 무엇인가?

브루스(F. F. Bruce)는 이 '식물'이 "기독교가 공허한 것으로 여기는 외형적 규례로 열거한 것"이라고 분석한다.[12] 그러나 브루스는 이 '식물'이 제사적 맥락에서 쓰이는바, 유대교인과의 관계 가운데 소외를 느끼는 기독교인의 입지를 미묘하게 반영하는 것이라는 점을 간파하지 못했다. 이는 이어지는 10절에서 장막 안에서 섬기는 '자'들은 먹을 권리(ἐξουσίαν)가 없는 다른 제단이 있다고 말하는 점에서 드러난다. 다시 말해 제사적인 측면에서 소외감을 느낄 수밖에 없는 독자들에게 다른 대리 체계로서 기독교 제사의 의미를 밝혀줌으로써 그들의 입지를 보강해주는 대목이라 할 수 있다. 그러나 이와 같은 '식물'13) 정도에 현혹되어 에서처럼 경거망동하는 사람(12:16)은 눈물을 흘리며 회개해도 기업을 받지 못한다(12:17). 결국 히브리서 기자는 유대교에 현혹되는 것에 대해, 그러지 않을 수 있는 근거가 독자들에게 충분히 있음을 논증하고(6:4; 10:26a), 그럼에도 불구하고 유대교로 회귀한다면 이에 대한 준엄한 심판이 있을 것으로 경고하는 것(6:6ff.; 10:31)이며, 이는 히브리서의 기조에 잘 부합된다.

레인(W. L. Lane)은 독자들의 문제가 오랜 시간의 경과로 인한 무기력으로 본다.14) 그러나 이러한 추정은 히브리서 전체에서 그토록 집요하게 강조되는 기독교와 유대교의 비교의 원인에 대해서 설명하지 못한다. 유대교보다 우월한 기독교의 속죄 기능이 '무기력'이나 '파루시아의 지연'15)에 대한 해답이 될 수 없기 때문이다.

여기서 인내가 무엇에 해당하는 것인가를 알기 위해 10:36을 살

---

12) F. F. Bruce, *Hebrews,* p. 377.
13) 만일 에서가 현혹되었다는 것이 일반적인 의미의 '음식'이었다면 이에 부합되는 가장 적절한 단어, τροφή가 사용되었을 것이다. 실제로 히브리서 기자는 5:12, 14에서는 τροφή를 사용하고 있다.
14) W. L. Lane, *Hebrews 1-8* WBC 47A (Dallas: Word Books, 1991), 1xi.
15) Ibid., 1xii.

펴보자. "너희에게 인내가 필요함은 너희가 하나님의 뜻을 행한 후에 약속을 받게 받기 위함이라." 그렇다면 '인내'의 목적이 되는 '하나님의 뜻'(τὸ θέλημα τοῦ θεοῦ)은 무엇인가? '하나님의 뜻'을 지칭하는 θέλημα라는 단어는 히브리서에 이곳 10:36을 포함하여 모두 5회 등장한다(10:7, 10:9, 10:10, 10:36, 13:21). 이 중 일반적인 인사문으로 쓰이기 때문에 그 의미를 구체적으로 밝히기 어려운 13:21을 제외하면 10장의 용례는 특수한 경우에 국한되고 있음을 알 수 있다. 10:7에서 "하나님의 뜻을 행하러 왔다"는 구약의 인용이 있은 후, 10:9은 다음과 같이 되어 있다. "그 후에 말씀하시기를 보시옵소서. 내가 하나님의 뜻을 행하러 왔나이다 하셨으니, 그 첫 것을 폐하심은 둘째 것을 세우려 하심이니라." 하나님의 뜻인 것으로 보도되는바, 이 '첫 것을 폐한다'는 것은 유대교 율법의 제사 규례에 대한 것임이 명백하다고 할 수 있다. 왜냐하면 10:8과 10:10에서 이것이 설명, 확인되고 있기 때문이다. "이 뜻을 좇아 옛 그리스도의 몸을 단번에 드리심으로 말미암아 우리가 거룩함을 얻었노라"(10:10).

10:36은 이 '하나님의 뜻'을 다루는 단락(10:7-10)과 근접한 문맥에서 사용되고 있으므로 동일한 맥락으로 이해될 개연성이 높다고 하겠다. 즉 율법의 한계를 집중적으로 논증하는 중에 제사법을 철폐하는 것이 '하나님의 뜻'이라고 확인했다면 바로 밑에서 다시 그 말을 사용할 때 독자들은 자신들의 정황에 비추어 이 말을 동일하게 이해했을 것이다.

최소한 10:32 이하에서 '인내'의 목적이 되는 제사 규례의 철폐라고 보는 견해는 단순히 '인내'라는 단어에 근거하여 '정치적 핍박'에 인내하라는 것으로 보는 추정보다 본문상의 근거를 더 확보한다고 볼 수 있다. 결국 10:34에서 '과거 박해를 이긴 일을 회상하라'는 권고의 내용과, 현재 담대함(παρρησίαν)을 가지라는 권고는 동일한 내용이 아닐 가능성이 높다. 즉 과거의 박해를 이긴 것을 생각하며 상이한 현재의 어려움에 대해서도 '담대함'을 가지라고 말하는 것으로 이해할 근거가 마련된다.

기본적으로 히브리서 기자는 독자들이 갖고 있는 현재의 어려움을, 이길 수 있는 것으로 상정한다(2:2). 이것을 이기지 못하고 유대교로 이끌리는 자는 하나님의 은혜에 이르지(ὑστερῶν) 못하는 자이다(12:15). 이에 대한 근거는 이 교회가 과거에 혹독한 박해를 겪었다는 것이다.[16] 이것은 "하물며 너희가 현재의 어려움을 극복할 수 없겠느냐"라는 논조로 서술되고 있다(10:32, 34). 저자의 시각으로 보면 현재의 어려움은 과거의 핍박보다 극복 못할 만한 것이 아니다. 만일 현재 받고 있는 '훈련'(παιδεία, 12:7)이 과거에 받았던 것과 동일한 정치적 박해라면, 저자는 "현재의 어려움이야 이미 경험한 것이 아니냐"라는 논리를 전개했을 것이다. 핍박 상황에서 저자가 현재의 박해를 이기도록 권고할 수 있는 가장 적절한 사례를 알고 있음에도 불구하고 그것을 직접 예시하며 설득하지 않는다는 것은 납득하기 어렵다.

---

16) H. Hegermann, *Der Brief an die Hebräer* (Berlin: Evangelische Verlag-sanstalt, 1988), S. 218. 헤거만은 '과거의' 박해는 결코 54년경의 네로 박해일 수는 없다고 본다. 히브리서의 저작 시기에 대한 논의는 아직 확정된 것이 아니기 때문에 독자들이 경험한 이 박해의 시기가 언제인지를 단언할 수는 없지만, 이 '박해'는 과거에 있었던 일이라는 점은 분명하다. 헬라어 동사의 시제가 이를 확증한다.

신약 성서를 연구하는 데 있어 독자들의 정황을 추론하려는 시도가 사회학적인 관점에서 비롯된 것이라고 한다면, 공동체의 대변인으로 이해되는 신약 문서의 저자들의 역할은 짚고 넘어갈 필요가 있다. 격변기에 있는 종교적 공동체에게 필요한 것은, 자신들의 신념과는 다른 현실에 대하여 그 나름대로의 가치체계를 통해서 설명될 수 있는 것이다. 만일 이것을 설명해줄 수 없다면 불안과 혼돈의 현실은 감내할 수 없는 것이 될 것이고 '권위'에 기초한 공동체는 와해될 수밖에 없을 것이다. 티드볼(D. Tidball)은 이에 대하여 다음과 같이 말한다.

　…이것들은 그들이 살고 있는 세계의 의미를 이해하도록 도와주며 그 세계 속에서 의미를 찾도록 도와준다. 그렇게 하지 않으면 그 세계는 혼돈의 상태가 될 것이다. 종교에 있어서 다른 점은 그것의 주제는 가장 궁극적인 문제들에 관계한다는 것이다. … 그리고 삶의 해석에 대한 신비로운 특성과 경외로운 힘을 갖는 어떤 해석과 관계가 있다.[17]

종교적 문헌을 저술하는 한 저자는 독자의 신앙적 지도자의 권위를 강조하는 입장에서(13:7) 독자가 갖고 있는 문제와 세계관에 대해서 설명하고 해석해주어야 한다. 그렇지 않다면 그가 하는 권고 자체가 독자에게 아무런 영향을 줄 수 없을 것이기 때문이다. 따라서 히브리서 저자는 독자들의 가장 근본적인 문제에 답할 필요가 있

17) D. Tidball, 『신약성서 사회학 입문』 (병천: 한국신학연구소, 1993), 194.

었으며 이를 통해 희석되는 독자들의 사회적 세계를 강화시켜주어야 했다. 그렇다면 독자들의 가장 큰 문제 상황은 히브리서의 전면에 두드러지는 '유대교와의 문제'라고 할 수 있다.[18]

공관복음서의 경우는 로마 등 주변과의 관계 아래 위협받고 있는 독자들의 가치체계를 보강하기 위해 이에 대한 현실을 해명해주고 있다(막 13:9-13, 마 23:34) 극심한 박해로 인해 비난의 화살을 돌릴 수 없던 계시록의 경우는 그 언어가 묵시문학적인 성격을 띤 채 더욱 신랄한 심판을 선포한다(계 15-18장).[19] 다소 다른 양상이지만 누가-행전의 경우는 '호교론적'인 측면에서 로마에 대한 변증의 기능을 담당하고 있다.[20] 결국 긍정적이거나 부정적으로 작용하건 간에 로마의 세력에 대한 여러 암시는 신약 시대의 문서들에 반영되어 있다고 할 수 있으나 히브리서는 오히려 '로마의 영향'이 현재적인 사안(事案)이 되고 있다는 인상은 제한된다. 이는 철저히 종교적인 색채로 채색되고 있는바, 정치적 박해를 극복한 이들에게 또 다른 문제가 제기되는 것(10:34)으로 볼 수 있다.

위의 내용을 도식화하면 다음과 같다.

---

18) 무엇보다도 만일 로마의 정치적 박해가 문제되고 있는 것이라면, 최소한 이에 대한 간접적 언급이라도 발견할 수 있어야 할 것인데, 히브리서 어디에도 '로마'에 대한 암시는 나타나지 않는다.
19) 로마에 대해서 직접적인 멸망을 선포할 수 없었던 계시록의 저자는 '바벨론'이라는 멸망한 과거의 강국을 들어 그 운명에 대해서 말한다(18:2).
20) 본 소론의 범위를 벗어나는 논의일 수 있지만, 행 21:31f, 23:26이하, 25:8, 18, 25, 등은 로마가 바울을 비호하는 듯한 언급이나 로마 재판의 형평성을 부각시키는 언급 등으로 볼 수 있다.

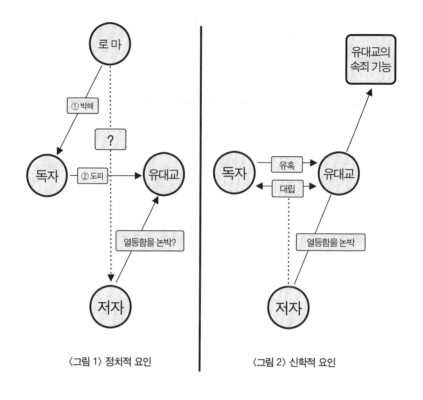

〈그림 1〉 정치적 요인   〈그림 2〉 신학적 요인

〈그림 1〉에서 독자들의 문제는 실질적으로 두 가지 요인에 의한 것이라고 볼 수 있다. 곧 제1원인은 로마가 히브리서의 독자들을 **박해**한 것이고, 제2원인은 그로 인해 독자들이 박해를 피해 유대교로 **도피**하게 되었다는 것이다. 저자의 입장에서 보면 근본적인 교회의 위기를 촉발시킨 것은 제2원인보다는 제1원인이라고 이해하는 것이 타당하다. 왜냐하면 제2원인은 문제의 직접적인 동인(動因)이 아니라 제1원인의 결과일 뿐이기 때문이다. 다시 말해서 이런 구도 아래 유대교는 기독교의 위기를 나서서 조장한 것이 아니며 정작 공격해야 할 대상은 로마일 것이다. 그러나 "?"표로 표시된바, 로마에 대

한 언급 및 암시는 히브리서의 어디에도 나타나지 않는다. 이것은 저자가 독자들의 신앙을 촉구하며 그 세계관을 설명해줘야 하는 '지도자'라는 점을 상기할 때, 거의 설득력을 가지지 못하는 전망이라고 할 수 있다.

〈그림 2〉에서 독자들의 문제는 유대교의 제사적 기능이 그리스도교의 그것보다 우월하다는 신학적 관념에서 유래되었다. 그러나 저자는 독자들의 출신 배경이기도 한 유대교 자체를 부정하거나 완전한 단절을 요구할 수는 없었을 것이다. 기독교에게 문제가 되는 것은 유대교의 '속죄기능'이지 '유대교' 자체는 아니었다. 저자는 유대교의 여러 규례가 불완전하다는 것을 여러 차례 언급한다. 그러나 그 열등함의 진정한 지시 대상은 유대교의 '열등한' 속죄 기능에 해당한다. 결국 히브리서의 전체를 장악하고 있는 '기독교-유대교'의 집요한 대비는 독자들의 가장 첨예한 문제에 대해 저자가 답변해주는 양상을 나타내는 것이라고 생각할 수 있다.

IV. 맺음말

기존의 연구에서는 히브리서에 대한 기본적인 자료의 부족으로 인해 그 정황에 대한 면밀한 논구가 이루어지지 않았다.[21] 본 소론

---

21) 복음서나 바울 서신과는 달리, 히브리서는 연대나 저자, 기록 장소, 비교할 만한 문헌 등 기초적인 정보가 부재하기 때문에 독자들의 정황을 규명하려는 관점에서 연구되지 못하고, 이와 유리된 채 저작 목적에 집중해온 경향이 있다. 이에 대해서 P. Ellingworth, *Hebrews*, 78.

은 가능성이 더 적은 가설을 우선적으로 배제하는 데 초점을 맞추어, 히브리서의 독자들의 정황을 정치적인 것보다 신학적인 것으로 보는 견해를 지원한다. 히브리서에 등장하는 '인내'는 핍박을 견뎌내라는 개념의 말이 아니다. 이 말은 유대교와의 관계 속에서 스스로의 입지에 왜소함과 소외감을 느끼고 있는 독자들에게 이 현실을 견뎌내라는 권고이다. 이 권고를 하기 위해 저자는 두 가지 차원의 논증을 하고 있다. 1) 현재적인 측면으로서 지금 너희가 현혹되고 있는 유대교적 제사 규례는 예수의 희생 제사보다 열등한 것이다. 또 2) 미래적인 측면으로서 너희는 그들이 가지고 있지 않는 보상의 '약속'을 가지고 있다(3:24; 4:1; 11:39). 히브리서 기자는 유대교와의 관계 가운데 그리스도인으로서 명확한 정체감을 갖지 못한 독자들에게 그리스도 제사의 의미를 재확인해주고 있다.

물론 히브리서 안에 다가오는 미래의 정치적 박해의 여운을 완전히 배제할 수는 없다. 그러나 이러한 요소들을 교회의 현재 상황에 팽배해 있는 주요 위기라고 할 수는 없으며, 저자로 하여금 고도로 정제된 신학적 문서를 작성하게 한 근본적 요인이라고 주장할 수도 없다. 요컨대 히브리서의 저술 동기는 신학적인 문제에 답변하기 위한 목적이 지배적이었다고 보는 것이 타당할 것이다.

순교자의 탄원기도(계 6:9-11)에 대한 전승사적 연구

박두환 | 나사렛대학교 교수

I. 들어가는 말

믿음의 사람들은 매 시기마다 기도를 통해서 하나님과 영적 소통을 해 왔다. 그들은 자신과 공동체의 삶과 사역을 위해 하나님과 그리스도에게 기도한다. 하나님은 과거와 현재뿐 아니라 미래에도 기도를 통한 소통을 이어가신다. 어렵고 힘든 상황이든 만족스럽고 평안한 상황이든 기도는 그들이 자신의 실존을 극복하여 믿음에 이르게 한다.

기도는 또한 하나님 나라의 운동을 실현시키는 핵심 요소 가운데 하나이다. 초기부터 공동체는 그들이 직면하고 있는 역사적–신앙적 실존을 공동체 내의 기도를 통해 해결하고 극복해갈 수 있었다.

---

* 본 논문은 2014년 가을에 출간된 「신학사상」 166집에 실렸던 논문을 기본으로 삼고 있다.

공동체 기도에 반영되는 역사적-신앙적 실존에는 공동체 내의 성도들의 삶과 신앙이 담겨 있다. 그 당시 공동체의 선교 방식 중 하나는 예배를 드리는 것인데, 이런 예배에서 행해지는 기도와 말씀 선포는 그 당시의 하나님 나라 운동을 이해할 수 있는 중요한 요소가 된다.

요한계시록 연구에 있어서 우리가 극복해야 할 몇 가지 문제들이 있는데 그것은 바로 역사적 편중성과 해석 방법의 획일화이다. 역사적 편중성이란 요한계시록을 과거와 현재 그리고 미래 가운데 한 시기에 편향시켜 해석하려는 경향으로 지극히 획일화된 역사관에 머물게 한다. 이런 편향성은 통시적 해석의 연속성을 상실하게 한다. 따라서 역사적 편향성은 성서 해석을 위험에 처하게 할 수 있다. 왜냐하면 성도들과 천사들의 많은 찬송과 기도를 담고 있는 요한계시록은 그 당시의 현재와 미래를 주목하기 때문이다.

요한계시록의 독특한 기도는 소위 '순교자의 기도'(Klage der Märtyrer)로 불리는데, 이 기도는 그 당시 묵시적 실존에 놓인 공동체에서 드리던 중보기도로서 특별히 그 신학적 의미는 매우 특별하다. 전승사적으로 볼 때 이런 기도는 구약성서와 신구약 중간기 시대에서도 종종 발견된다. 필자는 이런 전승사적 의미를 통해 요한계시록 본문에 담고 있는 신학적 의미를 연구할 것이다.

II. "순교자의 탄원 기도"의 전승사적 배경

이런 기도는 전승사적으로 볼 때 구약성서와 신구약 중간기 그리고 신약성서에서 전반에 걸쳐 나타나고 있다. 먼저 이런 묵시적 기도는 구약성서와도 깊은 관련을 맺고 있다. 시편기자들과 탄원의 기도를 하는 다른 저자들은 직접 저주를 언급하진 않지만 하나님의 공의가 실현되도록 기도하고 있다. 저주라는 개념은 불의에 맞서는 정의를 표현하는 합법적인 방책으로 고대 사회에서 매우 중요한 의미를 표현하였고 또한 다양한 상황에서 폭넓게 사용되었으나 합법적인 저주와 비합법적인 저주 사이의 명확한 구분이 존재했다. 구약성서에서 의인들이 죽고 희생될 때, 불의와 정의 간의 모순적인 상황에서 전형적으로 저주에 대한 기도가 나타난다.

묵시적 시대라고 말할 수 있는 신구약 중간기에는 이러한 기도는 어렵지 않게 발견된다. 요한계시록 6장 9-11절에 나오는 순교자의 탄원 기도는 유대교 묵시 문헌에서 나오는 복수를 비는 순교자의 탄원 기도와 밀접한 관계를 갖는다. 대표적인 본문들은 에티오피아 에녹서 8:35 이하; 47장 4절; 102-104장; 5:21-6:35; 제2에스라 3:1-5:20; 6:36-9:26; 9:27-10:59; 11-12장; 13장; 14장; 제4에스라 35-37 등이다.

에녹서신 102-104장은 죽은 자들의 영혼들이 마지막 심판에서 맞이할 운명에 대해서만이 아니라, 지금 세계 안에서 발생하는 약자들의 억울한 죽음에 대해서도 언급한다.[1] 에녹서의 저자는 자신의 글에서 '의인들의 영혼들'이라는 칭호를 사용하여(102:4),[2] 묵시적 고난과 죽음의 위기에 있는 의로운 자들을 부르고 있다. 그리고 그

---

1) Paul Hoffmann, *Die Toten in Christus. Eine religionsgeschichtliche und exegetische Untersuchung zur paulinischen Eschatologie* (Münster: Verlag Aschendorff, 1966), 124.
2) 이병학, "유대묵시문학과 신약성서 - 에녹과 예수," 「신약논단」 19권 제2호 (2012년 여름): 361-64.

는 이 호칭을 또다시 "정의 속에서 죽은 영혼"(102:4)으로 규정하고 있다. 그래서 이들은 하나님의 정의 때문에 죽어간 의로운 사람들임을 알 수 있다. 여기서 우리는 죽은 자들이 경험한 쓰라린 현실과 산 자들이 겪고 있는 불의한 현실을 함께 볼 수 있다.[3] 그는 이들에게 슬퍼하지 말 것을 촉구하고 있다. 저들의 슬픔과 고통의 규모를 "세올 안으로 내려갔다"(102:5)나 "적절한 보상을 받지 못했다"(102:5) 그리고 "저주의 시대와 재앙의 시대"(102:6)와 같은 표현을 통해 더욱 극대화시키고 있다.[4]

죄인들은 약자들의 인권을 유린하고 억압하는 정치적 그리고 경제적 권력자들이다. 이러한 죄인들의 시대는 종결된 것이 아니라 아직도 계속되고 있다. 에녹은 무죄한 자들을 살육한 죄인들의 악행을 비판한다. 죽은 의인들은 생전에 불의를 반대하고 정의를 실천한 자신들의 선함에 대한 보상을 전혀 받지 못했다. 도리어 그들은 박해당하고, 처형당하였다(참조, 95:7; 100:7; 103:15). 그러나 에녹은 죽은 자들에게 희망을 가지라고 권고하고 슬퍼하지 말라고 위로한다.

우리가 주목해야 할 것은 묵시적인 탄원 기도의 특징으로 볼 수 있는 죽은 영혼들의 진술이다. 묵시문학에서 이런 탄원 기도는 단순히 형상적인 상징인가? 아니면 확실한 객관적 진술을 내포하고 있는 것일까? 이들의 진술내용은 103장 9후반절-15절에서 확인할 수

---

3) Urlich B. Müller, *Prophetie und Predigt im Neuen Testament. Formgeschichtliche Untersuchung zur urchristlichen Prophetie* (Gütersloh: Gütersloher Verlagshaus Mohn, 1972), 219.
4) 이병학, "추모 위령제와 항의로서의 예배,"「신학논단」75권 (2014년): 167-208; 이병학, "폭력의 희생자들에 대한 기억과 정의 실천 - 요한계시록 6:9-11,"「세계와 선교」(2014): 17-29.

있다: 1) 의인들은 고생과 어려움으로 죽음에 이르게 되었으며 저들의 정신마저 고갈되었다(9후반절-10절). 2) 의인들의 고통과 무력감 회고(11절). 3) 죄인들의 먹이 감이 되고 멍에를 졌지만 조롱당하고 쉬지 못했다(12절). 4) 사법당국으로부터 고발당했고 저들은 의인들의 소리를 듣지 않았다(13절). 5) 사법당국의 협박과 핍박 고발(14절). 6) 사법당국의 공격과 은폐 고발(15절).

죽은 자들의 이러한 자기 진술은 고통, 슬픔, 원한 그리고 분노로 가득하다. 억압자들과 살인자들이 생전에 약자들의 입을 막았던 침묵의 재갈이 이제 부서졌다. 이러한 자기 진술은 억압자들의 은폐된 악행에 대한 폭로이며, 개인적인 전기가 아니라, 폭력의 역사에서 희생된 약자들의 사회사적인 집단적 전기이다.5)

에녹서의 탄원 기도에서 발견할 수 있는 또 다른 특징은 탄원 기도에 대한 에녹의 권면이다. 그 첫 번째 특징은 하나님께 그들의 외침과 기도가 반드시 상달된다는 것이다. 에녹일서 104장 1절에서 에녹은 이런 내용을 묵시적인 방식으로, 즉 하늘과 천사 위대한 자의 영광 등과 같은 것들 표현하고 있다. 그는 그들에게 저들의 기도가 하나님의 보좌 앞에 있는 천사들을 통해 반드시 하나님께 상달될 것이라고 설득하고 강조하기 위해 "맹세한다"는 술어를 사용하고 있다.

두 번째 특징은 저들에게 주어지는 희망과 약속이다. 에녹일서 104장 2절에서 에녹은 저들은 반드시 희망을 가져야 한다고 선언한

---

5) Lee, Byung Hak, *Befreiungserfahrungen von der Schreckensherrschaft des Todes im aethiopischen Henochbuch: Der Vordergrund des Neuen Testaments* (Waltrop: Harmut Spenner, 2005), 183.

다. 왜냐하면 저들이 보낸 묵시적 고난, 즉 악과 곤경을 통한 통한의
세월 속에 있기 때문이다. 그래서 저들에게 희망은 선택이 아니라
승리를 위해 반드시 필요한 것이라고 선언하고 있다. 그리고 저들에
게 다음과 같은 약속이 주어진다. "… 지금 너희는 하늘의 광명처럼
빛날 것이며, 너희들은 보여질 것이다. 그리고 하늘의 창문들이 너
희들을 위하여 열릴 것이다."

세 번째 특징은 기도의 응답과 공의로운 심판이다. 에녹일서 104
장 3-5절의 중심 내용은 너희의 외침은 상달되고 너희를 고통스럽
게 한 모든 자들과 기관들에 임하는 공의로운 심판이 있게 된다는
것이다. 그들의 억울한 죽음은 망각되고 사회에서 배제되고, 그리고
아무도 더 이상 그들을 생각하지 않는다. 그렇지만 그들에게는 그들
이 기억되고 그들의 이름이 불러지는 한 장소가 있다.[6] 그것이 바로
그들을 기억하는 하나님의 보좌가 있는 하늘이다.

제2에스라에서는 일곱 번의 묵시가 나오는데, 첫 번째 묵시(3:1
-5:20)에서 그는 역사를 통해 끊임없이 되풀이되는 죄를 하나님께
탄원하고 천사 우리엘을 통해 해답을 얻는다. 에스라는 두 번째 묵
시(5:21-6:35)를 경험하면서 하나님께 마지막 때에 죽은 자들, 의로
운 자들은 어떻게 될 것인지를 묻고(5:21-22) 역시 천사 우리엘을 통
해(5:31-40) 해답을 얻는다. 세 번째 묵시(6:36-9:26)에서 그는 하나
님의 심판과 구원, 즉 왜 소수의 사람들만 구원을 받고 다수는 징벌
을 받아야만 하는지 탄식하며 질문하고 하나님은 그의 천사를 통해
답하신다. 네 번째 묵시(9:27-10:59)에서 에스겔은 묵시적인 환상,

---

6) Klaus Wengst, *Demut - Soldaritaet der Gedemuetigen* (München: Kaiser
   Verlag, 1987), 57.

즉 한 여인에 관한 환상(9:38-10:27)을 보고 하나님의 공평하심과 공의로우심을 깨닫게 된다. 다섯 번째 묵시(11-12장)에서 그는 또 다른 환상, 즉 사람이 아닌 독수리(11:1b-12:3)를 보고 해석하고 있다. 그 독수리는 장차 오실 메시아로 세상을 공의로 심판하신다. 여섯 번째 묵시(13장)에서 그는 꿈(13:2-13a)을 꾸었는데, 한 남자가 바다에서 올라오는데(13:2-4) 그는 파도와 바람을 일으키며 나타난다. 그를 대적하는 수많은 사람들(13:5)을 섬멸하고 이 세상에서 평화를 사랑하는 자들을 모은다(13:6-12). 마지막 일곱 번째 묵시(14장)에서 그는 임박한 종말 심판을 선언한다.7)

묵시적 기도에 나오는 "죽임을 당한 사람들의 영혼"은 유대교 전승에서 유래된 것이다. 유대교 전승에서 자신들의 무덤 속에서 그들을 억압했던 자들에 대한 복수와 종말의 구원을 외치는 죽임을 당한 의인들이 나온다(시 79:5; 슥 1:2; 제4 에스라 4:3.5 이하; 에티오피아 에녹 22:5-7.12). 하나님의 공의와 복수에 대한 내용 역시 구약성서와 유대교중간기 문헌에서 쉽게 찾아볼 수 있다(시 79:5; 슥 1:12; 제4에스라 4:35 이하; 에티오피아 에녹 22:5-7.12).

이제 우리는 요한계시록의 탄원 기도가 요한계시록 저자가 유일하게 사용하고 있지 않고 철저히 위에서 언급된 것처럼 전승사적인 본문들과 긴밀하게 연관되어 있음을 알 수 있다. 그렇다면 이런 전승사적인 본문들을 저자는 어떤 방식으로 사용하고 있는지가 질문되어야 한다. 신약성서의 유일한 묵시문헌인 요한계시록에서 발견

---

7) 천사무엘, 『구약외경의 이해』(서울: 도서출판 동연, 2011), 237-60; 천사무엘, 『신구약중간시대의 성서해석』(서울: 대한기독교서회, 2014); 마틴 맥나마라/채은하, 『신구약중간시대의 문헌이해』(서울: 이대출판사, 1995), 117-179.

되고 있는 이런 전승사적인 내용이 시사하는 바가 무엇일까? 저자
는 구약성서나 중간사적인 본문에서 함축되어 있는 이스라엘이나
또는 유대교와 관련해서 얻게 되는 신학적 의미에 제한되는가? 그
렇지 않다. 이미 다수의 학자들이 요한계시록의 본문을 유대교의 묵
시문학적 관점으로만 해석하려 하였다.8)

우리가 알아야 할 것은 요한계시록 저자는 이것을 단순히 전달하
는 전승의 전달자가 아닌 전승의 새로운 해석자로서 이 글을 쓰고
있다. 그는 단순한 유대인이나 아니면 유대교의 묵시문학가적인 자
의식으로 이 내용을 기록하지 않고 철저히 그리스도교의 자의식을
가지고 기록하고 있다. 그리스도교적인 자의식과 함께 그는 자신의
시대에 고난과 박해에 빠진 그리스도인들과 교회들을 향해 이 글을
쓰고 있다. 그는 그리스도와 에클레시아를 통한 하나님 나라 운동의
관점에서 이 개념을 새롭게 사용하고 있는 것이다. 따라서 그는 전
승에 새로운 해석자로 간주할 수 있다.

III. 순교자들의 탄원 기도와 묵시공동체의 실존9)

그리스도교적인 이해에 따르면 순교자는 협박이나 사형집행에
도 불구하고 자신의 신앙을 지켰던 사람을 의미한다. 자신이 믿고

---

8) Walter Schmithals, 『불트만의 실존론적 신학』, 변선환 역 (서울: 대한기독교출
   판사, 1983).
9) Wilfrid J. Harrington, O. P., *Revelation* (Minnesota: The Liturgical Press,
   1993), 94-95; Gerhard A. Krodel, *Revelation* (Minneapolis: Augsburg
   Fortress, 1989), 176-78.

있는 신앙으로 인해 피를 흘리지 않은 "신앙고백자"는 순교자와 구별된다. 순교자들과 신앙고백자들은 단순한 희생제물이 아니었다. 로마 정부에 의해 박해를 받았을 때에도 그들은 매우 능동적으로 자신들의 신앙을 증거했다. 목숨을 아끼지 않고 원칙을 신뢰함으로써 그들은 많은 이방인들을 감동시켰다. 순교는 선교의 매우 결정적인 요소이다. 물론 사람들이 순교에 대한 지나친 열정으로 박해자들과 살인자들에게 죽음을 강요하는 극단적인 상황들도 있었다.

여기서 우리는 순교자들의 탄원과 하나님의 설득을 확인할 수 있다. 이들은 초기 그리스도교의 순교자들을 의미하며 이 책이 기록되던 당시의 순교자들의 실존이 반영되어 있다. 시대사적인 배경에 의하면 이들은 하나님의 공동체인 에클레시아와 사탄의 하수인인 로마제국 간의 갈등과 대립을 전제로 하고 있으며, 로마제국의 황제, 즉 도미티안(81-96)은 자신을 신격화하기 위해 조직한 황제 숭배 종교와 사제단을 전면에 내세워 자신의 뜻을 이루려고 하였다. 이러한 음모에 저항하였던 소아시아 지역의 유대인들과 그리스도인들에 대한 그의 폭압적인 탄압10)은 이러한 시대적 상황과 서로 연관성을 가지고 있다.11) 그는 살아 있는 동안에 자기 자신을 신격화하였다. 시인들은 그를 살아 있는 신이라고 찬미하였고, 사람들은 그를 "우리의 주님과 하나님"이라고 불렀다.

요한계시록의 저자와 공동체 구성원은 묵시적 신학자요 묵시적

---

10) U. B. Müller, *Die Offenbarung des Johannes* (Würzbur: Echter Verlag, 1984), 40-42; J. Roloff, *Die Offenbarung des Johannes* (Zürich: Theologischer Verlag, 1987), 16-20.

11) Matthias Rissi, *Die Zeit- und Geschichtsauffassung der Johannesapokalypse* (Zürich: Theologischer Verlag, 1952).

공동체로서 자신들의 실존적 고난과 위기를 회피하거나 도피하지 않고 정면으로 헤쳐나갈 것을 촉구하고 있다. 요한계시록은 초기 그리스도교의 케리그마와 복음을 그 근간으로 삼고 있다. 예수 그리스도의 죽음과 부활과 함께 승천과 재림을 자신의 선포의 중심으로 삼고 있다. 이런 내용을 신학의 중심으로 삼고 있는 요한계시록 공동체는 정통 신학의 기본 내용을 벗어나는 것이 아니다. 이런 신앙 공동체는 자신을 위협하는 골리앗과 같은 엄청난 위기 앞에서 현실과 타협하거나 또는 그 현실을 벗어나지 않고 순교의 신앙으로 그 상황을 관통하고자 했던 묵시적인 신앙인들이었다. 이 세상에 있지만 이들은 다른 사람들과는 전적으로 다른 그런 영적 삶을 구현하고 있는 신앙 공동체였던 것이다. 잘못된 세상을 향해 인내와 순교로 저항하고자 했던 이들에게 필요한 것은 임박해 있는 죽음 뒤에 있는 구원의 희망과 확신이었을 것이다. 그래서 요한계시록 저자는 7장에서 그리스도교 공동체의 구원사를 조망하면서 구원의 희망을 불러일으키고 있다.[12]

IV. 순교자들의 탄원 기도의 신학적 의미

1. 살아 있는 자들을 위한 죽은 자들의 중보기도

요한계시록에 나오는 순교자의 묵시적 기도에서 우리는 묵시문

---

12) 박두환, "요한계시록의 선교신학," 「신학사상」 128권 (2005): 60-90.

헌에서만 볼 수 있는 특이한 사항을 발견하게 된다. 그것은 바로 산 자들의 기도가 아니라 이미 죽은 자들이 드리는 기도라는 것이다. 성서에서 만나게 되는 거의 대부분의 기도는 산 자들이 하나님과 그리스도에게 드리는 기도이다. 그러나 요한계시록 기도는 이미 죽은 자들의 영혼이 하나님께 드리는 기도이다.

요한계시록 저자는 본문 9절에서 그가 보고 있는 영혼들은 산 자들의 영혼이 아니라 "이미 죽임을 당한 자들의 영혼들"이라고 밝히고 있다.[13) 지금 그들의 영이 나타나서 하나님께 기도를 드리려 하고 있다. 또 다른 본문 11절에서 그들은 구원을 상징하는 흰 두루마리를 한 벌씩 받아 입고 있다. 죽은 자들의 영혼은 그들의 고난과 희생에 대한 대가로 하늘의 존재를 상징하는 "흰 두루마리"를 받아 입고 있다. 따라서 이들은 틀림없이 현존하는 사람이 아니라 구원이 완성된 과거의 인물들이다.[14)

왜 요한계시록은 지금 현존하는 공동체의 실존을 위해 이미 죽은 자들을 불러왔으며, 이들의 영혼이 하나님께 탄원을 드리게 하였을까? 본문에서 저자는 요한계시록 공동체가 살아있는 사람들에 의해 위로받을 수 없음을 암시하고 있는 것이다. 이것은 묵시적 공동체의 영적 실존이 깊은 어두움에 사로잡혀있음을 의미한다.[15)

묵시적 실존에 놓은 에클레시아는 산 자들의 역사나 그리스도교

---

13) J. Roloff, *Die Offenbarung des Johannes* (1987), 83; H. Ritt, *Offenbarung des Johannes* (NEB 21) (Würzburg: Echter Verlag, 1986), 45.

14) U. B. Müller, *Die Offenbarung des Johannes* (1984), 170-171; E. S. Fiorenza, *Das Buch der Offenbarung* (Stuttgart Berlin Koeln: Verlag W. Kohlhammer, 1991), 85-86.

15) E. Lohse, *Die Offenbarung des Johannes* (Göttingen: Vandenhoek & Ruprecht, 1993), 49.

의 역사가 아닌 오직 하나님의 도우심으로만 위로를 받는다. 살아 있는 그 어느 누구도 하나님이 세우셨던 초기 에클레시아의 덕망 있는 지도자들의 이름도 여기서는 언급되지 않는다. 제자들 가운데 수제자였던 베드로도 나오지 않고, 이방 선교의 지도자였던 사도 바울도 나오지 않는다. 고린도전서에서 바울이 암시하고 있는 초기 교회의 분열의 중심이 되었던 지도자들의 이름도 나오지 않는다(고전 1:11-12). 그리스도와 게바, 바울과 아볼로 역시 등장하지 않는다. 그분은 지금 현존하는 공동체를 위로하기 위해 이미 앞서 죽은 자들을 등장시킨다. 이들은 마지막까지 믿음의 삶을 성공적으로 완성시킨 자들로 삶과 신앙의 모델이 된다.16)

2. 이미 죽은 순교자들의 탄원 기도: 불의와 불의로 인한 고통을 고발

묵시문헌의 또 다른 전형적인 특징은 산 자들을 위해 중보기도하는 죽은 자들의 정체가 바로 순교자들이라는 것이다. 하나님 나라 운동사에서 화려한 업적을 남긴 역사적 인물은 제자들이나 사도들과 같은 인물이 아니라 바로 역사 속에 살아 있는 인물들이다. 순교자들의 모습은 어떻게 묘사되고 있는 가? 본문 9절에서 요한계시록 저자는 "제단 아래서" 제물로 상징되는 증인들의 죽음을 보고 있다. 전승에 따르면 생명인 영혼은 "피"에 자리하고 있다. 만약 제물의 피가 번제에서 뿌려지면 그것은 바로 영혼, 다시 말하면 짐승의 생명

---

16) E. S. Fiorenza, *Das Buch der Offenbarung* (1991), 86.

이 제단에 뿌려지는 것이다. 성전과 제단이 하늘의 세계를 뜻하는 상징으로 사용된다.

순교자들이 죽임을 당하는 이유는 무엇인가? 첫째로 그것은 "하나님의 말씀" 때문이다. 순교는 자신의 영광을 위한 것도 아니며 지상적 교회의 영광을 위한 것도 아니다. 그것은 오직 하나님 나라 운동의 궁극적인 사명 때문이다. 순교자들이 받았던 그 당시의 말씀은 고난과 죽음으로 되돌아올 만큼 과격하고, 공격적이며 혁신적이었다. 그리고 그 말씀의 위험성은 너무나도 자명했다. 그래서 세상과 사탄의 세력은 이 말씀을 거부하고 자신의 세력을 모아 공격한다. 그 말씀이 진리이기 때문이다.

둘째로 순교자들은 "자신들의 증언" 때문에 죽임을 당한다. 자신들이 받은 말씀의 과격성과 위험성을 알면서도 그들은 그것을 회피하거나 그것으로부터 도주하지 않았다. 그들은 하나님 나라 운동의 과격성과 위험성을 두려워하지 않고 적극적으로 받아들였다. 그들은 엄청난 두려움과 공포를 극복해야 했으며, 자신들의 소중한 삶과 생명을 하나님 나라 운동의 제물로 바쳐야 했다. 이로 인해 순교가 완성되었다.[17] 지금 그들은 살아 있는 자신들의 후배들을 위해 기도하고 있다.

3. 하나님의 공의와 침묵에 관한 탄원 기도

그들은 살아 있는 자들을 위해 어떤 기도를 했을까? 저들의 절박

---

17) J. Roloff, *Die Offenbarung des Johannes* (1987), 83; H. Ritt, *Offenbarung des Johannes* (1986), 45-46.

함이 내포되어 있는 기도는 10절에 잘 나타나 있다. 무엇보다 "순교자들은 큰 소리로 천상의 주님께 기도한다." 그리고 그들은 기도 가운데 하나님을 "통치자"로 부르고 있다. 그분은 역사의 통치자로서 소아시아에서 벌어지고 있는 종말적 사건과 무관하지 않다. 시간사적인 측면에서 보면 그 당시 소아시아 지역에 거주하던 교회들과 그리스도인들을 향해 가해졌던 박해와 관련이 있다. 그분은 자신들과 같이 고난 가운데 있는 공동체와 성도들을 향해 특별한 사랑과 관심을 가지고 계신다. 그들은 심판을 하나님께 맡기고(롬 12:19) 그가 자신의 의를 이 땅에 세우시기를 요청한다.[18]

주 하나님께서는 "거룩하시고 참되신 분"이시기 때문에 올바른 심판을 하시며, 죄인들에게 적합한 징벌을 내리신다.[19] 순교자들의 탄원 기도의 중심 내용이 10절에서 명확히 드러난다. 우선 그들의 탄원은 소극적이지 않고 매우 적극적이다. 그들은 매우 큰 소리로 하나님께 기도하고 있다. 침묵과 명상 기도가 아니라 아주 절박하게 하나님을 찾아 부르짖는다. 절박한 실존 속에서 하나님을 부르는 소리는 매우 강렬하다.

두 번째로 하나님의 공의가 언제쯤 실현되는지 절박하게 묻고 있다. "진실하고 참된 대주재"는 로마 황제가 아니라, 하나님이라고 고백했기 때문에 죽임을 당한 증인들의 자기진술이다. 그들의 죽음은 우상 숭배적 체제에 대한 순응과 적응을 거부하는 항의뿐만 아니라 도래할 하나님의 정의와 평화와 생명을 이루기 위한 인내와 소망이

---

18) U. B. Müller, *Die Offenbarung des Johannes* (1984), 170-171; J. Roloff, *Die Offenbarung des Johannes* (1987), 83.
19) E. Lohse, *Die Offenbarung des Johannes* (1993), 49.

었다.[20] 하나님! 우리가 얼마나 더 오래 기다려야만 하겠습니까? 이들은 하나님의 공의를 오래 전부터 소망해왔던 자들로서 그들의 시대를 묵묵히 인내하며 죽음을 받아들였던 자들이다. 그들은 자신들의 후예들을 위해 하나님의 계속되는 침묵의 의미를 묻고 있다. 하나님은 언제까지 이런 고난을 보고 침묵하실 것입니까? 하나님의 무력감이 편만해지는 시대를 향해, 하나님의 공의라고는 전혀 찾아볼 수 없는 악이 승리하고 사탄의 정신이 승리하는 암흑의 시대에, 순교자들은 에클레시아와 성도들을 위해 절규에 맺힌 탄원의 기도를 드린다.

"얼마나 더 기다려야 하는가?" 죽임을 당한 증인들의 영혼이 부르짖는 이 외침은 복수를 위한 외침보다 더 절박하다. 그래서 그들은 절정의 인내를 요구하는 악한 세상에 대한 심판을 요청한다. '하나님! 땅 위에 사는 자들과 우리들을 박해한 자들을 심판하여 주십시오.' 자신들이 겪었던 끔찍한 박해를 침묵과 무관심으로만 묵인하지 말고 하나님의 공의의 기준에 따라 심판해 달라고 탄원한다. 왜냐하면 그들은 심판을 하나님께 맡기고, 그가 자신의 의를 이 땅에 세우시기를 청하기 때문이다. 이런 근심에 싸인 기도는 마침내 상달된다.

4. 하나님의 위로와 응답

11절에서 하나님은 순교자들을 향해 외로워하지 말라고 말씀하

---

20) 클라우스 벵스트/정지련 옮김, 『로마의 평화』 (서울: 한국신학연구소, 1994), 279.

신다: '너희의 삶과 신앙은 특별해서 몹시 고독하고 쓸쓸하지만, 너희의 삶은 질적으로 고귀한 것이다.' 그들은 먼저 하나님으로부터 구원받은 자들이며, 하나님은 그들의 삶과 신앙을 매우 고귀한 것으로 인정한다. 그래서 구원받은 자요, 천상적인 존재로 인정받게 된다.

이러한 내용은 11절에서 "그들이 받아 입고 있는 흰 두루마리"를 통해서 암시된다. 그들은 흰 두루마기, 즉 하늘의 축복받은 자들이 입는 옷(3:4-5)을 한 벌씩 받아 가지고 있었고, 천사들과 같이 광채 나는 옷을 받고 그 옷으로 갈아입었다(고후 5:1 이하). 그리고 이러한 두루마리를 입는 자들이 단체로 등장한 것으로 순교자들이 소수가 아니라 매우 규모가 큰 그룹이라는 것을 알 수 있다. 그들은 홀로 있지 않고 그들과 같은 동료 종들과 형제자매와 함께 있다.[21]

"흰 두루마리"[22]를 입고 있던 순교자들은 박해와 고난의 실존을 성공적으로 극복한 자들이다. 그들은 두려움과 외로움 때문에 자신의 삶과 신앙에 직면한 고난을 피하지 않았다. 그 당시의 편만했던 무력감과 비관주의 속에서 그들은 절망하지 않고 그것을 죽음으로 돌파하였다. 그들은 이제 구원받은 자요, 천상의 존재일 뿐만 아니라 고난의 승리자로 서서 지금 진행 중인 고난의 역사의 증인으로 등장하고 있다.[23] 현재 진행 중인 거룩한 역사에 긍정적으로 개입하고 있다. 그들과 같이 죽임을 당하기로 되어 있는 사람의 수가 차기까지 좀 더 인내해야 한다.

---

21) E. S. Fiorenza, *Das Buch der Offenbarung* (1991), 86-87.
22) Park, Doo Hwan, "Die Angelogie der Offenbarung des Johannes - Eine Untersuchung zur Vierfarbigen Pferden in ApkJoh 6,1-8" (2004), 91-106.
23) E. Lohse, *Die Offenbarung des Johannes* (1993), 49-50.

"죽임을 당한 증인들은 그 수가 차기까지" 인내하게 된다. 왜냐하면 하나님이 지금 당장 세계를 심판할 수 없기 때문이다. 그것은 바로 죽은 동료들과 형제자매들의 수가 아직 차지 않았다는 것이다. 그리고 때가 차게 되면 마지막이 온다(갈 4:4). 유대교의 문헌에서 우리는 이러한 사상을 쉽게 경험할 수 있다. 많은 곳에서 종말의 관점에서 의인과 경건한 자의 죽음이 묘사되는 것을 볼 수 있다. 이 수난은 하나님에 의해 확정되고 그 기간은 매우 짧다. 그래서 저자는 현재 진행 중인 수난사와 그 기간을 죽임을 당하기로 되어 있는 사람의 수가 차기까지로 표현하고 있다. 얼마 남지 않은 종말의 시기를 인식하고, 엄습한 신앙적 위기를 잘 극복할 것을 촉구하고 있다.

V. 나오는 말

순교자의 탄원 기도(계 6:9-11)는 묵시적 기도의 대표적인 형태라고 볼 수 있다. 이것은 그 당시 활발했던 원시 그리스도교에서 완전히 새롭게 형성된 것이 아니다. 전승사적으로 이러한 기도는 구약성서와 신구약 중간시대의 묵시문헌에서 찾아볼 수 있다. 대표적인 본문들로 에티오피아 에녹서 8장 35절 이하와 47장 4절; 102-104장; 5:21-6:35; 제2에스라 3:1-5:20; 6:36-9:26; 9:27-10:59; 11-12장; 13장; 14장; 제4에스라 35-37장 등을 들 수 있는데 위 본문들은 죽은 자들의 영혼들의 고통과 슬픔, 위로와 희망, 이들에 대한 약속과 마지막 심판을 다루고 있다. 엄청난 불의에 관한 고발과 이로 인해 발생되는 고통과 슬픔이 발생되고 이로 인해 의로운 자들이 목숨을 잃게 된다는 고발을 통해 그 당시의 시대적인 사회상을 고발하고 있다. 그래서 위로와 희망이 필요하다고 지적한다. 의인들의 기도는 하나님께 상달되고 의인들은 하나님으로부터 오는 위로와 희망을 간직해야 한다. 왜냐하면 의인들을 그것으로 묵시적 실존을 극복할 수 있기 때문이다. 그리고 결국 불의한 자들과 세력들은 심판을 받고 멸망하게 되고 의인들은 구원을 얻게 될 것이다.

초기 팔레스틴을 중심으로 선교 활동을 했던 유대계 그리스도인들과 이방 지역에서 그리스도의 복음을 전하는 디아스포라 유대계 그리스도인들은 유대교와 구약성서에서 기도의 형식과 내용을 배워 알고 있었으며 이들이 그리스도교로 개종한 후에 그리스도교적인 내용을 담아 선교적 상황에서 새롭게 해석하고 있다. 교회를 향한 고난과 핍박은 하나님의 뜻이 아니고서는 일어날 수 없다. 비록 그것이 엄청난 고통과 비극을 초래한다 할지라도 하나님의 섭리와 경륜을 벗어날 수 없다. 이것은 기원 후 1세기 초 그 당시의 소아시아 지역에서 진행되었던 하나님 나라 운동과 결코 무관하지 않다. 즉, 그 당시 사탄의 하수인으로 등장한 로마제국의 권력이나 그들의 종교 정책과 결코 무관할 수 없었다. 끝으로 요한계시록 공동체와 성도들은 기도를 통해 고난 가운데 임하시는 하나님의 은총을 경험하고 그 분으로부터 오는 위로와 사랑을 경험했다.

자유의지와 하나님의 은총
: 펠라기우스와 어거스틴

목창균 | 서울신학대학교 교수

I. 서론

초기 기독교 신학은 알렉산드리아와 안디옥을 중심으로 헬라문
화권에 기반을 둔 동방 신학과 로마와 카르타고를 중심으로 라틴문
화권에 기반을 둔 서방 신학으로 나눌 수 있다. 사변적 경향이 지배
적인 것이 전자의 신학적 특징이라면, 실용적인 경향이 강한 것이
후자의 특징이다.[1] 삼위일체론과 기독론이 동방 교회 신학을 통해
정립된 반면, 교회론과 구원론이 서방 교회 신학을 통해 정립된 것
도 이런 신학적 기류와 무관하지 않다. 또한 정통 교리 정립 과정에
불가피하게 일어났던 논쟁이나 이단 시비 역시 이를 증거하고 있다.
동방 교회의 이단이 주로 삼위일체 신론과 그리스도의 본성과 같은

---

1) David Christie-Murray, *A History of Heresy* (Oxford: Oxford University
Press, 1991), 88.

사변적인 주제와 관련된 데 비해, 서방 교회의 이단은 원죄와 인간의 자유의지 문제 같은 실제적인 주제와 관련되었다. 특히 서방 교회 최초의 중요 이단인 펠라기우스주의가 이를 말해주고 있다.

인간의 본성이 중요한 주제로 신학적 조명을 받게 된 것은 4-5세기부터였다. 동·서방 교회는 인간의 원시적 상태를 "초자연적 축복 상태"로 보는 점에서는 일반적으로 입장을 같이 했지만, 인간의 타락 이후 상태에 대해서는 관점을 달리했다. 동방 교회가 비교적 낙관적이었다면, 서방 교회는 비관적이었다. 동방 교부들은 인간은 타락 이후에도 의지가 자유로우며, 자신의 행위에 책임이 있다는데 의견을 같이 한 반면, "인류가 아담의 죄책을 공유하고 있다는 것은 거의 암시도 하지 않았다."[2]

한편, 서방 교회는 인간 상태에 대해 동방 교회에 비해 비관적이었으며, 아담과 인류의 연대성을 강조했다. 4세기 서방 교회는 하나님의 은총의 필요와 인간의 자유의지라는 평행적 진리를 고수했다. 이 두 개념은 "서로 용납할 수 없는 것은 아니지만, 그들의 관계를 신중하게 설정하지 않으면, 충돌을 피할 수 없는 것"이다.[3] 5세기 초 서방 교회의 상황, 특히 어거스틴과 펠라기우스가 이를 대변해주고 있다. 인간 본성에 대한 이 두 사람의 정반대의 입장은 서로 부딪칠 수밖에 없었다. 그것이 곧 펠라기우스 논쟁이었다.

펠라기우스 논쟁의 가장 중요한 주제는 인간의 자유와 하나님의 은총 문제였으며, 쟁점은 어떻게 이 둘이 관련되느냐 하는 것이었

2) J. N. D. Kelly, *Early Christian Doctrines* (New York: Harper & Row, Publishers, 1960), 348-350.
3) Ibid., 357.

다. 이 논쟁은 두 단계, 즉 펠라기우스 논쟁과 반(半)펠라기우스 (semi-Pelagius) 논쟁으로 전개되었다. 전자가 어거스틴과 펠라기우스 사이에서 일어난 것이라면, 후자는 극단적인 어거스틴주의와 펠라기우스주의를 중재하려는 과정에서 일어난 것이다. 이 논쟁의 결과로 파생된 것이 펠라기우스주의와 준 펠라기우스주의라는 서방 교회의 이단이다.

이 연구는 인간의 자유와 하나님의 은총 문제를 중심으로 펠라기우스와 어거스틴의 견해를 비교하여 두 입장이 어떻게 다른지를 먼저 파악하고 펠라기우스주의에 대해 당시 서방 교회는 어떻게 대응했는지를 추적하는데 그 목적이 있다.

II. 펠라기우스의 사상

『펠라기우스』의 저자, 에반스(Robert Evans)에 따르면, 펠라기우스의 사상을 지배한 세 가지 모티프(motif)가 있었다. 가톨릭교회의 정통 신학자이기를 원한 것, 인간 문제에 그의 신학적 중심을 설정하는 것 그리고 마니교의 인간 개념과 명확히 구분되는 기독교 인간론을 정립하는 것이다. 펠라기우스의 신학적 관심사 가운데 하나는 마니교의 숙명론과 맞서 싸우는 것이었으며, 그것은 어거스틴 역시 한 때 진지하게 관심을 가졌던 문제이기도 했다. 그들은 또한 마니교의 도덕적 결정론을 거부하고 그 논거를 성경에서 찾은 것에서도 입장을 같이했다.4) 이렇듯 그들은 같은 목적과 논거를 가지고 있었음에도 불구하고, 왜 서로 신학적인 대척점에 서게 되었는가, 한 사람은 정통 교리의 수호자로, 그리고 다른 한 사람은 이단으로 정죄되고 그의 이름으로부터 펠라기우스주의라는 이단 사상의 명칭이 유래하게 된 것인가?

영국 웨일즈 태생의 수도사 출신인 펠라기우스(Pelagius, 360-420)는 신학자라기보다는 바른 행실에 관심을 쏟은 도덕주의자였다. 그의 저술과 활동의 중심이 크리스천의 삶의 문제였다는 것이 이를 말해준다. 그는 390년경 영국에서 로마로 이주하면서 접하게 된 시민들의 도덕적 해이를 통해 기독교 문화의 윤리적 붕괴를 목격하고 큰 충격을 받았다. 그 후, 410년 로마를 떠날 때까지 일반 시민들에게는 그들의 옛 도덕을 상기시키는 한편, 기독교인들에게는 그리스도의 엄격한 명령에 복종케 함으로써 윤리적 삶에 대한 책임을 역설했다. 그의 대표적인 저술로는 『바울서신 주석』(*Exposition of the Pauline Epistles*), 『신앙의 책』(*Book of Faith*), 『의지의 자유에 대한 변호』(*Defense of the Freedom of the Will*), 『자연에 관하여』(*On Nature*) 등이 있다.

펠라기우스가 어거스틴의 저서를 처음 대한 것은 405년경 로마에서였다고 한다. 그는 어거스틴이 "모든 것을 하나님의 은총에만 의존"하고 있는 반면, "인간의 노력이나 참여를 전적으로 배제"하는 것에 분개했다.[5] 특히 그가 어거스틴의 견해에 반론을 제기함으로써 둘 사이에 논쟁의 불을 붙인 결정적 촉매는 어거스틴의「고백록」에 수록된 기도문의 한 문장이었다. "당신께서 명하는 것을 주시고

---

4) Robert F. Evans, *Pelagius* (New York: The Seabury Press, 1968), 22; Justo L. Gonzalez, *A History of Christian Thought*, vol. II (Nashville, TN: Abingdon Press, 1971), 29.

5) Gonzalez, *A History of Christian Thought*, vol. II, 28.

당신께서 원하는 것을 명하소서."6) 이 기도문이 그를 괴롭혔다. 왜 냐하면 그것이 사람은 하나님의 은총에 의해 전적으로 움직이는 꼭 두각시라고 암시하고 있기 때문이다. 인간이 죄를 지을 수밖에 없다고 하는 어거스틴의 가정은 "창조주에 대한 모욕"이었으며, 그런 도덕적 무관심은 그에게는 저주(anathema)와도 같았다.7)

1. 자유의지

펠라기우스 사상 체계의 중추를 이루고 있는 것은 자유의지와 책임이었으며, 그가 강조한 것 역시 인간의 자유의지였다. 그가 모든 것을 하나님의 은총에만 의존하고 있는 어거스틴의 견해에 분개한 것도 그것을 "인간의 자유와 책임에 대한 위협"으로 간주했기 때문이다.8)

펠라기우스에 따르면, 인간은 하나님의 계명을 성취하기 위해 필요한 세 가지 기능을 가지고 있다. 가능성(possibility), 의지 작용(volition), 실현(actuality)이다. 하나님은 인간을 자유로운 존재로 창조하고 그 본성에 의지를 설정하고 그의 목적에 맞게 의지를 행사할 수 있는 가능성을 주었다. 이 가능성은 선을 행할 수 있거나 악을 행할 수 있는 것을 말한다. 하나님이 인간에게 가능성을 주었다는 것

---

6) Augustine, "*Confessions*, X, 40," *The Nicene and Post-Nicene Fathers*, Vol. I, ed. Philip Schaff (Grand Rapids, MI: WM. B. Eerdmans Publishing Company, 1979), 153.

7) Christie-Murray, *A History of Heresy*, 90; Kelly, *Early Christian Doctrines*, 357.

8) Battenhouse, *A Companion to the Study of St. Augustine*, 209; Gonzalez, *A History of Christian Thought*, vol. II, 29.

은 인간에게 선택의 자유가 있다는 것이다. 인간은 자연법칙에 종속적인 다른 피조물과 달리, 그 자신의 의지로 선택하는 것이 가능하다. 또한 인간은 자신의 의지로 선택한 것을 실현할 수 있는 능력도 지니고 있다. 선행이나 악행이 모두 그 자신의 결정에 달린 것이다. 펠라기우스가 그의 『의지의 자유에 대한 변호』에서 진술한 표현에 따르면, "하나님은 우리 안에 양 방향으로 행동할 가능성을 심었다." 그렇지만, "우리가 실제로 선한 일을 하거나 선한 말을 하거나 선한 생각을 하는 것은 우리 자신으로부터 나온다."[9] 그러므로 가능성은 하나님으로부터 오는 것이지만, 의지와 실현은 인간에게 속한 것이다.

펠라기우스는 인간은 아직도 타락 이전의 아담처럼 죄 없는 상태로 태어난다고 주장했다. 왜냐하면 하나님이 각 인간의 영혼을 직접 창조하기 때문이다.[10] 인간은 자유의지를 사용하기 전에는 하나님이 창조한 것만 있으며, 그의 존재는 깨끗한 종이와도 같다. 자연적 능력의 행사나 그 자신의 노력에 의해 죄를 피할 수도 있고, 죄를 짓지 않는 완전한 삶을 살 수도 있다.[11] 그리스도 이전과 이후, 죄 없는 인간이 실제로 존재했다는 것이 이를 증거한다는 것이다.

요약하면, 자유의지를 강조한 것이 펠라기우스의 낙관적 인간 이해의 주요한 특징이다. 그는 아담의 타락 이후에도 인간은 자유의지를 계속 지니고 있다고 본 것이다.

----

9) Augustine, *On the Grace of Christ and on Original Sin*, I, 3, 17, 19, *The Nicene and Post-Nicene Fathers*, vol. V, 218, 224 재인용.
10) 펠라기우스가 모든 인간이 타락하기 전 아담과 같은 상태로 태어난다고 주장했는지 여부는 학자들 사이에 논란이 있다. 에반스는 하르낙이 부정확하게 그 주장을 펠라기우스에게 돌렸다고 지적하고 그것을 펠라기우스가 아닌 카엘레스티우스의 견해라고 주장하기도 했다. Evans, *Pelagius*, 67-68, 118.
11) Battenhouse, *A Companion to the Study of St. Augustine*, 209-11.

2. 원죄

펠라기우스와 어거스틴이 충돌한 쟁점 가운데 하나는 원죄 교리였으며, 어거스틴이 펠라기우스와 카엘레스티우스를 "가장 명백한 이단"이라고 판단한 근거 가운데 하나도 그들의 원죄 부정이었다.[12] 그렇다면, 펠라기우스는 원죄 문제에 대해 어떻게 생각한 것인가?

펠라기우스는 아담이 인류 역사상 최초의 죄인이라는 것과 그로 말미암아 죄가 세상에 들어왔다는 것에는 동의했지만, 아담의 타락으로 전 인류가 죄를 짓게 되는 본유적 성향을 가지고 있다는 서방 교회의 전통적 가르침, 즉 원죄 교리는 거부했다. 인간의 모든 행동은 그 자신의 의지로 선택한 결과이며, 그에 따르는 책임도 인간 자신이 져야한다. 그렇지만 모든 행동은 개인적인 선택의 문제이기 때문에, 인간은 자신의 의지로부터 나온 행동에 대해서만 책임이 있다. 따라서 인간의 본성은 아담의 타락으로 훼손되거나 오염되지 않고 창조주가 만든 그대로 남아 있다는 것이다.[13]

펠라기우스는 아담의 죄책이 그 후손들에게 전해진다는 원죄의 전가를 부정했을 뿐만 아니라 원죄의 존재 자체를 부정했다.[14] 아담은 범죄하여 타락했지만, 그것은 어디까지나 그의 개인적인 문제이지, 전 인류의 죄가 될 수 없다는 것이다. 따라서 인류 전체가 그와 함께 타락한 것이 아니며, 그의 죄책이나 부패성이 그의 후손들에게 전해지는 것도 아니라는 것이다.

---

12) Evans, *Pelagius*, 83.
13) Ibid., 97.
14) Christie-Murray, *A History of Heresy*, 90.

펠라기우스는 영혼의 기원에 대한 창조설에 근거하여 아담의 죄와 그 후손 사이의 필연적 연관성을 부정하는 한편, 죄의 보편성을 모방으로 설명했다. 아담은 그의 죄성이나 부패성을 그의 후손들에게 전한 아니라 그들에게 하나님의 뜻에 불순종하는 나쁜 모범(example)을 보였으며, 그들은 그것을 모방했다는 것이다. 따라서 아담의 "불순종의 습관은 육체적 유전에 의해서가 아니라 습관과 모범에 의해 전파"되는 것이다.[15] 이렇듯 펠라기우스는 전통적 원죄 개념을 아담이 후손에게 남긴 나쁜 모범의 개념으로 대체했다.

펠라기우스는 인간의 원죄나 유전적 죄성을 부정한 것과 더불어 인간의 죽음 역시 죄의 결과라고 생각하지 않았다. 인간의 죽음은 아담의 타락으로부터 온 것이 아니라 자연적인 것이다.[16] 왜냐하면 죽음은 유한한 존재에 속한 것이며, 인간은 유한한 존재이기 때문이다. 인간의 육체적인 죽음이 자연의 일부라면, 영적인 죽음은 자유의지를 잘못 사용하여 오는 결과다.

설사 펠라기우스가 인간은 아직도 타락 이전의 아담처럼 죄 없는 상태로 태어난다고 주장한 것은 아니라 하더라도, 원죄를 부정하는 그의 확고한 신념은 그것을 암시하고 있는 것 같다. 왜냐하면 그는 세례를 받지 않고 죽은 어린 아이는 정죄를 받지 않는다고 주장했기 때문이다.[17] 신생아는 원죄로부터 자유롭다는 펠라기우스의 주장은 당시 교회로부터 큰 혐오를 일으킨 요인 가운데 하나였다.

이렇듯, 펠라기우스는 인간의 자유의지를 강조하고, 원죄의 전가

---

15) Kelly, *Early Christian Doctrines*, 359.
16) Christie-Murray, *A History of Heresy*, 90.
17) Gonzalez, *A History of Christian Thought*, vol. II, 30.

는 물론, 그 존재 자체를 부정한 것에서 더 나아가, 인간은 자력으로 죄를 짓지 않는 완전한 삶을 사는 것이 가능하다고 보았다.

3. 하나님의 은총

인간의 모든 행동이 그 자신에게 달린 것이라면, 펠라기우스는 인간에 대한 하나님의 활동을 완전히 배제하거나 하나님의 은총을 부정한 것인가? 그는 하나님의 절대 은총을 주장하거나 강조하지 않았다. 왜냐하면 선행이나 악행을 할 수 있는 가능성을 인간에게 주는 것은 하나님이지만, 그중 어느 것을 결정하는 것은 인간이기 때문이다. 그럼에도 불구하고, 그가 하나님의 활동을 전적으로 부정한 것은 아니었다.

우리가 선한 것을 행하고 말하고 생각할 수 있는 것은 우리에게 이 가능성을 주시고 그것을 돕는 하나님으로부터 온다. … 인간의 찬양은 인간 존재와 하나님 모두에게 속한다. 하나님은 인간에게 그의 의지와 사역을 실행할 가능성을 주셨다.[18]

펠라기우스는 하나님의 은총은 매 순간 그리고 모든 행동에서 인간에게 필요하다고 말했다. 그렇다면, 그는 하나님의 은총을 어떻게 이해했는가? 그는 그것을 선을 선택하도록 인간의 의지에 어떤 작용을 하는 하나님의 내적인 활동이라기보다 인간의 자유의지, 율법,

18) Augustine, *On the Grace of Christ and on Original Sin*, I, 17, *The Nicene and Post-Nicene Fathers*, Vol. V, 224.

그리스도의 교훈과 모범을 통해 오는 하나님의 외적 도움으로 이해했다.[19]

펠라기우스는 하나님의 은총을 몇 가지로 나눴다. 첫째, 본래적 은총, 또는 창조의 은총이다. 이는 가능성을 부여받은 인간의 창조 그 자체를 가리키는 것이다. 둘째, 계시의 은총, 또는 가르침의 은총이다. 이는 율법과 그리스도의 삶의 모범, 신적 의지의 계시를 의미하는 것이다. 셋째, 용서의 은총이다. 이는 하나님이 인간에게 죄를 회개하고 올바르게 행동할 수 있는 노력을 하게하며, 자신이 행한 잘못을 고칠 수 있게 해주는 것을 말하는 것이다.[20] 이러한 하나님의 은총의 역사는 단지 인간 의지의 바른 행위를 도와주는 데 외적인 역할을 하는 것이다.

하나님은 모든 사람에게 동일하게 은총을 제공한다. 펠라기우스는 하나님이 특정인에게 특별한 호의를 베푸는 것은 아니라고 보았다. 그의 해석에 따르면, 바울이 로마서 8장에서 말한 예정은 "하나님이 자신의 주권적 의지로 구원이나 정죄로 사람의 운명을 정하는 것"이 아니라 "미래의 인간의 결정이 어떻게 될 것인지를 아는 하나님의 예지"를 가리키는 것이다.[21] 그는 예정을 예지와 결합시키고 양자를 동일시함으로써 절대적 예정 개념을 거부하고 예지 예정의 입장을 취했다.

요약하면, 펠라기우스의 인간 이해는 자연주의적이고 낙관주의

---

19) Augustine, *On the Grace of Christ and on Original Sin*, I, 3, *The Nicene and Post-Nicene Fathers*, Vol. V, 218.

20) Evans, *Pelagius*, p. 111, Gonzalez, *A History of Christian Thought*, vol. II, 30.

21) Gonzalez, *A History of Christian Thought*, vol. II, 31.

적인 것이 특징이다. 인간은 태어날 때부터 선행이나 악행을 선택할 수 있는 능력, 즉 자유의지를 가지고 있으며, 인간의 모든 행동은 그 자신의 의지 활동의 결과다. 하나님의 은총은 인간의 이성을 계발시켜 그로 하여금 하나님의 뜻을 알 수 있게 하며 그 자신의 능력으로 선택하고 행동할 수 있게 하는 외적 도움이며, 인간의 의지에 어떤 작용을 하는 내적인 활동은 아니다.

III. 어거스틴의 신학 사상

펠라기우스의 대척점에 서서 서방 교회의 입장을 대변한 대표적인 인물은 어거스틴이었다. 그는 동·서방 신학을 관통하며 기독교 신학사에 길이 남을 불후의 명작들을 저술했다. 개종 이후 기독교 저술가로서의 그의 활동은 이단들과의 논쟁의 산물이었으며, 그것은 세 단계로 구분할 수 있다.[22] 첫째, 마니교와의 논쟁이다. 405년에 이르기까지 어거스틴의 주된 관심사는 젊음의 한 때 그가 탐닉했던 마니교였으며 그의 저서『선의 본성에 관하여』는 그것에 대한 반론이었다.

둘째, 도나투스주의와의 논쟁이다. 도나투스주의자와의 논쟁은 그의 신학 형성에 지대한 영향을 미쳤다. 특히 교회의 본질, 교회와 국가의 관계, 성례전에 대한 그의 견해가 그러하다. 그는 이 논쟁을 통해 보이지 않는 교회와 보이는 교회, 효력 있는 성례전과 규례에

---

22) Ibid., 24ff.

따르는 성례전을 구분하게 되었으며, 성례의 효력은 성례의 규례성에 전적으로 의존하는 것이 아니라는 입장을 대변했다.

셋째, 펠라기우스주의와의 논쟁이다. 어거스틴은 "하나님의 도움 없이는 인간은 악 대신 선을 선택할 수 없다"는 교리의 강력한 변호자였다.[23] 펠라기우스 논쟁은 이 문제를 둘러싸고 양자가 치열하게 대립한 싸움이었다. 어거스틴이 펠라기우스의 이름을 처음 접했던 것은 후자가 로마에 체류하고 있었을 때였다고 한다. 그 후 하나님의 은총에 대한 그의 견해로 논란이 제기되고 있다는 것을 알게 되었다.[24] 어거스틴은 펠라기우스주의와의 논쟁을 통해 그의 은총론과 예정론을 정립했으며, 모든 것을 하나님의 은총에 의존하고, 인간의 노력이나 참여를 전적으로 배제하는 것이 그 핵심이었다. 펠라기우스에 반대하는 어거스틴의 저술들은 후기에는 심각한 분노를 표출하기도 했지만, 일반적으로 객관적인 분석과 관대한 판단을 기조로 하고 있으며, 그의 공격적인 비판은 펠라기우스 보다는 오히려 카엘레스티우스를 주 대상으로 삼고 있다. 그가 펠라기우스와 카엘레스티우스의 이론에 반론을 제시한 중요한 저서로는 『의문과 영에 관하여』, 『자연과 은총에 관하여』, 『원죄에 관하여』 등이 있으

---

23) Roy W. Battenhouse(ed.), *A Companion to the Study of St. Augustine* (New York: Oxford University Press, 1955), 8.
24) 당시 서방 교회 입장에서 펠라기우스에 대적한 대표적 학자는 제롬과 어거스틴이다. 제롬은 380년대에 로마에서 개인적 면식을 통해 펠라기우스를 알았던데 비해, 어거스틴은 그를 직접 대면한 적은 없었고 단지 그의 저서를 통해 그를 알았다. 또한 그들은 펠라기우스를 공격한 것은 같았지만, 그들의 강조점은 서로 달랐다. 제롬은 무죄(sinlessness) 가능성에 대한 펠라기우스의 주장을 문제시한 데 비해, 어거스틴은 하나님의 은총에 대한 그의 견해를 문제시했다. Evans, *Pelagius*, 4, 21, 66.

며, 준 펠라기우스주의를 다룬 것으로는 『성도의 예정에 관하여』, 『견인의 은총에 관하여』 등이 있다.

1. 하나님의 은총

'하나님의 은총'이 펠라기우스가 어거스틴의 견해에 분개하여 첨예하게 대립적인 입장을 취하게 된 주제였다면, 극단적으로 낙관적인 인간론은 어거스틴이 펠라기우스에 대해 심각한 문제점을 제기한 이론이었다. 어거스틴이 지적한 문제점은 인간의 의지가 법을 지킬 수 있는 힘을 가지고 있고, 그 실패는 계속적인 노력을 통해 치유될 수 있다고 하는 것과 하나님의 도움을 단지 그의 창조 사역에 국한시키고 그리스도의 구속 사역을 위한 어떤 여지도 허용하지 않는다는 것이다.[25] 두 사람 모두 인간의 자유의지와 하나님의 은총을 부인하지는 않았지만, 그들의 관점과 강조점은 상극을 이루었다.

어거스틴은 하나님의 은총을 "무상으로 순수하게 인간에게 주는 하나님의 사랑의 선물"로 정의하고, 그것은 인간의 공로를 통해 얻을 수 있는 것이 결코 아니라고 보았다. 어거스틴의 은총론은 몇 가지로 정리할 수 있다.

첫째, 하나님의 은총은 인간에게 절대적으로 필요한 것이다. 인간은 아담의 타락 전 상태에서도 자신의 운명의 실현을 위해 하나님을 절대적으로 의지했다. "자연인은 자기 혼자서는 구원을 향해 한 발자국도 옮길 수 없다"는 것이 어거스틴의 은총론의 초점이요 펠라

---

25) Battenhouse, *A Companion to the Study of St. Augustine*, 216.

기우스주의에 대한 그의 반대의 요지였다.26) 펠라기우스가 인간은 자신의 의지의 힘만으로도 선을 행할 수 있으며, 하나님의 은총은 단지 인간을 돕는 힘에 불과하다고 주장한 데 반해, 어거스틴은 인간은 하나님의 은총 없이 죄를 피하거나 선을 행할 능력이 없으며 전적으로 하나님의 은총에 의지해야 한다고 역설했다. "우리가 선한 것에 대해 열망하기를 시작할 수 있기도 전에, 하나님의 은총이 우리 속에 작용하지 않으면 안 된다."27) 어거스틴에게 있어 하나님의 은총은 인간의 구원을 위한 절대적이고도 유일한 통로였다.

둘째, 하나님의 은총은 인간의 마음에 역사하는 내적인 힘이다. 그것은 "인간 안에 주입되는 하나님의 능력"이며, "인간 안에서 활동하는 하나님의 양식"(manner)이다.28) 따라서 펠라기우스가 주장한 것 같이, 단지 외적인 도움에 불과한 것이 아니다.

셋째, 하나님의 은총은 선행적인 것이다. 아담의 타락 결과로 인간은 악만을 선택할 수 있는 제한적인 자유를 가졌으나 하나님의 은총으로 선을 행할 수 있는 의지도 부여받게 되었다. 따라서 인간의 자유의지에 선행하는 것이 하나님의 은총이다. 하나님의 은총을 입은 인간은 자유의지로 선을 행할 수 있다. 신앙에 의해 죄에 대한 은총을 얻게 되며, 은총에 의해 영혼이 죄의 질병으로부터 치유를 받게 되며, 영혼의 치유로부터 의지의 자유를 얻게 되며, 자유 의지에 의해 의에 대한 사랑을 얻게 되며, 의에 대한 사랑에 의해 율법의 제정을 얻게 된다. … 은총이 의지를 치유하기 때문에 의는 자유롭게

26) Gonzalez, *A History of Christian Thought*, vol. II, 44-45.
27) Kelly, *Early Christian Doctrines*, 366.
28) Gonzalez, *A History of Christian Thought*, vol. II, 47.

사랑받게 된다.29)

넷째, 하나님의 은총은 불가항력적인 것이다. 전능하신 하나님의 의지가 은총을 통해 인간의 의지에 작용하면, 인간은 그것을 배격할 수 없다. 그렇지만, 그것은 "부드러운 물리력"(soft violence)을 사용하여 인간의 의지가 하나님의 은총과 일치하는 방식으로 행동하도록 의지를 움직이는 것"이다.30) 왜냐하면 하나님의 은총을 입은 인간에게는 선을 행할 수 있는 의지도 함께 하기 때문이다.

다섯째, 하나님의 은총은 인간의 자유의지를 폐하는 것이 아니라 세우는 것이다. 어거스틴은 성경이 의지는 자유롭다는 것과 하나님의 은총은 사실이라고 선언하고 있는 것에 근거하여 양자는 서로를 배제하거나 서로에게 배타적인 것이 아니라고 하였다.31) 또한 고린도전서 15:10 "내가 한 것이 아니요 오직 나와 함께 하신 하나님의 은혜로라"에 근거하여, 인간의 구원은 "하나님의 은총만도 아니고 하나님 혼자서 만도 아니며 인간과 함께하는 하나님의 은총"이라고 해석했다.32)

우리는 은총으로 인하여 자유의지를 폐하여 버리는가? 결코 그렇지 않다. 오히려 우리는 자유의지를 세운다. 율법이 신앙으로 인해 폐지되지 않음과 같이 자유의지는 은총으로 말미암아 폐하여 지

29) Augustine, *On the Spirit and the Letter*, 52, *The Nicene and Post-Nicene Fathers*, Vol. V, 106.
30) Ibid., 65. Gonzalez, *A History of Christian Thought*, Vol. II, 45-46.
31) Battenhouse, *A Companion to the Study of St. Augustine*, 224.
32) Augustine, *On Grace and Free Will*, 12, *The Nicene and Post-Nicene Fathers*, Vol. V, 449.

지 않을뿐더러 오히려 세워진다.33)

여섯째, 하나님의 은총은 그의 주권적 자유에 속하는 것이다. 하나님이 그의 은총을 받게 될 사람들을 정하는 것은 그들의 미래의 공적에 대한 예지에 근거하는 것이 아니라, 전적으로 그의 주권에 근거하는 것이다. 따라서 어거스틴의 은총론의 전제는 예정론이다. 하나님의 은총은 그의 "영원한 예정"에 따라 선택된 사람들에게 주는 것이다.34)

펠라기우스와 어거스틴의 견해를 비교하면, 전자에게 있어, 하나님의 은총은 절대적으로 필요한 것이 아니었다. 왜냐하면 인간은 자력으로 죄를 짓지 않는 완전한 삶을 사는 것이 가능하다고 보았기 때문이다. 그렇지만 어거스틴에게 있어 하나님의 은총은 절대적으로 필요한 것이었다. 왜냐하면 인간은 죄를 피하거나 선을 행할 능력이 전혀 없으며, 하나님의 은총이 인간의 구원을 위한 절대적이고도 유일한 통로이기 때문이다. 또한 펠라기우스는 하나님의 은총을 단지 인간을 돕는 외적 힘으로 간주한 데 비해, 어거스틴은 그것을 인간의 마음에 역사하는 하나님의 내적인 힘, 곧 성령의 임재로 이해했다.

---

33) Augustine, *On the Spirit and the Letter*, 52, *The Nicene and Post-Nicene Fathers*, Vol. V, 106.
34) Gonzalez, *A History of Christian Thought*, Vol. II, 59.

2. 자유의지

자유의지에 관한 어거스틴의 사상은 이단들과의 논쟁 과정을 통해 형성되고 발전되었다. 첫째, 마니교와의 논쟁이다. 젊은 시절 어거스틴은 악에 관한 문제로 기독교 신앙을 등지고 마니교 교훈에 매료되었다. 마니교는 악을 하나의 실체로 간주하고 신으로부터 그 기원을 찾았다. "악이 존재한다면, 그리고 신이 존재하는 모든 것의 원인이라면, 신은 악의 원인"이라는 것이다.[35]그 후 기독교로 개종한 어거스틴은 교회의 신앙과 일치하면서도 마니교의 이원론을 피할 수 있는 해결책을 모색하여 악의 기원과 본질을 해명한 것이 "의지의 자유에 관하여"(388-395)다. 마니교가 악을 하나의 실체로 간주하고 그 기원을 신 또는 어떤 악한 원리로부터 찾는 것과 달리, 어거스틴은 존재하는 모든 것을 선한 것으로 보는 신플라톤주의와 궤를 같이 하여 악을 존재의 결핍 또는 결여로 정의하고 그 기원을 자유의지에서 찾았다.[36] 악은 근본적으로 선했던 것이 왜곡된 것이라는 것이다.

인간 속에 있는 악 역시 어떤 악한 원리로부터 나온 것이 아니라 의지의 자유로운 결정으로부터 나온 것이다. 하나님이 이 세계를 창조할 때, 인간을 이성적이고 선택의 자유를 가진 존재로 창조했다. 그것은 인간의 가장 큰 특징인 동시에 위험이었다. 왜냐하면 그가 악한 것 없이 존재할 수 있는 동안, 오직 그 자신 악하게 될 수 있기

---

35) Saint Augustine, *On Free Choice of the Will* (Indianapolis: Bobbs-Merrill Company, 1979), xvi.
36) Gonzalez, *A History of Christian Thought*, vol. II, 40-41.

때문이다.37) 아담은 죄 없이 있을 수 있었지만, 그 자신의 교만으로 인해 죄를 지었다. 이렇듯 어거스틴은 인간의 자유의지를 적극 옹호하고 악을 자유의지의 남용의 결과로 이해했다.

둘째, 펠라기우스주의와의 논쟁이다. 어거스틴은 마니교와의 논쟁에서 자유의지를 적극 옹호했지만, 중심 주제는 악의 기원과 본질 문제였다. 반면, 어거스틴과 펠라기우스 논쟁의 근본 주제는 인간의 자유의지와 하나님의 행위 사이의 관계성 문제였다. 따라서 어거스틴이 자유의지에 대한 그의 견해를 체계적으로 제시한 것은 펠라기우스주의와의 논쟁을 통해서였다.

펠라기우스는 가능성, 의지 작용, 행동을 구분하고, 가능성은 창조주의 은총에 돌린 반면, 나머지 둘은 인간 자신으로부터 나온다고 주장했다. 그렇지만 어거스틴은 그것을 지지할 수 없었다. 왜냐하면 의지 작용의 기능에 대한 그런 구별은 그리스도의 은총이나 인간 의지의 무력과 조화될 수 없기 때문이다. 따라서 어거스틴은 인간의 의지 작용을 분석하여 의지의 능력과 선택의 능력을 구분하고 색욕을 그 실례로 제시했다. 색욕은 "인간의 의지는 원하는 데는 자유로우나 원하는 것을 행하는 데는 무력하다"는 것을 증거한다는 것이다.38) 펠라기우스와 어거스틴의 견해를 비교하면, 두 사람 모두 인간의 자유의지를 인정했지만, 그 이해는 동일하지 않았다. 펠라기우스는 의지의 자유를 선택할 수 있는 힘으로 이해하고, 하나님의 은총은 그런 힘을 부여하는 기능은 가지고 있지 않다고 주장했다. 반면, 어거스틴은 의지의 자유를 선택할 수 있는 힘에서 더 나아가 완

---

37) Christie-Murray, *A History of Heresy*, 88.
38) Battenhouse, *A Companion to the Study of St. Augustine*, 220-222.

성할 수 있는 힘으로 이해하고, 그것이 곧 하나님의 은총의 은사라고 보았으며 은총에 힘을 부여하는 기능도 있다는 것을 분명히 했다. "자연에 의해 은총이 부정되는 것이 아니라 은총에 의해 자연이 수선되는 것이다"라고 말한 그의 유명한 경구가 이를 증거하고 있다.39)

3. 원죄

어거스틴에 따르면 하나님이 자신의 형상에 따라 창조한 본래의 인간, 즉 타락 이전의 아담은 원의(original righteousness)와 완전성은 물론, 탁월한 지성적 재능을 지녔으며, 육체적 질병에도 노출되지 않았고, 생명나무 열매를 계속 따먹기만 하면 죽지 않을 수도 있는 복락의 상태에 있었다.40) 또한 죄를 짓지 않을 수 있는 능력과 죄를 지을 수 있는 능력, 즉 자유의지를 부여 받았다. 그럼에도 불구하고 아담은 타락했다. 그것은 전적으로 그 자신의 선택과 결정이었다.

아담은 타락의 결과로 그가 향유하던 많은 것을 상실했다. 죽지 않고 영원히 살 수 있는 가능성, 특별한 지적 능력, 죄를 짓지 않을 수 있는 능력 등이 그것이다. 그렇지만 어거스틴은 인간의 완전 타락(total depravity)을 명시적으로 주장하지는 않았다. 오히려 그는 인간은 아담의 타락으로 자유의지 자체를 완전히 상실한 것은 아니

---

39) Augustine, *On the Spirit and the Letter*, 47, *The Nicene and Post-Nicene Fathers*, Vol. V, 103.
40) Kelly, *Early Christian Doctrines*, 362.

라고 보았다. 그렇지만 그것은 죄를 피하거나 선을 행할 수 있는 것은 상실하고 죄를 지을 수 있는 쪽으로만 자유로운 반쪽의 자유였다.[41] 따라서 아담의 타락 이후의 인간은 죄를 짓지 않을 수 있는 능력을 상실했으며 죄의 유혹을 피하거나 선을 행할 수 없으며 하나님을 찾거나 가까이 갈 수도 없게 되었다.

원죄는 죄를 범하려는 보편적인 성향을 말하며, 그 본질은 우리가 아담의 도덕적 선택에 참여하고 그것에 책임을 진다는 것이다. 어거스틴은 이런 원죄의 존재를 의심하지 않았다. 그는 아담의 죄책, 즉 원죄가 "육체적 출산 행위를 통해 부모로부터 자식에게 전달된다"는 견해를 지지했다. 유아의 부패는 의지적 악행에 선행하는 부패요 아담을 통해 받은 자연적 타락에 연루된 것이다.[42] 어거스틴은 유아 세례를 지지했다. 왜냐하면 그것은 인간이 출생하면서부터 죄인이라는 것을 인정하는 증거이기 때문이다.[43]

펠라기우스와 어거스틴의 견해를 비교하면, 그들을 갈라놓은 것은 하나님의 은총과 인간의 자유의지 가운데 어느 것을 강조하느냐 하는 문제로부터 비롯되었다. 펠라기우스는 인간의 무조건적인 자유의지와 책임에 대한 강한 신념에 근거하여 인간은 자신의 선택에 의해 신적인 의지를 성취할 수 있는 특권을 하나님으로부터 부여받았다고 주장했다. 반면 어거스틴은 자유의지를 옹호하면서도 하나님의 은총의 절대적인 필요성을 확신하여 인간은 자력으로는 구원

---

41) Gonzalez, *A History of Christian Thought*, vol. II, 43.
42) Kelly, *Early Christian Doctrines*, p. 363, Battenhouse, *A Companion to the Study of St. Augustine*, 215.
43) Augustine, *On the Grace of Christ and Original Sin*, 17. 19ff

을 위해 아무것도 할 수 없으며 전적으로 하나님의 은총에 의존해야 한다고 역설했다. 이 근본적인 관점의 차이로부터 원죄의 부정과 원죄에 대한 확신, 예지 예정과 완전 예정과 같은 여러 가지 견해 차이가 파생하게 된 것이다. 이런 차이점 때문에 어거스틴은 펠라기우스의 사상은 기독교 전통적인 교훈으로부터 철저히 이탈했으며 그 자신과 펠라기우스 사이에는 정신적 만남이 있을 수 없다고 밝힌 것이다.44)

IV. 펠라기우스 논쟁

펠라기우스 논쟁은 두 단계로 전개되었다. 첫째는 펠라기우스와 그의 제자 카엘레스티우스를 한 축으로 한 펠라기우스파와 어거스틴을 또 다른 축으로 한 서방 교회의 대립이었다. 둘째는 존 캐시언을 비롯한 준 펠라기우스파와 서방 교회 사이의 논쟁이었다.

1. 펠라기우스 논쟁

펠라기우스는 410년 알라릭(Alaric)이 로마 시를 함락시키기 직전까지 로마에서 활동하는 동안 사회에 만연한 도덕적 부패에 민감하게 반응하며 기독교 개혁과 전파에 몰두했다. 그런 노력의 결실로 법률가 카엘레스티우스(Caelestius)를 추종자로 얻게 되었으며, 그

---

44) Evans, *Pelagius*, 43.

자유의지와 하나님의 은총_ 목창균 | **651**

의 "열정과 탁월한 지성적 능력"으로 그 자신에 관한 논쟁에 막강한 화력을 보충할 수 있었다.[45]

펠라기우스가 어거스틴의 저서를 처음 대한 것은 405년이었다고 한다. 그는 어거스틴이 모든 것을 하나님의 은총에만 의존한 반면, 인간의 노력이나 참여를 전적으로 배제하는데 격분하여 반론을 제기했다.

410년 그는 로마가 코트족의 정복자, 알라릭의 공격으로 함락되기 전날 밤, 제자 카엘레스티우스와 함께 탈출하여 북 아프리카로 향했다. 어거스틴을 방문할 목적으로 히포를 경유지로 삼았지만, 때마침 그가 출타 중이라 만나지는 못했다.[46] 펠라기우스는 아프리카에 잠시 머문 후, 동방으로 향해 팔레스틴 지역으로 이동한 반면, 카엘레스티우스는 카르타고에 남았다.

카엘레스티우스의 안수 문제는 펠라기우스 논쟁을 수면 위로 떠오르게 한 중요한 계기였다. 그는 카르타고 교회에 안수를 청원했지만, 원죄 부정 혐의로 거절당했다. 그뿐만 아니라 412년 초 어거스틴 주재로 카르타고에서 열린 북아프리카 교회 회의는 그를 정죄하고 출교에 처했다. 카르타고를 떠나야 했던 카엘레스티우스는 에베소로 가게 되었으며 그곳 교회의 환대 속에 장로 안수를 받았다.

펠라기우스에 대한 논쟁은 413년 펠라기우스가 디메트리아 (Demetria) 수녀에게 보낸 편지 문제로 팔레스틴에서 다시 불붙었다. 그 편지 내용 가운데 문제가 된 것은 "인간은 완전을 이룰 수 있으니, 이는 또한 우리의 의미입니다."라고 한 구절이었다. 그것은 어

---

45) Battenhouse, *A Companion to the Study of St. Augustine*, 204.
46) Ibid.

거스틴과의 끝없는 논쟁의 불씨이기도 했다

415년 6월 예루살렘의 요한 감독 주도로 디오스폴리스에서 열린 교구 회의는 14명의 감독이 참석한 가운데 펠라기우스의 의견을 청취하는 한편, 오로시우스(Orosius)로부터 카르타고 회의에 관한 보고를 받았다. 그렇지만 펠라기우스의 주장은 기본적으로 건전하다는 결론을 내리고 그 문제를 로마 감독 인노센트(Innocent)에게 넘기기로 결의했다. 왜냐하면 오리겐 신학의 영향 아래 있던 동방 교회는 펠라기우스의 견해에 대해 서방 교회처럼 문제의식을 민감하게 느끼지 않았기 때문이다. 예루살렘에 있었던 두 서방 신학자 제롬(Jerome)과 오로시우스를 제외하고, 어느 누구도 그 편지에 관심을 기울이지 않았다. 어거스틴은 이를 좌시하지 않고, 오로시우스를 제롬에게 보내 펠라기우스에 관해 더 자세히 알아보게 했다.

415년 12월 가이사랴 감독 주재로 디오스톨리스에서 모인 두 번째 회의는 펠라기우스뿐만 아니라 카엘레스티우스 문제도 의제로 삼았다. 카엘레스티우스는 펠라기우스보다 더 과격했기 때문에, 그가 어거스틴의 실질적인 주 적수였다 해도 과언이 아니다.[47] 그렇지만 제롬의 반대에도 불구하고, 펠라기우스의 이단 혐의에 대해서는 무죄로, 그리고 카엘레스티우스에 대해서는 "이단이라기보다 경솔"한 것으로 판정했다.[48]

이렇듯 펠라기우스는 두 차례에 걸친 디오스폴리스 회의에서 정죄를 면했지만, 그 효력은 1년을 지속하지 못했다. 왜냐하면 416년 카르타고와 누미디아 밀레브에서 두 지역 회의가 그를 정죄했기 때

47) Gonzalez, *A History of Christian Thought*, vol. II, 28, 31.
48) Battenhouse, *A Companion to the Study of St. Augustine*, 205.

문이다. 오로시우스는 카르타고 회의에 참석하여 디오스폴리스 회의와 펠라기우스에 대한 자세한 내용을 보고했으며, 이어 소집된 밀레브 종교 회의는 참석한 399명의 감독들이 만장일치로 펠라기우스의 주장을 오류로 판정하고 그를 정죄했다.

펠라기우스의 주장 가운데 오류로 지적받았던 것은 아담은 본래 죽도록 창조된 것이며, 그의 죽음은 죄의 결과가 아니라는 것, 아담의 죄는 그 자신만을 훼손했을 뿐이며, 그의 후손에게는 어떤 영향도 미치지 않기 때문에 원죄는 존재하지 않는다는 것, 신생아는 아담의 타락 전과 동일한 상태에 있기 때문에 세례를 필요로 하지 않는다는 것, 하나님의 은총 없이도 선한 일을 할 수 있다는 것, 복음뿐 아니라 율법도 인류를 천국으로 인도할 수 있다는 것, 그리스도가 오시기 전에도 전혀 죄가 없는 인간이 존재했다는 것 등이었다.[49]

한편, 교황 인노센트 역시 펠라기우스 일파에 대한 두 북 아프리카 교회 회의 결정에 동의하려고 했으나 공식적인 정죄 판결을 내리지 못하고 417년 3월 죽었다. 펠라기우스가 자신의 문제를 후임 교황 조지무스(Zosimus)에게 호소함에 따라 반전이 일어났다. 조지무스는 펠라기우스와 카엘레스티우스를 비난할 여지가 없다고 선언하여 그들의 정통성을 인정한 것이다. 그렇지만 로마에서 발생한 난동에 펠라기우스파 추종자들이 합세하여 로마 관리를 공격한 사실이 밝혀지자, 분노한 황제 호노리우스는 418년 그들을 공공질서를 교란하는 자로 비난하고, 펠라기우스와 카엘레스티우스를 로마에서 추방했으며, 조지무스 교황 역시 자신의 결정을 번복하고 그들을

49) Christie-Murray, *A History of Heresy*, 72.

정죄했다.

418년 조지무스가 죽자 에클라눔의 줄리안(Julian of Eclanum)의 주도하에 펠라기우스에게 새로운 재판의 기회를 주려고 시도했으나 어거스틴이 이를 봉쇄했다. 어거스틴이 주재하고 2백 명 이상의 감독들이 참석한 카르타고 전 아프리카 총회는 펠라기우스주의에 대한 반대를 분명히 하는 한편, 그 일파를 정죄했다. 또한 그들에 대한 정죄 회람문에 서명하기를 거부한 줄리안을 비롯한 18명의 이태리 감독들도 면직했으며 줄리안을 카엘레스티우스와 아마도 펠라기우스와 더불어 콘스탄틴노플에 유배시켰다. 네스토리우스 총주교는 그들을 환대를 했을 뿐만 아니라 로마 교황 켈레스틴와 그들을 중재하려 했다.

431년 에베소 공회의는 네스토리우스 문제를 다루면서 펠라기우스 일파를 정죄했다. 그 이후 펠라기우스와 카엘레스티우스의 행적에 대해 알려진 것은 없다. 줄리안은 기근 시 그의 전 재산을 가난한 사람들에게 나누어주었으며 450년경 시실리에서 죽었다고 한다.[50]

2. 반펠라기안 논쟁

펠라기우스가 몰락의 길을 걸었지만, 당시 교회가 어거스틴의 모든 견해를 즉각적으로 받아들인 것은 아니었다. 왜냐하면 그가 펠라기우스주의에 대응하면서 그 반대 방향으로 지나치게 나간 면도 없

---

50) Battenhouse, *A Companion to the Study of St. Augustine*, 206.

지 않았기 때문이다.51) 인간에게는 죄를 지을 수 있는 자유밖에 없으며, 구원받은 사람은 하나님의 은총으로 자유를 분깃으로 받게 되었다는 주장도 그 가운데 하나였다. 그는 하나님의 은총을 강조한 나머지 인간의 자유의지를 외면했다. 따라서 그의 저술과 사상은 동방 교회에 큰 영향을 미치지 못했을 뿐만 아니라 서방 교회, 특히 남부 골 지역의 수도원들에서도 반발을 일으켰다. 그들이 문제시한 것은 "의지가 자유로운데도 타락한 상태에서는 선을 선택할 능력이 없다"는 것과 숙명론을 내포하고 있는 예정 교리, 자기 부정과 훈련의 생활을 하찮게 보고 모든 "도덕적 노력을 마비"시키는 것 등이었다.52) 또한 하나님이 선택하지 않는 한, 어떤 죄인도 한 발자국도 내디딜 수 없으며, 어느 누구도 하나님의 작정한 구원이나 정죄로부터 도피할 수 없다는 그의 견해는 기본적인 부도덕성을 포함하고 있다는 것이다.53)

반면, 그들이 제시한 개념은 흔히 반(半)펠라기우스주의(semi-Pelagianism)로 알려지고 있다. 그것은 수정된 형태의 펠라기우스주의였다. 흔히 반펠라기우스주의로 불리는 이 학파는 실제적으로는 반(半)어거스틴주의(semi-Augustinianism)였다.54) 왜냐하면 펠라기우스를 반대하고 그것을 정죄하는 한편, 어거스틴의 교리를 수용하면서도 그 극단적인 것은 피하려고 했기 때문이다. 이 학파의 대표적 인물은 요한 크리소스톰의 제자로 알려진 존 카시언(John Cassian

---

51) Christie-Murray, *A History of Heresy*, 93.
52) Ibid.
53) Kelly, *Early Christian Doctrines*, 370.
54) Gonzalez, *A History of Christian Thought*, vol. II, 55.

of Marseilles), 빈센트, 파우스투스 등이다.

카시언은 아담의 타락으로 인간의 본성이 부패된 것이 아니며, 인간은 하나님의 은총을 필요로 하지 않는다는 펠라기우스의 주장을 거부했다. 그렇지만 인간은 자유의지를 가졌으며, 선을 원하거나 행할 수 있다는 것은 인정했다. 한편, 인간은 악을 행할 자유밖에 없다는 어거스틴의 소극적 견해와 달리, 그는 인간의 자유의지를 보다 적극적으로 이해했다. 인간의 자유의지는 하나님의 선행 은총 없이도 하나님의 은총과 협동할 능력을 지니고 있다고 본 것이다. "선을 향한 인간의 의지가 때로는 인간 속에서 일어나기도 하며, 하나님은 그것을 확실하고 강하게 만든다." 따라서 인간의 자유의지는 "죽은 것이 아니라 병든 것"이며, 하나님의 은총은 그것을 "회복시키고 도와주며 협력"하는 것이다.55) 또한 카시언은 모든 사람이 구원받기를 원하는 것이 하나님의 뜻이며, 하나님의 예정은 그가 우리의 행위가 어떠할지를 미리 아시는 예지에 따라 이루어진 것이라고 주장했다. 또한 일단 구원받은 사람은 "하나님의 특별한 도움 없이도 궁극적 견인"(final perseverance)에 이를 수 있다고 생각했다.56)

카시언의 견해는 펠라기우스의 견해를 다 부정한 것도 아니며, 어거스틴의 견해를 다 수용한 것도 아니었다. 두 사람의 극단적인 면을 피하며 그것을 절충한 면도 없지 않다. 또한 그의 견해는 동방교회의 전통적인 입장과 유사한 면을 지니고 있다. 아담의 타락 이후에도, 인간은 자유의지를 보유하고 있다고 본 것이나 인간의 구원을 위한 하나님의 은총과 인간의 자유의지 사이의 협동에 관심을 기

---

55) Kelly, *Early Christian Doctrines*, 371.
56) Christie-Murray, *A History of Heresy*, 93-94.

울이고 있는 것 등이 그러하다.57) 한편, 그의 견해가 당시 서방 교회에서 비판을 받았던 것은 하나님 대신, 인간에게 구원을 위한 모든 공적을 부여하고 있는 것 때문이었다.

남부 고을의 레렝(Lerins)의 수도사 빈센트는 카시언을 지지하는 한편, 어거스틴의 교훈을 기이한 것으로 신랄하게 공격했다. 그는 가톨릭 신앙을 "어느 곳에서나 항상 그리고 모든 사람에 의해 믿어지는 것"으로 도전적으로 정의했다.58)

가장 열렬히 어거스틴을 반대하는 문서 활동을 펼친 사람은 리즈(Riez)의 감독 파우스투스(Faustus)였다. 그는 인간의 자유의지를 옹호했을 뿐만 하니라 "신앙의 시작은 인간의 자유의지에 의존한다"고까지 주장했다. 인간은 자유의지에 의해 하나님에게 돌아갈 수 있으며, 하나님이 응답할 때까지 그것을 추구할 수 있다고 했다. 특히 그가 어거스틴주의 가운데 비판한 것은 예정론이었다. 그에 따르면, 예정이란 하나님이 예지를 통해서 "각 사람이 그 자신의 자유를 가지고 무엇을 할 것인가"를 미리 알고 판단하는 것에 불과하다. 따라서 "그리스도는 모든 사람을 위해 죽었다"는 사실만으로도 어거스틴의 예정론을 배격할 수 있는 충분한 근거가 된다고 주장했다.59)

위에서 살펴본 것 같이, 펠라기우스주의보다 더 위험한 것은 반(半)펠라기우스주의였다. 왜냐하면 그것은 당시 교회 감독들부터 상당한 지지를 받았기 때문이다.60) 반펠라기우스주의는 539년 오

---

57) Ibid., 93.
58) Ibid., 94.
59) Gonzalez, *A History of Christian Thought*, vol. II, 58
60) Christie-Murray, *A History of Heresy*, 93.

렌지회의에 이르기까지 또 다른 세기 동안 약해진 논쟁을 통해 간헐적으로 교회를 흔들었다. 어거스틴은 반펠라기우스주의에 반대해 『성도의 예정에 관하여』, 『견인의 은총에 관하여』을 저술했다. 529년 열린 아라우시아쿰 회의는 반펠라기우스주의의 입장을 거부하고 비판하는 다음과 같은 내용의 결의를 했다.[61] "아담의 범죄의 결과로 죽음과 죄가 그의 모든 후손에게 넘겨졌다. 인간의 자유의지는 왜곡되고 악화되어 은총으로 촉진되고 도움을 받지 않고서는 하나님을 사랑하는 것은 물론, 믿지도 못한다. 구약의 성자들은 그들의 공로를 오직 은총에 돌리고, 어떤 자연적 선의 소유로 돌리지 않았다. … 모든 선한 행위에 있어 첫 번 충동은 하나님께로부터 온다."

한편 캐사리우스(Caesarius , Bishop of Arless)의 온건한 어거스틴주의를 대변했다. 그에 따르면, 인간은 "부패된 본성을 유업"으로 받을 뿐만 아니라 "하나님에게로 향할 수 있는 모든 능력을 상실"했기 때문에, 그의 "본성적 능력으로는 구원을 위해 어떤 것도 할 수 없다." 하나님의 은총이 인간에게 먼저 오지 않으면, 인간의 자유의지로는 하나님을 믿거나 사랑할 수도 없고 선한 것을 할 수도 없다.[62]

한편, 오렌지회의는 반펠라기우스주의를 정죄하는 한편, 죄와 은총에 관한 온건한 어거스틴주의 입장을 가톨릭교회의 공식 교리로 인정했다. 아담의 타락으로 전 인류가 타락했고, 하나님은 은총을 인간에게 주신다. 신앙의 첫 단계인 신앙의 시작은 하나님의 은총 안에서 출발한다. 반면, 예정을 하나님의 주권적 행위로 간주하는 절대 예정 교리나 불가항력적 은총 교리는 따르지는 않았다.

---

61) Kelly, *Early Christian Doctrines*, 371-72.
62) Christie-Murray, *A History of Heresy*, 94.

V. 결론

펠라기우스 논쟁은 고대 서방 교회에서 일어난 낙관적 인간론과 비관적 인간론의 충돌이었다. 극단적인 낙관론을 대변한 펠라기우스는 인간은 자신의 선택에 의해 신적인 의지를 성취할 수 있는 특권을 하나님으로부터 부여받았으며, 자력으로 완전에 이를 수 있다고 주장한 반면, 비관론을 대변한 어거스틴은 타락한 인간은 자력으로는 구원을 위해 아무것도 할 수 없고 전적으로 하나님의 은혜에 의존해야 한다고 역설했다.

펠라기우스의 중심 사상이 무조건적인 자유의지와 책임이라는 관념이었다면, 어거스틴의 중심 사상은 절대적인 하나님의 은총이었다. 펠라기우스와 어거스틴을 수장으로 하는 신학적 싸움은 후자의 승리로 귀결되었다. 왜냐하면 어거스틴이 외형적으로는 로마 황제로부터 펠라기우스의 추방을, 그리고 로마 교황으로부터 펠라기우스에 대한 정죄를 이끌어냈으며, 내면적으로는 어거스틴의 신학적 입장 대부분이 후대 로마 가톨릭과 프로테스탄트 정통주의에 반영되었기 때문이다.[63] 한편, 펠라기우스 논쟁의 가장 큰 의의는 어거스틴이 이 논쟁을 통해 그의 은총론과 예정론을 정립했다는 것이다.

펠라기우스가 당시 서방 교회로부터 이단이라는 비판에 직면하게 되었던 것은 인간 본성에 대해 지나치게 낙관적인 태도를 취한 반면, 인간이 하나님에게 의존적인 존재라는 것에 대해서는 부정적인 시각을 드러냈기 때문이다. 그의 주장 가운데 오류로 지적받은

---

63) Evans, *Pelagius*, 3.

것은 아담은 본래 죽도록 창조된 것이며, 그의 죽음은 죄의 결과가 아니라는 것, 아담의 범죄는 그의 후손에게는 어떤 영향도 미치지 않았으며, 원죄는 존재하지 않는다는 것, 신생아는 아담이 타락하기 전과 같은 상태로 태어나기 때문에 세례를 필요로 하지 않는다는 것, 하나님의 은총 없이도 선한 일을 할 수 있고 완전에 이를 수도 있다는 것, 복음뿐 아니라 율법도 인류를 천국으로 인도할 수 있다는 것, 그리스도가 오시기 전에도 전혀 죄가 없는 인간이 존재했다는 것 등이다. 특히 원죄를 부정하고 하나님의 은총의 필요성을 절실하게 인정하지 않은 것이 그를 이단으로 몰리게 한 결정적 요인이었다.[64]

펠라기우스주의는 "동방에서는 일어날 수 없었던 서방 스타일의 이단"이었다.[65] 왜냐하면 동방 교회 교부들은 인간은 타락 이후에도 의지가 자유로우며, 자신의 행위에 책임이 있다는 데 의견을 같이 했으며 원죄 교리에 대해도 부정적이었기 때문이다. 415년 6월 예루살렘의 요한 감독 주도로 디오스폴리스에서 열린 교구 회의가 펠라기우스의 주장을 기본적으로 건전하다는 결론을 내린 것이나 415년 12월 가이사랴 감독 주재로 디오스톨리스에서 모인 회의가 펠라기우스의 이단 혐의 대해서는 무죄로, 그리고 카엘레스티우스에 대해서는 이단이라기보다 경솔한 것으로 판정한 것도 이를 말해 준다. 오리겐 신학의 영향 아래 있던 동방 교회는 펠라기우스의 견해에 대해 서방 교회처럼 문제의식을 민감하게 느끼지 않았던 반면,

---

64) Ibid., 2; Harold O. Brown, 『교회사 안에 나타난 이단과 정통』, 라은성 역 (서울: 그리심, 2002), 302.
65) Christie-Murray, *A History of Heresy*, 87.

서방 교회는 펠라기우스주의와 교리적인 충돌로 인해 큰 괴로움을 당했다.

역사적 사실로서의 부활

고광필 | 호서대학교 초빙교수

I. 들어가는 말

성경에 의하면 예수 그리스도의 부활은 역사적인 사실이다. 문제는 어떻게 이 증언을 정당화할 것인가? 의학적으로 죽은 자가 다시 살아난다는 사실을 증명할 수 없고, 역사적으로도 죽었다가 살아난 사람도 없다. 역사적으로 보면 죽은 자가 살아났다는 소문만 있을 뿐이다. 그렇다면 예수 그리스도의 부활이란 하나의 소문인가, 아니면 역사적 사실인가? 역사적인 사실이라면 어떤 점에서 역사적인 사실인가? 성경의 부활의 이야기는 허구적인 이야기가 아닌가?

본 논문은 예수 그리스도의 부활의 역사적 사실에 대한 신학적인 고찰이다. 20세기 위대한 신학자 칼 바르트(Karl Barth)와 루돌프 불트만(R. Bultmann)의 부활의 역사성에 대한 논쟁을 살펴봄으로써 이들의 논쟁의 쟁점이 무엇인가를 고찰하고 동시에 이들의 문제점을 살펴보는 가운데 부활의 역사성은 신학이나 철학적인 논쟁의 대상이 아니라 그것은 성경 자체의 이야기(narrative story)가 증언한다는 사실을 명료화하는 데 있다.

II. 칼 바르트와 루돌프 불트만의 부활에 대한 논쟁

바르트에 의하면 십자가와 부활은 시간과 공간 안에서 일어난 역사적인 사실이다. 그럼에도 불구하고 이 역사는 현대 역사가들이 사용하는 과학적인 방법에 의해서 증명될 수 없다. 왜냐하면 신약 성경 자체는 과학적으로 잘 증명된 역사적 기록이 아니라 믿음의 결단을 요구하는 역사이기 때문이다.[1] 다시 말하면 현대 역사가의 역사의 개념은 단순히 역사적으로 연구할 대상이 아닌 모든 하나님의 사역을 제외시켜 버린다. 그럼에도 불구하고 예수 그리스도의 부활은 역사적 사건이다. 이 역사는 설화(saga) 형식인 이야기 속에 묘사된 과거로써 역사(Historie)가 아니라 의미로써 역사(Geschichte)이다.[2]

이런 이유 때문에 바르트는 역사(Historisch)와 의미(Geschichtlich)를 구분한다. 이와 같은 역사 개념은 캘러(Martin Kahler)에 의해 영향을 받았다. 캘러에 의하면 역사를 두 가지로 정의 한다. 즉 소극적인 것(negative)과 적극적인(positive) 역사를 구분한다. "믿음은 (이 믿음을 가능케 하는 역사적인 증거가 주어진다고 해도) 역사적인 증거에

----

1) Karl Barth, *Church Dogmatics*, 4/1, trans. G. W. Bromily (Edinburgh: T & T. Clark, 1980), 335. cited as CD.
2) Ibid., 335.

기초하지 않는다. 우리에게 필요한 것은 성경은 교회의 초석인 케리그마(κηρυγμα)를 늘 의미 있게 해준다는 확신을 주는 것이다."3) 이 역사에 대한 정의는 소극적인 것이다. 다시 말하면 케리그마는 역사적이면서도 그 의미는 과거 역사(Historie)로서 역사에 의존하고 있지 않다는 것이다. 이 관점은 기독교 믿음의 특성을 이해하는 데 중요하다.

적극적인 면에서 역사의 의미는 "초역사적인 구세주"(supra-historical Saviour)와 "초역사"(supra-historical)의 관계성 속에서 역사 의미를 이해하고자 한다. 여기서 초역사란 과거 역사(Historie)로써 역사가 아니라 의미의 역사(Geschichte)로서의 역사를 의미한다. 예수님이 구세주라는 선포(κηρυγμα)는 초역사에 기초해 있으며 그렇기 때문에 초역사적인 구세주가 된다.4) 성경에 기록된 구세주로서 예수님은 구세주라는 타이틀, 그의 사명, 그의 본질에 있어서 보통 인간의 경지를 넘어서지만 인간이다. 이점에서 캘러가 말하는 초역사는 역사로부터 분리된 사실이 아니지만 구세주로서 의미는 역사(Historie)로서 다 말해질 수 없다. 이 초역사는 과학에서 말하는 원인과 결과의 사슬 안에 있는 연속되는 고리의 하나가 아니다. 왜냐하면 이 역사는 다른 역사적인 사건들과 결합하여 일반적 진리를 형성하며 그러한 방법으로 초역사에 효과적으로 현재적인 의미를 부여하기 때문이다.5) 이와 같이 캘러는 초역사를 현재적이고 실제적

---

3) Hans-Werner Barthsch ed., *Kergma and Myth*, Vol. II, trans. R. H. Fuller (London: S.P.C.K., 1962), 50.
4) Ibid., 51.
5) Ibid., 50-51.

이며 중요한 의미의 역사로 이해하며, 이것은 우리에게 다른 두 개념의 역사, 즉 의미의 역사(Geschichtlich)와 과거 역사(Historisch) 사이의 중요한 차이점을 깨닫게 해주며, 성경 기록의 역사성과 연결시킨다. 간단하게 말하면 케리그마(κηρυγμα)는 과거 사건(Historie)과 관계가 아니라 의미 역사(Historie)와 직접적인 관계성을 갖는다.

캘러의 의미 역사(Geschichtlich)와 과거 역사(Historisch)의 개념적 차이의 분석은 바르트에게 예수 그리스도의 부활의 역사성이 역사비평 연구의 결과에 좌우되는 것이 아님을 이해하는 데 도움을 주었다. 예수 그리스도의 부활은 의미(Geschichte)의 역사로서 이의 역사성은 신약의 이야기 형태로 된 설화(saga)에 의해서 역사성이 증명될 수 있다는 가능성을 이해한 것은 캘러에 영향 입은 바가 크다고 사료된다. 그래서 바르트는 성경에 나오는 창조의 이야기나 부활의 이야기는 현대 많은 학자들이 말하는 것처럼 설화(saga)로 이해하는 것이 당연하다고 했다.6) 다시 말하면 십자가는 역사연구 비평학자들과 같이 과거 역사(Historie)로 말할 수 있지만 부활은 그렇게 말할 수 없으며, 말할 수 있다면 부활의 역사성은 설화(saga)로 이해되어야 한다는 것이다.

바르트에 의하면 saga(설화)란 "시간과 공간 안에서 유일회적으로 실현된 역사의 전 역사적(prehistorical) 실재에 대한 직관적이고 시적인 묘사"라고 정의했다.7) 이 설화는 성경 내의 이야기들보다

---

6) *CD*, 4/1, 336.
7) *CD*, 3/1, 81. "In what follows I am using saga in the sense of an intuitive and poetic picture of a pre-historical reality of history which is enacted once and for all within the confines of time and space... If the concept of myth proves inadequate as is still to be shown—it is obvious that only con-

더 포괄적인 의미가 있게 한다고 말했다. "이 설화는 기성 형태의 이야기를 사용하지 않는다. 그러나 이 설화는 철저히 그 자체가 이야기(narrative)이다. 그것은 철학하는 주체가 그의 추상적인 언어로 구체적인 사실을 추상화하는 것과 같은 철학적 체계를 전혀 갖지 않는다. 설화가 말하는 것은 그 자체의 이야기의 형태와 이것에서 결과하는 것에 의해서만 이야기될 수 있다."[8] 여기서 바르트의 의도는 설화는 신화와는 다르며 그래서 성경에 나오는 창조의 이야기는 신화가 아니라 인간의 이성과 감정을 초월하는 하나님의 역사로서, 실제로 일어난 사건임을 강조하며, 이 설화의 의미는 이 역사에 대한 인간의 상상력에 의한 이야기에서 전달되는 사실을 포함한다. 그래서 바르트에 의하면 이 설화는 성경의 이야기와 아무런 다를 바가 없으며 거의 구별되지 않는다고 한다.[9]

요약하면 역사비평 연구자들이 의미하는 역사의 개념으로서는 구체적으로 역사 속에서 일하시는 하나님의 행동을 제한시키며 설명할 수 없게 만든다. 그래서 단지 설화만이 하나님께서 행하신 역사를 분명하게 실재 사건으로서 묘사할 수 있다고 바르트는 강력하게 주장한다. 이 점에서 볼 때 고린도전서 15장 3-8절에서 사도 바울이 제시한 예수님의 부활을 목격한 증인들의 목록은 부활의 역사

cept to describe the biblical history of creation is that of saga."
8) CD, 3/1, 87.
9) CD, 3/3, 375. Straus는 Das Leben Jesu에서 신화를 "산의 중재 없이 인간에게로 들어오면서 일어나는 일, 사상이 구체화되어진 형태로 중재 없이 스스로 나타내는 것" 혹은 "아무도 중인이 될 수 없는 상황에 속하는 초자연적인 세계의 사실들과 같은 절대로 경험 불가능한 문제들, 또는 상대적으로 경험되어질 수 없는 것들의 역사 같은 형태로" 분류했다고 한스 프라이는 말했다. 한스 W. 프라이, 『성경의 서사성의 상실』 (서울: 한국장로교출판사, 1996), 324.

성을 증명하는 것이 아니라 예수님의 부활을 처음 경험한 제자들처럼 예수님을 부활하신 주로서 선포된 케리그마를 증명하는 것이라고 바르트는 말했다.10) 이와 같이 바르트의 설화(saga) 개념이 오늘의 서사 신학을 태동시킨 단초가 됨을 볼 수 있다. 불트만과의 부활의 역사성 문제에 관한 논쟁에서 바르트가 제시한 성경 서사의 중요성을 강조하는 통찰력을 엿볼 수 있다.

루돌프 불트만에 의하면 예수 그리스도의 부활은 과거에 일어난 역사(Historie)가 아니라 비신화(demythologizing)의 방법에 의해서 해석되어야 할 단순한 신화적 사건이다. 왜냐하면 우주적인 사건으로서 부활은 순수한 신화적인 사건이며 신화로서 묘사될 수밖에 없는 특성을 갖고 있기 때문이다. 그러므로 성경에 기록된 신화적인 케리그마는 현대인들에게는 믿을 수 없는 하나의 전설과 같은 것이다. 신약성경에는 신화적인 것이 많이 있다고 불트만은 말하며 그 일례를 들면 다음과 같다. "신약성경의 우주론은 그 속성에 있어서 신화적인 것과 걸맞다. 이 세상의 중앙에는 지구가 있고, 위에는 하늘이 있고 밑에는 지옥이 있다는 이 세 이야기로 구성되었다. 하늘은 하나님과 천군 천사들이 거하는 장소로 묘사되어 있으며 지하는 지옥이 있으며 그곳은 고통의 장소이다."11) 이 세계관은 불트만에 의하면 신화적인 언어로 표현되어 있으며 현대 유대 묵시록과 영지주의 구속 신화에서 나오는 것과 비슷하며 이 신화들은 세상에 있는 여러 가지 근원에 대해서 묘사하고 있다. 신화는 세계 속에 사는 인

---

10) *CD*, 4/1, 335.
11) Hans-Werner Barthsch ed., *Kerygma and Myth*, Vol. I (New York: Harper and Brothers, 1961), 1.

간 이해를 묘사한다. 볼트만은 신화의 특성과 의미를 네 가지로 설명한다.

첫째, 신화는 인간이 경험하는 세계의 한계와 활동과 고통의 근원을 묘사하는 힘이다. 둘째, 신화는 인간이 살고 있는 세계의 궁극적인 의미와 목적은 이 세상에 있는 것이라기보다는 세상 너머에 있다고 믿는 인간 확신의 표현이다. 셋째, 신화는 인간은 자기 존재의 주인이 아니라는 인식의 표현이다. 마지막으로 신화는 인간은 이와 같은 유한한 존재이면서도 자기를 얽매고 있는 힘으로부터 해방될 수 있다는 신앙의 표현이다.

이와 같은 신화의 실제적인 의미와 특징에 관한 볼트만의 정의에 의하면 인간은 자기가 살고 있는 세상의 객관적인 상(picture)을 있는 그대로 재현하는 것이 아니라 그 세계 안에서 자기 이해를 신화적 표현을 빌려서 묘사한 것이다.[12] 다시 말하면 신화란 궁극적인 인간 이해를 신화라는 언어 속에 숨기고 있기 때문에 그 베일을 벗겨야 하는데 이 베일을 벗기는 방법이 비신화(demytholozing), 즉 신화적인 표현을 실존적으로 재해석해야 한다는 말이다.[13] 그래서 고린도전서 15장 3-8절에서 부활의 목격자들의 목록은 부활을 역사적인 사건으로 증명하는 것이 아니라 다시 사신 그리스도로 선포된 케리그마를 증명하는 것이다. 다시 말하면 부활은 종말론적인 사건으로서 역사적인 예수의 부활이 아니라 그리스도로 받아들여진 케리그마요, 부활을 믿었던 사도들의 믿음의 시작이다. 케리그마로서 예수 그리스도를 만남에서 과거 사건(Historie)으로서 부활이 의미

---

12) *Kerygma and Myth*, Vol. I, 10.
13) Ibid., 10.

있는 역사적(Geschichtlisch)인 부활로 된다. 이 실존적인 만남에서 인간은 새로운 자기 이해(self-understanding)를 갖게 된다. 그래서 부활이 중요한 것은 역사적인 사실로서가 아니라 인간 존재 의미를 새롭게 하기 때문이다. 부활은 유한한 인간에게 무한을 약속해주는 표징이 된다. 그래서 부활은 산 희망이 되는 것이다.14)

바르트와 불트만의 부활의 역사성에 대한 논쟁에서 우리는 다른 점과 같은 점을 관찰할 수 있다. 바르트와 불트만은 예수 그리스도의 부활은 역사비평의 관점에서는 이해할 수 없는 점에서 서로 의견을 같이 한다. 그러나 불트만에 의하면 부활이란 과거 역사적인 사실이 아니라 진정한 인간 실존의 가능성을 묘사한 종말론적 신화적인 사건이다. 부활의 중요성은 그것이 역사적인 사실이기 때문이 아니라 인간에게 새로운 실존적인 의미를 주기 때문이며, 이와 같은 의미는 결국 자기 이해(self-understanding)이다. 바르트에게 부활은 시간과 공간 속에서 일어난 사건이다. 바르트는 부활이란 역사비평 연구에 의해서 이해될 수 없음에도 불구하고 부활의 역사성을 고수하고자 했으며 이 역사성을 설화(saga)라는 비성경적이고 철학적인 개념을 도입해서 부활의 역사성을 증명하려고 했다. 그럼에도 불구하고 설화(saga)의 개념은 부활의 역사성을 증명하기보다는 오히려

---

14) Ibid., Vol. I, 42. 불트만에 의하면 역사적인 인물인 예수는 신앙의 대상이 아니다. 그것은 케리그마의 그리스도이다. 예수는 위인이요 그리스도는 아니다. 그는 종말론적인 메시지를 전달한 한 전령자이며 메시아로서 선포되었다. 그래서 케리그마의 그리스도는 역사적 예수와의 연속성을 가질 수 있는 역사적인 인물이 아니다. 그러나 그를 선포케 하는 케리그마는 역사적인 사건이다. 그래서 불트만은 성경에서 historie로써 역사적 예수를 찾을 수 없고 다만 케리그마로서 예수를 말할 수밖에 없다고 한다("현대 역사적 예수 논구," 「복음주의신학총서」 14, 38-57 참조).

혼동하게 만들어버렸다. 자기모순에 빠져버렸다.

현대 신학자의 한 사람인 부버(Martin Buber)도 그의 유명한 책 *Moses*라는 책에서 설화와 역사적인 관계를 설명하면서 성경의 이야기(창조)는 인간의 경험과 이성을 초월하는 사건이라고 기록하고 있다. 이 이야기들은 현대 역사학자들의 관점에서는 이해할 수 없는 것들이다. 이와 같은 이야기를 설화(saga)라고 부른다. 이 점에서 바르트와 비슷하다. 그러나 부버에 의하면 설화란 인간의 이성을 초월한 사건과의 원초적인 만남을 묘사하는 하나의 과정이지 실재로 무엇이 일어났는가를 증명해주는 것이 아니라고 했다. 이 과정이 이스라엘 백성들이 하나님을 믿게 했다고 말한다. 그래서 모세라는 인물은 현대 역사로서 증명할 수 있는 모세라기보다는 믿음으로 받아들여진 모세이다.15) 후기 불트만학파에 속하는 본캄(Gunter Born-kamm)도 그의 유명한 책, *Jesus of Nazareth*에서 성경에 기록된 부활은 사건은 부활의 실재성과 역사성에 대한 증거라고 말한다. 그래서 케리그마 속에서 역사를 이 역사 속에서 케리그마를 찾아야 한다고 말했다. 이 둘의 관계성은 분리될 수 없으며 변증법적으로 서로를 더욱더 명료하게 한다고 말한다.16)

본캄과 부버는 서로 다른 사람이지만 한 가지 동의하는 것은 성경의 기록은 역사적 객관성과 역사적인 예수를 증명하기 위해서라기보다는 그것이 믿음에 기초해 있다는 것을 입증해준다고 말할 수 있다. 그러므로 바르트가 설화의 개념을 이용해 부활의 역사성을 증

---

15) Martin Buber, *Moses* (New York: Harper torch Book, 1958), 12-19.
16) Gunter Bornkam, *Jesus of Nazareth*, 3rd. trans. Irene and F. Mclusky (New York: Harper & Row Publishers, 1960), 21.

명하고자 했던 시도는 설화의 개념을 혼동한 것이다. 더군다나 설화의 개념은 자유주의 학자들이 성경에 기록된 초자연적이면서도 역사적인 사건을 합리적으로 설명하기 위해서 만들어낸 비성경적이며 철학적인 개념이다. 이러한 개념에 의해서 바르트는 부활의 역사성을 증명하기 보다는 혼동하는 결과를 초래했으며 자기모순에 빠진 셈이다. 캘러의 두 역사(Historie와 Geschichte)의 구분도 마찬가지이다. 불트만은 역사적 예수와 케리그마의 예수를 너무 엄격하게 구분함으로써 부활의 역사성을 부인했다. 그는 케리그마는 역사적 (Historiesch)이라기보다는 실존적인 만남에서 역사가 된다고 함으로써 믿음과 역사를 분리시키고 이 관계를 실존적으로 해석함으로 결과된 비역사화(dehistoricizing)는 성경을 하나의 픽션(fiction)으로 오해될 수 있는 소지의 가능성을 배제할 수 없게 만들기도 했다. 이와 같은 맥락에서 볼 때 바르트의 설화 개념을 도입해서 부활의 역사성을 증명하려는 시도는 증명하기보다는 혼동시켰으며 특히 불트만은 성경을 하나의 픽션으로 오해할 수 있는 소지의 가능성을 열어놓았다. 그러나 근본적인 질문은 과연 불트만이나 바르트의 부활의 역사성에 대한 논증이 성경적인가를 질문해야 할 것이다. 아니라면 성경은 어떻게 부활의 역사성을 묘사하고 있는가를 살펴봐야 한다. 이것이 서사 신학의 시도이다.

서사 신학적인 면에서 다시 바르트의 설화를 재고해볼 때 바르트의 입장은 좋은 것이었으나 만족스럽게 설명하지 못했다. 바르트 이후에 설화의 개념을 서사의 개념으로 대치한 학자는 한스 프라이다. 그의 시도는 서사적인 예수 그리스도의 정체성을 이야기하는 데 깊은 통찰력을 주었다고 생각한다. 그러나 프라이는 서사를 "역사 같은(history-like)것"으로 말함으로써 서사와 역사를 구분하면서 뭔가 묘한 뉘앙스를 암시해준다. 그렇게 함으로써 부활의 역사성을 다룰 때 서사와 실제성의 문제를 혼동시키지 않나 사료된다.

III. 서사와 부활

부활의 역사성에 대한 문제로 많은 신학적인 논란이 있었다. 그 대표적인 논증의 사례가 불트만과 바르트의 부활의 역사성에 대한 논쟁이었음을 이미 기술했다. 여기서는 부활의 역사성에 대한 문제를 서사의 입장에서 살펴보고자 한다. 바르트는 부활의 역사성 문제를 설화라는 개념을 통해서 증명하고자 했다. 그러나 설화라는 개념이 성경에서 말하는 이야기 개념과는 상이한 개념이기 때문에 부활의 역사성을 증명하기보다는 오히려 혼동하게 만들었음을 서사의 입장에서 다시 분석하고자 한다. 그러면 부활의 역사성을 성경은 어떻게 말하고 있는가? 역사적 사실이라고 말할 때 사실이란 무엇인가? 먼저 사실의 개념에 대해서 살펴보자.

F. L. 루카스는 "On Not Worshping the Facts"에서 사실이란 단순히 정의함으로써 이해되는 개념이 아니며, 그렇다고 단순한 실체의 개념도 아니라고 했다. 왜냐하면 사실이라는 개념은 체계적으로 애매한 개념(systematicality elusive concept)이기 때문이다. 사실이란 개념은 사실과 의견, 사실과 법칙, 사실과 가치, 사실과 거짓, 사실과 이론, 사실과 해석이라는 개념들과 대비해서 생각하면 사실이라는 언어의 의미를 명료하게 이해할 수 있다고 했다.[17]

사실이라는 언어는 콘텍스트에 따라서 다르게 이해된다. 첫째, 사실의 의미는 선험적인 개념이 아니며 우리의 탐구나 조사 이전의 개념이 아니다. 가령 지구는 태양의 주위를 회전한다는 지동설 이전에는 태양이 지구의 주변을 회전한다는 천동설이 사실이었다. 그러나 코페르니쿠스의 발견에 의해서 지동설로 바뀌었다. 둘째, 사실은 우리의 담론에 있어서 서로 의견일치가 있을 때만이 사실이 된다. 셋째, 사실은 의심이 가능하지 않을 때 사실이라고 한다. 마지막으로 사실은 사유의 상호성의 결과이다. 따라서 사실은 탐구나 발견의 결과 의해서 결정되는 것이 아니라 주어진 상황에 의해서 결정된다. 이런 점에서 사실의 의미나 진실성은 의심할 수 없으며 토론의 대상이 아니다.

그렇다면 부활의 역사성과 확실성은 소위 역사적인 탐구나 신학적 논증에 의해서 결정되는 것이 아니다. 부활의 역사성은 믿음에 의해서 결정되는 것이지 과학적인 탐구나 역사학자의 조사에 의해서 결정되는 사안도 아니다. 부활의 역사성과 확실성은 성경에 나와 있는 서사를 통해서 보여지고 증거된다. 가령 요한복음 11:25에서 "나는 부활이요 생명이니 나를 믿는 자는 죽어도 살겠고 무릇 살아서 믿는 자는 영원히 죽지 아니하리니 네가 이것을 믿느냐?"고 예수님이 질문하셨다. 우리는 이것은 증명할 수 있는가? 증명할 필요가 없다. 왜냐하면 예수님의 질문의 핵심을 보면 믿느냐고 물어보셨지 증명할 수 있느냐고 질문하지 않으셨기 때문이다. 여기서 중요한 것은 예수님이 나는 부활이요 생명이라고 말씀하셨다. 이 말이 무슨

---

17) F. L. Lucas, "On Not Worshipping the Facts," *Philosophical Quarterly*, 144.

말인가? 예수님은 부활시킬 수 있는 능력을 가지신 분이요 죽은 자를 살릴 수 있는 분이시라는 사실을 선포한 것이다. 이것을 믿으면 다음의 예수님의 말씀을 믿는 것도 쉽다. 믿기 어려운 것은 예수님의 부활을 역사적으로 혹은 과학적으로 설명하려고 하기 때문에 의심이 생기며 믿기 어려운 것이다. 예수님이 부활이시고 생명이신데 왜 죽은 자를 부활시키는 것이 불가능한 것이겠는가? 복음서에서도 예수님이 부활하셨다는 것을 역사적인 논증이나 과학적으로 설명하지 않았다. 예수님은 살아나시고 제자들을 찾아오셔서 같이 식사하시고 같이 먹고 마시셨다고 증거하고 있다. 40일 동안 제자들과 같이 있으시면서 가르치시고 그들이 보는 가운데 승천하셨다. 이것이상 무엇으로 예수님이 살아나셨다는 것을 더 확실하게 증거할 수 있는가? 여기서 중요한 것은 제자들은 예수님의 부활의 확실성을 이야기 형태로 묘사하고 있다는 사실이다. 이 서사가 예수님의 부활의 확실성을 보여준다.

크리테스(S. Crites)는 "The Narrative Quality of Experience"라는 논문에서 시간을 통해서 주어지는 경험(the formal quality of experience through time)은 본질적으로(inherently) 서사적(narrative)이라고 말한다. 다시 말하면 경험은 서사적이며 서사적 구조(the narrative form/plot)를 가지고 있다. 서사는 아직 정리되지 않는 인간 삶의 여러 경험을 의미 있는 사건으로 구성하는 방법(one of the ways to organize our life experience)이다.18) 부활사건은 서사로 묘사되어 있다. 이것은 무엇을 말하는가? 부활의 이야기 자체가 부활은 역사

---

18) Steven Crites, *Narrative? Readings in Narrative Theology*, 69.

적인 사실이라는 것을 반증한다.

바르트가 사용하는 설화라는 언어는 부활의 역사성을 증명하기 위해서 사용되었지만 이 언어는 우리가 평상시에 사용하는 일상 언어와 다르다. 우리는 평상시에 일상 언어를 사용하여 대화하고 소통한다. 왜냐하면 일상 언어는 누구나 이해하는 언어이기 때문이다. 길버트 라일에 의하면 일상 언어에서 "일상"이라는 언어의 의미는 과학적(technical)이거나 전문적(esoteric)이거나 기호적(notational)인거나 잘 사용하지(archaic) 않은 언어를 의미하는 것이 아니라, 상식적(common sensical)이고, 현재적(current)이며, 일상적으로 서로 소통(colloquial)하는 언어라고 했다.[19] 이런 점에서 일상 언어는 전문적인 것도 그렇다고 해서 과학적인 언어도 아니다. 가령 '우리', '나', '당신', '세계'라는 언어를 우리는 사용하는 데 아무런 지장이 없으며 일상 언어의 의미를 이해하는 데 특별한 훈련이나 철학적이거나 신학적인 교육이 필요 없이도 이해할 수 있다.

마찬가지로 종교적인 언어도 일상 언어이다. 예수 그리스도께서 제자들이나 사람들에게 하나님의 나라에 대해서 말씀하시고 가르치실 때 전문적인 언어나 신학적인 용어나 철학적인 언어를 사용하셨는가? 아니다. 그는 누구나 다 알아들을 수 있는 언어를 사용하여 가르치시고 설교하셨다. 예수님이 부활하셨다고 증거한 사도 바울도 바르트처럼 설화라는 언어를 사용해서 예수님의 부활의 역사성을 증명하지 않았다. 부활하신 예수 그리스도가 나타나셔서 제자들을 찾아오셨고 그들과 같이 먹고 마시셨으며 40일간 같이 먹고 마시

---

19) G. Ryle, "Ordinary Language," *The Philosophical Review*, Vol. LXII., 1953, 301.

시면서 하나님의 나라와 다시 오실 것을 말씀하셨다. 그래서 부활은 이야기로 묘사되어 있으며, 이 이야기가 역사적인 사실이다.

바르트는 부활은 시간과 공간 속에서 일어났던 부활의 역사성을 증명하기 위해서 설화라는 언어를 사용했다. 그러나 설화라는 언어는 부활의 역사성을 증명하기보다는 오히려 더 혼동하게 만들었다. 성경에 나와 있는 이야기보다는 생소한 다른 개념을 도입해서 부활의 역사성을 증명하려고 했다. 루드비히 비트겐슈타인은 이러한 바르트를 비판했다. "어떤 낱말들과 구절들의 사용을 강요하고 다른 것들은 금지하는 신학은 아무것도 더 명료하게 해주지 않는다(카알 바르트). 그것은 말하자면 말을 마구 휘두르는 것이다. 왜냐하면 그것은 어떤 것을 말하고자 하면서 그것을 표현할 줄 모르기 때문이다. 실천이 말에 그 뜻을 준다."[20] 바르트의 문제는 부활이 역사적인 사실이라는 사실을 성경 서사 자체가 스스로 말해주는데도 성경 언어를 무시하고 보통 사람은 알지도 못하는 설화라는 개념을 가지고 설명하려는 데 문제가 있다. 그래서 역사성을 증명하기보다는 오히려 혼동시키는 결과를 가져왔다.

불트만에게 있어서 예수 그리스도의 부활은 종말론적인 사건(eschatological event)으로서 자기 이해와 세계에 대해서 새로운 의미를 준다. 말하자면 죄, 율법, 죽음으로부터 자유를 준다. 그래서 믿음을 가진 사람은 기쁨으로 주님을 사랑하며 이웃을 사랑하게 한다. 이와 같은 해석은 불트만이 부활을 역사적인 사건으로 보기보다는 실존적으로 해석하고 있음을 반증한다. 그래서 역사는 사실로서

---

20) 루드비히 비트겐슈타인/이영철, 『문화와 가치』 (서울: 책세상, 2006), 175.

역사라기보다는 의미 있는 역사이며 성경의 이야기는 끊임없이 실존적인 자기 이해를 가능케 한다. 그러나 믿음과 역사 사이에 있는 관계에 대한 불트만의 견해는 만족스럽지 못하다. 왜냐하면 믿음을 단지 실존적인 카테고리에 한정시킴으로써 역사적인 예수 그리스도 없이도 믿음이 가능하게 만들기 때문이다. 성경적인 믿음은 역사에 기초하고 있기 때문에 다른 종교와 다르다. 이스라엘의 출애굽 사건은 이것을 잘 보여준 사례이다.

성경의 부활에 대한 서술을 보면 이야기로 되어 있다. 이것은 무엇을 말해주는가? 왜 성경은 예수님의 부활 사건을 시적으로나 비유적으로 표현하지 않았을까? 그렇게도 표현할 수 있다. 그러나 그렇게 하면 부활의 역사성을 묘사할 수가 없다. 부활은 역사적인 사실이 아니라 허구요 이해할 수 없는 신화가 되고 말 것이다.

앞에서도 명시했듯이 이야기의 중요성은 인간의 원초적인 경험은 근본적으로 이야기로써 표현할 수밖에 없다는 데 있다.[21] 리쾨르(Paul Ricoeur)도 인간 존재의 깊은 이해는 이야기를 통해서 묘사된다고 봤다.[22] 그래서 성경에서 구속의 사건은 다 이야기로 묘사되어 있다. 출애굽에서 구속의 사건이나 신약에서 예수 그리스도의 십자가와 부활 사건은 다 이야기로 묘사하고 있다.

비트겐슈타인도 그의 저서 『확실성에 관하여』에서 우리가 우리의 이름의 확실성이나 주민등록번호, 전화번호의 확실성은 어떤 수학적인 계산에서나 어떤 철학적인 이해에서 오는 것이 아니라 우리

----

21) *Narrative? Readings in Narrative Theology*, 69.
22) Kevin J. Vanhoozer, *Biblical Narrative in the Philosophy of Paul Ricoeur* (Cambridge: Cambridge University Press, 1990), 100.

의 생활의 일부분이 되면 의심하지 않는다고 했다. 우리가 이름이나 전화번호를 사용하며 살다보니 잊어버리지 않고 확실한 것이 되는 것이다. 모든 것이 우리 삶의 일부분이 되면 우리는 그것을 의심하지 않는다. 왜? 그것으로 우리가 살고 있게 때문이다. 이와 같은 삶을 통해서 우리는 확실성을 가지는 것이지 과학적인 혹은 신학적인, 혹은 철학적인 논증을 통해서만이 확실해지는 것은 아니다.

공관복음서에서도 예수님이 부활하셨다는 것을 역사비평적인 논증이나 과학적으로 설명하지 않았다. 예수님은 살아나셔서 제자들을 찾아오셔서 같이 먹고 마셨으며, 예수님이 성경을 풀어서 가르쳐 주셨을 때 마음이 뜨거워지며, 마음의 문이 열려 부활하신 예수님을 만났다고 증거하고 있다. 40일 동안 같이 제자들과 같이 있으시면서 가르치시고 그들이 보는 가운데 승천하셨다. 이것 이상 무엇으로 예수님이 다시 살아나셨다는 것을 더 확실하게 증거 할 수 있는가? 여기서 중요한 것은 제자들은 예수님의 부활의 확실성을 이야기로 묘사하고 있다는 사실이다. 이 이야기가 스스로 예수님의 부활의 역사성을 확실하게 말해준다.

IV. 나오는 말

결론적으로 부활의 역사성을 부정한 불트만이나 설화라는 개념을 도입하여 부활의 역사성을 증명하려는 바르트의 시도는 성경적이 아니다. 우리는 성경으로 되돌아가서 성경이 사용한 언어 혹은 장르가 성경을 올바르게 해석하는 룰이며 동시에 성경의 부활의 이야기는 그 자체가 가지고 있는 해석학적인 틀(hermeneutical form)이다.[23] 따라서 성경 부활의 이야기는 예수 그리스도의 부활이 역사적인 사실이며 오늘도 내일도 선포해야 하는 복음이라는 것을 스스로 증명한다. 예수님이 죽음을 이기시고 부활하셨다는 사실을 십자가와 부활의 이야기 이상 더 확실하게 말 할 수 없다. 그 이야기 자체가 스스로 부활의 역사성을 증명하기 때문이다. 우리는 부활신앙의 확신 가운데 죽음의 두려움을 극복하며 사는 신앙의 삶 안에 부활하신 주님이 살아 계심을 믿어야 할 것이다.

23) 마크 알렌 포웰, 『서사비평이란 무엇인가?』, 이종록 옮김 (서울: 대한예수교장로회총회교육원, 1993), 26.

선행 은총으로서의
이성, 양심, 자유의지에 대한 연구

최광진 ㅣ 서울호서전문학교 교수

웨슬리의 구원론에 대한 이해는 하나님의 은총에 대한 이해에 전
적으로 의존하고 있다.[1] 매독스(Randy Maddox)는 하나님의 은총에
대하여 서방 신학자들이 은총을 신적인 사유와 용서로 규정하였으
며, 동방 신학자들이 은총을 타락한 인간의 본성을 갱신하시는 하나
님의 능력으로 해석했다고 지적한다.[2] 웨슬리는 이 두 가지 전통을
조화롭게 받아들이는 데 결코 주저하지 않았다. 왜냐하면, 웨슬리는
하나님의 은총을 그리스도 안에서 명백하게 드러난 인간을 위한 하
나님의 사랑으로 이해했기 때문이다. 이 은총을 받게 될 때, 용서가
전달되며 새로운 갱신이 가능해진다.[3]

---

1) Theodore Runyon, *The New Creation: John Wesley's Theology Today* (Nash-
   ville: Abingdon Press, 1998), 26.
2) Randy L. Maddox, *Responsible Grace: John Wesley's Practical Theology* (Nash-
   ville: Kingswood Books, 1994), 23.
3) Theodore Runyon, *The New Creation: John Wesley's Theology Today*, 26.

웨슬리가 은총의 본질을 사랑으로 이해하였기 때문에 은총은 더이상 우리를 어떻게 강제할 수 없으며, 동시에 예정론자들이 은총에 관한 교리에서 주장하듯이 '저항할 수 없는' 것이 아니게 된다.[4] 왜냐하면 인간에게서 자유를 박탈하는 것은 하나님의 은총의 본질도 아니고, 하나님의 사랑의 본질도 아니기 때문이다. 이와 달리 은총은 인간의 반응을 불러내는 자극제로서 인간의 반응을 도와주는 역할을 감당한다. 이 도움은 우리 안에서 은총을 전달하고 갱신의 과정을 시작하도록 일하시는 하나님의 영(성령)을 민활하게 만드는 역할을 한다고 웨슬리는 이해했다.[5]

이처럼 웨슬리 신학에는 성령의 고유한 활동에 따라 창조의 질서와 구원의 질서 사이에 연속성이 성립되게 된다. 웨슬리에 의하면 인간의 윤리적 감각과 선택의 자유를 회복하게 하는 하나님의 은총은 인간이 나면서부터 각 개인에게 부여되어 있으며, 이 은총으로 인하여 인간은 자기가 해야 할 의무를 알게 되고, 하나님의 도움을 구하여 하나님 곁으로 돌아오게 된다. 이와 같은 성령의 예비적인 은총의 근원과 수단은 그리스도의 행위로 가능하게 되었다.[6]

웨슬리는 선행 은총의 교리 속에서 한편으로 재창조하는 성령의 활동에서 떠나 자신을 구원하려는 타락한 인간의 불가능성을 명백

----

4) "사랑의 하나님은 그가 만드신 모든 영혼들을 구원하기를 원한다. … 그러나 하나님은 그것을 받아들이도록 우리에게 강요하지는 않는다." John Wesley, "Sermon 127: "On the Wedding Garment," *The Works of John Wesley*, edited by Albert C. Outler, vol. 4 (Nashville: Abingdon Press, 1984), 148. 이하 *Works*로 표기.
5) Theodore Runyon, *The New Creation: John Wesley's Theology Today*, 27.
6) Lycurgus M. Starkey, Jr./김덕순 역, 『존 웨슬리의 성령신학』 (서울: 은성, 1998), 55.

히 하면서도, 다른 한편으로는 하나님께서는 우리에게 새로운 가능성을 열어 주기 위하여 인간의 상황에 간섭해 오신다는 확신을 분명히 하였다. 이러한 웨슬리의 의도는 언제나 신적 주도가 선행 은총과 이에 응답하는 인간의 책임성을 증거해주는 것임을 견지하는 데에 있었다.7)

I. 선행 은총에 대한 이해

웨슬리는 칼빈주의자들이 '자연적 인간'(natural man)은 돌과 같이 죽은 것이라고 생각하는 것에 대해서 '불합리성'이라고 비판한다. 웨슬리에 의하면 살아 있는 모든 사람은 선행적 은총의 아래에 놓이게 된다. 왜냐하면 하나님의 은총은 모든 인간의 삶으로부터 떠나 있을 수 없기 때문이다. 따라서 웨슬리의 사상에 있어서 '자연적 인간'은 논리적 추상이라고 말할 수밖에 없으며, 단지 관념적 소산이기에 인간 삶의 현실에서는 실제로 존재하지 않는다.8)

웨슬리는 "우리 자신의 구원을 이룸에 관하여"(On Working Out Our Own Salvation)라는 설교에서 하나님의 은총을 임상 치료적인 효과를 지닌 것으로 보고 있다.9) 은총은 죄의 짐에서 해방시켜주는

---

7) Theodore Runyon, *The New Creation: John Wesley's Theology Today*, 27-8; John Wesley, "Sermon 85: On Working Out Our Own Salvation," *Works*, vol. 3, 206-07.

8) Umphrey Lee, *John Wesley and Modern Religion* (Nashville: Cokesbury Press, 1936), 124; John Wesley, "Sermon 85: On Working Out Our Own Salvation," Works, vol. 3, 207.

9) John Wesley, "Sermon 85: On Working Out Our Own Salvation," *Works,* vol.

것뿐만 아니라 건강을 회복하게 하는 것처럼 치유와 갱신의 의미를 포함한다. 따라서 웨슬리의 선행 은총은 인간의 생명 안에서 사랑의 치유로 나타나 인간으로 하여금 새로운 탄생을 향한 출발의 가능성을 열어놓게 된다.10) 이러한 하나님의 은총은 모든 사람에게 열려 있을 뿐만 아니라, 모든 사람이 하나님의 선행적 은총 아래에 놓여 있게 만든다.

웨슬리는 한편으로 인간이 스스로 하나님에게로 지향할 수 없고, 하나님의 능력 있는 은총에 전적으로 의존되어 있다고 주장할 뿐만 아니라, 다른 한편으로는 인간이 자신의 구원을 위하여 하나님 앞에서 책임적이며 하나님을 용납 또는 배격할 수 있다고 주장한다. 이처럼 웨슬리의 '선행 은총' 개념은 인간 개개인 안에 신앙을 용납 또는 거부할 수 있는 능력을 창조한다.

웨슬리의 선행 은총에 대한 이해를 아우틀러(Albert C. Outler)는 "성령 중심의 구원론"(pneumatocentric soteriology)이라 부르면서, 성령의 사역을 강조한다. 아우틀러는 은총은 영원한 법령이 아니고 인도하는 동기로서 치유의 능력이기 때문에 만약 은총이 효과적이 되려면 인간의 자발적인 협조가 있어야만 하고, 반대로 변화에 들어가게 하는 은총의 적용으로 말미암아 위협을 당하는 인간의 저항도 있을 수 있다고 해석한다.11)

윌리암스(Colin Williams)는 웨슬리의 '선행 은총'의 역할에 대하여 다음과 같이 설명하고 있다. 첫째, 웨슬리의 선행적 은총은 우리에

3, 207.
10) Theodore Runyon, *The New Creation: John Wesley's Theology Today*, 29.
11) Albert C. Outler, "Introduction to Wesley's Sermons," *Works*, vol. 1, 81.

게 하나님의 사역에 대하여 응답하거나 반항하는 첫 기회를 준다. 둘째, 선행적 은총은 하나님의 구속 사역의 출발점이고, 이 은총은 모든 인간에게 현존한다.[12]

러년(Theodore Runyon)은 웨슬리의 선행 은총을 다음의 세 가지로 분석한다. 첫째, 웨슬리의 선행 은총이 가져오는 것은 그 첫 단계로 영적인 감각을 다시 일깨우며 그와 더불어 하나님께 대한 올바른 지식의 가능성을 열어주는 것이다. 둘째, 선행 은총으로서의 양심은 변명하며, 고소하고, 승인하며, 부인하고, 무죄 석방을 주장하며 또 정죄하면서 구원에서 주요한 역할을 감당한다. 셋째, 그리스도 예수 안에서 사람들이 그 창조된 원래의 운명으로 갱신하고, 하나님의 올바른 형상을 가진 사람이 되도록 하기 위하여 모든 인간들을 선택하신다. 그리고 선행적 은총은 모든 사람들이 그러한 가능성을 자각하도록 요구한다.[13]

이선희는 웨슬리의 '선행 은총'의 신학적 기능과 의의를 다음과 같이 정리하고 있다. "웨슬리의 선행 은총 개념의 신학적 기능은 다음과 같다. 첫째, 구원받은 경우: 인간의 구원은 인간의 공로가 아니라, 하나님의 공로라는 사실을 깨닫게 하여, 인간으로 하여금 자신의 구원에 대하여 교만하지 않도록 경계하며, 하나님께만 감사와 영광을 돌리게 가르친다. 둘째, 구원받지 못한 경우: 인간이 구원받지 못한 이유는 하나님께 있는 것이 아니라, 순종하지 않은 그 자신에게 있다는 사실을 깨닫게 하여, 자신의 구원받지 못한 현실에 대하여 좌절하지 않도록 격려하며, 하나님께 원망하지 않고, 오히려 구

---

12) Colin Williams, *John Wesley's Theology Today*, 42.
13) Theodore Runyon, *The New Creation: John Wesley's Theology Today*, 30-42.

원의 기대를 하나님께만 걸도록 가르친다. 그러므로 웨슬리의 선행 은총 개념의 의의는 성경의 구원의 도리를 사실대로 깨닫게 하여, 인간의 유일한 구원자 되시는 삼위일체 하나님께만 영광을 돌릴 수 있고 돌려야 마땅한 이유를 설득력 있게 가르치는 교리라는 사실이다."14)

II. 이성(Reason)

'선행 은총'은 인간의 타락한 이성을 자극시키는 성령의 역동적인 은총이다.15) 웨슬리는 인간의 이해의 눈이 열릴 때까지 영적인 것을 깨달을 수 없을 뿐만 아니라 전혀 알 수도 없다는 것을 분명히 했다. 따라서 인간은 이해의 눈이 열리기까지는 영적인 것을 판단하거나, 바르게 생각하는 것은 불가능하다.16) 신앙과 신학에서 차지하는 인간의 이성에 대한 강조는 웨슬리의 설교 "이성에 대해서 올바른 재고를 해야 하는 이유"(The Case of Reason Impartially Considered)에 잘 나타나 있다.

"옛날에도 또한 그러했다. 심지어 그 때에는 사고력이 깊은 사람이 필요치 않았다. 그들 자신의 사고 능력이 약했고 또한 종교에 있

---

14) 이선희, 『웨슬리 신학의 탐구』 (대전: 도서출판 복음, 2003), 95.
15) 김홍기, 『존 웨슬리의 구원론』 (서울: 성서연구사, 2000), 105.
16) John Wesley, "Sermon 62: The End of Christ's Coming," *Works*, vol. 2, 481; John Wesley, "Sermon 44: Original Sin," *Works*, vol. 2, 177.

어서 이성의 능력이란 아무런 소용이 없다고 생각했기 때문이다. 그리고 이성은 감추어져야 하는 것이기도 했다. 그러나 위와 같은 것들을 믿고 이러한 주장을 하는 사람들을 따르는 맹신자들이 현재에는 별로 없다. 더군다나 기독교에는 결코 그러한 사람들이 많지 않다. 적어도 영국에서는 그렇다. 이성을 경멸하고 욕하는 사람들 중에서, 당신은 그들 자신의 꿈들이 하나님으로부터 받은 계시라고 생각하는 열성파들을 발견할 수도 있다. 그런 사람들이 이성에 많은 관심을 기울였다고 생각하기는 극히 힘들다. 흠 없는 인도에 따르는 사람들인 그들은 잘못을 저지를 수 있는 인간들의 이성에 거의 영향을 받지 않는다. 이런 사람들 중 극단론자들은 보통 도덕 폐기론자의 집단에서 발견된다."17)

비록 웨슬리가 인간 이성의 중요성을 가볍게 여기지 않았을지라도 항상 이성의 중요성만을 강조하지는 않았다. 웨슬리는 극단적으로 이성을 찬양하는 입장을 강력하게 비판한다. 이성을 지나치게 강조하는 사람들은 쉽게 이성을 과대평가할 뿐만 아니라, 이성을 하나님이 주신 최고의 선물로 의심 없이 받아들이기 때문에, 이성만을 가장 좋은 것으로 묘사하고, 최고의 가치로 평가 절상한다. 나아가 이성이 모든 진리로 이끌어주며 선함으로 이끄는 것이라고 간주한다. 이러한 이성에 대한 지나친 강조에 대하여 웨슬리는 반대한다.

웨슬리는 이성을 지나치게 강조하는 사람들은 기독교적 계시에 대한 배타적 편견을 갖고 있거나 성경을 하나님의 말씀으로 받아들

---

17) John Wesley, "Sermon 70: The Case of Reason Impartially Considered," *Works*, vol. 2, 587-88.

이지 않는다고 분석한다. 그들은 그리스도의 신격을 부인하는 사람들이며, 열렬하게 이성을 그들의 변함없는 안내인으로 추앙한다고 웨슬리는 비판한다.[18]

웨슬리는 이성이 종교에서 차지하는 역할을 분석하면서, 이성과 신앙의 중도적 해석을 시도한다. 웨슬리에 의하면, 이성의 역할은 다음과 같다. 첫째, 진실된 종교의 기초는 하나님의 말씀에 근거를 두고 있으며, 이성은 살아있는 말씀으로 우리 자신을 이해하고 타인에게 설명하는 데 사용될 수 있다. 이성이 없이 하나님의 말씀에 담겨 있는 근본적인 믿음들을 이해할 수는 없다. 사도신경은 성령께서 사람들과 함께 하고, 하나님께 대한 찬미를 하게 함을 우리가 이해하도록 해주는 이성의 역할로 이루어졌다. 둘째, 비록 이성이 우리가 무엇에 대해 회개해야 할지를 알려주지는 않지만, 무엇이 회개인지는 이해할 수 있게 한다. 셋째, 이성은 우리가 구원받은 믿음이란 무엇인지, 또 정당화의 근원과 조건은 무엇인지, 그것의 즉각적이고 차후적인 열매는 무엇인지를 이해하게 만든다. 넷째, 이성을 통해 우리는 거듭남이 무엇인지 알아 그리스도께서 가지셨던 마음과 그리스도께서 걸어가신 그 길을 걷는 것이 무엇인지를 알게 된다. 다섯째, 이성의 지시에 의해 행동함으로서 하나님께서 주신 모든 이해력을 사용하여 하나님과 사람에게 양심에 거리낌이 없이 살 수 있다.[19]

웨슬리가 이성의 긍정적인 면만을 말한 것은 아니다. 실제로 웨슬리는 이성의 한계를 다음과 같이 지적하고 있다. 첫째, 이성은 믿

18) Ibid., 588.
19) Ibid., 592-93.

음을 생산해낼 수 없다.20) 비록 믿음이 항상 이성과 부합하지만 이성은 그 언어의 성서적 차원에서 믿음을 생산해낼 수 없다. 둘째, 이성은 사람의 어떤 아이들에게도 소망을 샘솟게 해줄 수 없다.21) 웨슬리는 성서적인 소망을 중시했으며, 이러한 소망은 기독교의 믿음에서만 솟아날 수 있기 때문이다. 셋째, 이성은 아무리 개발되고 발달되었다 하더라도 하나님의 사랑을 생산해낼 수는 없다.22) 이성이 하나님의 사랑을 생산해낼 수 없기 때문에 이웃에 대한 사랑이나 모든 사람들에게 관대하고, 사심 없는 자비심을 생산해낼 수 없게 된다. 넷째, 이성은 선한 의지(good will)를 만들 수 없다. 선은 하나님의 사랑으로부터 솟아나지 않으면 존재할 수 없기 때문이다.23)

웨슬리는 이성을 하나님의 촛불, 하나님이 훌륭한 목적을 위해서 우리의 영에 주신 은총임을 강조한다. 이성을 경멸하고 평가절하하는 것은 하나님의 일을 방해하는 것이다. 특히 종교로부터 이성을 배제하려는 노력은 하나님에게서 연유된 것을 거부하는 것과 마찬가지이다. 이성은 진실된 종교의 기초와 성령의 보호 아래 있는 모든 기본적인 것을 세우는 역할을 감당한다.

---

20) Ibid., 593.
21) Ibid., 595.
22) Ibid., 598.
23) John Wesley, "Sermon 70: The Case of Reason Impartially Considered," *Works*, vol. 2, 599-600.

III. 양심(Conscience)

웨슬리는 선행 은총과 관련하여 '양심'의 문제를 함께 다룬다. 웨슬리는 양심을 '도덕적 선과 악을 분별하는 힘,' 그리고 '내적인 감독자로서 변명하거나 고소하는 힘'으로 정의한다.[24] 선행 은총은 원죄 상태에 있는 인간이 받는 것인 만큼 이 선행 은총을 받는 자연인 편에서의 반응은 희미하고 일시적이며 곧 잊어버리는 그런 형태일 수밖에 없다. 웨슬리는 이러한 선행 은총의 현상을 통속적으로 말하는 '자연적 양심'에서 찾았다. 비록 웨슬리가 선행 은총의 현상을 '자연적 양심'에서 찾았을지라도 양심을 다른 차원으로 이해했다는 것은 중요하다. 웨슬리는 양심의 현상이 '자연적'인 것, 즉 '생래적'인 것이 아니라, 하나님의 초월적인 역사에서 주어진다는 사실을 강조한다.[25]

또한 웨슬리는 이 선행 은총으로서의 양심의 현상을 하나님의 초월적인 역사라는 사실을 강조한 것과 더불어 모든 사람에게 존재하는 양심의 보편성을 함께 강조한다.[26] 양심의 보편성으로 표현되는 웨슬리의 선행 은총은 하나님의 은총의 역사가 모든 사람들에게 영향을 미친다는 것을 의미한다. 그렇다고 해서 웨슬리가 양심 속에 주어진 은총이 인간을 하나님의 뜻에 일치시키거나 원죄의 영향을

---

24) John Wesley, "Sermon 129: Heavenly Treasure in Earthen Vessels," *Works*, vol. 4, 163.

25) John Wesley, "Sermon 105: On Conscience," *Works*, vol. 3, 481-82; 이선희, 『웨슬리 신학의 탐구』 (대전: 도서출판 복음, 2003), 53.

26) John Wesley, "Sermon 129: Heavenly Treasure in Earthen Vessels," *Works*, vol. 4, 163.

극복하는 데 충분하다고 본 것은 아니다. 인간이 선행 은총에 응답하고 자기의 양심에 복종함으로 의인으로 인정받는 것은 아니다. 다만, 선행 은총에 순종하게 되면 보다 큰 은총을 받고 의인이 은총으로 인도될 준비가 갖추어지게 된다.

하나님께서 여러분 안에서 일하시니 그러므로 여러분도 일해야 합니다. (이것이 사도 바울이 한 말 그대로입니다.) 그렇지 않으면 하나님께서 일하시기를 그만두실 것입니다. 하나님께서 은총을 주시되 '무릇 있는 자는 더 받게 되고, 없는 자—이미 있는 은총을 키우지 않는 자—는 있는 것도 빼앗깁니다.' 이것이 하나님이 일하시는 원칙입니다.[27]

뿐만 아니라 이 선행 은총의 사용을 인간의 공로로 보아서도 안된다. 그것은 하나님의 은총으로 보급된 능력에 의해서만 가능한 응답이 되며, 구원의 길은 하나님이 그의 은총으로 우리를 계속적으로 북돋우어 줄 때에만 열려질 수 있다.

인간이 만일 선을 이루는 시동이 위로부터 오는 것이고 아울러 그 선을 행할 힘이 끝날까지 남아 있는 것을 안다고 하면, 그리고 선을 행할 바로 그 생각과 선한 의욕을 끝까지 이끄시는 그 힘도 위로부터 오는 것임을 알고 느낀다면, 그리고 또한 하나님께서는

---

27) John Wesley, "Sermon 85: On Working Out Our Own Salvation," *Works*, vol. 3, 206; Steven Harper/김석천 역 ,『현대인을 위한 존 웨슬리의 메시지』 (서울: 도서출판 세복, 1998), 42.

모든 의욕을 불어 넣으실 뿐 아니라 그것과 함께 하시고 또한 그 뒤를 따라 계속 역사하신다는 것을 깨닫는다면, 더 말할 것도 없이 우리의 결론은 '자랑하는 자는 주 안에서 자랑하라'가 됩니다. 첫째로, 하나님께서 여러분 안에서 일하시니 그러므로 여러분이 일할 수 있다는 것입니다. 그렇지 않으면, 여러분은 아무것도 할 수 없습니다. 만일 하나님께서 일하시지 아니하면, 인간이 자신의 구원을 이룩한다는 것은 불가능할 것입니다.[28]

웨슬리에게 있어서 선행 은총으로 주어진 양심의 역할은 우리가 하나님으로부터 멀리 떠나 있으며, 우리 죄의 심각성과 회개의 필요성을 일깨우는 데 있다. 회개란 인간에게 후회를 불러일으키는 데에 머무르지 않는다. 또한 우리가 해놓았던 일이나 하지 않은 일에 대한 유감과 같은 하나의 반성적 행동도 아니다. 회개의 참된 원인은 우리의 이런 실제 형편을 그대로 가지고 하나님 앞으로 나오도록 하는 성령의 자극이다.[29]

IV. 자유의지(Free Will)

웨슬리의 구원론을 이해하기 위해서는 선행 은총으로서의 '자유

---

28) John Wesley, "Sermon 85: On Working Out Our Own Salvation," *Works*, vol. 3, 206.
29) John Wesley, "Sermon 20: The Lord Our Righteousness," *Works*, vol. 1, 458; Theodore Runyon, *The New Creation: John Wesley's Theology Today*, 32-3.

의지'(free will)에 대한 이해도 중요한 위치를 차지한다. 선행 은총으로 시작되는 웨슬리의 구원의 과정은 무엇보다도 자유의지의 필연성이 강조된다. 왜냐하면 인간은 이 자유의지를 사용해 구원의 준비 단계에 이르기 때문이다. 웨슬리는 인간 안에 있는 자유의지의 필연성을 그의 1774년 5월 23일(월요일)자 저널에서 분명히 밝히고 있다.

저녁때에 나는 던디(Dundee)에서 설교하고 24일 화요일에는 아브로드(Abroath)에 갔다. 가는 길에 케임즈 경(Lord Kames)의 그럴 듯한(plausible) "도덕의 법칙과 자연 종교에 관한 논문"을 읽었다. 그가 "자유와 필연"에 관한 그의 논문에서 보여준 것 같은 엄청난 노력을 그 누가 이런 작은 목적을 위하여 기울였던가? 인간들에게 그들은 단순히 시계 태엽 장치의 한 부품에 불과하며, 그들 자신의 행동을 결정하는 데 있어서 바다나 북풍의 방향을 결정할 수 없듯이 아무런 힘을 가지고 있지 못하다는 것을 확신시킬 수 있다면 그것은 인류에게 무슨 유익을 줄 것인가? "만일 사람들이 이런 빛에서 그들 자신을 본다면, 도덕적 의무감, 옳고 그름에 대한 모든 생각, 선악에 대한 상벌의 관념은 즉시 사라질 것"을 그는 인정한다. 그런데 케임즈 경은 이런 빛에서 그 자신을 본다. 그 결과 그 자신의 교리가 진실이라면, 그는 "도덕적 의무감이나 옳고 그름에 대한 생각, 선악에 대한 상벌의 관념"을 갖고 있지 않다. 그렇다면 그는 재판관의 자격을 충분히 갖추고 있지 못한 것이 아닌가? 그는 "그의 손 안에 바람을 쥐고 있지" 않다고 하여 사람을 정죄할 것인가?30)

구원의 과정 가운데서 자유의지가 필연적이라고 해서 선행 은총으로서의 자유의지는 이성이나 양심과 마찬가지로 구원 자체가 될 수 없다. 웨슬리에게 있어서 선행 은총은 구원의 첫 여명이며, 구원의 문으로 들어가는 첫걸음이다. 여기서 자유의지는 구원의 문을 열거나 아니면 거부하는 역할을 감당한다. 선행 은총은 구원의 과정으로 인도하기 위하여 구원을 사모하는 열심을 갖게 하며, 마음의 문을 열게 하는 결단을 촉구한다. 또한 두려움과 떨림으로 구원을 이루게 하는 자유의지적인 참여를 독려한다. 웨슬리는 이러한 자유의지적인 참여를 '생명으로 나아가고자 하는 성향'(tendency toward life)으로 설명하고 있다.31)

웨슬리의 자유의지는 "인간이 자연인으로 태어날 때부터 본성적으로 가지고 있다"라는 펠라기우스의 주장과는 다르다는 것을 지적해야 한다. 웨슬리는 자연인의 원죄성과 부패를 인정한다. 따라서 자유의지는 자연적으로, 본성적으로, 생래적으로 주어지는 것이 아니라, 이성과 양심처럼 선행 은총에 의해 어느 정도 회복된 것이다.32) 이때 회복된 자유의지는 '긍정의 자유'뿐만 아니라 반대로 무엇을 하거나 하지 않을 수 있는 능력으로서의 '부정의 자유'(a liberty of contradiction)와 어느 방향으로 행동하거나 그 반대 방향으로 행동할 수 있는 능력으로서의 '반대의 자유'(a liberty of contrariety)를

30) John Wesley, "Journal: Mon. 23, May 1774," *Works of John Wesley*, ed. W. Reginald Ward (Nashville: Abingdon Press, 1993), 409-10.
31) John Wesley, "Sermon 85: On Working Out Our Own Salvation," *Works*, vol. 3, 203-04.
32) John Wesley, "Predestination Calmly Considered," *Works(J)*, X, 229-30; John Wesley, "Sermon 116: What is Man? Psalm 8:4," *Works*, vol. 4, 23-4.

함께 포함한다. 이러한 자유의지의 성격 때문에 인간은 구원의 과정을 통한 결과에 책임을 갖게 된다.33)

V. 나가는 말

웨슬리는 하나님을 향한 인간의 여러 가지 경향들, 곧 양심의 가책이나 이성을 통한 죄의 자각 등이 서로 합쳐져서 인간의 자유의지로 그리스도에게 가까이 다가갈 수 있도록 하는 일이 필요하다는 사실을 인정한다. 왜냐하면 그리스도 자신이 구원의 주로서 모든 자기 계시에 앞서 성령에 의하여 미리 모든 사람들에게 역사하기 시작했기 때문이다. 성령의 임재로 말미암아 그리스도의 은사는 각각 모든 사람들이 이 세상에 태어날 때에 부여되었다는 것이 웨슬리의 확신이다.34) 따라서 웨슬리의 선행 은총은 그리스도교 신학의 삼위일체 하나님을 전제로 한다. 그것은 "그리스도 이전"이라는 의미에서가 아니라 "신앙 이전"이라는 의미에 있어서의 선행 은총이다. 웨슬리에게 "그리스도 이전"이라는 것은 있을 수 없다. 인간은 신앙을 통해 자유롭게 선행 은총으로부터 의인의 은총과 성화의 은총으로 나아갈 수 있다.

---

33) John Wesley, "Sermon 116: What is Man?," *Works*, vol. 4, 24.
34) Lycurgus M. Starkey, 『존 웨슬리의 성령신학』, 59.

안셀무스의 『프로슬로기온』에서 정의된 하나님*

현우식 | 호서대학교 교수

I. 왜 안셀무스의 프로슬로기온인가

'고전 기독교의 가르침'에 대한 재발견은 뿌리를 찾는 노력이다. 종교적 사건에 대하여 일반적인 인식이 표면을 볼 때, 신학적 인식은 표면 밑에 있는 뿌리를 볼 수 있어야 한다.[1] 이를 위하여 우리가 재발견하고자 하는 그리스도교의 고전은 『프로슬로기온』(*Proslogion*, 1078)이다. 이 위대한 고전의 저자는 중세를 대표하는 탁월한 신학자 안셀무스(Anselmus, 1033-1109)이다.[2]

---

* 이 글은 한국종교학회(2015)에서 발표된 논문을 보완한 것이다.
1) 기독교 고전 신학 재정립의 필요성에 관하여 강일구, "'기독교 고전신학' 재정립의 필요성,"「한국교회사학회지」 7 (1998): 219-268을 참조하라.
2) 안셀무스의 신학과 그 의미에 관하여 다음을 참조하라. K. Barth/김장생 옮김, *Fides Quaerens Intellectum: Anselms Beweis der Existenz Gottes im Zusammenhang seines theologischen Programms*, 『이해를 추구하는 믿음: 안셀무스의 신학적 체계와의 연관성 속에서의 신 존재 증명』 (서울: 한국문화사, 2013); S. Visser

『프로슬로기온』에서 제시된 '이해하기 위하여 믿는다'(*credo ut in-telligam*)는 유명한 명제는 이해를 추구하는 신앙이라는 안셀무스의 뿌리를 가장 잘 표현해주는 명제로 남아 있다. 안셀무스에게 가장 영향을 준 교부이자 안셀무스가 스승으로 여기는 인물은 아우구스티누스이다. 안셀무스는 전작『모놀로기온』(*Monologion*, 1076)의 서문에서 아우구스티누스의 작품과 동일하지 않은 자신의 작품은 하나도 발견될 수 없다고 밝힌다.『모놀로기온』이 안셀무스가 자신에게 하는 이야기라면,『프로슬로기온』은 안셀무스가 하나님께 드리는 이야기이다.

이탈리아의 아오스타(Aosta) 출신의 안셀무스는 프랑스에서 방황하던 중에 스승 란프란쿠스(Lanfrancus)를 만나면서 새로운 존재로 변화한다. 그 결과 안셀무스는 스승의 뒤를 이어 프랑스 베크 수도원의 수도원장으로서 하나님의 임재를 체험하는 수도자로 살았고, 영국 캔터베리의 대주교로서 하나님의 교회를 위해 헌신하는 성직자로 살았다.[3] 그래서 고금을 막론하고 그리스도인들은 안셀무스가 겸비한 깊은 신앙과 넓은 학문을 기리며 안셀무스를 성인이라 부르고 존경한다.

신학자 안셀무스는 서구 중세의 사상과 역사를 이해하기 위해 필수적으로 이해해야 할 철학자이자 논리학자로 평가된다.[4] 철학자

& T. Williams, *Anselm* (Oxford: Oxford University Press, 2009); H. Küng, *Does God Exist? An Answer for Today*, E. Quinn(trans.) (New York: Vintage Books, 1981), 529-36.

3) 안셀무스의 생애와 업적에 관한 소개를 위하여 G. Evans, "Anselm's life, works and immediate influence," *The Cambridge Companion to Anselm*, B. Davies & B. Leftow(eds.) (Cambridge: Cambridge University Press, 2004), 1-27을 참조하라.

들이 안셀무스를 가리켜 '스콜라철학의 아버지'라고 부르는 것은 전혀 과장된 표현이 아니다. 신학자로서 안셀무스는 교회의 신학적 주장과 교리에 대하여 이해 가능한 증명을 추구하면서 논증(*argumentum*)을 제자들을 가르쳤다. 여기에서 이해 가능한 증명은 논리적 증명을 포함한다. 더 나아가 『프로슬로기온』에서 이해(*intelligere*)는 하나님에 대한 증명(*probare*)과 함께 하나님에 대한 기쁨(*gaudium*)을 포함하는 개념이다.[5] 즉 안셀무스에게 이해의 두 가지 뿌리는 이성과 신앙이다.

이 논고는 안셀무스가 깨닫고 다른 사람들에게 설명하고자 희망하여 『프로슬로기온』을 통해 정의했던 하나님을 현대의 입장에서 새롭게 해석하는 학제적 작업이다. 이를 위하여 현대 수학에서 무한을 다루기 위해 필수적인 도구로 사용되는 극대성(maximality)의 구상과 논리가 활용될 것이다. 논증의 범위는 안셀무스가 정의한 하나님과 그 의미에 집중될 것이다.

---

4) 안셀무스의 철학사적 중요성에 관하여는 다음을 참조하라. B. Russell, *History of Western Philosophy* (London: Routledge Classics, 2004), 388-89; B. Leftow, "Arguments for God's Existence," *The Cambridge History of Medieval Philosophy II*, R. Pasnau(ed.) (Cambridge: Cambridge University Press, 2010), 735-48; H. Liebeschütz, "Anselm of Canterbury; the philosophical interpretation of faith," *The Cambridge History of Later Greek and Early Medieval Philosophy*, A. Amstrong(ed.) (Cambridge: Cambridge University Press, 1970), 611-39.

5) 요한 세바스찬 바흐(J. S. Bach)의 마태수난곡은 안셀무스의 그리스도의 희생이 보여주는 구원의 이해를 음악으로 표현한 것으로 해석될 수 있다. 안셀무스의 신학이 바흐의 마태수난곡에 준 영향에 관하여는 강일구, 『바흐, 신학을 작곡하다』(서울: 동연, 2012)를 참조하라.

II. 안셀무스가 정의한 하나님

신앙과 이성의 관계에 대한 안셀무스의 스승은 아우구스티누스이다. 이 주제에 대하여 아우구스티누스는 '믿기 위하여 이해한다'(*intelligo ut credam*)는 중요한 신학적 명제를 제시했다. 즉 하나님을 보기 위하여(*visio Dei*) 이해하려고 노력한다. 안셀무스에 의하면 아우구스티누스의 명제는 '이해하기 위하여 믿는다'(*credo ut intelligam*)로 해석될 수 있다. 안셀무스는 자신이 보는 하나님을 이해하기 위하여 노력한다. 그러므로 안셀무스에게 두 명제는 논리적으로 동등하며 신학적으로 균형을 이룬다. 신앙이 없으면 이해가 불가능하다. 동시에 이성이 없으면 믿음이 불가능하다. 그러므로 믿지 못하면 이해할 수 없고, 이해할 수 없으면 믿을 수 없다.

안셀무스는 『프로슬로기온』(*Proslogion*)의 제2장 '하나님께서는 참으로 존재하신다'(*Quod vere sit Deus*)에서 하나님을 다음과 같이 정의한다.6)

"그러므로 어리석은 자가 자기 마음속으로 '하나님은 존재하지 않는다'라고 말했기 때문에 그러한 실재가 존재하지 않을 수 있겠습니까? 그러나 확실히 이 어리석은 자도 내가 '그것보다 더 큰 것이 인지될 수 없는 어떤 것(*aliquid quo maius nihil cogitari potest*)'이

---

6) Anselmus, *Proslogion*, 『모놀로기온 & 프로슬로기온』, 박승찬 역 (서울: 아카넷, 2002); Anselmus, *Proslogion*, 『신 존재 증명』, 전경연 옮김 (서울: 한들, 1997); Anselm of Canterbury, M. Charlesworth(trans.), *Proslogion, The Major Works*, B. Davies & G. Evans(eds.) (Oxford: Oxford University Press, 2008), 82-104을 참조하였으며 필요한 부분은 직접 번역하였다.

라고 말하는 것을 들으면 그가 들은 것을 이해합니다.[7]

여기에서 안셀무스는 이해의 전체 공간(total space)을 설정한다. 즉 일종의 논증의 공간으로서 인지공간(cognition space)을 설정한다. 인지공간은 안셀무스의 논리적 우주(universe of discourse)에 해당된다.[8] 논리적 우주란 모든 논증을 포함하는 논리적 세계의 전체 공간을 뜻한다. 안셀무스는 인간이 인지공간을 전제할 때, 인지공간 내에서 그것보다 더 큰 것을 인지할 수 없는 어떤 대상이 존재한다는 것을 이해할 수 있다는 것이다. 여기에서 더 큰 것을 인지할 수 없는 대상은 현대 논리에서 극대적 대상(maximal object)에 해당된다.

안셀무스의 정의. '하나님 G은 그것보다 더 큰 것이 인지될 수 없는 어떤 것'이다.[9]

예를 들면, 하나님 G보다 더 큰 대상 x가 인지된다고 할 때, $x = G$가 성립된다는 것이다. 이 때, G는 인지공간 내에서 극대적 대상에 해당된다. 여기에서 하나님은 인지공간 내에서 인지되는 하나님이다.

안셀무스에 의하면, 인간에게 하나님에 대한 신앙 공간이 없을 때에도 하나님은 존재하신다. 신앙이 없을 때, 인간은 무엇을 통하

---

7) 안셀무스는『프로슬로기온』에서 '큰'(*maius*)과 '좋은'(*melis*)을 같은 의미로 사용한다.
8) 여기에서 인지공간은 인지상태들의 집합과 인지함수로 구성되는 시스템이다.
9) 안셀무스는 "*id quo nihil maius cogitari possit*"라는 표현을 동등하게 사용한다.

여 하나님의 존재를 이해할 수 있는가? 이것이 안셀무스의 신학적 과제이다. 안셀무스에 따르면 신앙이 없는 사람도 인지공간을 통해서 하나님의 존재를 이해할 수 있어야 한다.

> "그러므로 하나님이 이처럼 존재하신다는 것을 이해하는 사람은 하나님이 존재하지 않는다고 인지할 수 없습니다(*Nullus quippe intelligens id quod Deus est, potest cogitare quia Deus non est*)"(*Proslogion*, IV).10)

안셀무스에 의하면 그보다 더 큰 것이 인지될 수 없는 하나님을 이해하면, 하나님 존재의 부정을 부정할 수밖에 없다. 이러한 이해가 있을 때, 신앙을 거부해도 하나님의 존재를 이해할 수 있다는 것이다. 동시에 신앙을 가지고 있다고 하면서도 정작 신앙 공간을 가지고 있지 못한 사람을 위하여 안셀무스는 하나님의 존재를 이해하기 위해 필요한 인지공간을 제공하는 것이다.

하나님에 대한 정의에 이어서 안셀무스는 하나님의 존재에 대한 논리적 증명을 시도한다.11) 불행히도 당시의 신학자들은 안셀무스의 증명을 긍정적으로 받아들이지 않았다. 특히, 13세기 아퀴나스(Thomas Aquinas, 1225-1274)는 안셀무스의 논증을 선험적 증명이라는 이유로 거부했다. 그러나 이러한 거부는 논리적 타당성에 대한 비판이라기보다는 논리적 전제의 차이에 가깝다. 즉 플라톤의 '실재

---

10) Anselmus, *Proslogion*, 『신 존재 증명』, 23, 126-27.
11) 안셀무스의 신의 존재에 대한 증명과 한계에 관하여 현우식, 『신의 존재에 대한 괴델의 수학적 증명』(서울: 경문사, 2013), 92-97을 참조하라.

에 선행된 보편'(*universalia ante rem*)의 공리와 아리스토텔레스의 '실재 내의 보편'(*universalia in re*)의 공리 사이에 있는 차이에서 유래된 것이다. 그 후 아퀴나스의 신학을 따르는 신학계에서 안셀무스의 논증은 유효한 신학에 포함되기 어려웠다. 다행히 안셀무스의 논증은 철학자들의 주목을 받으며 철학자들 사이에서 활발하게 논의되고 있다.12)

칸트(I. Kant, 1724-1804)는 『순수이성비판』 제2권의 3장 4절에서 안셀무스의 증명 방식에 대하여 '존재론적 증명'이라는 이름을 붙이고 이러한 증명은 불가능하다고 주장했다.13) 칸트는 존재의 문제를 증명의 대상이 아니라 논리적 양화술어(quantifier)의 문제로 생각했기 때문이다. 그러나 칸트의 비판과는 달리 안셀무스의 논증은 헤겔과 헤겔학파의 논리적 기초가 되었다. 안셀무스가 시작한 것으로 평가되는 하나님의 존재에 대한 논리적 증명은 데카르트(Descartes)와 라이프니츠(Leibniz)를 통하여 전개되었고, 마침내 20세기에 천재 수학자 괴델(K. Gödel)에 의해서 완성된다.14) 이들은 모두 인지를

---

12) 안셀무스의 논증을 다룬 현대의 철학자들과 논의는 다음을 참조하라. B. Davies, "Anselm and the ontological argument," *The Cambridge Companion to Anselm*, B. Davies & B. Leftow(eds.) (Cambridge: Cambridge University Press, 2004), 153-74; D. Turner, *Faith, Reason and the Existence of God* (Cambridge; Cambridge University Press, 2004); J. Hick & A McGill(eds.), *The Many-Faced Argument; Recent Studies on the Ontological Argument for the Existence of God* (New York: Macmillan Company, 1967); J. Hick, *The Existence of God* (New York: Macmillan Company, 1967); C. Hartshorne, *The Logic of Perfection* (LaSalle: Open Court Publishing Company, 1962)의 제2장; A. Flantinga, *The Nature of Necessity* (New York: Oxford University Press, 1979)의 제10장.

13) '존재론적 증명'이란 표현은 안셀무스가 사용한 것이 아니다.

14) 자세한 내용을 위해서는 현우식, 『신의 존재에 대한 괴델의 수학적 증명』을 참조

통해서 하나님의 존재를 '구성'한 것이 아니라, 인지를 통해서 하나님의 존재를 '발견'했다는 공통된 입장을 공유하고 있다.

III. 안셀무스가 정의한 하나님의 새로운 의미

안셀무스는 하나님을 이해하고 표현할 때, 어떤 논리적 도구를 사용했는가? 안셀무스의 새로운 구상의 진가를 해석하기 위해서는 현대의 수학적 이해와 도구가 필요하다.

인지공간 C를 크기를 인지할 수 있는 순서집합 $(X, \leq)$이라고 하자. 안셀무스가 인지 가능한 대상들의 집합 A는 집합 X의 부분집합이고, a는 집합 A의 원소라고 하자. 집합 X에 속하는 모든 원소 a에 대하여 다음이 성립될 때,

$$a \leq x \rightarrow a = x$$

a를 집합 A의 극대 원소(maximal element of A)라고 정의한다. 여기에서 a는 인지공간 C 내에서 더 큰 것을 인지할 수 없는 대상을 의미한다. 다시 말하면 인지공간 내에서 극대원소 a보다 더 큰 대상은 존재할 수 없다는 것이다. 그러므로 a는 안셀무스가 더 큰 것을 인지할 수 없는 대상으로 인지되는 것이다.

안셀무스가 사용한 극대원소는 최대 원소와는 다르다. $a \in A$이

하라.

고, 모든 $x \in A$에 대하여, $x \leq a$일 때, a를 A의 최대 원소(the greatest element of A)라고 한다. 인지 가능한 대상들의 집합 A의 모든 원소보다 큰 원소 a가 있다면 그 원소는 최대 원소라는 것이다.

논증의 공간으로서 인지공간 C 내에서 가장 큰 원소를 의미하는 최대 원소의 존재는 언제나 증명될 수 있는 것이 아니다. 이것이 최대성과 극대성 사이의 가장 중요한 차이이다. 예를 들어 살펴보기위하여, 인지공간 $C = (G, \leq)$의 부분집합을 다음과 같이 정의할 때,

$$G = (\{\emptyset, \{g_1\}, \{g_2\}, \{g_1, g_2\}\}, \leq)$$
$$A = \{\emptyset, \{g_1\}, \{g_2\}\}$$

A의 극대 원소는 $\{g_1\}, \{g_2\}$이다. 따라서 A의 극대 원소가 존재한다. 그러나 A의 최대 원소는 존재하지 않는다. 그러므로 이 경우 인지하는 주체 안셀무스에게 극대성으로서의 존재는 보장되지만, 최대성으로서의 존재는 보장되지 않는 것이다. 만약 하나님의 정의 (definition)를 논증의 공간으로서의 인지공간 내에서 찾으려고 한다면, 최대성이 아니라 극대성을 선택하여야 한다. 여기에서 우리는 극대성의 논리를 통해서 안셀무스가 의도하는 신학적 메시지를 보다 더 선명하게 이해할 수 있다.[15]

---

15) 하트숀은 안셀무스의 하나님 정의가 혼란스럽고 불명료하다고 결론내리고 있다. 그러나 그는 하나님의 정의에 사용된 안셀무스의 극대성의 논리를 다루지 않았다. C. Hartshorne, "What did Anselm Discover?" *The Many-Faced Argument; Recent Studies on the Ontological Argument for the Existence of God*, J. Hick & A McGill(eds.),(New York: Macmillan Company, 1967), 321-33.

현대 수학 내에서 극대적 대상의 존재는 논리적으로 정당화될 수 있는가? 극대적 대상의 존재를 정당화해주는 논리적 법칙은 극대성 법칙(maximal principles)으로 불리고 있으며 조른의 레마(Zorn's lemma, 1935), 쿠라토프스키의 법칙(Kuratowski principles, 1922), 하우스도르프(Hausdorff principles, 1914)의 법칙 등을 포함한다. 이러한 법칙들은 모두 현대 수학의 뿌리에 해당하는 문제로 평가되는 '선택 공리'(the axiom of choice)와 논리적으로 동등한 것으로 증명된다는 점에 주목할 필요가 있다. 선택 공리는 유한한 인간이 무한을 다루는 근원적인 주제와 관련되어 있으며, 무한의 구조를 연구할 때 반드시 필요한 논리적 도구이다.

안셀무스가 정의한 하나님의 현대 논리적 의미를 해석하기 위해서, 먼저 안셀무스가 전제한 인지공간 C를 크기의 순서집합 $(X, \leq)$로 정의할 필요가 있다.

1) 크기의 순서집합 $(X, \leq)$의 모든 전순서 부분집합 A가 상계(upper bound)를 가지면, $(X, \leq)$의 극대 원소(maximal element)가 존재한다(Zorn's lemma).

2) 여기에서 $A \subseteq X$, $u \in X$라고 하자. 모든 $x \in A$에 대하여 $x \leq u$일 때, u를 A의 상계(upper bound of A)라고 정의한다. 즉, 상계 u는 인지공간에서 크기를 기준으로 볼 때 위의 한계를 의미한다. 이때, 안셀무스가 인지 가능한 대상들의 집합 A는 '위로 유계'(bounded above)라고 한다.

3) 안셀무스의 인지공간 C내에서 인지가능한 대상들의 집합 A가 상계 u를 가질 때, 극대 원소가 존재한다. 여기에서 안셀무스가 정의한 하나님 G, 즉 '그것보다 더 큰 것이 인지될 수 없는 어떤 것'

(*aliquid quo maius nihil cogitari potest*)은 극대 원소에 해당한다. 그러므로 극대적 대상으로서의 하나님이 존재한다는 증명이 성립된다.

이상을 통하여 안셀무스가 정의한 하나님의 존재, 즉 극대성을 가지는 대상으로서의 하나님의 존재가 논리적으로 정당화될 수 있음을 알 수 있다. 안셀무스가 하나님을 정의하기 위해 사용한 논리적 도구는 '최대성'이 아니라 '극대성'의 개념이다. 이런 점에서 안셀무스가 하나님을 최대 존재로 정의했다는 해석은 모두 오류에 속한다. 예를 들어, 당시 가우닐로는 안셀무스의 하나님 정의를 '모든 것보다 더 큰 존재'(*Aliquid, quod est maius omnibus*)로 오해했다. 그러나 안셀무스는 '모든 것보다 크다'는 최대성의 표현을 전혀 하지 않았다. 이 문제에 대하여 안셀무스는 *Contra Gaunilonem*(*Capitulum* V)에서 가우닐로의 오해와 타당성이 결여된 논리를 반증했다.[16] 20세기의 러셀(B. Russell)도 안셀무스가 정의한 하나님을 '생각할 수 있는 가장 큰 존재'(God as the greatest possible object of thought)로 해석했다.[17] 여기에서 러셀은 안셀무스의 하나님을 최대성을 가진 대상으로 이해한 것이므로 러셀의 해석도 논리적 오류에 포함된다.

IV. 결어: 안셀무스의 아드 폰테스

안셀무스의 극대성 논리가 함의하는 것은 무엇인가? 안셀무스에

---

16) Anselmus, "Contra Gaunilonem," "안셀무스의 가우닐로에 대한 답변," 『신 존재 증명』 (서울: 한들, 1997), 77, 164.
17) B. Russell, *History of Western Philosophy*, 388-389.

의하면 유한한 인간은 하나님을 최대 존재라고 정의할 수 없다. 그래서 안셀무스는 하나님을 극대 존재(maximal being)로 정의하고 이해해야 한다고 제시한다. 논증의 공간이나 인지공간 내에서 극대 원소의 존재는 보장될 수 있으나, 최대 원소의 존재가 보장될 수 없기 때문에 안셀무스의 정의는 논리적으로 타당하다.

안셀무스에게 하나님을 최대 존재로 정의하는 것은 인간의 한계를 넘는 교만한 행위로 간주된다. 인간은 유한한 인지공간을 통해서 최대의 대상을 알 수 없다. 그러나 안셀무스에 따르면 인간은 유한한 인지공간을 통해서 극대의 대상을 이해할 수 있다. 극대성을 가진 대상이 존재한다는 것을 누구나 인지할 수 있다는 것이다. 결국, 안셀무스가 믿는 하나님의 존재는 인간의 인지적 한계를 인정할 때 이해할 수 있는 실재이다.

하나님에 대한 정의가 제시된 『프로슬로기온』은 단지 안셀무스의 철학적 논문이라기보다는 안셀무스의 고백이 담긴 기도문이다. 여기에서 안셀무스는 하나님과 대화하면서 깊은 의미가 담긴 새로운 깨달음을 전개해주고 있다. 안셀무스는 임재하는 하나님과 대화하면서 하나님을 이해하려고 노력하고 있는 것이다. 안셀무스가 믿는 하나님을 이해하는 일은 이성을 포함하여 성립된다. 안셀무스는 이해의 결과가 논리적으로 설명될 수 있다고 생각했다. 신앙을 경험하지 못한 어리석은 사람에게도 하나님은 존재하기 때문에, 안셀무스에 의하면 신앙이 부족한 사람도 하나님의 존재를 이해할 수 있어야 한다. 인간의 믿음이 하나님 존재의 조건이 될 수는 없기 때문이다.

안셀무스에게 믿음은 하나님 이해의 전제이다. 그렇다면 안셀무스에게 믿음은 하나님 이해를 함의한다. 그러므로 안셀무스에게 믿음은 하나님 이해를 통해 완성된다. 안셀무스는 『프로슬로기온』 제1장을 마무리하며 다음과 같이 자신의 '아드 폰테스'를 하나님께 겸손히 아뢴다.

"저는 믿기 위하여 이해하려고 노력하는 것이 아니라, 이해하기 위해서 믿습니다(*Neque enim quaero intelligere ut credam, sed credo ut intelligam*). 동시에 이를 위하여 저는 믿습니다. ― 제가 믿지 않는다면, 이해할 수 없을 것입니다(*nisi credidero, non intelligam*)."

신학 전개의 역사적 패턴을 통해서 본
미래 기독교의 르네상스

김성원 I 나사렛대학교 교수

I. 서론

역사는 미래를 볼 수 있는 거울이라는 말이 있다. 신학 전개의 역사적 패턴을 통해서 기독교 영성의 미래를 보고자 하는 것이 본 논문의 핵심 주제이다. 기독교 인구의 감소는 한국에만 있는 것이 아니라, 서구의 선진국들을 중심으로 이미 일어나고 있는 현상이며, 선진국일수록 기독교 인구가 점진적으로 줄어들고 있는 것이 일반적인 추세이다. 이러한 추세 속에서 등장한 말이 포스트-기독교(post-Christianity)라는 개념이다. 인류 문명의 역사 속에서 기독교의 전성기는 기울기 시작하고 있으며, 기독교 이후에 새로운 시대가 열리게 된다는 의미이다.

---

* 본 논문은 강일구 총장님의 고희를 맞이해서 그동안의 업적에 대한 감사와 축하의 표현으로 드립니다.

포스트-기독교는 정말로 도래할 것인지에 대한 문제는 간단하지 않다. 본 논문은 이 문제에 대해서 포스트-기독교는 기독교가 일정 기간 동안 줄어들거나 기우는 현상은 있겠지만, 근본적인 차원에서 포스트-기독교 시대는 오지 않을 것이라는 입장이다. 포스트-기독교라는 것은 1960년대부터 논의되었던 것이지만, 이들의 주장은 부분적으로 타당성을 갖고 있지만 그렇게 정확하게 맞는다고 보기는 쉽지 않다. 그동안 서구에서 번성했던 기독교가 20세기 후반에 기울기 시작하면서, 세속주의가 등장하게 되었다. 세속주의는 세력을 더하면서 기독교의 인구를 감소시키는 일에 기여하고 있는 것은 사실이다. 그러나 세속주의는 한 시대적 산물이기 때문에 일정 기간이 흐르면 약화될 것이다. 이미 포스트-세속주의(post-secularism)가 나타나기 시작하고 있으며, 신학적으로는 급진적 정통주의 신학적 (radical orthodoxy) 흐름과 같은 것이 나타나면서 포스트모던 교회의 새로운 양상을 보이기 시작하고 있다.1)

미래 기독교의 영성은 역사 속에서 진행되었던 패턴을 크게 벗어나지 않을 것으로 보인다. 이러한 주장을 뒷받침 해주는 근거를 역사신학을 통해서 살피면서, 현대 신학의 유형과 신학적 관심 그리고 인류 문명의 물결의 흐름 속에서 근거를 찾아보고자 한다. 특히 미래 기독교는 오히려 기독교 르네상스의 시대가 회귀할 것으로 내다보인다는 사실이다.

역사신학자 곤잘레스(Justo Gonzales)는 기독교 사상사 속에 나타난 신학의 유형을 세 가지로 나누어서 설명하고 있다.2) 조직신학,

---

1) James K. A. Smith, *Introducing Radical Orthodoxy: Mapping a Post-secular Theology* (Ada, MI: Baker Academic, 2004), 31-62.

철학적 신학 그리고 실천적 신학이다. 이 신학적 유형의 고대 대표 신학자들은 터툴리안, 오리겐, 이레니우스이며, 이들의 신학적 유형은 기독교 역사 속에서 그 패턴을 유지해왔다. 데이비드 트레시(David Tracy)는 20세기 다양한 신학을 세 가지 유형으로 정리하였으며, 조직신학, 철학적 신학, 실천적 신학으로 나누어서 설명하였다.3) 곤잘레스와 트레시의 신학적 유형론은 서로 유사성을 갖고 있으며, 앞으로 전개될 신학의 유형도 크게 벗어나지 않을 것으로 내다보고 있다.

인류의 역사 속에는 종교의 종말이란 것은 있을 수 없을 것이다. 그 이유는 화이트헤드(Alfred N. Whitehead)가 언급한 것처럼 종교와 과학은 인류의 문명의 발달에 결정적으로 중요한 역할을 해왔기 때문이다. 인류는 종교와 함께 하였고, 종교를 떠났던 적은 한 번도 없었다. 포스트-기독교 시대가 도래한다면, 그것은 신학적 유형을 달리할 것이지, 기독교의 종교성 자체가 쇠잔된 모습을 갖게 되지는 않을 것이다.

미래 기독교의 영성은 미래 문화와 흐름에 따라서 신학의 관심과 신학적 유형이 새롭게 나타날 것이다. 다가오는 미래 사회는 기술문명의 발달로 인해서 노동의 종말 혹은 노동의 현격한 축소로 인해서 시간적으로 여유 있는 인간은 초월적 깊은 놀이를 즐기게 될 것이다. 경제적 가치보다는 삶의 의미와 가치에 더 관심을 갖게 될 것이

---

2) Justo L. Gonzales, *Christian Thought Revisited: Three Types of Theology* (New York: Orbis Books, [1989] 1999), Part One.
3) David Tracy, *The Analogical Imagination: Christian Theology and the Culture of Pluralism* (Danvers, MA: Crossroad Publishing Co., [1982] 1998), 참조.

고, 삶의 질을 깊이 생각하는 목가적이고 전원적인 것을 동경하면서 초월적 깊은 놀이를 추구할 것이다.

미래 기독교 영성은 인지과학의 발달로 인해서 체화된 영성을 추구할 것이며, 과학적이면서도 깊은 종교성을 함축한 차원으로 승화되어 발달할 것으로 내다보고 있다. 먼저 기독교 역사 속에 나타났던 신학적 유형론을 살펴보고자 한다. 과거 2천 년 동안 신학의 유형과 신학의 흐름을 보면서 미래를 예측할 수 있는 면을 볼 수 있기 때문이다.

II. 역사 속의 기독교 신학 유형론

기독교 신학의 형성을 주도한 대표적인 신학자들은 터툴리안 오리겐 이레니우스이며, 이들은 각각 독특한 신학적 작업을 시도하였다. 이들의 신학 정립은 세련되고 정교한 면을 갖고 있는 것은 아니지만, 신학적 관심과 방법 그리고 신학적 의미와 전개는 역사신학적으로 매우 중요한 위치에 있다. 곤잘레스는 이들의 신학을 세 가지 유형으로 정리하였는데, 터툴리안은 교리 혹은 조직신학으로 보았고, 오리겐은 철학적 신학 그리고 이레니우스는 목회신학으로 분류하였다.

이들이 시도한 신학적 작업은 이들이 처해 있는 사회 · 문화적 상황과 밀접한 관계를 갖고 있다. 도덕적인 문제와 사회 질서가 중요한 문제로 제기되었을 경우에는 교리적이고 율법적인 신학을 시도하였다. 학문적 진리를 추구하는 문화적 상황에서는 철학적이고 형이상학적인 신학을 시도하였다. 사회적으로 소외되고 정치·경제적으로 갈등이나 억압이 심하게 있는 경우에는 목회적이고 실천적인 신학이 시도되었다.

법률전문가였던 터툴리안(Tertullian)은 신학자가 되어서 당시의 교회와 사회적인 문제를 해결하기 위해서 율법적이고 교리적인 신학을 시도하였다. 그의 우선적인 신학적 관심은 도덕에 있었고, 도덕적 질서를 유지하는 율법의 역할이 중요한 것으로 보았다. 그래서 터툴리안은 스토아철학의 법률적인 것을 활용하여 율법적 교리 신학을 전개하였다. 신은 율법을 세상에 내려주고, 율법을 지키지 않는 사람들에게 심판을 하는 심판자의 신을 선포하였다. 터툴리안이 생각했던 기독교의 영성은 세상에서 질서를 잘 지키고 도덕적으로 온전한 사람이 되는 것이었다. 신은 심판자로서 세상을 감찰하고 있으며, 율법을 따르지 않는 자에게 형벌을 내리는 두려움의 신을 믿는 영성을 강조한 것이다.

오리겐(Origen)은 학문적으로 깊은 소양을 갖고 있었기 때문에, 신학적 관심은 철학적 유형으로 흘렀다. 플라톤 철학을 깊이 연구한 오리겐은 형이상학적인 차원에서 진리를 추구하는 작업을 시도하였다. 플라톤의 이데아는 일반 이성으로 알 수 있는 것이 아니라 오직 순수이성을 통해서만 인식이 가능한 것이다. 이데아에 있는 진리와 궁극적인 선과 행복은 순수이성을 통해서 알 수 있는 것으로 보았다. 세상에 존재하는 사물들은 이데아에서 반영된 것이며, 사물들을 인식하는 것은 믿음으로 아는 것으로 생각했다. 플라톤의 인식론에서 이데아는 순수이성으로 인식하는 것이고, 개념은 이해하는 것이며, 사물은 믿는 것이고, 이미지는 반사된 것을 느끼는 것이다.

오리겐은 신은 이데아와 같이 일반적인 이성으로 인식할 수 있는 것이 아니라 초월적인 특성을 갖고 있는 것으로 해석하였다. 진리의 세계는 일반 이성으로 알 수 있는 것이 아니라 순수이성을 통해서 알 수 있는 것이다. 인간은 초월적인 신을 분명하게 인식하지 못한다. 그렇기 때문에 신은 인간의 언어로 형용할 수 없는 차원의 존재로 믿었다. 신을 인식하는 것은 순수이성으로 이데아를 아는 것처럼 깊은 영성을 가져야 초월적인 신을 인식할 수 있는 것으로 이해하였다. 그래서 오리겐은 신은 인간의 언어나 생각으로 형용할 수 없는 존재이며, 이데아보다도 더욱 초월적인 존재로 이해하였다.

오리겐이 추구한 기독교의 영성은 초월적인 신을 깊은 영성으로 인식하는 것이다. 인간의 언어로 형용할 수 없는 초월적인 신을 고상한 영성으로 추구하는 것이었다. 고상한 영성은 낮은 자세로 겸허하게 그리고 마음을 비우면서 초월적인 신을 경외하는 것이 신을 인식하는 깊은 영성으로 해석하였다.

이레니우스(Ireneus)는 역사의 현장에서 사회·정치적으로 복잡한 갈등의 현장에서 사회적 인간 조건을 개선하는 신학적 작업을 시도하였다. 경제적으로 가지지 못한 자와 사회적으로 소외된 자들에 대해서 교회가 해야 할 일은 이들을 돌보고 영혼에 위안을 제공하는 것이다. 신학은 목회적인 차원에서 가지지 못하고 소외된 자들을 위로하는 실천적인 차원을 강조하였다. 그렇기 때문에 이레니우스는 신을 목자 혹은 아버지의 이미지로 해석하였다.

이레니우스가 추구한 기독교 영성은 목자 하나님을 경외하고 사회 속에서 소외된 자들에게 위로와 희망을 제공하는 실천적 영성을 강조한 것이다. 터툴리안은 심판자 신을 강조하였고, 오리겐은 초월적 신을 강조하였으며, 이레니우스는 목자의 신을 강조하였다.

이들의 신학적 관점과 강조점이 다른 것은 이들의 사회 문화적 상황과 개인의 관심에 따라서 다른 접근이 일어난 것이다. 이러한 현상은 기독교 역사를 두고 지속적으로 유사한 패턴을 유지해오고 있다.4) 여기서 본 글의 관심을 갖는 것은 역사 속의 신학적 유형이 과거의 유형이 아니라 최근의 신학적 유형과 연속성이 있으며, 미래 의 신학적 유형도 예견할 수 있다는 사실이다.

III. 역사 속의 인류 문명 패러다임과 종교적 변화

역사신학 속에서 세 가지 신학적 유형은 신학자들의 신학적 관점 과 문명의 배경 속에서 선택된 것을 살펴보았다. 역사는 문명의 패 러다임의 변화의 파도를 타고 흘러왔다. 역사적으로 문명의 패러다 임의 변화와 기독교의 영성 혹은 교회의 유형은 밀접한 관계를 갖고 있다. 앨빈 토플러(Alvin Toffler)는 인류의 역사 속에서 문명의 시작 과 발달은 크게 세 가지로 정리하였다.5) 인류 문명의 패러다임은 크게 세 차례 변했지만, 인간의 생존 가치와 종교성은 사라지지 않 았다. 종교적 유형과 종교적인 문화는 변하였지만, 그 안에 담겨 있 는 인간의 생명과 관련된 궁극적인 가치와 삶의 질에 연계된 종교적 인 주제는 변하지 않았다.

---

4) Gonzales, *Christian Thought Revisited*, Part Three에서 최근의 신학과 연관성 을 다루고 있다.
5) Alvin Toffler, *The Third Wave* (New York: Bantam Books, 1980), 7-18.

종교의 유형은 제일의 문명의 물결 시대에는 가족적이며 소규모 그룹으로 형성되어 종교적 행위를 하였다. 농업의 발달로 시작된 제일의 문명의 물결은 농사일의 생산성을 높이기 위해서 많은 노동력이 중요하게 여겨졌다. 많은 노동력을 갖기 위해서 대가족을 이루려고 하였고 부계중심으로 위계질서가 형성되었다. 가족 중심으로 노동을 하였을 뿐만 아니라 일반적인 교육도 가족 안에서 이루어졌다. 노인들로부터 삶의 지혜가 전수되고, 농사 기술과 질서 유지를 위한 예절이 주로 교육 내용이었다. 아픈 사람이 있으면 집에서 민간요법으로 치료하고 안식을 취하고 돌보는 일을 하였다. 여러 가족들이 모여 살면서 부족을 이루었고, 많은 영토를 가진 사람이 영주의 역할을 하였다.

교회의 리더십은 영주와 결탁되어 있었고, 성직자의 위치는 지고한 자리로 인식되었다. 사회적 리더십은 영주의 전제적 권력이 작용하였으며, 국가 형태를 취하였을 경우에는 국왕이 리더십을 발휘하였다. 영주나 왕의 권좌는 세습되었으며, 독재 권력 시스템으로 운영되었다. 종교는 소규모의 형태로 종교 행위를 하였으며, 교회의 건물도 중요하게 여겨지지 않았기 때문에 교회 건물들이 많지 않았다. 대중적인 교회 건물들이 본격적으로 지어지기 시작한 것은 4세기 이후부터였다. 오늘날과 같은 대형 교회는 산업사회 이후에 나타난 것으로 보는 것이 일반적이다.

대형 교회의 발달은 제2의 문명의 물결에서 도시화와 대중사회의 산물이다. 도시로 몰려든 사람들을 관리하는 대중적 리더십이 필요하게 되었고, 교회의 리더십도 유사하게 변모되었다. 산업사회의 발달로 인해서 도시화와 대중사회 그리고 리더십의 유형은 인류 문명의 새로운 면모를 갖게 되었다. 탄소 에너지의 개발로 인한 대량 생산의 현상으로 일어난 산업화의 물결은 급속도로 사회의 전반적인 부분에 변화를 일으켰다. 사람들은 농사를 버리고 산업화의 물결을 타고 경제의 부를 추구하려고 도시로 이동하였다. 백성들이 도시로 몰려들면서 사회에는 이전에 상상하기 어려웠던 현상들이 벌어졌다. 교육을 전문적으로 맡아서 하는 학교가 대중화되어서 설립되었고, 아픈 사람들을 치료하는 병원이 전문화되어서 설립되어서 일반 대중들이 치료받을 수 있게 되었다. 사람들이 많이 모여든 대중 사회를 관리해야 할 리더십은 경제 정치적인 차원에서 지식이 있고 대중을 이끌 수 있는 강력한 카리스마의 리더십을 필요로 했다.

대형 교회들의 사역은 소수의 목회자가 수많은 교인을 상대하는 대중적 사역으로 변했다. 농경사회에서 있었던 목회 사역은 개인적 접촉을 통해서 그리스도의 진리를 나누고 서로 돌보며 사랑을 나누는 것이었지만, 산업사회의 대중적 사역에서는 그런 모습이 약화되었다. 카리스마가 있는 목회자가 역량 있는 메시지를 전하고, 집단적인 차원에서 종교적 체험을 유도하는 사역이 이루어졌다.

도시 교회는 대형화되면서 역기능적인 현상들도 나타났다. 대형 교회는 사람들이 많이 모이고 헌금이 많아지면서 사회적 힘이 생겼다. 대형 교회의 사역자는 교회가 갖게 된 힘을 이용해서 교회의 사명의 범주를 벗어나서 사회 정치적인 역량을 발휘하는 데로 기우는 현상이 일어나기도 하였다. 소외되고 외로운 사람들을 돌보고 살피는 목회사역이 대형 교회에서는 상대적으로 어렵게 되면서, 교회는 사역의 본래적 내용인 섬김의 사역이나 돌봄 사역에서 멀어져갔다.

미래 기독교 교회는 소그룹의 공감 유착 관계 공동체로 변하게 될 것이다. 기독교 사역의 패러다임은 기술 문명의 발달로 인한 사회 구조와 가치 추구의 변화로 인해서 새로운 양상을 갖게 될 것이다. 기술 문명의 발달은 대중사회를 분산 협력체제로 변화시키고 있다. 정보 소통의 혁명으로 인해서 가까이 있지 않아도 업무를 처리하고 생산성을 높일 수 있는 시스템이 구축되어가고 있다. 원격 관리와 조정이 가능하고, 네트워크 시스템으로 관리 운영의 효율성을 높일 수 있는 시대가 되었다. 이러한 시스템은 대중사회와 다르게 분산 협력 체제로 변화를 유도할 것이다. 분산 협력 시대의 사회적 리더십은 서비스 유형을 변할 것이고, 목회적 리더십도 실제적인 섬김과 돌봄의 사역으로 변모하게 될 것이다.6)

제2의 물결에서 시도되었던 교육은 전문화 교육 혹은 특성화 교육이 시도되었다면, 기술 문명 사회에서는 다기능적 역량을 발휘할 수 있는 융복합적 교육으로 전환될 것이다. 이러한 교육 시스템을 향한 변화는 이미 시작되었고, 융복합적 제품들이 시장에 속출하고 있다. 목회 패러다임도 대중사회에서 시도되었던 단품 사역 메뉴로 접근하기보다는 다양하고 복합적인 사역 메뉴를 제공해야 하는 시대가 되고 있다. 공감 유착 관계의 교회 공동체에 필요한 사역 메뉴가 연구되고 개발되어야 할 것이다. 미래 기독교 영성을 예단하기 위해서는 역사 속의 신학 유형론과 인류 문명 패러다임의 변화를 살피는 것과 함께 최근의 신학의 유형을 살피는 것도 중요한 기반이 된다.

6) 토플러는 새로운 규범과 사회 조직에 대해서 언급하면서 미래 리더십은 서비스 형식으로 될 것이라고 예견했다. Toffler, *The Third Wave*, 224-264. 이제 리더십의 서비스 유형으로 변호해가고 있으며, 꼭대기에서 폼 잡는 시대는 지나가고 있다. 목회자들이 존경받고 대우받는 시대는 지나가고 있으며, 앞으로는 토플러가 예견한 것처럼 실제로 섬김의 리더십을 실천해야 할 것으로 사료된다.

IV. 현대 신학의 전개 유형론

계몽주의 영향을 받은 기독교 신학은 19세기 중반부터 매우 다양한 신학적 작업이 시도되었다. 계몽주의에서 지속적으로 강조되었던 이성중심주의와 언어적 형식주의 그리고 인간중심주의는 기독교 신학에 지대한 영향을 주었다. 계몽주의가 기독교에 미친 결정적인 영향은 자유주의신학의 등장을 초래한 것이다. 이성과 합리성을 바탕으로 성서의 고등비평이 나타나게 되었고 자유주의적인 신학이 나타나기 시작했다.

성서에 대한 하르낙(Adolf Harnack)의 역사비평과 궁켈(Herman Gunkel)의 양식비평은 기독교 신학의 근간을 흔드는 시도가 되었다. 이들의 시도는 인간의 이성적 이해의 비중이 커지면서 기독교의 종교성을 간과한 실수가 있었다. 리츨(Albrecht Ritchl)은 기독교를 종교적인 면보다 도덕적인 면을 더 중요하게 생각하는 오류를 범하였다. 불트만(Rudolf Bultmann)은 양식비평을 성서해석 방법론으로 활용하면서, 케리그마(*Kerygma*)를 올바로 이해하기 위해서는 신약성서의 신화적인 내용을 벗겨내야 한다는 비신화화론(demythologiza-tion)을 주장하였다. 신화적인 내용과 초자연적인 것은 비과학적이기 때문에 현대인들이 이해하기 어려운 것으로 단정하고, 그런 것들은 성서 읽기에서 제외하는 일을 시도하였다. 그러나 불트만의 비신화화론은 엘리아데(Marcia Eliade)가 신화도 진리를 담을 수 있다는 주장을 하면서 쇠잔의 일로를 걷게 되었다.

계몽주의의 이성적 종교 해석의 도전은 엘리아데의 종교론 이후에 약세로 돌아선 모습이다. 그러나 이성중심적 신학은 세속화신학으로 변해가면서 그 면모를 지속해가고 있다. 그리고 사회 정치적으로 인간을 소외시키고 억압하고 착취하는 현장에서 기독교 복음을 통한 인간 조건을 개선하는 해방신학이 등장하게 되었다. 성차별의 문제를 해결하기 위한 여성신학과 인종차별을 극복하기 위한 흑인신학이 나타나게 되었다. 이들의 교회를 향해 끼친 영향은 그렇게 크다고 할 수는 없지만, 사회 변화에는 적지 않은 영향을 준 것은 사실이다.

20세기의 신학의 번성과 영향은 기독교 역사 속에서 찾아보기 어려울 정도로 매우 다양하고 복잡한 내용들을 담고 있다. 데이비드 트레시(David Tracy)는 이러한 복잡한 신학을 세 가지로 정리해서 소개하고 있다. 조직신학, 근본신학, 실천신학이다. 이 세 가지 유형은 곤잘레스가 언급한 것과 유사한 면을 갖고 있다. 사실 곤잘레스보다 트레시가 먼저 이 세 가지 신학 유형론을 제시한 것이고, 곤잘레스가 후에 역사신학을 정리한 것이다.[7]

복잡한 20세기 신학을 조직신학, 근본신학, 실천신학으로 정리한 트레시의 시도는 매우 가치 있는 것이며, 최근의 신학을 이해하는 데에 로드맵의 역할을 하고 있다. 트레시가 언급한 조직신학은 교리 신학을 의미하는 것이고, 근본신학은 철학적 신학 혹은 형이상학적 신학을 의미하며, 실천신학은 해방신학과 같은 응용 신학 혹은 경험 신학을 의미한다.[8]

---

7) 그 근거는 데이비드 트레시가 최근의 신학을 세 가지로 정리한 책 *Analogical Imagination*이 곤잘레스의 세 가지로 정리한 책 *Christian Thought Revisited*보다 몇 년 먼저 출간되었기 때문이다.
8) 물론 위르겐 몰트만(Jürgen Moltmann)과 한스 프라이(Hans Frei) 그리고 고돈 카우프만(Gordon Kaufman)과 같은 조직신학자들도 20세기 신학을 방법론적

트레시에 의하면 조직신학의 우선적인 관심은 종교적인 미(be-auty)에 있다. 성서의 텍스트 스토리에 담겨 있는 아름다운 것을 탐구하는 것이며, 종교적인 거룩함을 통해서 영적인 미의 세계를 이해하는 것이다. 이 신학적 유형은 곤잘레스의 분류에 의하면 터툴리안이 시도했던 교리 신학 혹은 조직신학적 유형과 유사하다. 트레시가 언급한 조직신학은 신학적 논리를 전개하는 도구로서 시와 수사학 같은 것이 중요하게 사용되었다. 시와 수사학적인 것을 활용해서 해석하고 소통하는 작업을 시도하였다. 이러한 신학적 유형의 대표자는 칼 바르트(Karl Barth)이다. 바르트는 자유주의 신학적 흐름 속에서 말씀의 신학을 제시하였고, 루터가 언급했던 오직 성서라는 모토의 전통을 이어가는 모습으로 나타났다. 바르트는 당시에 이성중심적인 자유주의신학자들에게는 수용되기 어려운 말씀의 신학을 과감하게 주장하였고, 종교적인 미적 세계의 가치를 재천명한 것이다. 바르트의 교리 신학은 자유주의신학을 넘어서 기독교의 종교성의 재발견과 성서의 텍스트의 가치를 재천명한 것은 20세기 신정통주의신학의 발전에 의미 있는 기여로 해석되고 있다.

근본적 신학은 진리를 추구하는 것으로서 철학적 혹은 형이상학적인 학문적 도구를 사용해서 진리를 탐구하는 것이다. 논리적 논쟁이나 변증법적 수정 작업을 통해서 목적하는 진리를 모색하는 작업을 시도하였다. 이 신학적 유형은 곤잘레스의 분류에 의하면 오리겐의 철학적 신학과 유사한 면을 갖고 있다. 트레시는 이 유형의 대표

인 차원에서 정리하였다. 그러나 트레시의 신학적 유형론이 설득력을 더하고 있으며, 그 이유는 곤잘레스가 역사신학적 차원에서 정리한 세 가지 신학적 유형과 유사하기 때문이다.

적인 신학자를 라너(Karl Rahner)와 가다머(Hans G. Gadamer)를 제시하고 있다.9) 라너는 훗설이 현상학과 칸트의 철학을 활용해서 초월적인 로고스를 제시하는 철학적 신학을 전개하였다. 가다머는 해석학적 이론을 새롭게 제시하였는데, 텍스트와 독자의 대면에서 나타나는 지평융합에서 진리를 경험하는 것이라고 하였다.

트레시는 열악한 인간 조건을 기독교 진리로 개선하는 신학적 작업을 실천적 신학이라고 하였다. 기독교인들은 사유 작용으로 신학을 하는 것에 머무는 것이 아니라 역사와 삶의 현상에서 실천적인 신학을 시도해야 한다는 것이다. 실천적 신학은 해방신학이나 여성신학과 같은 것을 의미한다. 이 신학적 유형은 선(good)을 추구하는 것이며, 신학적 전개는 시대적 이데올로기를 기독교 차원에서 비평하면서 억압과 소외와 착취가 있는 사회 경제적인 현장에서 인간해방과 삶의 질의 개선을 추구하는 것이다. 대표적인 신학자로 해방신학자인 구티에레즈(Gustavo Gutierrez)와 여성신학자인 류터(Rose-mary Ruether)를 들고 있다.

현대 신학의 다양한 양상에서 트레시는 이렇게 세 가지로 정리하여 소개하였으며, 트레시의 신학적 기여는 괄목할 만하다. 현대 신학을 이해하고 미래 신학을 예측할 수 있는 로드맵을 제시하였기 때문이다. 미래의 기독교 신학과 영성도 곤잘레스와 트레시가 제시한 신학적 유형에서 크게 다른 방향으로 흐르기는 쉽지 않아 보인다. 지난 기독교 역사 속에서 신학적 흐름의 패턴은 반복되는 모습을 보이고 있기 때문이다.

---

9) 트레시가 라너와 가다머를 선택한 것은 자신이 가톨릭 전통에 서 있기 때문에, 가톨릭 대표 신학자들인 라너와 가다머를 제시한 것으로 보인다.

V. 미래 기독교 르네상스의 회귀

역사 속에서 기독교는 각 시대마다 아픈 도전을 겪으면서 발전하였다. 기독교 자체 내에서의 교리적 갈등, 자연적인 천재지변, 인간 사회의 정치적 투쟁, 이성주의의 도전, 과학의 도전 그리고 포스트모던 해체주의의 도전에 이르기까지 다양한 도전이 있었지만, 기독교는 쇠잔하지 않고 지금까지 발전하였다. 마틴 루터가 만인제사장설을 주장하면서 로마 가톨릭교회에 도전을 하였다. 루터의 주장이 맞았다면, 로마 가톨릭교회의 사제들은 모두 사라졌을 것이다. 루터가 틀렸다면, 개신교는 존재하지 않았을 것이다. 당시에 루터와 가톨릭교회의 교리적 갈등은 매우 심각한 것이었지만, 가톨릭교회의 사제는 사라지지 않았으며, 루터에서 시작된 개신교는 번성하였다. 기독교의 교리 논쟁과 갈등은 역사 속에서 심각하게 전개되었고, 때로는 위기적이었지만, 기독교는 소멸되지 않고 여전히 발전하였다. 종교적 타당성을 갖고 있었기 때문이며, 인류 문명의 발전에 도움이 되었기 때문이라고 할 수 있다.

이성의 중요성이 대두 되면서 비이성적인 신앙에 대한 도전은 매우 심각한 것이었다. 이성의 시대가 되면 종교는 종말을 고하게 될 것이라고 수많은 지성인들이 예언하였다. 사실 계몽주의 영향을 받은 신학은 자유주의신학으로 전개되었고, 종교성이 약화된 신학은 교회에 적지 않은 데미지를 주었다. 유럽의 기독교가 쇠잔한 원인은 계몽주의 사상가들이 무신론을 주장하면서 일어난 것이다. 니체를 비롯해서 포이에르하, 마르크스, 뒤르켕, 프로이트와 같은 무신론자들의 영향은 유럽만이 아니라 세계적으로 기독교의 발전에 아픈 도전을 주었다. 그러나 이들이 종교를 배척하고 기독교를 비판한 것이 만고의 진리로 받아들여지지는 않았다. 그렇기 때문에 이들의 도전도 계몽주의의 이성적 지식 추구에서 유래한 한 시대적인 도전의 현상이었던 것으로 흘러가고 있다.[10]

현재 기독교가 직면하고 있는 가장 치명적인 도전은 세속주의와 과학적 환원주의라고 할 수 있다. 과학적 환원주의의 도전으로 인해서 기독교가 겪는 아픔은 결코 적지 않다. 모더니티의 이성이 종교에 도전해서 기독교에 아픔을 주었던 것처럼, 세속주의와 과학적 환원주의는 기독교에 적지 않은 타격을 가하고 있다.

이런 도전에 대한 미래 기독교 신학의 유형은 인지과학을 활용한 체화된 영성의 신학으로 발전될 것으로 보인다. 최근의 인지과학은 생물학, 심리학, 철학, 과학철학 등 다양한 학문을 융복해서 접근하고 있다. 인지과학은 현재 다양한 학문 분야에 영향을 주고 있으며, 인지과학은 여러 분야에서 학문적 기반 이론으로 활용되고 있다. 트레시가 분류한 근본적 신학의 흐름은 인지과학과 화이트헤드의 유기체 철학이 서로 결혼해서 체화된 영성 신학으로 발전해야 설득력 있는 신학으로 기여할 것이다.

----

10) 칼 라너는 현상학을 활용해서 초월적 정언명령과 같은 보편적인 도덕적 원리를 인식하는 철학적인 신학을 시도하면서 초월적인 로고스를 주장하였다. 초월적인 로고스는 이성중심주의의 도전을 넘어서는 종교성과 신학적 논리를 함께 함축하고 있다. 트레시가 언급한 근본적 신학의 유형은 라너가 이성중심주의를 넘어서 초월적 로고스를 제시한 것처럼 미래에도 철학적 신학이 여전히 전개될 것이다. 미래의 철학적 신학의 흐름은 화이트헤드의 유기체 철학에 기반을 둔 사유철학적 신학이 지속적으로 전개될 것이다. 화이트헤드의 유기체 철학은 거의 모든 학문적 분야에서 활용되고 있으며, 이것을 능가하는 기반이론은 아직 나타나지 않았기 때문이다.

미래 사회는 고도의 기술 문명이 발달한 사회가 될 것이며, 인간 사회를 현격하게 변화시킬 것이다. 앨빈 토플러, 제러미 리프킨(Jeremy Rifkin), 토마스 프레이(Thomas Frey)와 같은 미래학자들은 미래 사회는 오늘날 우리가 경험하고 있는 사회 현상과 전혀 다른 모습을 갖게 될 것이라고 예언하고 있다.[11] 기술 문명이 고도로 발달하면 인간의 노동의 족쇄에서 벗어나 자유와 여가를 즐기는 인생의 새로운 국면이 전개될 것이다. 리프킨은 『노동의 종말』(*The End of Work*)을 선언하면서 노동에서의 완전한 해방을 주장하고 있다[12]. 3D프린터가 제조업에 보편화되면 제품 생산 노동과 시간은 상당히 줄어들 것이다. 로봇의 발달로 인해서 인간이 해야 할 일은 현격하게 줄어들 것이다. 리프킨이 언급한 것처럼 노동의 종말이 실제로 오지는 않겠지만, 적어도 노동 시간은 현격하게 줄어들 것은 자명한 사실이다. 리프킨은 시간이 많은 미래 인간들은 초월적인 깊은 놀이를 즐길 것이라고 하였다.

초월적 깊은 놀이는 종교적인 행위를 의미하는 것이며, 기독교가 유리한 고지를 다시 점령하게 될 것이다. 최근에 데리다(Jacques Derrida)와 같은 일부 포스트모던 사상가들이 고등 종교의 회귀를 언급하고 있다. 미래 사회에는 다시 종교적 사회가 될 것이며, 특히

---

11) Jeremy Rifkin, *The Third Industrial Revolution: How Lateral Power Is Transforming Energy, the Economy, and the World* (New York: Palgrave Macmillan, 2011), 259-63. 산업사회의 대중적 모습이 분산 협동적인 모습으로 변모하게 될 것을 주장하고 있다.
12) 제레미 리프킨은 기술문명이 발달하면서 제조업이 하향세로 이미 접어든 것으로 보고 있다. Jeremy Rifkin, *The End of Work: The Decline of the Global Labor Force and the Dawn of the Post-Market Era* (New York: Putnam's Sons, 1995), 8.

고등 종교가 인간의 삶에 중요한 역할을 할 것으로 내다보고 있다. 고등 종교의 회귀에서 나타나게 될 기독교는 소그룹 공동체 교회가 될 것이다. 소규모 그룹 교회들이 공감 유착 관계에서 인생의 의미와 가치를 논하고, 초월적인 신비스러운 세계에 대한 동경을 하면서, 목가적인 신앙적 유대 관계를 이룰 것이다. 미래 소그룹 공동체 교회는 시간이 많았던 초대교회 수준으로 발전할 가능성이 있다.13) 포스트모던 인간은 시간이 많아지고, 다원적으로 생각하며, 과학적 환원주의의 한계성을 인식하면서, 초월적인 깊은 놀이를 즐기게 될 것이기 때문이다.

미래 교인들은 바울의 교리 신학보다는 복음서의 전원적이고 목가적인 산상수훈에 관심을 둘 것이고, 서로 떡과 물고기를 나누면서 사랑을 나누는 호혜적 공동체로 발전할 것이다. 포스트모던 인간은 철학과 인문학에 대한 관심에 머무르지 않고, 신비스러운 초자연적

---

13) 모더니티의 개인주의는 데카르트의 이성적 인간론의 영향에서 발전한 것이다. 내가 생각하고 이해하는 것이 중요하다는 사실이 전제가 되면서 개인의 이성적 사유가 중요하게 되었고, 인간이 세상의 중심인 것으로 이해하였다. 인간이 진리를 깨닫고 이해하고 활용하는 것을 중요하게 여기는 계몽주의는 서구의 근대 사회에 경이로운 변화를 일으켰다. 인간의 평등과 인권의 중요성은 이성적 인간을 강조했던 계몽주의가 번성하면서 서구에서 먼저 보편화된 사상이다. 모더니티의 이성중심주의와 인간중심주의가 해체되면서 포스트모던 인간이해와 사회는 새로운 국면을 맞이하고 있다. 개인의 생각과 인간의 권리도 중요하지만, 개인 속에있는 공동체와 생태계의 시스템도 함께 중요하다는 생각을 하게 되었다. 세상은 개인중심이 아니라 공동체와 생태계를 함께 중요하게 생각하면서, 지구촌 공동체와 지구환경 문제가 진지하게 대두되고 있다. 포스트모던 사상은 오래 갈 것으로 보이지는 않지만, 모더니티의 오류를 단호하게 지적하고 새로운 시대를 열어주는 중요한 역사적 수문장 역할을 하고 있는 것으로 보인다. 역사신학은 과거신학의 흐름을 바탕으로 포스트모던 사상의 기여를 잘 활용해서 미래 신학의 유형을 예측하고 미래 기독교의 영성의 길에 대한 안내 역할을 해야 할 것으로 보인다. 포스트모던 인간사회는 종교를 인생의 필수 품목으로 다시 들여올 것으로 내다보는 것이다.

인 이야기에 대해서 새로운 관심을 갖게 될 것이다. 곤잘레스와 트레시가 생각했던 것처럼 미래 신학은 조직신학과 철학적 신학 그리고 실천적 신학의 유형은 유지하게 될 가능성이 높다. 신학적인 내용은 과학적 환원주의와 인지과학의 발달에 맞추어서 화이트헤드가 주장한 유기체 철학을 활용한 "체화된 영성"을 나누는 철학적 신학이 발달할 것이다. 인생의 의미와 신앙의 아름다움을 추구하는 시적이고 수사학적인 초월적 신비주의적인 조직신학이 전개될 것이고, 공감 유착에 필요한 호혜적인 사랑의 실천신학이 전개될 것으로 보인다.

과잉 경쟁 산업 사회에서 경제적 생산성의 노예로 살았던 백성들은 미래 기술 문명 사회의 깊은 곳에서 해방과 자유를 느끼면서 근본적인 차원의 여가를 즐길 것이다. 진정한 여가 속에서 인간은 단순한 즐거움의 차원을 넘어서 깊은 인간다운 생활을 모색하면서 신비스러운 초월적 깊은 놀이를 즐기게 될 것이다. 포스트-이성중심적이고 포스트-이원론적인 신앙은 체화된 영성(embodied spirituality) 차원에서 추구할 것이다.14) 몸과 마음과 관계성이 함께 작용하는 신비스러운 창발적 종교성의 세계를 추구하게 될 것이다. 인간

---

14) 체화된 영성은 체화된 마음이론에서 온 것이다. 바렐라는 마음이란 것은 이성적 작용이 고정된 자아에서 사유작용을 하는 것이 아니라 다차원인 관계 속에서 일어나는 것으로 보고 있다. Francisco J. Varela, Evan Thompson, and Eleanor Rosch, *The Embodied Mind: Cognitive Science and Human Experience* (New York: MIT Press, 1991), 105, 108. 자아는 고정된 것이 아니라 변화하는 과정에서 존재하는 과정적 존재이다. 마음은 몸과 마음과 관계에서 자기 관리(self regulation)을 하는 것이다. Daniel Siegel, *The Developing Mind, Second Edition: How Relationships and the Brain Interact to Shape Who We Are* (New York: Guildford Press, 2012), 267-69.

의 마음은 뇌와 마음과 관계성이 함께 작용하는 것이기 때문이다. 모더니티의 산업 사회적 교회 형태의 대형 교회는 모두 사라지지는 않겠지만, 대부분의 미래 교회는 포스트모던 소그룹 공동체 교회로 변할 것이다. 소규모의 공감 유착 관계로 형성된 미래 교회는 새로운 기독교의 르네상스를 일으키면서 머지않은 미래에 새로운 모습의 교회로 등장하게 될 것이다.

기독교적 생태 영성

오성현 | 서울신학대학교 교수

I. 성 프란체스코와 현대

900여 년 전에 아씨시의 성 프란체스코(Francesco d' Assissi, 1182-1226)는 숲 속의 새들에게 다음과 같이 설교했다고 전해진다.

우리 형제인 여러분은 여러분의 창조주 하느님께로부터 모두들 끝없는 은혜를 입고 있으니, 언제나 어디서나 하느님을 찬미해야 합니다. 왜냐하면 그분이 여러분들에게 아무데나 마음대로 날아다 닐 자유를 주셨고, 또 두 겹, 세 겹의 고운 옷을 입혀주셨기 때문입 니다. 더구나 그분은 여러분의 종족이 세상이 몰살될까봐 노아의 방주 속에 여러분 선조들을 보호해 주셨고, 여러분이 공기로 된 생 활 터전에 살도록 마련해 주셨습니다. 이밖에도 여러분은 씨 뿌리 거나 거두어들이지 않아도 하느님께서 먹여주시고 강과 샘물을 주어 마시게 하시며, 산과 골짜기는 피난처로 또 큰 나무는 보금자리를 만들도록 거저 주십니다. 여러분은 바느질이나 길쌈을 할 줄 몰라도 하느님께서 친히 여러분과 어린 것들에게 옷을 입혀주십니다. 이처럼 좋은 것을 많이 주시니 창조주께서는 여러분을 무척 사랑하시는 것입니다. 그러니 내 형제들이여! 배은망덕하는 죄에 떨어지지 말고 항상 하느님을 찬미하도록 힘쓰십시오.[1]

성 프란체스코의 설교를 조용히 경청하던 새들이 설교가 마치자 아름다운 노래로 지저귀면서 하늘로 날아갔다고 한다. 이외에도 자연의 피조물들과 교감하며, 그들을 아끼며 사랑하며 돌보던 그의 일화가 여럿 있지만, 한 가지만 더 소개하면 다음과 같다. 성 프란체스코가 길을 가던 중에, 새끼 양 두 마리를 어깨에 걸머지고 도축용으로 팔기 위해서 가는 한 목동을 만났다. 그 양들에 대한 강한 연민을 느낀 성 프란체스코는 자신이 입고 있던 망토를 벗어서 그 양들의 생명에 대한 값으로 대신 치르고 난 후에 그 양들을 다시는 죽이지 말라는 약속을 받고서 그 목동에게 돌려주었다고 한다.

이런 태도로 동물들을 대하던 성 프란체스코의 모습이 아주 낯설게 여기지는 것이 오늘날 우리의 현실이다. 오늘날 한국에서 동물, 특히 가축이 사람들에 의해서 어떻게 다루어지고 있는지를 보여주는 기사를 소개하면 다음과 같다.

3월 28일 취재진이 찾은 수도권의 한 돼지 도축장. 오전 10시가

---

1) 프란치스꼬회 한국관구 옮김, 『성 프란치스꼬의 잔 꽃송이』(왜관: 분도출판사, 2011), 88-89.

되자 컨베이어 벨트가 돌며 정적을 깨뜨린다. 돼지를 빽빽이 실은 1t 화물차가 계류장에 몸을 기댄다. 관리인이 나와 화물차에 실린 돼지들을 날카로운 막대기로 찌르며 몰기 시작한다. 돼지들이 마지못해 끌려가는 곳은 목욕장. 죽음 직전에 몸을 씻는 곳이다. 목욕을 끝낸 돼지들은 다시 막대기에 쫓겨 좁은 통로로 이동한다. 돼지들 앞에는 경사 30도의 컨베이어 벨트가 돌아가고 있다. 죽음을 예감한 듯 돼지들은 괴성을 지르며 결사적으로 저항한다. 어떤 돼지는 뒷걸음질하며 몸으로 버틴다. 하지만 전기 막대기가 몸에 닿는 순간 돼지는 화들짝 놀라고, 어느새 컨베이어 벨트에 올라서 있다. 컨베이어 벨트의 정상에는 전기장치가 설치돼 있다. 돼지가 정상에 올랐을 때 전기장치는 돼지의 머리를 양쪽에서 거머쥔다. 돼지는 통나무처럼 뻣뻣해져 2.5m 아래로 떨어진다. 날카로운 도축용 칼이 돼지 목 부위의 동맥을 찌르고, 생을 마감한 돼지는 다시 컨베이어 벨트에 거꾸로 매달려 운반된다.[2]

도축장을 거치면서 돼지는 더 이상 '동물'이 아니라 '상품'으로 모습을 바꾼다. 우리가 이제 만나는 것은 돼지라는 동물이나 생명체가 아니라, 대형마트에서 예쁘게 썰어져서 하얀 스티로폼 용기에 가지런히 놓이고 반짝반짝한 랩으로 싸여진 삼겹살 '상품'이다. 온 국민의 사랑을 한몸에 받는 돼지 삼겹살, 불판에 노랗게 구워진 삼겹살이 우리의 식감을 자극하며 우리에게 식도락을 주는 사이에, 도축장에서 한 생명체가 살려고 필사적으로 몸부림치던 그 처절한 모습은

2) 남종영, "자연수명의 20분의 1, 돼지의 한평생," 「한겨레21」 654호 (2007. 4. 5).

잊힌다.

현대에 와서 인간에게만이 아니라 동물에게도 존엄성과 복지권이 인정되고, 또 그것들이 보호되어야 한다는 목소리가 점차 커지고 있다. 우리나라에도 「동물보호법」이 제정되어서 동물복지권을 보호하려고 하고 있지만, 애완용 동물에만 그 초점이 맞추어져 있고, 축산용 동물은 상대적으로 관심의 대상에서 벗어나 있다. 축산용 농장동물들은 오히려 「축산물가공처리법」의 주요 관리 대상이 된다. 축산용 농장 동물은 처음부터 "동물"이라기보다는 "축산물"로 대상화되었다. 「실험동물에 관한 법률」도 역시 동물을 보호하려는 취지이기는 하지만, 인간을 위해서, 혹은 인간을 대신해서 희생되어도 될 동물로서의 대상이라는 전제 위에 있다.

II. 생태계 위기에 대한 의식

동물에 대한 이런 태도들은 근대의 과학 기술이 발달해오면서 가속화되었다. 동물을 비롯한 자연은 인간의 무제한적인 개발과 조작의 대상이 되게 해서, 인간의 삶을 윤택하고 이롭게 하는 수단적 가치만을 가질 뿐이라고 여겨져 왔다. 자연을 이처럼 무제한적인 개발의 대상으로만 바라보던 인간의 자연관은 한동안 우리의 삶을 실제적으로 윤택하게 만든 결과를 가져오기도 했다. 이전보다 더 풍요롭고 호사스러운 생활을 가능하게 했다. 적어도 20세기 초반까지만 하더라도 그런 삶의 방식이 잘 작동하는 것처럼 보였다. 하지만 현대와 같은 이런 식의 삶의 방식은 더 이상 지탱될 수 없다는 지적들이 제기되기 시작했다. 폭발적인 인구 증가, 지구온난화, 끊임없는 자연환경 개발과 파괴, 이상기후 현상의 급증, 화석연료와 같은 재생 불가능한 자원의 고갈, 현재의 유력한 대체 에너지원인 핵에너지에 대한 통제 불능과 그 치명적인 위험성 등은 인간의 생존에 심각한 위기의식을 불러일으켰다.

이제는 누구나 생태계 위기를 논하고 있다. 사람들이 오늘날 광범위하게 생태계 위기에 대해서 관심을 가지는 이유는 생태계의 위기가 곧 인간과 무관한 대상으로서의 생태계의 위기가 아니라, 인간 자신의 위기가 된다는 것을 의식했기 때문이다. 인간이 자연이며 인간이 생태계의 한 구성원이기에, 자연이 파괴되면 곧 인간이 파괴되며, 생태계가 붕괴되고 파괴되면 그 구성원인 인간도 붕괴되고 파괴된다는 운명을 인간이 인식하기 시작했다. 생태계 위기에 대한 현대인의 의식은 여전히 인간중심적이다. 생태계가 파괴된다고 해도 인간의 생존이 문제시되지 않는다면, 생태계 위기에 대해서 보이는 현대인의 관심은 지금의 이 정도는 아닐 것이다. 물론 이제는 현대인들이 "생태계가 파괴된다고 해도 인간의 생존이 문제시되지 않는다면"이라는 전제 자체를 경험적으로 받아들일 수 없었다. 병든 자연을 먹은 인간은 함께 병들 수밖에 없고, 인간이 피난처로 삼을 수 있는, 병들지 않은 순수한 자연의 부분과 영역이라는 것이 이 지구상에 더 이상 찾아질 수 없다는 것을 인간은 확인했기 때문이다.

아무튼, 인간은 누구나 생태계의 위기를 시인하지 않을 수 없게 되었고, 이에 대한 대처 방안은 인간의 생존을 위해서도 결정적인 문제가 된다는 것을 의식하게 되었다. 그렇다면 도대체 인간은 어떻게 해서 이런 생태계의 위기에 봉착하게 되었는가? 인간의 생존마저 위협하는 이런 심각한 생태계의 위기를 인간은 왜, 어떻게 자초하게 되었는가?

III. 기독교에 대한 생태주의의 비판

생태계의 위기에 직면한 현대 세계는 원인 규명에 나섰다. 그러면서 생태계의 위기에 대한 비난은 기독교로 쏟아지게 되었다. 기독교가 인류가 현재 맞이한 생태계의 위기를 불러일으킨 역사적 뿌리라는 것이다. 이런 주장을 대중적으로 확신시킨 사람은 문화사학자 린 화이트(Lynn White)였다. 기독교는 자연생태계에 대해서 적대적이라고 여기면서, 인디언 토속 종교나 동양 종교와 같이 생태친화적인 종교, 또 때로는 정물 신앙과 같은 것이 현대의 생태계 위기에서 인류를 구해줄 것이라고 주장되고 있다. 그런 점에서 생태학은 점점 더 탈 기독교적, 또는 반 기독교적 방향으로 나아가기도 했다.

기독교에 대한 생태학적 비판은 기독교의 창조론에 초점을 맞추었다. 기독교의 창조론은 인간중심주의적 관점에서 자연에 대한 착취로 귀결된다는 것이다. "세계에서 가장 인간중심주의적인" 서구 기독교는 "하나님이 인간의 유익과 통치를 위해서 이 모든 것을 명백히 계획했으며, 물리적 창조물 가운데서 그 어떤 것도 인간의 목적에 봉사하는 것 이외의 그 어떤 목적도 가지고 있지 않다"는 창조론을 전제하고 있다고 보았기 때문이다.[3] 이때 무엇보다도 비판의

---

3) Lynn White, Jr. "The Historical Roots of Our Ecological Crisis," *Science*, vol. 155 (March 10, 1967): 1205.

대상이 되었던 것은 성경에서 자연에 대한 인간의 '통치권'에 대해서 말하고 있는 창세기 1장 28절이었다. 하나님의 형상에 따른 특별한 지위가 부여된 인간은 자연에 대한 통치권을 부여받았다는 점에 비판의 초점이 맞추어졌다. 이때 비판가들은 자연에 대한 '통치'를 자연에 대한 '착취'로 이해하였고, 여기에 사상적 뿌리를 둔 서양 문명은 오늘날의 생태계 위기를 불러일으켰다고 주장한다.

하지만 이런 주장에 대해서는 세밀한 검토가 필요하다. 오늘날의 생태계 위기를 초래한 원인을 지나치게 단순화시켜서 오히려 사태의 본질을 파악하지 못하게 할 우려가 있다. 기독교가 인간이 자연을 착취하는 것을 만류하는 일에 큰 기여를 못하고 있었던 것은 사실이지만, 기독교가 생태계 위기에 대한 결정적이고 직접적인 원인이라고 보는 것은 과장된 것이다. 오늘날의 생태계 위기를 가져온 주요 요인들로는 인구의 압력, 산업화의 다양한 형태로 표현되고 있는 팽창주의적, 제국주의적 자본주의의 발달, 근대 철학과 학문에서 기계론적 사고방식의 승리, 그 결과로서의 기술의 발달 등을 들 수 있다. 기술의 발달과 산업화가 자연에 대한 착취의 주요 원인이다.

물론 기독교가, 세계 정복에 나선 제국주의자들의 '배'에 함께 올라타고, 근대의 자연과학과 기술의 발달의 열매를 함께 거둬들이면서, 자연의 착취가 가져오는 생태적인 폐해와 심각성을 지적하면서 제대로 막지 못하고, 때로는 자연에 대한 착취를 부추기는데 기여를 했다. 그런 한에서는 기독교가 생태학적인 책임성을 다하지 못했다는 점은 인정할 수밖에 없다. 아울러서 기독교적 사고방식에 있어서 자연과 생태계가 가지는 적극적인 의의를 드러내지 못했던 점은 비판받아야 한다. 자연세계는 인간과 하나님의 역사가 펼쳐지는 무대 정도로만 이해되었고, 플라톤주의적인 사고방식에 입각하여 영혼의 초월적 구원을 지향하면서 물질 세계를 경멸하는 태도가 기독교에 지배적이었다. 따라서 기독교적 영성은 신적인 것을 추구하기 위해서는 물질 세계로부터 물러서는 것을 장려하는 이원론적 사고방식에 쉽게 빠졌다. 자연 세계를 인간사의 무대 정도로 여기고, 물질 세계를 저급한 것으로 여기는 태도는 자연 생태계에 대한 남용과 파괴를 방조하는 결과를 낳았을 것이다.

하지만 기독교의 역사 안에도 이와는 다른 목소리가 작지만 명맥을 이어 왔었다. 생태계가 하나님과의 관계에서 가지는 독립적이고도 궁극적인 의미와 가치를 강조하는 생태친화적인 신학과 영성이 교회사에서 의외로 많이 발견된다.4) 특별히 앞에서 인용한 성 프란체스코는 기독교의 반 생태주의를 비판하던 린 화이트마저 생태주의자들의 "수호 성인"으로 인정할 정도이다. 더 나아가서 생명 긍정적이고, 생태 친화적인 영성이 성서 안에서도 확인될 수 있으며, 기독교의 중심적인 교리 에서도 그런 입장이 정당화될 수 있음이 최근의 논의들을 통해서 강조되고 있다. 이제 기독교는 오늘날 우리가 당면하는 생태계의 위기를 극복하게 하는 기독교적 영성을 제시해야 할 때이다. 그러면 어떤 면에서 기독교적 영성이 생태 친화적인 영성으로 이해될 수 있을까?

---

4) 주승민 외 12인, 『기독교 역사를 통해 본 창조신앙 생태영성』, 한국교회환경연구소, 한국교회사학회 엮음 (서울: 대한기독교서회, 2010). 이 책에서는 기독교 역사 속에서 우리에게 잘 소개되지 않았던 생태신학이 이레니우스, 오리게네스, 아우구스티누스, 베네딕투스파, 빙엔의 힐데가르트, 켈트족, 프란체스코, 루터, 재세례파, 칼뱅, 요한 아른트, 존 웨슬리, 크리스토프 블룸하르트를 중심으로 다루어지고 있다.

IV. 기독교적 생태 영성

1. 창조론과 생태계

기독교 영성은 하나님에 의한 세상의 창조에 대한 믿음에서 시작된다. 성서의 증언에 따르면 하나님이 모든 존재와 생성의 원천이다. 세상에 존재하는 모든 것은 처음부터 스스로 있었던 것은 없고, 하나님에게 존재의 기원을 두고 있다. 우주 전체를 포함해서 미생물과 인간에 이르기까지 모든 삼라만상 만물은 하나님에 의해 창조된 것이며, 그 존재가 유지되고 있는 것도 하나님의 보호와 돌봄에 의한 것이다. 존재의 근원을 밝혀주는 창조론은 생태계의 근원적 구조에 대한 이해의 틀을 우리에게 다음과 같이 제공한다.

첫째로, 모든 생명체는 본유적이면서도 내재적인 가치를 부여받았다. 창조된 세계 자체는 좋음이라는 가치를 가지고 있다. "하나님이 손수 만드신 모든 것을 보시니, 보시기에 좋았다"(창 1:31). '창조된 세계는 좋은 것이다'라는 가치판단에 하나님이 이르시게 된 것은 창조의 결과가 하나님의 의도와 기대에 부응했기 때문이었다. 물론 창조된 세계의 선은 종말론적 구속의 완성에 이르러서야 완전히 드러날 것이다. 그럼에도 불구하고 하나님은 창조된 세계의 현재적 모습을 긍정하였다. 여기서 주목해야 할 것이 있다. 창조물이 좋다고 선언된 것은 인간이 출현하기 이전부터였으며, 인간의 편의성과 상관없이 이루어졌다는 점이다. 창조된 인간에게 '좋다'라는 가치가 부여된 것은 사실이지만, 창조물에 대한 긍정적인 가치 부여는 인간이 창조되기 전에 앞서서 창조된 모든 피조물에 대해서도 이루어졌다. 그러기에 인간만이 아니라 모든 동물들도 '생육하고 번성하라'는 복을 받게 되며, 하나님으로부터 그런 복을 받을 가치가 있는 존재였다.

그런 점에서 창조론에 따르면 생명에 대한 긍정은 인간 존재를 넘어서서 모든 존재로 확대되며, 자연에 대한 인간중심적인 가치판단은 배제된다. 하나님을 초월적인 중심에 두고서 이루어지는 생물 중심적인 환경 윤리가 주장될 수 있다. 어떤 피조물을 보고서, 그것이 자연이든, 또는 장애를 가진 인간이든 그에 대해서 인간이 좋다, 가치롭다고 판단하는 것이 하나님이 보시기에 좋다고 판단하는 것과 다를 수 있으며, 이때 인간의 가치 판단이 하나님의 가치 판단보다 우선시될 수는 없다. 창조물은 인간의 관점에서 바라본 좋음, 유익이라는 관점과 독립적으로 하나님으로부터 부여받은 고유한 가치를 가지고 있다. 하나님은 인간만이 아니라 모든 존재에 관심을 가지고 있으며, 귀하게 여긴다.

둘째로, 모든 생명체는 상호의존적이라는 점에서 인간 생명과 자연 생명의 통전성을 창조론은 보여주고 있다. 모든 만물의 원천이 한 하나님에게서 찾아야 한다면, 모든 존재들 간에 밀접한 상호연관성을 인정할 수밖에 없다. 인간을 비롯한 모든 만물은 한 하나님의 소생이다. 더구나 인간이나 동물 모두 같은 요소인 '흙'에서부터 왔으며(창 1:24; 2:19; 2:7), 인간과 육지의 동물이 창조의 여섯째 날이라는 동일한 날에 창조되었다는 점에서, 인간을 포함한 모든 피조물은 "신 중심적이며, 생물학적인 친족 관계"에 놓여 있다.5) 기독교 역사

5) 제임스 A. 내쉬, 『기독교 생태윤리: 생태계 보전과 기독교의 책임』, 이문균 역 (서울: 한국장로교출판사, 1997), 151.

속에서도 이런 점에 대한 인식이 결여되어 있던 것은 아니었다. 성 크리스톰이나 성 프란체스코는 모두 동식물들이 우리 자신과 같은 기원을 가지고 있다는 점에서 그들에게 호의적인 태도를 취해야 한다고 요구했었다.

이것은 단지 상호간의 유사성 내지 호감에 대한 요구로 끝나는 것이 아니다. 이 상호의존성은 생명의 존재 방식을 지적해준다는 점에서 더욱 중요하다. 인간은 다른 생명체와 상호 의존의 관계에서만 존재하며, 인간은 다른 생명체들과의 공존 관계 속에서만 존재할 수 있다. 이것은 물론 모든 생명체에게도 해당된다. 그렇다면 우리는 이제 생명에 대한 부분적 이해에서 벗어나 그 전체를 통전적으로 이해해야 한다는 것을 의미한다. 생명의 상호의존적 통전성을 잘 표현해주는 용어가 바로 "온생명"일 것이다.6) 낱생명, 곧 개체생명은 자신의 생존을 위해서 결정적으로 의지하고 있는 온생명, 곧 지구상의 전체생명과의 관계성을 벗어나서 파악될 수 없으며, 따라서 모든 생명체는 낱생명이자 보생명의 관계로만 존속한다. 그런 점에서 온생명만이 자족적인 존재단위라고 볼 수 있다. 이제 더 이상 인간의 생명과 자연의 생명은 별개의 문제로 간주될 수 없게 되었다. 상호의존성으로 인해서 자연 생명의 위기는 인간 생명의 위기로 귀결되기 때문이다.

---

6) 장회익, 『삶과 온생명』 (서울: 솔출판사, 1998), 178 이하 참조.

2. 그리스도론과 생태계

예수 그리스도에 대해서 말하는 기독론의 중심에는 성육신 교리가 있다. 성서는 예수 그리스도의 탄생을 이렇게 받아들인다. "말씀이 육신이 되어 우리 가운데 거하시매…"(요 1:14). 하나님이 육신으로 된 이가 바로 예수 그리스도라는 것이다. 다시 말해서 하나님의 본성과 인간의 본성이 예수 그리스도 안에서 연합하여 하나로 된 것이다. 이때 예수 그리스도 안에서 하나님과 하나가 된 인간은 단지 한 개인이 아니라 온 인류였다. 예수 안에서 온 인류가 하나님과 하나가 되었기에 온 인류의 구원의 길이 열린다.

하지만 예수 안에서 이루어진 하나님의 연합은 인류와의 연합을 넘어서서 만물과의 연합으로 이어진다. 하나님이 예수 안에서 연대했던 인간의 몸은, 온 생명을 이루고서 물질적 세계와 상호의존적 관계에 있다. 따라서 그 인간은 상호의존적 관계에 있는 창조 세계 전체를 대표하게 된다. 따라서 예수 그리스도 안에서의 성육신을 통해서 하나님은 물리적 세계 전체, 생태계 전체, 곧 만물과도 연합을 이룬 셈이다. 그러기에 성서는 그리스도 안에서 만물이 통일되며, 만물이 그리스도 안으로 들어오게 되었으며, 만물이 그리스도를 통해서 하나님과 연합하여 화평을 이루게 되었다고 말한다(엡 1:10; 골 1:15-20). 따라서 "성육신에서 하나님은 인간성의 대표와 연합하시므로 자연계에 깊이 잠겨 들어오시고, 스스로 자연계 전체를 자기 안에 끌어안으셨다"고 말할 수 있게 된다.7) 성육신 안에서 이루어

---

7) 제임스 A. 내쉬, 168.

진 하나님과의 연합을 통해서 인간뿐만 아니라 자연의 생태계 전체가 존엄성을 얻게 되었다.

3. 성령론과 생태계

만물과 연합하시는 하나님의 역사는 성령의 세계 내재적 활동 안에서 더욱 확대된다. 니케아-콘스탄티노플 신조에 따르면 성령, 영으로서의 하나님은 생명을 주시는 분이다. 어떤 곳에 생명이 있다면, 어떤 것이 살아 움직이고 있다면, 그것은 곧 성령이 생명을 주었고, 또 계속해서 주고 있기 때문이라는 것이다. 즉 살아 움직이고 있는 생명체에는 성령이 내재해 있고, 그 속에서 계속 활동하고 있는 셈이다.[8] 성서에서 성령, 곧 하나님의 영은 의식이나 이성을 뜻하는 것이 아니라 바람 또는 '숨결'을 뜻한다. 창세기 2장에서 인간이 지어질 때의 모습을 보면, 진흙으로 빚은 형상에 하나님의 영이 불어넣어지자, 다시 말해서 하나님의 '숨결'이 불어넣어지자, 진흙으로 빚은 형상이 호흡을 시작하고 생명체가 되는 것을 보게 된다. 이런 점에서 기독교는 성령을 생명을 주시는 분으로 고백한다. 생명체가 살고 있는 곳에는 성령이 임재해 계신다고 말하게 된다.

창조 세계의 생명체에서 끊임없이 활동하고 있는 성령을 감안한다면, 하나님은 영으로서 창조세계 안에 내재적으로 임재해 있다고 말할 수밖에 없다. 그렇다면 어떤 특정한 영역에서만 하나님이 존재한다거나, 하나님을 만날 수 있다고 말할 수는 없다. 하나님은 창조

---

8) J. 몰트만/김균진 역, 『생명의 영』(서울: 대한기독교서회, 1992), 22, 242-43.

된 세계 가운데 초월자로 계신다. 그렇다면 이 세계도 더 이상 단적으로 하나님과 연관이 없는 세속이 아니라, 거룩한 분을 모시고 있는 거룩한 세속이며, 성령이 거하고 있는 성전(고전 3:16)이다. 그러기에 자연은 하나님의 영광을 경험하는 가장 좋은 곳이다(시편 19편). 생명을 주시며, 생명을 유지해주고 계시는 성령이 모든 자연의 피조물에 임재해 있다는 것을 인정한다면, 이제 우리는 모든 생명체와 피조물은 성스러운 가치와 존엄성을 부여받고 있다고 인정할 수밖에 없다. 이런 점을 자각한다면, 우리가 자연에 대한 감탄과 존중과 애정을 돌리는 것은 마땅한 일이 된다. 자연 속에서 하나님의 손길을 찾을 수 있고, 하나님의 손길이 닿고 있는 자연은 사랑스럽고 성스럽게 여겨질 수 있다.

그렇다고 해서 창조 세계와 자연이 경배의 대상으로 여겨지거나 신격화될 수는 없다. 하나님의 영적인 임재에 의해 부여된 가치가 자연을 성스럽게 하지만 신격화시키지는 않는다. 피조물은 피조물일 따름이다. 자연계가 신이라고 여기기에 자연을 존중하려는 태도, 아니 자연을 경배하려는 태도를 가지려는 것과, 자연계 안에 하나님이 영적인 임재를 통해서 내재하고 있기에 자연을 존중하려는 태도는 별개의 것이다. 기독교는 유일신론에 입각한 창조론의 입장에서 후자를 취한다.

4. 구속론과 생태계

기독교는 생명과 생명체에 대한 이해를 과거의 기원, 현재의 유지의 관점에만 한정시키지 않는다. 기독교는 자연을 하나의 폐쇄된 체계로 생각하여, 자연은 새로운 미래나 목적을 갖지 않는 무의미한 물질 덩어리에 불과한 것으로 보지 않고, 하나님이 지시하는 미래를 향해 개방된 체계로 이해한다. 창조세계 안에 영적으로 임재해 있는 하나님은 창조 세계가 그리스도를 통해서 미리 보여진 만물과 하나님의 연합과 화해라는 목표로 도달하게 하려 한다. 그리스도는 인간의 화해를 위해서뿐만 아니라 모든 다른 피조물들의 화해를 위하여 죽었기 때문에, 만유가 화해되는 평화의 비전이 인간을 비롯한 모든 만들에게 새로운 미래에 대한 기다림으로 놓여 있다.9) 그런 점에서 기독교는 생명 현상을 목적론적 관점에서 이해한다. 현재의 모든 생명체가 도달해야 할 궁극적인 목표가 있다는 것이다. 이 궁극적인 목표를 기독교에서는 구속이라고 부른다.

하지만 마지막에 완성될 구속이 어떤 모습을 취한다고 여기는가 하는 문제에서 이해의 차이가 나타난다. 기독교 역사의 적지 않은 부분에서 이 구속은 인간만을 위한 것이며, 그것도 인간의 영혼만을 위한 것으로 오해되어 왔다. 오늘날 교회에서 '구원'을 '영혼 구원'으로 이해하고 있는 실정이다. 이런 이해 속에서는 인간의 몸을 포함하는 자연생태계로부터 인간의 영혼이 구출되는 것이 구속으로 받아들여진다. 그렇게 된다면 이 구속에는 인간의 몸도 포함되지 못하고, 몸과 상호의존적인 연관성에 있는 자연생태계도 포함되지 못한다. 불멸의 영혼이 제3의 공간에서 사는 것으로 구속이 이해되었다. 이런 구속론적 이해는 반생태주의적 특성을 가지게 된다. 나중에 구속받지 못할 인간의 몸과 그 연장선상에 있는 자연은 무시되고 남용

---

9) J. 몰트만, 『예수 그리스도의 길: 메시야적 차원의 그리스도론』, 김균진, 김명용 역 (서울: 대한기독교서회, 1990), 360-361.

되어도 아쉬울 것이 없게 된다. 단지 이 세상에 존속하기 위해서 한 시적으로 함께 있다가 작별을 고할 부차적인 가치를 가질 뿐이다. 그렇다면 자연 세계에 대한 남용과 오용의 문제는 현 세대와 미래 세대가 살아남는 데 지장이 없을 정도로 통제되면 될 뿐이다.

하지만 기독교 역사에서 이와 상반되는 입장도 꾸준히 제기되어 왔으며, 오늘날에 와서는 더욱 강조되고 있다. "… 우리가 이 '땅으로 부터' 구원을 받는 것은 아니다. 우리는 이 땅과 '함께' 구원을 받는 다. 우리는 '몸으로부터' 구원을 받지 않고, 몸과 '함께' 영원히 살게 된다."10) 성경이 말하고 있는 구속은 인간의 영혼만이 아니라, 인간 의 몸을 포함한 전인의 구속이며, 더 나아가서 만물의 우주적인 구 속이라는 입장이다. 기독교가 대망하는 궁극적인 구속의 장에서는 인간이 자연과 함께 생명의 적인 죽음으로부터 해방되어서 하나님 의 궁극적인 영광 앞에서 화해와 조화를 누리며 살 것이다. 바울은 "피조물도 썩어짐의 종 노릇 한 데서 해방되어 하나님의 자녀들의 영광의 자유에" 이르기를 바라면서, "피조물이 다 이제까지 함께 탄 식하며 함께 고통을 겪고 있는 것을" 우리가 알고 있다고 말한다(롬 8:21-22). 자연 생태계가 지금은 고통 속에서 탄식하면서 구속을 기 다리고 있지만, 마지막 때가 되면 자연 생태계의 모든 피조물도 인 간과 함께 구원받고 영광을 누리게 될 것이다. 이런 기대는 애초에 구약 이사야에게서도 표현되고 있었다(사 11:6-9; 69:25). 또한 예수 의 몸의 부활은 마지막 날에 일어날 모든 피조계의 영광스러운 변화 와 구속을 미리 보여주는 것이다.

....

10) J. 몰트만/이신건 역, 『생명의 샘』 (서울: 대한기독교서회, 2000), 101-102.

기독교의 역사에서 본다면 이런 우주적 구속에 대한 희망이 물질계를 평가절하하는 플라톤주의의 영향으로 서방 교회에서는 주변부로 밀려가기는 했지만, 동방 교회에서는 명맥을 이어갔으며, 종교개혁자들에게서도 간헐적으로 보인다. 그러다가 현대에 와서는 우주적-생태적 구속론이 광범위하게 받아들여지고 있다. 생태적 구속론에서 창조의 교리와 구속의 교리는 종합을 이룬다. "창세기 1장에서 태초의 창조는 자연의 창조로 시작하여 인간의 창조로 끝난다. 이에 반해 부활의 영, 생명의 영을 통해 일어나는 종말론적 창조는 죄와 죽음의 세력으로부터 '인간의 해방'으로 시작하여 '자연 세계의 구원'으로 끝난다."[11] 최종적인 구속에는 인간만이 아니라 온 생태계 전체가 참여하게 될 것이라는 점이 현대의 기독교인들이 구속의 완성에 대해서 가지는 기대이다.

이런 구속론은 우리에게 생태계에 대한 새로운 전망을 열어준다. 생태계는 단지 인간의 삶을 위한 수단으로서의 가치를 가지는 것으로 이해되어서는 안 된다. 최종적인 목적에 도달할 수 없는 존재라고 한다면, 수단으로서의 가치밖에 가질 수 없을 것이다. 하지만 생태계도 엄연히 하나님의 최종적인 구속의 목적지에 도달한다. 그렇다면 생태계도 그 자체로서 목적적 가치를 가지는 존재다. 자연의 생명이 인간의 생명을 위한 수단으로서만 간주되어서는 안 된다. 인간에게 유익한가 아닌가, 라는 관점에서만 자연 생태계 피조물의 생명이 평가되어서는 안 된다. 구속론의 관점에서 본다면 자연 생태계는 하나님으로부터 궁극적인 가치와 의미를 부여받았기 때문이다.

---

11) 김균진, 『자연환경에 대한 기독교 신학의 이해』 (서울: 연세대학교출판부, 2006), 316.

V. 성 프란체스코의 노래

성 프란체스코는 오늘날의 우리처럼 생태계의 위기를 경험하지 않았음에도 불구하고, 우리가 앞에서 논의한 생태주의적 신학과 세계관을 탁월한 방식으로 체현하고 가르쳤다. 그는 기독교의 영성 그자체로부터 생태계에 대한 탁월한 신앙적 통찰을 끌어내었다. 성서의 텍스트들로부터 영감을 받아 지은 그의 "태양의 노래"가 그 전형적인 예이다. 이제 우리는 그의 "태양의 노래"의 일부를 소개하는 것으로 이 글을 갈무리한다.12)

> (3) 찬양 받으소서, 나의 주님! 모든 피조물들과 함께, 특별히
> 낮을 가져오며 우리에게 빛을 비추어 주는 태양 형제님과
> 더불어 찬양을 받으소서.
> (4) 그는 아름답고 큰 광채로 찬란히 빛납니다.
> 지극히 높으신 분이시여, 그는 당신과 닮은 모습을 가지고 있
> 습니다.
> (5) 찬양 받으소서, 나의 주님! 당신이 하늘에 밝고, 귀중하고
> 그리고 아름답게 만드신 달 자매와 별들로 말미암아.
> (6) 찬양 받으소서, 나의 주님! 바람 형제님, 공기, 흐리고 맑은

---

12) 성 프란체스코의 "태양의 노래"는 13연으로 되어 있으나, 여기서는 3연부터 9연까지 발췌해서 소개한다. 이 글이 『성 프란치스꼬와 성녀 글라라의 글』에도 번역되어 있으나, 여기서는 다음 손은실의 글에 나온 번역을 가져왔다: 손은실, 『아씨시의 Proverello, 프란체스코의 자연관』, 『기독교 역사를 통해 본 창조신앙 생태영성』, 202-203. "태양의 노래"에 대한 손은실의 훌륭한 문학적, 신학적 분석을 참조하라. 같은 글, 204-207.

모든 날씨로 말미암아. 당신은 이들을 통해 당신의 피조물을 지탱하십니다.

(7) 찬양 받으소서, 나의 주님! 물 자매로 말미암아. 그녀는 너무나 유용하고, 겸손하며, 귀하고, 순결합니다.

(8) 찬양 받으소서, 나의 주님! 불 형제로 말미암아. 당신은 그를 통해 밤을 비추어 주십니다. 그는 아름답고, 즐겁고, 활기차고 강합니다.

(9) 찬양 받으소서, 나의 주님! 우리를 지탱해 주고 우리를 다스리며, 형형색색의 꽃과 초목과 함께 다양한 과일을 생산하는 우리의 자매, 우리의 어머니, 땅으로 말미암아.

기술 시대의 이데올로기와 존재 사유

오희천 ǀ 서울신학대학교 교수

I. 기술시대의 이데올로기

현대 사회의 이데올로기는 과학과 기술에 의한 지배이다. 과학과 기술의 시대는 존재자 전체를 계산 가능한 인과법칙의 체계에서 이해하며, 존재자 전체를 지배해야 할 대상으로 생각한다. 인간이 기술의 주체로서 존재자 전체를 통제하고 지배할 수 있다고 생각한다. 과학과 기술이 인간을 위한 훌륭한 수단으로서 기여한다고 생각한다. 그러나 기술의 시대에는 사물을 통제한다고 생각하는 인간 자신도 주체성을 상실하고 기술의 통제 대상으로 전락하고 만다. 기술 시대에는 인간도 물질화될 수 있다. 인간의 가치도 다른 물질들과 마찬가지로 산술적 기여도에 따라 평가된다. 인간의 가치가 사물적인 매개 체계 내에서 다른 사물들과 마찬가지로 평가된다. 라인하르트 마우러는 이런 현상을 "익명의 사물화 체계"(das anonyme Verdinglichungssystem)[1]라고 부른다. 인간도 통제 가능한 하나의 대상으로서 "익명의 사물화 체계" 내에 맹목적으로 내던져져 있다는 것이다. 이런 사물화 체계의 특징은 '맹목성'(Blindheit)에 있다. 여기서 '맹목성'이란 목적이 없다는 뜻이 아니라, 참된 목적이 무엇인지 보지 못하기 때문에 전혀 다른 목적을 추구한다는 것을 말한다. 하이데거에 의하면 이런 맹목성은 색을 구분하지 못하는 색맹과 같은데, 그는 색맹이 눈먼 것보다 더 위험하다고 한다. "색맹은 눈이 먼 것보다 오히려 더 위험하다. 색맹인 사람은 자신이 인간에게 가능한 유일한 방식으로 본다고 생각하기 때문이다. 이런 그의 생각 때문에 그의 모든 시각이 왜곡되는 것이다."[2] 기술 시대는 색맹과 마찬가지로 인간을 왜곡된 시선으로 바라보기 때문에 인간도 기술적 효용 가치에 따라 평가한다. 기술 시대의 지배 이데올로기는 인간이 그의 고유한 가치로부터 멀어진 인간 소외의 현상이다. 기술 시대의 인간은 더 이상 주체가 아니라 사물화 체계의 한 부품일 뿐이다.

기술 시대는 인간을 포함한 모든 것이 확대재생산을 위한 부품으로 간주되는 익명의 지배 체계이다.[3] 이런 시대에는 존재자 전체가 그의 고유한 가치와 의미를 상실한다. 존재자 전체의 의미 상실, 즉 니힐리즘이 이 시대의 모든 영역을 관통한다.[4]

하이데거는 기술 시대의 이런 특징을 "(규격화하여) 몰아세움"(Ge-stell)이라 표현한다. 독일어 'Gestell'이란 단어에서 'Ge-'는 '집합',

1) Reinhart Maurer, *Revolution und 'Kehre'*, Frankfurt a. M. 1975, S. 151.
2) M. Heidegger, *Was heißt denken?*(GA 8), Tübingen 1971, S. 103.
3) M. Heidegger, *Holzwege*(GA 5), Framkfurt a. M. 1977, S. 267.
4) *Was heißt denken?*, S. 11.

'공동', 등을 나타내는 전철이다. 따라서 'Ge-stell'은 '함께 몰아-세움'이란 의미로 이해될 수 있겠다. 그것은 다양성을 무시하고 하나의 틀에 끼워 넣는 것이다(einrahmen; enframing). 모든 개별적 차이를 무시하고 규격화된 하나의 책장에 모든 책을 몰아세우는 것과 같다. 'Gestell'이란 단어가 '책장'을 의미하는 것도 같은 이런 이유에서일 것이다. 따라서 'Gestell'을 본질로 하는 기술 시대에는 규격화된 하나의 가능성 이외의 모든 다른 가능성들은 인정되지 않는다. 예를 들어, 강은 보는 사람에 따라 다양한 의미로 이해될 수 있지만 기술 시대에는 그것이 용인되지 않는다. 강물에 의존하여 쌀농사를 짓는 농부에게 강은 수자원 공급원이며, 발전소를 건설해 전력 생산을 목표로 하는 사람에게 물은 수력발전소를 통한 중요한 전력 생산의 수단이다. 시인에게는 시적 영감을 일깨우는 수단일 수 있으며, 신앙인들은 거기서 신의 오묘한 창조의 손길을 느낄 수도 있을 것이다. 그렇지만 기술 시대에는 이런 다양성들이 인정되지 않고, 강은 오직 수력 자원의 수단일 뿐이다. 기술의 시대에는 모든 것이 일원화된다.

우리 시대의 위기는 몰아세움에 있다. 기술 시대의 위기는 핵무기를 비롯한 대량살상 무기와 생태계 파괴에만 있는 것이 아니라 보다 근원적으로 기술 시대의 존재 방식인 "몰아세움"에 있다는 것이다. 다양한 인간을 규격화된 하나의 틀 안으로 몰아세우는 것이 위기이다. 바로 이렇게 몰아치기 때문에 인간은 그의 본질적인 인간성으로부터 멀어진다. 인간은 고향을 상실하고 고향을 그리워할 줄도 모르게 된다.

II. 탈이데올로기로서의 존재 사유

이 시대에 인간은 왜 이렇게 숨차게 몰아세움을 당하며 살아가는 위기 상황에 놓이게 되었는가? 인간이 마땅히 사유해야 할 것을 사유하지 못하기 때문이다. 우리는 늘 무엇인가 염려하면서 살아가고 있지만 마땅히 염려해야 할 것을 염려하지 않는다. "우리 시대에 가장 염려가 되는 것은 우리가 아직 사유하지 않고 있다는 사실이다."5) 우리가 마땅히 사유해야 함에도 불구하고 사유하지 못하고 있는 것은 무엇인가? 이 물음은 사유의 본질에 대한 물음, 즉 "사유란 무엇인가?"라는 물음으로부터 해명되어야 할 것이다. 이 물음에서 지향된 의미는 두 가지로 요약될 수 있겠다. 그 물음은 한편에서는 사유하는 사유 주체의 본질이 무엇인가 묻고 있으며, 다른 한편에서는 그렇게 사유하도록 하는 것이 무엇인가 묻는다. 그리고 이 물음은 우리로 하여금 사유하도록 하는 그것을 사유하는 것이 중요함을 암시하고 있다. 우리로 하여금 사유하도록 하는 그 근원적인 것을 사유함이 중요하다는 것이다. 우리 시대의 위기는 바로 이 근원적인 것을 사유하지 못함에 있기 때문이다. 사유란 무엇인가?

사유란 우선 대상을 표상하고(vorstellen), 이렇게 표상된 것을 대상화하는 능력(Vergegenwärtigung)이다. 이렇게 표상하고 대상화하기 위해서는 먼저 대상의 다양한 측면들을 함께 모으는 작업이 필요하다. 모으는 것을 헬라어로 'legein' 또는 'lego'라 하는데, 이 동사의 명사형이 '로고스'이다. 사유의 본질은 '로고스', 즉 '이성'에 있다.

---

5) *Was heißt denken?*, S. 3.

한 대상의 다양한 측면들을 모으기 위해서는 이전의 것을 기억하고 아직 나타나지 않은 것을 예측하면서 현재화하는 것이 필요하기 때문에 모으는 작업의 본질은 기억에 있다. 그러나 다른 한편 이렇게 현존하지 않는 과거와 미래를 현존하는 현재로 모으는 것은 인간의 주도적 작용이 아니라 존재가 현존(현재)과 부재(과거, 미래)의 방식으로 인간과 관계하는 방식이다. 인간의 사유 작용은 존재가 인간에게 사유하도록 명령하는 것이며, 사유하도록 부르는 것이다. 따라서 존재 사유는 한편에서는 '존재 사유'이면서, 다른 한편에서는 '존재 사유'이다.6) 우리가 마땅히 사유해야 할 것은 바로 우리로 하여금 사유하도록 부르는, 우리에게 현존하는(anwesend) 이 존재(Sein)이다.7) 모든 것을 획일화하여 몰아세우는 기술 시대의 위기는 숨 가쁘게 몰아치는 기술 시대의 이데올로기에 의해 인간이 그의 고향인 존재를 망각하고 살기 때문이다.

그렇다면 우리로 하여금 사유하도록 부르는 존재, 우리가 이 시대에 가장 중요하게 사유해야 할 그 존재는 무엇인가? '존재'라는 개념은 다양한 차원을 가진다. 우선 존재란 존재자가 아니다. 그것은 존재론적으로 존재자와 전혀 다르다. 존재자가 나타나 '있는 것'이

---

6) 칸트는 순수오성개념(카테고리)의 도식화(감성화)와 관련하여 다음과 같이 말하였다. "직관 없는 개념은 공허하며, 개념 없는 직관은 무의미하다." 마찬가지로 존재와 사유의 관계에 관해 우리는 다음과 같이 말할 수 있을 것이다: '존재 없는 사유는 공허하며, 사유 없는 존재는 무의미하다.'

7) "Was heißt denken?"(사유란 무엇인가?)라는 물음에서 "heißen"이란 동사는 두 가지 의미를 가진다. 그 단어는 '의미하다'는 뜻을 가지지만, 더 근원적 의미는 '명령하다, 부르다'이다. 따라서 이 물음은 한편에서는 사유하는 주체의 본질에 관한 물음이며, 다른 한편에서는 '사유하도록 명령하는 것이 무엇인가?' 하는 물음이다. 참조; *Was heißt denken?*, S. 79-94.

라면 존재는 '없는 것'(無)이다. 그렇기 때문에 존재는 무이다. 그러나 다른 한편 존재는 존재자를 존재자로서 존재하게 하는 것이기 때문에 존재자의 근거(Grund)이기도 하다. 그러므로 존재는 존재자의 '무-근거'(Ab-grund)이다. 존재를 사유한다는 것은 바로 이 무의 부름(명령)에 응답한다는 것이다. 있는 것들에 대한 관심으로부터 이 근원적인 무로 방향을 전환하는 것이다.

무근거로서의 존재란 무엇인가? 존재자는 다른 것과 다른 것으로서 이러저러하게 규정된 것이다. 예를 들면, '책상'은 책상이 아닌 다른 것들과 다른 것으로서 규정된 것이다. 존재자가 이렇게 '규정된 것'이라면, 존재는 규정되지 않은 것(무규정자)이다. 존재자의 본질이 공간적으로 시간적으로 이리저리 운동하는 것이라면, 존재는 그 운동을 가능하게 하는 근원적 운동이다. 생성소멸이 존재자의 운명이라면, 존재는 생성소멸의 운동이다. 그 운동은 현존과 부재의 모순 작용이며, 음과 양의 상호작용이며, 존재에서 무로의 운동(소멸)이며, 무에서 존재로의 운동(생성)이다. 존재자가 무와 무 사이에 잠시 있는 것(잇는 것)이라면 존재는 존재자에게 잠시 '현존함'(An-wesen)이다. '존재 자체가 (존재자에게) 머물음'(Wesung des Seyns)이다.

존재를 사유한다는 것은 무엇을 말하는가? 그것은 존재를 표상하는 것이 아니라, 존재의 부름에 응답하는 것이다. 존재가 우리에게 현존하도록 수용하는 것(An uns wesen lassen)이다. 그것은 사고 방식의 전환이다. 표상으로부터 수용으로의 전환이다. 사유 작용인 이성(Vernunft)의 본질은 우리를 부르는 존재의 소리를 수용하는 것(vernehmen)이다. 그렇다면 존재의 소리를 수용한다는 것은 무엇을 말하는가? 존재는 무로서 언제나 존재자에게 은폐되어 있으면서 존재자를 존재자로서 나타나게 한다. 존재는 언제나 이렇게 은폐된 방식으로 자신을 내어주고 있다. 그러나 언제나 은폐된 방식으로 말이다. 우리가 존재에 관심을 가질 때 비로소 존재는 그의 모습을 나타내어 우리에게 머문다. 존재가 우리를 부르지만 언제나 부르는 것은 아니다. 우리가 존재의 부르는 소리에 귀를 기울일 때 존재는 우리를 부른다.

만물의 근원이 물이라고 말한 사람은 존재의 소리에 응답한 사람이다. 만물의 근원이 불이라고 말한 사람은 존재의 소리에 응답한 사람이다. 만물의 근원이 '무규정자'라고 말한 사람은 존재의 부르는 소리를 들은 사람이다. 생성소멸의 운동이 로고스의 작용임을 깨달은 사람은 존재의 소리를 들은 사람이다. 그 운동이 변증법임을 깨달은 사람은 존재의 소리를 들은 사람이다. 존재자가 존재자들을 서로 '잇는 것'이며, 무와 무 사이에 잠시 있는 것임을 깨달은 사람은 존재의 소리를 들은 사람이다. 참을 수 없는 존재의 가벼움을 말한 사람은 존재의 소리를 들은 사람이다. 여호와가 지혜의 근본임을 깨달은 사람은 존재의 소리를 들은 사람이다. 믿음, 소망, 그리고 사랑이 참 사람의 조건임을 말한 사람은 존재의 소리를 들은 사람이다.

III. 존재 사유와 실존적 존재 방식

존재의 부르는 소리를 들은 사람은 이제 더 이상 지배이데올로기에 사로잡혀 살지 않고, 거주함(Wohnen)의 방식으로 존재한다. 그리고 인간은 다음과 같은 네 가지 방식으로 거주한다. ① 인간은 그가 땅을 구원하는 한 거주한다. 그는 지배자로서 땅에 군림하는 것이 아니라 땅을 돌보면서(besorgen) 거주한다. ② 인간은 하늘을 하늘로서 수용하는 한 거주한다. ③ 인간은 신적인 것을 신적인 것으로서 기다리는 한 거주한다. ④ 인간은 그의 고유한 본질, 즉 죽음을 죽을 수 있는 본질에 순응하여 잘 죽을 수 있는 한 거주한다. 이 네 요소들의 동근원적인 상호작용은 존재 자체가 존재자에게 현존하는 방식이다. 존재를 근원적으로 사유하는 인간, 즉 실존적 인간은 바로 이 네 요소들에 의해 이끌린다. 이렇게 현존하는 존재에 이끌려 거주하는 인간에게 사물은 이제 단순히 인간에게 기여하는 도구가 아니라 동근원적인 네 요소들이 모이는 장소이다. 인간은 사물들에서도 이런 네 요소들을 발견한다. 사물은 이제 예술작품이며, 언어는 현존하는 존재의 집이다.[8] 사물은 더 이상 사물이 아니라 존재가 현존하는(anwesen) 장소이다.

이렇게 존재의 부름에 응답하여 사유하는 인간은 하늘과 땅, 죽을 자와 신적인 것이라는 네 요소들의 동근원적인 상호작용에 이끌려 거주한다. 하이데거는 이 네 요소들의 동근원적인 거울놀이를 "사방"(Das Geviert)이라 하는데, 이 사방이 바로 실존적 인간이 거주하는 방식으로서의 세계이다.[9] 인간이 "세계 내 존재"인 것은 그가

---

8) 거주함과 사물성에 관한 자세한 논의를 위해서는 참조, 이기상, 『하이데거의 존재사건학』.

9) M. Heidegger, *Unterwegs Zur Sprache* (GA 12), Frankfurt a.M. 1985, S. 19. "우리는 사물들의 사물함(Dingen)에 머물면서 하늘과 땅, 죽을 자와 신적인 것을 통일하는 사방을 세계라 부른다."(Wir nennen das im Dingen der Dinge verweilte einige Geviert von Himmel und Erde, Sterblichen und Göttlichen: die Welt.)

'존재자들의 지시 체계의 그물망'이라는 세계 속에서 살아가기 때문이 아니라, 이런 네 요소들의 거울놀이라는 "사방 세계" 속에서 살아가야 하기 때문이다. 실존적 인간은 이 사방을 세계로 하여 살아간다. 그렇다면 사방으로서의 세계란 무엇인가? 하이데거는 "사물" (das Ding)이란 강의에서 사방으로서의 세계에 관해 다음과 같이 설명한다.10)

대지는 건축하면서(세우면서) 토대를 이루고, 영양을 공급하면서 과실을 맺게 하며, 바다와 강과 암석뿐만 아니라 온갖 식물과 동물들을 품고 있다. 만일 우리가 대지를 말한다면 이미 다른 세 영역을 사방의 통일성으로부터 함께 생각하는 것이다.

신적인 것은 신성의 눈짓이다. 이 신성의 은폐된 섭리로부터 신은 자기의 본질 가운데 현현한다. 그러나 그는 현존하는 어떤 것과도 비교될 수 없다. 만일 우리가 신적인 것을 말한다면 우리는 이미 다른 세 영역을 사방의 통일성으로부터 함께 생각하는 것이다.

하늘은 태양의 지나는 길이며, 달의 행로이고, 성좌의 광채가 빛나는 곳이며, 일 년의 계절들과 낮의 빛과 어스름이며, 밤의 어두움과 밝음, 날씨의 화창함과 황량함, 구름의 흐름, 파란 에테르의 심층이다. 만일 우리가 하늘을 말한다면 우리는 이미 다른 세 영역을 사방의 통일성으로부터 함께 생각하는 것이다.

죽을 자는 인간이다. 인간은 죽을 수 있는 자이기 때문에 '죽을 자'로 칭해진다. 죽는다는 것은 죽음을 죽음으로 받아들일 줄 아는

---

10) M. Heidegger, "Das Ding" in *Vorträge und Aufsätze* (GA 7), Tübingen 1978, S. 170-171.

것이다. 그러기에 오직 인간만이 죽는 것이다. 동물은 (죽는 것이 아니라) 그냥 생을 마감할 뿐이다. 동물은 결코 자기 앞에서도 자기 뒤에서도 죽음을 죽음으로서 가질 수 없다. 죽음은 무의 상자이다. 그러나 이 무는 결코 드러나 있는 어떤 존재자도 아니다. 더구나 이 무는 동시에 존재 자체의 비밀로 발현한다. 죽음은 무의 상자로 자체 내에 존재가 거하는 장소이다. 죽음은 무의 상자로서 존재의 은밀한 거처(Gebirge)이다. (…) 그러나 죽은 자는 죽을 자로서 존재의 은밀한 거처에 존재하고 있다. 그는 존재로서의 존재와 본질적인 관계를 맺고 있다.

하늘과 땅, 신적인 것과 죽을 자(인간)의 네 요소들은 동근원적인 "사방"으로서 통일성을 이룬다. 그것들은 본질적으로 존재 자체가 '고유한 방식으로 발현하는'(ereignen) 거울놀이, 즉 사유하는 인간에게 현존하는 거울놀이다. 존재 자체가 인간의 실존에서 발현하는 사건으로서의 이런 세계 개념에는 그리스의 시적이고 신화적인 세계관이 반영되어 있다. 플라톤에 의하면 창조의 신 데미우르고스에 의해 창조된 세계는 통일적 질서를 가지고 운행되는 "코스모스"(조화)이다. 따라서 이 세계는 가장 아름답고 완전한 생명체로 만물을 포괄하고 영혼을 가지며 소멸하지 않는 신적인 것이다.[11] 그것은 존재와 생성의 통일체이다. 플라톤은 그의 대화편에서 다음과 같이 말한다. "오 칼리클레스여, 옛 현자들은 그러나 주장하기로 하늘과 땅이며 신들과 인간들이야말로 공동체에 의해 존립하는데, 말하자

---

11) 플라톤, 『티마이오스』, 29a 이하와 92c 참조.

면 '사방'간 서로의 친밀과 어울림(상응)이며 사려 깊음과 올바름을 통해서일세. 그러기에 친구여, 코스모스를 하나의 조화로운 것으로 고찰하고 이것이 혼돈과 제멋대로가 아님을 알게."12)

하이데거는 그리스적 세계관을 자신의 고유한 존재론으로 심화시킨다. 그에게 있어서 사방으로서의 세계는 플라톤에게서처럼 모든 존재자들이 존재하는 지평일 뿐만 아니라 동시에 기술이 지배하는 시대에 인간이란 존재자에 의해 의식되어 인간의 모든 활동이 규정되어져야 하는 지평이기도 하다. 인간의 삶 전체는 의식적으로든 무의식적으로든 언제나 이 '사방'의 지평에서 이루어져야 하며 또 그래야 한다. 하이데거는 기술 시대에 인간이 잊고 있던 것을 다시 상기시킨다. 한 알의 곡식과 한 송이의 포도 속에서 하늘과 땅을 볼 줄 알아야 하며, 그것들에게 생명을 주는 신적인 존재자와 그것들을 기르고 관리하는 인간의 수고를 볼 줄 알아야 한다. "샘은 선사된 물속에 머무르고 있다. 샘 속에는 돌멩이가 머무르고, 또 대지의 어두운 잠이 함께 하면서 하늘의 이슬과 비를 맞이하고 있다. 그러기에 샘물 속에는 하늘과 땅의 결혼이 현존하고 있다. 그런데 이러한 하늘과 땅의 결혼은 포도주 속에도 체류하고 있다. 그것은 포도나무의 열매가 준 것이며, 이는 다시 대지의 토양과 하늘의 태양이 서로 신뢰한 데서 이루어진 것이다. 그러기에 물의 선물에도 포도주의 선물에도 하늘과 땅이 체류하고 있다."13) 실존적 인간은 모든 사물 속에서 이런 사방의 상호작용을 발견해야 한다. 그에게 있어서 사물은 존재가 자신을 표현하는 예술작품이다. 그런 의미에서 모든 사물은

12) 플라톤, 『고르기아스』, 508a.
13) *Vorträge und Aufsätze*, S. 165.

예술작품으로서 존재의 집이다.

IV. 존재의 집으로서의 예술

예술의 본질은 존재를 드러내는 데 있다. 하이데거는 예술 중에
서도 시가 존재를 밝히는 가장 중요한 역할을 한다고 보았다. 시작
이야말로 존재를 밝히는 예술의 본질을 가장 잘 구현한다. 시인은
시작을 통해 "사방 세계"(Geviert)를 드러내야 한다. 하이데거는 시
에서 존재가 사방 세계로서의 드러남을 보이기 위해 "어느 겨울저
녁"이란 게오르그 트라클의 시를 분석한다(Unterwegs zur Sprache,
14-15).

창가에 눈이 내리고
반종이 은은히 울려 퍼지면
많은 사람들을 위해 식탁이 차려진다.
살림은 모자랄 것이 없다.

떠도는 많은 나그네들이
어두운 좁은 길을 따라 문으로 다가온다.
은총의 나무는 찬란하게 피어난다.
대지의 서늘한 수액을 마시며.

길손이 조용히 들어선다.

고통이 문지방을 화석화시켰다.

식탁 위에는 빵과 포도주가
순수한 밝음에서
빛을 발하고 있다.

이 시에서 첫 번째 단의 두 행은 종, 창, 하늘에서 떨어지는 눈, 종소리를 불러낸다. 우리는 평소에는 그런 것들에 관심을 가지지 않지만 시인의 말을 통해 그것들의 '존재'를 깨닫게 되며, 그런 깨달음과 함께 존재의 '아름다움'(Schein, Schönheit)이 우리를 엄습한다. 이런 의미에서 시인은 존재자들을 일상적인 존재 방식보다 "더 존재하게"(seiender)[14] 만든다. 그런데 여기서 주목해야 할 것이 있다. 하나의 존재자가 더 존재하게 된다는 것은 그것이 우리로부터 거리(das Ferne)를 취하고 있음을 의미하기도 한다. 시인은 우리에게 존재자를 불러내어 더 존재하게 하지만 그 존재자로부터 거리를 빼앗지 않는다. 그 존재자는 비로소 우리와 함께 현존하지만 동시에 자신을 은닉하기도 한다. 그것은 현존하면서(anwesend) 동시에 부재한다(abwesend). 그것은 시인의 부름에 의해 우리에게 가까이 오지만 우리가 기술을 통해 임의로 처분할 수 있는 물건이 아니라 자신

---

14) 여기서 '더 존재함'은 무슨 뜻인가? 시인이 어떤 사물을 불러내기 이전에도 그 사물은 존재했다(seiend). 그러나 시인이 그의 이름을 불러주기 이전에는 그것은 다만 하나의 몸짓에 불과했다. 시인이 그의 이름을 불러 주었을 때 그것은 비로소 "더 존재하게"(seiender) 된다. 시인이 그의 이름을 불러줄 때 우리는 그의 언어를 통해 잊고 있던 존재를 상기하게 되기 때문이다. 존재의 의미를 상기하게 되는 순간 하나의 사물은 단순한 사물 이상의 존재자가 된다. 그런 의미에서 그것은 "더 존재한다."

의 무게와 깊이를 가진 것으로 우리 앞에 현존한다.

떨어지는 눈은 우리를 어두워져 가는 저녁하늘 아래 데려오고, 은은히 울리는 만종은 "죽을 자"(das Sterbliche)로서의 인간을 신 앞으로 데려온다. 따라서 시인은 사물들(눈, 종소리)을 상징과 알레고리를 통해 불러내면서 동시에 다른 것들을 함께 던져 말한다. 시인이 사물들과 함께 말하고자 하는 다른 것들은 하늘과 대지와 죽을 자와 신의 네 요소들이다. 시인이 이렇게 다른 것들을 함께 말함으로써 존재자는 더 존재하게 된다. 이 네 요소들, 즉 "사방"은 서로 동근원적으로 통일되어 있으면서 하나의 사물을 사물이게 해준다. 하나의 사물은 단순히 인간을 위한 도구가 아니다. 사물이 사물인 것은(Das Dingen des Dinges) 그 사물에 "사방"이 머물기 때문이다. 하나의 사물에 "사방"이 머물 때 그 사물은 단순히 존재하는 것(sei-end)이 아니라 더 존재한다(seiender). 시인은 사물들과 함께 세계를 불러낸다. 그는 또한 세계에 속하는 많은 죽을 자들을 불러낸다. 시인은 세계와 함께 사물들이 죽을 자를 방문하게 한다.

두 번째 단락은 어두운 좁은 길에서 방랑하는 많은 나그네들을 부른다. 모든 나그네들이 아니라 "많은" 나그네들이다. 이들은 죽을 자들이면서 동시에 자발적으로 죽음에로의 여행을 감행하여 그렇게 죽을 수 있는 자들이다.[15] 죽음 안에는 존재가 가장 은밀하게 은닉되어 있다. 죽음으로의 자발적인 여행을 통해 이미 자연적 죽음은 극복된 것이다. 방랑하는 자들이 어두운 좁은 길을 통해 방랑을 끝낸 후 집과 식탁에 다다르는 것은 자신들을 위해서가 아니라 집 안

---

15) 여기서 시인은 "문으로 다가온다"는 구절에서 문(Tor)을 죽음(Tode)과 같은 의미로 사용하고 있다.

에 머무는 많은 사람들을 위해서이다. 집 안에 있는 사람들은 자신들이 사방세계에 거주하고 있다고 착각하고 있기 때문이다.

두 번째 단락의 처음 두 행은 죽을 자들에 관해 말하고 있으며, 마지막 두 행은 "사방 세계"에 관해 말하고 있다.

은총의 나무는 찬란하게 피어난다.
대지의 서늘한 수액을 마시며.

나무는 대지에 견고히 뿌리를 내리고 있다. 나무는 그렇게 활짝 꽃을 피우고 하늘의 축복에 자신을 열어 놓는다. 하늘은 나무가 힘차게 자라도록 부른다. 뿐만 아니라 꽃피움의 환희와 수액의 냉정함이 교차한다. 대지의 조용한 성장과 하늘의 선사가 조화를 이룬다. 그 시는 은총의 나무를 불러낸다. 그 나무의 화려한 꽃이 핀 다음에는 은혜의 열매가 열린다. 그 열매는 죽을 자들에게 호의를 베푸는 구원자이다. 화려하게 꽃을 피우는 나무에는 대지와 나무, 신적인 것과 죽을 자들의 네 요소들이 작용한다. 이 네 요소들의 동근원적인 사방은 세계이다. 찬란하게 피어나는 은총의 나무와 대지의 서늘한 수액은 세계를 불러낸다. 그들은 사방 세계를 불러내어 그 세계를 사물들에게 가도록 지시한다. 사물들을 부르는 부름이 사물들을 불러내어 가도록 지시하듯이 세계를 부르는 말도 불러내어 지시한다. 그 말은 사물들에게 세계를 맡기고 동시에 사물들을 세계의 빛에 숨긴다. 세계는 사물들에게 그들의 본질을 베풀어준다. 사물들은 세계를 몸짓으로 증언한다.

예술작품 속에 세계가 있다(세계는 위에서 언급된 사방의 작용이다). 우리는 예술 작품 속에서 그 세계를 발견한다. 그리고 그 세계는 우리의 삶의 세계가 된다. 세계는 인간의 지적인 노력에 의해 드러나는 것이 아니라 그 자체로서 자신을 드러내는데, 그 드러나는 장소가 예술작품인 것이다. 이렇게 드러나는 세계를 그 자체로 이해하는 것이 해석학의 작업 특히 현상학적 해석학의 작업이다.

세계를 드러내는 두 가지 대립적인 방법으로 기술과 예술이 있는데, 하이데거는 현대의 기술 문명이 직면한 위기를 극복할 수 있는 방법을 예술을 통한 세계의 이해에서 찾았다. 기술에 있어서는 사물의 존재방식이 도구이지만 예술에서는 그 사물이 실존적 세계를 드러낸다. 사방의 동근원적인 상호작용이 세계이며 이 세계는 삶의 세계이다. 이 세계는 존재의 실존적 해석(드러남)이다. 우리는 예술에서 실존적으로 해석된 존재를 발견한다.

기술과 예술의 차이는 궁극적으로 가치관의 차이라 볼 수 있을 것이다. 생산력을 추구하며 모든 것을 이 생산력을 위한 도구로 생각하는 현대의 병을 치유할 수 있는 길은 예술을 통한 세계의 이해에 있다. 해석학을 이해의 학이라고 볼 때 예술을 통한 세계 이해는 예술의 해석학이다. 하이데거가 후기로 갈수록 예술에 관심을 가지는 것은 단순히 지적 영역을 넓혀가는 한 과정이 아니라 기술 문명의 위기를 극복할 수 있는 길이 거기에 있다고 보았기 때문이다.

3부

공동체의 삶과
아드 폰테스*ad fontes*

예배, 근원으로 돌아가자!

조기연 | 서울신학대학교 교수

I. 들어가는 말

열두 사도를 비롯한 최초의 교회 공동체는 예배를 스스로 창안한 것이 아니라, 예수에게서 명령받았다. 이 명령 속에는 예배의 정신 뿐만 아니라 예배의 구조와 형식도 포함되어 있다. 이 예배는 열두 사도들과 그 제자들 그리고 그 제자의 제자들에게로 면면히 이어져 내려왔으나, 중세기, 종교개혁 시대, 근대 시대를 거치면서 예배에 대한 오해와 변형으로 인해 초기 교회의 예배가 가졌던 근원적인 정신과 영성으로부터 벗어나게 되었다.

한국교회의 그리스도인들은 바로 이 예배를 선교사들로부터 전해 받았기 때문에 초기 예배가 가졌던 영성과 신학을 제대로 접할 기회가 없었다. 설상가상으로 지금 한국교회에는 소위 현대 예배 (contemporary worship)의 바람이 불면서 예배 개혁의 방향이 엉뚱

한 방향으로 번지고 있다. 이러한 시점에서 예배의 근원을 다시 한 번 상기해보는 것은 의미 있는 일이 될 것이다.

II. 최후의 만찬에서 예수가 원하셨던 것

기독교 예배는 예수의 분명한 명령에 의해 제정되었다. 예수께서는 공생애를 마치실 때에 마지막 만찬석상에서 제자들에게 떡을 떼어주시면서 "이것은 나의 몸이다, 너희가 먹을 때마다 이것을 행하여 나를 기억하라"고 말씀하셨다. 또 잔을 들어서 감사의 기도를 드리신 후에 "이것은 너희를 위하여 흘리는 나의 피다, 너희가 마실 때마다 이것을 행하여 나를 기억하라"고 말씀하셨다(고전11:23-25).

제자들이 예수를 기억할 만한 사건이나 사고는 많았다. 38년 된 혈루병 여인을 고쳐주신 일이나, 나면서부터 앉은뱅이 된 사람을 일으켜 세운 일, 심지어 죽은 나사로를 살리신 일도 있다. 인간의 능력으로는 도저히 불가능한 이런 엄청난 일들을 행하신 예수께서 당신을 기억할 만한 수많은 사건들을 다 제쳐두고 왜 하필 '떡을 떼는 일'과 함께 당신을 기억하라고 명령하셨을까?

이 질문에 대한 답을 얻기 전에 먼저 우리는 열두 사도들을 중심한 초대교회가 예수의 이 명령을 어떻게 받아들였는지를 보아야 한다. 신약성경은 최초의 교회 공동체가 모임을 가질 때에 '떡을 뗀' (breaking bread) 일을 여러 곳에서 증언하고 있다. "사도의 가르침을 받아 서로 교제하며 떡을 떼며 기도하기를 전혀 힘썼으며"(행 2:42), "날마다 마음을 같이 하여 성전에 모이기를 힘쓰고 집에서 떡을 떼며 기쁨과 순전한 마음으로 음식을 먹었다"(행 2:46). 드로아의 교회역시 안식 후 첫날 즉 주일에 모여서 '말씀을 듣고 식탁을 나누었다'(행 20:7-). 이러한 기록들을 토대로 판단할 때에 최초의 교회는 '떡을 떼는 행위를 통하여' '나를 기억하라'는 예수의 명령을 충실히 지켰음을 알 수 있다.

그렇다면 다시 처음의 질문으로 돌아가서, 예수께서는 왜 다른 큰 사건이 아닌 '떡을 떼는 일'과 함께 당신을 기억하라고 명령하셨을까? 그 해답은 바로 십자가에 있다. 예수께서는 당신이 인류를 구원하기 위해 십자가 위에서 살 찢고 피 흘려 죽게 될 것을 마지막 만찬 석상에서 미리 보여주셨다. 떼어지는 빵은 십자가 위에서 찢어지는 당신의 몸을, 부어지는 포도주는 당신의 몸에서 흘리게 될 피를 설명하기 위한 상징이었던 것이다.

공관복음서들은 주님께서 마지막 만찬을 가지신 날이 유월절이라고 한결 같이 말하고 있다(마 26:17-30; 14:12-26; 눅 22:7-20). 유월절은 이스라엘 백성들이 출애굽 할 당시 어린양의 피를 문설주에 발라 죽음을 면하고 생명을 얻은 것을 기념하는 절기이다. 다시 말해서 죽임당한 어린양 때문에 구원을 받은 것을 기념하는 절기인 것이다. 예수께서는 이스라엘 백성들이 유월절을 기념하기 위해 어린양을 도살하는 그 시각에 제자들과 함께 상에 앉으시고 빵을 떼면서 "이것이 너희를 위한 내 몸이다"라고 말씀하셨고, 또 잔에 포도주를 부으면서 "이것이 너희를 위하여 흘리는 내 피이다, 이것을 행하여 나를 기념하라"고 말씀하신 것이다.

최초의 교회는 예수의 이 명령을 충실히 따라서 '모일 때마다,' '떡을 뗌'으로써 예수의 십자가와 부활을 기억하고 감사와 찬양을 주님

께 돌렸다. 그뿐이 아니다. 교회가 주의 만찬을 거행하는 행위 자체
가 바로 예수의 죽음과 부활을 온 세상에 선포하는 것이다. 성만찬
은 하나님의 아들을 십자가 위에서 처형한 세상에 대한 하나님의 심
판을 선포하는 것이며, 또한 어떠한 죄인이라 할지라도 십자가에서
흘리신 예수의 보혈을 믿음으로 말미암아 구원을 받을 수 있다는 복
음을 선포하는 것이다.

III. 재구성된 신약시대 예배의 형식

우리는 신약성서에서 예배에 관한 체계적이고 구체적인 진술을
찾아볼 수 없다. 고린도교회가 모였을 때에 방언과 예언을 했다는
기록(고전 14장)이나, 교회 공동체가 모였을 때에 떡을 떼었다는 이
야기(행 2장, 20장), 그리고 초대교회가 세례를 주었다는 이야기(행 2
장) 등 여러 곳에 흩어진 단편적인 기록만을 접할 수 있을 뿐이다.
다만, 실제로 초대교회 예배의 구조를 파악할 수 있다고 추론되는
부분은 앞서 언급한 사도행전 20장 7절 이하의 기록이다. 이 본문에
는 당시 교회가 주일에 모여서 '강론'과 '떡 뗌'을 하였음을 밝히고
있다. 이 본문이 중요한 이유는 여기에 나타나는 예배의 구조가 신
약성경 이후에 작성된 여러 문헌들에 기록된 예배의 구조와 일치되
기 때문이다.

신약성경보다 약 60년 후에 기록된 순교자 저스틴(Justin Martyr)
의 『첫 번째 변증문』(*First Apology*, 165 A.D.)은 당시 로마 지역에서 행
해지던 예배의 모습을 구체적으로 기록하고 있는 최초의 문헌으로

서 이러한 예배의 구조를 명료하게 보여준다.

그리고 일요일이라 불리는 날에 한 장소에서 도시나 농촌에 사는 사람들의 집회가 있는데, 거기서는 사도들의 언행록이나 예언자들의 글이 시간이 허용하는 범위 내에서 낭독됩니다. 낭독자의 낭독이 끝나면 그 집회의 인도자는 강론을 통하여 이러한 고귀한 일들을 본받으라고 권고합니다. 그리고 나서 우리는 모두 함께 일어서서 기도를 드립니다. 그리고 기도가 끝난 후에는 앞서 말씀드린 바와 같이 떡과 포도주와 물을 가져오고 인도자는 마찬가지 방식으로 힘 있게 기도와 감사를 드리며 회중은 아멘으로써 화답합니다. 그 다음에는 성별된 떡과 포도주와 물이 각자에게 분배되고 부제들은 결석자들에게 그것을 가져다줍니다.[1]

이 문헌에 의하면 당시 주일 낮 예배는 다음과 같은 여섯 가지의 순서로 이루어져 있었다.

1. 성경봉독
2. 설교
3. 기도
4. (떡과 포도주의) 봉헌
5. (성찬 감사) 기도
6. 성찬 참여

---

1) Justin Martyr. "I Apology, 67," in Cyril C. Richardson. *Early Christian Fathers* (New York: Macmillan Publishing Company, 1970), 287.

이 여섯 가지의 순서는 크게 두 부분으로 구분되는데, 첫째 부분은 '성경봉독-설교-기도'이고, 둘째 부분은 '봉헌-성찬기도-성찬 참여'이다. 앞의 세 요소는 성경봉독과 설교가 중심을 이루고 있기 때문에 '말씀 예전'이라고 부를 수 있으며, 뒤의 세 요소는 성찬 기도와 성찬 참여가 중심을 이루고 있기 때문에 '성찬 예전'이라고 부를 수 있다. 이렇게 본다면 여기에 기록된 예배의 구조는 사도행전 20장 7절 이하에 기록된 '강론'과 '떡 뗌'이라는 구조와 정확히 일치한다.

본래 예배는 속성상 쉽게 변하지 않는 성격을 지니고 있기 때문에, 우리는 이 기록을 가지고 역으로 1세기 후반 또는 그 이전 최초의 사도들이 행했던 예배의 형식을 추론해볼 수 있다. 사도 바울이 드로아에서 행했던 1세기 주일 예배(행 20:7)를 재구성해보면 다음과 같다. 먼저, 모인 사람들이 둘러앉은 자리에서 좌장 격인 사도(혹은 사도 바울)가 일어나서 자신이 겪은 예수의 이야기 즉 생전의 예수와 함께 다니며 직접 눈으로 보고 들었던 이야기들을 사람들에게 들려주었을 것이다. 예수께서 생전에 행하셨던 많은 일들, 병자를 고치고 죽은 사람을 살리셨던 이야기, 보리떡 다섯 개로 오천 명을 먹이셨던 이야기 등 수도 없이 많은 이야기들과 또한 예수께서 생전에 하셨던 가르침들을 기억해 내서 회중에게 들려주었을 것이다. 그리고 "우리가 믿음에 약해지지 말고 주님의 임박한 재림을 기다리면서 믿음에 굳게 서서 그 분의 가르침대로 행하자"고 권면하였을 것이다. 예수께서 부활 승천하신 직후 수십 년 동안에는 아직 신약성경이 기록되기 이전이므로 이처럼 기억을 떠올리거나 구전(口傳)하는 내용을 말했을 것이고, 데살로니가서나 고린도서 등의 편지들이 기록되면서부터는 그 편지들을 회중이 모인 가운데 봉사자(deacon)가

읽고 좌장이 거기에 해석과 권면을 더하는 방식이었을 것이다. 강론이 끝나면 모두 일어서서 함께 공동의 기도를 드렸다. 기도가 끝난 후에는 맡은 이가 빵과 포도주와 물을 앞으로 가지고 나와서 좌장에게 건네주고, 좌장은 그것을 들고 감사의 기도를 드린 후에 모두가 그것을 함께 먹었다. 빵과 포도주를 가지고 하는 이 '떡 뗌' 의식은 당시 모임이 저녁에 행해졌다는 점을 감안하면 저녁식사를 겸한 것이었지만, 그 정신과 목적은 앞서 언급했듯이 십자가 위에서 찢기시고 흘리신 예수의 살과 피를 기념하기 위한 것이었다.

IV. 초대교회 예배의 구조에 들어 있는 예배 신학

예배의 형식이 시대와 문화에 따라 달라질 수 있다는 명제하에 예배의 구조나 형식을 바꾸려 한다면, 우리는 먼저 기존 예배의 구조와 형식 속에 들어 있는 예배의 신학 즉 예배의 본질을 파악하여야 할 것이다. 그런 다음에 기존의 예배에 있는 문제점을 개선하거나 보완하는 방향으로 예배의 변형을 꾀하여야 할 것이다. 2천 년 교회의 역사를 살펴볼 때에 예배의 개혁이나 변화는 몇몇 예외적인 경우를 제외하고는 대부분 수백 년에 걸쳐서 조금씩 이루어졌으며, 거기에는 많은 신학적 토론과 심도 깊은 연구가 수반되었다. 필자가 보기에 작금 한국 땅에서 진행되는 급진적이고 산발적으로 행해지는 예배의 변화들은 대부분 목회자 또는 교회 관계자들의 개인적인 자의적인 판단에 따른 것이며, 그 주체들은 예배에 대한 정확한 지식을 갖지 않은 사람들이다. 이로 인해 생성되는 새로운 예배들은 대부분 신학적으로 부실하거나 잘못된 영성으로 이끌 위험성이 큰 것들이다. 이러한 예배개혁은 사람들로부터 폭발적인 호응을 받을수록 그 폐해가 커지게 된다.

그런 차원에서 우리는 먼저 초대교회 예배의 구조와 형식에 들어 있는 예배 신학 즉 예배의 본질을 먼저 살펴보아야 한다. 먼저, 예배에서 성경봉독을 하는 이유는 무엇일까? 순교자 저스틴의 『첫 번째 변증문』은 성경봉독이라고 하지 않고 '예언자들의 글과 사도들의 언행록'을 읽었다고 기록한다. '예언자들의 글'은 구약성경을 뜻하며, '사도들의 언행록'은 신약성경을 뜻한다. 당시에는 신약성경이 정경화되기 이전이었기 때문에 신약성경이 한 권으로 묶여져 있지 않았고 '누구에 의한 복음' 또는 '누가 누구에게 보내는 편지'라는 이름의 두루마리들이 이 교회에서 저 교회로 회람되던 시절이었다. 그렇기 때문에 '사도들의 언행록'이라는 말로 표현되었을 것이다.

그렇다면 '예언자들의 글'과 '사도들의 언행록'을 읽은 이유는 무엇일까? 구약을 읽은 이유는, 십자가에 달린 나사렛 목수의 아들 예수가 바로 구약에 예언된 메시아 즉 하나님의 아들이라는 사실을 증거하기 위함이고, 신약을 읽은 이유는, 그것이 지상의 예수를 따라다니면서 그 분이 일으키시는 기사와 이적 그리고 그분의 말씀을 통하여 그 분의 메시아 되심을 두 눈으로 직접 목격한 사도들의 증언이기 때문이었다. 복음서를 별도로 읽은 이유는 그것이 메시아 자신의 말씀과 행적을 담은 책이기 때문이었다. 그래서 동방 정교회에서는 지금까지도 신구약 성경 중에서 특히 복음서만을 별도의 책으로 묶어서 금박을 입힌 표지를 붙여서 소중하게 다루며 예배 시간에 복음서를 들고 행렬하는 의식을 행한다.

순교자 저스틴의 기록에 의하면 구약과 신약의 봉독은 '시간이 허용하는 범위 내에서' 행해졌다. 이 표현으로 미루어보아 당시의 성경봉독은 꽤 긴 시간 동안 이루어졌을 것으로 추측되며, 성경봉독의 이유와 시간 등을 종합적으로 고려할 때에 성경봉독 그 자체가 중요한 예배의 순서였음을 알 수 있다. 그러나 오늘날 한국교회의 예배에서 성경봉독은 설교를 위한 하나의 보조 순서로 밀려나버렸다. 성경봉독은 설교를 위한 하나의 증거 본문(Proof Text)일 뿐 그 자체로 아무런 의미도 갖지 못한다. 심지어는 찬송 설교, 드라마 설교 등 아예 성경봉독을 하지 않는 경우도 많아졌다. 이처럼 성경봉독을 약화시키는 것은 예배의 구속사적 차원을 약화시키는 것이다.

성경이 읽혀진 뒤에는 설교가 행해졌다. 설교는 나사렛 예수에 관한 구약과 신약의 말씀을 봉독한 후에 "이러한 고귀한 일을 본받으라고 권면"하는 것이다. 이 기록은 성경봉독과 설교의 관계를 잘 설명한다. 설교는 어디까지나 봉독된 성경에 대한 해석과 권면이어야 한다는 것이다. 봉독된 성경과 다른 내용을 설교하거나 또는 설교자 자신이 하고 싶은 이야기를 한다면 그것은 올바른 설교라고 할 수 없다. 설교의 본 취지는 신구약 성경을 통해 하나님께서 인류를 구원하신 이야기 즉 예수의 십자가와 부활에서 절정을 이룬 하나님의 놀라우신 구원의 행위를 선포하는 것이다.

사실 '독서와 강론'이 중심이 되는 예배 형식은 유대교의 회당 예배로부터 기독교로 도입된 것이다. 누가복음 4장 16절은 예수님 당시 즉 서기 1세기 회당 예배의 모습을 기록하고 있는데, 이 본문에 따르면, 예수께서는 안식일에 늘 하시던 대로 회당에 들어가셨고, 그곳에서 선지자 이사야의 글을 읽으셨다. 그 때에 읽으신 내용은 다음과 같다. "주의 성령이 내게 임하셨으니 이는 가난한 자에게 복음을 전하게 하시려고 내게 기름을 부으시고 나를 보내사 포로된 자에게 자유를, 눈먼 자에게 다시 보게 함을 전파하며 눌린 자를 자유롭게 하고 주의 은혜의 해를 전파하게 하려 하심이라"(61:1-2). 이 말씀을 다 읽으신 후에 예수께서는 이 읽은 부분에 대한 '해석과 권면' 즉 설교를 하셨는데 그 장면을 누가복음은 다음과 같이 기록한다. "책을 덮어 그 맡은 자에게 주시고 앉으시니 회당에 있는 자들이 다 주목하여 보더라. 이에 예수께서 그들에게 말씀하시되 이 글이 오늘 너희 귀에 응하였느니라 하시니, 그들이 다 그를 증언하고 그 입으로 나오는바 은혜로운 말을 놀랍게 여겨…"(눅 4:20-22).

그렇다면, 회당에서 행해지던 유대교 예배에서도 구약성경을 읽고, 그리스도인들의 예배에서도 구약성경을 읽었다는 이야기가 되는데, 과연 유대교의 예배와 기독교의 예배는 동일한 것인가? 결론부터 말하자면 그렇지 않다. 유대교인들의 예배에서는 구약성경을 읽고 '야훼께서 이스라엘을 구원하기 위해서 장차 메시아를 보내주실 것이다'라고 설교하였다면, 그리스도인들의 예배에서는 동일한 본문을 읽은 후에 '야훼께서 이스라엘을 구원하기 위해 메시아를 이미 보내주셨는데 그분이 바로 나사렛 예수이고, 누구든지 그분을 믿으면 구원을 받는다' 하고 설교한 것이다. 이는 현대에도 동일하다. 지금도 유대교의 회당 예배에서는 구약성경을 읽으면서 '하나님께서 우리를 구원하시기 위해 메시아를 보내주실 것이다'라고 설교한다. 그러나 우리 그리스도교 예배에서는 신약을 함께 읽으면서 '십자가에 못 박힌 나사렛 예수가 구약에 예언된 하나님의 아들 메시아이다'라고 선포한다.

부연해서 설명하자면, 초대교회가 구약성경을 읽은 이유는, 나사렛 예수가 바로 구약에 예언된 하나님의 아들 메시아이심을 증거하기 위해서이고, 신약성경을 읽은 이유는 이 땅에 오신 메시아를 옆에서 따라다닌 사도들이 그분의 말씀과 행적을 증언한 내용이기 때문이다. 그러므로 예배에서 구약성경과 신약성경을 모두 읽어야 예배의 구속사적 차원이 확보된다. 다시 말해서 예배에서 구약과 신약을 함께 읽는 행위 자체가 바로 예배의 구속사적 차원을 말해주는 것이다. 이러한 예배 형식은 기독교의 태동 시기부터 확립된 전통이었으며, 기독교가 로마의 박해로부터 벗어나 자유롭게 예배하게 된 4세기 이후의 문헌들은 당시 교회들이 예배에서 구약 한 곳과 신약 두 곳 즉 사도서신과 복음서 이렇게 세 개의 성경봉독을 하였다고 증언한다.[2]

순교자 저스틴의 편지에 따르면 당시 예배에서는 강론을 마친 후에 모두 일어나 기도를 드렸다고 되어 있다. 예배에서 기도를 드리는 것은 지극히 자연스러운 일이다. 이때에 하는 기도는 교회 공동체가 간구를 하나님께 드리는 순서였다. 논리적으로 볼 때에 하나님의 면전에 와서 먼저 하나님의 말씀을 듣고 그 다음에 간구 사항을 하나님께 말씀드리는 것이 자연스러워 보인다. 한국교회에서 설교 순서보다 훨씬 앞에 예배의 초입 부분에서 이런저런 간구 사항을 말씀드리는 방식은 다시 생각해볼 필요가 있다.

2세기 교회의 예배에서 행해지던 성만찬 예전은 크게 세 부분으

2) Cheslyn Jones, Geoffrey Wainwright, Edward Yarnold S. J. and Paul Bradshaw, *The Study of Liturgy* (London: SPCK, New York: Oxford University Press, 1992), 226.

로 구성되어 있었다. 첫째는 빵과 포도주를 앞으로 가져와 바치는 순서이고, 둘째는 집례자가 그것을 들고 감사의 기도를 바치는 순서이며, 셋째는 모두 그것을 받아먹는 순서이다.

빵과 포도주를 앞으로 가져와 바치는 봉헌의 행위는 창조 신학과 결합되어 있다. 즉, 봉헌자의 손에 들려진 빵은 단순한 빵이 아니라, 하나님께서 창조하시고 햇빛과 비를 내려 자라게 하신 밀(wheat)에다가, 그것을 경작하기 위해 땀을 흘린 인간의 수고와 노동이 합쳐져서 이루어진 결실이다. 빵은 하나님의 창조물 중의 일부로서 피조 세계 전체를 대표하기 때문에, 목사가 두 손에 빵과 포도주를 들고 감사의 기도를 바칠 때에 그는 하나님의 창조 세계 전체를 그의 손에 들고 있는 것이다. 교부 이레니우스는 '피조물인 빵'과 '피조물인 잔'이라는 용어를 사용함으로써 창조와 구원이 서로 연결되어 있음을 주장하였다. 빵과 포도주는 또한 새 창조를 상징한다. 주님께서 부활하심으로써 시작된 하나님의 새 창조는 주님께서 부활하신 날 아침에 드리는 예배 곧 성찬에서 하나님께 드려지는 빵과 포도주를 통하여 이루어진다. 원 창조물로서의 빵과 포도주는 우리의 육체에 자양분을 공급해주지만, 목사가 손에 들고 하나님께 감사의 기도를 드린 후에는 그 빵과 포도주가 우리의 육체와 영혼에 자양분을 공급해주기 때문이다.3)

성만찬에서 드리는 감사의 기도는 단순히 빵과 포도주를 주신 것에 대한 감사를 넘어서 하나님의 인류 구원사 전체를 포괄한다. 즉 예배 공동체는 성만찬 기도를 통하여 하나님의 창조부터 예수 그리

3) David Power, *Eucharistic Mystery: Revitalizing the Tradition* (New York: Crossroad. 1994), 95.

스도의 성육신과 공생애, 십자가와 부활, 승천과 재림이라는 구속사 전체를 언급하며 감사를 드린다.

이때에 집례자는 마지막 만찬석상에서 예수께서 행하셨던 네 가지 동작을 그대로 취하게 되는데, 그것은 바로 '빵을 집고', '감사의 기도를 드리고', '떼어' '주는 것'이다. 이 네 가지 동작은 한 덩어리의 빵으로부터 나누어 먹기 위한 실용적인 차원에서 이해할 수 있지만, 그보다는 그 안에 깊은 신학적 의미가 포함되어 있다는 사실을 주지 하여야 한다. 먼저, 떡을 집는 동작은 통상적으로 떡을 성찬상으로 부터 집어 올리는 것을 의미하는데, 이는 신학적으로 그리스도의 몸 이 십자가 위에서 높이 들리우신 것을 상징한다. 종교개혁자 마르틴 루터는 이 동작이 믿음이 연약한 사람들을 위해서 필요하고 또 '복 음의 극적인 선포'(dramatic proclamation of the Gospel)를 위해 필요 하다고 하였다[4](Luther's Work, 26-30).

그리고 모든 사람이 볼 수 있도록 빵을 두 조각으로 쪼개는 것은 예수의 몸이 십자가 위에서 찢긴 것을 상징하며, 쪼개진 빵을 성반 위에 놓는 것은 돌아가신 예수의 몸이 무덤에 뉘이시는 것을 상징한 다. 물론 포도주의 붉은 색깔은 십자가 위에서 흘리신 예수의 피를 상징한다. 이러한 의미에서 볼 때에 성만찬은 나사렛 예수의 십자가 와 부활로 요약되는 예수 생애의 예루살렘적 국면을 지금 여기에서 요약하고 재연하는 것이라고 볼 수 있다.

요약하면, 신구약 성경을 읽고 설교를 하는 이유는 갈릴리에서부 터 두루 다니시며 말씀과 기적을 통해 하나님 나라를 선포하신 예수

---

[4] *Luther's Work*, Vol. 53, 26-30.

의 사역을 지금 여기에서 재현하고 선포하는 것이고, 성만찬을 하는 것은 십자가 위에서 살 찢고 피 흘려 당신 자신을 주심으로써 인류를 구원하신 예수의 사역을 지금 여기에서 재현하고 선포하는 것이다. 이 구조 속에 예수 그리스도를 통한 하나님의 인류 구원의 역사가 모두 들어 있으며, 예배자들이 이러한 행위를 통하여 창조와 구원의 하나님께 감사와 찬양을 드릴 때에 지상의 예수와 함께 하셨던 성령께서 오늘의 예배자들과도 함께 하셔서 '그 때'에 일어났던 구원의 역사를 '지금 여기에서'도 일어나게 하신다.

V. 기독교 공인 시대에 꽃핀 예배의 구조와 형식

2세기 문헌인 순교자 저스틴의 편지에서 보았듯이, 3세기까지의 예배는 매우 간단하고 단순한 형식을 띠었던 반면에, 기독교가 공인된 4세기부터 예배는 활짝 꽃을 피우게 되었다. 지금까지 카타콤이나 가정집 등 남의 눈에 띄지 않는 곳에서 소규모로 모여서 은밀하게 행해지던 예배는 이제 공공연하게 땅 위로 올라오게 되었고, 당시 로마에서 가장 크고 웅장한 바실리카 법정 건물을 본뜬 예배당 건물에서, 로마의 황제와 귀족들의 옷을 본뜬 예복을 입은 주교와 사제들에 의해 거행되게 되었다. 예배 형식도 마찬가지였다. 예전에는 꼭 필요한 필수요소들을 중심으로 지극히 간단한 예배가 행해졌다면 이제는 잘 발달되어 보다 격식을 갖춘 예배 형식을 갖게 되었다. 결과적으로 4세기부터 6세기까지 여러 가지 예배 순서들이 생겨나서 예배가 더 길어지고 확대되었지만 '말씀'과 '성만찬'이라는 전체적인 구조에서 볼 때에 3세기 이전의 예배와 차이가 없으며, 새로 생성된 순서들은 모두 기존 예배 요소들 사이의 여백을 메꾸고 예배를 더 의미 있게 하도록 보완하기 위한 것들이라고 볼 수 있다.

VI. 중세, 종교개혁 시대 그리고 근대에 초래된 예배의 변화와 변형

중세 서방 교회의 예배는 여러 가지로 문제가 많았다. 회중들의 능동적 참여가 현저하게 사라졌으며, 성만찬은 초대교회에는 없었던 많은 의식들과 상징들로 덧씌워진 요란한 볼거리로 변했고, 성찬의 떡은 축성되고 높이 들어올려져서 경배되었지만 회중들에게 주어지는 일은 거의 없었다. 뿐만 아니라, 미사는 갈보리에서 예수께서 바치신 자기 봉헌에 첨가되는 또 다른 희생제사로 인식되었다. 종교개혁자들은 심각한 미신들로 몸살을 앓고 있는 중세 교회들을 보았는데, 그 기괴하고 몽상적인 미신들은 심각한 폐해들을 가져오는 것들이었으며, 모두 기독교의 본질과는 거리가 먼 것들이었다고 그레고리 딕스(Dom Gregory Dix)는 정확히 지적하였다.[5]

종교개혁으로 말미암아 탄생된 예배의 전통은 크게 세 가지인데, 곧 루터교, 성공회, 개혁교회이다. 이것들은 오늘날 모두 세계적인 예배 전통이 되었다. 먼저, 루터가 예배에 끼친 공헌은 지대하다. 무엇보다도 본인이 꿈꾸었던 초대교회 예배의 회복을 위해서 설교를

---

5) Dom Gregory Dix, *The Shape of the Liturgy* (London: Dacre Press, 1978), 627.

회복하여 말씀과 성찬의 균형을 이루었고,6) 회중 찬송을 도입하였으며,7) 회중들에게 성만찬을 회복시켜 주었다.8) 또한 자국어 예배를 통하여 회중의 예배 참여를 제고하였다.

한편 루터가 예배에 가져온 부정적 영향 또한 간과할 수 없다. 첫째, 성만찬 기도를 삭제하고 주님의 제정사만을 남겨둔 것인데, 이에 대하여 많은 학자들은 보수적인 성향의 루터답지 않게 급진적이고 비논리적이며 파괴적인 처사였다고 지적한다.9) 한국교회에 전해진 성만찬 거행 방식이 바로 이것이다. 둘째, 예배를 '가르치고 배우는' 교육 시간으로 전락시켰다. 루터교 예배 학자 브릴리오스(Yngve Brilioth)는 루터가 예배의 가치를 신자들을 교육함에 두고 신앙을 강화하려는 의도를 강하게 가지고 있었다고 비판한다.10)

오늘날 장로교회의 전신인 개혁교회의 창시자라고 불리는 츠빙글리(Ulrich Zwingli)가 가져온 예배의 변화는 가장 급진적이고 치명적이다. 예배의 본문과 의식을 극도로 단순화시켰음은 물론 예복, 교회력, 교회음악을 모두 폐지시켰다. 성가대의 해산, 교회 오르간과 스테인드글라스의 파괴는 자연스러운 것이었다. 성만찬에 대한

---

6) Luther D. Reed, *The Lutheran Liturgy: A Study of the Common Service of the Lutheran Church in America* (Philadelphia: Mulhenberg Press, 1947), 78.

7) William D. Maxwell, *A History of Christian Worship: An Outline of Its Development and Forms* (Grand Rapids, MI: Baker Book House, 1982), 80.

8) Bard Thompson, *Liturgies of the Western Church : Selected and Introduced by Bard Thompson* (Philadelphia: Fortress Press, 1961), 104.

9) Luther D. Reed, *The Lutheran Liturgy: A Study of the Common Service of the Lutheran Church in America*, 79; William D. Maxwell, *A History of Christian Worship: An Outline of Its Development and Forms*, 77.

10) Yngve Brilioth, *Eucharistic Faith & Practice Evangelical & Catholic. London: Society for Promoting Christian Knowledge* (New York: The MacMillan Co., 1939), 122.

그의 신학은 "살리는 것은 영이니 육은 무익하니라"(요 6장)는 말씀에 근거한다. 음식을 통하여 신앙이 주어진다는 생각은 그에게 어리석은 것이었으므로, 떡과 포도주는 은총의 수단이 아니라 은총을 회상시키는 수단일 뿐이다. 따라서 주의 만찬은 하나의 생생한 영적 훈련 즉 그리스도의 십자가를 통하여 나타내 보이신 하나님의 선하심을 떠올리는 명상의 시간 외에 그 어떤 것도 아니었다.11) 이것이 츠빙글리가 주창한 '기념설'이다.

또 한명의 개혁교회(장로교회)의 선구자 마틴 부처(Martin Bucer) 역시 개신교 예배에 많은 영향을 끼친 사람이다. 그는 1525년부터 스트라스버그에서 개혁 운동을 진두지휘하였다. '미사'(the Mass)를 '주의 만찬'(the Lord's Supper)으로, '사제'(priest)를 '목사'(pastor) 혹은 '사역자'(minister)로 바꾼 것, 예복을 검정색 가운으로 바꾼 것 등이 모두 부처의 작품이다. 성경봉독을 세 개 읽지 않고 하나만 읽는 것, 기존에 성구집(lectionary)을 따라 읽던 방식을 폐지하고 주일마다 '연속 읽기'(lectio continua) 방식으로 읽는 것, 예배의 시작 부분에 참회의 기도를 하는 것 역시 부처의 유산이다.12)

종합적으로 개혁자들로 말미암아 예배는 중세 미사의 폐해를 극복하고 말씀의 회복, 회중 참여의 제고, 회중 찬송과 자국어 예배 등 긍정적 결과를 얻었지만, 츠빙글리 같은 급진주의자들로 말미암아 '말씀/성찬의 균형'이 파괴되고, 상징, 색깔, 예복, 음악, 등이 예배에서 배제되고, 예배가 하나님을 향한 찬양과 감사의 행위가 아니라

---

11) Bard Thompson, *Liturgies of the Western Church : Selected and Introduced by Bard Thompson*, 143.
12) Ibid., 204.

신자를 가르치고 훈련하는 행위로 전락되었으며, 이로 인해 '공동의 행위'로서의 예배 즉 객관성이 중시되는 예배를, 교제와 기도와 권면 그리고 교훈 등으로 이루어진 '주관적 예배'로 변화되었다.

한편 19세기 북미대륙에서는 획기적인 예배의 변화가 일어났다. 광활한 대륙에 흩어져 교회도 목사도 없이 살아가던 유럽으로부터의 이민자들을 회심시키기 위한 대규모 천막 집회(Camp Meeting)가 새로운 예배의 산실이었다. 당시의 천막 집회는 크게 3부로 구성되어 있었다. 1부는 한 시간씩 계속되는 열정적인 찬송, 2부는 '구원이냐 멸망이냐'의 2분법 도식으로 회심을 촉구하는 강력한 복음전도 설교 그리고 마지막으로 결단을 촉구하는 초청의 순서가 바로 그것이었다.[13]

천막 집회는 기독교 1,800년 역사상 가장 새로운 형태의 예배 형식을 만들어내게 되었다. 소위 '찬송 샌드위치'(Hymn Sandwich)라고 하는 예배 형식으로서, 찬송, 기도, 성경봉독, 설교 등을 적당히 배열한 것인데, 특징은 순서 중간 중간에 찬송이 들어간다는 점 그리고 설교가 예배의 맨 후반에 위치하고, 설교 후에는 초청(Altar Calling)으로 예배를 끝맺는 것이었다. 성경봉독과 설교의 사이에 광고, 헌금, 찬송 등 많은 순서들이 삽입되는데, 그 이유는 설교 후에 곧바로 초청을 하고 예배를 끝맺기 위함이었다. 따라서 설교 앞에 오는 순서들은 모두 설교로 나가기 위한 하나의 준비 순서 정도로 인식되었다. 이러한 예배 형식의 밑바탕에는, 예배는 오로지 '복음 제시'와 '회심의 촉구'를 위한 수단이며 방편이라는 개념이 자리해

---

13) Ibid., 177.

있다. 따라서 좋은 예배를 판단하는 시금석은 그 예배에서 얼마나 많은 회심자를 만들어냈느냐 하는 것이었다.[14] 종교개혁자들이 '예배'를 '교육'으로 대치했다면, 19세기 북미의 프론티어 예배는 '예배'를 '전도'로 대치시키는 결과를 가져왔다.

19세기 북미의 선교사들로부터 복음을 전수받은 한국교회가 이 예배 형식을 받아들인 것은 지극히 자연스러운 일이었다. 그래서 약칭으로 '묵-찬-기-찬-설-기-찬'의 이 예배 형식이 한국교회에서는 '전통 예배'라고 불린다. 그러나 이 예배는 19세기 미국에서 출현한 지극히 특수한 형식의 집회 형식일 뿐 기독교 2천년 예배 역사에 비추어 볼 때 결코 '전통적'인 예배가 아니다. 우리에게 이 예배를 전수해준 서구에서는 이미 20세기 후반 '예배 운동'(The Liturgical Movement)이 일어나 초대교회의 예배를 회복하는 흐름을 보이고 있지만, 한국 땅에서는 오히려 예배의 형식을 '파괴'한 '경배와 찬양'류의 '현대 예배'(contemporary worship)가 새로운 대안 예배로 인식된다. 그러나 이런 예배들은 예수께서 의도하셨던 그리고 사도들에 의해 계승된 기독교 예배의 본질과 영성을 담아내기에 한계가 뚜렷하다.

VII. 나오는 말

예배는 단지 복음을 선포하고 결신자를 이끌어내는 행위만이 아니며, 신자들의 신앙을 강화하기 위한 행위만도 아니다. 예배는 하

---

14) Ibid., 77.

나님께서 우리에게 베풀어주신 위대하신 구원의 사역 즉 예수 그리스도의 성육신, 탄생, 공생애, 십자가, 부활, 승천 그리고 재림에서 절정을 이루는 구원사의 총체를 지금 여기에서 기억하고 재현하고 선포함으로써 성령께서 예배자들에게 이 모든 구원사의 은총을 힘입혀 주시는 신학적 행위이다. 따라서 예배는 하나님을 향한, 하나님께 드리는, 회중 공동체의 감사와 찬양이다. 기독교 역사 100년을 훌쩍 넘긴 한국교회가 이제 성장을 넘어 성숙을 향해 나아갈 때가 되었고, 성숙은 예배를 통하여 먼저 이루어져야 할 것이다. 성서적 구속사적 충실함이 있는 예배, 통전적인 신앙으로 이끄는 예배, 영적으로 살아 있는 예배가 회복되어야 한다.

기독교 예배의 근원적 샘을 찾아서
: 삶의 예배, 예배의 삶

김형락 | 서울신학대학교 외래교수

I. 들어가는 말

20세기 북미를 중심으로 하는 예배 학자들의 학문적 관심은 예배
란 무엇인가에 대한 정의를 내리는 것이었다. 그들은 큰 틀에서 기
독교 예배를 정의 할 때 하나님께서 인간들에게 당신 스스로를 나타
내시는 계시와 하나님을 경배하고 찬양하는 인간의 응답의 사건이
만나는 현장, 즉 "양방향의 사건"이라는 의미에 동의한다.[1] 또한 이
들의 또 다른 연구 주제들은 기독교 역사 안에서 예배가 어떻게 형
성되었으며 그 형성되어진 예배들 속에는 어떤 신학적 의미들이 내
재되었는가를 밝히는 것들이었다. 따라서 기독교 예배학은 그 고유
의 학문적 영역의 틀을 넘어서는 분야들, 예를 들면 예배에 모인 회

---

1) James F. White, *Introduction to Christian Worship* (Nashville, TN: Abingdon
Press, 3rd. ed., 2001), 17-25.

중들이 세상에 파송되면서 마주치게 되는 삶과의 연계성 같은 주제에 대해서는 무관심해왔다. 이들 학자들에게 있어서 예배라는 주제의 학문적 영역이 협소하게 적용되었다는 말이다. 그러나 기독교 예배는 회중들이 교회에 들어오는 것으로 시작해서 나가는 것으로 끝나는 시간과 사건이 아니다. 오히려 기독교 예배는 회중들의 발걸음이 교회 문턱을 나와 세상으로 향하면서 새로운 방향으로 전환된다.

예배로부터 삶의 현장으로의 전환은 기독교 예배의 효시라고 할 수 있는 원시 기독교 공동체의 예배에서 잘 나타난다. 사도행전 기자는 원시 기독교 공동체에서 드린 예배는 예배의 은혜를 삶 속에서 나누고 이웃을 사랑하는 실천으로 완성했다. 사도행전 2:42-47을 보자.

[42]그들이 사도의 가르침을 받아 서로 교제하고 떡을 떼며 오로지 기도하기를 힘쓰니라 [43]사람마다 두려워하는데 사도들로 말미암아 기사와 표적이 많이 나타나니 [44]믿는 사람이 다 함께 있어 모든 물건을 서로 통용하고 [45]또 재산과 소유를 팔아 각 사람의 필요를 따라 나눠 주며 [46]날마다 마음을 같이하여 성전에 모이기를 힘쓰고 집에서 떡을 떼며 기쁨과 순전한 마음으로 음식을 먹고 [47]하나님을 찬미하며 또 온 백성에게 칭송을 받으니 주께서 구원 받는 사람을 날마다 더하게 하시니라

위의 사도행전 기자의 기술처럼 원시 기독교 공동체의 기독교인들은 예배가 삶이었고 삶이 예배였다. 필자는 이 논문에서 위의 사도행전에 기술된 예배의 원형, 즉 예배와 삶의 어우러진 바른 관계

에 대한 신학적 근거들을 제시하려고 한다. 이 논문에서 다루고자 하는 예배와 연관된 기독교인의 삶은 두 가지 주제로 나뉜다. 첫째는 삶 속에서 예배를 드리고 예배의 연장으로서 기독교인의 삶의 법(*lex vivendi*)이며, 둘째는 예배 안에서 하나님을 경험하고 파송을 받아 각자의 삶 속에서 예수 그리스도의 말씀과 교훈을 각자의 삶의 자리에서 실천에 옮기는 기독교 윤리적인 차원에서의 삶의 법(*lex agendi*)이다. 이 삶의 법과 윤리적 삶의 법은 기독교 예배와 불가불리의 관계를 가지며 이 두 삶의 법을 따라 사는 것이 바로 기독교 예배의 완성이라 할 수 있다.

이 주제에 관한 연구를 위해 필자는 다음의 연구 과정을 거쳤다. 첫째, 예배가 성서의 교훈들을 회중들의 삶으로 옮겨주는 통로임을 전제하면서 어떤 과정을 통해 이것이 이루어지는가를 연구했다. 특히 미국의 예배신학자인 조이스 앤 짐머만이 폴 리쾨르의 이론을 기반으로 도출한 미메시스의 변증법적 결합의 연구를 토대로 이 주제를 고찰해보았다. 둘째 예배가 삶 속에 녹아들면서 신자들의 삶이 예배를 지향하게 했던 초대교회와 동방 교회의 교회력에 근거한 예배 법도인 오르도를 소개하고 현대 한국 개신교회가 잃어버린 그리고 다시 회복해야 할 예배의 근원임을 밝혔다. 오르도는 예수 그리스도의 삶과 교훈을 바르게 재현하여 신자들에게 바른 신앙을 형성시키는 원동력이다. 세 번째로 필자는 예배에서 거행되는 성찬 예전을 언급하면서 초대 기독교 공동체에서는 성찬 예전이 예배와 이웃 사랑의 연결고리였음을 기술하고 예수께서 자기 몸을 인간에게 나누어 주신 그 상징적 의미를 잘 전달할 수 있는 예전이 되게 하는 방안들을 논의하였다.

II. *Lex Orandi, lex vivendi*: '예배를 통한 성서에서 삶으로'에 대한 신학적 고찰

'기독교 예배는 신자들의 삶에 어떻게 작용하는가?'라는 질문에 많은 이들은 이론적인 대답을 하기보다는 실천적인 대답과 사례들을 설명한다. 왜냐하면 예배에서 경험되어진 하나님의 계시를 삶의 영역에 적용하는 것은 이론적으로 설명하기 쉽지 않기 때문이다. 그럼에도 불구하고 이 주제에 대해 이론적인 대답을 하고자 노력하는 학자들이 있다. 그중 가장 대표적인 학자가 바로 조이스 앤 짐머만이다. 그녀는 미국의 예배 음악가이고 신학자이다. 짐머만은 그리스도인의 삶은 예배를 통해 그리스도와 연결된다고 주장한다. 짐머만에 따르면 예수 그리스도의 탄생, 지상에서의 사역, 죽음 그리고 부활은 예배를 통해 다시 재현된다. 예배 속에서 재현된 예수 그리스도의 삶과 교훈은 예배를 통해 우리의 삶으로 들어오고 궁극적으로 우리의 삶으로 녹아들어 그리스도의 삶이 우리의 삶이 되게 한다고 주장한다.[2]

짐머만은 폴 리쾨르의 내러티브 해석학의 이론을 들어서 이 과정을 설명한다. 리쾨르의 내러티브 해석학은 어거스틴의 고백론 11장에 근거한 시간의 개념에 기초한다. 어거스틴은 시간에 있어 현재만 존재할 뿐 과거나 미래는 존재하지 않으며 이 시간대의 사건이나 개념들은 오직 인간의 영혼(mind) 속에 존재한다고 설명한다. 이 영혼

---

2) Joyce Ann Zimmerman, 'Paschal Mystery-Whose Mystery?,' in *Primary Sources of Liturgical Theology*, ed. Dwight W. Vogel (Collegeville, MN: Liturgical Press, 2000), 302-12.

속의 시간은 기억(memory)과 기대(expectation)라는 형태로 현재의 시간 안에 존재한다. 성서의 기록 역시 기록을 한 현재의 시간에서 미래를 기대하면서 과거를 회상하는 시간적 구조 안에서 이루어졌다. 그렇기에 현재는 과거와 미래를 연결해주는 축이 된다. 리쾨르는 어거스틴의 주장에 조금 더 나아가서 현재라는 시간은 과거와 미래의 사이에서 변증법적 관계를 맺는다고 주장한다. 리쾨르의 주장은 예수 그리스도의 삶, 성육신, 공생애, 고난, 십자가, 부활, 재림 등의 사건이 실제로는 과거의 사건 혹은 미래에 있을 일이지만 그리스도를 생각하면서 이 모든 일들을 신자들의 마음속에 받아들이면 이 과거와 미래의 사건들은 더 이상 과거와 미래에 존재하지 않고 현재의 시간에 존재하는 과거, 현재의 시간에 존재하는 미래가 된다. 따라서 그리스도의 사건들은 더 이상 시간과 공간의 제약을 뛰어넘어 모두 현재 그것을 기리고 기대하는 신자들의 시간 안에 놓이게 된다.[3]

이러한 시간의 개념에 근거하여 리쾨르는 내러티브를 통한 과거의 현재화 혹은 미래의 현재화를 주장한다. 이 현재화라는 것을 설명하기 위해 그는 플라톤과 아리스토텔레스가 문학을 설명할 때 사용된 "모방(imitation)" 혹은 "재현(representation)"이라는 뜻을 지닌 미메시스(mimesis)라는 개념을 차용한다. 리쾨르는 미메시스는 행위의 모방(imitation of action)이라고 규정하는데 이것은 이야기의 과거 혹은 미래의 이야기를 현재에 서사적으로(언어와 행위를 통한) 모방하는 것을 의미한다. 리쾨르에 따르면 이 미메시스는 담론과 이야

---

3) Paul Ricoeur, *Time and Narrative*, Vol. 1, Trans. Kathleen McLaughlin and David Pellauer (Chicago, IL: University of Chicago Press, 1990), 18-20.

기들(narrative and stories)이 독자들에 의해 해석되는 과정에 의해 3단계로 구분된다, 미메시스의 1단계는 화자에 의해 이해된 담론의 전형상화(prefiguring), 미메시스의 2단계는 1단계의 담론의 서사가 현재의 사건으로 되는 형상화, 미메시스의 3단계는 1, 2단계를 거쳐 재형상화된 독자의 반응과 적용 나아가서는 삶에서의 영향을 의미한다. 리쾨르의 이론에 따르면 현재의 사건이 현재로 형상화되는 미메시스 2단계는 1단계와 3단계를 연결해주는 기능을 한다.[4]

이러한 이론적 토대에서 짐머만은 모든 성서를 통한 하나님의 구속 사역과 예수 그리스도의 삶을 전체적으로 미메시스 1의 단계라 한다면, 선포되는 말씀과 그리스도의 희생과 죽음을 기념하고 재현하는 예배와 성례전은 미메시스 2단계, 그리고 예배를 통해 그리스도의 삶을 경험하고 삶 속에 적용하면서 결단을 재형상화하는 것이 미메시스 3단계라 주장한다. 짐머만은 리쾨르의 이론이 밝힌 것처럼 미메시스 2단계인 기독교 예배는 그리스도와 삶을 연결해주는 중요한 매개체라고 주장한다. 예수 그리스도의 성육신, 십자가 사건과 부활의 신비는 기독교 예배를 통해 바로 우리의 삶 속의 신비가 되며, 예수께서 다시 올 날 하나님의 구속의 역사가 완성되기를 기대하는 삶을 살게 하는 원동력이 된다.

짐머만의 관점에서 볼 때, 한국 개신교 예배의 문제는 미메시스 2단계로서 예배가 하나님의 구속사와 예수 그리스도의 삶과 십자가 사건을 정확하게 언어로 혹은 상징으로 재현하지 못하고 있다는 것이다. 이렇게 정확하게 재현과 모방되지 못한 미메시스 2단계로서

---

4) Ibid., 34.

예배는 신자들로 하여금 해석을 실천하는 3단계로 넘어가지 못하게 하고 있음을 주목해야 한다. 한국 개신교의 예배는 선교 초기 북미 선교사들에 의해 소개되고 형성되었다. 북미 출신 대부분의 개신교 선교사들은 선교지에서 결신을 시키기 위해 가장 효율적인 프론티어 예배 형식을 선교지인 한국에 소개하였고 한국 개신교는 이를 기본적인 예배 형식으로 수용하게 된다.5) 그런데 이 프론티어 예배 형식은 예수 그리스도의 내러티브적 선포를 효과적으로 전달하는 대부분의 순서를 빼고 오직 말씀의 선포와 회중들의 결신에만 중점을 둔 예배라는 데 문제가 있다. 이 예배에서는 성례전, 성서정과(聖書程課, Lectionary)에 따른 다수의 성서 본문 강독, 예전적 기도문, 신앙고백과 같은 순서들이 제외되었고 오직 성도들의 마음은 움직이는 찬양과 강력한 말씀의 선포 그리고 개인적인 결신 기도의 순서만 남겨두었다. 그렇기 때문에 리쾨르의 미메시스 이론으로 논하자면 미메시스 2단계의 부실한 재현이 회중들로 하여금 미메시스 3단계로 옮겨가지 못하게 했다고 생각할 수 있다. 그 결과로, 한국 개신교의 예배는 예배와 삶의 통전적 관계에 대하여 매우 소극적인 태도를 취하게 된다. 이런 현실에 대해 필자는 신자들의 삶에서 하나님의 구속사와 예수 그리스도의 십자가 사건을 재현하고 모방하는 예배가 다시 회복되어야 한다고 주장하면서 그 모델을 초대교회와 동방 교회의 삶의 법도로서 예배인 오르도의 개념을 대안으로 생각한다. 이에 대해 다음 장에서 논하려고 한다.

---

5) 조기연, 『묻고 답하는 예배학 Cafe』 (서울: 대한기독교서회, 2009), 117.

III. *Ordo*: 모방과 재현에서 삶으로의 모델

앞에서도 언급한 것 같이 예배를 집례하는 목회자들과 참석하는 회중들의 대부분은 축도를 마치고 퇴장하는 목회자와 그리고 회중들끼리 서로 악수와 인사를 하는 것이 예배의 마지막 순서라고 생각한다. 한 마디로 표현하자면 예배를 마치면서 각자의 집으로 돌아가는 절차다. 예배와 삶 사이에 분명한 경계선을 부여하고 있는 시간이라고도 표현할 수 있다. 이 순간부터 회중들은 예배에서 경험과 느낌들을 서서히 놓아버리고 예배로 인해 잠시 미뤄두었던 일들과 그들이 직면하고 있는 삶의 현장의 여러 요구들을 다시 꺼내어 생각하기 시작한다. 바로 삶과 예배가 분리되는 순간이다. 그러면 이러한 문제를 어떻게 극복할 수 있을까? 위에서도 언급했듯이 필자는 이 예배와 삶의 분리의 문제를 해결하기 위해서 초기 기독교 예배의 정신으로 돌아가야 한다고 생각한다.

초기 기독교 예배라고 할 수 있는 동방 전통에서는 예배의 본질적 요소인 '시간'과 '법도'라는 개념을 예배라는 주제와 연관시켜 회중들의 삶 속에도 지속적인 예배를 드리도록 했다. 4세기에 이르러 성도들이 주일이 아닌 다른 날에 모여서 기도할 수 있는 매일 기도 예전(liturgy of hours) 혹은 성무 일과(divine office)라는 비성례전적 예전의 법도들이 완성되어 교회와 수도원에서 시행되고 있었다. 개인의 내적인 종교적 수양과 묵상을 중심으로 하는 수도원적 예전과는 달리 교회에서는 매일 아침과 저녁 두 번 선별된 시편들을 찬양하고 중보의 기도를 드리는 순서를 중심으로 하는 모임이었다.6) 특히 공동기도를 찬양으로 부르면서 그들의 공통된 신앙 고백을 하나

님께 드렸다. 4세기 사도 헌장에 나오는 포스 힐라론(Phos hilaron)
이 그 대표적인 예라 할 수 있다. 이러한 공동체의 모임과 예전을 통
해 매일매일의 모임을 예수의 탄생과 고난, 죽음, 부활, 성령 임재와
같은 주제에 맞춰 1년을 주기로 하는 교회력과 교회력에 맞는 예배
와 예전문이 발전되었고, 이것이 그들의 삶 속에서 예배를 연결해주
는 법도들이 되었다. 이러한 법도들은 매일 혹은 매주 드리는 예배
와 성례전과 어우러져 그들의 삶에 자리 잡고 있었다. 즉, 기독교인
들의 예배는 그들의 삶의 궤적과 한데 어우러져 반복되는 일상으로
서 예배가 아닌 예배가 삶의 중심으로 들어오게 된 것이었다. 동방
교회에서는 이러한 삶 속에서의 예배 법도를 오르도(Ordo)라고 명
명한다.

이 오르도로서 예배라는 개념에서 주목해야 할 점은 교회력에 맞
는 성서 구절들과 기도문들 그리고 찬양이 예배를 형성하는 중심이
되면서 하나님의 구속사와 예수 그리스도의 일대기가 그대로 재현
되고 모방되는 기능을 하고 있다는 점이다. 앞에서 언급한 짐머만이
주장하는 미메시스 2단계의 역할을 잘 수행할 수 있게 만들어진 예
전이라는 것이다. 그렇기 때문에 동방 교회 전통에서는 이 오르도를
하나님을 아는 법도이고 순서라고 여겨왔다. 오르도는 단순한 예전
의 순서와 법도를 넘어서 매일 모여서 드리는 예배와 기도, 매 주일
마다 교회에 모여서 드리는 주일예전, 해마다 절기를 맞으며 돌아오
는 합당한 절기 예전들 그리고 절기를 위한 기도들과 금식 같은 신

---

6) Paul Bradshaw, *The Search for the Origins of Christian Worship Sources and
Methods for the Study of Early Liturgy* (NY: Oxford University Press, 2001),
189.

앙의 훈련들(사순절, 오순절, 혹은 대림절 등), 궁극적으로는 그리스도를 처음 믿으면서 일생 단 한 번 받는 세례 예전과 예수께서 다시 오실 때까지 그들이 모일 때마다 받게 되는 성만찬 예전을 연결시켜 신자들의 일생 동안 바르게 예배드리는 준거틀을 마련해갔다.[7) 따라서 교회력에 합당한 기도들과 예전문들로 구성된 동방 교회의 모임과 예배는 기독교인들의 삶 속에 전달되면서 이 예배와 예식들이 그들의 삶을 그리스도가 걸어간 시간의 궤적을 따르도록 견인한다. 이것은 성도들의 삶을 일상에서 계속 반복되는 예배를 통해 하나님 나라로 이끄는 통합적 신앙 훈련이라 할 수 있으며 사용되는 예전 문헌들은 훈련 지침서들이라 할 수 있다.

이 초기 기독교회와 동방 전통의 삶과 예배의 통전적 관계는 안타깝게도 개신교의 예배에까지 많은 영향을 끼치지는 못했다. 왜냐하면 이 동방 전통의 매일 기도 모임 역시 5세기가 지나면서 점차 사라지기 시작했고, 수도원 중심으로만 발전해갔기 때문이다. 또한 개신교 예배의 모체라고 할 수 있는 서방 교회의 예배 전통은 동방 교회의 예배 전통과는 달리 그리스도의 몸과 피를 실제 삶에서 경험하는 성례전의 신비를 지향하였고, 스콜라철학의 기초에서 성찬 예전의 떡과 포도주의 실재적 변화에 주된 관심이 되면서 예배와 일상이 서로 멀어졌기 때문이다. 오히려 화체 이론에 근거한 신비적 성체 변화는 오히려 성찬의 횟수까지 줄이고 실제 떡과 포도주를 받아 먹지 못하게 하여 예배에서 회중들의 역할이 완전히 수동적으로 관

---

7) Alexander Schmemann, *Introduction to liturgical Theology*, trans. Asheleigh E. Moorehouse (Crestwood, NY: St Vladimir's Seminary Press, 2003), 33-47.

람하는 계기가 되게 하였다. 이러한 변화는 예배를 회중들의 일상적 삶과 더 멀어지게 하는 원인이 되기도 했다. 종교개혁자들은 비록 서방의 예배 전통을 부정하고 개혁을 부르짖었으나 그들의 예배를 초대교회와 동방 전통의 삶과 예배가 어우러진 오르도의 예배 전통 만큼 바꾸지는 못했다. 더욱이 18-19세기에 북미에서 유행하던 프론티어 예배가 북미의 교회들의 예배에 영향을 주어 개신교 예배는 점차 비예전적으로 바뀌게 되었고 예배와 삶은 분리가 가속화되었다.

　이러한 경향은 북미에서뿐 아니라 한국까지도 전해지게 된다. 그리고 앞에서 언급한 바와 같이 한국 개신교 예배는 예배와 삶이 분리된 채로 각각의 영역 안에 존재하게 되었다. 그나마 한국 기독교에서 신자들의 삶을 지탱해주는 예배 형태라 할 수 있는 새벽기도회는 미메시스 2단계의 재현을 위한 교회력에 기반을 두지도 않았고, 오히려 한국 고유의 종교적 심성인 기복신앙의 실현을 위한 장이 되었을 뿐 신자들의 삶의 현장과 성서의 교훈을 연결해주는 고리 역할을 하지 못했다. 특히 한국교회가 가진 보수적 바탕의 신학체계하에서 마르틴 루터가 주장한 '두 왕국론'이나 리처드 니버가 제시한 '문화에 대적하는 그리스도'의 유형이 신자들이 교회에서의 삶과 자신이 속한 사회에서의 삶을 서로 분리시키는 신학적 근거가 되게 했다. 그렇기 때문에 신자들에게 예배와 삶은 각각의 독립된 영역으로 존재하게 되었다. 게다가 선교 초기의 한국 사회는 일본제국주의의 식민 통치 시대의 강압적 종교 정책의 영향으로 한국 기독교는 현실을 도피하게 하는 내세 신앙과 기복신앙을 강조하게 되어 온전한 삶과 예배의 관계에 대하여 자리매김하지 못하게 되었으며 이러한 경향은 지금까지도 이어지고 있다.

한국 개신교는 예배와 삶의 유기적 결합을 위해 초대교회의 모델을 주목해야 할 필요가 있다. 예배는 신앙적이고 영적인 요소들의 영역이고 삶은 육신의 영역이라는 이분법적 사고를 버려야 한다는 말이다. 삶 속에서 구현되지 않는 예배는 살아 있는 예배가 아니며 예배가 삶을 바르게 이끌고 지향하지 않는다면 이것 역시 참된 예배라 할 수 없다. 초대 동방 전통의 삶을 지탱해주는 예배의 모델처럼 계속해서 반복되는 인간의 시간 속에서 하나님을 경험하고 만나는 사건을 실현시켜주는 매일, 매주, 매절기, 매년의 예배 문헌과 절기마다 반복되는 훈련을 위한 통합적 예배 지침서의 제정이 필요하다. 이러한 지침으로서 예배를 통해 신자들이 그리스도를 알아가고 그 경험과 은혜를 통해 제자의 삶을 살기로 결단을 하는 과정이 바로 진정한 예배의 법도, 즉 오르도라고 할 수 있다. 신앙과 삶 두 가지 모두에 영향을 주는 예배의 부재가 바로 한국 개신교 예배의 문제다. 그렇기 때문에 앞에서 언급한 것과 같이 한국 개신교회는 초대교회와 동방 교회의 예전 전통인 오르도와 삶의 관계에 눈을 돌려 현대적으로 적용을 해야 할 것이다.

IV. *Lex Orandi, lex agendi*: 예배에서 삶의 정황 속으로

이제 예배와 삶 속에서 어우러졌을 때 삶의 현장에서 어떻게 적용이 되는가에 대한 논의를 하고자 한다. 앞에서 언급한 사도행전에 나타난 삶 속에서 구현된 예배는 다시 삶의 정황 속에서 적용되었다. 사도행전의 여러 부분에서 초대 원시교회에서는 예배를 마치고 서로의 음식을 나누었고 가난하고 소외된 자들을 위해 음식과 재물을 나누는 모습들이 묘사되고 있다. 특히 집사들은 구제를 전문으로 하기 위해 임명된 직책이라고 성서에 나타나 있을 정도다. 따라서 예배는 초대교회의 삶의 정황 속에서 하나님 사랑과 이웃 사랑을 실현하는 것으로 완성되었다고 볼 수 있다. 그렇다면 이렇게 초대교인들이 이웃 사랑의 행동들을 실현하게 하는 원동력은 무엇이었을까? 많은 예배 학자들은 예수 그리스도와 사도들의 가르침에 응답하면서 삶 속에서 그 교훈을 실천하게 한 그 원동력은 바로 예배 때마다 거행된 성찬 예전이었다고 주장한다.

영국의 성공회 예배 학자인 딕스(Dom Gregory Dix)는 공관복음과 고린도전서에 나타난 최후의 만찬에 관한 기술 중에서 가장 주목해야 할 것은 바로 예수께서 하신 네 가지 상징 행위들이며, 이 행위들은 예수 그리스도의 삶을 상징한다고 주장한다. 그는 최후의 만찬에서 예수께서 떡을 집고(take), 축사(감사)하시고(bless), 떼고(break), 나누어주신(share) 이 네 가지 행위들이 바로 예수 그리스도의 십자가 사건을 재현하는 것이라고 설명한다.[8] 떡을 취해서 회중들에게 들어 올리는 행동은 예수의 몸이 십자가에 달리심을 상징하며, 감사는 그리스도께서 우리를 위해 십자가에서 돌아가신 것뿐 아니라 하나님께서 행하신 인류를 위한 구속사에 전반에 대한 감사를 올리며, 떡을 떼는 행위는 그리스도의 몸이 십자가에서 죽음으로 찢겨짐을 상징하고, 나누는 것은 바로 그 찢겨진 몸을 신자들에게 나누어 주셨음을 의미한다. 역시 잔에 따라지는 포도주 역시 십자가에서 흘리

---

8) Dom Gregory Dix, *The Shape of Liturgy* (NY: Continuum, 2nd ed., 2001), 48-49.

신 예수 그리스도의 피를 상징하며, 그것이 신자들에게 나누어짐으로 구원의 보혈을 받았음을 상징한다. 이러한 형식의 성찬 예전은 초대교회 예배에서 반드시 거행되었던 필수불가결한 요소였다.

성찬 예전은 공동체가 같이 함께 떡을 떼면서 상징 행위들에 담겨진 주님의 사역과 의미들을 기념하고 하나님께 감사를 드리는 것이 주목적이었지만 신자들은 그리스도의 몸의 상징인 떡이 집례자의 손에 의해 찢어지고 나누어지는 것과 흘려진 피의 상징인 포도주가 잔으로 담겨지는 상징을 보면서 그리고 그것을 받아먹으면서 자신들도 이러한 삶을 살 것에 대한 도전을 받으며 결단을 하였다. 특히 성찬 예전에 올려진 봉헌물로서 떡은 단순히 예배에 참석한 신자들만을 위한 것이 아니라 온 인류를 위해 돌아가신 그리스도의 몸을 상징하는 것이었다. 따라서 이 떡은 가난한 자들, 감옥에 갇혀 있는 수감자들, 여행자들과 이 떡을 필요로 하는 모든 사람들에게 나누어졌다. 따라서 성찬 예전과 디아코니아 즉, 이웃에 대한 사랑의 실천은 이미 초대교회부터 밀접한 연관이 있었다.

초기의 기독교인들은 예배의 순서가 끝나는 동시에 성찬 시에 봉헌된 음식을 예배 공동체와 서로 나누고 또 남은 것을 가지고 세상으로 파송되었던 것으로 보이며 이는 사도의 시대를 넘어 기독교가 공인이 될 때까지 지속되어왔다. 2세기 순교자 저스틴은 그의 첫 번째 변증록 67장에서 회중이 봉헌한 음식뿐 아니라 부유한 사람들은 돈을 기부해서 모으면 그것을 궁핍한 사람을 돌보는 사역자에게 맡겨 집행하라고 권면을 하고 있다.[9] 이렇게 성찬 예전과 봉헌들이

---

9) 남호, 『초대 기독교 예배』(서울: 기독교대한감리회 홍보출판국), 137에서 재인용.

이웃에 대한 사랑의 실천이 연결된 예배의 형태는 초대 원시 교회 시대를 거쳐 기독교가 공인된 후까지 지속되어왔다. 그러나 기독교가 공인된 이후부터 교회는 제도화되기 시작하면서 성찬 예전도 조금씩 바뀌기 시작했다. 세례를 받지 않은 자들과 이방인들 같이 기독교에 대한 이해가 없는 사람들이 예배로 몰리는 것을 경험한 집례자들은 성찬 예전을 받기 위해서 회중들이 도덕적인 삶을 살 것을 강조하였다. 또한 합당한 삶을 살지 못한 사람들은 성찬을 받기에 합당치 않다는 설교를 하기 시작했다. 많은 사람들은 자신들이 그런 삶을 살지 못한다고 생각해서 성찬을 받지 않는 경우가 늘어났다. 이러한 영향으로 성찬 예전은 공동체가 함께 떡을 떼고 잔을 나누는 의미에서 성찬의 떡과 포도주의 신비와 거룩함을 체험하는 예전으로 서서히 변화하기 시작한다. 중세 중기 이후부터는 스콜라 신학이 발달하면서 화체설에 근거를 둔 성찬 예전은 오직 성체의 변화를 경험하는 예전으로 바뀌게 된다.[10]

이러한 변화는 초기 기독교의 예배와 삶의 정황과 연결을 단절시키는 계기가 되었다. 필자는 이 변화로 말미암아 기독교 예배는 두 가지 중요한 것을 상실했다고 생각한다. 첫째, 중세로 오면서 예수 그리스도의 삶을 상징하는 네 가지 행동들은 더 이상 성찬 예전 안에 존재하지 않게 되었고, 초대교회의 성찬 예전에서 거행된 상징 행동들을 보면서 떡과 포도주를 받아먹고 마심으로 예수 그리스도의 삶을 따라 살겠다고 결단하는 의미들은 사라지게 되었다. 중세 스콜라 철학의 형향에 의한 화체설의 등장은 서방 전통의 성찬 예전

---

10) 김정, 『초대교회 예배사』 (서울: 기독교문서선교회, 2014), 182-183.

에서 떡과 포도주를 사제가 떼는 행동 자체가 사라지고 떡과 포도주가 예식 중에 땅에 떨어지는 것을 방지하기 위해 그저 신비적 변화를 성도들이 보는 것으로 바뀌게 되었다. 둘째, 기독교 예배에서 성찬 예전의 횟수의 감소와 더불어 성찬 예전의 공동체적 성격이 신비적이고 극적인 변화가 예전의 중심이 되어버렸고 자연스럽게 성찬 예전은 이웃사랑의 실현이라는 의미를 상실하게 된다. 성찬 예전은 공동체의 식사에서 시작되었고 그 시작 지점에서는 분명히 이 식탁에 참여하지 못하는 자들에 대한 배려와 사랑이 행동으로 실현되었다. 그러나 중세 이후부터 성찬 예전의 공동체적 성격은 점차 사라지고 신비적인 종교적 체험이 성찬 예전의 중심이 되어버렸기 때문에 예전의 집례자들이나 참석한 회중들의 관심에서 소외되고 가난한 이웃들의 삶의 정황들은 점점 사라지게 되었다.

로마 가톨릭에 반기를 든 종교개혁의 시대에도 초기 기독교 성찬 예전에서 볼 수 있었던 예배와 삶의 연결은 회복되지 않았다. 성찬 예전의 상징 행위들은 복구되지 않았고 비록 종교개혁자들은 성찬을 자주 거행하려고 의도했지만 현실은 성찬보다는 말씀의 선포 위주의 예배가 개혁주의 예배의 중심이 되었다. 특히 츠빙글리는 성찬 예전을 예수 그리스도를 기념하는 예식으로 이해하면서 기념의 엄숙한 분위기를 유지하기 위해 떡과 포도주를 회중들이 나와서 받아먹는 전통을 목회자들과 배종 위원들이 회중들에게 전달하는 방식으로 바꾸었다.[11] 성찬 예전은 그리스도의 십자가 사건을 회상하는 거룩하고 엄숙한 장례식의 분위기로 바뀌게 된다. 그 결과로 회중들

----

11) Bard Thompson, *Liturgies of the Western Church* (Minneapolis, MN: Fortress Press), 145.

은 성찬 예전의 상징적 의미들과 공동체적 의미를 알 수 없게 되었으며, 성찬 예전을 통한 예배와 이웃 사랑의 실현이라는 중요한 요소를 잃어버리고 말았다.

예배는 축도로 끝나는 것이 아니라 회중들이 나서는 순간부터 예배에서 받은 은혜를 각 자의 처소에서 적용하는 파송이 마지막 순서이며, 교회에서의 예배 순서는 끝이 나지만 파송 받은 회중들의 예배는 그들의 처소에서 시작된다. 파송을 받은 그들은 온전히 예수께서 분부하신 하나님의 사랑과 이웃 사랑이라는 두 가지 계명을 받드는 그리스도의 제자들이 된다. 이러한 파송의 의미를 회중들에게 잘 전달하기 위해서는 개신교 예배에서 잃어버렸던 두 가지를 다시 회복해야 한다. 첫째로 성찬 예전의 상징 행동들과 성찬 기도문 속에 이것들을 먹지 못하는 이웃들을 위한 기도문을 회복함으로 그리스도의 십자가 사건은 회중들의 이웃에 대한 책임과 사랑으로 완성됨을 알게 하는 것이다. 그렇게 하기 위해서는 성찬 예전의 횟수를 늘리는 것이 선결되어야 하고 성찬 예전의 의미가 오직 그리스도의 희생에 대한 기념 외에도 그리스도를 따라 사는 삶의 결단을 내포하고 있음을 교육시켜야 할 것이다. 둘째로 비교적 간단하게 제정사와 수찬으로 끝나는 성찬 기도문을 초대교회에서 드려졌던 상징 행동들을 극대화하는 예전문으로 바꾸며 교육하면서 시행해야 한다. 우리가 삶 속에서 예배의 은혜를 세상에 적용하기 위해 성찬 예전에서 그리스도의 몸이 찢기면서 나뉘고 그리스도의 피가 흘려지면서 나뉘는 모습보다 더 강력한 상징은 없을 것이다. 이러한 상징 행동들이 다시 예배 안에서 회복되면 매주 매 예배마다 회중들을 예수 그리스도를 따르는 정체성을 지닌 하나의 예배 공동체로 묶으면서 각자의 삶의 처소를 향해 파송케 하는 원동력이 될 것이다.

V. 결론

현대 한국 개신교는 한국 사회로부터 많은 비난을 받고 있다. 이런 비난에 대한 여러 가지 이유들이 있겠지만 예배 학자인 필자의 생각은 위에서 언급한 한국 개신교회의 예배와 성도들의 삶이 서로 분리된 것도 큰 이유라고 생각한다. 한국교회는 세계 어느 교회들보다 열성적으로 예배를 드린다. 예배 횟수만 해도 주일 오전 예배, 주일 오후 예배, 수요 기도회, 금요 심야 집회, 매일 새벽기도회 등등 일주일에 10여 회에 이른다. 그러나 그렇게 많은 횟수의 예배에도 불구하고 예배를 드림으로 경험한 하나님의 은혜가 기독교인들의 삶 속으로 스며들고 있지 않다. 필자는 이러한 예배의 문제를 기독교 초기의 예배의 정신을 잃어버렸다는 데서 원인을 찾고 싶다. 제도화되고 조직화되기 전 순수했던 기독교 공동체의 예배는 신자들의 삶 속에 존재했고 삶을 변화시키고 삶 속에서 하나님과 이웃 사랑의 실천을 실현하게 하는 원동력이었다. 그러나 앞에서 언급한 것과 같이 현대 기독교는 이러한 예배의 근원에서부터 멀어지고 있다.

기독교 초기 예배의 근원으로 돌아가기 위해서 한국 개신교회의 예배는 삶 속에 녹아드는 형태가 되어야 한다. 이를 위해 그리스도의 생애와 하나님의 구속사를 반영하는 시간적 흐름인 교회력에 근거한 예배의 법도와 지침들이 매일의 기도 모임, 매주의 예배와 맞물려 형성되어야 할 것이다. 이 예배의 법도들은 신학적으로 정제된 기도문들과 예전의 문헌들로 이루어져 성서에 나타난 하나님의 구속사와 예수 그리스도의 삶과 교훈이 잘 묻어나는 모방과 재현의 미메시스 2단계를 신자들의 마음속에 형성시키며 이러한 기억과 감동들을 그들의 삶에 적용시키게 한다. 따라서 이런 것을 신자들에게 가르쳐주고 계속 실행하게 할 초기 기독교의 전통이었던 예배와 삶의 주기를 연결해주는 교회력에 따른 예배들의 제정이 필요하다. 또한 예배와 단순한 삶의 자리만 연결하는 것이 아니라 예배를 통해 그들의 삶이 그리스도께서 가르치신 윤리적 삶으로 살기 위해 기독교의 예배는 성찬 예전의 상징적 의미를 되새겨야 한다. 초대교회에서 거행되어진 성찬 예전은 반드시 실제 육체를 위한 양식들을 이웃에게 나누어줬던 사건이었음을 현대 기독교인들은 알고 실천의 장으로 옮겨야 할 것이다. 예배는 하나님만 사랑하는 것으로 끝나는 것이 아니라 파송된 성도들이 각 자의 자리에서 이웃을 사랑하는 실천으로 실현되는 것이다.

근대 교육의 사도 코메니우스
: *Unum Necessarium*

한미라 l 호서대학교 교수

I. 서론: 코메니우스 교육학의 *Ad Fontes*란?

17세기 유럽에서 불행하게 살았던 개혁 사상가 중의 한 사람을 꼽으라면 당시 보헤미아의 모라비아 형제연합 교회 목사였던 존 아모스 코메니우스(John Amos Comenius, '코멘스키'로도 병기함)일 것이다. 스웨덴과 폴란드의 30년 전쟁(1618-48)은 그의 20대에서부터 50대 중반까지의 삶과 겹치면서 풍운아와 난민의 인생을 살아야만 했다. 코멘스키는 살아 있을 동안에도, 폴란드, 독일, 스웨덴, 영국을 거쳐, 1670년 네덜란드 암스테르담에서 사망할 때까지 어느 한 나라에서도 정착하지 못한 채 떠도는 생을 살았다. 그는 어느 나라에서도 오래 거주하지 못하였으며, 10년 이상 살았던 폴란드의 도시 리사(Lissa)에서는 정착하려 했지만 스웨덴과의 전쟁에서 전체 도시에 화재가 있어 그가 아끼던 책과 원고들까지 소실된 후 암스테

르담으로 갈 수밖에 없었다.[1]

그러나 그는 성실한 교육 천재였고,[2] 교육을 통한 인간 구원의 가능성과 책임을 주장하였으며, 미래 세대를 지향하는 교육을 위한 지혜의 탐구 노력은 당대에 그 누구도 생각하지 못했던 *Orbis Sensualium Pictus*(『세계도회』)와 같은 시각 자료를 개발하여 실물 교육방법론을 증명해보였다. 시대를 앞서 살았고, 연구했고, 예언했던 코멘스키는 세계를 미로(labyrinth)로 이해하였고 그곳으로부터 인간을 마음의 낙원으로 안내하고자 헌신했던 근대 교육의 사도였다. 그가 죽기 전까지 평생 집필했던 저술은 250편이 넘었고, 그의 대표적 저술인 학습의 모든 것에 관한 책인 *Opera Didactica Omnia*, 즉, 『교수학총서』는 30년에 걸친 대작이며(Dieterich, 1991/ 2008), 그의 또 다른 교육학 저서 『대교수학』(*Didactica Magma*)과 『범교육학』(*Pampaedia*)은 코메니우스가 아니면 누구도 집필할 수 없었던 그 만의 독창적인 교육학의 고전이요 불멸의 작품이라 할 수

1) Robert Ulich, *A History of Religion Rducation* (New York: New York University Press, 1968).
2) 파이트-야코부스 디터리히(Veit-Jakobus Dieterich, 1991)가 저술하고 최진경(2008)이 번역한『요한 아모스 코메니우스』에 수록된 "증언들" 부분에서 빌헤름 딜타이(Wilhelm Dilthey, 1888)는 코메니우스가 쓴 교육이론은 미래의 교육자들에게 자신들의 직업에 대한 감동과 자존감을 주게 될 것이라 평하며 그를 가리켜 교육천재라고 불렀다. 딜타이는 또한 코메니우스가 고대 그리스의 소크라테스(Socrates)와 관념론 철학자 플라톤(Plato)이나 3H의 전인교육과 노작교육으로 알려진 스위스 교육 철학가인 동시 고아의 아버지요 실천교육자인 페스탈로치(Johann Heinrich Pestalozzi), 그와 같은 시대를 살았던, 근대 학문으로서의 교육학(pedagogy)의 창시자요 심리학을 교육에 처음으로 적용한 독일의 철학 및 심리학자인 헤르바르트(Johann Friedrich Herbart), 그리고 유아교육과 유치원(kindergarten)의 창시자로 알려진 프뢰벨(Friedrich Fröbel)과 같은 라인에 서있는 사람이라고 언급하였다. Veit-Jakobus Dieterich, *Johaan Amos Comenius*, 『요한 아모스 코메니우스』, 최진경 역 (서울: 지만지, 2008), 198-99.

있다. 특히, 『세계도회』는 세계 최초의 그림 교과서로써, 그가 사용하는 단어들과 설명에 직접 그림을 연결하거나 추가하는 기발한 혁신을 단행한 것이다. 예를 들어, "인간의 몸"에 관한 해부학적 그림에서부터 "금속"에 대한 그림 설명에 이르기까지 "보는 것이 믿는 것이다"라는 격언과 그의 교육학 원리를 세계도회를 통해 보여준 역사적 사건이었다. 그는 언어 교육에 있어서도 암기 위주의 교육 방법을 타파하고, 단어와 실제 사물을 결합하여 가르치고 배우는 언어교육의 새로운 장을 열었다.

사물을 언어로만 가르치는 것보다는 자연과 실제 존재하는 것으로부터 배울 수 있도록 매체를 사용하여야 수업 효과가 증대된다는 그의 감각적 교육 방법론은 현대 교육에서 멀티미디어 활용의 이론적 기원을 마련해준 셈이 되었다. 뿐만 아니라 코메니우스는 교육환경 개혁의 중요성을 전파했던 선각자였다. 17세기 학교 교실은 거의 동물 사육장을 방불케 했던 것 같다. 코메니우스가 그림으로 나타낸 교실의 교사와 어린 학생은 조련사와 원숭이와의 관계로 묘사되었고, 교사의 회초리 체벌로 비명과 울부짖음, 공포로 점철되는 아비규환 같은 모습으로 그려지고 있었다.3) 그는 이러한 교육 환경을 "아동들이 편하게 놀고 즐겁게 공부할 수 있는 환경으로 개조해야 한다"고 강도 높게 비판하였다.

코메니우스의 교육 원리는 그가 이해한 '세계'라는 개념에 뿌리를 두고 있다. 즉, 그에게 있어서 세계(whole world)란 전 인류를 위한 하나의 거대한 학교였다. 시간의 시작에서부터 끝까지, 요람에서 무

3) Marie-Madeleine Rabecq, "Comenius: Apostle of Modern Education." *Courier*, 11 (1957): 4-15.

덤까지 인간의 모든 삶은 그들을 위한 학교였다. 이런 관점에서 지혜를 탐구하고 정신을 연마하는 데 있어서 누구도 제외되거나 차별받을 수 없다는 것이 팜패디아, 즉 모두를 위한 교육의 시작이었다. 그는 한 세기 후에 나타난 루소(Jean-Jacques Rousseau)와 마찬가지로 인간을 무한한 완전성을 성취할 수 있는 가능적 존재로 보았으며, 교육은 그 것을 향해 발전해나가도록 돕는 길이라고 말했다. 그가 확신했던 한 가지 분명한 사실은 어린이는 사랑으로 성장한다는 것이었다. 그런데 당시 에라스무스(Erasmus)나 심지어 로크(John Locke)까지도 매를 교육의 도구로 사용할 것을 주저하지 않고 추천하였지만, 코메니우스는 그들과는 달리 당시 학교에서 사용하던 집단 체벌에 반대하면서 "그것 때문에 일부 어린이들은 평생을 불구로 살아가야 했다"고 맹렬히 비난하였다.4)

코메니우스는 자연적 성장의 원리를 주장하면서 어린이들은 각기 다른 적성을 가지고 있다는 것을 존중해주어야 한다고 강조하였다. 코메니우스 교육학의 원리는 교육 목적에서부터 내용과 교육 방법과 교육 환경 조성에 이르기까지 총체적이고 종합적인 시각을 동원하고 있다. 그의 이러한 "모든 사람들이 다 같이 누릴 수 있는 범지혜 및 지식 교육" 사상은 오랜 기간의 연구와 저술의 결과로 『대교수학』(*The Great Didactic*)이란 이름으로 태어났다. 시각적 교육방법의 도입 이후 그는 보다 더 매력적인 교육 환경을 조성하기 위해 나무와 꽃들로 가득 찬 정원과 같은 교실을 새로운 학교 환경으로 주창하게 된 것이다. 코메니우스는 17세기에 이미 21세기 트렌드 중

---

4) Ibid.

하나인 친환경적 학교를 꿈꾸었던 근대 교육학의 사도요, 세계에 대한 폭넓은 이해를 통해 평화를 가르치자고 주장한 글로벌 평화 교육자이기도 하였다. 그는 또한 한번 개선된 교육 환경에 안주하는 것에 만족하지 않으면서 이렇게 경고하였다. "물론 우리는 교사들이 어제와는 다른 새로운 것을 가르치길 바란다. 그러나 이것은 옛것과 같은 것을 단지 방법만 달리해서 가르치는 것을 말하는 것이 아니다"라고 코멘스키는 강조하였다.

그러므로 이 논문에서 의도하는 코메니우스 교육학의 아드 폰테스(*ad fontes*)는 코메니우스 사상의 근원으로 돌아가는 것만이 아니라 그것을 오늘의 현실에 비추어 새롭게 성찰하고 그 결과를 현장에 적용할 수 있는지를 논의하는 것이어야 할 것이다. 모든 사물은 인간을 참 인간답게 만들 수 있는 자원이며, 학습자는 진짜 지식을 배우고 경험하는 자여야 한다. 그러기 위해서는 그들의 연령에 맞게, 그의 선수학습의 기준을 고려하여 언제나 부드럽게, 점진적으로, 그리고 상향 지향적으로 각자가 지닌 잠재성을 최대한 발전시킬 수 있도록 가르치는 것이다. 코메니우스가 말하는 교육학은, 누구에게나 평등하게, 고통 없이, 유쾌하고 즐거운 학습이 되는 다양한 교육 방법의 근원을 찾아, 교사와 학습자들 모두를 빛의 길로 안내하는 학문인 것이다.

II. 코메니우스 교육학이 끼친 세 가지 영향

앞에서 『세계도회』를 설명할 때 논의한 바와 같이, 코메니우스 교육학이 세계 교육에 끼친 첫 번째 영향은 교육학을 사변적인 철학 사상의 기록보관소에서 실천 학문으로 다시 태어나도록 한 것이라고 할 수 있을 것이다. 그의 교육학은 실천적 교육학이라 할 만큼 교육 현장인 교실을 개선하고 개혁시키는 데 직·간접적으로 영향을 끼친 바가 크다. 그는 자신이 직접 교사가 되어 체코 민족과 유럽인들을 가르쳤고, 후에는 학교를 운영하고 관리하는 교장, 즉 행정가가 되기도 하였다. 이때 그가 조직하고 경영했던 학교는 정확히 현재 미국 학교시스템과 정반대되는 학교시스템으로 설계되었다. 두 번째 영향은 보편적 교육학 이론을 체계화하는 데 기여하였다. 예를 들어 루소나 페스탈로치(Johann Heinrich Pestalozzi) 그리고 데카르트(René Descartes), 프뢰벨((Friedrich Fröbel)처럼 자연에 기초한 교육론을 체계화하여 18세기 후반이나 19세기 초 현대 교육에 영향을 끼쳤다고 평가된다. 세 번째 공헌은 교육의 방법과 교과서 개발과 같이 교육 현장을 개선하고 구체적인 교수 기법을 창안하는 데 공헌하였다.

코메니우스가 태어난 세기는 불운한 세기였지만 그가 남긴 교육학적 유산은 고스란히 세계인 모두를 위한 것이 되어 유네스코(UNESCO)의 영적 지주가 되었다.[5] 학습을 교사와 학습자 간의 갑과 을의 관계가 아닌 자연적 성장을 믿고 끌어주는, 그리하여 학습이 그들의 발달 수준에 맞춰 즐겁고 자연스럽게 이루어질 수 있도록, 발달론적 체계와 교수 방법을 개발했다는 점에서 코메니우스는 탁월한 교육심리학자임을 특히 발달심리학자임을 부인할 수 없을

---

5) Ibid.

것이다. 그러나 그의 삶의 첫 번째 우선순위는 모라비아 형제단의 마지막 감독직을 최우선적으로 수행했던 것처럼 하나님을 의식하고 그리스도인들을 목양하는 경건한 신학자이길 원했다. 특히 인간을 사랑하여 빛의 길(*Via Lucis*)로 인도하는 교육학 연구는 그의 삶 자체였다고 평가할 수 있을 것이다. 고국에 대한 그리움을 평생 가슴에 품고 타국에서 영면한 코멘스키, 그가 소천하기 전 마지막으로 남긴 작은 책,『꼭 필요한 한 가지』를 집중적으로 읽으면서 영적 교사 즉, 사도로서의 코메니우스를 탐구하는 것, 그것이 이 논문이 의도한 코메니우스 교육학에 대한 *Ad Fontes* 작업인 것이다.

III. 코메니우스의 "*Unum Necessarium*"

1. 집필 동기

코메니우스는 사망하기 2년 전 1668년 3월 1일 암스테르담의 그의 서고에서 이 책의 서문을 써서 프레더릭 5세의 셋째 아들 루퍼트 (Prince Rupert, 1612-1692) 왕자에게 헌정했다. 루퍼트는 영국 찰스 왕의 조카였으며 23세 때 독일의 전쟁에 참전했다. 그는 전략 전술가뿐 아니라, 과학자이기도 하였고 무엇보다도 용맹스런 기병대 대장이었기에, 코메니우스의 존경을 받을만한 효율적인 용감한 전쟁 영웅이었다. 훌륭한 왕족 가문에, 전략 전술도 뛰어난 기예를 지녔던 왕자요, 화합과 협력으로 다양한 성분의 군대를 무난히 이끌었던 사령관이었던 그에게 코메니우스가 마지막 조언으로 *Unum Nece-*

*ssarium*을 바친 것이다. 즉, 그리스도가 주신 삶의 대원칙(大原則)은 의외로 간결(laconic eloquence)하다. 우리가 사는 세상이 복잡하고 혼란한 만큼 지켜야 할 원리 원칙들도 다양하다. 그러나 꼭 필요한 것은 사실 "simplicity"(단순함)이요, "one necessary is enough" (필요한 것 한 가지 만으로 충분하다)라고 강조한다. 그리스도께서 주신 그 한 가지 원칙을 잘 지킨다면 언제 어디서나 이 세계는 고요와 평화를 회복할 것이며(사실 루퍼트Rupert란 이름의 뜻이 "고요의 회복자"이다), 경건과 성실, 영웅적 지도력으로 잘 협력하며 살아간다면 기독교 세계의 평화를 조성하는 새로운 역사를 열게 될 것이라고 루퍼트 왕자를 축복하고 있다.6)

또한 코메니우스는 우리는 나이가 들면 매사에 더 현명해진다면서(We are more wise at all things in old age) 고대 철학자 플라톤(Plato)과 데모크라테스(Democrates) 그리고 신구약 성경 두 곳의 말씀을 인용하여 "*Unum Necessarium*"의 원칙이 의미하는 바를 예시하고 있다.7)

"모든 종류의 지식을 안다 해도, 가장 최선의 것이 결핍되었다면, 그것들은 그를 돕는 것이 아니라 방해할 뿐이다"(플라톤).

"All kinds of knowledge, if knowledge of the best is lacking, hinder rather than help him who has them"(Plato).

"죄를 짓게 되는 원인은 무엇이 더 나은 것인 줄 모르기 때문이

6) John Amos Comenius, *Unum Necessarium*, trans. Vernon Nelson (Bethlehem, PA: Moravian Theological Seminary, 2008), 13.
7) Ibid., 9.

다"(데모크라테스).

"The cause of sinning is ignorance of what is better"
(Democrates).

복잡한 미로 같은 삶 속에서 '지금 그리고 여기'의 결정적 순간에, 나에게 무엇이 더 나은, 꼭 필요한 한 가지인가를 선택할 줄 모른다면 크리스천이라 할지라도 죄로부터 자유로울 수가 없을 것이다. 코메니우스는 구약과 신약성서에서 각각 한 절씩을 인용하여 이 의미를 다시 한번 강조한다. 호세아 4장 6절, "내 백성이 지식이 없어 망하는 도다"와 누가복음 10장 42절, "그러나 몇 가지만 하든지 혹 한 가지만이라도 족하니라. 마리아는 이 좋은 편을 택하였으니 빼앗기지 아니하리라 하시니라." 그러므로 *Unum Necessarium*의 핵심은 참 지식(하나님에 관한 지식)에 관한 올바른 선택에 있는 것이다.

그가 살았던 복잡하고 처참한 유럽의 전쟁과 삶속에서 그에게는 안전하고 평화롭게 생존하는 것이 무엇보다도 갈급한 목적이었을 것이다. 1628년 보헤미아와 모라비아에 대한 새 국가법이 발표되자 로마 가톨릭으로 개종하지 않은 보헤미아와 모라비아의 개신교도들은 모두 다 그 땅을 떠나야 했기에 코메니우스와 그의 가족들도 폴란드의 리사(Lissa)로 이주하게 되었고 이후 그곳에서 3차례에 걸쳐 총 17년을 살았다.[8] 그의 생애 마지막 14년(1654-1670) 동안 살았던 암스테르담을 제외하곤 유럽의 방랑자처럼 떠돌며 살았기 때문에 백과사전적 지식과 다양한 문화를 보다 더 많이 가르치는, 즉

----

8) Dieterich, *John Amos Comenius*, 193-195.

범지학(pansophia)적 교육 과정을 주창하였던 코메니우스를 이해할 수 있게 한다. 그러나 세계를 더 많이 알고 이해하는 것보다 더 중요한 것은 지금 이 순간에 내게 무엇이 가장 "필요한 한 가지"이며 어떤 선택을 해야 효율적인 가를 구분할 수 있는 분별 능력(discernment)인 것이다.

코메니우스에게 "꼭 필요한 한 가지"를 선택하는 습관은 당시 그 누구보다도 잘 체화(embodied)되어 있었을 것이다. 많은 짐을 휴대할 수 없는 국제적 방랑생활, 정착할 집이 없는 상태의 여행자들은 매일 생겨나는 짐을 버리고 가볍게 여행하는 것은 여행에서 "꼭 한 가지 필요한 것"을 빨리 판단하고 구분하는 수칙이 생활화되어야 했을 것이다. 코메니우스의 삶에서 평균 매 4-6년마다 거주지를 옮겨야 하는 상황, 유럽의 7개국을 순례하듯 살면서 경험한 17세기 유럽의 30년 전쟁의 세월을 잘 견디고, 그의 생애의 마지막 단계에 이르러 그의 몸과 마음과 영으로부터 나온 총체적 영성(holistic spirituality)이 압축된 책이 바로 *Unum Necessarium*이다.

1668년 당시 76세의 코메니우스는 이제 자신이 떠나야 할 시간이 임박했음을 아는 듯, 그리스도인의 삶에서 "꼭 필요한 한 가지"를 선택하고 그것을 실천하며 살아가라는 간결한 메시지를 담은 책을 남기게 된 것이다. 모든 사람을 위한 모든 지식, 즉, 범지학을 주창하던 그가 이제는 세상은 미로로 가득 차 있으며, 그것들의 대부분은 불요불급한 비본질적인 것들이며 불필요한 것이라 주장한다. 정작 현재 우리에게 필요한 것은 오직 한 가지이면 충분하다고 강조한다. 가장 효율성이 높은 고효율의 삶, 그것을 안내해주고 보장해주는 것이 있다면 우리는 모두 "꼭 필요한 한 가지"의 원칙을 실천해야 할 것이다. 그렇다면 그 법칙이 무엇인지 *Unum Necessarium*의 4장과 10장의 내용을 집중적으로 해석하며 그 원리를 찾아보려고 한다.

2. *Unum Necessarium*은 어떤 내용의 책인가?

먼저, *Unum Necessarium*은 맨 앞과 뒤는 헌사와 결론으로 되어 있고 내용은 총 10장으로 편성되어 있다. 코메니우스가 말년에 집 필한 이 작은 책은 그의 범지학적 목적을 성취하려고 집필된 것은 아니다. 그의 다양한 지적 성향이 88쪽(영어로 번역된 e-book 기준)의 이 작은 책 하나에 집약되어 있음을 독자는 알게 될 것이다. 만일 이 책을 코메니우스의 설교집이라고 단순화한다면 그의 오랜 학문적 여정과 학문 융합적 연구들이 과소평가될지도 모른다. 고(故) 이숙 종 교수는 이 책을 영적 저작이라고 말한 바 있다.[9]

코메니우스는 이 책을 크게 세 부분으로 나누어 집필하고 있다. 첫 번째 부분은 "세계의 혼돈성에 대한 이해"를 다루는데 1장-3장 까지의 내용이 바로 이것이다.

표 1. *Unum Necessarium* 목차[10]

우리에게 『꼭 필요한 한 가지』 그리스도의 규칙
헌정사

9) John Amos Comenius/이숙종, 이규민, 이금만, 김기숙 역, 『세상의 미로와 마음 의 낙원』 (서울: 예영커뮤니케이션, 2004), 16.
10) 필자가 번역한 것으로 이후 사용자들은 반드시 사용승인을 받아야 함.

one set

전제 I. THE WORLD EVERYWHERE FULL OF LABYRINTHS
  미로로 꽉 찬 세상
이유 II. THE REASON FOR THE PERPLEXITIES OF THE WORLD:
  NEGLECT OF NECESSITIES, CURIOSITY FOR NON-NECES-
  SITIES
  세상의 혼돈성의 이유: 필요의 무시, 불필요에의 호기심
해법 III. THE ART OF DISTINGUISHING BETWEEN NECESSITIES
  AND NON-NECESSITIES, AN ART OF ARTS
  필요와 불필요 간의 분별법, 기술 중 기술
핵심 IV. THE NECESSITY OF THE RULE OF CHRIST ABOUT ONE THING
  NECESSARY
  『꼭 필요한 한 가지』에 대한 그리스도의 규칙의 필요성
일반 V. ABOUT THE PRACTICE OF THE RULE OF CHRIST FOR
  EVERYONE
  실천방법 모두를 위한 그리스도의 규칙의 실천에 관하여

4 areas

학교 VI. ABOUT THE PRACTICE OF THE RULE OF CHRIST IN THE
  SCHOOL
  학교에서의 그리스도 규칙 실천에 관하여
정치 VII. ABOUT THE PRACTICE OF THE RULE OF CHRIST IN POLITIC
  정치에서의 그리스도 규칙 실천에 관하여
교회 VIII. ABOUT THE PRACTICE OF THE RULE OF CHRIST IN THE
  CHURCH
  교회에서의 그리스도 규칙 실천에 관하여
세계 IX. ABOUT THE PRACTICE OF THE RULE OF CHRIST FOR THE
  WHOLE WORLD
  전 세계를 위한 그리스도의 규칙 실천에 관하여
실천현장 X. CONCLUSION OF THE PRACTICE OF THE RULE OF CHRIST
  그리스도 규칙의 실천에 관한 결론
최종 결론, CONCLUSION OF THE ONE THING NECESSARY
  『꼭 필요한 한 가지』에 대한 결론

보다 구체적으로 살펴보면, 1장에서는 세계는 미로들로 꽉 차 있다고 전제하며 그 이유를 2장에서 설명한다. 즉, 세계가 혼돈한 이유는 우리가 필요는 무시하고, 불필요한 것에만 호기심을 갖기 때문이라고 말한다. 이것에 대한 해법은 무엇인가? 3장은 바로 필요와 불필요를 구분하는 기술에 대해 논한다. 많은 기술들을 가르치려고 하는 것이 아니라, 효율 중의 효율(the efficiens efficientium)처럼 기술 중의 기술(an art of arts)만을 약론(略論)하고 있다. 두 번째 부분은 이 책의 본론에 해당된다. 4~9장까지를 전부 다 포함한다.

4장은 "꼭 필요한 것 한 가지에 관한 그리스도의 규칙의 필요성", 5장은 모든 사람이 실천해야 하는 "꼭 필요한 한 가지 그리스도의 규칙", 6장은 학교에서 실천해야 하는 "꼭 필요한 한 가지 그리스도의 규칙", 7장은 정치에서 실천해야 하는 "꼭 필요한 한 가지 그리스도의 규칙", 8장은 교회에서 실천해야 하는 "꼭 필요한 한 가지 그리스도의 규칙", 9장은 전 세계가 실천해야 하는 "꼭 필요한 한 가지 그리스도의 규칙"을 교훈하고 있다. 마지막으로 10장은 "꼭 필요한 한 가지 그리스도의 규칙"의 실천에 관한 결론이다.

10장 이후에 결론의 결론, 즉 후기가 첨가되어 있다. 그것이 바로 "꼭 필요한 것 한 가지"에 대한 코메니우스의 최종 결론, 유언이 된 셈이다.

3.『꼭 필요한 한 가지』영역(英譯)본에 관하여

디터리히(Veit-Jakobus Dieterich) 책의 연대표에 의하면 코메니우스는 1633년 이후부터 그의 저작을 라틴어로 집필하였다고 밝히고

있다.11)

이 책은 1667-68년에 집필되고 출간되었으므로 라틴어로 썼다고 본다. 현재 모라비안 신학교(Moravian Theological Seminary) 도서관 아카이브(Archive)에는 『꼭 필요한 한 가지』의 3개의 영인본(1668년과 1724년 라틴어판과 1755년 독일어판)이 보관되어 있다. 1958년 버논 넬슨(Vernon Nelson)이 최초로 영어로 번역한 이 책은 2008년 e-book으로 출판되었다. 넬슨은 미국 펜실베니아 주(州) 베들레헴에 소재한 모라비안 기록보관소의 수석 기록보관인(head archivist)이었다. 넬슨은 2010년 교통사고로 소천하기 전까지 모라비안 교회의 역사를 연구하는 역사신학자요 목회자로 40년 이상 모라비안 교회와 신학교를 섬겨왔다. 이 책이 첫 번째 영역본인지 여부를 알아보기 위해 북부지역 모라비안 교회 전 기록보관인 갭 감독(Bishop S. H. Gapp)과 하트포드 신학교(Hartford Theological Seminary) 교회사 교수이며 코메니우스 저술에 관한 권위자인 매튜 스핀카(Matthew Spinka) 교수와 컬럼비아 대학교(Columbia University) 도서관의 코메니우스 저작물 기록 보관소의 협조를 받아 조사하였다. 그 결과 넬슨의 영어 번역본 이전에 번역이 되었을 가능성은 조금은 있을 것 같으나 확실치 않고, 단지 스핀카가 쓴 코메니우스 전기 중에서 극히 몇 문장만 영어로 번역해 놓은 것이 전부이다.12) 따라서 이 논문에서 사용한 『꼭 필요한 한 가지』의 본문은 넬슨의 영역본이

---

11) Dieterich, *Johaan Amos Comenius*, 160.
12) 『꼭 필요한 한 가지』의 제10장에서 몇 개의 단락만이 스핀카 교수에 의해 영어로 번역되어 있다. Matthew Spinka, *John Amos Comenius, that Incomparable Moravian* (Chicago: University of Chicago Press, 1943), 147-49.

며 이것을 첫 번째 영역본이라고 간주하는 것은 큰 무리가 없어 보인다.13)

4. 왜 *Unum Necessarium*이 필요한가?

『꼭 필요한 한 가지』의 4장은 위의 질문에 대한 코메니우스의 답이다. 4-9장은 *Unum Necessarium*을 학교, 정치, 교회, 세계라는 실존의 시공간에서 이 규칙을 실천하는 방법을 구체적으로 제시하고 있다. 코메니우스 저술들에 나타난 공통적 요소는 두 가지로 대별할 수 있을 것이다. 첫째, 당면하고 있는 현실에 대한 비판과 그 원인의 규명이고, 둘째, 문제를 문제로만 남겨두는 것이 아니라 대안, 즉 이것에 대한 윤리적 실천 과제를 제시한다는 것이다. 이러한 코메니우스의 집필 전략은 이 책에서도 예외는 아니다. 한 가지 다른 점이 있다면 이론적 논의의 과정보다는 그가 하고자 하는 메시지를 간결하게 규칙(rule)이란 용어를 사용하여 교훈하고 있다는 점이다. 코메니우스는 이 규칙 앞에 일관되게 그리스도를 붙이며 이 규칙이 그리스도가 주시는 규칙임을 의도적으로 강조하고 있다. 347년 전 코메니우스는 오늘의 교육과 사회 현실이 해체주의의 영향 아래 세계가 혼돈을 거듭하고 있을 거라는 것을 미리 예견이라도 한 듯 그의 『꼭 필요한 한 가지』가 주는 규칙 설교(rule preaching)는 절묘하게 현재 상황에 적절하다.

....

13) John Amos Comenius, *Unum Necessarium*.

5. *Unum Necessarium*의 4장과 10장의 내용

『꼭 필요한 한 가지』전체 내용 중에서 4장과 10장만을 선택한 이유는 4장은 그리스도의 규칙의 필요성을 말하는 서론 부분이고 10장은 이 규칙들의 결론 부분이기 때문이다. 5-9장까지의 내용은 학교, 교회, 정치 그리고 세계의 4차원에서의 이 규칙들이 구체적으로 어떻게 무엇을 지켜내기 위한 것인지 그 내용과 방법을 성경에 근거하여 제시하고 있다. 이 책의 번역이 완성된 후에야 더 자세히 논의가 될 수 있기에 후속 논문의 과제로 남겨둘 것이다.

1) 4장『꼭 필요한 한 가지』에 대한 그리스도의 규칙의 필요성

4장의 핵심 내용은 다음과 같다.[14]

모든 사회의 규칙이 그러하듯이『꼭 필요한 한 가지』에 관한 그리스도의 규칙도 반드시 지켜져야 한다. 이유는 크게 3가지이다. ① 이 규칙이 세상의 복잡하고 혼돈한 미로들로부터 사람들을 탈출하도록 돕는다. ② 세계의 부담을 줄어들게 한다. ③ 이 세계에 배고픔 대신 포만감을 줄 수 있기 때문이다.

그렇다면 꼭 그리스도의 규칙이어야 하는가? 그리스도는 이미 이 원칙과 이것의 특별한 적용에 대하여 말씀과 사례를 통하여 우리에게 가르치셨기 때문이다. 코메니우스는 그리스도의 규칙을 설명하기 위해 먼저 마태복음의 겨자씨 비유로부터 규칙이 사람을 변화시키는 데(교육) 얼마나 중요하고 필요한가를 설명한다.

---

14) Ibid., 34-37. *Unum Necessarium* IV장의 10개 규칙은 필자가 완역하였음.

(1) 예수는 하나님의 나라는 사람이 자기 밭에 심어놓은 겨자씨 한 알과 같다고 선포하셨다. "그것은 모든 씨앗들 가운데 가장 작은 씨앗이지만 자라면 모든 풀보다 더 커져서 나무가 된다. 그래서 공중에 나는 새들이 와서 그 가지에 깃들게 된다"(마 13:31). 『꼭 필요한 한 가지』에 대한 그리스도의 규칙도 이와 같은 이치로 설명할 수 있다. 비록 사람의 눈에는 작으나, 그 열매는 자라서 천국과 영원 자체에까지 이를 수 있도록 크게 자라난다. 그러므로 그리스도가 그의 작은 씨앗들을 어떻게 새들도 깃드는 충분한 가지로 성장하도록 이끄셨는지 먼저 보고 우리도 위대한 교사이신 그리스도를 닮아 이 규칙을 모든 것에 적용하면서 그것이 어떻게 성장하고 사용될지 지켜보는 것은 자명한 이치이지 않는가!

(2) 그리스도는 매우 간단한 규칙을 통해서 우리들을 크게 가르치신다. 즉, 하나로 3가지를 가르치시는 3중 교수법이다: ① 모든 실수의 미로를 피하는 기술, ② 모든 노동의 위험을 극복하는 기술, ③ 모든 고귀한 욕구의 기쁨을 획득하는 기술이다.

(3) a. 만일 누구든지 모든 일에서 불필요한 것에 자신을 연루시키지 않는다면, b. 항상 필요한 것에만 관심을 두게 될 것이며, c. 그것들이 쌓여 하나로 모이게 되면 자신의 방식이 단순하게 유지될 것이고, d. 그렇게 된다면 난국(혼돈의 무리가 야기하는)이 와도 쉽게 피할 수 있지 않을까?

(4) a. 누구든지 일을 할 때 우발적으로라도 한꺼번에 많은 일을 하지 않고, b. 오직 필요한 일만 또는 한 번에 한 가지 일만 하도록 노력한다면, c. 한 가지 일이 완료될 때까지는 그것에 집중할 수가 있게 된다. 이렇게 한다면, 눈앞에 일 더미가 계속 줄어들까 아니면

계속 쌓이고 있을까?

(5) 마찬가지 이치로 우리의 삶에서 좋은 것들을 취득하면 할수록 기쁨은 자연히 따라 오게 된다. a. 만일 불필요한 것이 자신의 눈앞을 지나치는데도 그것에 대한 갈망이 없다면, b. 필요한 것들이 지나쳐도 갈망은 역시 많지 않다는 것이다. c. 즉, 누구나 현재 가진 것에 만족하고 있다면 어떤 욕구불만에도 쉽게 상처는 받지 않게 된다는 말이다. 이유는 그런 사람들은 항상 자신의 욕구를 조절할 수 있기 때문이다. 여기서 에픽테투스(Epictetus)의 말을 적용해보자. 여러분이 만찬에 초대받았다고 가정해보자. 식탁 위의 음식이 자기 앞에 왔을 때 겸손히 손을 내밀어 취하라. 그런데 음식이 남아 있지 않다면? 그렇다면 더 이상 식욕을 확장하지 말라. 음식이 이미 지나가버렸다면? 그 음식을 다시 부르지 말라. 이렇게 하면 식욕을 조절하는 것은 그렇게 어렵지 않게 된다. 그러나 그리스도로부터 나오는 지혜의 샘은 언제나 강물처럼 흘러넘쳐 부족함이 없다. 그는 이 세계로 들어오는 모든 사람에게 넉넉하게 참 빛을 비춰주시기(요 1:19) 때문이다.[15]

(6) 그리스도는 우리는 자신을 세상의 복잡한 미로로부터 탈출시키기 위해 그리스도가 말하는 『꼭 필요한 한 가지』 규칙을 삶에서 적용하고 유지할 것을 명하셨다. 즉, 코메니우스의 저서 『세상의 미로와 마음의 천국』에서 비유되고 있듯이, 그리스도의 규칙은 마치 다수와 거대한 것들이 갖는 힘, 즉 기득권에 대항하는 단순한 실(thread of simplicity)과 같지만 그것이 지닌 힘은 가히 위대하다.[16]

---

15) Ibid., 35.
16) Ibid.

코메니우스는 복음서의 여섯 곳에서 예수의 가르침을 인용하여 6번의 규칙을 설명한다. 첫째, 마태복음 19:8은 인간의 완악한 마음이 본래의 인간의 제도를 바꾸게 하였다, 둘째, 누가복음 22:25과 마태복음 18:2은 그리스도의 제자는 명예를 탐하지 말고 어린아이로부터도 배울 수 있는 겸손을 지녀야 한다고 증거하고 있다. 셋째, 마태복음 6:25은 세상 일로 염려하지 말고 오직 하나님께 맡기라고 말하며, 넷째, 앞으로 닥칠 미래에 대한 두려움과 호기심 때문에 하나님의 도움을 훼방하지 말라(막 13:11; 눅 21:14)고 하신다. 왜냐하면 하나님은 우리의 기대 이상으로 우리를 도울 수 있는 분이기 때문에 고난 속에서도 변함없이 용기를 가지고 즐거워하며 자신을 변호할 것은 염려하지 말라고 한다.

그러므로 혼돈과 불필요, 비효율로 꽉 찬 세상의 미로에서 벗어나는 길은 의외로 간단하고 단순하다. 그리스도가 주신 규칙을 따르면 되는 것이다.17)

(7) 일곱 번째 규칙은 세상적인 일이 우리를 괴롭게 한다면 차라리 그것으로부터 '놓여나라'는 것이다. 그러나 마태복음 19:21을 읽고 오늘의 젊은 청년들은 질문한다. "노동이 주는 피로의 대가가 자신의 삶을 지배하는 한 어떻게 자신을 완전히 비울 수 있는가?" 현실은 무노동 무임금이요, 취업의 정의 속엔 불필요한 노동까지도 감내한다는 것이 포함된다. 능자다노(能者多勞)의 법칙이 아직도 성공의 기준이라고 믿는 한국 사회 속에 우리의 젊은이들은 수면 부족 상태에서 세상의 미로 속을 헤매고 있다.

_____

17) Ibid.

불필요한 노동으로부터 자유로워지는 것은 말처럼 쉬운 것만은 아니다. 마태복음 19:21 절의 부자 청년에게 예수께서 하신 말씀을 상기하라. 세상적인 일로 괴로움이 많으면 그것을 버리고 예수를 따르던가, 만일 일에 대한 돌봄의 의무를 저버릴 수 없다면, 노동이 노동을 극복할 수 있을 때까지 노동에 대하여 더욱 성실하고 충성할 것을 권하였다. 코메니우스는 여기서 누가복음 9:62의 말씀을 인용하면서 이 규칙에 대한 강론을 다음과 같이 정리하고 있다. 손에 쟁기를 잡고 뒤를 돌아보지 말라. 그렇게 하면 무성의하게 쟁기질을 하게 되어 땅에 씨를 뿌리지 못하게 될 것이다. 그리스도를 따르고자 하면서도 세상적인 생활을 갈망한다면, 하나님 나라에는 합당치 못한 자이다. 쟁기질은 씨를 뿌리기 위해 하는 것이다. 묵혀진 땅을 귀경하는 법을 모르는 자들은 씨 뿌리는 일에 적합하지 못한 자들이다. 그러한 자들은 쟁기를 잡고서도 수시로 뒤를 돌아보고 그 일을 그만둘 생각을 하게 된다. 뒤를 돌아보다가는 후퇴하게 되며 후퇴는 곧 파멸이다. 끝까지 견디는 자만이 구원을 받을 것이다. 코메니우스는 말한다. "여러분이 하던 일은 지연하지 말고 해야 한다. 예수도 인간 구속 과업을 받아들인 후에, 그가 십자가상에서 죽어가며 "다 이루었다"(요 19:30)고 말할 때까지도 어떤 일도 그를 정복하지 못하게 하였다는 것을 기억해야 할 것이다."

(8) 선한 욕망이 최종적으로 성취되고 그것의 기쁨에 참여하려 할 때 그리스도는 우리에게 어떤 규칙을 적용하라 하시는가? 첫째, 자신의 욕망이 불필요한 것에까지 확장되지 않도록 가르쳐야 한다. 빌립보서 4:12에서 사도 바울이 말씀하듯이 가난하면 가난한 대로, 부요하면 부요한 대로 그리스도가 주시는 대로 오직 감사와 겸손함

으로 살아가는 청빈과 경건의 사람이 되는 것만이 우리가 욕망의 노예가 되는 것을 막는 길이다.

> "나는 비천에 처할 줄도 알고 풍부에 처할 줄도 알아 모든 일 곧 배부름과 배고픔과 풍부와 궁핍에도 처할 줄 아는 일체의 비결을 배웠노라"(빌 4:12).

코메니우스 역시 이와 같은 그리스도의 규칙을 발견하게 될 때까지는 가난과 싸우며 노동의 피로로부터 벗어나기 힘든 노마드의 삶을 오랫동안 살아왔기에 이러한 영성을 가질 수 있었다고 여겨진다. 사랑하는 조국에 대한 그리움과 소망을 가지고 평생을 살았던 코메니우스는 오히려 그렇게 살아온 그 고단한 삶도 감사할 따름이라며 죽을 때까지 보고픈 자들에 대한, 가고픈 고향에 대한 그리움과 소망을 놓지 않았기에 그는 더 많은 더 큰 일을 이룰 수 있었으며 지금도 그가 이룩해놓은 위대한 교육학의 연구와 저술들이 빛의 길에서 오늘과 내일의 젊은 세대들을 비추고 있는 것이다.

주님은 우리에게 언제나 풍요롭고 충만하고 부족함이 없는 것에 대한 것보다 가난하고 기쁨이 없는 상황에도 익숙할 것을 가르치신다. 왜냐하면 그리스도께서는 만찬에 먹을 빵도 직접 만들 수 있고, 여러 번에 걸쳐 수천 명을 먹이실 정도로 부요했지만 기도하기 위하여 40일을 금식까지 하셨으며 일부러 가난을 자청하시며 우리에게 청빈하고 검약한 삶의 모범을 보여 주셨다(고후 8:9)는 것을 기억해야 할 것이다.

(9) 그리스도의 철학은 참된 행복의 길이다. 삼위일체 하나님 안

에서 하나님과 우리가 하나로 연합하는 것은 영원히 참된 축복의 길이다. 그리스도의 가르침에 의하면 그는 한 분이신 하나님, 한 분이신 중보자 그리고 내적 교사요, 위로자인 성령 안에서 우리는 만족하며 살아가게 될 것이다. 누구든지, 하나님의 뜻에 완벽하게 순종하는 자는 선과 악도, 슬픔도 기쁨도, 삶과 죽음도, 모두 무관하게 여겨질 것이다. 만일 누구든지 진실된 한 가지만 허락한다면, 우리의 자비로운 하나님이 불행으로부터 우리를 축복받는 출구로 인도하실 것이다.

(10) 그러나 만일 우리가 주로 고백하는 분의 타락한 제자가 아니라면 우리의 특별한 문제에 그리스도의 황금률인 "꼭 필요한 한 가지" 규칙을 적용하기 위해서 예수가 걸어가신 길을 따라가야 한다. 그 일은 먼저 ① 각자가 개인적으로는 어떻게 하고 있는지를 스스로 점검하고, ② 학교의 청소년들, ③ 각 나라, ④ 개 교회, ⑤ 그리고 전 세계가 건강한 충고를 들을 수 있는 준비가 됐다면 이제는 과감히 그들을 시지포스의 바위[18]로부터, 탄탈로스[19]의 조롱(이 시대에 모든 이가 고통 받는)으로부터, 세상의 미로로부터 영원한 기쁨으로 해방시켜내야 한다는 것이다.

---

18) 신들 사이에서 신의 행실을 제우스에게 고하다가 미움을 받아 내려오는 바위를 계속 들어 올려야 하는 영원한 형벌을 받고 있는 시지포스의 돌을 말함.
19) 제우스의 아들로서 신들의 비밀을 누설한 죄로 지옥의 연못에 묶여 있음.

IV. 결론: 코메니우스의 마지막 설교

사도로서의 코메니우스의 특징이 가장 잘 나타나는 장이 10장과 바로 뒤에 나오는 결론의 결론 부분이다. 이 부분은 그의 유언처럼 자신의 마지막을 예언하듯 온 세계인들에게 유익한 "꼭 필요한 한 가지" 규칙을 영적으로 풀어쓴 텍스트라 할 수 있다.

그러나 10장의 내용은 *Unum Necessarium*의 결론이긴 하나 보다 정확히 말하면 "꼭 필요한 한 가지" 그리스도의 규칙의 실천에 관한 결론이라 할 수 있다. 코메니우스만의 독특한 주제에 접근하는 방식은 자신이 집필하는 주제의 중요성에 대한 논거를 주장한 후 반드시 이 주제를 현실적으로 어떻게 실천하는가를 구체적으로 가르치는 훈계 형식을 취한다. 여기에서도 마찬가지로 먼저 일반적으로 모든 사람들이 실천하는 방법을 필두로 언급하고 난 후 자신의 아이디어를 구체적으로 적용하는 현장을 학교, 교회, 정치 그리고 글로벌 세계의 순으로 그 수준을 확대해가며 "꼭 필요한 한 가지" 그리스도의 규칙의 실천 방법에 대해 구체적으로 논의한다. 그러므로 사실상 책의 결론은 10장 이후에 첨부되어 있는 후기와 같은 성격의 결론이 진짜 결론인 것이다. 본 논문에서는 10장에서 설명하고 있는 20가지의 실천 방법 전체에 대해서는 지면의 제약상 구체적으로 언급하지 않을 것이다. 다만 마지막 두 가지인 19번과 20번째의 실천 방법에 대해서만 언급하고자 한다.

19번째 실천 방법에 대한 결론에 이르러 코메니우스는 우리 주 예수 그리스도는 매우 특이한 지혜의 교사라고 말하며 "꼭 필요한 한 가지"의 규칙의 영원한 설립자며 그것으로부터 두 가지를 탐구한다. 잠언 30:7을 인용하며 코메니우스는 "저에게는 당신께 간청할 일이 두 가지 있습니다. 그것을 제 생전에 이루어주십시오"라고 말한다. 그 두 가지란 '잘사는 것'과 '행복하게 죽는 것'이라고 했다. 이 두 가지가 자신에게 결핍되지 않게 해달라고 요청하라는 것이다. 그런데 무엇을 하든지 우리가 이 두 가지를 행하지 않는다면, 그 목적을 위해 이것은 불필요한 것이므로, 이것을 나에게 허락지 말고, 그것과 더 이상 뒤섞지 말라는 것이다. 코메니우스는 20번째 실천 방안에서 위의 19번째를 계속 더 자세하게 훈계하고 있다. "그러나 나는 또 요청한다. 위의 것들에 대해 타인에게 적절히 경고할 수 있도록 허락하소서." 여기서 그는 필요한 것을 무시하고 불필요한 것에 전부를 주는 그들(사람들)이 얼마나 어리석은지 그들에게 말하게 해달라고 주께 간구하고 있다. "더욱 심각한 것은 인간들은 주님이 아무 대가없이 그들에게 우유와 와인을 제공하는데도 그들은 만족할 수 없는 것들에 대해 금과 은을 소비하며 그들 자신을 질병과 죽음, 해체 그리고 지옥으로 몰아가고 있다"고 경고한다. "오, 가장 불쌍한 자 들이여! 주님의 선하심으로 모두에게 자비를 베푸소서, 아멘."20)

맨 마지막 결론에는 "가장 필요한 것을 가장 신중하게 지키기"란 부제가 붙어 있다.21) 결국 "꼭 필요한 것 한 가지"만을 선택하는 것은 자신에게 가장 소중한 것을 선택하는 것이다. 우리 자신에게 무엇이 지금 가장 필요한 것인 가를 아는 것은 그리 어려운 일은 아닐 것이나, 그것을 끝까지 변치 않고 지켜내는 것은 신중함을 요구하기에 쉽지만은 않을 것이다. 지금, 내게 필요한 단 한 가지만 선택이

20) Comenius, *Unum Necessarium*, 86.
21) Ibid., 87-88.

허락된다면, 그것은 지금 내가 가장 필요로 하고 나를 이롭게 하며 아울러 나를 변치 않고 지켜주시는 하나님이 함께 계시기 때문인 것이다. 그러므로 우리 자신이 힘들고 지쳐 스스로를 포기한다 하더라도, 하나님을 잃지는 말라는 코메니우스의 마지막 권면은 오늘날 특히 한국의 젊은 세대들에게 "꼭 필요한 한 가지" 그리스도의 규칙이 되었으면 한다. 보이는 것은 쉽게 마음에서도 멀어질 수 있지만, 보이지 않는 마음에 담아놓은 것은 보다 더 신중하게, 오랫동안 우리 마음에 머무르게 될 것이기에 "꼭 필요한 한 가지"를 선택하는 것은 신중하게 선택하고 유지해야 할 것이다.

누가복음 9:25을 인용하며 코메니우스는 말하기를, "세상을 다 가진 후 자아를 잃어버렸다면 무슨 소용이 있을 것인가? 반대도 마찬가지이다. 모든 재산을 잃고 자아를 찾았다면 이 또한 무슨 소용이 있단 말인가!"

6세기 그리스의 일곱 현자 중 한 사람인 비아스(Bias)는 말한다. 그의 조국 프리에네를 빼앗기자 사람들은 귀한 것 하나라도 더 챙겨 싣고 망명길에 올랐다. 그러나 사람들은 빈손으로 나오는 그를 보며 왜 빈 몸으로 나오는가를 물었을 때 그가 말하기를, "정말 소중한 것들은 항상 나와 함께 있다"고 말하였다. 이 말은 소중한 것들은 '어깨로 메고 다니는 것이 아니라 우리의 마음과 눈에 간직하고 있는 것'이라는 뜻이다.[22]

예수께서는 제자들을 훈련시키실 때 습관적으로 말하셨다. "너희는 먼저 그의 나라와 그의 의를 구하라, 그리하면 이 모든 것을 너

---

22) Ibid., 87.

희에게 더하시리라"(마 6:33). 그리스도가 오늘 우리에게 물으신다, "그가 천하를 다 얻고 자신을 잃는다면 무슨 소용이 있으리오"(눅 9:25). 그 반대도 마찬가지이다. 마태복음 18:21에서도 같은 이치를 고뇌하던 부자 청년에게 선포하셨듯이 재물과 하나님 나라 둘 다를 가질 수 없다는 예수의 말씀은 크리스천이라면 반드시 이해해야 만 하는 그리스도의 패러독스인 것이다. 사도 바울도 이와 비슷한 말로 서 크리스천들을 설득하고 있다. 즉, 크리스천들은 세상이 판단하는 것과는 다른 방식으로 일하면서 행복하고 풍요로운 삶을 추구해야 한다(고전 6:8 -10). 코메니우스는 말한다. 가짜 같으나 진짜이며, 무 명한 자 같으나 하나님께는 유명한 자요, 죽은 것 같으나 산자요, 슬 픈 것 같으나 항상 즐거우며, 궁핍하나 항상 부요한자 같이, 무일푼 인 것 같지만 모든 것을 소유한 부자처럼 사는 자들, 그들이 진짜 크 리스천들인 것이다. 누구든지 이와 같은 역설들을 이해할 수 있다면 그는 진실로 그에게 필요한 것이 무엇인지 아는 자일 것이며, 자신 외에 가장 최선의 것을 선택하는 방법도 아는 자인 것이다.[23]

결론적으로, 코메니우스는 이와 같이 신중함을 유지하는 데 있어 서 가장 중요한 것은 영성(또는 영적인 것)이라고 하였다. 그의 인생의 마지막 장에서 남겨준 것은 "꼭 필요한 한 가지"를 신중하게 선택하 고 지키며 사는 구체적인 그리스도인들의 생존의 전략과도 같은 것 이다. 17세기의 사람인 코메니우스가 21세기 디지털인들에게 시공 을 초월하여 당부한다.

첫째, 살아가는 데 꼭 필요한 것이 아닌 것 때문에 자신을 괴롭히

---

23) Ibid., 88.

지 마라. 나를 이롭게 하는 몇 가지만으로 만족하라: 이것이 하나님을 찬양하는 삶이 될 것이다. 둘째, 편의성이 부족하다면, 필수품에 만족하라. 최소한의 삶에 만족하라는 메시지이다. 셋째, 그러나 편의도 필수품도 모두 다 없다면 자신을 먼저 구하도록 하라. 넷째, 자신을 구할 수 없게 된다면, 자신을 버려라. 그러나 끝까지 하나님을 포기하지는 마라. 하나님을 소유한 자는 다른 모든 것을 포기할 수 있는 자이기에, 그는 하나님 안에서 하나님과 함께 가장 지고한 선과 영원한 생명을 영원히 소유할 수 있게 될 것이다.

이러한 규칙들은 어쩌면 한치 앞을 예측할 수 없는 위험과 불안 속에 살아가는 21세기 현대인들에게 필요한 일종의 안전 수칙과도 같은 것이다.

코메니우스는 전쟁 속에서, 두 번의 화재 속에서, 자신의 고국이 빼앗기는 고통 속에서, 편의성이 아닌 생존의 필수요건에 만족하며 살았다. 코메니우스에겐 살아 있는 동안 생존이 주된 삶의 이슈였을 것이다. 유럽의 7개국을 이주하며 노마드처럼 살았던 그는 어떤 상황 속에서도 살아남아야 했다. 그래야만 자신에게 꼭 필요한 한 가지를, 평생 가슴에 그리움으로 품고 실현했던 믿음을, 그가 추구했던 빛의 길을 지켜낼 수 있었을 것이다. 코메니우스는 자신이 인생의 종점에 다다르고 있음을 느끼면서도 이 책을 집필하여 미래 세계에 존재할 후대인들에게 마지막 수업을 하고 있는 것이다. 평생 고국 모라비아에 대한 그리움으로 가슴은 시커멓게 멍들어 있어도 머리에는 차가운 이성으로 세계적인 교육학의 고전들, 250여 편을 집필했던 탁월한 학자로서의 그의 삶은 하나님의 철저한 보호하심과 인도하심이 없었다면 불가능했다는 확신이 든다. 최소함에 만족하며 언제 무엇을 내려놓아야 하는가를 분별할 줄 아는 청빈하고 신중한 삶을 살아온 코메니우스, 그는 하나님의 사람으로 근대 교육을 오늘에까지 전파해온 교육학의 사도였다. 그러하기에 성서와 그리스도 없이 그의 사상의 *ad fontes*를 하는 것은 의미가 없으며 무엇보다도 그가 주장했던 *Via Lucis*, 빛의 길로 나아가는 교육을 온전히 이해할 수는 없을 것이다.

세상과 대화하는 기관으로서의 교회 이해
— 교회와 사회의 상관적 태도와 반응을 중심으로

허도화 | 계명대학교 교수

　본 연구는 교회를 세상과 대화하는 하나의 기관으로 이해하며 그래서 교회와 목회의 형태는 교회와 교인들의 신앙에 대한 사회적 태도에 대한 하나의 반응으로 형성된다는 주장을 증명하려 한다. 이런 주장은 다음과 같은 질문들로부터 발전되었다: 어떻게 교회는 현재의 모양으로 발전되었는가? 어떤 역사적인 영향들이 교회를 형성하였는가? 어떤 새로운 영향들이 작용하는가? 현재 형태의 교회는 교회가 자체의 임무를 달성하기에 얼마나 적절한가? 그리고 미래의 교회는 어떤 모습일 것인가? 이와 같은 교회와 목회에 대한 질문들에 답하기 위해 본 연구는 현재 한국교회의 주요 병리현상들을 진단하고 그 원인들을 규명할 뿐 아니라, 신약성경에 나타난 교회와 목회의 형태를 통해 해결 방안까지 제시하려는 하나의 시도이다. 이런 목적을 위해 본 연구는 성경의 초대교회를 오늘의 시대에 재해석해 봄으로 오늘날의 교회가 해야 할 일을 원론적인 의미에서 찾아보고,

이에 근거하여 대형 교회화만을 추구하는 시대에 차별화된 교회의 실제적 목회를 제시한다.

최근 한국교회는 가장 큰 위기의 시대를 맞이하고 있다. 위기를 극복하려는 노력들에도 불구하고 안타깝게도 한국교회의 체질이 점차 약화되고, 건강하지 못하다는 부정적인 증거들이 나타나고 있다. 최근 사회와 교회 안에서 가장 뜨거운 이슈가 되고 있는 한국교회의 현상학적 문제들 가운데 하나는 대형 교회를 추구하는 교회 건축과 투명하지 못한 교회 재정 사용과 관련된 것들이다. 이런 위기 현상들로 인해 교인수가 점차 줄어들고 있다는 통계뿐 아니라, 교회 지도자들에 의한 윤리적 대형 사고들이 속출하고 있다. 이와 같은 한국교회의 병리 현상들은 교회가 무엇인지에 대한 이해 부족과 올바른 목회의 방향을 상실한 것에 기인된다.

이런 논지를 증명하기 위해, 본 연구는 먼저 현상학적으로, 한국교회의 세속화이며 동시에 목회자들의 세속화의 주범인 교회 성장병과 그로 인해 발생된 교회 보호주의의 병리적 현상들에 대해 살펴본다, 그 다음으로, 본 연구는 그런 병리현상들의 근본적인 원인으로 성경이 말하는 교회와 목회에 대해 잘못된 이해에 근거하고 있다는 것을 밝힌다. 마지막으로, 본 연구는 그 병리현상들을 치유하기 위해 사도행전이 말하는 초대교회가 경험한 두 가지 방안들을 제시한다. 교회 성장병을 치료하는 방안으로 교회 성장은 사람의 지식이나 노력에 의해서가 아니라 오직 성령에 의해 가능하다는 것과 교회 보호주의를 치료하는 방안으로 성령은 목회의 방향을 안으로 채우는 것이 아니라 세상을 향해 밖으로 흘러나가야 한다는 것을 주장한다. 그리고 성경적인 교회 성장과 목회 방향이 어떻게 형성되었는지 그리고 그 결과가 기독교의 역사에 어떤 영향을 주었는지를 밝힌다.

I. 문제: 한국교회의 병리현상들

유럽이나 미국의 교회들에서 이미 나타난 교회 성장의 정체 또는
쇠퇴의 조짐이[1] 세계적으로 지속적인 교회 성장의 대표 주자였던
한국의 교회들에서도 시작되었다. 이런 문제에 직면하여 최근 한국
교회 안에는 대안을 마련하기 위해 많은 연구들과 논의들이 거론되
고 있으며 지역 교회들이 연합 운동의 필요성까지 느끼기 시작했다.
이런 분위기를 잘 보여주는 교회 연합 운동들의 하나가 대도시들을
중심으로 활발하게 움직이고 있는 성시화 운동(Holy City Movement)
이다. 이 교회 연합 운동은 성도 개인으로부터 지역 전체가 복음의
능력으로 범죄와 부패가 없는 거룩한 도시, 행복한 도시로 만들기
위해 전 교회(Whole Church)가 전 복음(Whole Gospel)을 전 시민
(Whole City)에게 전하고 실천하는 운동이다.[2]

....

1) 2007년에 미국에서 출판된 *Comeback Churches: How 300 Churches Turned
Around and Yours Can, Too* (돌아온 교회들)이라는 책에서 Ed Stetzer와 Mike
Dobson이 조사한 바에 의하면, 미국에서는 매년 3,500에서 4,000개의 교회들이
문을 닫고 있으며, 그동안 가장 빠르게 성장해온 하나님의 성회 교회들 가운데
3분의 2가 최근에 정체하거나 쇠퇴하고 있고, 1995년 이후부터 나사렛 교회들의
80%, 그리고 남침례교회들의 70%가 정체 및 쇠퇴를 경험하고 있다고 한다. 또한
미국교회 성장 마케팅 전략을 대중화시킨 조지 바르나(George Barna)의 2002
년 조사에 의하면, 9천 5백만 명에서 1억 명의 모든 연령대에 속한 미국인들(전체
미국 인구의 3분의 1)이 교회에 다니지 않는다고 보고했다. 게다가 1970년대 이
후 성장한 교회들이 상당 부분 수평 이동에 의한 성장이었다는 충격적인 사실을
보고하고 있다. 그동안 빠르게 성장해온 미국의 복음주의 교회들 역시 현재 쇠퇴
중에 있다는 사실을 입증하였다.

필자는 수년 전 새해를 맞이하였을 때 대구성시화운동본부로부터 설교 부탁을 받았다. 지역을 성시화, 거룩한 하나님의 백성들로 가득 찬 도시로 만들려는 거대한 비전을 가진 목사, 장로 그리고 평신도 지도자들이 새해를 기도함으로 시작하려고 모인 것이다. 그런 자리에 첫 설교자로 초청을 받은 필자는 그들의 기도 제목이나 성시화 운동의 목적을 잘 알고 있었기에 그들에게 대구를 성시화하려면 무엇보다 먼저 그들 자신의 교회 성장을 추구하거나 자신의 교회를 유지 또는 보호하려는 계획과 노력을 멈추라고 외쳤다. 자신의 교회를 먼저 생각하거나 챙기면서 대구시를 위한 성시화 운동이 제대로 이루어질 것이 아니기 때문이다.

이런 필자의 주장은 다음의 질문으로부터 나온 것이다. 교인들이 한 동안 잘 다니던 교회를 떠나는데 그 이유는 무엇일까? 외국의 교회들이 쇠퇴할 때에도 나타났듯이 우리나라의 교회들을 쇠퇴시키는 현상의 주범은 새 신자들이 늘지 않아서가 아니라 기성 교인들이 스스로 다니던 교회를 떠나는 것이다. 한국교회는 교회를 떠나는 사람들로부터, 또는 아직 교회를 출석하고 있지만 앞으로 떠날 수도 있는 사람들로부터 다음과 같은 그 이유들을 들어보아야 한다.

1. 멈추지 않는 교회 성장병

사람들이 한 동안 잘 다니던 교회를 떠나는 그 이유들 중의 하나로, 최근에 우리 주위에서 나타나는 교회의 병리현상의 한 예를 들

---

2) 세계성시화운동본부의 홈페이지에서 소개되는 성시화 운동의 중점 사역들을 참고. http:// www.holycitym.org/bbs/board.php?bo_table=m21.

어보자. 요즈음은 교인들이 그 어느 때보다 교회 다니기가 어렵다고 한다. 교회를 오래 다닌 교인들까지도 교회로 가기가 두렵다고 고백한다. 나라의 경제가 어려워 교인들의 재정 사정도 함께 기울고 있는데도, 교회들은 교인들의 어려움을 함께 나누기보다는 오히려 성장을 향한 열정과 비전의 고삐를 더 죄는 것 같단다. 교회 건축이나 리모델링 등을 비롯하여 다양한 사역들을 끊임없이 만들어 교인들에게 재정적이며 정신적인 압박을 가한다는 것이다.

여기에서 교회의 성도들과 그들의 출석에 관한 몇 가지 사실들이 드러난다. 현대 교회를 위한 두 가지 가장 일반적인 이야기는 쇠퇴(decline) 아니면 분열(split)이다. 사람들은 교회에 관해 어떻게 느끼는가? 우리가 자주 듣는 이야기들은 "예수는 괜찮지만 나는 교인들을 신뢰하지 않는다"는 것이다. 더 이상 교회에 나가지 않는 이유들로, 교회가 더 이상 나의 필요들을 맞추지 못하는 것 같다든지, 목사가 내 생활과 일에 관해 아무것도 모르고, 실제로 교회는 사회를 변화시키기 위한 노력과 실천에는 너무나 인색하고 오히려 물량적 성장에만 치중하는 교회의 프로그램들과 교육과정들 때문에 지쳤다는 지적들이 있다.

오랜 동안 종교는 살아남기 위해 계속 크고 멋진 건물을 짓고, 잘 계획된 제도를 만들고, 많은 사람들을 끌어 모으는 일을 해왔다. 그러나 멋지고 큰 건물, 훌륭한 제도, 그리고 많은 사람들이 모여 있어도, 그 속에 하나님에게 이르는 길이 분명히 보이지 않는다면 무슨 의미가 있는가? 세속적인 사람들의 집단일 뿐이기 때문이다.

예수님은 제자들에게 교회, 신앙 공동체가 무엇인지를 잘 보여주셨다. 하나님은 사람들을 만나기 위해 "교회, 큰 건물을 지어라, 제도를 만들라, 사람들을 많이 모으라"고 명령하지 않으셨다. 아마 하나님은 교회 안에서만 세상 사람들을 만나신다고 착각하고 사람들을 모으기 위해 점점 더 큰 건물을 지으려고 올인(all in)하는 목회자와 교인들은 평생 스트레스를 받을 것이다. 왜냐하면 오히려 하나님은 자신을 정말로 필요로 하는 사람들을 만나기 위해 교회 안보다 교회 밖 세상으로 나가라고 말씀하시기 때문이다. 하나님은 세상 속에서 거하시면서 더 힘들고 어렵고 고통 받는 사람들 가운데 계신다. 우리가 교회 안에 잠간 모이는 것은 제대로 배우고 훈련을 받아 하나님의 사람들로 세상으로 나가 하나님의 구원 사역에 동참하려는 것이다. 어떻게 세상에 나갈지, 그리고 어떤 일들을 할지를 배우기 위함이다.

이런 중요한 성경적 사실을 모른 채, 이제는 교회 밖 사람들뿐 아니라 교회 안 사람들에게도, 점점 더 성경이 말하는 이상적인 교회는 찾아보기 힘들고, 오히려 수적인 성장으로, 더욱 큰 교회 건물을 소유하는 것으로 잘못 이해되고 있다. 하지만 필자의 목회 경험을 근거로 말한다면, 기본적으로 이상적인 교회, 성경적인 교회가 되려면 자체 건물을 소유해서는 안 된다는 것이다. 왜냐하면 교회 건물을 소유하고 점차 커지면 그에 걸맞은 새로운 구조와 질서가 필요해지고, 이와 함께 새로운 의미와 가치가 생겨나는 과정에서 기존의 구조와 질서, 의미와 가치가 변하고, 결국 교회의 본질이 왜곡되기 때문이다. 교회 건축에 올인하던 목회자와 교인들이 자체 건물을 소유하자마자 문제들이 일어나기 시작한다. 교회의 사소한 문제들이 점차 교회 건물에 대한 소유권 분쟁으로 확대되곤 한다. 교회 안에 있는 것들이 흘러넘쳐 세상을 향하기보다는, 계속 더 큰 교회를 건축하다보니 이전의 것들보다 더 크고 좋은 것들로 더 많이 그 큰 교회 안을 채우기 위해 모든 노력을 기울여야 한다. 이런 현상은 통제되지 않는 성장병과 같다.[3] 목사나 성도 모두가 이와 같은 영구히 멈추지 않는 교회 성장병에 걸리면 교회 생활의 즐거움과 감사가 사라지고 고통스럽게 된다. 최소한 교회는 세상에 대해 다른 방식의 생활 모델이 되어야 하는데, 단순히 세상 문화의 생활 스타일을 반영하고 있을 뿐이기 때문이다.

2. 어정쩡한 교회 보호주의

교회를 떠나는 사람들은 한국교회의 멈추지 않는 성장병으로부터 파생된 어정쩡한 교회 보호주의에 의해서도 깊은 상처들을 입었다. 사회학적인 관점으로부터 교회를 평가하는 시대에는 교회 밖의 관점으로부터 교회를 볼 필요가 있다.[4] 교회를 떠나는 사람들은 너무 많은 교회들이 거룩한 방향에서 이탈하고 있다고 지적한다. 그들이 교회 안에서 목격한 심각한 병리현상은 하나님을 사랑하고 신앙인들을 불러 세우는 중요한 사역들의 목적이 먼저 하나님 나라와 그

---

3) 신광은은 자신의 저서, 『메가처치 논박』(*Against Megachurch*) (서울: 정연, 2009)에서 이런 교회의 성장 추구, 즉 크기에 매달리는 것이 한국교회의 허다한 문제들의 중심에 자리 잡고 있다고 비판한다. 그의 주장에 의하면, 소수의 메가처치와, 대다수의 잠재적 메가처치(메가 처치를 지향하는 중소형 교회)를 만들어 낸 '메가처치 현상'이야말로 한국교회의 가장 큰 범죄이다.
4) 교회의 목적, 역할 및 현상을 교회 내부의 주관적인 시각보다 더 객관적인 사회학적 관점으로부터 교회가 구체화되는 사회적 콘텍스트 속에서 이해하려는 시도의 하나로, 교회가 나아가야 할 바를 종교사회학의 관점에서 제시한 정재영, 『한국교회의 종교사회학적 이해』(서울: 열린, 2012)를 보라.

의를 구하기보다 자체 교회를 보호하는 데 치중하고 있다는 것이다.

많은 교회들이 서로 공유하는 선교 프로그램에 참여하지 않고 기부하지 않는 주된 이유는 바로 자기 교회의 부동산, 운영, 관리, 보수 때문이다. 처음에는 선교를 위해 건물들을 세운 교회들이 이제는 그 건물들을 유지, 보수, 관리하는 일에 힘을 다 쏟아버려, 정작 교회의 사명인 선교를 하지 못하는 것이 얼마나 슬픈 아이러니인가! 최근 우리가 발견한 것은 교회가 35세 이하의 젊은 세대에게 다가가려고 할 때, 어떤 젊은이들도 "여기로 와서, 우리의 건물들을 유지, 보수, 관리하는 일을 도와주세요!"라는 호소에 반응하지 않는다는 것이다.

그러나 항상 자신의 교회를 먼저 생각하고 유지 및 관리하기에 바쁜 이런 어정쩡한 교회 보호주의에 안주하게 되면, 우리는 교회가 어떻게 세상으로부터 왕따가 되고 내향적인 이익단체가 되어가는 지를 깨닫지 못할 수도 있다. 그렇게 되면, 교회들은 계속 산소마스크를 교회 밖 다른 사람들에게 건네주기 전에 자신들의 얼굴에 먼저 씌우게 된다. 교회 안에 고급 가구들과 신형 고급 마이크-스피커 시스템이나 악기, 대형 자동차 등을 사는 것이 어려운 지역 공동체의 부엌에 새로운 냉장고를 구해주는 것보다 더 우선적인 것, 거룩한 것이라고 결정할 수 있다. 새롭고 유능한 젊은 부목사 한 사람을 더 찾는 것이 아프리카의 굶어 죽어가는 어린아이들에게 부모와 함께 사는 가정을 구해주는 것보다 우선적인 것으로 여길 수 있다. 교회가 지역 공동체에서 피를 흘리고 있는 구성원들을 발견하고도, 다른 모든 관심사들보다 교회 자신을 보호하는데 으뜸 패를 던질 수 있다.

교회는 하나의 사명(mission), 즉 하나님의 사명(*missio dei*, 하나님의 선교) 또는 예수의 사명(하나님의 나라를 세우는 것)을 지니고 있다.

교회의 존재 이유는 유지나 보호, 관리가 아니라 선교이다. 교회 유지와 선교 사이에는 분명한 대조가 있다. 목회가 얼마나 효과적인지를 측정할 때, 교회 유지 중심의 회중은 목회자가 얼마나 자주 자신들을 방문하는지를 묻지만, 선교 중심의 회중은 얼마나 많은 예수의 제자들이 만들어지는지를 묻는다. 교회 안에 필요한 변화가 자신들을 당황하게 만들 때 교회 유지 중심의 회중은 그 변화가 자신에게 얼마나 부담을 줄지를 묻고 피하려 하지만, 선교 중심의 회중은 그 변화가 교회 밖의 사람들에게 다가갈 능력을 증가시킬지를 묻고 그들에게 다가가도록 돕는다면 위험을 무릅쓰고라도 그 일을 할 것이다. 우리가 교회의 변화에 관해 생각할 때, 교회 유지를 위해 사역하는 대부분의 교인들은 그 일이 교회 밖에 있는 사람들에게 다가가기 위한 나의 능력을 어떻게 성숙하게 할 것인지를 묻기보다 자신에게 어떤 유익을 줄 것인지를 먼저 고려한다.

II. 이유: 교회와 목회에 대한 이해 부족

앞에서 지적한 두 가지 병리현상들의 원인은 교회와 목회에 대한 올바른 이해가 부족한 것에 기인한다. 우리 대부분은 오늘과 같은 교회들이 각 시대마다 그리고 우리 주변에 항상 있어왔다고 생각한다. 그리고 교회들은 항상 현재와 같은 기능을 해왔다고, 그리고 우리가 전통적인 방식으로 이해하는 것처럼 항상 조직되어왔다고 생각한다. 그래서 오늘날 많은 목회자들과 교인들은 교회는 예배 장소 외에도 최소한 교회 사택이나 교회학교 교육관과 같은 부속 건물들이 없이는 완전하다고 생각하지 않는다.

그러나 사실, 기독교 역사에서 성경이 말한 것 이외에 교회의 크기와 목회의 방향에 대한 기준이나 목표는 없다. 왜냐하면 교육관을 떠올리는 교회학교들은 사실 기독교 역사에서 매우 늦게 발전되었기 때문이다. 이른 시기에는 교회가 어린아이들의 종교적 훈련을 위해 어떤 책임을 져야 한다는 것은 생각할 수도 없었으며 또한 종교적인 행위들을 가능하게 할 건물이 없으면 교회가 아니라는 생각은 현실을 고려하지 못한 것이었다. 교회는 모든 다른 제도들처럼 역사의 한 산물로 진화되어온 하나의 제도이다. 그래서 현재와 같은 교회와 목회의 형태와 같은 것은 영구적일 수 없다.

1. 공회당 건축물로서의 교회 이해

한국교회에 억제되지 않는 교회 성장병과 그로 인한 교회 보호주의 병리현상들의 한 가지 원인은 많은 목회자들이 교회를 콘스탄틴식 공회당(Basilica)으로 이해하기 때문에 생긴 것이다. 우리 개신교 목회자들이 주후 313년, 즉 기독교가 로마 제국에서 합법화된 순간인 밀란(Milan) 칙령이 선포된 날을 제도적인 교회가 시작된 날로 여긴다면, 우리가 추구하는 교회의 형태는 공회당(바실리카), 즉 거대한 성당이다. 그런 잘못된 교회 이해 때문에 많은 사람들이 로마제국의 황제에 의해 세워진 크고 멋진 건물, 그래서 가능한 한 많은 사람들이 모일 수 있는 공회당식 교회를 건축하고 관리하는 데 많은 재정과 노력을 쏟는 것이다. 콘스탄틴식 교회 공간 이해는 바실리카 양식의 교회로 구약의 직사각형 성전 개념의 연장선에 있다. 기독교가 공인된 이후에는 초기 교회 양식으로 로마의 바실리카를 모방한 바실리카 양식이 주된 흐름이 되었지만, 바실리카는 종교 목적의 건물이 아니기 때문에 엄밀히 말하면 교회는 아니다. 교황의 특별한 전례 의식과 행렬 의식을 거행하거나 재판 또는 상업 문제들을 처리하며 시간을 소일할 수 있도록 만들어진 공회소(公會所)였던 넓은 직사각형의 성당은 그 이후 로마네스크 양식(5-11세기)과 고딕양식(12-15세기)으로 점차 규모와 높이가 확장되면서 중세까지 교회건축의 기본이었고 현대 교회까지 영향을 주었다.

하지만 만일 우리가 초대교회의 역사인 주후 30년을 기독교 역사의 역사적인 시작의 날로 여긴다면 교회의 초기 형태는 박해 시대의 카타콤(지하 동굴)이다. 기독교 역사에서 첫 300년 동안에는 이런 동굴의 존재가 적대적인 세계에 대한 적절한 반응이었으며, 실제로 그것이 교회의 형태를 결정지었으며, 그런 교회의 형태가 그 시기의 역사에는 분명히 적절했다. 이 시기에 교회가 태어났던 때에 지배적인 비기독교 세계는 기독교 운동에 대해 적대감을 가지고 있었다. 기독교인이 되는 것은 하나의 범죄이었으며, 많은 경우들에 사형까지 당할 수 있었다. 교회와 세상 사이의 갈등은 지속적으로 심한 박해 기간으로 발전하였다. 그리스도인들은 사자의 밥이 되고, 칼에 찔리고 몸이 4등분 되었으며, 심지어는 로마인들의 밤 축제를 밝히기 위한 인간 횃불로 사용되었다. 분명히 그런 세계에서 살아남으려면 모진 현실들을 감당할 수 있는 삶을 꾸려나가는 것이 필수적인 일이었다. 물론 이것이 바로 당시 교회가 행한 것이다. 그 결과로 지하 동굴들에서 교회가 탄생되었다. 그런 시기에는 명목적인 그리스도인들이란 전혀 있을 수 없었다. 기독교에로의 헌신의 대가는 종종 생명 자체였다. 카타콤 교회는 숨어 있었다. 교회의 활동들은 분명히 제한되었다. 주된 것은 교육과 전통적 건물을 포함한 예배였다. 두 번째는 살아남기 위한 싸움에서 서로를 돌보는 것이었다. 다른 활동은 적절하게 보이지 않았다.

우리가 "교회다운 것"으로 생각하는 많은 것들이 그 시기에는 확실히 생각할 수 없는 것들이었다. 물리적인 교회의 구조들, 홍보들, 바자회들, 색 유리창, 또는 악기들은 전혀 없었다. 교회는 한 장소, 한 모퉁이, 또는 한 건물에 묶이지 않았다. 오히려 사람들이 모여든 장소는 그곳이 어디든 바로 교회였다. 교회의 위치는 조심스럽게 보호되어야 할 하나의 비밀이었다. 그 때의 그리스도인들은 "세례 받은 자들만을 위한" 표시들과 암호들을 개발했다. 집의 문 위에 그린 물고기가 그리스도인의 모임 장소로 간주되었다. "십자가 표시"를 만드는 것이 서로에게는 그리스도인들을 의미했다. 그들은 자신들을 그들 속에 있을 수도 있는 밀정들로부터 보호하기 위해 상세한 과정들을 발전시켰다.

그러나 주후 313년에는 기독교에 대한 사회의 태도나 최소한 정부의 공식적인 태도가 변했다. 그래서 정부나 사회가 갑자기 교회의 이전 형태를 부적절한 것으로 간주했다. 밀란 칙령을 인준한 콘스탄틴의 서명과 함께, 첫 형태의 카타콤 교회를 유지하려는 모든 이유는 사라졌다. 새로운 태도가 새로운 반응을 요구한다. 인간들은 본질적으로는 그 시대와 다르지 않기 때문에, 나의 생각으로는 그들의 교회가 변하지 않기를 주장한 사람들이 얼마는 있었을 것이다. 그러나 어떤 문제들을 해결하기 위해 조직된 하나의 기관의 힘이 사라졌을 때는, 새로운 힘이 새로운 반응을 불러오는 것은 필수적이다. 변하지 않으려는 것은 박물관이 되는 것이다. 그러므로 동굴들로부터 교회가 나왔으며, 그리고 새로운 형태가 나타났다. 박해를 받던 시기로부터 마지막에는 서양 문화에서 지배적인 힘으로 나타났다. 그런 과정들을 통해 교회가 생존했으며 변화하고 성장하였기 때문에 확실히 각 시대마다 교회의 새로운 형태는 한 번에 나타나지 않았다.

교회라고 불리는 기관의 형태를 형성하는 주된 힘은 하나의 특수한 시대의 사람들이 교회와 교인들의 신앙에 대해 지녔던 태도라는 것이다. 즉 교회의 형태는 하나의 사회적 태도에 대한 하나의 반응이다. 그래서 교회는 역사적으로는 세상과 대화를 하는 하나의 기관으로 제외하고는 이해될 수 없다. 그러므로 한국교회의 대형화를 부추기는 거대한 성당들인 바실리카형 교회는 기독교의 역사 가운데 유일하게 합법적인 종교가 되었던 시기에 출현하였던 것임을 알아야 한다. 우리는 지금 교회가 국가로부터 공인을 받은 시대나 종교생활의 중심이 된 시대에 살고 있지 않다. 오히려 교회의 사회적 신뢰도는 지속적으로 하락하고 있다. 21세기의 교회는 이 시대 사회와 세계의 고통에 참여하며 삶으로 거룩한 것의 중요한 의미를 새롭게 제시하는 그리스도의 몸으로서 이해되어야 한다.

2. 업적 중심으로 계산하는 목회

한국교회가 왜 한국교회에 억제되지 않는 교회 성장병과 그로 인한 교회 보호주의 병리현상들의 또 다른 한 가지 이유는 목회를 사회적인 평가 기준인 하나의 업적으로 이해하기 때문이다. 그래서 목회자들은 교회에 관한 일들을 양적으로 평가한다. 더구나 업적 중심의 목회자들의 잘못된 계산법에 기인한다. 지난 20세기 후반에 한국교회는 국가의 고속 경제 성장 분위기 속에서 전반적으로 숫자적이며 통계적인 책임의 원리에 반응하여 성장했다. 개 교회들은 주일마다 교역자회나 당회를 통해 그리고 각 교단들은 노회나 지방회 그리고 총회와 같은 형식들을 통해 성장에 대한 보고를 하고, 성장을 비교 및 분석하는 도표를 작성하고, 기록을 보관하고 출판까지 하는 일련의 구조를 지닌 이런 전통을 유지하고 강화시켰다. 교회의 최대 관심은 교인의 수와 재정이 이전보다 얼마나 증가되었는지, 성장하였는지에 있었다.

이런 성장에 대한 보고와 평가 전통에 의해 영향을 받은 한국교회의 목회자들과 설교자들은 교회에 부과된 기본적인 질문, "네가 받은 것으로 무엇을 이루었는가?"라는 질문을 받지 않고 교회를 위한 일을 해야 한다는 것은 생각할 수도 없게 되었다. 교회를 성장시키는 것이 목회의 목적이 되었고 "네가 받은 것으로 무엇을 이루었는가?"라는 질문에 대한 가장 분명한 대답이었다. 우리 목회자들은 그동안 항상 먼저 세워진 목표량을 달성하기 위한 목회 경쟁에 뛰어들어 우리의 목회 결과들에 대해 감히 스스로 설명할 수 없었다. 목표량과 기대치로부터 먼 것은 개인적인 변명이요 책임 회피요 무능력한 증거였다. 충분한 열매들을 보여주는 것이 목회에 충실하였다는 표시였다.

"네가 받은 것으로 무엇을 이루었는가?" 이 질문은 예수님의 한 작은 이야기, 달란트 비유에서 발견된다. 예수님은 마태복음 25:14 이하에서 하나님의 나라가 자신의 모든 하인들을 불러 그들에게 자신이 가지고 있던 모든 것을 맡기고는 마을을 떠난 한 부자와 같다고 말했다. 하나님께서는 은혜로우시며 베풀어주시는 분임을 아는 것이 얼마나 좋은 일인가? 오랜 후에 그 부자는 돌아와 하인들과 결산을 하면서 그 그들에게 이렇게 묻는다: "너희가 나에게서 받은 것으로 무엇을 이루었는가?" 하나님께서는 맡기신 것들에 대해 정확하게 계산하는 분이라는 것을 아는 것이 얼마나 좋은 일인가? "여기에 주인께서 저에게 주신 5달란트가 있습니다, 그리고 5달란트가 더 있습니다"라고 한 하인이 보고한다. 이렇게 은혜로우시며 베풀어주시는 하나님에겐 항상 정확한 회계가 있다. 예수님은 우리에 대한 대단한 믿음을 가질 뿐만 아니라 또한 우리들에게 대단한 기대들을 가지신다. 하지만 이런 해석이 하나님께서 우리의 능력(달란트)에 따라 우리를 충분하게 사랑하신다는 메시지인가?

예수님이 이 달란트 비유를 통해 의도하신 것은 우리가 성공하기 위해 목회자로 부름을 받은 것이 아니라, 우리의 능력에 맞는 일, 감당할 수 있는 일에 충실해지도록 부름을 받는다는 것이다. 이것은 우리가 약한 순간에 그리고 맡은 목표량에 도달하지 못했을 때에 변명이나 책임 회피를 위한 말이 아니다. 성공에 관한 이상한 정의를 내리거나 숫자에 관해 관심을 갖지 않는 "충실함"이란 없다고 말하려는 것이 아니다. 오히려 이 비유는 우리의 능력이 아니라 하나님의 능력을, 우리의 부족함에도 교회를 맡겨주신 은혜를 그리고 충분히 감당할 만한 일들을 맡겨주심으로 하나님의 일에 대한 기쁨과 감사를 경험하도록 배려하신다는 메시지이다. 이것이 바로 1달란트 받은 하인이 자신의 목회의 열매들에 대해 스스로 설명하고 대답할 수 있는 방법이어야 했다. 이처럼 우리가 주님과 동요 목회자들, 그리고 교인들로서 서로를 더욱 믿는 것처럼 또한 우리 스스로의 사역을 설명할 수 있는 방법들을 찾아야 한다.

하지만 한국교회에는 목회자나 설교자의 특징이나 헌신보다 경쟁력을 더 높이 평가하는 경향이 강해서 한 개인의 업적과 공헌도를 드러낸다. 그 결과, 많은 목회자들이 자신의 목회 현장에서 이런 하나님의 충분한 사랑, 맞춤형 은혜를 경험하지 못하고 있다. 물론, 우리는 사역의 열매들이나 그것들의 결핍을 단순하게 인정해야 한다. 또한 우리는 하나님께서 더 많은 열매들을 주신 그런 목회자 동료들을 인정해야 한다. 하지만 목회와 그 주요 변화가 단순한 숫자 그 이상이라는 것 또한 인정해야 한다. 이것을 인정하지 못하는 목회자들은 교회 성장 또는 교회 개척의 모델이 되는 외로운 보안관, 론 레인저(Lone Ranger)의 후예들이 되기 쉽다. 그들은 외로운 보안관 정신으로 모든 것을 알아야 하고 모든 것을 소유해야 하며 모든 분야의 전문가가 되어야 하고 모든 일을 두려움 없이 스스로 해내야 한다는 강박관념으로 교회 성장주의와 교회 보호주의로부터 벗어나지 못하고 있다. 그 강박관념으로부터 벗어나려면 열매나 숫자가 우리의 목회와 설교가 얼마나 성경에 충실하였는가를 말하는 것이 아님을 받아들여야 한다.

우리의 목회에서 주된 우선순위는 간단하게 자료들을 모으고 숫자들을 확대하는 것이 아니다. 우리는 주님으로부터 목회 달란트를 받은 목회자들이다. 우리는 이미 그런 부름을 받았으며 하나님이 감당할 수 있도록 맡겨주신 각자의 달란트에 만족하고 감사한다. 이제 우리의 필요는 우리 주변의 숫자들에 크게 반응하거나 자신의 목회 열매들을 인정받기 위해 크게 반응하는 것이 아니다. 오히려 목회 현장에서의 열매들은 우리를 더 큰 훈련으로 인도하고 더 용기 있는 일을 행하도록 인도할 뿐이다. 더 많은 열매들 속에는 다른 세계가 있다. 예수님이 우리를 또다시 우리의 능력에 맞는 일들로 부르시는 세계가 있다.

III. 해결 방안: 성령에 의해 세상으로 흘러나가는 교회

한국교회의 주요 병리현상들인 교회 성장주의나 교회 보호주의의 위험으로부터 벗어나기 위해 최소한 교회가 긴급하게 갖춰야 할 것이 한 가지 있다면, 그것은 바로 교회가 하나님의 변화를 위한 장소가 되어야 한다는 것이다. 사도행전에서 시작된 초대교회와 같이 교회는 세상 사람들이 하나님과 우리 교인들 서로에 대해 모두 호감을 사면서 예라고 대답하는 곳이다(사도행전 2:47). 교회는 그리스도께서 물을 포도주로 변화시키는 곳이다(요한복음 2장). 교회는 사람들이 죽기 위해 와서 새로운 삶으로 다시 살아나가는 곳이다. 이처럼 강력한 변화 보증서들은 교회가 "세상"과 다른 형식의 생활방식을 선택할 때 더욱 강하게 된다.

하나님께서 특별히 교회를 시작하게 하신 섭리를 이해하고 잘 따르기 위해, 그리고 앞으로 우리가 어떤 방향으로 무엇을 해야 하는지 그 해결 방안을 찾고 실천하기를 바란다면 초대교회의 이야기, 즉 사도행전을 주의 깊게 살펴보아야 한다. 왜냐하면 하나님은 지난 2천년 이상을 이 땅 위에 자신의 나라를 세우기 위해 세계 도처의 교회들을 사용하고 계시다는 것이 분명하기 때문에, 교회에 대한 우리의 비전과 접근하는 방법을 발전시켜야 하지만, 우리는 교회가 초대교회에서 어떻게 시작되었는지를 다시 살펴보기 위해 성경으로 돌아가야 한다. 하나님께서는 초대교회가 자신들의 삶과 목회에 대해 어떻게 접근하도록 인도하셨는지를 보아야 한다. 사도행전과 성경이 말하는 교회로부터 통찰력과 진리를 배워 우리의 교회와 현대 콘텍스트에 적용시켜야 한다. 어떻게 교회가 아니 우리 그리스도인들이 세상과 다를 수 있는가? 어떻게 나를, 그리고 나의 것들을 세상으로 흘러나가도록 할 수 있는가? 그리고 어떻게 교회가 세상 속으로 계속 흘러나감으로 살아남을 수 있는가?

1. 성령님의 교회

첫째로, 사도행전이 말하는 교회의 주인은 성령이다. 교회는 우리들에 관한 것이 아니라, 성령에 관한 것이다. 초대교회는 성령에 관해 충분히 말한다. 교회의 핵심, 중심이 무엇인가? 교회의 생명과 사명의 기본이 무엇인가? 그것은 바로 우리가 아니다. 목사, 장로, 권사, 집사, 평신도인 우리가 아니라, 하나님의 영, 성령이시다. 위로부터 교회에 임하시고, 교회를 모으시고, 다시 교회를 세상으로 보내시는 성령이시다. 왜냐하면 사도행전의 주역이 바로 성령이기에 우리는 사도들의 행전을 "성령의 행전"이라고 부르는 이유이다.

우리가 어느 정도 알고 있듯이, 사도행전, 사도들의 행적 이야기는 문제가 있는 하나의 교회에게 전달된 메시지이다. 사도행전을 조심스럽게 읽어 가면, 우리는 동시대의 문화와 계속 충돌하던 한 교회를 발견한다. 그 예루살렘 교회는 마치 손가락 끝에 매달려 있는 것같이 무척 위태하다. 심각한 재정난까지 겪고 있는 교회이다. 그렇다면 사도행전의 저자 누가는 이렇게 문제 많은 교회를 도대체 어떻게 다시 살리는가? 어떻게 영감을 불어넣고 불을 다시 붙이는가?

사도행전의 저자인 누가가 그 초대교회에 대해 기억나게 하는 첫 번째 가르침이 사도행전 1:8에 요약되어 있다. "오직 성령이 너희에게 임하시면"이라는 약속은 성령이 임할 때만, 우리가 능력을 얻을 수 있다는 것이다. 성령은 예수님의 마지막 선물임과 동시에 교회를 위한 첫 번째 선물이며 최고의 선물이다. 이 예수님의 유언은 능력을 보여주신 스승을 잃어 고아가 된 제자들에게 정말 필요로 하던 약속이었다. 그리고 성령은 초대교회의 기도하던 사람들이 받은 첫 선물이었다. 그 이후 교회는 그들에 관한 이야기가 아니라 성령에 관한 것이었다.

성령은 초대교회에서 일어난 놀라운 일들에 대한 유일하고 분명한 이야기들을 전한다. 예를 들어, 오늘 우리가 만일 사도행전에 나오는 기독교 최초의 교회에 대해 질문해야 한다면, 그 질문은 "도대체 당신들은 어떻게 모든 전통적인 경계지역들을 뛰어넘기로, 그래서 사마리아인들에게까지 선교를 시작하기로 결심할 수 있었는가?"일 것이다. 그 교회는 이렇게 대답할 것이다: "우리는 한 것이 없어요. 우리가 결정하지 않았습니다. 어떤 사마리아 선교 계획이나 프로그램도 우리가 결정하지 않았습니다. 성령께서 우리를 교회로부터 끌어내어 그 선교에로 밀어붙이신 것입니다"라고.

사도행전 7장에서 스데반이 돌에 맞아 첫 순교자가 되는 사건이 일어난 후, 엄청난 박해가 그 교회에 주어졌다. 그 박해를 피하기 위해 교인들은 사마리아 지역(그리스도인들을 박해하던 유대인들의 경계지역을 넘어선 곳)까지 도망갔다. 분명히 어느 누구도 그들이 사마리아

지역에로 가도록 설득할 수 없었다. 그런데 그들이 사마리아 지역에 피신해 있는 동안, 빌립이 그리스도인들이라면 기본적으로 행하던 것을 행했다. 즉 빌립이 몇 사람들에게 예수에 관한 복음을 전했다. 놀랍게도 성령께서 그 피난민 교회에 임하셨으며 분명히 이방인들로 취급되던 사마리아인들이 세례를 받았다.

사도행전에 나오는 그 교회에 대한 나의 이미지는 마치 큰 힘에 의해 질질 끌려가면서 그리고 외마디소리를 내면서 섬김 사역의 범위를 확대하고 있는 교회, 쉬지 않고 부활하신 주님이 하신 사역들을 놓치지 않으려 노력하는 교회로 그려진다. 그것이 바로 복음전도이다. 교회의 사명은 성령의 움직임들을 놓치지 않으려고 노력하는 것이다. 세상을 새롭게 만들기 위해 쉬지 않고 일하시는 하나님의 움직임들을 따라가려고 노력하는 것, 너무 뒤처지지 않으려는 노력이다.

성경에는 교회가 지리적으로나 조직적으로 한곳에 머무르는 것을 정당화하지 않는다. 한곳에 위치하는 것과 그리고 한곳에 경계선을 정하는 것조차 정당화하지 않는다. "위치, 장소, 부지(건물과 땅)"라는 말은 결코 예수님이 말씀하신 것이 아니다. 그럼에도 오늘날 많은 교회들이 땅과 건물, 부동산을 취득하고 유지하는 것을 마치 교회의 사명처럼 여기는 것이 얼마나 슬픈 일인가!

'교회'에 해당하는 헬라어는 '에클레시아'(ecclesia)이다. 성경에 따르면, 가장 먼저 '에클레시아'라는 단어를 사용하신 분이 예수님이다. 예수님께서 제자들을 부르신 후 3년여의 시간이 지나 자신의 공생애가 끝나가는 즈음 예루살렘에 오르시면서 "사람들이 나를 누구라고 하더냐?"라는 질문을 하셨다. 하지만 이것은 예비적인 질문에 불과했다. 왜냐하면 곧바로 그렇다면 "너희는 나를 누구라고 생각하느냐?"라는 질문을 하셨기 때문이다. 직접적인 관심을 담은 이 질문에 대하여 상의 끝에 베드로와 제자들이 모은 의견, 즉 "예수님, 당신은 그리스도시요, 살아계신 하나님의 아들이십니다"라는 고백을 들으신 예수님이 교회 설립에 관한 말씀을 하셨다. 그때 에클레시아라는 단어가 처음으로 등장한다.

교회는 "예수님, 당신은 그리스도시요, 살아계신 하나님의 아들이십니다"라는 고백을 하는 사람들의 모임이다. 조금 풀어서 말하면, "예수님, 당신이 나 혹은 우리의 죄를 대신하여 죽고 나 혹은 우리의 의와 생명을 위하여 부활하신 하나님의 아들이십니다"라는 신앙고백을 하는 자들의 모임인 것이다. 이것이 교회를 구성하는 이들이 가진 양보할 수 없는 근원적인 신앙고백이어야 한다. 오늘날도 변함없이 공동체 예배를 드릴 때 교회에 관한 신앙고백을 하는 이유를 이해해야 한다. 다른 어떤 요소가 교회를 구성하는 것이 아니라, 바로 이 핵심적 고백이 교회의 심장을 구성한다. 교회는 이 고백 위에 세워지기 때문이다. 이런 사실에 근거하여 우리는 이런 근본적인 고백을 가진 그리스도인들이라면 단 두세 사람이라도 모이면 그것이 바로 교회가 된다.

이 신앙고백은 교회가 건물의 준비(빌딩, 땅, 강대상과 의자, 커튼, 피아노 등을 마련할 경비) 여부로 개척되는 것이 전혀 아니라는 말이다. 교회는 올바른 신앙고백을 하는 사람들로 구성되는 것이다. 따라서 교회는 건물을 준비하는 것으로부터가 아니라, 전도로부터 시작되어야 맞다. 마치 사도들이 예수는 그리스도시요, 살아계신 하나님의 아들이심을 고린도에서, 에베소에서, 빌립보에서, 로마에서, 데살로니가에서 그리고 갈라디아에서 전파할 때, 그 말씀을 사용하여 죄인을 거듭나게 하신 성령의 사역의 열매로서 회집된 한두 사람으로부터 교회가 시작되었던 것처럼 말이다.

그런데 우리는 많은 신학생들과 목회자들이 실제로 교회와 건물 사이에서 방황하고 있는 모습을 본다. 하지만 초대교회의 경우, '에클레시아'는 일반적으로 믿는 자의 가정에서 회집되었다. 번듯한 건물을 얻고 그것을 단장하면서 교회가 형성되는 것이 아니라, 경우에 따라서는 동일한 신앙을 고백하는 사람들이 가정과 동굴에서, 심지어는 카타콤, 즉 지하 무덤에서 형성되었다. 이렇게 본다면 장소가 어디냐는 이차적인 문제였고 누가 모였는가가 핵심적인 관심사였던 것이다. 이것이 사실이라면 발상의 전환이 요청된다. 목회와 신앙생활을 생각하는 사람들은 우선, 빌딩 강박증으로부터 해방되는 일이 필요하다. 이런 점에서 나는 "교회"라는 단어 대신 "에클레시아"라는 단어를 사용하는 것을 추천하고 싶다.

2. 세상을 향해 흘러나가는 교회

둘째로, 사도행전의 저자인 누가가 초대교회에 대해 기억나게 하는 두 번째 가르침은 "사마리아와 땅 끝을 향하여!"라는 교회의 방향에 관한 것이다. 성장하는 교회와 죽어가는 교회의 주된 차이는 방향이라는 것이다. 안으로 향하는가, 밖으로 향하는가?

사도행전에 나오는 교회는 항상 움직인다. 항상 밀고나간다. 그러나 보다 중요한 것은 항상 안으로보다는 밖으로 행한다는 것이다. 항상 성령에 의해 이끌림을 받는다. "예루살렘, 유다, 사마리아, 그리고 세상 끝까지 **밖으로**" 나가도록 성령에 의해 이끌리고 밀려나간다. 우리가 교회가 된 것은 오직 하나님의 은혜(성령, 하나님의 선물)에 의한 것이다. 그러므로 여전히 하나님의 은혜에 의해, 그리고 우리를 이끄시고 찌르시는 성령에 의해서만 우리가 교회가 될 수 있다!

사도 바울은 "밖으로" 흘러나가는 교회를 빌립보서 2:5-8에서 모든 것을 기꺼이 주려는 자들이 모든 것을 가치 있게 지키는 자들이라고, 그리고 기꺼이 죽음까지 충분히 직면하려는 자들이 가장 풍성한 삶을 살아가는 자들이라고 말한다. 다시 한번 이 말씀을 교회를 성장시키고 보호하기에 여념이 없는 오늘 우리 목회자들을 위해 다시 쓰여진다면, 어떻게 들릴 것인가?

그리스도 예수 안에 있는 것과 동일한 마음을 너희 안에 있게 하라. 이 세상에서 하나님의 몸이 되도록 부름을 받았지만, 너희는 하나님에게 너희가 사랑받는 것을 이용당하는 어떤 것으로 여기지 말고, 너희 자신을 비워라, 종의 모습을 취하면서, 그리스도와 같은 모습으로 다시 태어나라. 그리고 그와 같이 인간의 모습으로 보이면서, 너희는 자신을 겸손하게 만들어 너희 자신의 죽음에 이르기까지 순종하라. 심지어 너희가 생명보다 먼저 죽음을 맞이하기까지.

우리가 알 수 있는 모든 것은 어떤 신앙인이든지 자신의 믿음을 아낌없이 자신까지 주시는 하나님에 의해 성숙시킨 자들이라면, 자신의 삶을 계산하지 않고 남에게 아낌없이 줄 것이다. 그런데도 내가 이해할 수 없는 것은 어떻게 자신을 드린 예수님을 따르기 위해 조직된 교회가 자신을 보존하는 데만 투자할 수 있는가이다. 예수님은 교회가 자신의 생명을 자신의 친구들을 위해 버리는 것이 세상에서 가장 큰 사랑이라고 말했는데, 그렇다면 버리기보다 채우기에 바쁜 오늘 우리의 교회들은 무엇과 같이 보이겠는가?

우리는 목회를 위해 안수를 받았다. 목회(ministry)는 섬기는 사역이다. 쉽게 표현하자면, 남을 돕는 생활이 목회이다. 우리 신앙인 모두, 특히 나처럼 교회에서 목사, 장로, 안수집사 및 권사 등으로 안수를 받은 사람들은 다른 사람들을 도울 수 있기를 원한다. 그것은 자연스러운 것이다. 잘못된 것이 아니다. 그런데 사람을 섬기는 일에 뛰어든 사람들은 곧 깨닫게 된다. 우리는 교회 안에서조차 도움이 필요한 모든 사람들을 도울 수 없다는 것을. 정말 가능한 많은 사람들을 돕기를 원하지만, 사도 바울이 말한 것처럼 "항상 모든 사람들에게 모든 것이 될 수는 없다." 결국, 이런 깨달음이 우리의 섬기는 일을 포기하게 만든다. 이렇게 교회 안에서는 섬기는 자가 되고 거룩해지고, "구별되는 것"이 너무나 힘들다. 하지만 인간이 되신 예수께서 먼저 찾아가신 세상에서는 가능하다.

다른 사람들에게 안식이 되어주고 또한 자신의 안식을 경험하는 길은 사람들의 모든 문제들을 풀어주고, 전화나 가정심방을 하는 것과 같은 의무적이며 묶여 있는 목회 생활이 아니다. 오히려, 세상에서 그리고 다른 사람들에게 찾아가 긴장을 풀고 충분히 인간적이면서 하나님을 경험하는 방법을 배우는 것이다. 철저한 인간이 되어 세상으로 들어가신 예수님처럼, 다른 사람들의 인간성 안으로 들어가 살아가기 위해서는 충실한 인간성을 필요로 한다는 것을 깨달아야 한다. 그러므로 주로 내적인 관심사들에 기울어지는 교회들은 "나는 세상을 너무나 사랑해 그 세상을 구원하기 위해 하나밖에 없는 아들까지 희생시켰다"는 하나님의 말씀을 기억해야 할 것이다.

IV. 나가는 말

한국교회의 대표적인 병리현상들인 멈추지 않는 교회 성장병과 어정쩡한 교회 보호주의를 치유하려면 이제 우리는 예수님을, 그리고 예수님의 교회를 진심으로 사랑하는 것이 예수님을 새로운 종교의 설립자로 보는 것이 아니라, 하나님의 위치를 포기하고 인간이 되는 새로운 길을 보여준 모범으로 볼 수 있어야 한다. 바울의 표현에 의하면, 예수님은 하나님에 대한 확실한 믿음으로 살다가 죽음으로, 자신을 따르는 자들에게 자신이 행한 동일한 일을 하도록 용기를 준 새로운 아담(인간)으로 이해되어야 한다. 병리현상들을 치유하려면 예수님의 몸인 교회 목회를 위해 부름을 받은 우리도 온전히 인간이 되는 것을 매일 의식적으로 선택해야 한다. 우리의 인간성으로 살고, 그리스도가 우리 각자를 위해 희망하고 꿈을 꾸는 풍성한 삶을 살아가는 것이다.

이제 우리가 교회되게 하는 방식(제도화)과 목회하는 방식(계량화)은 깨어져야 한다. 우리가 어떻게 해야 할지 모른다 해도 우리는 우리의 방식에 문제가 있음을 알고 있다. 우리는 만인 제사장직을 선언하면서도 교회 안에서 계속 계급적인 제도와 예배 그리고 건축 등으로 살아가고 있다. 우리는 종교적이며 정치적인 제도들에 대해 도전했던 주님을 따른다 하면서도, 여전히 우리 자신의 것들을 축적하고 방어하고 있다. 우리는 하나님의 변화를 말하고 노래하면서도,

여전히 우리의 것들을 유지하기 위한 목적으로 우리의 힘을 사용하고 모든 것들을 행한다. 우리의 생활 속에 이런 깊은 문제들이 있음에도 불구하고, 우리에게 쇠퇴하지 않고 회복되는 일이 계속 일어나는 것은 우리 때문이 아니라 하나님이 지나치게 신실하시기 때문이다.

아마 우리가 교회를 떠나는 일이 필요하게 된다면, 그때가 바로 남게 될 교회와 떠나는 자 모두가 다시 온전히 인간적이 되고 하나님과 연결되어 사는 방법을 배울 때일 것이다. 그러므로 보다 진실해지고 깊은 문제들을 해결하기 위해, 이 세상 가운데서 교회가 될 수 있는 예언자의 비전을 나누어야 한다. 새로운 시대의 교회와 목회를 위해 우선적으로 우리가 성령에 의해 세상(하나님의 교회)을 향해 흘러나가야 할 것들이 무엇인지 찾아야 하고 실천해야 한다.

이머징 교회 패러다임과
한국교회 적용 가능성

황병준 I 호서대학교 교수

I. 서론

오늘날 시대와 문화의 변화 속도는 이전 세대보다도 훨씬 더 빠르고 급진적이다. 이것은 우리 전 생활 영역뿐 아니라 교회에도 영향을 미친다. 변화의 속도가 눈부시게 빨라진 오늘, 미래 교회를 정의한다는 것은 무척 힘든 일이다. 하지만 여전히 미래 속에 자리매김 될 교회의 본질을 재해석하는 작업은 반드시 필요하다. 미래 교회 트렌드를 읽어내기 위해서 우리는 사회 문화 진화의 시대적 사고와 가치 변화를 숙지할 필요가 있다. 진리는 변하지 않지만 그 진리를 담는 그릇은 달라질 수 있기 때문이다. 인간과 조직의 행동은 역사, 철학, 사회, 문화의 변화에 따라 달라져왔다. 그러나 복음은 문화의 시대를 따라 옷을 달리해왔지만 그 내용은 변하지 않는다.

이머징 교회 운동은 미국의 진보적 교회를 중심으로 초대교회로 돌아가 교회의 본질을 회복하고자 하는 포스트모던 세대의 교회 운동이다. 이들의 교회론은 선교적 공동체, 성육신적 교회, 문화적, 성화적 교회, 포스트모던적, 관계적 공동체를 추구하는 교회이다. 이러한 이머징 교회 운동은 북미, 유럽, 호주 등 세계적으로 그 교회 본질의 회복 운동이 포스트모던 세대를 대상으로 확산되고 있다.

미래 교회의 방향성은 시대성을 반영해야 한다. 미래 교회 트렌드를 읽어낸다는 것은 절대적 진리를 부정하는 것이 아니라 포스트모던 시대와 이머징 세대를 읽어내는 작업이다. 레너드 스윗(Leonard Sweet)은 포스트모던 세대의 문화적 양식을 네 가지로 요약 설명하였다. 스윗에 의하면(2002), 포스트모던 세대의 문화 양식은 체험적(Experiential)이고, 참여적(Participatory)이며, 이미지 지향적(Image-driven)이고, 관계적(connected) 특징을 지닌다.[1] 이러한 요소는 이머징 세대의 특징을 잘 드러내는 것으로, 미래 교회가 진리를 선포하고 가르치는 일에 반영하여야 할 특징들이다.

필자는 본고에서 이러한 이머징 교회 유형을 소개하면서, 이머징 교회 패러다임을 네 가지 유형으로 분류하여 분석해보고자 한다. 그리고 이러한 이머징 교회 패러다임이 다음 세대 한국교회에 어떻게 적용될 수 있는지 그 가능성을 고찰해보고자 한다. 네 가지 유형은 첫째, 문화 코드와 예배의 변화 유형, 둘째, 리더십 패러다임 변화 유형, 셋째, 셀 그룹 제자화 개념 변화 유형, 넷째, 전도 개념의 전환 유형이다. 이러한 유형 구분에 따라 이머징 교회의 특징을 분석하면서 한국교회 적용 가능성을 논하고자 한다.

----

[1] Leonard. Sweet/김영래 역, 『영성과 감성을 하나로 묶는 미래교회』 (서울: 좋은 씨앗, 2002), 22.

II. 이머징 교회 운동과 패러다임

최근 교회 운동의 변화는 미국을 중심으로 선교적 교회(Missional church) 운동과 이머징 교회(Emerging church) 운동이 있다. '선교적 교회'라는 말은 인도의 선교사이자 영국 선교 학자였던 레슬리 뉴비긴(Lesslie Newbigin)의 선교신학에 영향을 받아 북미 신학자들을 중심으로 'The Gospel and Our Culture Network'가 형성됨으로써 시작되었다. 1998년 이 네트워크의 다렐 구더(Darrell L. Guder)가 편집한 *Missional Church: A vision for the Sending of the Church in North American*라는 책이 나오면서 이 운동이 확산되었다. 선교적 교회 운동은 하나님 나라를 위해 상황을 변화시키고, 상황에 맞는 자신의 모습을 갖추기 위해 문화적 상황에 초점을 두고, 교회의 갱신과 변화를 시도하는 교회 운동이다.[2] "선교적 교회는 하나님이 그들에게 주신 사명을 최우선으로 삼고 끊임없이 '하나님은 우리로 하여금 현재의 문화적 상황에서 어떤 존재가 되고 무엇을 하라고 부르시는가'라고 자문한다."[3]

한편, 이머징 교회 운동은 미국의 진보적인 교회를 중심으로 초대교회로 돌아가 교회의 본질을 회복하고자 하는 포스트모던 세대의 교회 운동이다. 이머징 교회의 교회론을 간략히 요약하면, 선교적, 성육신적, 문화적, 성화적, 포스트모던적, 관계적 공동체를 추구하는 교회이다.[4] 에디 깁스(Eddie Gibbs)에 따르면, 이머징 교회는

---

2) 김도훈, "이머징 교회의 교회론에 대한 연구,"「장신논단」 36 (2009): 17.
3) Ibid., 16.
4) Ibid., 33.

포스트모던 문화 내부로부터 일어나고 있는 선교적 공동체이며, 그들이 있는 장소와 시간 속에서 믿음을 가지고 살아가려는 예수의 추종자들로 구성된 선교적 공동체로 정의된다. 이들은 포스트모던 문화 안에서 예수의 길을 실천하는 공동체이다. 이머징 교회들은 예수의 삶을 따라하고, 세속의 영역을 변화시키며, 고도의 공동체적 삶을 살아간다. 이런 세 가지 행동들 때문에 이머징 교회들은 낯선 이들을 영접하고, 아낌없이 봉사하며, 영적 생산자(프로듀서)로 참여하고, 창조된 존재로서 창조해나가며, 하나의 몸으로서 인도하고, 영성 활동에 참여한다.[5] 또한 영국 맨체스터 상투스1의 밴 앤더슨은 이머징 교회에 대하여 다음과 같이 말한다. "이머징 교회는 아주 단순히 하나의 교회, 즉 새롭게 나타나고 있는 상황에 뿌리를 두고, 그 상황 속에서 예배와 선교와 공동체를 탐구하는 하나의 교회로 이해된다."[6]

이머징 교회의 유형은, 드리스콜(Driscoll)에 의하면, 크게 네 가지로 분류된다.

1) 이머징 복음주의자(Emerging Evangelicals)
2) 이머징 가정교회 복음주의자(House Church Evangelicals)
3) 이머징 개혁주의자(Emerging Reformers)
4) 이머징 진보주의자(Emerging Liberals)

첫째, 이머징 복음주의자(Emerging Evangelicals)는 기존의 복음

---

5) 에디 깁스, 라이언 볼, 『이머징 교회』 (서울: 쿰란출판사, 2008), 51.
6) Ibid., 28.

주의 노선을 중시하며 교회의 변화를 추구한다. 댄 킴볼(Dan Kimball), 릭 맥켄리(Rick McKinley), 존 버크(John Burke) 등으로 이들은 기독교를 통째로 바꾸려는 것이 아니라 기독교가 좀 더 상호 관계적이고 실천적으로 바뀌어 더 많은 사람이 예수를 알게 하여야 한다고 생각하는 그룹이다. 새로운 교회 형태로 분류될 수 있는 구별된 신학을 유지하면서, 포스트모던 시대에 선교 의미를 되새기는, 선교적 교회를 지향하는 교회로서 정체성을 찾고자 한다. 이 그룹은 1년에 수천 개의 교회가 문을 닫고, 80%가 감소하고, 교회가 잘 서지 못하고, 젊은이들이 교회를 가지 않는 상황에서, 우리가 선교사라면 이 상황에서 무엇을 해야 하는가에 대해 질문한다.

둘째, 가정 교회 복음주의자(House Church Evangelicals)는 메가 교회(mega church)를 반대하는 교회 운동으로, 대형 교회보다는 초대교회의 가정 교회를 추구하는 그룹이다. 이들은 작은 교회를 추구하며 가정 또는 커피숍에서 주로 활동하는, 최대 30명을 넘지 않는 교회를 주장한다. 이들은 이것이 성서적(biblical)이라고 믿는다. 이들은 복음주의 노선을 따르며, 때로는 가정 교회끼리 연합해서 컨퍼런스를 하기도 한다. 이들은 주일에 큰 공간에 함께 모여 예배를 드리기도 하지만 주중에는 가정에서 가정 교회로서 성경 공부, 사회봉사, 선교를 각자 행하는 형태로 자신들의 정체성을 취하기도 한다. 교회 형태의 개혁을 시도하는 교회들이다.

셋째, 이머징 개혁주의자(Emerging Reformers)는 전통적인 교리를 유지하면서도 시대의 변화와 연결시켜 종교개혁과 같이 기존의 교단과 교리, 교회관에서 개혁을 주장하는 부류이다. 루터, 칼뱅, 웨슬리, 조나단 에드워드, 스펄전, 무디, 빌리 그래함, 존스컷, 제리 펫

컷, 존 파이퍼, D. A. 커슨 등과 같이 교회의 개혁과 갱신을 주장하는 이들은, 전통적인 복음주의 신학을 취하지만 업그레이드된 음악과 2세들을 위한 교회를 지향한다. 마크 드리스콜, 팀 켈러, C. J. 헤이니 등과 같은 목사도 이 그룹에 속한다.

넷째, 이머전트 진보주의자(Emerging Liberals)이다. 이 진보주의자들은 새로운 교회에 대한 기대보다는 기존의 신학, 성경의 권위, 원죄와 같은 교의학에 도전하는, 최전방(frontline)에 속하는 자들이다. 주로 근대 교회가 주장해온 내용들인 다원론적인 관점과 다양성을 강조하고, 소외된 소수민들에 대한 기독교적 배타성을 비판하면서, 이러한 신학적 담론을 주장한다. 예를 들면, 천국과 지옥, 동성연애, 죄성, 구원론, 종말론 등을 다룬다. 브라이언 맥라렌(Brian McLaren), 더그 패짓(Doug Pagitt), 랍 벨(Rob Bell) 등이 이 그룹에 속한다. 복음주의 노선이면서도 뉴 처치 형태를 지향한다.

한편, 짐 벨처(Jim Belcher)는 그의 저서 『깊이 있는 교회』에서 이머징 교회를 크게 3가지로 구분한다.7) 첫째는 연결주의자(Relevents)들이며, 둘째는 재건주의자들(Reconstructionists)이며, 셋째는 수정주의자(Revisionists)들이다. 벨처에 의하면(2011), 연결주의자는 보수적 신학을 표방하는 복음주의자로서 예배의 형식과 설교, 교회 체제의 변화에 관심을 가지는 부류이다. 재건주의자들은 복음과 성경을 전통적인 시각으로 보면서도 교회의 형식과 구조의 재구성을 강조하는 그룹이다. 재건주의자들은 전통 교회 모델과 구도자 중심 교회 모델도 성경에 맞지 않고 시대적 변화에 부적합하다고 보면

---

7) Jim Belcher/전이우 역, 『깊이있는 교회』(서울: 포이에마, 2011), 64.

서 콘스탄틴 이전의 초대교회를 본으로 삼고 강조한다. 마지막으로, 수정주의자들은 신학과 문화에 대한 복음주의의 모던 사유 체계를 비판하면서 핵심 교리에 대해 끊임없이 의문을 제기한다. "이들은 포스트모던 문화에서 신앙의 핵심은 합리적 교리가 아니라 예수를 따른 삶의 능력이라고 말한다."[8] 그들은 '새로운 세계에는 새로운 교회가 필요하다'고 믿는다.

오늘날은 포스트모던적 사고 세대가 이미 현실화되었다. 포스트모던 사고는 모더너티(modernity) 너머의 것을 추구하는, 새롭게 등장한 발전 단계의 세계관 및 문화로서, 단 하나의 우주적 세계관이란 없다고 주장한다. 따라서 진리는 절대적이지 않으며, 모더니즘에서 수용한 많은 특징들이 이전처럼 가치나 영향력을 갖지 않는다. 포스트모더니즘은 사람마다 다르게 정의할 수 있는데, 아직 형성 및 발전 단계에 있기 때문이다.[9]

1960-90년대에 포스트모더니즘에 대한 초기 언급과 포스트모던 신학의 이야기가 나올 때만 해도 현실과는 동떨어진 미래의 담론으로 받아들여졌지만 이제는 아니다. 과거의 담론이 현실화되어, 집 밖을 나서면 사람들 모두가 이 문화 현실 속에 살아가는 것을 느낄 수 있다. TV, 영상, 문화, 스마트폰 등 개인적 사고의 변화뿐만 아니라 집단의 철학과 의사 결정에도 포스트모던 문화가 현실화되었다. 이런 세대의 전환에 등장한 이머징 교회 운동은, 위의 분류에도 불구하고 하나의 범주로 묶을 수 없는 새로운 종류의 교회들이 생겨나

---

8) 최동규, "이머징 교회와 그것의 한국적 전개 가능성에 대한 비판적 고찰,"「신학과 실천」 32 (2012): 81.
9) 에디 깁스, 라이언 볼, 『이머징 교회』 42

고 있다. 이머징 교회는 하나의 모델이기보다는 사고방식(Paradigm)
에 가깝다. 단순히 사역의 형태를 바꾸는 것이 아니라 사역 본질에
대한 생각을 제고해야 한다.

III. 이머징 교회 패러다임의 네 가지 유형과 한국교회 적용

1. 유형 1: 문화 코드와 예배의 변화

이머징 교회 패러다임의 유형 1은 문화 코드와 예배의 변화이다.
근대적 사고 세대는 질서정연한 체계적인 프로그램을 강조해왔다.
반면 포스트모던 세대는 개인의 감정과 경험을 중시하고, 융통성과
자유로움을 선호한다. 이들은 모든 것을 직접 자신이 경험해야 자신
의 것이라고 믿는다. 이성과 합리성으로 설명되어도 본인이 경험하
지 않은 것은 중요하게 여기지 않는다.

근대적 사고 세대의 문화와 포스트모던 세대의 문화 코드 차이는
무엇일까. 인간의 두뇌 구조에 대한 연구 이해로 살펴보면, 근대적
사고 세대가 좌뇌를 주로 활용하는 사고 행동 세대였다면, 포스트모
던 사고 세대는 우뇌를 주로 활용하는 사고 행동이 더 강하다. 즉,
근대적 사고 세대가 논리적이고 체계적이며 계산적인 왼쪽 두뇌의
특성을 가진 사고 행동 세대였다면, 포스트모던 세대는 오른쪽 두뇌
의 특징인 감성적이고 예술적이며 신비적 경험을 선호한다.

데코스터드(2008)에 의하면, "뇌는 좌반구와 우반구로 나누어지

는데, 각 반구는 생각과 행동의 특정한 성향을 관장한다. 좌반구는 믿음직한 전술가로 당장의 기획, 추론, 실행 능력을 담당하며, 우반구는 우리의 전략가이자 혁신자이며 공상가이다. 또 그것은 주로 감정 표현과 인지 기능을 담당한다."10) 좌뇌는 몸의 오른쪽을 조정하는 것으로 연설, 추론, 계산 같은 합리적 기능들을 일으키는 반면, 우뇌는 몸의 왼쪽을 조정하는 것으로 상상과 예술적 표현 같은 감성적 기능들을 일으킨다. 이런 이론에서 논리적 사고, 개념화, 언어 구사는 이성적인 활동으로 좌뇌적이고, 직관, 감정, 상상은 경험적 활동으로 우뇌적이다.11)

이런 포스트모던 우뇌 사고 행동의 변화가 교회에는 어떤 영향을 주었을까. 최근 이머징 교회의 예배와 설교에서 이러한 영향을 찾아볼 수 있다. 근대 교회는 종교개혁 이후 설교가 예배 안에 매우 중요한 부분(portion)을 차지했다. 예배의 핵심은 설교라고 여겨져 왔다. 설교자는 '진리가 무엇인지 설명'하는 데 역점을 두고, 현대인의 삶의 많은 개인적인 문제를 해결하도록 도와주기 위해 성경 진리를 제공하는 역할을 해왔다. 성경의 메시지는 주로 말(word)을 통해서 전달되고, 설교는 예배 중 교회 건물 안에서 이루어지며, 설교가 주일 예배를 통해 한 주 동안 유일하게 성경을 배우는 시간이었다.

반면, 포스트모던 세대의 이머징 교회는 다르다. 이머징 교회는 설교가 예배의 전부라고 생각지 않으며, 오히려 일부분이라고 여긴다. 즉, 이들은 말씀을 통해서 가장 큰 변화의 계기가 마련되는 것이

---

10) 매리 루 데코스터드/권오열 역, 『우뇌좌뇌 리더십』 (서울: 마젤란, 2009), 49.
11) 조지 헌터 3세/황병배 역, 『켈트 전도법』 (서울: 한국교회선교연구소, 2012), 116.

아니라, 예배 전체 과정을 통해서 그것이 가능하다고 믿는다. 이들 교회에서 설교자는 '진리가 무엇인지 설명'하기보다, '진리를 경험'하는 데 역점을 둔다. 성경의 지혜를 주님의 제자로서 '천국 삶에 어떻게 적용할 것인지' 가르쳐주는 것이 중요하다. 성경 메시지는 말뿐만 아니라 시각적 요소, 예술적 작품, 침묵, 간증, 이야기에 혼용되어 전달된다. 주일 예배가 유일한 성경 학습 시간이 아니라 주중에 성경을 배우게 하는 촉매제 역할을 한다고 생각한다. 이러한 차이점은 포스트모던적 사고 행동의 변화가 이머징 교회에 영향을 준 하나의 예라고 할 수 있다.

2. 유형 2: 리더십 패러다임의 변화

이머징 교회 패러다임의 유형 2는 리더십 패러다임의 변화이다. 최근 교회 안에 리더십의 가치 인식이 확산되고 있고, 공동체 속에서 리더의 위치와 역할, 그리고 그 중요성이 강조되고 있다. 모두가 훌륭한 리더는 될 수는 없지만, 훌륭한 팔로워(follower)가 되어야 한다는 팔오워십(Followership)이 등장하고 있다. 이러한 팔로워십이 확장되어 셀프 리더십(self-leadership) 및 슈퍼 리더십(super leadership)의 성숙미가 요구되는 시대로 변하고 있다.

리더십의 가장 큰 변화는 공동체에 대한 배려와 인식의 차이 부문에서이다. 나(I) 중심의 리더십에서 타인과 공동체를 중시하는 우리(We) 리더십으로 변화되었다. 개인 중심보다는 집단 중심으로, 수직적 구조에서 수평적 구조로, 과제 중심(task centered)에서 과정 중심(process centered)으로, 목적 중심(goal centered)에서 관계 중심(relationship centered)으로 변화되고 있다. 카리스마의 권위적이고 급진적인 신뢰 구도의 리더십에서 미소의 카리스마 리더십 시대로 변화하고 있다. 이러한 리더십의 변화를 근대 교회와 이머징 교회 안에서 비교해보면 다음의 특징이 발견된다.

근대 교회의 리더십은 "나를 따르라, 나에게 계획이 있다"며 개인의 권위와 카리스마를 강조해왔다. 모더니티 사고의 리더는 최고 경경자이고 결정권자이며, 권위(authority)와 권력(power)이 부여된 집권적 리더 형태였다. 그리고 그 구조는 계층적 구조로, 목회자와 평신도, 중간 지도자 모두 계층적 구조 형태 안에서 이해되었다. 이들의 리더십은 목적 중심적이고, 각각의 일과 직위에 따라 지위와 역할이 부여되고 지휘권이 부여되었다. 근대 교회의 리더는 일하는 자, 곧 일하는 리더십으로 분류되었다. 이러한 패러다임 안에서 벗어나면, 좋은 리더십에서 배제되는 구조를 가지고 있었다.

반면, 포스트모던 세대의 이머징 교회를 보자. 이들의 리더십은 "내가 앞장서지만, 우리 함께 이 문제를 해결하자"고 설득한다. 모든 문제를 리더 혼자 해결하기보다는 공동체가 함께 공유하고 각각의 자원된 봉사자들이 전문가들과 함께 해결하도록 권유한다. 이들에게 리더는 경영자가 아니라, 영적 안내자이며 동시에 함께 일하는 동반자이다. 권위와 권력이 한곳으로 집중되기보다는 분권적이며, 수직적이 아니라 수평적이다. 다양한 가치와 차이를 존중하고 관계 중심적이다. 포스트모던 사고의 이머징 교회는 신뢰와 관계 형성에 리더의 지휘권이 부여된다. 이들의 리더십은 말하는 리더십이 아니라 듣는 리더십이다.

3. 유형 3: 셀(cell) 그룹 제자도 개념 변화

이머징 교회 패러다임의 유형 3은 셀(cell) 그룹 제자도 개념 변화이다. 소그룹에 대한 중요성과 그 효율성은 이미 개신교 역사 속에서 증명되어왔다. 성서적이고 신학적인 근거에서도 쉽게 찾아볼 수 있고, 이제는 사회에서도 팀 중심의 팀장과 팀원으로 구성 단위가 축소되어 활용된다. 한국교회는 이미 소그룹의 중요성을 인식하고 교단별로 속회, 구역, 순, 셀, 목장 등 지속적인 노력을 해왔다. 그럼에도 불구하고 소그룹을 통한 지역교회 성장은 여전히 아쉬움이 남는다. 그렇다면, 이머징 교회는 셀 그룹의 제자도 과정을 어떻게 이해할까? 무엇이 다른가?

근대 교회는 셀 그룹을 통한 제자도를 선택 옵션(option)으로 여겼다. 신앙을 가지고 살아가면서 교회에 출석해서 예배를 드리는 것 이외에 셀 그룹을 통해 제자도를 실현하는 것은 하나의 선택 사항이었다. 목회자들과 교회 지도자가 강조하여도 사람들은 이를 선택으로 받아들였다. 이들은 셀 그룹을 영적 여정을 위해 수립되어야 하는 체계로 여기고 이를 위한 과제로만 여겼다. 셀 그룹의 목적과 비전은 "교회의 빈자리"를 메우고, "평신도 리더십을 양성"하고, "2배 성장을 위해 그룹을 나누는 것"이었다. 그러나 이머징 교회가 추구하는 셀 그룹은 이런 것이 아니다. 이머징 교회에게 있어서 제자도를 실현하는 것은 총체적인 것이다. 다시 말해, 교회의 존재 이유이다. 셀 그룹을 영적 여정의 중요한 체계로만 이해하는 것이 아니라 영적 여정 안내를 위한 핵심으로 이해한다. 셀 그룹은 영적 여정의 틀로만 존재하기보다는 안내의 핵심 내용이라는 것이다. 셀 그룹은 빈자리를 위한 것이 아니라, 불안정한 세상의 동반자로서 불안정감을 경험한 사람들로 하여금 안정감을 얻게 하는, 세상 한가운데에 있는 오아시스 같은 것이다.

근대 교회는 셀 그룹 안에서 성경을 문제 해결을 돕는 책이자 하나님을 아는 지식의 수단으로 가르친다. 그리고 제자도의 실현을 지극히 개인적인 경험으로 여기고, 지식을 얻고 믿음을 얻는 과정으로 셀 그룹을 운영한다. 근대 교회는 제자도를 신도에 대한 교육으로 여겼기에 셀 그룹은 교육의 장이었다. 이들에게 제자가 된다는 것은 전도하는 것과는 별개의 일이었으며, 영적 성장은 가르침을 통해 이루어진다고 여겼다.

반면, 이머징 교회는 셀 그룹 안에서 성경을 인생의 나침반으로 여기며, 성경을 하나님을 아는 지식의 수단으로서가 아니라, 경험하는 수단으로 받아들인다. 그리고 제자도의 실현을 개인적인 경험으로 여기기보다는 공동체의 경험으로 강조한다. 모두가 함께 하는 공동체의 경험을 통해, 혼자가 아닌 공동체의 중요성을 강조한다. 이들 교회는 근대의 방법론과 수단을 사용하기보다는 전통적인 훈련에 근거하여 제자도를 체험하게 한다. 초대교회와 기독교 전통을 통해서 전해진 훈련 방법을 간과하지 않는다. 이들에게 제자가 된다는 것은 그리스도의 복음을 전하는 것이다. 다시 말해, 제자가 된다는 것은 전도적 사명을 갖는 것이다. 이들에게 영적 성장은 인지적 가르침이라기보다 경험과 참여를 통해 이루어지는 삶의 체험이다. 그러므로 이머징 교회는 제자도를 교회의 핵심 사명으로 여긴다.

이상과 같이 최근 교회 운동의 셀 그룹을 통한 제자도 실현은 교회의 새로운 이해와 더불어 껍데기 신앙을 벗어 던지고 진솔한 신앙의 체험과 결단을 촉구하는 현장으로 포스트모던 세대들을 초대하고 있다.

4. 유형 4: 전도 개념의 전환

이머징 교회 패러다임의 유형 4는 전도 개념의 전환이다. 근대 교회와 이머징 교회의 전도 개념은 확연히 다르다. 출발부터가 다르다. 근대 교회에서 전도는 그리스도의 복음을 전하고 사람들이 천국에 들어가게 하기 위해 그들을 초청하는 행사이다. 전도의 주 대상층은 기독교 이전 세대로, 전도는 훈련된 전도자들이 한다. 이들의 전도 내용은 메시지이다. 전도를 뒷받침하기 위해 근대 교회는 이성(reason)과 증거(witness)를 동원하여 설득하고자 했다. 이들에게 있어서 전도와 선교는 꼭 필요하지만 교회 행사의 한 부분에 불과하다. 근대 교회의 전도를 들여다보면 틀린 것이 하나도 없이 모두 맞는 말이다. 그리고 이것이 현재 교회들이 행하고 있는 전도 방법이고, 그렇게 듣고 받아들여 왔다. 그렇다면 이런 것이 틀린 것일까? 아니다. 틀린 것이 아니라 접근 방법이 다른 것이다.

킴볼(Kimbal)은 기독교 이전 세대와 기독교 이후 세대로 나누어 전도 대상자를 설명하면서, 포스트모던 시대 전도 대상은 기독교 영향을 전혀 받지 않은 새로운 세대, 즉 기독교 이후 세대라고 명명한다. 베이비붐 세대 이후 기독교를 떠나 다시 구도자로 찾아온 세대, 그 이후 세대를 지칭한다. 이머징 교회는 이러한 기독교 이후 세대를 대상으로 그리스도의 복음을 전하기 위해 사람들과의 관계를 먼저 형성한다. 이를 통해 신뢰가 쌓이고, 삶의 본을 통해 복음이 전해진다고 믿는다. 전도는 잘 훈련된 사람만이 하는 것이 아니라 예수의 제자가 되려는 모든 사람이 해야 하는 필수 덕목이다. 즉, 전도와 제자도를 따로 떼어놓고는 설명할 수 없다. 이머징 교회는 전도를 뒷받침하기 위해 이성과 증거를 동원하기보다 변화된 '자신의 삶'과 '교회의 교회됨'을 본보기로 사용한다. 이들에게 전도와 선교는 교회의 존재 의미이다. 이들이 추구하는 전도의 관심은 '천국에 들어가는 것'이라기보다는 사람들이 '바로 지금 여기에서 하나님 나라의 통치 하에 사는 삶'을 실제로 경험하는 것이다. 생각의 첫 단추부터가 다른 전도 개념에 대한 전환이다. 진리의 본질은 변하지 않는다. 단, 전달 그릇이 달라질 뿐이다.

헌터(Hunter)는 전도 방법의 변화를 역설해왔다. 조지 헌터에 의하면(2008), 근대 교회의 로마식(Roman) 전도 방법은 켈트식(Celtic) 전도 방법으로 바뀌어야 한다고 주장한다. 로마식 전도 방법은 4영리 전도 방법과 같이 기독교의 메시지를 제시하고, 사람들에게 메시지를 이해시키고 믿게 함으로써 그리스도인이 될 결단을 촉구한다. 그리고 이들이 기독교 메시지를 따라 읽거나 고백하면 영접하였다고 보고, 교회의 교제권 안으로 따뜻하게 맞이한다. 이런 로마식 전도 방법이 틀린 것은 아니다. 켈트식 전도 방법은 그 방향성이 다를 뿐이다. 로마식 전도 방법이 복음 제시 → 결단 → 교제권 수용의 순서로 진행되었다면, 켈트식 전도 방법은 교제권 수용 → 봉사와 대화 → 영접 권면(믿음) 순이다.

켈트식 전도 방법은 먼저 사람들과 교제를 형성하여 그들을 신앙 공동체의 교제권으로 받아들인다. 켈트 전도 방법은 '성 패트릭의 전도 전략'이라고도 한다. 이는 켈트 부족이 외부 사람을 수용하는 방법으로, 헌터는 그의 책 *The Celtic Way of Evangelism*에서 아일랜드에 가장 짧은 기간에 아일랜드인들을 기독교로 회심시키고 전 유럽으로 선교사들을 보내어 괄목할 만한 성취를 이룬 켈트 기독교를 소개하고 있다. 이방인을 먼저 자신의 공동체로 수용하는 것은 쉬운 일이 아니다. 선행적 교제권의 수용은 성숙한 공동체원들이어야만 가능하지 않을까 생각한다. 다르다는 것을 인정하고 수용할 수 있는 사람들만이 가능하리라 본다. 이후 교제권에서 이들은 대화, 봉사, 기도, 예배를 활용하여 교제한다. 시간이 흘러, 외부인들이 믿음을 깨달으면 받아들이라고 권면한다. 시간이 걸리더라도 인내하며 기다린다. 헌터에 의하면, 오늘날 문화는 감각적인 문화를 선호하는 켈트 문화와 비슷하다고 말한다.

이머징 교회 전도 패러다임은 원심력 사고 구조이다. 지금까지 근대 교회가 전도의 개념을 구심력에 맞추어 교회 안으로 초점을 맞추고 외부인들을 초청해왔다면, 이머징 교회는 전도 개념이 회전력에 의해 외부로 힘이 분산되는 원심력에 초점되어 있다. 모든 중심을 교회 안에 두고 사람들이 교회로 들어오도록 초점을 맞춰왔던 것과는 반대로, 교회 안에서 세상 밖으로 찾아가는 전도이다. 기다리는 전도가 아니라 교회를 넘어 세상을 향해 찾아가는 전도이다. 삶의 현장으로 내 삶의 본을 보이는 찾아가는 전도 방법이다(〈그림 1〉 이머징 교회 원심력적 전도 방법 참고).

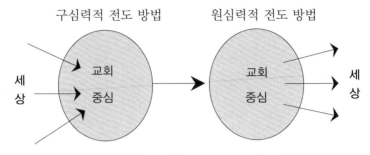

구심력적 전도 방법　　　　　원심력적 전도 방법

세
상

교회
중심

교회
중심

세
상

〈그림 1〉 이머징 교회 원심력적 전도 방법

　　오늘날 교회 변화의 트렌드가 달라지고 있다. 한국교회도 포스트
모던 세대를 대상으로 하는 다른 전환이 필요하다. 위에 제시되었던
이머징 교회 패러다임의 네 가지 유형에 따라 교회 본질의 회복이
필요하다. 전도의 노력을 행사에서 교제로 옮겨가야 한다. 교회 중
심의 구심력적으로 초대하는 행사가 아니라 그리스도께서 세상을
찾아오신 것처럼 교회는 세상 바깥으로 찾아가는 성육신적 원심력
이 발휘되어야 한다. 전도가 말하기, 설명하기, 증거 제시보다는 관
계를 형성하여, 듣고 대화하고, 동석하고 싶은 마음으로 바뀌어야
한다. 사람들의 궁금함을 자아내고 그들의 이야기를 듣는 공감적 경
청이 필요하다. 삶의 드라마 속에서 풀지 못하는 숙제를 함께 풀어
가는 것이다. 로마식 전도 방법이 소크라테스식 전도 방법이었다면,
미래의 전도방법은 대립적이기보다는 담화적인 방법이 되어야 할
것이다. 전도가 설교식이기보다는 문답식으로 장기간에 걸친 대화
의 방법으로 변해야 한다. 제도적인 교리와 전통을 가르치기보다는
직접 삶의 본을 나누도록 바뀌어야 한다. 전도는 흥미위주이기보다
는 '제자도'에 기반을 둔 삶의 실천이어야 한다.

IV. 결론

필자는 본고에서 최근 교회 운동 중 하나인 이머징 교회를 소개하고 그 패러다임 분석을 통해 한국교회 적용 가능성을 논하였다. 미래 교회의 태동은 포스트모던 세대에 대한 새로운 이해에서 출발한다. 세대적 차이를 보이고 있는 사상, 문화, 종교 변화에 반응하여 미래 교회는 계속해서 재해석되어야 할 것이다. 미래 교회는 참여적, 창조적, 실천적, 선교적 교회를 지향한다. 한국교회는 문제가 남에게 있다고 생각하는 외부 의존적 사고방식에서 벗어나 책임이 나에게 있다고 생각하는 내부 독립적 사고를 기반으로 현 교회 문제를 자성해 나가야 할 것이다.

이머징 교회는 포스트모던 문화 안에서 예수의 길을 실천하는 공동체로서 초대교회 본질을 회복하고자 예수의 삶을 따라하고, 세속의 영역을 변화시키며, 공동체적 삶을 살아가는 공동체이다. 이런 목적 때문에 이 교회들은 낯선 이들을 영접하고, 아낌없이 봉사하며, 영적 생산자로 참여하고, 창조된 존재로서 나아가며, 하나의 몸이 되어 영성 활동에 참여한다.

한국교회는 예배의 소비자로서 관람하는 수동적인 크리스천이 아니라, 예배의 기여자로서 참여를 통한 참된 예배를 생산해내는 생산자로 전환되어야 한다. 한국교회는 외부로부터의 영적 주입을 기대하는 크리스천이 아니라, 자생적으로 영성을 재생산하고 자기 관리와 자기 평가, 자기 동기 부여를 통해 영적 생산을 하는 성숙한 크리스천을 지향해야 한다. 교회가 더 이상 사람들을 불러 모으는 곳이 아니라 세상을 향해 나아가는, 그래서 세상 속에 존재하는 교회를 추구해야 한다. 이것은 구심력의 교회관에서 원심력의 교회관으로의 전환을 뜻한다. 한국교회는 전도가 특별히 훈련된 사람이 하는 것이 아니라 예수의 제자가 되는 사람이라면 누구나 전도해야 하는 전환이 필요하다. 전도의 방법은 로마식 방법에서 켈트식 방법으로, 주입식에서 대화식으로, 이성적 해설에서 행동적 실천으로, 그리스도인 됨을 통해 전도하는 것이 강조되어야 한다. 지역사회와 구별된 문턱이 높은 교회가 아니라 누구든지 포용할 수 있는 열려진 성육신적 교회로서 세상과 호흡하는 공동체가 되어야 한다. 이머징 교회 패러다임의 네 가지 유형인, 문화 코드의 변화, 리더십의 변화, 셀그룹 변화, 전도 개념 전환은 한국교회에도 큰 영향을 주게 될 것이다.

증상과 상품의 변증법

김병훈 I 호서대학교 교수

    본 논문은 개인과 조직의 파괴적 역동을 긍정적, 창조적 역동으로 바꾸는 심리학적 과정을 탐색한다. 일반적으로 파괴적 역동은 증상을 만들어낸다. 그러나 그 이면에 파괴적 사건들의 출몰과 병리적 구조의 정체성 그리고 병리적 대상에 의한 반복 순환 역동의 만연이 존재함을 우리는 대부분 의식하지 못한다. 겉으로 드러난 증상과 그 속에 감추어진 병리적 구조와 파괴적 대상이 혼돈과 파괴를 일삼는 것처럼 보이지만 실상은 그것은 종국적으로는 창조적 건설을 위한 전제조건이며[1], 존재의 수축과 팽창, 블랙홀과 빅뱅의 변증법적 진리를 담고 있다는 사실을 놓친다. 간단히 말해서 겉에서 보이거나, 속에 들어있는 것이 전부는 아니라는 말이다. 존재도 생성된다.[2]

---

[1] 지젝은 우리가 "'병적인' 특이성" 속에서 우리의 "일관성을 보장하는 요소를 인식해야 한다"고 강조한다. 슬라보예 지젝/김소연, 유재희 역, 『삐딱하게 보기』(서울: 시각과 언어, 1995), 273.

생성은 변화 속에서 얻어내고 그 변화로 불편과 좌절의 과정을 거칠 때 더욱 단단한 열매를 맺는다.3) 정신분석은 인간이 의식만이 아니라 무의식의 존재라 말한다. 우리는 보통 무의식이 위험하다고 말하지만, 정신분석은 그 위험한 무의식을 활성화할 때에 진정한 의미에서 개인과 조직의 변혁이 가능하다고 믿는다.4) 누구나 다 한계가 있고 결점이 있다. 어느 조직이나 문제가 있고 썩은 몸통이 있다. 그러나 그와 같은 한계의 결점, 썩은 몸통이 바로 창조적 건설을 위한 비옥한 토양을 확립할 수 있다.5) 여기서 우리가 찾아보려는 작은 진리는 바로 그러한 결점과 썩음이 비옥한 토양이라는 사실에 대한 존재 증명과 가치 증명을 구체화, 이론화하는 데 있다. 이른바 증상과 상품의 변증법, 블랙홀과 빅뱅의 변증법이다.

---

2) 들뢰즈와 가타리는 『천개의 고원』에서 존재가 마치 리토르넬로 처럼 함께 만들어 나가는 생성의 과정이라고 말한다. "서로 다른 고원에 속한 노래들이 전부 합쳐 만들어내는 리토르넬로"가 바로 우리 삶이고 우리의 존재적 삶의 과정이라고 말한다. 들뢰즈, 가타리/김재인 역, 『천개의 고원』 (서울: 새물결, 2001), 6.

3) 지젝은 "증후와의 동일시"를 해야만 우리가 내적으로 발전할 수 있다고 말한다. 슬라보예 지젝, 『삐딱하게 보기』, 270.

4) 아놀드 민델은 융의 분석심리학과 양자역학을 통합하면서 수학적 공식인 켤레화 과정으로 이것을 명료하게 설명한다. "복소수의 켤레화는 무의식의 기표를 의식으로 반영하는 것을 말한다." 아놀드 민델/양명숙, 이규환 공역, 『양자심리학: 심리학과 물리학의 경계』 (서울: 학지사, 2011), 162. "켤레화는 선명한 꿈꾸기를 의미한다." Ibid., 147. "선명한 꿈꾸기는 또한 정신신체적 경험에 적용할 수 있는 초자연치료적 방법." Ibid., 153.

5) "우주의 블랙홀을 통해 다른 우주로 갈 수 있다." Ibid., 549. "빅뱅이 발생하기 전에 당신은 블랙홀 안에 있을 수 있다. 당신의 삶에서 빛은 나오지 않고 있다. 당신은 고립되고 지루하고 붕괴되었다고 느낄 수 있다. 그러나 그때 빅뱅이 일어난다." Ibid., 267.

I. 증상의 출현

증상은 병리적 구조가 만든다.[6] 증상 뒤에 취약한 구조가 존재한다. 증상이 문제의 전부가 아니다. 더 큰 거대한 몸체 있다. 증상이 깃털이고 구조가 몸통이다. 나무로 말하면 뿌리와 몸체 그리고 줄기는 잎사귀와 꽃 그리고 열매에 묻혀서 우리의 시선을 제대로 받지 못하지만, 후자의 세 가지 현상들은 철저히 전자의 든든한 구조에 의지하고 있다. 개인과 조직의 병리적 증상도 이와 같다. 우리는 증상에 대해서 부정적이며, 가능한 한 빨리 제거하려고 한다.[7] 그렇지만 정신분석 전문가와 정신분석을 전공한 현대 철학자들은 결코 증상 제거에 초점을 두지 않는다.[8] 오히려 라캉과 지젝은 "당신의 증상을 즐겨라!"라고 천명한다. 즉 증상을 제거하는 것이 아니라 증상 속으로 들어가라는 권면이다. 일반적으로 증상은 우리를 불편하

---

6) 버지니아 사티어는 "역기능적 가족"의 특징이 가족구조를 만드는 가족규칙의 경직성에 있음을 지적한다. 버지니아 사티어/나경범 역, 『아름다운 가족』 (서울: 도서출판 창조문화, 1999), 84. 또한 현대학자 중에는 로베르토(Roberto)가 "역기능적인 구조와 과정이 한동안 지속되고 가족이 생활업무를 수행할 능력을 방해받을 때 증상"이 나타난다고 지적한다. L. G. Roberto, "Symbolic-experienced Family Therapy," in A. S. Gurman & D. P. Kniskern (Eds.), *Handbook of Family Therapy* (Vol. II), New York: Brunner/Mazel. Irene Goldenberg and Herbert Goldenberg/김득성, 윤경자, 전영자, 조명희, 현은민 공역, 『가족치료』 (서울: 시그마프레스), 174에서 재인용.

7) 프로이트 정통 정신분석기법의 보수파 찰스 브레너는 타협형성의 의미를 통해서 증상을 이해하고 치료한다. 찰스 브레너/황익근 역, 『정신분석기법과 정신적 갈등』 (서울: 하나의학사, 1993), 179.

8) "질병은 절대적인 실재가 아니다." 아놀드 민델/양명숙, 이규환 공역, 『양자심리학 : 심리학과 물리학의 경계』 (서울: 학지사, 2011), 374. "증상을 창조하고 펼치는 것을 도와라. 그러나 선명하지 않은 방식으로 증상을 경험하지도 마라." Ibid., 270. "병은 전기와 자기와 같다. 그들은 하나의 체제에서는 나타나지만 다른 체제에서는 나타나지 않는다." Ibid., 376.

게 한다. 불편함의 말소를 위해 우리는 증상의 소멸을 간절히 원한다. 예를 들어 야경증이나 틱 장애 혹은 ADHD의 증상을 앓고 있는 애들이 있을 때 그 가족이나 학교의 첫 번째 반응은 그 병리적 증상들의 말소에 초점이 맞추어져 있다. 그러나 증상 뒤에 병리적 구조가 존재하기 때문에 아무리 증상을 잘라낸들 다른 축으로 그 병리적 세력은 힘을 분출하기 마련이다. 그래서 이 꽃가지의 추한 잎사귀와 꽃, 부실한 열매를 찾아낸다 하더라도 뿌리, 몸채, 줄기의 전체 몸통 구조가 재구성되지 않는 한 윗부분의 표층적 존재들은 결코 사라지지 않는다.

병리적 구조 뒤에는 파괴적 대상이 있다. 슬픈 현실이지만 증상과 병리적 구조 뒤에는 파괴적 대상이 존재한다. 아무도 이 실체를 확인하고 싶지 않겠지만 임상과 조직의 자료들은 그것을 목격한다. 가정의 경우 섭식장애나 ADHD 그리고 우울증이나 분열증 아이는 부모의 정서적–사회 경제적, 문화적 갈등 구조의 결과물이고9) 대부분 그 파괴적 중심 대상은 어머니이거나 아버지이다.10) 아마도 공동체나 조직 내부의 역동을 치밀하게 점검해본다면 유사한 갈등 구조와 그 구조를 유지하는 파괴적인 실체가 있다. 지젝은 그의 저서 『당신의 징후를 즐겨라』에서 대부분 그 파괴적인 실체가 외설적이고 폭력적인 아버지임을 밝힌다. 그에 따르면 아버지의 성적인 무

---

9) 애착정신석이론가 포나기(Fornagy)는 아이들의 성격발달이 "아동의 사회적 환경"에서 주로 비롯된다고 강조한다. Peter Fonagy/반건호 역, 『애착이론과 정신분석』(서울: 빈센트, 2005), 231.
10) 라캉 계열의 아동정신석학자 카트린 마틀랭은 "부모가 아이의 증상"이라고 말한다. 카르린 마틀랭/박선영 역, 『라캉과 아동정신석』(서울: 아난케, 2010), 13.

절제함과 쾌락적인 삶의 스타일은 그 아버지의 신체적·정서적 폭력 못지않게 가정을 병들게 하는데, 사랑의 십자가를 지는 거룩한 순교자로서의 아버지 역할을 제대로 감당하지 못할 때 가정에서는 무수한 병리적인 증상들을 막을 방도가 없다고 한다. 물론 멜라니 클라인은 좀 더 다른 관점을 제시한다. 그녀는 아버지보다는 어머니의 파괴적 경향성에 주목한다.[11] 어머니가 자녀들에게 사랑과 이해, 용서와 관대로 대하지 않을 때 아이들은 증오와 공포의 편집분열적 구조를 갖게 되고, 어머니가 정서적으로 그리고 사회적으로 우뚝 서지 못할 때에 자녀들은 우울증에 시달리게 된다고 강조한다. 위니캇은 클라인의 이런 어머니 위치를 고려해서 "충분히 좋은" 어머니, 그리고 자녀들의 파괴성을 따뜻하게 견디고 끝까지 "살아남는" 모습을 보여주지 않으면 아이들이 정신병리, 종종 청소년 비행으로 빠질 수 있다고 경고한다.[12] 비온은 어머니의 "담는" 기능을 강조했는데, 그것은 아이의 고통과 혼란, 상처와 증오, 그리고 공포와 절망 등의 불편 불행의 심층 경험들을 대신 마음으로 담아서 공감적으로 소화시켜주는 역할을 말한다. 그래서 어머니의 "담는" 기능이 실패할 때

---

11) 그녀는 "초기 불안이 파괴적 경향과 초기 초자아의 압력에 의해 야기된다. … 대상에 대한 이미지가 아이의 가학적 충동에 의해 왜곡 된다"라고 말함으로써 인간의 근본적인 파괴경향성을 논의한다. 멜라니 클라인/이만우 역, 『아동정신분석』(서울: 새물결, 2011), 250.

12) 위니캇은 "충분히 좋은 어머니," "보복하지 않기," "살아남기" 등과 같은 주제를 다룸으로써 아기에 대한 무조건적인 수용이 중요함을 강조하였다. 그는 자신의 저서 도널드 위니캇/이재훈 역, 『놀이와 현실』(서울: 한국심리치료연구소, 1997); 도널드 위니캇/이재훈 역, 『소아의학을 거쳐 정신분석학으로』(서울: 한국심리치료연구소, 2011); 도널드 위니캇/이재훈 역, 『성숙과정과 촉진적 환경』(서울: 한국심리치료연구소, 2000); 도널드 위니캇/이재훈 역, 『박탈과 비행』(서울: 한국심리치료연구소, 2001) 등에서 두루 같은 내용을 언급한다.

에 아이는 정신분열의 정신적 혼돈 구조로부터 빠져나올 수 없다고 본다.13) 페어베언은 어머니가 아이들을 흥분시키곤 하는데, 이때 아이들의 욕망이 거칠게 분출하면서, 어머니의 수용을 기대하지만, "파괴성"의 경향을 가진 엄마는 그 아이의 욕망을 충족시켜주기보다는 거절함으로써 아이의 갈등을 더욱 부채질한다고 지적한다. 페어베언은 그러한 어머니와의 관계 경험이 아이의 내면 세계에서 "내적 파괴자"의 표상으로 자리를 잡고, 일단 이 파괴적 대상의 심리 내면화가 이루어지면 그때부터 그 "내적 파괴자"는 일종의 "귀신"처럼 계속해서 그 아이의 삶을 파괴한다고 말한다.14) 참으로 끔찍하고 상상하기조차 싫은 병리적 조직의 실태이지만, 비극적이게도 그것은 사실이며, 임상 현장에서 그리고 조직 내부에서 무수히 그 실재의 예들이 목격되고 있다. 볼비는 이런 어머니를 가리켜서 "불안정한 양육자"라고 지칭했는데 놀라운 사실은 불안정한 어머니와 유아의 불편한 정서적 관계가 그 아이의 신체 발달과 학습 장애 그래서 사회적 기술의 빈곤을 만들어낸다는 현실이다.15)

---

13) 비온은 "담는" 기능과 "담기는 것" 사이에 대한 상호적 수용성에 대해 논의하면서 진리 그 자체로서의 O가 어떻게 개인의 인격에서 감각과 충동, 감정과 상징, 개념과 법칙 그리고 대수학 등의 언어로 표현되는지를 연구했다. 윌프레드 비온/허자영 역, 『주의와 해석』 (서울: NUN, 2011), J. S. 그로스타인/이재훈 역, 『흑암의 빛줄기』 (서울: 한국심리치료연구소, 2012) 참조.

14) 영국의 대상관계 정신분석학자 로널드 페어베언에 따르면, "내 생각에 심리치료가는 귀신축출자의 후예이며 그는 '죄의 용서'뿐 아니라 '사탄을 쫓아내는 것'과도 관련되어 있다"고 말한다. 로널드 페어베언/이재훈 역, 『성격에 관한 정신분석적 연구』 (서울: 한국심리치료연구소, 2003), 94.

15) 볼비의 뛰어난 후계자 포나기(Fornagy)는 다양한 학자들을 인용한다. "애착은 훗날 심리적 장애와 관련된 신경학적 주조의 변화를 일으킬 수도 있다. 예를 들면, 어린 시절에 확립되는 감정조절에 따라 편도(amygdala)에서 두려움 조성 과정을 실제로 바꿀 수 있으며(DoDoux, 1995), 전두엽(prefrontal lobe)과

II. 블랙홀의 생성

파괴적 대상이 건설하는 조직 구조는 병리적 사건들을 계속해서 반복적으로 만들어낸다. 일단 병리적 구조가 건설되면 그것은 마치 암세포와 같아서 여기저기 개인과 조직의 원활한 흐름을 방해한다.16) 프로이트와 라캉이 그토록 강조했던 "반복"의 비극적 운명이 시작된다.17) 예를 들어 "정신분열증 원인의 어머니"는18) 자녀들과 아버지의 소통을 원천적으로 차단하는 "결혼 왜곡"(marital skew) 구조를 만든다.19) 이 구조는 아들들에게는 정신분열증이 발발하여지고, 딸에게는 조울증을 출현하게 만드는데, 일단 이 구조가 형성되면 아이들은 끊임없는 병원 출입을 해야 하고, 이런저런 치료 기관들을 찾아서 떠돌아다니는 현상들이 발생한다. 그러면 그러한 치료적 방문 활동에 초점이 맞추어진 사이에 아이의 정상적인 학업 활동이나 사회적 기술 및 자신의 재능 개발 그리고 꿈과 이상의 구현 등

변연계(limbic system) 사이의 연결이 달라질 수도 있다(Schore, 1997). 불안정한 비조직화애착 아기에서 코르티솔 분비가 증가되어 있으며 기준치로 회복되고 지연된다는 증거도 있다(Spangler & Schieche, 1998)." Peter Fonagy/반건호 역, 『애착이론과 정신분석』(서울: 빈센트, 2005), 78.

16) 가족치료에서는 구조가 하부구조들 간의 갈등들에 대한 규칙에 의해서 만들어진다고 한다. S. 미누친/김종옥 역, 『가족과 가족치료』(서울: 법문사, 1993), 84.

17) 프로이트의 "반복강박 repetition compulsion"개념을 말한다.

18) Frieda Fromm-Reichman(1948), "Notes on the Development fo Treatment of Schizophrenics by Psychoanalytic Psychotherapy," *Psychiatry*, 11: 263-73.

19) T. Lidz, A. R. Cornelison, S. Fleck & D. Terry(1957), "Intrafamilial environment of schizophrenic patients: II. Marital Schism and marital skew," *American-Journal of Psychiatry*, 114: 241-248.

과 같은 건설적인 활동 작업에는 상대적으로 에너지가 투자되지 않는, 삶의 전반적인 장애들이 일어난다. 결국 아이는 학교에서 부적응의 사건들을 계속해서 겪어야 하고, 그러한 파괴적 사건들은 여러 점에서 산발적으로 벌어진다. 건강하고 힘찬 자아 발달은 원천 봉쇄되고 이런저런 비극적 사건들 속에서 허덕이는 불운의 주인공이 되고 만다. 가정적이나 사회적으로 그리고 세계적으로도 불행한 사건들 뒤에는 이처럼 파괴적 구조가 있고, 그 구조 뒤에는 병리적 대상(사회적으로는 자본가, 행정가, 가정적으로는 차갑고 지배적인 어머니 혹은 외설적이고 폭력적인 아버지)이 존재한다.[20] 그럼에도 불구하고 대부분의 사람들은 이러한 병리적 몸통들을 인식하고 싶어 하지 않는다. 그 암적 존재인 몸통은 계속해서 무력한 생명들을 앗아가거나 질병과 사고의 고통 속에서 허우적거리게 만들고 있다.

증상은 병리적 사건들을 연대시키는 기능을 하며, 개인과 조직 내부의 상황을 악화하고 파국을 가속화한다. 증상은 일종의 암 덩어리와 같다.[21] 그것은 여러 가지 경로를 통해서 만들어졌다. 나쁜 삶의 습관으로 인한 생활 구조 그리고 사회적 스트레스로 인한 부정

---

20) 지젝은 사회적으로는 자본주의 폐단을 지적하는데, 화폐와 행정의 수단으로 자본가의 잉여가치 획득을 분석한 마르크스와 인간 불안의 잉여에너지 긴장을 해석한 프로이트를 통합한 라캉의 관점에서 "구조적 폭력"에 대해 논의한다. 슬라보예 지젝/이현우, 김희진, 정일권 역, 『폭력이란 무엇인가』 (서울: 도서출판 난장이, 2011). 또한 그는 가정의 온갖 병리적 증상들이 외설적이고 폭력적인 아버지에 의해서 생긴다는 사실을 지적한다. 슬라보예 지젝/주은우 역, 『당신의 징후를 즐겨라』 (서울: 한나래, 1997).
21) 지젝은 외적인 암적 대상과 "내적인 자기 방해물" 사이의 연관성을 강조한다. "내적인 자기 방해물에 대한 라캉적인 이름은 물론 실재계이다"라고 하면서 개인의 갈망이 그 문을 열어준다고 보았다. 슬라보예 지젝, 『당신의 징후를 즐겨라』 107.

감정의 영향이 그 주범들이다. 그래서 일단 증상이 형성이 되면 그곳은 개인이나 조직의 파괴적 사건들과 연합해서 더욱 강한 붕괴와 혼돈을 일으킨다. 게다가 프로이트의 임상 전문가들이 그토록 우려하는 "이차적 이익"(secondary gain)이 생기면서 증상과 파괴적 사건들은 더욱더 강력하게 힘을 발휘하고 몸통 구조인 병리적 체계와 파괴적 대상의 세력을 더욱 강력하게 만든다. 외적으로는 증상과 사건이고 안으로는 구조와 대상이 서로 원한의 시스템을 구축하는데, 아놀드 민델은 그의 저서 『양자심리학: 심리학과 물리학의 경계』에서 이것을 "블랙홀"이라고 불렀다. 병리적 증상과 파괴적 사건들은 계속해서 발병하고, 그 토대가 되는 병리적 구조와 파괴적 대상의 세력은 더욱 강력해지기 때문에 일종의 "암적" 존재의 삼킴 현상이 일어나는 것이다. 이러한 비극적-파국적 원한의 과정을 도식으로 표현하면 〈그림 1〉과 같다.

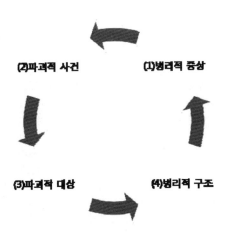

(2)파괴적 사건   (1)병리적 증상

(3)파괴적 대상   (4)병리적 구조

〈그림 1〉 개인과 조직 내부의 블랙홀 형성의 과정

모든 것은 파괴적 대상에게서 시작된다. 대개의 경우 사사로운 욕망이 동기부여를 하지만, 주로 콤플렉스의 주체가 부정적인 감정 에너지와 파괴적인 표상들에 의해 사로잡혀서 조직을 개인적인 이득을 위해 이용함으로서 시작된다. 우리는 일반적으로 이런 "파괴적 대상"을 가리켜서 "암적 존재"라고 부른다. 그것은 마치 병원체, 악성 바이러스에 의해 시작되는데, 파괴적인 대상이 퍼뜨리는 '생각' 하나에 의해 조직 내부의 사람들이 물들어가면서 만들어진다.[22] 가장 분명한 예는 히틀러가 힌덴베르그 대통령의 사적인 계산에 힘입어 권력의 자리에 올랐을 때에 그가 펼쳤던 "반유대주의"의 생각으로 유럽의 반유대주의 사람들을 결집시켰던 사건일 것이다. 히틀러라는 파괴적 대상은 "유대인 음모론"이란 이데올로기를 통해서 유럽 사회에 "민족주의 사회국가"라는 정치 사회적 구조를 형성했고, 거기서부터 파시즘의 정치적 구조가 생기면서 그 파괴적 구조의 영향력은 이탈리아의 무솔리니, 소련의 스탈린, 그리고 중국의 마오쩌둥에 이르는 파괴적 영향력의 확산을 낳았다.[23] 당시에 유럽에서

---

22) 도스토에프스키는 이러한 생각을 "악령"이라고 말했다. 그는 『악령』이란 작품에서 미망인 어머니의 재산과 권력을 통해 동네 부랑자들과 더불어 새로운 세계를 건설한다는 '명분'으로 강간과 약탈 그리고 방화와 살인을 서슴지 않는다. 이런 잔학함을 스스로에게 정당화시키는 생각은 바로 "볼셰비즘"이었고, 지젝도 오늘날의 수많은 폭력들이 이런 자기 정당화된 생각의 기반위에서 저질러진다고 말한다. 슬라보예 지젝/이현우, 김희진, 정일권 역, 『폭력이란 무엇인가』 (서울: 도서출판 난장이, 2011), 106. "격분한 군중이 건물과 차를 공격하고 불지르고 사람들에게 린치를 가하는 장면을 접하는 바로 그 순간, 우리가 결코 잊지 말아야 할 것은, 그들의 행위를 지탱하고 정당화하는 것은 그들이 내건 플랜카드이며 구호라는 점이다"; 그래서 그는 "인간이란… 상징적인 허구들에 의해 통치되는 동물"이라고 한다. 슬라보예 지젝/주은우 역, 『당신의 징후를 즐겨라』 (서울: 한나래, 1997), 112.
23) 20세기 초에 히틀러의 파시즘에 대해서는 로버트 팩스턴, 『파시즘』을 참조하

죽은 인구가 2천만 명이 넘는다는 사실을 생각할 때에 파시즘 구조 하에서 일어난 파괴적 사건들이 도처에 깔려 있었음을 어렵지 않게 짐작할 수 있다. 우리가 기억하는 사건은 "아우슈비츠 수용소"의 "가스실"이었지만, 그러한 리비도 파괴적 사건들은 곳곳에서 자행되었다. 왜 온 유럽이 파시즘의 물결에 다 휩쓸려버렸을까? 민족적 사회주의 국가라는 이념이 전 세계를 강타해서 끝없는 숙청과 살인을 일삼았을까? 그 규모와 강도는 마치 정치적 "블랙홀"이라고 명명해도 결코 과도한 명명이 아닐 것이다. 제1차 세계대전, 제2차 세계대전 그리고 제3의 국가에서 벌어지는 온갖 강탈과 살인은 권력 파시즘과 자본 파시즘의 구조가 전 세계의 미친 파괴적 사건화 영향력이 아닐 수 없다,

III. 혼돈과 창조

그런데 블랙홀은 상대적으로 빅뱅의 출현을 예고한다. 블랙홀은 혼돈과 파국을 상징한다. 빅뱅은 폭발과 창조를 의미한다. 스티븐 호킹이 설명하는 우주의 생성과 소멸에 관한 천체 물리학적, 우주 철학적 과학 이론이다. 특이점(singularity)이라 불리는 작은 점의 존재에서 폭발이 일어났다. 그리고 그 폭발이 우주의 존재들을 탄생시켰고, 거기에서부터 우주는 149억 년 동안 팽창해서 오늘날의 모습

라. 또한 중국의 문화혁명 시기에 벌어졌던 온갖 악행에 대해서는 당시의 역사적 증인이면서 미국 커뮤니티 칼리지에서 가르치고 있는 중국인 교수의 회고록, 션판/이상원 역, 『홍위병』(서울: 황소자리, 2004)을 참조하라.

으로 진화되었다. 진정한 창조는 혼돈을 극복하는 힘에서 나온다. 인류의 역사는 도구를 개발함으로써 자연세계의 위협과 공포로부터 스스로를 지켜왔다. 동물과 다른 인간안의 위대성을 바로 이런 혼돈과 재앙, 그리고 무질서에 굴복하는 것이 아니라 거기에서부터 해법을 찾고, 그것을 통해 새로운 세상의 문을 여는 데 있다. 인간이 만물의 영장인 이유가 이것이고, 개인이나 조직도 이런 관점에서 증상이나 파괴적 사건을 이해하고 다루어야 한다. 혼돈과 창조의 변증법을 증명하는 고대 신화들과 임상 증거들이 많이 있다. 성서는 태초에 하나님께서 혼돈과 공허로부터 말씀으로 세상을 창조했음을 증언한다. 혼동과 공허는 일종의 블랙홀과 같은 영향력을 행사한다. 많은 사람들이 혼돈 속에 있을 때에 병리적으로 그리고 파괴적으로 퇴행을 한다. 융은『영웅과 어머니의 원형』이란 저서에서 영웅을 반드시 어머니가 부여하는 리버도적 집착과 내적인 안주의 강물에 빠지지 않아야 하고, 쾌락과 희열의 상징이면서 동시에 혼돈의 주범인 안락함의 대상으로서의 어머니 유령을 쳐 죽이는 자만이 세상을 정복하고 다스리는 영웅이 될 수 있음을 지적했다.24) 비온도 유사한 이야기를 했다. 그는 인간이 "O"를 만날 때 혼돈과 공포를 느낄 수밖에 없다고 말한다. O는 인간이 감당하기에는 너무나 무한한 무엇이다. 그래서 O를 처리하는 과정이 필요한데, 베타, 알파, 상징, 전 개

---

24) "아들이 어머니와 분리된다는 것은 인간이 짐승의 무의식성과 결별하는 것을 의미 한다."; C. G. 융,『영웅과 어머니의 원형』, 한국융연구원 C. G. 융 저작번역위원회 역 (서울: 솔출판사, 2006), 178. "어머니가 다스리는 세계에서의 지극히 행복한 젖먹이 상태로 돌아가려고 하는 '퇴행현상'에서 성숙한 인간을 해방시킨다. … 영웅과 용의 싸움… 퇴행 현상에 대한 자아의 승리라는 원형적 주제"라고 융은 말한다. 카를 G. 융/이윤기 역,『인간과 상징』(서울: 열린책들, 1996), 180.

념화, 개념화, 개념, 법칙 그리고 대수학적 처리 과정을 제시한다.25) 융이 말하듯이 안락함과 풍요, 쾌락과 환희의 대상을 상대로 싸워서 이길 때에 비로소 한 남성은 비로소 콤플렉스의 인간에서 창조적인 지도자로 거듭날 수 있다. 또한 비온이 강조했듯이 절대적 진실의 공포와 매혹 앞에서 쓰러지지 않고 비록 고통스럽고 비참하다 할지라도 그 고난의 현장에서 버티며 견뎌내고 종국에는 진실의 고통 속에서 찾아낸 자기의 내적 진리가 주체를 새로운 존재로 등극시키는 힘을 발휘한다. 또한 위니캇은 어머니가 자녀를 제대로 양육하려면 자녀가 가져오는 온갖 불행과 고통을 견뎌내는 힘이 있어야만 자기의 분신으로서의 아이가 제대로 성장할 수 있다고 말함으로써 역시 혼돈과 창조의 연관성을 인정했다. 아놀드 민델도 그의 저서 『양자심리학』에서 콤플렉스를 "블랙홀"이라고 명명하고, 여기서 견디고 살아남은 사람만이 과거의 묶인 에너지를 해방시키고, 특별히 변형된 존재로서 새롭게 나아갈 수 있다고 말했다.26) 그에 따르면 우리는 우리의 콤플렉스의 본질에 가까이 다가갈 때 공포와 혼돈, 절망과 죽음이라는 과정을 겪는데, 마치 거대한 곰을 외딴 숲에서 만나는 곤경과 유사하다고 하면서, 그럼에도 불구하고 스스로를 지켜내면 나중에는 그 곰과 더불어 춤을 추고 함께 힘을 주고받는 특별한 관계에 접어든다고 말함으로써 블랙홀에서의 죽음이 아니라 새로

---

25) 비온의 저서 윌프레드 비온/허자영 역, 『주의와 해석』 (서울: NUN, 2011)의 핵심 내용이면서 "좌표"(grid)의 도표를 의미한다.

26) 민델은 "블랙홀을 통과하는 경험은 비참할 것이다"라고 설명한다. 아놀드 민델, 『양자심리학 : 심리학과 물리학의 경계』, 양명숙, 이규환 공역 (서울: 학지사, 2011), 468. 그런데 이 과정을 이기는 방법은 내적인 자기 에너지 생성구조를 가지는 것이다.

운 창조의 역사가 일어난다는 사실을 물리학적으로 증명했다. 비온은 이러한 자기 공포와 절망의 현장을 몸으로 겪고, 견뎌내는 과정을 알파(α)라고 불렀고,27) 이 과정에서 태어난 상징과 개념이 그 개인을 지켜주는 정신적 울타리가 될 것이라고 말함으로서, 역시 창조 이전에 혼돈의 과정이 전제된다는 사실에 동의했다. 따라서 우리는 증상을 제거하기보다는 그 증상 이면에 있는 파괴성과 혼돈성을 결연하게 직면하고, 비록 고통스럽다 하더라도 견디며 새로운 내적 정신 탄생의 기회로 삼아야 한다. 기독교 신학의 전통적 언어로 말하면 십자가 후에 면류관이 있는 법이고, 우리나라 전통적 경구에 따르면 "고진감래", "고난이 다하면 기쁨이 찾아온다"는 교훈과 일맥 상통한다.

왜 우리가 증상을 즐겨야 하는가?28) 증상에 대한 분석과 해석 작업을 즐기는 것은 건설적 변혁의 핵심이다. 그것은 고통스러운 실체이지만, 그것은 우리로 하여금 삶의 실재계로 인도한다. 실재계를 라캉의 용어로 하면 "향락"과 "적대"의 세계이고, 성서의 언어로는 "음부의 세계", "재앙과 심판의 세계"를 의미한다. 『질병의 역사』, 『질병의 심리 사회학』 등의 저서들에서 증명된 것처럼, 신체적이고 병리적인 증상들은 주로 억압된 미움과 증오에 의해 유발된다. 그리고 그 미움과 증오의 이면에는 각 개인의 근원적인 욕망의 좌절이 있

---

27) 비온에 따르면 "유아는 정상적으로 처음부터 알파-기능과 알파요소들을 가지고 엄마와 의사소통한다"고 한다. J. S. 그로스타인, 『흑암의 빛줄기』, 이재훈 역 (서울: 한국심리치료연구소, 2012), 275.
28) 지젝은 "현실속의 블랙홀"이 있으며 그것은 우리가 삐딱하게 볼 때에만 관찰될 수 있다고 말한다. 슬라보예 지젝, 『삐딱하게 보기』, 27. 즉, 그는 우리가 "근심에 싸이게 되면 작은 어려움도 엄청나게 크게 느껴지며 실제보다 훨씬 더 나쁜 것으로 보인다." Ibid., 30.

다. 바로 그 욕망이 에너지의 원천이고, 주체의 동력 기관, 정신적 엔진에 해당한다.29) 욕망과 증오의 에너지가 출구를 찾지 못하고 억압될 때 그 에너지는 파괴성을 가지며, 그런 결과가 사고나 질병으로 나타난다. 그러나 만일 증오와 욕망이라는 거친 에너지가 건설적으로 표현될 수 있는 채널이 확보된다면 어떻게 될까?30) 아마도 그 모든 파괴적 에너지가 건설적 에너지로 전환될 것이다. 만일 우리가 증상을 제거해버리면 우리는 그 증상 속에 감추어진 욕망과 증오의 에너지를 함께 잃어버리게 된다.31) 프로이트의 용어로 하면 리비도와 공격성의 근원 에너지 상실을 가져오는 것이다. 이것이 바로 라캉과 지젝이 "당신의 증상을 즐겨라!"라고 말하는 이유다. 증상 뒤에 숨겨진 욕망과 증오의 거친 에너지를 잘 가공해서 귀하게 활용하라는 교훈이 그들 명제의 핵심인 것이다.

그렇다면 우리는 어떻게 해야 그 거칠고 야생적인 "욕망과 증오의 에너지"를 건설적으로 활용할 수 있을까! 무엇이 그 원시적 에너지의 가공 작업을 가능하게 하는가? 나도 이 문제에 대해서 오랫동안 고심해왔다. 그리고 합리적인 수준에서 이 문제를 해결할 수 있는 구체적인 경험의 과정이 무엇일지에 대해 연구하고 탐색했다. 오

---

29) 지젝은 우리가 "그 '병적인' 특이성 속에서… 일관성을 보장하는 요소를 인식해야 한다"고 강조한다. Ibid., 273.

30) 정신분석학자들은 이구동성으로 "상징화"의 힘을 강조하는데, 일상생활에서 우리의 추구하는 "자아이상"도 그와 같은 역할을 한다. 대리언 리더는 우리가 "상황을 제대로 상징화하지 못할 때 신체질병이 생긴다"는 사실을 통계학적으로 증명한다. 대리언 리더, 데이비드 코필드/배성민 역, 『우리는 왜 아플까』 (경기도: 동녘사이언스, 2011), 368.

31) 융학파 계열의 학자인 앤 과 배리 울라노프 부부는 시기대상이야말로 우리를 참된 세계로 안내하는 주인이 될 수 있다고 말한다. 앤. 베리 울라노프/이재훈 역, 『신데렐라와 그 자매들』 (서울: 한국심리치료연구소, 1999).

랜 시간의 고뇌 후에 내게 찾아온 표상은 바로 "상품"이란 단어였다. 나는 상품 개발이 시작될 때에, 그것도 개인의 재능이 개발되는 상품이 만들어 질 때에, 콤플렉스 에너지의 시차적 전환이 이루어진다는 사실을 직감했다. 사실상 프로이트, 멜라니 클라인, 페어베언, 민델, 코핫, 라캉과 지젝 모두 "이상, 특히 자아 이상"의 가치를 강조한다.32) 정신 에너지가 "관심"이라는 면에서 자아 이상을 향한 관심은 그 자체로 이미 에너지의 소비 구조를 형성한다.33) 그런데 이 소비 구조는 단순히 에너지를 써버리고 마는 소비가 아니라 오히려 더 많은 에너지를 생산하는 소비가 되고 에너지 자가 발전 순환 시스템의 역사를 증거한다. 철학자 중에서 이러한 소비 구조를 강조했던 사람은 조르주 바타이유이다.34) 그의 따르면 우리는 누구나 "저주의 몫"을 가지고 있는데, 그 잉여의 에너지를 건설적으로 소비하는 것이 중요하며, 만일 그 소비를 원활하게 이룩하지 못하면 그 잉여 에너지는 억압되고 오히려 신체와 정신을 훼손시키는 파괴 에너지로 전환된다는 곤경에 처한다. 다시 말하면 에너지는 늘 과잉적이다. 문제는 그 과잉 에너지를 제대로 처리하지 못하는 것이 문제다.35) 마

---

32) 이들은 모두 "욕망"의 가치를 잘 알고 있는 듯하다. 그리고 이러한 전통은 이미 프로이트 때부터 시작되었다. "꿈을 꾸는 사람이 현재의 것으로 받아들이는 미래는 소멸될 수 없는 소원에 의해 과거와 닮은 모습으로 형성된다." G. Freud, 『꿈의 해석』 김인순 역 (서울: 열린책들. 1997), 714.

33) '관심'이야말로 인간의 본능적 에너지를 건설적 문화적 에너지로 바꾸어주는 채널이라고 위니캇은 말한다. 도널드 위니캇, 『박탈과 비행』, 이재훈, 박경애, 고승자 역 (서울: 한국심리치료연구소, 2001), 42 "관심의 능력은 통합과 성장을 뜻하며 특히 본능적 욕동에 대해 책임을 지는 긍정적인 방식으로 대상과 관계를 맺을 수 있음을 의미한다."; 그는 또한 "관심을 가질 수 있는 능력"이 소아의 정신적 발달의 분기점이라고 본다. 도널드 위니캇, 『소아의학을 거쳐 정신분석학으로』, 67.

34) 유기환, 『조르주 바타이유』 (서울: 살림인문, 2006)를 참조하라.

치 우리가 너무나 많은 탄수화물을 섭취하고 발열량으로 해소하지 못할 때 그것들이 모두 지방으로 전환되어 저장되는 것처럼, 욕망과 증오의 에너지를 건설적인 정신적 운동적 활동성으로 충분히 사용되지 못할 때에 모두가 다 억압되고, 그 억압된 에너지는 콤플렉스의 중심환, 블랙홀이 된다.36) 따라서 중요한 것은 콤플렉스의 중심환, 블랙홀의 파괴적 원환에서 발견되는 잉여 에너지의 사용 채널 건설이다. 과잉 에너지를 건설적으로 쓸 수 있는 개인적·조직적 활로를 개척해야 하는 것이다. 그리고 그것은 자아 이상의 방향으로 나아가야 하는데, 바로 재능 개발과 상품 개발이 핵심적 처방임을 암시해준다. 재능 개발은 자연의 잠재적 에너지를 무한히 쓰도록 해주고, 자동적 에너지의 자체 발전 시스템 가동으로 인해 결코 모자라는 법이 없다. 거기에 더해서 상품 개발은 사회에 이롭고 다른 사람들에게 유익함을 주는 삶의 도구, 삶의 기술에 해당하며 개인과 사회과 함께 폭발적 일체감을 느끼도록 하는 특별한 역사가 일어난다. 개인의 내적 시스템에는 동력 폭발이 일어나고 사회 안에서도 삶의 유익함이 일어날 때 그러한 개인과 사회의 건설적 유대관계로 모두를 승승하게 하는 결과를 낳는다. 이른바 "빅뱅"이 터지는 역사가 가능해지는 것이다.

---

35) 멜라니 클라인은 "정신적 에너지의 상당 부분을 차지하는 것 중 하나가 불안을 억제하는 것"이라고 말함으로써 라캉이 말하는 "잉여불안"의 개념을 개척했다. 멜라니 클라인, 『아동정신분석』, 이만우 역 (서울: 새물결, 2011), 62.
36) 민델은 블랙홀을 "당신을 압도하고 당신의 모든 의식을 빨아들이는 사건… 당신 주위의 모든 것을 구부러지게 하는 무엇인가… 자신의 가장 심각한 문제"라고 정의한다. 아놀드 민델, 『양자심리학 : 심리학과 물리학의 경계』, 516.

IV. 빅뱅의 출현

빅뱅의 창조적 역사는 "특이점"(singularity)에서 시작된다.37) 개인과 사회에게 있어 그것은 상품 혹은 도구나 기계를 의미한다. 인류역사는 사실상 자연세계의 파괴성이 가져다주는 재앙과 혼돈의 위협 앞에서 끊임없이 개발된 인간의 도구, 기계와 상품의 승리의 역사라고 할 수 있다. 혼돈과 재앙을 해결하는 상품, 그것이 파괴성의 문제를 극복한다. 빅뱅은 블랙홀에서 일어난다. 진공상태에서 빅뱅은 창조를 가져온다. 그리고 그것은 여태까지의 모든 재앙과 혼돈의 문제를 해결한다. 창조와 빅뱅 체계는 어떻게 현실화되는 것일까? 그 대답은 간단하다. 바로 블랙홀의 원환 구조에 대한 새로운 창조적 원환 구조의 확립에 있다. 다시 말해서 블랙홀이 어느 특정 파괴적 대상에게서 시작되어 병리적 구조가 확립되면서, 그 병리적 체제가 폭발시키는 파괴적 사건들이 간헐적으로 그리고 지속적으로 터지고, 결국에는 병리적 증상으로 한데 뭉친다. 그리고 그 병리적 증상은 파괴적인 대상에게 다시 힘을 실어주고 구조와 사건의 과정을 통해 증상의 심화, 악화의 악순환을 반복케 한다.38) 그렇지만 이러한 블랙홀 원환 구조는 증상이 아니라 상품이라는 중심점을 중심으로 돌아갈 때 빅뱅의 창조 원환 구조가 건설될 수 있다.39) 한

---

37) 스티븐 호킹은 우주가 '빅뱅'으로 시작될 때 그 크기는 무척 작았지만 점차 팽창한 것이라고 한다.
38) 지젝은 이러한 악순환 과정을 "반복적 원환" 개념으로 설명한다. "시간의 선형적 진행이 반복적 원환 속에서 정지되는 이런 회전운동은 충동의 가장 기본적인 속성이다. 다시 이것은 0층의 '인간화'이다: 그것은 선형적 시간의 속박을 정지/방해하는 자기추진적 원환이다." 슬라보예 지젝/김서영 역, 『시차적 관점』(서울: 마티, 2009), 132.

개인이 자신의 재능을 통해서 상품을 개발하기 위해서는 제일 먼저 스승의 역할을 하는 대상을 만나야 한다.[40] 그 스승의 대상을 통해서 개인은 자기의 재능을 개발하면 자신과 사회에 유익한 상품이나 도구를 만드는데 이와 같은 노동의 직업은 반복적으로 이루어져야 한다.[41] 즉, 노동의 구조, 반복적이고 지속적인 재능 개발과 상품 개발의 작업의 끝없는 관심과 참여가 요청된다. 일단 노동의 구조가 만들어지면 그 반복적인 연구와 실험 그리고 건설의 작업을 통해서 이런저런 초기 작품들이 만들어지는데, 모두가 노동의 사건, 창조적 활동의 사건들이다.[42] 즉, 비록 그 상품이 크게 성공을 가져오지 못

---

39) 민델은 우리가 "우주의 블랙홀을 통해 다른 우주로 갈 수 있다"고 말한다. 아놀드 민델, 『양자심리학 : 심리학과 물리학의 경계』, 467.

40) 하인즈 코핫은 "창조적 긴장"을 강조했는데, 그것은 "a potentially efficient energic continuum"이다. 스승과의 관계에서 겪는 긍정적 긴장감이 노동이나 재능개발의 관심과 열정으로 이어진다는 의미가 되겠다. Heinz Kohut, *How Does Anslysis Cure?* (New York: International University Press, 1984), 47. 코핫은 또한 울프와의 공동저작에서는 "action-poised programme arched in the energic field that established itself between the patients unclean ambitions and ideals"(행동중심적인 프로그램이 에너지 장에 뿌리를 내려서 환자의 불투명한 포부와 이상 사이에 만들어지는 노동의 축)이라고 설명하기도 했다. Kohut and Wolf, "Two Disorders of the Self and their Treatment: An Outline," *International Journal of Psychoanalysis* 59: 413-425, 424.

41) 코핫은 이것을 "이중축 자기" 개념으로 설명한다. Heinz Kohut, *Self Psychology and the Humanities: Reflections on a New Psychoanalytic Approach* (New York: W. W. Norton & Company, 1985), 22; Philip F. D. Roborits-Seitz, *Kohut's Freudian Vision* (Hillsdale, NJ: The Analytic Press, 1999), 27.

42) 조르주 바타이유는 "백만 년 전 이처럼 노동을 통해 인식 능력, 즉 이성을 획득함으로써 바야흐로 하나의 동물로부터 하나의 인간이 탄생했다"고 하면서, 인간을 동물의 수준에서 인간의 수준으로 바꾸어놓는 것이 노동임을 천명하고 있다. 유기환, 『조르주 바타이유』, 139; 프로이트도 노동의 가치에 대해 언급했다: "사람들이 살아가는 사회의 동기는 결국 경제적인 것입니다. 사회는 구성원들을 그들의 노동에 의존하지 않고 먹여 살릴 수 있을 만큼 충분한 식량을 가족 있지 않기 때문에, 구성원의 수를 제한하고 그들의 힘을 성생활에서 노동의 영

한다 하더라도 그 노동의 구조, 특별히 상품 개발이라는 자아 이상의 목표를 향해 스승의 지도와 감독을 받으면서 끊임없이 건설적인 땀을 흘린다는 사실만으로도 이미 콤플렉스 에너지는 건설적 노동 에너지로 전환되어 있고, 그와 같은 대상 → 구조 → 사건의 과정이 반복되다보면 결국에 개인과 사회가 모두 기뻐하는 상품이 탄생될 수 있다. 그리고 바로 그 순간 빅뱅은 시작된다.[43] 이것을 그림으로 그려보면 다음과 같다.

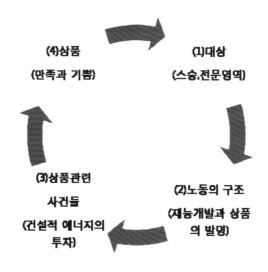

〈그림 2〉 개인과 조직을 위한 상품 빅뱅의 출현 과정

중요한 것은 반복의 구조다. 그것은 원환의 체계로서 끊임없이

역으로 유도해야만 합니다"라고 말한다. G. 프로이트/엄홍빈, 홍혜경 옮김, 『정신분석 강의 (하)』 (서울: 열린책들, 1998), 443.
43) 민델은 이것을 "절정경험"이라고 부르기도 했다. 아놀드 민델, 『양자심리학 : 심리학과 물리학의 경계』, 544.

돌고 돌면서 건설적인 에너지 투자의 폭발이 있고, 상품 개발을 통한 만족과 기쁨의 에너지 폭발이 이어지면서 노동과 연구 그리고 실험과 직업의 땀방울이 이마에 맺히는 삶에서 가장 아름다운 인간의 모습이 형성된다. 바로 이것이 증상을 상품으로, 블랙홀에서 빅뱅이, 혼돈에서 창조로 이어지는 거룩함의 과정이다. 가장 중요한 것은 창조적인 대상과 건설적인 구조의 확립이다.44)

병리적 증상에서 시달리고 파괴적인 원환 구조에서 헤어 나오기 어려울수록 개인과 조직은 제일 먼저 창조적인 대상에게 눈을 돌려야 한다. "인사가 만사다!"라는 옛말처럼, 사람이 모든 것을 해결한다. 자연의 위협 앞에서 그 숱한 재앙의 문제들을 해결한 것도 인간이고, 인류 역사 속에서 무수한 파괴와 잔혹한 살인을 서슴지 않는 것도 인간이다. 선함도 인간에게 있고, 악함도 인간에게 있다. 병리적 파괴의 구조도 인간이 만들고 건설적 노동의 구조도 인간이 만든다.45)

한 인간이 건설하는 작은 창조적 반복 생활 구조, 그것이 상품을 만들어내서, 그 상품으로 인해 인류는 그때까지의 위험과 비극의 문제를 해결한다. 물론 모든 노력과 노동이 다 위대한 상품을 탄생시키는 것은 아니다. 그러나 상품 못지않게 중요한 것은 그 문제해결

---

44) Murray Bowen, "Toward the Differentiation of Self in Administrative Systems," in *Family Therapy in Clinical Practice* (New York: Jason Aronson, 1978), 461-466. 그에 따르면 가족과 사회 혹은 직장 관계에서도 자아분화가 가장 중요한 요소라고 하였다(Ibid., 461).
45) 하인즈 코핫은 "미세한 심리구조 microstructures"를 강조한다. 그는 "축복된 구조적 변혁체들 the beneficial structual transformations"들은 전문가의 도움을 통해서 구축된다고 말한다. Heinz Kohut, *The Restoration of the Self* (New York: International Universities Press, 1977), 30-32.

의 열정이 바로 우리 안의 내적 콤플렉스의 위험한 에너지들을 소화 처리해주는 특별한 부가적 기능을 가진다는 사실이다. 그리고 끝까지 희망을 버리지 않고 정진한다면 결국에는 소기의 목적은 이루어진다. 열 번 찍어 안 넘어가는 나무는 없다. 반복 앞에서는 처마 밑 바윗돌도 구멍이 뚫린다. 자연 세계의 예술적 경관들은 모두가 다 흔적도 없이 작은 접촉과 반복들이 빚어낸 결과물이다. 동굴 안의 종유석, 그랜드 캐년의 협곡들, 형형색색의 지질학적 습곡이나 퇴적 등의 형상들은 모두가 작은 접촉의 무한한 반복을 통해서 이루어졌다. 이것이 바로 반복의 힘이다. 그것은 작은 것으로 위대함을 창조한다. 작은 인간의 작은 생각과 몸짓 하나가 비록 그 자체로는 너무나 미미하고 무가치해 보일지라도 그것이 반복될 때 어느 순간 어떤 것은 증상과 파괴의 블랙홀,—그리고 죽음을 부르지만—어떤 다른 것은 상품과 창조의 빅뱅 그리고 생명과 환희의 영광을 도래케 한다.46) 작은 차이가 큰 차이를 만들어낸다. 일란성 쌍둥이라 할지라도 그 안에 어떤 생각, 어떤 대상(스승)에 의해 훈련받느냐의 따라 아주 다른 인격적, 사회적 존재로 성장한다.47)

46) 민델은 증상과 콤플렉스를 부정적인 것으로 보지 않는다. 오히려 그것들은 개인이 "무의식의 세계"로 들어갈 수 있는 기회이며 만일 우리가 무의식의 힘을 가져 "선명한 꿈꾸기" 혹은 "켤레화 과정"을 성공적으로 성취할 수 있다면 증상은 창조적으로 전환된다고 말한다. 아놀드 민델, 『양자심리학: 심리학과 물리학의 경계』, 86, "트랜스 현상과 심리적 증세는 서로 다른 맥락에서 표현된 동일한 현상들이다", 374. "절병은 절대적인 실재가 아니다. 질병은 몸무게, 크기, 체온 등의 요소 개념으로 일상적인 신체를 정의하는 일상적 실재인 CR 관점에서만 장애로 여겨진다. 비일상적 실재인 NCR 관점에서 증상은 숲속의 길처럼 당신이 따라갈 수 있는 과정이다."

47) 지젝은 존재의 이중성을 이렇게 설명한다: "동일한 대상이 혐오스러워 배제된 것으로서, 그리고 숭고하고 카리스마적으로 출현하는 것으로서 잇따라 기능할 수 있는 것이다." 슬라보예 지젝, 『삐딱하게 보기』, 287; 또한 새폴스키는 인간

의 내적 표현력의 차이에 대해 다음과 같이 증거한다: "두 사람이 동일한 스트레스를 주는 사회적 환경 속에 살고 있다. 그중 한명만 고혈압이 된다. 두 사람은 20년간 똑같은 삶의 기복을 겪는다. 그중 한 명만이 심장혈관계 질환에 걸린다." 로버트 새폴스키/이재담, 이지윤 역,『STRESS』(서울: 사이언북스, 2008), 93.

성재 강일구 총장 고희 기념 논문집

아드 폰테스 *ad fontes*

2015년 6월 25일 초판 1쇄 인쇄
2015년 6월 30일 초판 1쇄 발행

지은이   강일구 편저
펴낸이   김영호
펴낸곳   도서출판 동연
등록   제1-1383호(1992. 6. 12)
주소   서울시 마포구 월드컵로 163-3
전화   (02)335-2630
전송   (02)335-2640
이메일   yh4321@gmail.com

ISBN 978-89-6447-280-4 93320

* 이 도서의 국립중앙도서관 출판예정도서목록(CIP)은 서지정보유통지원시스템 홈페이지
(http://seoji.nl.go.kr)와 국가자료공동목록시스템(http://www.nl.go.kr/kolisnet)에서 이
용하실 수 있습니다.(CIP제어번호: CIP2015017250)